न्याय का स्वरूप

The Idea of Justice का हिन्दी संस्करण

अनुवाद

भवानीशंकर बागला

₹ 750

ISBN : 9788170288664

पहला संस्करण : 2017, आठवाँ संस्करण : 2025

NYAYA KA SWAROOP by Amartya Sen

(Hindi edition of *The Idea of Justice*)

(First Published in Great Britain in the English language
by Penguin Books Ltd.)

मुद्रक : जी.एस. ऑफसेट, दिल्ली

राजपाल एण्ड सन्ज़

1590, मदरसा रोड, कश्मीरी गेट, दिल्ली-110006

फोन : 011-23869812, 23865483, 23867791

website : www.rajpalpublishing.com

e-mail : sales@rajpalpublishing.com

www.facebook.com/rajpalandsons

न्याय का स्वरूप

डॉ. अमर्त्य सेन

राजपाल

क्रम

भाग 3 : न्याय के साधन

भाग 4 : सार्वजनिक विचार-विमर्श और लोकतंत्र

प्राक्कथन

प्रसिद्ध लेखक चार्ल्स डिकेन्स के उपन्यास *ग्रेट एक्सपेक्टेशन्स* में बच्चों की अपनी छोटी-सी दुनिया का सजीव चित्रण है। इसमें एक पात्र पिप कहता है कि अन्याय का अहसास बहुत अन्दर तक होता है। मैं समझता हूँ कि पिप ने जो कहा है, ठीक ही कहा है। उसने अपने बचपन में अपनी गुस्सैल और तुनुकमिज़ाज बहिन के हाथों बहुत अपमान सहा था। ऐसा ही अहसास अन्याय होने पर हर किसी को होता है। ऐसा नहीं है कि इस संसार में हम पूरे न्याय की ही आशा करते हैं, शायद यह सम्भव भी नहीं। इतनी आशा और प्रयत्न तो होना ही चाहिए कि हमारे चारों ओर जो अन्याय है उसे समाप्त किया जाए।[1]

यह सत्य हम आए दिन अपने जीवन में झेलते हैं। हमें अनेक ऐसी विषमताएँ और वशवर्तिताएं (subjugations) भुगतनी पड़ती हैं जो हमें सहज स्वीकार्य नहीं होतीं। यही बात व्यापक पटल पर हमारे संसार में जहाँ-तहाँ हो रहे अन्याय पर भी लागू रहती है। निश्चित रूप से यह माना जा सकता है कि यदि परिहार्य अन्याय ने उन्हें उद्वेलित नहीं कर दिया होता तो पेरिसवासी कभी शाही कारागार पर आक्रमण नहीं करते, गाँधी उस साम्राज्य को चुनौती नहीं देते जिसमें कभी सूर्यास्त नहीं होता था, और 'स्वतंत्र एवं साहसी व्यक्तियों के देश' में मार्टिन लूथर किंग गोरों के वर्चस्व के विरुद्ध संघर्ष का बिगुल नहीं बजाते। वे किसी सम्पूर्णरूपेण न्यायनिष्ठ विश्व की प्राप्ति के लिए प्रयास नहीं कर रहे थे। (यदि उसके स्वरूप पर कोई सहमति हो भी जाती), किन्तु वे स्पष्ट रूप से दिखाई पड़ रहे अन्याय का यथासम्भव निराकरण अवश्य करना चाहते थे।

परिहार्य अन्याय का बोध ही हमें न्याय और अन्याय के प्रश्नों के विषय में सोचने को विवश करता है। मेरा तो इस पुस्तक में यही तर्क रहने वाला है कि यही बोध न्याय सिद्धान्तों का केन्द्रबिन्दु भी होना चाहिए। यहां प्रस्तुत सभी चर्चाओं का आरंभ बिंदु किसी न किसी अन्याय की अनुभूति में ही निहित रहेगा।[2] एक प्रश्न उठाया जा सकता है : यदि यह चर्चा के आरम्भ का एक अच्छा बिन्दु हो सकता है तो इसे चर्चा के समापन का उपयुक्त बिन्दु क्यों नहीं बनाया जा सकता? हमें

अपने न्याय एवं अन्याय के बोध से आगे जाने की क्या आवश्यकता है? न्याय के सिद्धान्त की ही क्या आवश्यकता है?

विश्व को समझने के लिए मात्र तात्कालिक अनुभूतियों का चित्रण पर्याप्त नहीं रहता। इसमें तो तर्क का प्रयोग अपरिहार्य हो जाता है। जो कुछ हम देख और अनुभव कर रहे हैं हमें उसे 'पढ़ना' भी पड़ता है—साथ ही हमें यह प्रश्न भी उठाना होगा कि उन अनुभूतियों का अर्थ क्या है। उनसे अभिभूत हुए विना उन्हें अपने चिन्तन में स्थान देना भी आवश्यक होगा। एक प्रश्न का सम्बन्ध तो हमारी भावनाओं और अनुभूतियों की विश्वस्तता से ही रहता है : अन्याय का बोध हमें कुछ करने को प्रेरित तो करता है किन्तु (अन्याय विषयक) वह संकेत साथ ही आलोचनात्मक समीक्षा की माँग भी करता है। मूलतः संकेतों पर आधारित निष्कर्षों की उपयुक्तता की समीक्षा होनी ही चाहिए। एडम स्मिथ (Adam Smith) की नैतिक भावनाओं में श्रद्धा ने उन्हें 'नैतिक भावनाओं के सिद्धान्त'' का अन्वेषण करने से रोका नहीं था, उस श्रद्धा ने यह भी नहीं कहा कि किसी गलत कार्य की समीक्षा कर यह तय न करो कि उस गलती को किसी की भर्त्सना का स्थायी आधार बनाया जा सकता है या नहीं। इसी प्रकार से किसी की प्रशंसा करने की धारणा की समीक्षा पर भी यही बात लागू होती है।*

हमें ये प्रश्न भी उठाने चाहिए कि न्याय और अन्याय जैसी नैतिक और राजनीतिक संकल्पनाओं के मूल्यांकन में किस प्रकार के तर्क महत्त्वपूर्ण होने चाहिए। अन्याय का निदान या उसे कम करने अथवा समाप्त करने में सक्षम किसी कदम की पहचान किस प्रकार वस्तुनिष्ठ हो सकती है? क्या इसमें अपने स्वहित से निरपेक्ष रहने जैसी किसी समदर्शिता की आवश्यकता होगी? क्या इस कार्य में स्वहित से असम्बद्ध किन्तु स्थानीय पूर्व धारणाओं एवं पूर्वाग्रहों को परिलक्षित करने वाली ऐसी रूढ़ियों पर पुनः विचार भी करना होगा जो इस प्रकार की संकीर्णता से मुक्त विचारों के समक्ष तर्कशील लेन-देन में टिक नहीं पाएँगे? न्याय के तकाज़ों को समझ पाने में तर्कशीलता एवं औचित्यपूर्णता की क्या भूमिका रहती है?

इस पुस्तक के पहले दस अध्यायों में इन्हीं सरोकारों और इनसे जुड़े अनेक सामान्य प्रश्नों पर विचार किया गया है। उसके बाद ही मैंने उन अनुप्रयोगात्मक पक्षों की ओर रुख किया है जिनमें न्याय-विषयक निर्णयों के आधारों (स्वतंत्रताओं, क्षमताओं, संसाधनों, परितोष, कुशल-क्षेम आदि) समता और स्वातंत्र्यानुगत चर्चित विभिन्न सरोकारों, न्याय की अन्वेषणा और चर्चा द्वारा शासन स्वरूपी लोकतन्त्र की

---

* स्मिथ की प्रतिष्ठित रचना, *द थ्योरी ऑफ मारॅल सेंटीमेंट्स* का प्रथम संस्करण 250 वर्ष पूर्व और संशोधित छठा संस्करण 1790 में आया था। इसी वर्ष के अन्त में (2009) इसका एक नवीन संस्करण आ रहा है—मुझे उसके लिए एक निबन्ध की भूमिका लिखने का सौभाग्य प्राप्त हुआ है।

अन्वेषणा के बीच स्पष्ट सम्बन्ध सूत्रों तथा मानवाधिकारों के दावों की प्रकृति, धारणीयता और पहुँच आदि की आलोचनात्मक समीक्षा से जुड़े प्रश्न सम्मिलित हैं।

यहाँ किस प्रकार के सिद्धान्त का निरूपण किया गया है?

यहाँ न्याय के सिद्धान्त को बहुत व्यापक स्वरूप में प्रस्तुत किया गया है। हमारा ध्येय यह स्पष्ट करना है कि हम किस प्रकार अन्याय को कम करते हुए न्याय का संवर्धन कर सकते हैं। हमारा लक्ष्य सम्पूर्णरूपेण न्यायनिष्ठता के स्वरूप को लेकर प्रश्नों का समाधान करना नहीं है। इस दृष्टि से हमारा यह न्यायसिद्धान्त नैतिक एवं राजनीतिक दार्शनिकों द्वारा प्रतिपादित एवं इस समय प्रचलित प्रमुख न्याय सिद्धान्तों से बहुत भिन्न दिशा में जाता प्रतीत होता है? तीन अन्तर तो बहुत प्रमुख हैं–(इन पर अधिक विस्तार से 'भूमिका' में चर्चा होगी)।

सबसे पहला अन्तर तो यही है कि हमारा आग्रह है कि व्यावहारिक तर्क का आधार बनने का दावा करने वाले न्यायसिद्धान्त को प्रचलित सिद्धान्तों की तरह किसी सम्पूर्णरूपेण न्यायनिष्ठ समाज के लक्षणों का निर्धारण करने मात्र से सन्तुष्ट नहीं रह जाना चाहिए। इसमें अन्याय के निवारण, निराकरण और न्याय के संवर्धन की विधियाँ भी सम्मिलित होनी चाहिए। किसी सम्पूर्ण न्यायनिष्ठ व्यवस्था की पहचान करने और न्यायसंवर्धन करने में सक्षम सामाजिक परिवर्तन की पहचान के प्रयासों में कुछ सम्प्रेरणाएँ भले ही सांझी हो, किन्तु विश्लेषणात्मक स्तर पर ये दोनों असम्बद्ध ही रहते हैं। इस कार्य में हमारा अगला प्रश्न अत्यन्त महत्त्वपूर्ण रहता है। यह प्रश्न है 'संस्थाओं के बारे में निर्णय और न्याय के व्यवहार तथा अन्य निर्धारकों का प्रश्न। इन निर्णयों तक पहुँचने की विधि का भी भविष्य में न्याय-संवर्धन के लिए आवश्यक कर्तव्य के निर्धारण में व्यावहारिक तर्कों के चयन में निर्णायक योगदान रहता है। यह मान्यता कि पहले सम्पूर्णरूपेण न्यायनिष्ठता का निरूपण किए बिना इस प्रकार की तुलना नहीं हो सकती–तो पूरी तरह से गलत सिद्ध होती है (अध्याय-4)।

दूसरे, न्याय विषयक अनेक तुलनात्मक प्रश्नों का तर्क-आधारित विचार-विमर्श में समाधान हो जाता है–फिर भी कुछ तुलनाओं में टकरावपूर्ण सरोकारों से जुड़े सभी प्रश्नों का समाधान नहीं हो पाता।

यहाँ हमारा तर्क है कि न्याय के अनेक (पृथक्-पृथक्) कारण या आधार हो सकते हैं–ये सभी समीक्षा की कसौटी पर खरे भी उतरते हैं–किन्तु इनसे अलग-अलग निष्कर्ष ही प्राप्त होते हैं। यह विविधता एक ही समाज नहीं बल्कि एक ही व्यक्ति के सन्दर्भ में भी बनी रहती है–इनका स्रोत सामाजिक परिवेशों की भिन्नता नहीं होता। परिवेश के अन्तर तो एक अन्य प्रकार की बहुलता की रचना करते हैं। विभिन्न

परम्पराओं और परिवेशों में पले-बढ़े व्यक्ति ही नहीं बल्कि एक समाज के सदस्य भी (एक ही व्यक्ति भी) अनेक दिशाओं की ओर उन्मुख करने वाले उचित प्रतीत होने वाले तर्क दे सकते हैं।*

टकरावपूर्ण दावों से सामना होने पर अन्य व्यक्तियों ही नहीं, अपने-आप से भी तर्कशील वाद-विवाद करते रहने की ज़रूरत होती है, आप अपने समाज में ठीक हैं, मैं अपने समाज में' जैसी 'निस्पृहता' से सन्तुष्ट हो रहना पर्याप्त नहीं होता। तर्क और समदर्शी समीक्षा आवश्यक हैं। किन्तु अत्यन्त ऊर्जस्वी आलोचनात्मक विश्लेषण के बाद भी कुछ टकराव/स्पर्धापूर्ण तर्क बचे रहते हैं जिनका निवारण समदर्शी समीक्षा नहीं कर पाती। इस विषय में मैं आगे और व्याख्या करूँगा—परन्तु इस प्रकार कुछ प्रश्नों के अनिर्णीत रह जाने से तर्क और समीक्षा की 'निरर्थकता' प्रमाणित नहीं होती। उस प्रक्रिया से गुज़रने के बाद जो बहुलता प्राप्य होती है वह तर्क-आधारित बहुलता है—तर्क से बचने के प्रयास में स्वीकार कर ली गई बहुलता नहीं।

तीसरी मुख्य बात निवारणीय अन्याय के अस्तित्व से है। इसका सम्बन्ध संस्थागत त्रुटियों की अपेक्षा व्यावहारिक अतिक्रमणों से भी हो सकता है। न्याय का सम्बन्ध तो व्यक्तियों के जीवनक्रम से अधिक रहता है—उनके इर्द-गिर्द विद्यमान संस्थाओं से कम। फिर भी अनेक प्रचलित न्यायसिद्धान्त व्यवहार की भूमिका को गौण (व्युत्पन्न) स्वरूप प्रदान कर केवल न्यायनिष्ठ संस्थाओं के निर्माण पर केन्द्रित होकर रह गए हैं। उदाहरण के लिए जॉन रॉल्स की 'न्याय का निष्पक्षता स्वरूप'' विधि किन्हीं विलक्षण ''न्याय के नियमों, का निर्धारण मात्र करती है जो सम्पूर्णरूपेण न्यायनिष्ठ ''संस्थाओं की रचना कर देंगे, उसके पश्चात् वे यह अपेक्षा करने लगते हैं कि सभी व्यक्तियों का व्यवहार पूरी तरह से उन संस्थाओं की कार्यपद्धति के अनुरूप रहेगा।[3]

हमारी इस रचना में प्रस्तुत न्याय दृष्टिकोण का आग्रह है कि केवल संस्थाओं पर इस अतिशय निर्भरता में कई गम्भीर त्रुटियाँ होती हैं—यहाँ व्यक्तियों को सुलभ जीवन-यापन के अवसरों की अनदेखी हो जाती है। न्याय के मूल्यांकन में वास्तविकजीवन पर ध्यान केन्द्रित करने के न्याय की संकल्पना की रचना और प्रभावोत्पादकता के लिए बहुत दूरगामी प्रभाव सम्भव हैं।**

मेरा आग्रह है कि न्यायसिद्धान्त विषयक प्रत्यन्तर (departure) राजनीतिक एवं नैतिक दर्शन पर प्रत्यक्ष रूप से प्रभाव डालेगा। मैंने इस सन्दर्भ में विकसित तर्कों की वर्तमान में चल रही विधि, अर्थशास्त्र और राजनीति की विचार-मंथन

---

* उदाहरण के रूप में मार्क्स ने श्रम के शोषण के अन्त और सभी की आवश्यकताओं के अनुसार वितरण की बात की थी। किन्तु उन्होंने अपनी अन्तिम महत्त्वपूर्ण रचना *द क्रिटिक ऑफ द गोथा प्रोग्राम,* 1875, में इनके बीच टकराव को स्वीकार किया है।

** इस सन्दर्भ में वास्तविक जीवन एवं व्यवहार्य स्वतंत्रताओं पर आधारित 'क्षमता परिप्रेक्ष्य' बहुत महत्त्वपूर्ण है। देखें अध्याय-11 से 14।

प्रक्रियाओं में सार्थकता की ओर भी ध्यान आकर्षित किया है। अपेक्षाकृत आशावादिता के साथ ही सही, मुझे लगता है कि इन तर्कों का व्यावहारिक नीतियों एवं कार्यक्रमों की रचना सम्बन्धी विचार-विमर्श में भी प्रयोग हो सकता है।*

सामाजिक अनुबन्ध के सीमित एवं परिसीमनकारी परिप्रेक्ष्य से बाहर निकल तुलना के परिप्रेक्ष्य को अपनाना एक सकारात्मक योगदान हो सकता है। हम दमन (गुलामी, नारी की वशवर्तिता), व्यवस्थित रूप से चिकित्सा-सुविधाओं से वंचित रखे जाने (अफ्रीका-एशिया के अनेक देशों में इनके अभाव तथा अमरीका सहित अनेक देशों में इनकी सर्वसुलभता के अभाव) या उत्पीड़न (विश्व-व्यवस्था के कर्णधार भी इस कार्य को बड़े उत्साह से करते दिखाई दे जाते हैं) का विरोध कर रहे हों या फिर चिरन्तन भूख जैसी समस्याओं के निवारण के पक्ष में आन्दोलित हों–प्रत्येक अवस्था में हमारा प्रयास न्याय के संवर्धन (विद्यमान अन्याय के निवारण) से ही प्रेरित होगा। हम इस बात पर सहमत हो सकते हैं कि रंगभेद का उन्मूलन जैसे परिवर्तन अन्याय को कम कर पाने में सहायक होंगे–फिर भी, सभी सहमतिपूर्ण कदम उठा लेने के बाद भी जो सामाजिक व्यवस्था हमें प्राप्त होगी, क्या उसे सम्पूर्णरूपेण न्यायपूर्ण कह पाना सम्भव होगा? व्यावहारिकता और सैद्धान्तिक तर्क–दोनों ही न्याय के विश्लेषण की वर्तमान विधियों में आमूलचूल परिवर्तन (दिग्वर्तन) की आवश्यकता का आग्रह कर रहे हैं।

सार्वजनिक विचार-विमर्श और लोकतन्त्र तथा विश्वस्तरीय न्याय

यद्यपि हम न्याय के नियमों की व्याख्या संस्थाओं नहीं बल्कि व्यक्तियों के जीवन और उनकी स्वतंत्रताओं के आधार पर करेंगे–फिर भी हम यह स्वीकार करते हैं कि संस्थाएँ न्याय की अन्वेषणा में बहुत महत्त्वपूर्ण सहायक भूमिकाएँ निभाती हैं। वैयक्तिक एवं सामाजिक व्यवहार के साथ-साथ उपयुक्त संस्थाओं के चयन का न्याय संवर्धन के उद्यम में बहुत बड़ा योगदान रहता है। ये संस्थाएँ अनेक प्रकार से सहायक होती हैं। ये लोगों को मनभावन जीवन-शैली के अनुसार जीवन-यापन में प्रत्यक्षतः सहायक होती हैं। संस्थाएँ ही जीवन मूल्यों और वरीयताओं की समीक्षा की हमारी क्षमता को व्यावहारिक स्वरूप प्रदान करने का कार्य करती हैं–सार्वजनिक चर्चा के अवसरों का निर्माण करने में तो यह योगदान बहुत ही निर्णायक रहता है। (चर्चा की सुविधाओं–मंच आदि–के साथ-साथ जानकारी और अभिव्यक्ति की

* अनावृत समदर्शिता'–दूर पास के सभी विचारों पर ध्यान देना और स्थानिक संकीर्णता के पाश से बचना आदि इसी के उदाहरण हो सकते हैं।

स्वतंत्रता के अधिकारों की संस्थागत मान्यता के बिना चर्चा-समीक्षा का कोई अर्थ नहीं होता)।

हमारी इस पुस्तक में लोकतन्त्र का मूल्यांकन सार्वजनिक विचार-विमर्श के आधार पर किया गया है–इससे लोकतन्त्र की 'चर्चा द्वारा शासन' के रूप में व्याख्या होती है। किन्तु अधिक व्यापक पटल पर लोकतन्त्र को जानकारी की सुलभता और पारस्परिक विचार-विनिमय के संवर्धन द्वारा तर्कों पर आधारित संवाद में योगदान की क्षमता की समृद्धि के रूप में भी देखा जा सकता है। एक लोकतन्त्र का मूल्यांकन केवल उसके नाम पर गढ़ी गई संस्थाओं के आधार पर नहीं होना चाहिए–इस बात पर भी ध्यान देना ज़रूरी है कि इस व्यवस्था में कहाँ तक समाज के विभिन्न वर्गों की विविधतापूर्ण बातों की सुनवाई हो पाती है।

लोकतन्त्र के प्रति यह दृष्टिकोण केवल एक राष्ट्र-राज्य नहीं, बल्कि पूरे विश्व स्तर (लोकतन्त्र) की अन्वेषणा पर प्रभाव डालेगा। यदि लोकतन्त्र का अर्थ विश्व स्तर पर चुनाव द्वारा विश्व सरकार की रचना नहीं रहे बल्कि सार्वजनिक चर्चा की सम्भावनाओं और प्रभावोत्पादकता को बढ़ाना हो जाए तो फिर वैश्विक न्याय और लोकतन्त्र दोनों ही ऐसे व्यावहारिक एवं सहज बोधगम्य विचार बन जाएँगे जो विभिन्न देशों की सीमा रेखाओं के पार भी अनेक व्यावहारिक कार्यों को प्रेरित एवं प्रभावित कर पाएँगे।

यूरोपीय ज्ञानोदीप्ति और हमारी वैश्विक धरोहर

मैं इस पुस्तक में जिस विश्लेषण और निरूपण विधि को प्रस्तुत कर रहा हूँ उसके पूर्वगामी विचारों के विषय में क्या कहा जा सकता है? अधिक विस्तार से तो इस बारे में मैं 'भूमिका' में चर्चा करूँगा, किन्तु अभी मात्र यही कहना चाहता हूँ कि न्याय-विश्लेषण की मेरी तर्क-धारा मूलतः यूरोपीय ज्ञानोदीप्ति काल (enlightenment period) की बौद्धिक असंतृप्ति (intellectual discontentment) की विश्लेषण धारा से ही जुड़ी हुई है। किन्तु, इसके साथ ही कतिपय संभव भ्रान्तियों का निवारण करने के लिए मुझे दो-एक स्पष्टीकरण देना भी आवश्यक प्रतीत होता है।

पहला स्पष्टीकरण तो यही है कि यूरोपीय ज्ञानोदीप्ति की विश्लेषण परम्परा को अपनाने के बावजूद इस पुस्तक की बौद्धिक पृष्ठभूमि यूरोपीय नहीं है। न्याय-सिद्धान्त विषयक अन्य रचनाओं की तुलना में इस पुस्तक की एक विलक्षणता–[जिसे कुछ व्यक्ति विद्रूपता भी कह सकते हैं]–यही है कि मैंने गैर-पाश्चात्य समाजों के विचारों का बहुत खुल कर प्रयोग किया है। भारत के बौद्धिक इतिहास की सामग्री का विशेष रूप से प्रयोग करते हुए अन्य क्षेत्रों से प्राप्त जानकारी को भी अपने विश्लेषण में समाहित किया है। भारत की बौद्धिक परम्पराओं में तर्कहीन धारणाओं और आस्थाओं

पर निर्भरता नहीं बल्कि तर्क-आधारित वाद-संवाद की सशक्त धाराएँ विद्यमान रही हैं। अनेक गैर-पाश्चात्य देशों में भी इस प्रकार के विचारों का प्रचलन रहा है। मेरा आग्रह होगा कि प्रचलित राजनीतिक दर्शन, विशेषकर न्याय सिद्धान्तों के रचनाकारों द्वारा केवल पाश्चात्य बौद्धिक स्रोतों के प्रयोग के कारण इन सिद्धान्तों के तकाज़े और आधार सीमित एवं संकुचित होकर रह गए हैं।*

किन्तु मेरा ऐसा भी कोई दावा नहीं है कि 'पश्चिम' और 'पूर्व' के इन विषयों पर चिन्तनों में कोई बहुत बड़ा वैषम्य है। पश्चिमी तर्क धारा में भी अनेक प्रकारान्तर हैं तो पूर्व में भी कई स्वर सुनाई दे जाते हैं। किन्तु यह तो बहुत ही विचित्र और बेतुका कथन होगा कि एक संगठित पश्चिम का किसी मूलतः प्राच्य चिन्तन से टकराव है (मेरा तो आग्रह रहा है कि मूलतः प्राच्य वरीयताएँ या भारतीय वरीयताएँ व्यापक सामान्य मानवीय वरीयताओं से भिन्न नहीं है) आजकल प्रचलित चर्चाओं में ऐसे विचार सुनाई पड़ जाते हैं—किन्तु मेरा चिन्तन तो इनसे कोसों दूर है। मेरा तो आग्रह है कि विश्व के विभिन्न भागों में न्याय, निष्पक्षता, उत्तरदायित्व, कर्तव्य, श्रेष्ठता और औचित्य विषयक मिलते-जुलते विचारों का प्रचलन रहा है। वर्तमान पाश्चात्य चिन्तन की मुख्यधारा ने इन्हीं तथ्यों की उपेक्षा की है, जबकि गैर-पाश्चात्य संस्कृतियों से सांझापन पाश्चात्य चिन्तन के अपने तर्कों की प्रभाव सीमाओं को भी बहुत विस्तृत आधार प्रदान करने में समर्थ हो सकता है।

द्वन्द्वात्मक ज्ञानपथ के प्रखर समर्थक गौतम बुद्ध के तर्कों, या प्रत्येक परम्परागत आस्था को तर्क की कसौटी पर परखने वाली लोकायत चिन्तनधारा, किसी को भी विचार कर देखें तो छठी शताब्दी ईसा पूर्व के विचार ज्ञानोदीप्ति काल के यूरोपीय विचारों के विरोधी नहीं, बल्कि उन्हीं से सादृश्यपूर्ण दिखाई देते हैं। किन्तु इतना भाव-विभोर भी नहीं हो जाना चाहिए कि गौतम बुद्ध को यूरोपीय ज्ञानोदीप्ति की किसी प्रशाखा की सदस्यता का उम्मीदवार बना दिया जाए। (उनके संस्कृत उपनाम बुद्ध का तो अर्थ ही 'ज्ञानदीप्त' है।) यह कहना भी बड़ा विचित्र ही लगेगा कि यूरोपीय ज्ञानोदीप्ति किन्हीं 'एशियाई विचार प्रवाहों के प्रभाव का' परिणाम थी। वस्तुतः इस बात को समझ लेने में कुछ भी असंगतिपूर्ण नहीं होगा कि विश्व के अनेक भागों में अलग-अलग समय बिन्दुओं पर मिलते-जुलते विचारों का स्वतंत्र-प्रायः विकास

---

* कभी-कभी आधुनिक पाश्चात्य लेखकों ने राजनीतिक युक्ति शास्त्र राज्य-शास्त्र के भारतीय विद्वान कौटिल्य की चर्चा की तो है—किन्तु उन्हें 'भारतीय मकैवली' कहा है। बड़ा विचित्र लगता है कि चौथी शताब्दी ईसापूर्व के एक विचारक की उपमा 'पन्द्रहवीं' शताब्दी ईसवी के किसी लेखक से दी जा रही है। इसमें भले ही क्षेत्रीय बौद्धिक श्रेष्ठता का अनगढ़ प्रयास नहीं छिपा हो, किन्तु एक बात तो स्पष्ट हो ही जाती है : ये आधुनिक पश्चिमी विचारक गैर-पाश्चात्य बौद्धिक परम्पराओं के ज्ञान से कोरे ही हैं।

हुआ है। एक समान प्रश्नों के समाधान में अनेक प्रकार की तर्कधाराओं का प्रयोग होता रहा है। इसी कारण यदि हम अपना सारा ध्यान किसी भूक्षेत्र विशेष तक ही सीमित कर लेंगे तो न्यायविषयक तर्कों की अनेक सम्भव धाराओं से लाभान्वित होने से वंचित रह जाएँगे।

पुरातन भारतीय न्यायशास्त्र में *नीति* और *न्याय* के बीच भेद का उदाहरण तो बहुत ही सार्थक और महत्त्वपूर्ण है। नीति का सम्बन्ध संस्थागत रचना और व्यवहार की उपयुक्तता (औचित्यपूर्ण) से है जबकि न्याय का नाता परिणति से है, अर्थात् इस बात से है कि अन्ततः व्यक्ति किस प्रकार से जीवन-यापन कर पाते हैं। हम इस भेद की सार्थकता पर 'भूमिका' में विस्तार से बात करेंगे, किन्तु इतना अवश्य लगता है कि दो, (पूर्णतः असम्बद्ध नहीं) प्रकार की न्यायनिष्ठताएँ हो सकती हैं और न्यायसिद्धान्त को दोनों का ही ध्यान रखना चाहिए।*

मेरी दूसरी व्याख्यात्मक टिप्पणी यही है कि ज्ञानोदीप्ति काल के विचारकों में भी सम्पूर्ण सहमति युक्त एकमत के दर्शन नहीं होते। उस युग के क्रान्तिकारी विचारकों के न्यायविषयक चिन्तन की दो धाराएँ तो बहुत स्पष्ट रूप से दिखाई दे जाती है। एक धारा ने कतिपय सम्पूर्णरूपेण, न्यायनिष्ठ संस्थाओं के अभिज्ञान में ही न्यायसिद्धान्तों के कर्तव्य की सिद्धि मान ली थी। किसी 'सामाजिक अनुबन्ध' के विचार के गिर्द सत्रहवीं शताब्दी में थॉमस हॉब्स और आगे चलकर जॉन लॉक, रूसो, इम्मेनुअल कांट आदि अनेक विचारकों ने अपने चिन्तन के ताने-बाने बुने थे। आधुनिक राजनीतिक दर्शन में भी यही अनुबन्धवाद प्रबलतापूर्वक छाया हुआ है। इस प्रबलता का सूत्रपात 1958 में जॉन रॉल्स के अतिप्रभावशाली लेख *जस्टिस एज़ फेयरनैस* से हुआ था। उनका यही विचार उनकी बड़ी रचना *ए थ्योरी ऑफ जस्टिस* में और अधिक ठोस रूप से आ गया है।[4]

इस धारा के विपरीत स्मिथ, कॉंडोर्से, वोल्स्टोनक्राफ़्ट, बैंथम, मार्क्स, जॉन स्टुअर्ट मिल आदि अनेक दार्शनिकों ने जनता के जीवन-यापन की विभिन्न पद्धतियों के विषय में अलग-अलग मत अपनाए थे। ये पद्धतियाँ संस्थागत रचनाओं के साथ-साथ व्यक्तियों के निर्जीव एवं सामाजिक व्यवहार के अन्य निर्धारक तत्त्वों पर भी विचार का आग्रह करती थीं। हमारी यह पुस्तक इस वैकल्पिक परम्परा का अधिक अनुसरण करने जा रही है। सामाजिक चयन सिद्धान्त की गणितीय विश्लेषण धारा का सूत्रपात कॉंडोर्से ने 18वीं शताब्दी में किया था और इसके वर्तमान स्वरूप को गत शताब्दी के मध्य में केन्नेथ ऐरो ने निखारा था। यह भी इस वैकल्पिक विश्लेषण धारा का ही एक उप-प्रवाह है।

कुछ उपयुक्त अनुयोजन के बाद यह विश्लेषण विधि विश्व में अन्याय निवारण

---

* न्याय और नीति का भेद देश की सीमाओं के भीतर ही नहीं विश्व स्तर पर भी समान रूप से व्यवहार्य रहेगा।

और न्यायसंवर्धन से सम्बद्ध प्रश्नों के समाधान में बहुत महत्त्वपूर्ण और सार्थक योगदान दे सकती है।

तर्क का स्थान

ज्ञानोदीप्ति की दो प्रशाखाओं, अनुबन्धवाद और तुलनावाद, में भारी अन्तर तो हैं, किन्तु साथ ही कई समानताएँ भी हैं। इन समानताओं में हैं तर्क पर आश्रय और सार्वजनिक चर्चा के तकाज़ों की दुहाई देना। यद्यपि इस पुस्तक ने मुख्यतः तुलनावादी मार्ग को अपनाया है–न कि कांट आदि के अनुबन्धवाद को, फिर भी इस पर कांट की (ज्ञान) दृष्टि की गहरी छाप है। क्योंकि, जैसा क्रिस्टाइन कोर्सगार्ड ने कहा है : विश्व में तर्क की स्थापना तो एक नैतिक उद्यम है, निरा सिद्धान्तवाद नहीं, यही मानवता का अवलम्ब है और आशा भी।[5]

तर्क किस सीमा तक एक न्यायसिद्धान्त का विश्वस्त आधार प्रदान कर सकता है? इस प्रश्न को लेकर भी विवाद रहा है। पुस्तक का अध्याय-1 तर्क की भूमिका और प्रभाव सीमा से ही जुड़ा है। मेरा आग्रह है कि भावना, मनोविज्ञान या अन्तर अनुभूति को तर्क-आधारित मूल्यांकन से इतर स्वतंत्र मूल्यांकन स्रोत के रूप में स्वीकार नहीं किया जा सकता। मनोवेग और मानसिकता का अपना महत्त्व फिर भी बना रहता है। वे विश्व में व्याप्त अन्याय और न्याय के आकलन में बहुत उपयोगी हो सकते हैं। मेरा कहना है कि तर्क और भावना के बीच कोई अनिवारणीय टकराव नहीं होता और भावनाओं को विश्लेषण में स्थान दिया जा सकता है।

तर्क पर आश्रय की एक और आलोचना भी है–यह विश्व में व्याप्त तर्कहीनता की ओर इंगित करती है और इस मान्यता को "अवास्तविक" मानती है कि विश्व (सदैव) तर्क द्वारा प्रदर्शित पथ का अनुसरण करेगा। इस विषय पर मेरे एक अन्य शोध कार्य की कड़ी आलोचना करते हुए क्वामे एंथनी अप्पिया ने कहा है : आप सेन द्वारा सुझाए गए तरीकों से अपने तर्कबोध को चाहे जितना खींच-खींच कर फैला लो, मेरी भी इस कार्य में रुचि है, किन्तु यह आपको मंज़िल तक नहीं ले जा पाएगा। 'औचित्यपूर्ण व्यक्ति' के परिप्रेक्ष्य पर कार्य करते हुए सेन को व्यापक स्तर पर व्याप्त तर्कहीनता को देख मुँह फेर लेना पड़ेगा।[6] विश्व की वस्तुस्थिति के चित्रण में तो अप्पिया ठीक ही कह रहे हैं–वैसे उनकी यह आलोचना न्यायसिद्धान्त से सम्बन्धित नहीं है–फिर भी विभ्रमपूर्ण सामाजिक प्रश्नों पर तर्क-आधारित चर्चा की व्यावहारिक प्रभावोत्पादकता को लेकर संशयवाद की यह एक स्पष्ट अभिव्यक्ति है। तर्कहीनता की व्याप्ति और रूढ़क्षमता कठिन प्रश्नों के तर्क-आधारित समाधानों की प्रभावक्षमता को कुंठित कर देती हैं।

तर्क का सीमा विषयक यह संशयवाद न्याय का सामाजिक अस्मिता जैसे प्रश्नों की अन्वेषणा में तर्क को तिलांजलि देने का आधार नहीं हो सकता, स्वयं अप्पिया

का ऐसा कोई मन्तव्य भी नहीं था (वास्तव में इस विषय में काफी साक्ष्य उपलब्ध हैं कि परस्पर सार्वजनिक चर्चा से तर्क का विरोध शिथिल पड़ जाता है) इससे हम सभी को एक बार अपने-अपने मतों पर पुनः विचार कर देखने के आग्रह को भी कोई क्षति नहीं पहुँच पाती। एक और बात भी महत्त्वपूर्ण है–कई बार अन्य व्यक्ति इसे तर्कहीनता मान लेते हैं–वह वास्तव में तर्कहीनता नहीं होती है।* तर्क आधारित चर्चा से उन अनेक मुद्दों का स्पष्टीकरण सम्भव है जिन्हें अन्य व्यक्ति तर्कहीन पूर्वाग्रह मान लेते हैं। इस बात की कोई विवशता नहीं होती कि एक छोड़ अन्य सभी तर्कित विकल्पों को निरस्त करना ही है।

वास्तव में इस प्रश्न का एक अन्य महत्त्वपूर्ण आयाम भी होता है : प्रायः पूर्वाग्रह भी किसी न किसी प्रकार के तर्कों पर आधारित होते हैं–वे चाहे जितने भी लचर या मनमाने हों। प्रत्येक अंधविश्वासी ने अपनी मिथ्या धारणा के लिए कोई न कोई तर्क गढ़ ही लिया होता है। हम इस प्रकार की अनगढ़ तार्किकता में जातिवादी, लिंगवादी, वर्गवादी और प्रजातिवादी पूर्वाग्रहों के आधार नृशंसता आदि को सम्मिलित कर सकते हैं। तर्कहीनता तर्क के बिना व्यवहार नहीं है–यह वस्तुतः अपरिष्कृत और दोषपूर्ण तर्कों के अनुसार व्यवहार का ही नाम है। यही एक आशा किरण भी है–क्योंकि अपरिष्कृत तर्क का सामना परिष्कृत से हो सकता है। अतः भले ही प्रारम्भ में चुनौती मिलने पर व्यक्ति उसे स्वीकार करने को तैयार नहीं हो, फिर भी तर्कों के आधार पर बातचीत की सम्भावना बनी रहती है।

हमारी इस पुस्तक में तर्कों के लिए यह आवश्यक नहीं है कि प्रत्येक व्यक्ति के चिन्तन में तर्कशीलता विद्यमान हो। ऐसी कोई पूर्वामान्यता नहीं की जा रही है–इसकी आवश्यकता भी नहीं है। यह कहने का कि यदि व्यक्ति खुले मन से समदर्शितापूर्ण होकर तर्क करेंगे तो किसी प्रस्ताव पर सहमत हो जाएँगे, अर्थ यह नहीं है कि वे किसी प्रकार के तर्क-वितर्क में संलग्न हैं। या उसके लिए आतुर हैं। सबसे महत्त्वपूर्ण बात तो यह जानना है कि न्याय की अन्वेषणा में तर्क क्या तकाज़े करेगा? हमें इस बात को स्वीकार करने को भी तैयार रहना चाहिए कि अनेक स्थापनाएँ तर्कपूर्ण या उचित प्रतीत हो सकती हैं। यह संभावना भी निश्चित रूप से बनी रहती है कि–प्रत्येक व्यक्ति किसी समय विशेष पर इस प्रकार की समीक्षा के लिए उत्सुक नहीं होता। तर्कविहीन विश्व से भी न्याय के बोध के लिए तर्क की आवश्यकता होगी। वस्तुतः वहाँ इसका महत्त्व और भी अधिक होगा।

---

* अन्धविश्वासी सीढ़ी के नीचे से नहीं जाना चाहते और वैज्ञानिक उस अन्धविश्वास को मिथ्या सिद्ध करने के लिए सीढ़ी के नीचे से जानबूझ कर गुज़रते हैं। किन्तु यदि इस वैज्ञानिकता के जोश में कोई हर जगह सीढ़ियाँ खोजने लगे (ताकि उसके नीचे से गुज़रा जा सके) तो निश्चित ही कुछ न कुछ हो जाएगा। *(जेम्स थर्बर : लेट यूअर माइंड एलोन, न्यूयार्क, 1 मई 1937)*

आभार

प्रस्तुत पुस्तक की रचना में अन्य व्यक्तियों से मिली सहायता के लिए उनके प्रति आभार व्यक्त करते समय सबसे प्रथम स्थान जॉन रॉल्स का है—उन्हीं ने मुझे इस क्षेत्र में कार्य करने की प्रेरणा दी थी। दशकों तक वे एक उत्कृष्ट शिक्षक रहे हैं और यदि कहीं मैं उनके निष्कर्षों से सहमत नहीं भी हो पाता तो भी उनके विचारों से प्रभावित अवश्य रहता हूँ। उनसे मुझे न केवल ज्ञान और स्नेह मिला है, बल्कि उन्हीं ने मुझे अपने संशयों को लेकर और शोध-चिन्तन की प्रेरणा भी दी है। यह पुस्तक उन्हीं की स्मृति को समर्पित है।

रॉल्स से मेरा लम्बा सम्पर्क 1968-69 में आरम्भ हुआ, उस वर्ष मैं दिल्ली विश्वविद्यालय से हार्वर्ड में एक अतिथि प्राध्यापक होकर आया था और उनके तथा केन्नेथ ऐरो के साथ एक स्नातक पाठ्यक्रम के शिक्षण में सहयोगी होने का सुअवसर मुझे प्राप्त हुआ था। मेरी अन्य अनेक रचनाओं की भाँति इस पुस्तक पर भी ऐरो की गहरी छाप है। यह छाप दशकों से उनके साथ चल रही चर्चाओं तक ही सीमित नहीं है—इसका एक स्रोत आधुनिक सामाजिक चयन सिद्धान्त की वह गणितीय विश्लेषण पद्धति भी है जिसके प्रणेता ऐरो रहे है।

इस पुस्तक में प्रस्तुत अधिकांश कार्य हार्वर्ड, जहाँ मैं 1987 से टिका हूँ, में हुआ है। जब 6 वर्षों, 1998-2004 तक मुझे कैम्ब्रिज के महान महाविद्यालय ट्रिनिटी कॉलेज में मास्टर पद पर कार्य करने का सुयोग मिला तो वहाँ भी यह कार्य चलता रहा। (मैंने 50 वर्ष पूर्व उसी महाविद्यालय में दर्शनशास्त्रीय प्रश्नों पर विचार करना प्रारम्भ किया था।) मुझ पर पियरो सर्राफा और सी.डी. ब्रॉड का गहरा प्रभाव रहा है तो मॉरिस डोब और डेनिस रॉबर्टसन ने मुझे अपनी अभिरुचियों की अन्वेषणा करने का प्रोत्साहन दिया है।

यह पुस्तक बहुत देर तक रचनाधीन रही है और इसका मुख्य कारण यही है कि मेरे अपने सन्देह-संशय तथा रचनात्मक विचार बहुत धीमे-धीमे और बड़े दीर्घ काल में विकसित हो पाए है! इन दशकों में मुझे अनेक अध्येताओं, विचारकों, चिन्तकों से सुझाव, टिप्पणियाँ प्रश्न, अस्वीकृतियाँ और प्रोत्साहन प्राप्त हुए है—जिनसे निरन्तर लाभान्वित होने का मुझे गौरव प्राप्त है। स्वाभाविक है मेरी आभार अभिव्यक्ति की सूची संक्षिप्त नहीं रह पाएगी।

सबसे पहले तो मैं अपनी पत्नी, ऐम्मा रोथशिल्ड की सहायता और परामर्श के लिए उनके प्रति आभार व्यक्त करता हूँ–उनका प्रभाव सारी ही पुस्तक में प्रतिबिम्बित हो रहा है। बर्नार्ड विलियम्स की रचनाओं से परिचित पाठक सहज ही मेरे दार्शनिक चिन्तन पर उनके प्रभाव को भाँप जाएँगे। यह प्रभाव वर्षों तक 'बातों की दोस्ती' और उपयोगितावादी परिप्रेक्ष्य तथा उसकी सीमाओं पर एक निबन्धमाला के नियोजन, सम्पादन एवं भूमिका की रचना में सहयोग के माध्यम से आया है। *(यूटिलिटेरियेनिज़्म एंड बियाँड, 1982)*

मेरा सौभाग्य रहा है कि मैं अनेक सहयोगियों के साथ राजनीतिक एवं नैतिक दर्शन पर बहुत सार्थक चर्चाएँ कर पाया हूँ। रॉल्स के अतिरिक्त, इस विषय में मैं हिलेरी पुतनम और थॉमस स्कैनलोन, डब्ल्यू वी. ओ क्वीने और रॉबर्ट नॉज़िक का अत्यन्त आभारी हूँ जिनके साथ वर्षों तक बहुत ज्ञानवर्धक चर्चाओं से मैं लाभान्वित होता रहा हूँ। हार्वर्ड में मिलकर कक्षाएँ पढ़ाना एक निरन्तर शिक्षा पाने का अनुभव रहा है–मैं अपने सहयोगी शिक्षकों की टिप्पणियों और शिक्षार्थियों के प्रश्नों और जिज्ञासाओं से निरन्तर प्रेरित होता रहा हूँ। नॉज़िक और मैं तो लगभग एक दशक तक प्रतिवर्ष एक कोर्स मिलकर पढ़ाते रहे हैं–कई बार ऐरिक मस्किन भी हमारे साथ रहे हैं। कई बार मैंने मेसाचुसेट्स इंस्टिट्यूट ऑफ टेक्नालॉजी के जोशुआ कोहेन, और क्रिस्टाइन जोल्स, फिलिप वॉन परिज्स, मिशेल संडेल, जॉन रॉल्स, थॉमस, स्कैनलोन, रिचर्ड, कौशिक बसु, और जेम्स फॉस्टर आदि के साथ मिलकर भी पढ़ाया है। इन सहशिक्षण सत्रों का अपना ही आनन्द रहा है–साथ ही अपने सहयोगियों के साथ तर्क-वितर्कों से मेरे अपने विचारों के विकास में भी बहुत सहायता मिली है।

मेरी सभी रचनाओं में मुझे अपने छात्रों की टिप्पणियों से बहुत लाभ मिला है–यह पुस्तक भी अपवाद नहीं है। इसके विशेष सन्दर्भ में मैं प्रशान्त पटनायक, कौशिक बसु, सिद्दीकुर उस्मानी, रजत देव, रवि कनबर, डेविड केटसे, और एंड्रियास पंपद्रियों से दशकों से चल रहे आदान-प्रदान का आभारी है। आगे चलकर स्टीफेन क्लासेन, एंथनी लादेन, संजय रेड्डी, जोनाथन कोहेन, फेलिसिया नॉल, क्लेमन्स पपी, बर्टिल टंगोडेन, ऐ.के. शिवकुमार, लॉरेन्स हैमिल्टन, डग्लस हिक्स, जेनिफर प्रा रूजेर, सूसन अबादीन आदि अन्य भी इसी वर्ग से जुड़ते रहे हैं।

परस्पर चर्चाओं से भरे शिक्षा सत्रों का आनन्द मुझे 1970 व 1980 के दशकों में आक्सफोर्ड में भरपूर मिला है–वहाँ, मेरे पुराने छात्रों के शब्दों में बहुत 'हंगामा भरी' संयुक्त कक्षाओं में मैं भागीदार रहा हूँ। वहाँ मेरे मुख्य सहयोगी 'रोनाल्ड डॉर्किन और डेरेक पार्फिट रहे–बाद में जी. ए. कोहेन भी आ मिले थे। उन्हीं वाद-विवादों की यादों को जनवरी 2009 में कोहेन ने यूनिवर्सिटी कॉलेज लंदन में इसी पुस्तक पर एक शानदार गोष्ठी का आयोजन कर ताज़ा कर दिया। उस गोष्ठी में अनेक विरोधी (कोहेन समेत) तो थे ही, साथ ही जोनाथन वोल्फ़, लौरा वेलेन्टिस, रिज मोकल,

जॉर्ज लेट्सस, और स्टीफेन्स गैस्ट विचारक भी थे, जिनकी टिप्पणियों और विचारों से मैं बहुत ही लाभान्वित हुआ हूँ। लौरो ने तो गोष्ठी के बाद भी कुछ अन्य टिप्पणियाँ मुझे प्रेषित की हैं।

यद्यपि न्यायसिद्धान्त का सही विषय तो दर्शनशास्त्र ही है किन्तु इस पुस्तक में अनेक अन्य विषयों के विचारों को भी स्थान दिया गया है–उनमें से सर्वप्रमुख स्थान तो सामाजिक चयन सिद्धान्त का ही है। इस विषय के अन्य अध्येताओं के साथ मेरे बौद्धिक विनिमयों को इस संक्षिप्त से आभार पत्र में समाहित कर पाना सम्भव नहीं लगता फिर भी मैं कैन्नेथ ऐरो और कोटारो सुजुमुरा का आभार विशेष रूप से व्यक्त करना चाहता हूँ–मैं उनके साथ मिलकर *'द हैंडबुक ऑफ सोशल चॉइस थ्योरी'* का सम्पादन कर रहा हूँ, जिसका प्रथम खंड प्रकाशित हो चुका है और द्वितीय अभी अटका हुआ है। इस क्षेत्र के अन्य अग्रणी अध्येताओं जेरी केली, वुल्फ गार्टनर, प्रशान्त पटनायक, और मॉरिस सेलेस का भी मैं आभारी हूँ जो अपने अथक प्रयासों के दम पर *'सोशल चॉइस एंड वेलेफेयर'* पत्रिका को समृद्धिशील बनाए हुए हैं; साथ ही मैं सामाजिक चयन के विषयों पर किसी न किसी रूप में इन सभी से चर्चाओं से भी लाभान्वित होता रहा हूँ: पैट्रिक सप्पेस, जॉन हरसानीय, जेम्स मीर्लीस, एंथनी एटेकिन्सन, पीटर हैमंड, चार्ल्स क्लेकर्बी, सुधीर आनन्द, तपस मजूमदार, रॉबर्ट पोलक, केविन राबर्ट्स, जॉन रोमर, एंथनी शर्रोक्स, रॉबट जॉन वेमार्क और जेम्स फोस्टर।

मेरे न्याय, विशेषकर स्वतंत्रता और क्षमता विषयक मनन पर मार्था नस्मबॉम का बहुत ही दीर्घकालिक प्रभाव रहा है। उनके शोध और क्षमता परिप्रेक्ष्य से उनकी प्रतिबद्धता ने अनेक नवीन विकासों को प्रेरित किया है तो साथ ही अरस्तू के 'क्षमता' और 'समृद्धि' विषयक चिरप्रतिष्ठित विचारों से उस परिप्रेक्ष्य के साहचर्य और मानव विकास, लिंग क्षमता अध्ययनों एवं मानवाधिकारों की अन्वेषणाओं पर उनके गहन प्रभाव रहे हैं।

अनेक सिद्धहस्त शोधकर्ताओं ने क्षमता परिप्रेक्ष्य का बहुत सशक्त रूप से अध्ययन किया है उनकी रचनाओं के मेरे विचार क्रम पर प्रभाव रहे हैं किन्तु मैं यहाँ उन सभी की सूची नहीं दे पा रहा हूँ। फिर भी उनमें से ये नाम तो प्रमुख है हीं, 'सबीना अलकीर, बीना अग्रवाल, तानिया बकार्ट, एनरिका सिप्पारो-मार्टिनेटी, फलेविओ कोमिम, डेविड क्रोकर, सेवेरिन डेन्यूलिन, सकीको फुकुडा-पार, रीको गोटोह, मुजफ़्फर किज़िलवाश, इन्ग्रिड रौबिन्स, और पोली विज़र्ड। इस क्षमता परिप्रेक्ष्य का मेरे स्वर्गीय मित्र महबूब-उल-हक़ द्वारा प्रतिपादित मानव विकास के विचार के साथ बहुत गहरा सम्बन्ध है। उस पर पॉल स्ट्रीटन, फ्रांसिस स्टिवर्ट, कीथ ग्रिफिन, गुस्ताव रेनिस, रिचर्ड जोली, मेघनाद देसाई सुधीर आनन्द, सकीको फुकुडा-पार, सलीम जहाँ, आदि का भी प्रभाव रहा है। *द जर्नल ऑफ ह्यूमन डिवेलपमेंट एंड कैपेबिलिटीज* का तो क्षमता परिप्रेक्ष्य पर निरन्तर प्रभाव पड़ रहा है साथ ही *फेमिनिस्ट इक्नॉमिक्स*

पत्रिका भी इस विषय में बहुत रुचि ले रही है—इसकी सम्पादक डायना स्ट्रॉसमैन के साथ नारीवादी एवं क्षमता परिप्रक्ष्यों के बीच सम्बन्धों पर चर्चाएँ बहुत ही ज्ञानवर्धक रही हैं।

ट्रिनिटी कॉलेज में मुझे दार्शनिकों, विधि विज्ञों एवं न्याय की समस्या पर विचार कर रहे अनेक विद्वानों का साथ मिला। वहाँ गैरी रंकीमैन, निक डेनयर, गिजेला स्ट्राइकर, सीमोन ब्लैक बर्न, कैथेरिन बनार्ड, जोआन्ना माइल्स, अनन्या कबीर, एरिक नेल्सन और कभी-कभी इयान हैकिंग से भी वार्तालाप के अवसर मिले हैं। साथ ही वहाँ उत्कृष्ट गणितज्ञों, प्राकृतिक वैज्ञानिकों, इतिहासकारों, समाज शस्त्रियों, विधिक सिद्धान्तकारों एवं मानविकी के विद्वानों के साथ बातचीत के शानदार अवसर सुलभ रहे हैं।

पूर्व उल्लिखित विद्वानों के अतिरिक्त इन दार्शनिकों के साथ भी चर्चा का सौभाग्य मुझे मिला है : एलिज़ाबेथ एंडरसन वामी एन्थॉनी अपीहा क्रिश्चियन बैरी, चार्ल्स बीट्ज़, स्वर्गीय इसाइया बर्लिन, अकील बिल्ग्रामी, हिलेरी बोक, सिस्सेला बोक, सुसेन ब्रिसन, जॉन ब्रूम, इयान कार्टर, नैन्सी कार्टराहट, दीन चटर्जी, द्रुसिला कॉनेल, नोर्मन डेनियल्स, स्वर्गीय डोनाल्ड डेविडसन, जॉन डेविस, जोन एलस्टर, बारबरा फ्रीड, एल्लेन गिबार्ड, जोनाथन ग्लोवर, जेम्स ग्रिफिन, एमी गटमैन मोश हलबर्टल, स्व:रिचर्ड हेर, डेनियल हॉज मैन, टेड हॉन्ट्रिच, स्व. सूजन हर्ले, सूज़न जेम्स, फ्रांसिस केम्म, स्व. स्टिग केंगर, ऐरिन कैली, आइजैक लैवी, क्रिश्चियन लिस्ट, सेबास्टियनों मैफफ्टोन, अविशाई मार्गेटिट, डेविड मिल्लर, स्व. सिडनी मोर्गेन, बेस्सर, थॉमस नगेल, सारी नस्सीबेह, स्व. सूजन मोलर ओकीन, चार्ल्स पार्सन्स, हार्लिनद पॉअर-स्ट्रूडर, फैबिएन पीटर, फिलिप पेटिट, थॉमस पोजे, हेनरी रिचर्डसन, एलान रेयान, केरोल रॉवेन, डेबरा सेट्ज, जॉन सियर्ले,स्व. जूडिथ श्कलार, क्विन्टीन स्किन्नर, हिलेल स्टीनर, डेनिस थॉम्पसन, चार्ल्स टेलर और जुडिथा थॉमसन।

मेरे विधिक चिन्तन पर इनसे चर्चा का भी बहुत प्रभाव रहा हैः ब्रूस ऐकर्मेन, जस्टिस स्टीफन ब्रायर, ओवेन फिस्स, स्व. हर्बर्ट हार्ट, टोनी ओनोरे, एंथनी लुइस, ओवेन फ़िस, स्वर्गीय हर्बट हार्ट, टॉनी ओनोर, एन्थोनी कैंट, फ्रैंक मिशेलमैन, मार्था मिनोव, रॉबर्ट नेल्सन, जस्टिस स्टीफ़ेन ब्रेयर ओ रीगन, जोसेफ राज़, सूजन रोज़-एकेर्मेन, स्टीफन सेडली, कास सन्स्टीन, और जेरेमी वाल्ड्रोन। इस पुस्तक पर मेरे कार्य का आरम्भ *वैल बीइंग, एजेन्सी एण्ड फ्रीडम* पर कोलम्बिया विश्वविद्यालय के दर्शन विभाग में जॉन डेवी आख्यान माला (1984) से हुआ था और इसका समापन स्टेनफोर्ड विश्वविद्यालय में दर्शन विभाग में *'जस्टिस'* पर व्याख्यानों के साथ 2008 में हुआ है। अनेक विधि महाविद्यालयों में भी मैंने समय-समय पर न्यायसिद्धान्त विषयक अपने विचारों की आज़माइश की है। इनमें हार्वर्ड, मेल और वांशिगटन विश्व विद्यालयों के विधि महाविद्यालयों की गोष्ठियाँ प्रमुख रही हैं।

मेरा मूल विषय तो अर्थशास्त्र है और उसका न्याय के विचार से बहुत गहरा

नाता है। इसमें पूर्व चर्चित नामों के साथ-साथ इन विद्वानों के विचारों ने भी मेरे चिन्तन को निखारा-संवारा हैः जार्ज एकलोफ, अमिया बाग्ची, जसोधरा बाग्ची, स्व. दीपक बनर्जी, निर्मला बनर्जी, प्रणव वर्धन आलोक भार्गव, क्रिस्टोफर ब्लिस, सैमुअल बोलस, सैमुअल ब्रिटन, रॉबर्ट कैसेन, स्व. सुखमय चक्रवर्ती, पार्थ दास गुप्ता, मृणाल दत्त-चौधरी, ऐन्गस डीटन, मेघनाद देसाई, जीन ड्रेज़ भास्कर दत्ता, जीन-पॉल फितौसी, नैन्सी फोल्वर, अल्बर्ट हर्शमैन, देवकी जैन, तपस मजूमदार, मुकुल मजूमदार, स्टीफन मार्गलिन, दीपक मजूमदार, ल्यूगी, पैसेनिटी, स्व. आई जी. पटेल, ऐडमंड फैल्पस, के. एन.राव, वी.के. रामचन्द्रन, जेफरी सुभान, अर्जुन सेनगुप्ता, रहमान सुभान, बारबरा सोलो, रॉबर्ट सोलो, निकोलस स्टेर्न, जोसेफ स्टिग्लिज़ और स्टेफानो ज़ामाग्नी।

इनके साथ भी मेरी बहुत सार्थक चर्चाएँ हुई हैंः ईशर आहलुवालिया और मोंनटेक आहलुवालिया, पॉल आनन्द, स्व. पीटर बाउर, अभिजित बनर्जी, लॉर्डेस बनैरिया, टिमोथी बेस्ली, केन बिनमोर, नैन्सी बर्डसाल, वाल्टर बोस्सर्ट, सत्याचक्र फ्रैंकोज वर्ती, कंचन चोपड़ा, विन्सेंट क्रॉफोर्ड, असीम दासगुप्ता, क्लॉड डी 'एस्प्रेमोंट, पीटर डायमंड, अविनाश दीक्षित, डेविड डोनाल्डसन, एस्थर डफ्लो फ्रैंकलिन फिशर, मार्क फल्यूर्बे, रॉबर्ट फ्रैंक, बेन्जामिन फ्रीडमैन, पीयरेन्जलो गेरेग्नानी, स्व. लुइस गेवर्स स्व. डब्ल्यू. एम गोर्मेन, जेन ग्राफ़, जीनमिशेल, ग्रन्ड मौट, जेर्रा ग्रीन चेल ला स्कूल टेड ग्रोबस, फैंक हान, वहीदुल हक़, क्रिस्टोफर, हैरिस बारबरा, हैरिस हवाइट, स्व. जॉन हर्सान्यी, जेम्स हैक्मैन, जूडिय, हेअर, स्व. जॉन हिक्स, जेन हंफ्रीस, नूरूल इस्लाम, रिज़वानुल इस्लाम, डेल जोर्गेन्सन, डेनियल काहन्मैन, अजीजुर रहमान खान, अलान किरमान, सर्जी कोम, जेनोस कार्नेई, मिशेल क्रैमर, स्व. जीन जैक्वेस लाफमोट, रिचर्ड लेयर्ड, मिशेल ली ब्रेटोन, आयन लिटल, अनुराधा लूथर स्व. जेम्स मीड, जॉन म्यूलबावर, फिलिप मोन्गिन, दीपक मुकर्जी, अंजन मुकर्जी, खलीक नक्वी, दीपक, नय्यर, रोहिनि नय्यर, थॉमस पिकेटी, रॉबर्ट पोलाक, अनीसुर रहमान देवराज रे, मार्टिन रेवेलियन, रगल्विन रोथ, क्रिश्चियन सीडल, माइकल स्पेन्स, टी एन श्रीनिवासन, डेविड सटेरटे, एस. सुब्रामनियम, कोटारो सुजुमुरा, मधुरा स्वामीनाथन, जूडिथ टेन्डलर, जीन टिरोल, अलेन ट्रैन्नोय, जॉन विक्कर्स, स्व. विलियम विक्करे, जोर्गेन वीबुल, ग्लेन वेयल और मेनहम यारी।

न्यायविषयक विविध विषयों पर मैं वर्षों से अनेक विद्वानों से परिचर्चाओं से लाभ उठाता रहा हूँ। इनमें प्रमुख हैः अलका बसु, दिलीप बसु, सईला बेन हबीब, सुगत बोस, मायरा बुविनिक, लिंकन चेन, मार्था चेन, डेविड क्रोकर, बरुन डे, जॉन डन, जुलियों फ्रैंक,सकीको फुकुडा-पार, रामचन्द्र गुहा, गीता राव गुप्ता, ज्योफरी हॉथोर्न, एरिक हाब्स्बॉम, जेनिफर होशिचिल्ड, स्टेनली होफ्फमैन, अलीशा हॉलेंड, रिचर्ड हॉर्टन, आयशा जलाल, फैलिसिया नॉल, मेलिसा लेन, मैरी केल्डोर, जैन मैन्सब्रिज, मिशेल मार्मोट, बैरी मजूर, प्रताप भानु मेहता, उदय मेहता, स्व. राल्फ मिलिबेंड, क्रिस्टोफर

मर्रे, एलिनर ऑस्ट्रोम, कैरोल रिचर्डस्, डेविड, रिचर्ड्स, जोनाथन रिले, मेरी रोबिन्सन, इलैन स्कैरी, गेरेथे स्टेडमैन जोन्स, आइरीन टिंकर, मेगन वागन, डोरोथी वेडबर्न, ल्योन वीजल्टीअर और जेम्स वोल्फेन्सोन। पुस्तक की न्याय से सम्बद्ध लोकतन्त्र विषयक सामग्री मूलतः जॉन हॉपकिन्स विश्वविद्यालय के *स्कूल ऑफ एडवान्स्ड इन्टरनेशनल स्टडीज़* में मेरे लोकतन्त्र विषयक तीन आख्यानों पर आधारित है। (वाशिंगटन डी. सी.2005) ये आख्यान मुख्यतः सुनील खिलनानी के प्रयास या, जिसमें उन्हें फ्रैंसिस फुकुयाना का समर्थन भी प्राप्त था। इन दोनों से मुझे बहुत उपयोगी सुझाव भी मिले हैं। आख्यानों के बाद वहाँ चली परिचर्चा से भी मुझे बहुत लाभ हुआ है।

हार्वर्ड में एक नए पाठ्यक्रम *जस्टिस, वेलफेयर एंड इकॉनामिक्स* का मैंने पाँच वर्षों, जनवरी 2004 से दिसम्बर 2008 तक संचालन किया था। इस दौरान मुझे छात्रों और इन विषयों से जुड़े अनेक अध्येताओं से संसर्ग का लाभ मिला है। पाठ्यक्रम के नए संचालक वाल्टर जानसन इस व्यापक विचार-विमर्श को और आगे बढ़ा रहे हैं। मैंने इस पुस्तक के मुख्य विचार को अपने विदाई भाषण में उक्त समूह के समक्ष रख उनकी सम्मतियों और टिप्पणियों का लाभ भी उठाया है।

ऐरीनकेली और थॉमस स्केनलोन ने प्रायः सारी ही पांडुलिपि को ध्यान से पढ़कर अनेक महत्त्वपूर्ण सुझाव दिए हैं। मैं उनका अत्यन्त आभारी हूँ।

इस पुस्तक से जुड़े शोध एवं अन्य व्यय में एक बड़ा अंशदान तो कैम्ब्रिज के किंग्ज के *सेंटर फॉर हिस्ट्री एंड इकॉनामिक्स* के पंचवर्षीय प्रकल्प लोकतन्त्र से प्राप्त हुआ। (फोर्ड, प्रतिष्ठान, रॉकफेलर प्रतिष्ठान और मेलेन प्रतिष्ठान ने मिलकर 2003-2008 की अवधि में इसका वित्तपोषण किया था) आगे चलकर फोर्ड प्रतिष्ठान के ही नए प्रकल्प वैश्वीकृत विश्व में भारत के आर्थिक सहयोग से आधुनिक प्रश्नों पर भारतीय बौद्धिक इतिहास की सार्थकता का अन्वेषण करने में सहायता मिली है। मैं इस आर्थिक सहयोग और प्रकल्प संयोजन में बहुत ही शानदार योगदान के लिए इंजा हल्द मर्कन का सच्चे हृदय से आभारी हूँ। मैं भाग्यशाली हूँ कि मेरे पास शोध सहायकों की एक प्रतिभाशाली टीम है जिसने इस पुस्तक की रचना में गहरी रुचि ली और मुझे अपने तर्कों तथा प्रस्तुति को सुधारने के लिए अनेक सार्थक सुझाव दिए हैं। इस कार्य के लिए मैं पैदरो रामोस पिंटोस का विशेष रूप से आभारी हूँ जिन्होंने एक वर्ष तक अपने अथक प्रयास की एक अमिट छाप इस पुस्तक पर छोड़ी है—वर्तमान में क्रिस्टी वाकर और अफ्शाँन भदेलिया अपने उत्कृष्ट सहयोग और बौद्धिक आदानों से इसे निखार रही हैं।

इस पुस्तक का प्रकाशन पेंग्विन और उत्तरी अमेरिका के लिए हार्वर्ड यूनीवर्सिटी प्रेस द्वारा एकसाथ किया जा रहा है। हार्वर्ड में मेरी संपादक मिशेल एरोन्सन ने शानदार सामान्य सुझाव दिए हैं। दो अनजान समालोचकों ने भी बहुत उपयुक्त सुझाव दिए थे—अब मैं उनके नाम पता कर चुका हूँ—वे हैं : फ्रैंकलेव और बिल टेलबो। अब

तो मैं उनके नाम लेकर उनका आभार व्यक्त कर सकता हूँ। पैंग्विन बुक्स ने बहुत ही कम समय में पुस्तक की साज-सज्जा और प्रकाशन का कार्य पूरा किया है। यह उनके प्रबन्ध सम्पादक रिचर्ड डुग्वीड़ के अथक प्रयासों का ही परिणाम है जिन्हें इस कार्य के जेन रोबर्टसन और फिलिप्स बर्च का पूरा सहयोग मिला है। मैं इन सभी के प्रति अपना आभार व्यक्त करता हूँ।

इस पुस्तक के सम्पादक स्टुअर्ट प्रोफिट (पेंग्विन बुक्स) का आभार व्यक्त करने के लिए तो मेरी शब्द-सामर्थ्य नितान्त अपर्याप्त सिद्ध हो रही है–उन्होंने पांडुलिपि के प्रत्येक अध्याय नहीं बल्कि उसके प्रत्येक पृष्ठ पर बहुत मूल्यवान सुझाव और टिप्पणियाँ देकर उन्हें सुधारने एवं सुपाठ्य बनाने में मेरी अपार सहायता की है। पुस्तक के सामान्य विन्यास को लेकर भी उनका परामर्श अमूल्य रहा है। मैं सहज ही समझ सकता हूँ कि इस पुस्तक के उनके हाथ से आगे निकल जाने पर उन्हें कितने चैन की अनुभूति होगी।

भूमिका

न्याय के प्रति एक दृष्टिकोण

पेरिस में बेस्तिले पर जनता के धावे से लगभग अढ़ाई महीने पहले (जो प्रभावी रूप से फ्रांसीसी क्रान्ति का शुभारम्भ ही था), राजनीतिज्ञ, दार्शनिक और वक्ता, एडमंड बर्क ने लंदन में संसद में कहा था : ''एक ऐसी घटना घटित हो गई है जिस पर कुछ कह पाना कठिन है, पर, जिस पर चुप रहना तो असम्भव है।'' यह बात 5 मई, 1789 की है। बर्क के भाषण का फ्रांस में उठ रहे तूफान से कोई विशेष सम्बन्ध नहीं था। वह तो वारेन हेस्टिंग्ज पर चल रहे महाभियोग का मामला था। वारेन हेस्टिंग्ज उस समय ब्रिटिश ईस्ट इंडिया कम्पनी का नेतृत्व कर रहे थे, वही कंपनी जो उस समय भारत में ब्रिटिश शासन की नींव रख रही थी–जिसका आरम्भ 23 जून, 1757 को प्लासी के युद्ध में कम्पनी की जीत से हो चुका था।

वारेन हेस्टिंग्ज पर महाभियोग चलाते हुए बर्क ने 'न्याय के शाश्वत नियमों' की दुहाई देते हुए कहा था कि हेस्टिंग्ज ने उनका उल्लंघन किया था। किसी बात पर चुप रहने की असम्भवता की बात अनेक सन्दर्भों में सटीक उतरती है–ये सन्दर्भ नितांत अन्याय के वे मामले हैं जो हमें अत्यन्त उत्तेजित कर डालते हैं–यह ऐसा आवेग-आवेश होता है जिसे हमारी भाषा कभी पूरी तरह से अभिव्यक्त नहीं कर पाती। फिर भी अन्याय का विश्लेषण करते समय तर्कशील समीक्षा और सुस्पष्ट अभिव्यक्ति की नितान्त आवश्यकता होती है।

बर्क ने अपने सम्बोधन में कहीं भी शब्दों के अभाव का कोई संकेत नहीं दिया। उन्होंने अत्यन्त मुखर रूप से हेस्टिंग्ज की एक नहीं अनेक गलतियों/अपराधों की बात उठाई और साथ ही साथ अनेक पृथक एवं स्पष्ट कारण बताते हुए वारेन हेस्टिंग्ज और भारत में प्रारम्भिक ब्रिटिश शासन की भर्त्सना करते हुए आरोप लगाए। वे कुछ इस प्रकार थे :

मैं वारेन हेस्टिंग्ज पर जघन्य अपराधों और दुष्कर्मों का आरोप लगाता हूँ।

मैं ग्रेट ब्रिटेन की संसद में उपस्थित जन-प्रतिनिधियों के, जिनके सांसदीय विश्वास के साथ उसने दुराचार किया है, नाम पर उस पर महाभियोग लगाता हूँ।

मैं ब्रिटेन के समस्त जन-सामान्य के नाम पर उस पर महाभियोग लगाता हूँ जिनके राष्ट्रीय चरित्र को उसने कलंकित किया है।

मैं उन सब भारतवासियों के नाम पर उस पर महाभियोग लगाता हूँ जिनके कानूनों, अधिकारों और स्वतंत्रता का उसने अतिक्रमण किया है, जिनकी सम्पदा का विनाश किया है और जिनकी भूमि को उसने बंजर एवं बाँझ बना दिया है।

मैं 'न्याय के उन्हीं शाश्वत् नियमों' के नाम और आधार पर उस पर महाभियोग लगाता हूँ जिनका उसने उल्लंघन किया है।

मैं उस मानवीय प्रकृति के नाम पर उस पर महाभियोग लगाता हूँ जिसका उसने क्रूरतापूर्वक पददलन और दमन किया है–उसके इस कृत्य के भुक्तभोगी सभी आयु, सामाजिक स्तर, प्रतिष्ठा और अवस्था के, नर-नारी रहे हैं।[1]

यहाँ किसी एक दलील को वारेन हेस्टिंग्ज के महाभियोग का सबसे प्रमुख आधार बताने का प्रयास नहीं किया गया है। बर्क ने तो उस पर महाभियोग सिद्ध करने वाले अनेक अलग-अलग कारणों का एक समूह प्रस्तुत किया है।* आगे चल कर इसी पुस्तक में मैं इस 'बहुला धारण' विधि पर विचार करूँगा–इस विधि में किसी आधार के सापेक्ष गुण (प्रभावोत्पादकता) पर सहमति पाने का प्रयास किए बिना भर्त्सना के अनेक आधारों/कारणों का प्रतिपादन एवं प्रयोग किया जाता है। यहां तो मुख्य बात यही है कि क्या हम किसी तत्काल परिमार्जन चाहने वाले अन्याय की पहचान पर विचारोपरान्त व्यापक सहमति के आधार पर भर्त्सना करने को तैयार हो जाएंगे? मुख्य बात तो यही है कि हम अनेक कारणों से अन्याय की एक सशक्त अनुभूति के बाद भी किसी एक कारण विशेष को अन्याय का सबसे प्रबल कारण या अधिकार मानने पर सहमत नहीं हो पाते।

इसी प्रकार की सहगामी निहितार्थता का सम्भवतः एक बहुत ही समकालिक

---

* मैं यहाँ बर्क के दावों/आरोपों की सत्यता नहीं वरन् महाभियोग के लिए अनेक आधार प्रस्तुत करने की सामान्य विधि की बात कर रहा हूँ। बर्क के हेस्टिंग्ज के व्यक्तिगत दुश्चलन विषयक आरोप कदाचित् हेस्टिंग्ज के प्रति अन्यायपूर्ण ही थे। यह भी विडम्बनापूर्ण लगता है कि इन्हीं बर्क ने उस रॉबर्ट क्लाइव का बचाव किया था जिसके नेतृत्व-काल में उस कम्पनी ने भारत में भीषण लूटपाट मचाई थी। हेस्टिंग्ज ने तो कानून एवं व्यवस्था पर आग्रह कर उस अराजक लूटपाट को रोकने का ही प्रयास किया था–यही नहीं, उसने कम्पनी के शासनतन्त्र में कुछ मानवीय तत्त्वों का भी समावेश करने का प्रयास किया था–वह तन्त्र हेस्टिंग्ज के आगमन से पूर्व मानवीयता के नितान्त अभाव से ग्रस्त था। मैंने प्लासी के युद्ध की 250वीं वर्षगाँठ के अवसर पर लंदन सिटी हॉल में अपने स्मारक भाषण पर इन मुद्दों पर पहले भी अपनी बात उठाई है। (जून 2007) उस भाषण के सम्वर्धित संस्करण का *'द न्यू रिपब्लिक'*, दिसम्बर 2007 में *'इम्पीरियल इल्यूजन्स : ब्रिटेन एण्ड इण्डिया'* शीर्षक से प्रकाशन भी हो चुका है।

और नवीन उदाहरण भी दिया जा सकता है। इसका सम्बन्ध न वारेन हेस्टिंग्ज से है, न ईस्ट इंडिया कम्पनी से। यह अठारहवीं शताब्दी की घटना नहीं बल्कि हाल ही की घटना है। मैं 2003 में अमरीकी सरकार द्वारा ईराक में सैन्य अतिक्रमण के निर्णय की बात कर रहा हूँ। इस प्रकार के निर्णयों की समीक्षा के लिए सुलभ विधियों में भारी विविधता भरी है, किन्तु यहाँ जिस बात पर आग्रह किया जा रहा है उसका सार यही है कि अनेक एवं असम्यक् तर्कों का प्रयोग करके भी उसी एक निष्कर्ष तक पहुँचा जा सकता है। इस मामले में वह निष्कर्ष होगा कि अमरीकी 'गठबंधन' द्वारा 2003 में ईराक में छेड़ा गया युद्ध प्रारम्भ करने की नीति गलत थी।

ईराक में युद्ध प्रारम्भ करने की नीति की आलोचना में प्रस्तुत विभिन्न तर्कों पर विचार करें—ये सभी तर्क अपने-आप में युक्तिसंगत प्रतीत होते हैं।* प्रथम, इस निर्णय के गलत होने का पहला आधार तो यही है कि एक देश को किसी दूसरे देश में अपनी सेनाएँ भेजने से पूर्व संयुक्त राष्ट्रसंघ के माध्यम से अन्तरराष्ट्रीय अनुमति और सहमति की अनिवार्यता होती है। इस मामले में इस विश्वस्तरीय अनुबंध का अनुपालन नहीं किया गया। दूसरा तर्क सटीक जानकारी का हो सकता है—अर्थात् यह सैन्य अतिक्रमण करने से पूर्व भीषण जनसंहारक अस्त्रों की उपस्थिति के विषय में ठोस जानकारी होनी चाहिए थी—पर उसके बिना ही ऐसी कार्यवाही आरम्भ कर दी गई जिसमें कितने ही लोगों की मृत्यु, अपंगता और विस्थापन की आशंकाए भरी थीं। तीसरा तर्क लोकतंत्र अर्थात् 'विचार-विमर्श द्वारा शासन' (जॉन स्टुअर्ट मिल पहले-पहल वाल्टर बेजहॉट द्वारा प्रयुक्त) वाक्यांश पर आधारित हो सकता है। ये भी जानकारी को तोड़-मरोड़ कर प्रस्तुत करने, घटनाओं और व्यक्तियों के बीच मनमाने सम्बन्ध जोड़ने (सद्दाम हुसैन का 9/11 के कांड या अलक़ायदा से सम्बन्ध थे) आदि के राजनीतिक 'महत्त्व से जुड़े हैं—इनके चलते अमरीकी जनता युद्ध आरम्भ करने के प्रशासन के निर्णय की सही समीक्षा नहीं कर पाई। चौथा तर्क इन सभी उपर्युक्त बातों से अलग है—यह तो मुख्य बात ही इसे मानता है कि इस युद्ध के परिणाम क्या हुए? क्या इससे आक्रान्त देश में शान्ति और व्यवस्था की स्थापना हो पाएगी—या मध्यपूर्व अथवा विश्व में? इससे विश्व-स्तर पर हिंसा और आतंकवाद में कमी होगी—अथवा वृद्धि हो जाएगी?

ये सभी बहुत गम्भीर मामले हैं—इनके सम्बन्ध बहुत ही अलग-अलग मूल्यांकन विधियों से हैं और इनमें से किसी को भी इस प्रकार के घटनाक्रम के मूल्यांकन में असम्बद्ध या महत्त्वहीन नहीं ठहराया जा सकता। यही नहीं, सामान्यतः उनसे एक

* ये सभी तर्क हस्तक्षेप के पक्ष में दिए गए थे। एक में सद्दाम हुसैन को 9/11 के आतंकी हमले के लिए उत्तरदायी बताया गया था और उसे अल-क़ायदा का हमजोली कहा गया था—दोनों ही आरोप गलत थे। सद्दाम एक निरंकुश और क्रूर शासक थे—पर अनेक देशों में इस प्रकार के शासक विद्यमान हैं।

जैसा परिणाम मिलना भी आवश्यक नहीं होता। किन्तु यदि ईराक में सैनिक कार्यवाही जैसे किसी विशेष मामले में यह दिखाया जा सके कि ये सभी कसौटियाँ एक बहुत भारी गलती का निदान करा रही हैं तो फिर इन कसौटियों के बीच सापेक्ष प्राथमिकता (महत्त्व) का निर्धारण करने के लिए किसी विशेष निष्कर्ष की आवश्यकता नहीं रहती। अन्यान्य परस्पर टकरावपूर्ण सिद्धान्तों में से अन्य सभी को निरस्त कर किसी एकमात्र नियम का चयन कर पाना--क्या किया जाए--इस विषय में उपयोगी एवं ठोस निष्कर्षों तक पहुँचने की पूर्व शर्त नहीं होती। यह बात किसी भी अन्य व्यावहारिक तर्कशास्त्र पर आधारित विषय की भाँति "न्याय सिद्धान्त" पर भी लागू होती है।

तर्कशीलता और न्याय

न्याय के सिद्धान्त की आवश्यकता एक ऐसे विषय के बारे में तर्क कर पाने से जुड़ी है जिसके विषय में बर्क ने बात कर पाना भी कठिन बताया था। कई बार कहा ज़ाता है कि न्याय में तर्क का स्थान ही कहाँ है? यह तो उपयुक्त प्रकार की सम्वेदनशीलता और अन्याय को भाँपने की क्षमता की बात है। इस विचार-प्रवाह में बह जाना बहुत सरल है। उदाहरण के रूप में यदि हमें कहीं अकाल की विभीषिका देखनी पड़े तो न्याय और अन्याय पर विस्तारपूर्वक तर्क उठाने के स्थान पर विरोध का तीखा स्वर उठाना कहीं अधिक स्वाभाविक प्रतीत होगा। ऐसी आपदा को अन्याय तभी ठहराया जा सकता है जब इसका पूर्वोपाय सम्भव रहा हो और विशेषकर जो व्यक्ति ऐसे पूर्वोपाय करने में समर्थ थे वे इसे कर पाने में विफल रहे हों। किसी त्रासदी के अवलोकन से अन्याय के निदान तक पहुँचने में किसी न किसी रूप में तर्क का प्रयोग हो ही जाता है। यही नहीं, अनेक बार किसी अवलोक्य त्रासदी के मूल्यांकन की तुलना में अन्याय का विवेचन कहीं अधिक जटिल और दुर्बोध्य होता है। अनेक तर्कों द्वारा अलग-अलग निष्कर्ष निकल सकते हैं और न्याय पर निर्णय भी स्पष्ट नहीं रह पाते।

क्रुद्ध विरोधकर्ता ही नहीं, बल्कि न्याय और व्यवस्था के गम्भीर-शान्त संरक्षक भी सुविचारित तर्कशीलता से मुँह चुराते दिखाई दे जाते हैं। इतिहास साक्षी है कि सार्वजनिक सत्ताधिकार से सम्पन्न शासनकर्ताओं को *मितवाक्यावलंबन* और अपनी नीतियों की समीक्षा से बचना बहुत भाता रहा है। अठारहवीं शताब्दी के एक बहुत शक्तिमान अंग्रेज़ न्यायाधीश, लार्ड मैन्सफील्ड ने, किसी नवनियुक्त उपनिवेशी गवर्नर को यह बहुचर्चित परामर्श दिया था :

"यह विचार करो कि न्याय का तकाज़ा क्या है और उसी के अनुसार निर्णय करना। किन्तु कभी भी अपने निर्णय के कारण नहीं बताना; प्रायः तुम्हारे निर्णय तो सही ही निकलेंगे पर तुम्हारे द्वारा बताए गए कारण सदैव निश्चय ही गलत पाए जाएँगे।"[2]

भले ही चातुर्यपूर्ण प्रशासन के लिए यह परामर्श अच्छा सिद्ध हो किन्तु इस पर (आचरण) द्वारा यह सुनिश्चित नहीं हो पाएगा कि वह प्रशासन ठीक कार्य ही करेगा। इससे प्रभावित व्यक्तियों को यह अनुभूति भी नहीं हो पाएगी कि उनके साथ न्याय हो रहा है। (हम अपनी चर्चा में आगे चल कर देखेंगे कि न्याय के विषय में धारणीय निर्णयों की रचना में यह अनुभूति बहुत महत्त्वपूर्ण होती है)।

न्यायसिद्धान्त का तकाज़ा है कि न्याय और अन्याय के निदान में तर्क-बुद्धि का प्रयोग हो। सैंकड़ों वर्षों से विश्व के विभिन्न भागों में अनेक विद्वानों ने सामान्य अन्याय की अनुभूति से चल कर तर्क-आधारित अन्याय का निदान कर न्याय-संवर्धन के मार्गों का विश्लेषण करने का बौद्धिक आधार तैयार करने के प्रयास किए हैं। विश्व-भर में न्याय और अन्याय विषयक तर्कशास्त्र का बहुत शानदार और दीर्घ इतिहास रहा है। उससे न्याय के लिए तर्क के विषय में अनेक उपयोगी सुझाव मिल सकते हैं।

ज्ञानोदीप्ति और एक मूल विचार भेद

यद्यपि सामाजिक न्याय के विषय पर चिन्तन कभी से चल रहा है फिर भी यूरोपीय ज्ञानोदीप्ति काल (enlightenment period), अठारहवीं और उन्नीसवीं शताब्दी में इसे बहुत प्रोत्साहन मिला। परिवर्तन के राजनीतिक वातावरण और उन अवधियों में यूरोप और अमरीका में चल रहे सामाजिक-आर्थिक परिवर्तन-चक्रों का इस चिन्तन पर विशेष सकारात्मक प्रभाव रहा है। उस युग के आमूल सुधारवादी दार्शनिकों की न्यायविषयक चिन्तन की दो मूल धाराएँ हैं। मेरा विचार है कि इस मद पर अभी तक इतना ध्यान नहीं दिया गया। मैं इसी द्वि-भाजन से चर्चा का प्रारम्भ करूँगा, यह न्याय सिद्धान्त की उस बोधदृष्टि को पाने में सहायक होगी जिसकी प्रस्तुति मैं इस पुस्तक में करने जा रहा हूँ।

थॉमस हॉब्स (Thomas Hobbes) द्वारा सत्रहवीं शती में विकसित और अनेक प्रकार से जीन-जैक्वे रूसो (Jean Jacques Rousseau) जैसे उत्कृष्ट विचारकों द्वारा अपनाई गई प्रथम विधि ने समाज में एक न्यायपूर्ण व्यवस्था की पहचान (और स्थापना) पर आग्रह किया है। इस विधि को 'अनुभवातीत संस्थावाद' (transcendental institutionalism) कह सकते हैं। इसकी दो विशेषताएँ हैं। एक तो यह न्याय के परम स्वरूप पर केन्द्रित है, न्याय और अन्याय के बीच सापेक्षता (तुलना) पर नहीं। यह उन सामाजिक अभिलक्षणों का अन्वेषण करती है जो न्याय की परिधि में नहीं समा पाते। इसका केन्द्र उन सभी सम्भव सामाजिक व्यवस्थाओं की तुलना नहीं है जो सम्भवतः सम्पूर्णता के आदर्शों को नहीं प्राप्त कर पाते। यहाँ तो 'न्यायपूर्णता' की प्रकृति का अन्वेषण हो रहा है–किसी 'कम अन्यायपूर्णता' की कसौटी की तलाश नहीं हो रही।

दूसरे, इस सम्पूर्णता की खोज में अनुभवातीत संस्थावाद उस समाज-रचना की ओर केन्द्रित नहीं है जो अन्ततः उदित होगी। इसका ध्यान तो मुख्यतः सही संस्थाओं की पहचान करने तक सीमित है। संस्थाओं के किसी समुच्चय से उदित होने वाली सामाजिक रचना व्यक्तियों के वास्तविक व्यवहार और सामाजिक पारस्परिकता जैसी गैर-संस्थागत विशेषताओं पर भी निर्भर रहेगी। बस, अनुभवातीत संस्थावाद तो सम्पूर्णतायुक्त संस्थाओं की पहचान पर आग्रह करता है। उनके सम्भव परिणामों की चिन्ता नहीं करता।

ये दोनों विशेषताएँ हॉब्स द्वारा प्रतिपादित उस 'अनुबंधात्मक चिन्तनधारा से जुड़ी हैं जिसे जॉन लॉक (John Locke), रूसो और इम्मैनुअल काँट (Immanuel Kant) जैसे विचारकों ने और आगे वढ़ाया था।[3] यहाँ एक ऐसे काल्पनिक 'सामाजिक अनुबंध' के चयन की बात हो रही है जो समाज विशेष में व्याप्त होने वाली अराजकता का एक आदर्श विकल्प होगा। इन लेखकों द्वारा जिन अनुबंधों की चर्चा की गई है, वे मूलतः संस्थाओं के चयन से सम्बन्धित हैं। कुल मिलाकर ऐसे न्याय सिद्धांतों का विकास ही इन सबका परिणाम रहा जो आदर्श संस्थाओं के अनुभवातीत अभिज्ञान पर केंद्रित थे।*

यह ध्यान रखना भी महत्त्वपूर्ण है कि सम्पूर्ण रूप से न्याययुक्त संस्थाओं की अन्वेषणा में व्यस्त अनुभवातीत संस्थावाद ने सामाजिक दृष्टि से उपयुक्त व्यवहार के नैतिक एवं राजनीतिक तकाज़ों का भी बहुत ही सारगर्भित एवं ज्ञानदायी विश्लेषण किया है। इम्मैनुअल काँट और जॉन रॉल्स (John Rawls) पर तो यह बात विशेष रूप से लागू होती है—इन्होंने अनुभवातीत संस्थावादी अन्वेषण में भाग लेते हुए ही साथ-साथ व्यवहार की कसौटियों की आवश्यक विशेषताओं का भी गहन विश्लेषण किया है। यद्यपि इन्होंने संस्थागत चयन पर आग्रह किया है, फिर भी इनके विश्लेषण को न्याय के प्रति व्यवस्था-आधारित दृष्टिकोण की संज्ञा दे सकते हैं। इस व्यवस्था में सभी संस्थाएँ और सभी द्वारा सही व्यवहार सम्मिलित होगा। संस्थाकेन्द्रित न्याय की अवधारणा और अनुभूतिकेन्द्रित अवधारणा में बहुत बड़ा स्वाभाविक अन्तर रहता है। दूसरी अवधारणा सभी द्वारा आदर्श व्यवहार (की कसौटी के अनुपालन) के स्थान पर व्यक्तियों के वास्तविक व्यवहार पर केन्द्रित रहती है।

---

* यद्यपि हॉब्स के न्याय-सम्बन्धी दृष्टिकोण में अनुभवातीतता और संस्थावाद मिल गए हैं। पर इन दोनों को हमेशा ही मिलाने की ज़रूरत नहीं होती। हम ऐसी अनुभवातीत विधि की रचना कर सकते हैं जो सामाजिक अनुभूतियों पर आधारित हो—संस्थाओं पर नहीं। ऐसे पूर्ण उपयोगितावादी विश्व की खोज जहाँ सभी व्यक्ति परमानन्द को अनुभव कर रहे हों ऐसी ही अनुभूतिजन्य अनुभवातीतता का उदाहरण हो सकता है)। या फिर हम किसी सम्पूर्ण सामाजिक संस्थातन्त्र की अनुभवातीत अन्वेषणा के स्थान पर तुलनात्मक परिप्रेक्ष्यों में संस्थाओं के मूल्यांकनों पर ध्यान केन्द्रित कर सकते हैं। एक अर्थव्यवस्था में स्वतन्त्र बाज़ार प्रणाली की अधिक या न्यून भूमिका को वरीयता प्रदान करने वाला विश्लेषण इसी तुलनात्मक संस्थावाद का उदाहरण हो सकता है?

अनुभवातीत संस्थावादियों से अलग रूप में अनेक अन्य ज्ञानोदीप्ति विचारकों ने वास्तविक सामाजिक अनुभूतियों को एक तुलनात्मक परिप्रेक्ष्य प्रदान करने वाली सापेक्षतापूर्ण विधियों का विकास किया है। मार्कीस डि कॉंडोर्से (Marquis de Condorcet), एडम स्मिथ (Adam Smith), जेरेमी बैंथम (Jeremy Bentham), मेरी वॉलस्टोनक्राफ्ट (Mary Wollstonecraft), कार्ल मार्क्स (Karl Marx), जॉन स्टुअर्ट मिल (John Stuart Mill) आदि अनेक प्रमुख नूतन विचार प्रणेताओं ने 18-19वीं शताब्दियों में ऐसे तुलनात्मक चिन्तन की अनेक धाराओं का प्रतिपादन किया है। इन विचारकों के न्याय के तकाज़ों विषयक विचारों में बहुत अन्तर थे और इन्होंने सामाजिक तुलना की अपनी-अपनी विशिष्ट विधियाँ सुझाई हैं, फिर भी कुछ अतिशयोक्ति का सहारा लेकर यह कहा जा सकता है कि ये किन्हीं वास्तविक या उदित हो सकने वाले समाजों की तुलना कर रहे थे, किसी अनुभवातीत संपूर्णतायुक्त न्यायपूर्ण समाज की अन्वेषणा नहीं। ये अनुभूति आधारित तुलना करने वाले विचारक विश्व में व्याप्त उन स्पष्ट अन्यायों के निवारण का आग्रह कर रहे थे जो उन्हें दिखाई दे रहे थे।

इन दो विधियों—अनुभवातीत संस्थावाद और अनुभूतिकेन्द्रित तुलनाओं के बीच अन्तर अत्यन्त ही गुरुतर है। हाँ, आज की स्थिति यही है कि आधुनिक राजनीति शास्त्र की मुख्य धारा न्याय सिद्धान्त की अपनी अन्वेषणा में अनुभवातीत संस्थावाद की प्रथम धारा से अधिक प्रेरित लग रही है। न्याय के प्रति इस दृष्टिकोण की सबसे प्रबल एवं प्रभावोत्पादक प्रस्तुति हमारे युग के प्रमुख राजनीतिक दर्शन-शास्त्री जॉन रॉल्स की रचनाओं में मिलती हैं। (इनके विचारों और दूरगामी योगदान पर हम अध्याय—*रॉल्स एन्ड बियान्ड* में विस्तार से चर्चा करेंगे।* वास्तव में रॉल्स की पुस्तक *ए थ्योरी ऑफ जस्टिस* में उनके न्याय सिद्धान्तों की व्याख्या पूर्णतः न्यायपूर्ण संस्थाओं के सन्दर्भ में की गई है, हाँ इन्होंने राजनीतिक और नैतिक परिप्रेक्ष्यों में उचित व्यवहार की कसौटियों/मानकों का भी बहुत ज्ञानदायी अन्वेषण किया है।**

---

* देखें—जॉन रॉल्स, *ए थ्योरी ऑफ जस्टिस*, 1971, और *पॉलिटिकल लिबरलिज्म*, 1993। इन्होंने अपने प्रमुख योगदान, *जस्टिस एज फेयरनेस* में अपने न्याय सिद्धान्त के अनुबंधवादी स्वरूप को पहले ही स्पष्ट कर दिया था। अपनी रचना *ए थ्योरी ऑफ जस्टिस* में तो इन्होंने स्पष्ट लिखा है : ''मेरा ध्येय लॉक, रूसो और कॉंट जैसे विचारकों की रचनाओं में उपलब्ध सामाजिक अनुबंध के विचार को और उच्चतर सार स्तर पर ले जाने वाली अधिक व्यापक न्याय की अवधारणा को प्रतिपादन करना है।

** रॉल्स ने 'मननोमुख साम्य' की आवश्यकता सुझाई है। वे चाहते हैं कि व्यक्ति अपने जीवन- मूल्यों एवं वरीयताओं की भी (समय-समय पर) समीक्षा करता रहे। इस विचार को उन्होंने अपने सामाजिक विश्लेषण में सम्मिलित किया है। रॉल्स के विश्लेषण में न्यायपूर्ण संस्थाओं का विचार भी सभी कर्ताओं के वास्तविक व्यवहार की उपयुक्त व्यवहार सम्बन्धी नियमों से सम्यकता के साथ ही समीकृत है। वर्तमान पुस्तक में आगे चलकर (अध्याय—2 और 3 में विशेषकर) मैं संस्थागत चयनों को एक बृहतर (किन्तु) काल्पनिक सामाजिक तार तन्त्र का अंगस्वरूप बनाने की युक्ति की समीक्षा करूँगा। वहीं पर किन्हीं व्यवहार के नियमों के अनुपालन के आग्रह पर भी चर्चा करूँगा।

अनेक अन्य प्रमुख न्याय सिद्धान्तकारों ने भी अनुभवातीत संस्थावादी विश्लेषण विधि को अपनाया है। यहाँ मुझे रोनाल्ड डॉर्किन (Ronald Dworkin), डेविड गौटियर (David Gauthier), रॉबर्ट नॉज़िक (Robert Nozick) आदि के नाम विशेष रूप से याद आ रहे हैं। इनके सिद्धान्तों ने एक न्यायपूर्ण समाज के तकाज़ों के विषय में कुछ अलग किन्तु महत्त्वपूर्ण अन्तर्बोध प्रदान करते हुए भी न्यायपूर्ण नियमों और संस्थागत व्यवस्थाओं सम्बन्धी सांझे लक्ष्य की अनदेखी नहीं की है। हाँ, इन्होंने इन व्यवस्थाओं को बहुत ही विलक्षण स्वरूप में चित्रित किया है। आधुनिक न्यायसिद्धान्तों में पूर्णत न्यायपूर्ण संस्थाओं की रचना एक केन्द्रभूत प्रयास बन गयी है।

दिशा परिवर्तन

अधिकांश आधुनिक न्यायसिद्धान्त 'एक न्यायपूर्ण समाज' की अवधारणा पर आग्रह कर रहे हैं किन्तु यह वर्तमान पुस्तक न्याय की प्रगति या प्रतिवर्तन की अनुभूति आधारित तुलनाओं का अन्वेषण कर रही है। इस दृष्टि से यह पुस्तक ज्ञानोदीप्ति काल की जानी-मानी दार्शनिक परम्परा अनुभवातीत संस्थावाद से जुड़ी हुई नहीं है—इसका नाता अन्य विचारकों की 'दूसरी' चिन्तनधारा से अधिक है। यह दूसरी चिन्तनधारा भी उसी ज्ञानोदीप्ति काल की ही देन है (स्मिथ, कॉंडोर्से, वोल्स्टोनक्राफ्ट, बैंथम, मार्क्स, मिल आदि)। मैं दिशा-परिवर्तन (point of departure) पर इन विचारकों के साथ ही 'अनुभवातीत संस्थावाद' से विदा ले रहा हूँ—किन्तु इसका अर्थ यह नहीं है कि मैं उनके सिद्धान्तों के सारस्वरूप से भी सहमत हूँ (वैसे इस बात पर आग्रह करना आवश्यक नहीं है—इन चिन्तकों के विचारों में भी बहुत-सी भिन्नताएँ विद्यमान रही हैं)। यही नहीं, सांझे दिशा-परिवर्तन से आगे चल किन्हीं अन्य सांझे लक्ष्य पर पहुँचने पर भी ध्यान देना होगा। बस इस पुस्तक की यही विचार-विश्लेषण यात्रा होगी।

किन्तु आदि बिन्दु को भी महत्त्व मिलना ही चाहिए—यह बात उन प्रश्नों से सम्बन्धित होगी जिनके उत्तर हम खोजना चाहेंगे (उदाहरण : न्याय की प्रगति या संवर्धन कैसे होगा? या फिर कि सम्पूर्ण रूप से न्यायपूर्ण संस्थाएँ कैसी होंगी आदि)। इसके दोहरे प्रभाव होंगे : एक तो इस प्रकार हम तुलनात्मक मार्ग का अनुसरण करेंगे, अनुभवातीत का नहीं, और दूसरे, हमारा ध्यान समाज की वास्तविक अनुभूतियों (सम्प्राप्तियों) पर केन्द्रित हो जाएगा—केवल संस्थाओं और नियमों तक सीमित नहीं रहेगा। किन्तु हमारी समकालिक राजनीतिक दर्शनधारा में प्रचलित प्रवृत्तियों की दृष्टि से तो हमारा यह विचार न्याय सिद्धान्त की रचना में आमूल परिवर्तनकारी होगा।

हमें इस प्रकार दोहरे दिशा-परिवर्तन की आवश्यकता क्यों पड़ रही है? मेरी सबसे पहली कठिनाई तो (अनुभवातीत विधि के प्रति) इस अविश्वास पर ही आधारित है कि 'न्यायपूर्ण समाज' की रचना को लेकर तर्क-विचार द्वारा कोई सर्व-सहमति

विकसित हो जाएगी, यह तथ्य भी ध्यान देने योग्य है कि वास्तविक चयन के लिए किसी भी व्यावहारिक तर्क शास्त्र में न्यायपूर्णता की तुलना तो अपरिहार्य होती है—यहाँ विभिन्न सम्भव विकल्पों में से चयन महत्त्वपूर्ण होता है, न कि, एक ऐसी सम्पूर्णतापूर्ण स्थिति की पहचान जिससे आगे और बेहतर हो पाना सम्भव नहीं हो। अभी मैं बारी-बारी से इन दोनों समस्याओं पर विचार करूँगा।

दिशा-परिवर्तन के जिस दूसरे अंग पर मैं आग्रह करूँगा वह वास्तविक अनुभूतियों और सम्प्राप्तियों से जुड़ा है, आखिर उन्हें भुलाकर किन्हीं सही संस्थाओं और नियमों की रचना मात्र से सन्तुष्ट क्यों हो जाना चाहिए? यहाँ, जैसे पहले भी कहा गया है, व्यापक टकराव है, और वह न्याय की तार-तन्त्र केन्द्रित एवं अनुभूतिकेन्द्रित अवधारणाओं के बीच है। पहली विचारधारा के अनुसार न्याय की अवधारणा किसी संगठनात्मक तार तन्त्र, संस्थाओं, नियमों और व्यवहार के मानदण्डों पर आधारित होनी चाहिए। इनकी जीवन्त उपस्थिति ही इस बात का प्रमाण होगी कि न्याय हो रहा है। किन्तु प्रश्न यह है कि क्या न्याय केवल किन्हीं सही संस्थाओं और नियमों की मांग करता है? क्या हमें इस बात पर भी विचार नहीं करना चाहिए कि (उन संस्थाओं के परिणामस्वरूप) समाज में क्या घटनाचक्र चलता है और उसके सदस्य किस प्रकार का जीवन व्यतीत कर पाएँगे—आखिर उन संस्थाओं के साथ-साथ कितने ही अन्य कारकों के प्रभाव भी अभिन्न रूप से जुड़े रहते हैं।

मैं इन दोनों दिशा-परिवर्तनों से सम्बन्धित तर्कों पर क्रमशः विचार कर रहा हूँ। मैं अनुभवातीत प्रतीति की समस्याओं की चर्चा का आरम्भ उसकी व्यावहारिक सम्भाव्यता से कर रहा हूँ (उसकी आवश्यकता या अनावश्यकता पर बाद में बात करूँगा)।

एक विलक्षण अनुभवातीत सहमति की व्यावहारिकता

न्याय के उन स्पर्धाशील सिद्धान्तों के बीच भी जो समालोचना-समीक्षा की कसौटियों पर खरे उतरते हैं, और निष्पक्षतापूर्ण होते हैं, बड़े भारी अन्तर हो सकते हैं। यह समस्या बड़ी गम्भीर है। रॉल्स की इस मान्यता का ही उदाहरण लें, आद्य समता ('मूल अवस्था') की काल्पनिक स्थिति में 'न्याय के दो नियमों' विलक्षण समुच्चय का चयन सर्वसम्मति से हो जाएगा। यहाँ व्यक्तियों को अपने निहित स्वार्थों का ज्ञान ही नहीं होता। इसका अभिप्राय है कि निहित स्वार्थों से शून्य केवल एक ही प्रकार का तर्क हो सकता है। मैं आग्रह करूँगा कि वास्तव में ऐसा नहीं हो पाएगा।

वितरण की समता और समग्र के संवर्धन को दिए जाने वाले सापेक्ष भारमानों (comparative weights) में भी अन्तर हो सकते हैं। अनुभवातीत प्रतीति के सन्दर्भ में जॉन रॉल्स ने स्वयं ही एक ऐसा सूत्र दिया भी है (देखें—*द लेक्ज़ीको ग्राफ़िक*

मैक्ज़िमिन रूल का नियम, अध्याय–2) किन्तु उन्होंने इसके अन्य विकल्पों को अस्वीकार करने के लिए कोई अकाट्य तर्क नहीं दिए कि उनके इस सूत्र को ही निष्पक्षता की एकमात्र कसौटी स्वीकार कर लिया जाए। रॉल्स द्वारा अपने न्यायसिद्धान्त में जिन दो 'न्याय नियमों' पर आग्रह किया है उन्हें लेकर भी इसी प्रकार के तर्क-आधारित मत-वैभिन्य की गुंजाइश बनी हुई है–क्योंकि वे यह नहीं स्पष्ट कर पाये कि इन नियमों के विकल्प उनकी मूल अवस्था की निष्पक्षतापूर्ण पृष्ठभूमि में क्यों ध्यानाकर्षण नहीं कर पाएँगे?

यदि सम्पूर्णतापूर्ण न्यायशील सामाजिक तार तन्त्र का निदान अन्तर्निहित रूप से ही समस्याग्रस्त है तो अनुभवातीत संस्थावाद की समस्त युक्ति ही गम्भीर रूप से बाधित हो जाएगी, भले ही विश्व में सभी मनोगम्य विकल्प सुलभ हों। उदाहरण के लिए 'न्याय-निष्पक्षता के रूप में' विषयक रॉल्स के एक उत्कृष्ट विश्लेषण *जस्टिस एज़ फ़ेयरनेस* में प्रयुक्त 'न्याय के दो नियम' भी समस्त विकल्पों युक्त विश्व में पूर्णतः न्यायपूर्ण संस्थाओं के विषय में ही हैं। किन्तु हम नहीं जानते कि न्याय के बहुलतापूर्ण कारकों का परिवेश उस मूल अवस्था में किसी एक विलक्षण 'न्याय नियम' का प्रादुर्भाव कर पाएगा। फिर तो रॉल्स के सामाजिक न्याय का यह अन्वेषण, जो न्यायपूर्ण संस्थाओं की पहचान और स्थापना से आरम्भ होकर एक-एक कदम बढ़ाते चला है, अपने आधार में ही अटक कर रह जाएगा।

रॉल्स ने स्वयं भी अपनी बाद की रचनाओं में स्वीकार किया है कि 'वास्तव में नागरिकों में इस बात पर मतभेद तो होंगे ही कि वे राजनीतिक न्याय की किस अवधारणा को सबसे अधिक उचित मानते हैं।' उन्हीं के शब्दों में :

'जनता के तर्कों का सार राजनीतिक न्याय के किसी एक स्वरूप में नहीं वरन् पूरे वर्ग/समूह में निहित होता है। उदारवाद और तद्विषयक अनेक विचार प्रचलित हैं और इसी कारण से उचित समझी जा सकने वाली राजनीतिक न्याय की अवधारणाओं का भी एक पूरा समूह ही बन जाता है। इन सबमें से, चाहे इसके गुण-दोष कुछ भी हों, न्याय का निष्पक्षतावादी स्वरूप भी एक है।'[4]

किन्तु यह स्पष्ट नहीं हो पा रहा कि अपनी इस रियायत के दीर्घगामी प्रभावों का रॉल्स महाशय क्या करेंगे। समाज की मूल रचना के लिए ठोस रूप से चुनी गई संस्थाएँ तो न्याय के नियमों के किसी स्वरूप विशेष पर ही आग्रह करेंगी। जैसा कि उन्होंने अपनी सभी अन्य पूर्ववर्ती रचनाओं और *द थ्योरी ऑफ जस्टिस*, 1971* में स्पष्ट किया है। किन्तु यदि रॉल्स के न्याय के नियमों की विलक्षणता के दावे को कुछ परिवर्तित या शिथिल कर दिया गया (जैसा उन्होंने बाद में करना चाहा है) तो समग्र संस्थावादी कार्यक्रम ही गम्भीर अनिर्धारिता में उलझ जाएगा–और रॉल्स

---

* रॉल्स ने मूल अवस्था में संस्था चयन के मार्गदर्शक सिद्धान्तों के एक अनुपम समुच्चय के निरूपण की कठिनाइयों की चर्चा *जस्टिस एज़ फेयरनैस : ए रीस्टेटमैंट* नामक पुस्तक में की है। (पृष्ठ 132-134)।

ने हमें इस विषय में कुछ विशेष जानकारी भी नहीं दी है कि समाज की उसी मूल अवस्था के लिए कुछ-कुछ भिन्न संस्थागत रचना पर आग्रह करने वाले वैकल्पिक एवं स्पर्धाशील न्याय नियमों में से किसी विशेष समुच्चय का चयन कैसे होगा। हाँ, रॉल्स अपनी पूर्व रचनाओं और *द थ्योरी ऑफ जस्टिस* के अनुभवातीत संस्थावाद को तिलांजलि देकर इस समस्या से पीछा छुड़ा सकते हैं–मेरे मन को तो यह बहुत भाएगा। किन्तु मुझे सन्देह है कि रॉल्स इस दिशा की ओर ही बढ़ रहे हैं–हां, उनकी बाद की रचनाओं में इस प्रकार के प्रश्नों को बहुत सशक्त रूप से उठाया गया है?

तीन बच्चे और एक बाँसुरी : एक उदाहरण

सम्पूर्ण रूप से न्यायपूर्ण समाज के एक अनुपम स्वरूप के निर्धारण में सबसे प्रमुख समस्या तो न्याय के उन सभी कारणों की (निश्चित) धारणीयता के कारण उत्पन्न होती है जो निष्पक्षता की कसौटी पर खरे उतरते हैं और परस्पर भिन्न ही नहीं होते वरन् उनमें (कुछ न कुछ) स्पर्धाशीलता भी पाई जाती है। आइए, इसे एक उदाहरण द्वारा समझने का प्रयास करें : मान लीजिए कि आपको उन तीन बच्चों के बीच पंचफैसला करना है जो एक बाँसुरी को पाने के लिए झगड़ रहे हैं। पहले बच्चे 'ए' का कहना है कि वही बाँसुरी पाने का सही अधिकारी है–केवल उसे बाँसुरी बजानी आती है (अन्य दो मानते हैं कि उन्हें बाँसुरी बजाना नहीं आता)। यदि यही जानकारी पंच के फैसले का एकमात्र आधार होती तो कोई कठिनाई नहीं होती, उसे ('ए' को) बाँसुरी देने का बड़ा ठोस आधार होता।

किन्तु अब दूसरे बच्चे 'बी' की बात भी सुन लें। वह कहता है कि वह इतना गरीब है कि उसके पास कोई और खिलौना है ही नहीं। बाँसुरी उसके अकेलेपन की साथी बन सकती है (शेष दोनों बच्चे स्वीकार करते हैं कि उनके पास तो और भी बहुत-से खिलौने आदि हैं)। यदि केवल 'बी' की बात सुनते तो उसे बाँसुरी दे देना भी बड़े सशक्त तर्क पर आधारित होता।

अब तीसरे वैकल्पिक परिदृश्य को देखें। तीसरे बच्चे 'सी' का कहना है कि यह बाँसुरी तो उसने महीनों तक अकेले बड़ी मेहनत करके बनाई है और जब ये तैयार हो गई तो ये दो दावेदार इसे मुझसे छीन लेना चाहते हैं। यदि केवल 'सी' की बात सुनें तो उसकी मेहनत के पुरस्कार के रूप में बाँसुरी उसे सौंप देना आपको ठीक ही प्रतीत होगा।

तीनों का पक्ष सुनने के बाद–उनके तर्कों पर विचार करने के बाद आपको कठिन निर्णय करना है। उपयोगितावादी या आर्थिक उपयोगितावादी या फिर समतावादी अथवा स्वातंत्र्य आग्रही सिद्धान्तकारों को यहाँ कोई समस्या नहीं दिखाई देगी। उन्हें तो समाधान स्पष्ट रूप से सामने खड़ा दिखाई दे जाएगा। किन्तु प्रत्यक्ष रूप से झाँकता

हुआ यह समाधान उन तीनों की दृष्टि में अलग-अलग ही होगा।

आर्थिक समतावादी व्यक्तियों के संसाधनों में अन्तर कम करने का आग्रह करते हुए 'बी' के पक्ष में निर्णय लेगा। दूसरी ओर स्वातन्त्र्यवादी सहज भाव से बाँसुरी बनाने वाले 'सी' का पक्ष लेता दिखाई देगा। उपयोगिता-आनन्दवादी के समक्ष सबसे कठिन चुनौती है, किन्तु वह स्वातन्त्र्यवादी और समतावादी की तुलना में 'ए' के दावे को अधिक प्रबल मान लेगा—उसका तर्क होगा कि केवल 'ए' को बाँसुरी वादन आता है और इसी कारण उसके आनन्द में वृद्धि की सम्भावना प्रबलतम होगी (फिर यह नियम भी तो हैं, 'न होगी बर्बादी, न होगा अभाव)।' उसे यह भी ज्ञान है कि अति अभावग्रस्त 'बी' को बाँसुरी मिलने पर उसकी उपयोगिता में सीमान्त वृद्धि भी बहुत अधिक हो सकती है। उपयोगितावादी को निर्माण करने वाले 'सी' के 'अधिकार' की अनुगूंज इतनी ठीक से सुनाई नहीं पड़ती, पर कहीं-न-कहीं उसके मन में समाज में उपयोगिता सृजन और संधारण की व्यवस्था के निर्माण के लिए 'कार्य करने के लिए प्रोत्साहन' की व्यवस्था भी पैठी रहती है।

स्वातन्त्र्यवादी का बाँसुरी 'सी' को देने के पक्ष में विचार किसी किन्तु-परन्तु की बाधा से ग्रस्त नहीं होता (उपयोगितावादी प्रोत्साहन प्रभाव) वह तो स्पष्टतः 'निर्माण करने वाले के अधिकार' का समर्थन करता है। 'अपने श्रम की उत्पत्ति पर अधिकार' के विचार पर दक्षिणपंथी स्वातन्त्र्यवादी और वामपंथी मार्क्सवादियों के बीच भी सहज सहमति हो जाएगी (भले ही उन्हें एक-दूसरे का साथ कितना ही कष्टकारी लगता हो)।[10]

यहाँ मुख्य बात तो यही है कि मानवीय आनन्दानुभूति, गरीबी निवारण या अपने श्रम के उत्पादन का आनन्द उठाने के अधिकार पर आधारित किसी भी दावे को निराधार कहकर ठुकरा देना सहज नहीं है। प्रत्येक समाधान के पक्ष में बहुत सटीक तर्क विद्यमान हैं और हम मनमानापन किये बिना किसी भी एक तर्क को अन्यों की अपेक्षा बेहतर घोषित नहीं कर पाएँगे।*

मैं एक और बात की ओर भी ध्यान आकर्षित करना चाहूँगा। तीनों बच्चों के अपने अधिकार के पक्ष में तर्कों में जो अन्तर हैं वे किसी भी रूप से 'वैयक्तिक लाभ' की अवधारणा की रचना के अन्तर नहीं हैं (तीनों ही बाँसुरी पाने को लाभ मान रहे हैं—यह बात उनके तर्कों द्वारा स्पष्ट हो रही है)। अन्तर तो उन नियमों को लेकर है जिन्हें संसाधन-विभाजन का आधार बनाया जाना चाहिए। अन्तर इस बात को लेकर है कि सामाजिक तार-तन्त्र क्या हों और किस प्रकार की सामाजिक

---

* हम यहाँ एक सरल-सा उदाहरण लेकर चर्चा कर रहे हैं, जिसमें उत्पादित वस्तु का स्पष्ट अभिज्ञान सहज रूप से हो चुका है। बाँसुरी का केवल 'सी' द्वारा अपने-आप निर्माण इतना जटिलता भरा नहीं था किन्तु श्रम से इतर अनेक अन्य उत्पादक साधनों का प्रयोग कर उत्पादन होने की दशा में यह अभिज्ञान इतना सहज स्पष्ट नहीं रह पाएगा।

संस्थाओं का चयन हो और उनके माध्यम से क्या सामाजिक अनुभूतियां-उपलब्धियाँ प्राप्त होंगी। यह भी नहीं है कि उन तीन बच्चों के निहित स्वार्थों में कोई अन्तर नहीं हैं (अन्तर हैं), फिर भी तीनों के दावे अलग-अलग प्रकार के 'निष्पक्ष एवं मनमानी रहित' तर्कों पर आधारित हैं।

हमारा यह उद्धरण केवल रॉल्स की मूल अवस्था में 'न्यायपूर्णता' के विचार पर लागू नहीं होता, यह निष्पक्षता की अन्य कसौटियों पर भी लागू है। उदाहरण : थॉमस स्केनलोन (Thomas Scanlon) का विचार कि 'हमारे नियमों को उन कसौटियों को सन्तुष्ट करना चाहिए जिन्हें अन्य व्यक्ति सहज ही नकार नहीं पाएँगे।'[5] जैसे हमने पहले भी कहा है, उपयोगितावादी, आर्थिक समतावादी, श्रम अधिकारवादी, या प्रखर स्वातन्त्र्यवादी सिद्धान्तकारों को भले ही इस समस्या का सहज-स्पष्ट समाधान दिखाई दे रहा हो किन्तु वे सभी वास्तव में किन्हीं अलग-अलग समाधानों को 'सहज न्यायपूर्ण' बताकर उसके पक्ष में तर्क दे रहे होंगे। अतः किसी ऐसे सहज अभिज्ञानपूर्ण सम्पूर्णरूपेण न्यायपूर्ण सामाजिक तार-तन्त्र का (जिस पर निष्पक्ष सहमति विकसित हो जाए) अस्तित्व होना आवश्यक नहीं है।

अनुभवातीत नहीं, तुलनात्मक रूपरेखा की आवश्यकता

अनुभवातीत विधि की समस्या केवल न्याय के निराकरण के उपयुक्त अन्यान्य वैकल्पिक नियमों की उपस्थिति के कारण उत्पन्न नहीं होती। सहज-स्पष्ट पूर्णतः न्यायपूर्ण सामाजिक तार-तन्त्र की अविद्यमानता की समस्या तो गम्भीर है ही, फिर भी सापेक्ष विधि के पक्ष में निर्णायक तर्क अनुभवातीत विधि के ''अव्यावहारिक स्वरूप'' नहीं बल्कि उसकी 'अनावश्यकता' पर आधारित है। यदि किसी न्याय-सिद्धान्त को विवेकशील नीतियों, युक्तियों या संस्थाओं का चयन करने में मार्गदर्शन करना है जो किसी पूर्णतः न्यायशील सामाजिक तार-तन्त्र के अभिज्ञान की न तो आवश्यकता होती है और न ही यह अभिज्ञान पर्याप्त सिद्ध होता है।

उदाहरण के लिए यदि आपको पिकासो या डाली के बीच चयन करना है इस प्रकार का अभिज्ञान किसी भी काम नहीं आएगा (भले ही अनुभवातीत अभिज्ञान सम्भव हो) कि विश्व का आदर्शतम (सर्वश्रेष्ठ) चित्र *मोना लिसा* है। यह बात सुनने में अच्छी भले ही लगे—पर डाली और पिकासो[6] के बीच चयन की बात से इसका कोई वास्ता नहीं होता। विश्व के 'महानतम' या 'संपूर्णतम' चित्र की बात भी हमारी वर्तमान चयन समस्या के सन्दर्भ में आवश्यक नहीं होगी। यह हमारे चयन की पर्याप्त कसौटी भी नहीं हो सकती। वास्तव में यदि डाली और पिकासो[6] के बीच चयन करना हो तो *मोनालिसा* के सम्पूर्णतम चित्र होने, नहीं होने से कोई सहायता नहीं मिल सकती।

हमारी उपर्युक्त बात बड़े भ्रामक रूप से सरल लगती है। क्या वह सिद्धान्त जो अनुभवातीत विकल्प की पहचान कराता है वही, उसी प्रक्रिया द्वारा हमें सापेक्ष न्याय के विषय में भी वांछित जानकारी प्रदान नहीं कर देगा? हमारा उत्तर है : नहीं। वह नहीं कर पाएगा। हमें यह ललक उठ सकती है कि सम्भवतः हम विकल्पों को 'सम्पूर्णतम' से निकटता के आधार पर क्रमबद्ध कर लें—इस प्रकार अनुभवातीत अभिज्ञान विधि से अप्रत्यक्ष रूप से हमें विकल्पों का अनुक्रम भी प्राप्त हो जाएगा। किन्तु यह विधि हमें बहुत आगे बढ़ पाने में सहायक सिद्ध नहीं होती। क्योंकि विभिन्न वस्तुओं में भिन्नता के अनेक आयाम होते हैं (इस कारण से विभिन्न आयामों की भिन्नताओं में सापेक्ष महत्त्व के आकलन की समस्या भी उठ खड़ी होती है)। यही नहीं, वर्णन-आधारित निकटता सदैव निश्चित रूप से मूल्यांकन की निकटता का मार्ग प्रशस्त नहीं कर पाती (एक ऐसा व्यक्ति जिसे लाल वाइन, श्वेत की अपेक्षा अधिक पसंद है का उदाहरण लें। लाल और श्वेत का मिश्रण निश्चित रूप से लाल के अधिक निकट होगा—परन्तु हो सकता है वह (उन दोनों में से) किसी को भी शुद्ध स्वरूप में उस मिश्रण से बेहतर मानता हो)।

ऐसे सिद्धान्त की रचना सम्भव है जो (1) वैकल्पिक युग्मों के बीच तुलना-समीक्षा कर सके और (2) अनुभवातीत अभिज्ञान (यदि तर्क बहुलता के कारण हमारी पूर्व उल्लिखित विधि से असम्भव नहीं हो गया हो) भी करा सके। ऐसा सिद्धान्त एक संपिंडित (conglomerate) सिद्धान्त होगा, किन्तु ये दोनों निर्णय एक-दूसरे के निहितार्थ स्वरूप को धारण नहीं कर पाते—(अर्थात् एक के कारण दूसरे का होना सिद्ध नहीं हो पाता)। यही नहीं, अनुभवातीत विधि पर आधारित और प्रचलित कोई भी मानक न्याय सिद्धान्त का स्वरूप संपिंडित नहीं है। हाँ, अपने सिद्धान्त की रचना में अनेक विचारकों ने जो तर्क प्रयोग किए हैं, उन्हें सापेक्ष विधि में भी प्रयोग किया जा सकता है। किन्तु सामान्य रूप से किसी अनुभवातीत विकल्प का अभिज्ञान किन्हीं गैरअनुभवातीत विकल्पों के बीच तुलना की समस्या का समाधान नहीं कर पाता।

अनुभवातीत सिद्धान्त का सम्बन्ध सापेक्ष सिद्धान्त की अपेक्षा एक बहुत ही अलग प्रकार के प्रश्न से है। इस प्रश्न में बहुत बौद्धिक अभिरुचि सम्भव है—किन्तु यह प्रश्न चयन की विद्यमान समस्या से संबद्ध नहीं होता। यहाँ तो सार्वजनिक विचार-विनिमय द्वारा प्राप्य विकल्पों के अनुक्रमण पर सहमति का प्रश्न उपस्थित है। अनुभवातीत और सापेक्ष विधियों के बीच वियुक्ति बहुत व्यापक है और इस पर हम अध्याय 4 में विस्तार से चर्चा करेंगे। (देखें—जनवाणी और सामाजिक चयन) तथ्य यही है कि काँन्डोंसे[7] आदि 18वीं शताब्दी के फ्रांसीसी गणितज्ञों द्वारा प्रवर्तित *सोशल च्वाइस थ्योरी* विषय में सापेक्ष विश्लेषण विधि ही केन्द्रभूत स्थान पर प्रतिष्ठित है। यद्यपि इसकी मतदान व्यवहार की उपशाखा में कुछ काम अवश्य होता रहा किन्तु

सामाजिक चयन सिद्धान्तों का बहुत लम्बे समय तक अधिक उपयोग नहीं किया गया। अपने वर्तमान स्वरूप में इस विषय को पुनः प्रतिष्ठा प्रदान करने का कार्य केन्नेथ ऐरो (Kenneth Arrow) ने बीसवीं शताब्दी के मध्य में किया है।[8] पिछले कुछ दशकों में इस विधि की ओर अनेक शोधकर्ता आकृष्ट हुए हैं और उन्होंने जीवन-मूल्यों एवं वैयक्तिक वरीयताओं के आधार पर सामाजिक विकल्पों का सापेक्ष मूल्यांकन करने के प्रयास किए हैं। सामाजिक चयन विषयक रचनाएँ काफी तकनीकी और गणितीय हैं और उनके अधिकांश परिणाम केवल विशद् गणितीय तर्कों पर आधारित हैं। इसी कारण ये विशेषकर दर्शनशास्त्रियों का ध्यान आकृष्ट नहीं कर पाई हैं। फिर भी ये विधि और इसके तर्क सामाजिक निर्णयों से जुड़ी सामान्य सूझबूझ के बहुत निकट भी हैं। मेरी इस पुस्तक की रचना-विधि में सामाजिक निर्णय सिद्धान्त की अन्तर्दृष्टि का बहुत बड़ा योगदान रहेगा (अध्याय–4)।

अनुभूतियाँ (सम्प्राप्तियाँ) जीवन और सामर्थ्य

अब मैं दूसरे प्रत्यन्तर बिन्दु की बात प्रारम्भ कर रहा हूँ, एक ऐसे सिद्धान्त की आवश्यकता की बात जो केवल संस्थाओं के चयन या वास्तव में अभिज्ञान तक ही सीमित रह जाता हो। सम्प्राप्ति या सिद्धि आधारित न्यायबोध की आवश्यकता का इस तर्क से गहरा नाता है कि न्याय इस बात से अछूता नहीं रह सकता कि व्यक्ति किस प्रकार जीवन निर्वाह कर सकते हैं। विद्यमान संस्थाओं और नियमों की जानकारी मानव जीवन, अनुभवों और सम्प्राप्तियों के महत्त्व का स्थान ग्रहण नहीं कर सकती। संस्थाएँ एवं नियम घटनाक्रम को प्रभावित करने में महत्त्वपूर्ण योगदान देते हैं, ये वास्तविक विश्व की रचना का अंग हैं, फिर भी सम्प्राप्तियाँ तो 'संगठनात्मक रचना' से कहीं आगे निकल उस जीवन को समाहित कर लेती हैं जिन्हें व्यक्ति वास्तव में जी पाते (नहीं भी) हैं।

मानवीय जीवन की प्रकृति ही कुछ ऐसी है कि हमें केवल इस बात में रुचि नहीं रहती कि हम क्या कर पाने में सफल रहते हैं, हमारी अभिरुचि सहज ही जीवन के विभिन्न स्वरूपों के बीच चयन की स्वतन्त्रता की ओर उन्मुख हो जाती है। अपनी जीवन-शैली के चयन की स्वतन्त्रता हमारे क्षेम-मंगल (well-being) में बहुत बड़ा योगदान देती है--किन्तु यदि हम अपने भले के परिप्रेक्ष्य से बाहर झाँकें तो इस स्वतन्त्रता का अपना महत्त्व भी होता है। तर्क का चयन कर पाना मानव जीवन का एक महत्त्वपूर्ण आयाम है। वास्तव में हमें केवल अपने भले तक सीमित रह जाने की कोई बाध्यता नहीं है, हमें ही यह तय करना होता है कि क्या कुछ करने का हमारे पास कौन सा उचित कारण है। केवल अपने भले प्रेरित व्यवहार के अतिरिक्त अन्य वरीयताओं

की पहचान करने के लिए हमारे लिए गाँधी, मार्टिन लूथर किंग, मंडेला या डेस्मंड टुटु हो जाना आवश्यक नहीं है। हम जिन स्वतन्त्रताओं और क्षमताओं का आनन्द उठा रहे हैं, वे केवल हमारे हित की दृष्टि से ही नहीं, अन्य कारणों से भी महत्त्वपूर्ण हैं और अंततः यह निर्णय भी हमें ही करना है कि हम उन स्वतन्त्रताओं का किस प्रकार उपयोग करेंगे।

इस प्रारम्भिक चर्चा में ही यह आग्रह करना महत्त्वपूर्ण है (वैसे विशद् चर्चा तो अध्याय 11-13 में होगी)। यदि सामाजिक सम्प्राप्तियों की समीक्षा उनकी उपयोगिता या (निहित) सौख्य की अपेक्षा व्यक्तियों को सुलभ सामर्थ्य के आधार पर की जाए तो अनेक नए प्रत्यन्तरों का उदय हो सकता है। एक बात तो यही कि इस प्रकार मानव जीवन के प्रति एक अभिव्यापक दृष्टिकोण का उदय होता है—अर्थात् केवल उपभुक्त उपयोगिता पर केन्द्रित न रह कर उन सारभूत स्वतन्त्रताओं पर भी विचार होता है जो व्यक्ति को सुलभ हो पाती हैं। स्वतन्त्रताओं का एक अन्य महत्त्वपूर्ण आयाम भी है—ये हमें अपने कृत्यों के लिए उत्तरदायी भी बनाती हैं।

चयन की स्वतन्त्रता हमें यह तय करने का अवसर प्रदान करती है कि हमें क्या करना चाहिए। किन्तु इस अवसर के साथ ही हमें अपने किए गए कार्यों के (प्रत्यक्ष) परिणामों का उत्तरदायित्व भी उठाना पड़ता है। सामर्थ्य कुछ करने की शक्ति है तो उस योग्यता से प्रवाहित उत्तरदायित्व भी हमारे सामर्थ्य परिप्रेक्ष्य का अंग होगी। यही हमें कर्तव्य के तकाज़ों या आचारशास्त्रीय तकाज़ों की ओर ले जाती है। यहाँ बृहत्तर सामाजिक भूमिका और सामर्थ्यकेन्द्रित विधियों के परिणामों के बीच कुछ प्रतिच्छादन भी रहता है, एक प्रकार से उपयोगितावादी परिप्रेक्ष्य से तुलनीय कुछ भी नहीं लगता (देखें अध्याय—13 सौख्य, क्षेम-मंगल और सामर्थ्य)। व्यक्तियों को सुलभ वास्तविक सामर्थ्यों सहित सामाजिक सम्प्राप्तियों का यह परिप्रेक्ष्य हमें न्याय-विश्लेषण में अत्यन्त उपयोगी अनेक प्रकार के सरोकारों की ओर बरबस खींच ले जाता है। इनकी भी समीक्षा-विवेचना हमें करनी ही होगी।

भारतीय न्यायशास्त्र में प्रतिष्ठित एक भेद (अन्तर)

न्याय के तार-तन्त्र केन्द्रित और सम्प्राप्तिकेन्द्रित दृष्टिकोणों को समझने में संस्कृत साहित्य में नीतिशास्त्र और न्यायशास्त्र में किया गया भेद बहुत उपयोगी होगा। वहाँ दो शब्दों का प्रयोग हुआ है : नीति और न्याय। प्रतिष्ठित संस्कृत साहित्य में दोनों का प्रयोग न्यायपूर्णता के सन्दर्भ में किया जाता है। नीति शब्द का प्रयोग मुख्यतः संस्थागत उपयुक्तता और व्यवहार की शुद्धता से जुड़ा है। नीति की तुलना में न्याय एक सम्प्राप्त न्यायपूर्णता की व्यापक अवधारणा है। इस दृष्टि से संस्थाओं, नियमों और संगठनों की भूमिकाओं का न्याय की अधिक विशद् और व्यापक कसौटियों

के अनुसार मूल्यांकन करना होगा। यह निश्चय ही वास्तव में 'क्या परिदृश्य उदित होता है?' की बात है, केवल संस्थाओं और नियमों की उपस्थिति की नहीं।*

एक और अनुप्रयोग पर विचार करें, पुरातन भारतीय न्यायशास्त्रियों ने 'मत्स्य न्याय' की भर्त्सना की है ('अर्थात् बड़ी मछली छोटी को खा जाती है' की व्यवस्था वाले मत्स्य संसार के न्याय की भर्त्सना की गई है)। हमें समझाया गया है कि मत्स्यन्याय से बच कर रहना है–मानव संसार को मछलियों की न्याय प्रणाली के अतिक्रमण से बचाना है। यहाँ भी मुख्य बात यही अनुभूति है कि न्याय की दृष्टि से न्यायपूर्णता केवल संस्थाओं और नियमों का मूल्यांकन नहीं है–यह तो पूरे समाज का ही मूल्यांकन है। व्यवस्था चाहे जितनी अच्छी तरह से स्थापित हो–किन्तु बड़ी मछली द्वारा छोटी को अपनी मर्ज़ी से खा जाने की सम्भावना निश्चित रूप से मानवीय न्यायपूर्णता की मर्यादा का उल्लंघन होगी।

आइए, एक उदाहरण द्वारा नीति और न्याय का भेद कुछ और स्पष्ट करें। पवित्र रोमन साम्राज्य के फर्डीनेंड-1 ने 16वीं शताब्दी में घोषणा की थी : ''न्याय होना ही चाहिए, भले ही विश्व का नाश हो जाए।'' यह कठोर उक्ति एक नीति हो सकती है–बहुत ही उग्र नीति। इसके कुछ समर्थक भी रहे हैं। किन्तु समग्र विश्व के विध्वंस को 'एक न्यायपूर्ण समाज'' का उदाहरण कह पाना सम्भव होगा क्या? नहीं। न्याय के अधिक विस्तृत और व्यापक स्वरूप में तो ऐसा नहीं हो पाएगा। यदि विश्व का विनाश ही हो गया तो उस 'उपलब्धि' का क्या अर्थ होगा?–वैसे उन कठोरतम नीतियों के (जिनके ऐसे बहुत ही गम्भीर परिणाम होते हैं) पक्ष में भी बहुत प्रकार के कुतर्क दिए जा सकते हैं।

एक सम्प्राप्ति केन्द्रित परिप्रेक्ष्य हमें विश्व से स्पष्टतः अन्यायपूर्णता का निराकरण करने के महत्त्व को समझाने में सहायक है–यह किसी 'सम्पूर्ण न्याय' की मृगतृष्णा के पीछे नहीं भागता। जैसा कि हमारा मत्स्य न्याय का उदाहरण स्पष्ट कर रहा है, न्याय की विषय-वस्तु केवल किसी सम्पूर्णरूपेण न्यायपूर्ण समाज या सामाजिक तार-तन्त्र को पा जाने का प्रयास या पाने का स्वप्न देखना मात्र नहीं है, बल्कि इसका

---

* भारतीय विधि सिद्धान्तकारों में सबसे प्रसिद्ध मनु हैं; और इनका सम्बन्ध बहुत कठोरतापूर्ण नीतियों से जुड़ा है। आजकल तो उन्हें एक फासीवादी नीतिकार भी कहा जा रहा है। किन्तु मनु भी किन्हीं नीतियों को उचित सिद्ध करने में सम्प्राप्तियों और न्यायपूर्णता के द्वंद्व से बच नहीं पाए थे। उदाहरण के रूप में, हमें बताया गया है कि 'उपहास करने से उपहासित होना बेहतर है–क्योंकि उपहासित व्यक्ति चैन से सोता, जागता और इस दुनिया में रहता है जबकि उपहासकर्ता (शीघ्र ही) विनाश को प्राप्त हो जाता है (अध्याय–2 निर्देश 163) इसी प्रकार ''जहाँ नारी की पूजा नहीं होती वहाँ सभी आयोजन निष्फल रह जाते हैं''–क्योंकि जिस परिवार में नारियों की दुर्दशा होती है वे परिवार शीघ्र ही नष्ट हो जाते हैं और जहाँ नारियाँ दुर्दशाग्रस्त नहीं होतीं वहाँ सदैव सुख-समृद्धि होती है'' (अध्याय–3, निर्देश 56 और 57)। ये अनुवाद हमने अंग्रेज़ी में प्रकाशित वेंडी डोनिजर के उत्कृष्ट अनुवाद : *द लॉज़ ऑफ मनु*, (लंदन, पेंग्विन, 1991) से लिए हैं।

संबंध भीषण अन्यायपूर्णता का निवारण है (जैसे कि मत्स्य न्याय)। उदाहरण के रूप में : 18वीं और 19वीं शताब्दियों में दास-प्रथा की समाप्ति के लिए आन्दोलन कर रहे व्यक्तियों को यह भ्रम नहीं था कि इससे किसी सम्पूर्णरूपेण न्यायपूर्ण विश्व की रचना हो जाएगी। उनका दावा तो यही था कि दासप्रथा पूर्ण विश्व के लिए अत्यन्त ही अन्यायपूर्ण है (ऐडम स्मिथ, कोन्डोंसे, वोल्स्टोनक्राफ्ट आदि विचार इस मत के प्रचार से जुड़े थे)। दासप्रथा में निहित असह्य अन्यायपूर्णता ने ही इसकी समाप्ति को प्रखर वरीयता प्रदान कर दी थी–इस वरीयता ने सम्पूर्ण न्यायपूर्ण समाज के स्वरूप पर आम सहमति की प्रतीक्षा नहीं की। जिन्हें इस बात को लेकर स्वाभाविक रूप से गर्व है कि दासप्रथा का अन्त करने वाली अमरीकी क्रान्ति ने न्याय के पक्ष में एक महत्त्वपूर्ण योगदान दिया था उन्हें भी यह बात तो स्वीकार करनी ही होगी कि अनुभवातीत संस्थावाद (यदि बात सम्पूर्णरूपेण न्यायपूर्ण और शेष अवस्थाओं में तुलना की हो) तो दासप्रथा उन्मूलन द्वारा न्याय-संवर्धन के विषय में बहुत कुछ नहीं बता पाता। यहाँ यह बात भी ध्यान देने योग्य है : कहा जाता है कि समकालिक इतिहास की इस महान घटना की व्याख्या करते हुए कार्ल मार्क्स तो यही बताते हुए रह गए कि पूँजीवादी श्रम सम्बन्ध भी शोषण प्रधान होते हैं–हाँ, इनमें शोषण दास-प्रथा की अपेक्षा कम रहता है। किन्तु उनके आलोचकों के मत के विपरीत 'साम्यवाद की उत्कृष्ट अवस्था' की रचना पर विचार करें तो मार्क्स का न्याय-विश्लेषण कहीं अधिक गहन एवं दूरगामी प्रतीत होता है।

प्रक्रियाओं और उत्तरदायित्वों का महत्त्व

वे इस द्वैध को कुछ भी कहें, पर न्यायपूर्णता को केवल नीति की दृष्टि से देखने वाले सम्भवतः इस बात से चिन्तित लगते हैं कि वास्तविक सम्प्राप्तियों पर आग्रह से कहीं सामाजिक प्रक्रियाओं की अनदेखी न आरम्भ हो जाए। इन प्रक्रियाओं में व्यक्ति के कर्तव्यों और दायित्वों का निर्वाह भी सम्मिलित होता है। हम सही काम करने के बाद भी विफल हो सकते हैं। या फिर एक अच्छा परिणाम हमारे किसी प्रयास नहीं बल्कि अनायास हुई किसी घटना के कारण सम्भव हो जाता है, किन्तु हमें यह भ्रम दे जाता है कि न्याय हो गया। अतः फिर तो कुछ इस प्रकार के तर्क दिए जाएँगे कि प्रक्रियाओं, प्रयासों और व्यवहार की अनदेखी कर केवल वास्तव में क्या होगा पर केन्द्रित रहना पर्याप्त नहीं होगा। जो दार्शनिक कर्तव्य की भूमिका और आचारशास्त्रीय विधि के लक्षणों पर आग्रह करते हैं उन्हें तो तार-तन्त्रों और सम्प्राप्तियों के बीच का अन्तर न्याय के प्रति आचार-शास्त्रीय और फलवादी विधियों के बीच जैसा भेद प्रतीत होगा।

इस चिन्ता पर ध्यान तो देना चाहिए—पर, जैसे कि मेरा तर्क रहेगा, यह अन्ततः अनावश्यक सिद्ध होगी। सम्प्राप्तियों के सम्पूर्ण चित्रण में तो उन्हें सम्भव बनाने वाली प्रक्रियाओं को भी स्थान मिलना चाहिए। इसे मैंने एक दशक पूर्व *इकोनोमैट्रिका* में एक लेख में 'सम्पूर्ण परिणाम' का नाम दिया था। इसमें सम्बद्ध प्रक्रियाएँ भी सम्मिलित रहती हैं–हाँ, इसे केवल पराकाष्ठा परिणाम (culmination outcome) से पृथक मानना चाहिए[9] (*इकोनोमैट्रिका*, 65, 1997)। मनमाने ढंग से किसी की गिरफ्तारी उस व्यक्ति को पकड़कर बंद कर देना मात्र नहीं है, इसमें मनमानापन भी सम्मिलित है। इसी प्रकार अन्ततः (पराकाष्ठा में) होने वाले परिणाम पर ही ध्यान लगा कर मानवीय कृतित्त्व की भूमिका को विलुप्त नहीं किया जा सकता। उदाहरण के लिए, किसी के नियंत्रण से परे कारणों से भूख से मृत्यु हो जाने और किसी द्वारा ऐसी परिस्थितियाँ पैदा करके प्रयास के फलस्वरूप भूख से मरने के बीच बड़ा अन्तर होता है—भले ही दोनों अवस्थाओं में अन्तिम परिणाम मृत्यु की दुखद घटना ही है, पर न्याय के साथ इनके सम्बन्ध-सूत्र बहुत ही अलग-अलग होंगे। या फिर एक और बात लीजिए : यदि किसी चुनाव में राष्ट्रपति पद के किसी प्रत्याशी द्वारा यह घोषणा होती है कि उसके लिए केवल आगामी चुनाव जीतना महत्त्वपूर्ण नहीं है—बल्कि उसे न्यायपूर्वक जीतना अधिक महत्त्वपूर्ण है—तो इस दशा में परिणाम को हम एक सम्पूर्णतायुक्त परिणाम कह सकते हैं।

एक अन्य प्रकार का उदाहरण लीजिए। 'महाभारत' नामक भारतीय महाकाव्य के एक विशेष अंश 'भगवद्गीता' का उदाहरण लें। यह महाभारत के महान युद्ध से एकदम पूर्व अजेय योद्धा अर्जुन द्वारा उस युद्ध में होने वाली व्यापक जन-हानि को लेकर व्यक्त की गई आशंकाओं से जुड़ा है। उसके सलाहकार कृष्ण का कहना था कि परिणाम की चिन्ता किए बिना उसे तो अपना कर्तव्य निभाने को प्राथमिकता देनी चाहिए। उनके इस संवाद की व्याख्या भी प्रायः आचारवाद बनाम परिणामवाद या फलवाद कर दी जाती है। यहाँ आचारवादी कृष्ण फलवादी अर्जुन (जो युद्ध के भीषण परिणामों को लेकर चिन्तित है) को केवल अपना कर्तव्य निभाने की प्रेरणा दे रहे हैं।

धार्मिक दृष्टि से तो लगता है कि कृष्ण द्वारा कर्तव्य की महत्ता का प्रतिपादन केवल तर्क में जीतने के लिए ही किया गया होगा। अर्जुन की शंकाओं के समाधान से जुड़ी यह रचना 'भगवद्गीता' भारतीय धर्मशास्त्रों और हिन्दू दर्शन का एक महत्त्वपूर्ण अंग बन चुकी है। विश्व के अनेक दार्शनिक एवं साहित्यिक लेखकों ने कृष्ण के नैतिक पक्ष का समर्थन भी किया है। टी. एस. इलियट (T. S. Eliot) ने *फोर क्वार्टेट्स* में कृष्ण के विचार को ही इस प्रकार संक्षेप में कह डाला है : "और कार्य के फल की चिन्ता छोड़ो। आगे बढ़ो।" कहीं हम इस कथन के महत्त्व को भुला न दें, इसीलिए और स्पष्ट करते हुए इलियट कहते हैं : "भले ही ठीक नहीं रहे। पर हे नाविक! तुम बढ़े चलो।"[10] मैंने अपनी पुस्तक *द आर्ग्यूमेंटेटिव इण्डियन* में कहा था कि यदि

'महाभारत' की 'भगवद्‌गीता' के विवाद के आरम्भ और परिणाम और समस्त 'महाभारत' पर विचार करें तो कृष्ण की विचारदृष्टि की सीमाएँ भी सहज स्पष्ट हो जाएँगी।[11] 'महाभारत' के उस 'न्याय युद्ध' के अन्त में देश की व्यापक दुर्दशा, हर ओर चिताओं की अग्नि और अपने सम्बन्धियों की मृत्यु पर महिलाओं का करुण क्रन्दन देख यह विश्वास करना कठिन हो जाता है कि क्या सचमुच अर्जुन की इन आशंकाओं का कृष्ण ने समाधान कर दिया था! सम्भवतः आगे बढ़ने की अपेक्षा सकुशल रहना कहीं अधिक सशक्त तर्क हो सकता है।

भले ही यह उद्धरण फलवाद और आचारवाद का भेद बहुत सटीक रूप से समझा रहा हो पर हमारा वास्तविक ध्येय तो अर्जुन की सकुशल नहीं रह पाने विषयक आशंकाओं की समष्टि को समझना है। अर्जुन केवल इस बात को लेकर चिन्तित नहीं थे कि न्याय और सत्य (उपयुक्तता) के पक्ष में उसके साथ मिलकर लड़ने वालों सहित अनेक का संहार हो जाएगा। अर्जुन ने तो प्रारम्भ में ही कहा है कि वह स्वयं भी कितनों का ही संहार कर बैठेगा। और उनमें परिवार के दोनों पक्षों के अनेक ऐसे सदस्य हैं जिन्हें वह बहुत प्रेम करता है। उनके इस पारिवारिक युद्ध में अन्य अनेक सगे-सम्बन्धी एवं मित्र-परिचित भी जुड़ गए हैं। वास्तविक घटनाक्रम तो अर्जुन की प्रक्रिया से असम्बद्ध (चिन्ताओं-आशंकाओं से कहीं अधिक आगे के परिणामों को भी पीछे छोड़ गया था)। न्यायपूर्णता की न्यायरूपी व्याख्या में तो उपयुक्त सामाजिक सम्प्राप्तियों के प्रक्रिया सहित सम्पूर्ण स्वरूप पर ही विचार होना चाहिए।[12] सामाजिक सम्प्राप्तियों के पक्ष को फलवादी संकीर्णताओं पर आधारित कह आचारवादी तर्कों के सरोकारों को दृष्टिगत कर देना कठिन ही होगा।

अनुभवातीत संस्थावाद और व्यापक उपेक्षा

मैं इस प्रारम्भिक चर्चा का समापन अनुभवातीत संस्थावादी राजनीतिक दर्शन की मुख्यधारा में व्याप्त आग्रह के विशेष संकुचनकारी आयाम विषयक बात से कर रहा हूँ। व्यापक स्तर पर स्वीकार्य किसी भी कसौटी के अनुसार विश्व की संस्थात्मक रचना को कम अन्यायपूर्ण बनाने के लिए किसी भी महान सुधार के सुझाव पर विचार करें। गरीब रोगियों को कम लागत पर निर्मित होने वाली औषधियाँ सस्ते दामों सुलभ कराने के लिए पेटेंट नियमों में सुधार की बात लें। यह प्रश्न निश्चय ही विश्व-स्तर पर न्याय की दृष्टि से महत्त्वपूर्ण है। यहाँ हमारे सामने यही प्रश्न उपस्थित है। विश्व को कुछ कम अन्यायपूर्ण बनाने के लिए हम किस प्रकार के अन्तरराष्ट्रीय सुधार प्रारम्भ करें?

किन्तु हॉब्स एवं रॉल्सवादी दावों, कि हमें उपयुक्ततम संस्थाओं के माध्यम से न्याय के नियमों को लागू करने के लिए एक सार्वभौम सत्तासम्पन्न राज्य (सरकार)

की आवश्यकता होगी—से सहमत व्यक्तियों को तो सामान्य न्यायपूर्णता—विशेषकर विश्वस्तरीय व्यापक न्यायपूर्णता, के संवर्धन की बात ही 'कोरी बकवास' प्रतीत होगी। यह न्याय के प्रश्न को अनुभवातीत संस्थावाद की परिधि में बन्दी बना रखने का सीधा-सा परिणाम-मात्र है। किसी त्रुटिहीन संस्था समुच्चय के माध्यम से सम्पूर्णतायुक्त विश्वस्तरीय न्याय (यदि इसका अभिज्ञान सम्भव हो जाए) के लिए तो इस परिवेश में विश्वस्तरीय सरकार की आवश्यकता होगी और—उसके अभाव में विश्व न्याय के प्रश्नों का अनुभवातीत संस्थावादी कोई उत्तर नहीं दे पाते।

आइए, हम अपने इस समय के सबसे प्रखर मानवतावादी, सबसे उत्कृष्ट मौलिक चिन्तन-सम्पन्न और प्रभावशाली दार्शनिक, मेरे मित्र थॉमस नगेल (Thomas Nagel) द्वारा वैश्विक न्याय के विचार की प्रासंगिकता को सशक्त रूप से नकारने पर विचार करें (मैंने उनकी रचनाओं से बहुत कुछ सीखा है)। वे न्याय की अनुभवातीत सूझ के आधार पर ही इस निष्कर्ष पर पहुँचे हैं कि एक न्यायपूर्ण विश्व के लिए आवश्यक विश्वस्तरीय संस्थाओं की रचना के तकाज़े इस समय पूर्ण नहीं हो सकते और इसीलिए वैश्विक न्याय की चर्चा एक निरर्थक प्रयास ही है। उन्होंने कहा है : "मुझे लगता है कि न्याय और सार्वभौमिकता के बीच सम्बन्ध ही हॉब्स की बात का प्रतिवाद नहीं हो सकता" और "यदि हॉब्स का विचार ठीक है तो विश्व-सरकार के बिना ही विश्व-न्याय की बात निरी कपोल-कल्पना मात्र ही रह जाती है।"[13]

इसीलिए वैश्विक स्तर पर नगेल अन्य तकाज़ों के स्पष्टीकरण पर आग्रह करते हैं—ये न्याय के तकाज़ों से भिन्न हैं और इनमें सम्मिलित हैं "न्यूनतम मानववादी नैतिकता" (जिससे "अन्य सभी व्यक्तियों के साथ हमारे सम्बन्ध प्रभावित होते हैं"), और संस्थागत तार तन्त्रों में आमूल परिवर्तन की दीर्घकालिक युक्तियाँ ("मुझे विश्वास है कि विश्व-स्तर पर न्याय का मार्ग किसी न किसी रूप में वर्तमान राष्ट्र/राज्यों के हितों को सह्य किसी पूरी तरह से अन्यायपूर्ण और अवैध वैश्विक सत्ता-व्यवस्था की रचना से होकर गुज़रता है।"[14] यहाँ निहित विपर्यास संस्थागत सुधारों को अनुभवातीत न्याय की ओर ले जाने में उनकी भूमिका और ऐसे सुधारों द्वारा वास्तव में लाए गए (सकारात्मक) परिवर्तन से जुड़ा है। इसका हमारी वर्तमान पुस्तक के अभिन्न सरोकार, प्रत्यक्ष अन्याय के निवारण, से विशेष नाता है।

रॉल्स की विधि में भी न्याय सिद्धान्त को लागू करने के लिए एक पूर्णरूपेण न्यायपूर्ण समाज की आधारभूत रचना का निर्धारण करने वाली संस्थाओं के व्यापक तार-तन्त्र की आवश्यकता होती है। कोई आश्चर्य नहीं कि वैश्विक न्याय पर विचार करते हुए वे स्वयं वैश्विक सरकार की रचना की सनक की दिशा में बढ़ने के स्थान पर अपने ही पूर्वविकसित न्याय नियमों को तिलांजलि देने को बाध्य हो जाते हैं। *द लॉ ऑफ पीपल्स* नामक अपनी बाद की एक रचना में उन्होंने राष्ट्रीय स्तर पर, 'न्याय के निष्पक्षता स्वरूप' के लिए 'प्रतिपूरक' विचार की बात उठाई है। किन्तु

यह प्रतिपूरक बहुत ही दुर्बल स्वरूप में उजागर हुआ है, यह है सभ्यता और मानवता जैसे मूलभूत प्रश्नों पर विभिन्न देशों के प्रतिनिधियों के बीच वार्तालाप और सौदेबाज़ी। इसमें न्याय की बहुत संकुचित अभिलक्षणाएँ खोजने का प्रयास हो सकता है। वास्तव में रॉल्स ने ऐसे किन्हीं न्याय सिद्धान्तों की व्युत्पत्ति का प्रयास भी नहीं किया जो उन वार्ताओं से उभर कर आ सकेंगे। वास्तव में उन वार्ताओं से ऐसा कुछ नहीं प्राप्त होगा जिसे न्याय का नियम कहा जा सके। वे तो बस मानवतावादी व्यवहार के कतिपय सामान्य सिद्धान्तों पर ही केन्द्रित रह गए हैं।[15]

वास्तब में इस समय प्रबल अनुभवातीत संस्थावादी परिवेशाधीन रचित न्याय सिद्धान्त न्याय के अनेक अत्यन्त सारपूर्ण प्रश्नों को सदाशयपूर्ण किन्तु सत्वहीन शब्दाडंबर का रूप प्रदान कर देते हैं। अधिक (उच्चतर) वैश्विक न्याय की मांग कर रहे व्यक्ति (मेरा सापेक्षतापूर्ण शब्द अधिक/उच्चतर पर विशेष आग्रह है) किसी न्यूनतम मानवतावाद की फरियाद नहीं कर रहे। वे किसी सम्पूर्ण रूप से न्यायपूर्ण विश्व समाज की रचना का आग्रह भी नहीं कर रहे। वे तो किन्हीं अति क्रूर अन्यायपूर्ण तार-तन्त्रों का निवारण कर विश्व स्तर पर न्याय के संवर्धन की बात कर रहे हैं। ऐसा ही कुछ अपने समय में एडम स्मिथ, कोंडोर्से या वोल्स्टोनक्रॉफ्ट ने किया था और जिनके विषय में सार्वजनिक चर्चा एवं विचार-विमर्श द्वारा उपयुक्त सहमति का विकास सम्भव हो सकता है। भले ही इस सहमति के भागीदार अन्य अनेक विषयों में अपने-अपने विचारों पर ही जमे रहे।

सीमस हीने (Seamus Heaney) की इन स्फूर्तिदायी पंक्तियों में पीड़ित जनसमुदाय को अपनी वाणी की अनुगूंज अवश्य सुनाई दे सकती है :

> इतिहास का कहना है,
> कब्र के इस तरफ (रह कर) कोई आशा मत करो,
> किन्तु जीवन काल में एक बार तो
> न्याय की मनोवांछित लहर
> उठ भी सकती है।
> यही आशा और इतिहास की संयुति होगी।[16]

आशा और इतिहास की इस संयुति की प्रतीक्षा बहुत ही आकर्षक लगती है—किन्तु वर्तमान राजनीतिक दर्शन पर छाए हुए अनुभवातीत संस्थावादी न्याय में इस सदाशा के लिए कोई स्थान नहीं है। इसी स्थानाभाव से वर्तमान न्याय-सिद्धान्तों से प्रत्यन्तरण की आवश्यकता स्पष्ट होती है। यही हमारी इस पुस्तक की विषय-वस्तु है।

भाग 1
न्याय की अपेक्षाएं

1

तर्क और वस्तुनिष्ठता

हमारे समय के एक महान दार्शनिक लुड्विग विट्टजेन्स्टीन ने दर्शनशास्त्र पर अपने पहले ग्रन्थ *ट्रेक्टेटुस लॉजिको-फिलोसोफिक्स* (Tractatus Logico-Philosophicus), 1921 के आमुख में लिखा था : "जो कुछ कहने योग्य है, वह स्पष्ट रूप से कहा जाना चाहिए और जो बात कहने योग्य नहीं हो, उस पर चुप रहना श्रेयस्कर है।" उनसे दशकों पहले एडमंड बर्क ने भी कुछ कह पाने की कठिनाई की बात की थी–किन्तु साथ ही उन्होंने 'चुप रहने की असमर्थता' द्वारा उस कठिनाई का निवारण भी कर दिया था। वैसे अच्छा ही हुआ कि विट्टजेन्स्टीन महाशय भी सदैव अपने इस उपदेश का अनुसरण नहीं कर पाए। पॉल एंजलमैन को 1917 में एक पत्र में उन्होंने एक बहुत ही रहस्यमय टिप्पणी की थी, "मैं बड़ी मेहनत से काम करता हूँ और सोचता हूँ कि काश मैं बेहतर और कुशाग्रमति होता। ये दोनों एक ही तो हैं।[1] क्या *कुशाग्रमति* (तेज़-तर्रार) व्यक्ति होना और *बेहतर* मानव होना एक ही बात है?

मैं भली प्रकार जानता हूँ कि एटलांटिक पार के पाठ्यान्तरण में अच्छा होने में निहित नैतिक गुण तथा 'सकुशल होने' में निहित स्वास्थ्य-सम्बन्धी टिप्पणी (कोई दर्द-पीड़ा नहीं, रक्तचाप सामान्य आदि) के बीच का अन्तर कहीं डूबकर खो गया है। मैं तो बहुत समय से अपने मित्रों की सुस्पष्ट अशिष्टता को लेकर चिन्ता करना छोड़ चुका हूँ जो यह पूछे जाने पर कि 'आप कैसे हैं?' तुरन्त आत्मश्लाघापूर्ण उत्तर देते हैं कि 'मैं बहुत अच्छा हूँ।' पर विट्टजेन्स्टीन अमरीकी नहीं थे और 1917 का समय विश्व पर अमरीकी पाठ्यान्तरों की विजय-पताका फहराने से पूर्व का समय था। अतः जब उन्होंने बेहतर और कुशाग्रमति होने को एक माना तो इसमें निश्चय ही कोई सारगर्भित दृढ़ोक्ति निहित रही होगी।

तो फिर वे क्या उद्घोषणा कर रहे थे? सम्भवतः इस कथन में यह तथ्य छुपा हो कि अनेक बार आत्मभ्रमित व्यक्ति ही बहुत गलत प्रकार की हरकतें कर जाते हैं। कुशाग्रमतिहीनता कभी-कभी सद्व्यवहार में नैतिक विफलता का कारण बन सकती है। यह सोच लेना कि क्या करना कुशाग्रतासूचक होगा–भी अन्य व्यक्तियों के प्रति बेहतर व्यवहार करने में सहायक हो सकता है। आधुनिक द्यूतक्रीड़ा सिद्धान्त ने तो

यह बात बहुत स्पष्ट रूप से समझा दी है।[2] अच्छे व्यवहार का एक विवेकपूर्ण कारण (उसके फलस्वरूप) स्वहित संवर्धन भी हो सकता है। वास्तव में यदि किसी समूह के सभी सदस्य परस्पर सहायक सद्‌व्यवहार के नियमों का पालन करें तो वे सभी बहुत महान हित-लाभ के भागी हो सकते हैं। सभी को बर्बाद कर देने वाले कार्य करना किसी भी समूह के सदस्यों के लिए कुशाग्रमति सम्पन्न कार्य नहीं कहलाएगा।[3]

किन्तु सम्भव है विट्टजेन्स्टीन का यह अभिप्राय नहीं रहा हो। कुशाग्रमति हमें अपने लक्ष्यों, उद्देश्यों और जीवनमूल्यों के विषय में अधिक स्पष्ट चिन्तन की क्षमता प्रदान कर सकती है। अभी-अभी उल्लिखित जटिलताओं के बावजूद यदि स्वहित को, अन्ततः एक आदिम कोटि का विचार ही मान लें तो फिर उन अधिक परिष्कृत वरीयताओं एवं दायित्वों, जो हमें प्रिय हों और जिनको पाने का हम प्रयास करेंगे, वे केवल हमारी तर्कक्षमता पर निर्भर रह जाएँगे। (दूसरे शब्दों में) सामाजिक रूप से गरिमापूर्ण व्यवहार करने के लिए किसी व्यक्ति के पास स्वहित-संवर्धन के अतिरिक्त कुछ सुविचारित कारण होने चाहिए।

कुशाग्रमति स्वहित के ही बेहतर बोध नहीं बल्कि यह समझने में भी सहायक हो सकती है कि किसी एक के कार्यों से अन्य व्यक्तियों के जीवन किस प्रकार प्रभावित हो सकते हैं। तर्कशील चयन सिद्धान्त ने जिन्हें अर्थशास्त्रियों ने परिष्कृत किया और अन्य अनेक समाज विज्ञान प्रशाखाओं ने बड़े उत्साहपूर्वक अपना लिया है, हमें एक विचित्र-सी सूझ देने का भरसक प्रयास किया है कि तर्कशील चयन का अर्थ केवल स्वहित संवर्धन है (वस्तुतः तर्कशील चयन सिद्धान्तों ने इस चयन की परिभाषा ही इस प्रकार की है)। किन्तु यदि अपना हित सिद्ध नहीं हो तो किसी के लिए कुछ भी करने के विचार को 'तर्कहीन मूर्खता' मानने के विचार का काफी प्रतिरोध भी हुआ है।[4]

हमारा अन्य व्यक्तियों के प्रति क्या दायित्व है या हमें औरों से क्या मिला है? ये गम्भीर चिन्तन-मनन के विषय हैं।[5] यही मनन हमें स्वहित के अति संकीर्ण दृष्टिबोध से आगे ले जाएगा, हमें सम्भवतः यह बोध भी कराएगा कि हमारे अपने सुविचारित ध्येयों का तकाज़ा है कि हम केवल स्वहित-संवर्धन की इन संकीर्ण सीमाओं को पार कर जाएँ। किन्हीं दशाओं में केवल अपने लक्ष्यों (भले ही वे स्वहित मात्र से प्रेरित नहीं हों) की प्राप्ति के प्रयास करने से रोकने के कारण भी उपस्थित हो सकते हैं। इसका कारण वे सामाजिक व्यवहार के नियम हो सकते हैं जो हमारे साथ-साथ इसी विश्व में बसे अन्य व्यक्तियों के लक्ष्यों की प्राप्ति के प्रयास की गुंजाइश की रचना भी करते हैं। कुछ टीकाकारों की बात विचित्र-सी लगती है कि कोई व्यक्ति अन्यों के लक्ष्य साधन की गुंजाइश पैदा करने के लिए स्वलक्ष्य साधन पर 'एकाग्रता' से विचलित भी हो सकता है। कुछ तो इसे इसी बात का 'प्रमाण' मान लेते हैं कि जिन्हें हम अपने लक्ष्य कहते थे, वे हमारे थे ही नहीं। किन्तु यदि व्यावहारिक तर्क

के विस्तार को पर्याप्त रूप से समझ लें तो इसमें कोई विचित्रता नहीं बचती। इन प्रश्नों पर हम अपने अध्याय 8 और 9 में विस्तार से चर्चा करेंगे।

विट्टजेन्स्टीन के समय में भी ''तर्कशील चयन सिद्धान्त' के कुछ 'पूर्वाभास' विद्यमान थे। सम्भवतः उनका संकेत यही था कि कुशाग्रमति हमें अपने सामाजिक सरोकारों एवं दायित्वों के विषय में अधिक स्पष्ट रूप से सोच पाने में सहायक होती है। कई बार कहा जाता है कि कुछ बच्चे अन्य बच्चों या जीवों के प्रति केवल इस कारण क्रूरतापूर्ण व्यवहार कर जाते हैं कि उन्हें अन्यों के दर्द या कष्ट की अनुभूति नहीं होती–यह अनुभूति बौद्धिक परिपक्वता के साथ-साथ ही विकसित होती है।

हम निश्चित रूप से यह तो नहीं जानते कि विट्टजेन्स्टीन का अभिप्राय क्या था। किन्तु इस बात के बहुत साक्ष्य सुलभ हैं कि वे अपने दायित्वों और प्रतिबद्धताओं के मनन पर बहुत समय लगाते रहे हैं। इन सबके परिणाम सदैव बहुत विवेकपूर्ण नहीं रहे। जब 1938 में हिटलर अपनी विजय-यात्रा निकाल रहे थे तो विट्टजेन्स्टीन वियना जाने पर उतारू हो रहे थे। उनके यहूदी होने, चुप न रह पाने और व्यवहार में कूटनीतिक नहीं होने के कारण यह एक खतरनाक कदम हो सकता था। इसी कारण कैम्ब्रिज महाविद्यालय के उनके सहयोगियों ने उन्हें बलपूर्वक वहाँ जाने से रोका था। इन सहयोगियों में अर्थशास्त्री पियरों सर्राफा का नाम प्रमुखता से लिया जा सकता है–सर्राफा ने ही विट्टजेन्स्टीन को उनके ट्रैक्टेटुस ग्रन्थ की कुछ स्थापनाओं पर पुनः विचार करने की प्रेरणा भी दी थी। विट्टजेन्स्टीन की विभिन्न वार्ताओं-चर्चाओं से यह भी स्पष्ट होता है कि वे सोचते थे कि उनकी बौद्धिक क्षमता का उपयोग विश्व को बेहतर बनाने के निमित्त होना ही चाहिए। इस सन्दर्भ में उनकी जीवनी का रे मोंक द्वारा किया गया नामकरण बहुत ही सटीक प्रतीत होता है–*लुडविग विट्टजेन्स्टीन : द ड्यूटी ऑफ जीनियस*।

ज्ञानोदीप्ति विचार परम्परा की समीक्षा

यदि सचमुच विट्टजेन्स्टीन का अभिप्राय यही था, तो वे एक विशेष दृष्टि से यूरोपीय ज्ञानोदीप्ति परम्परा से जुड़े दिखाई देंगे। उस परम्परा ने बेहतर समाज के निर्माण में स्पष्ट मस्तिष्क द्वारा किए गए मनन और तर्क को प्रमुख सहयोगी माना था। अठारहवीं शती में तो विशेष रूप से यूरोपीय ज्ञानोदीप्ति के बौद्धिक प्रयासों में सुव्यवस्थित तर्क के माध्यम से सामाजिक उन्नयन का विशेष महत्त्व रहा है।

किन्तु, सारे ज्ञानोदीप्ति काल में प्रचलित विचारतन्त्र में तर्क की प्रधानता के विषय में सामान्यीकरण कठिन ही लगता है। इसाइया बर्लिन ने तो स्पष्ट किया है कि उस ज्ञानोदीप्तिकाल में भी अनेक प्रकार की तर्क विपरीत विचारधाराएँ प्रचलित थीं। पर फिर भी ज्ञानोदीप्ति पूर्ववर्ती विचारधाराओं की अपेक्षा, 'किसी न किसी रूप

से, तर्क पर आग्रह' एक बड़े वैचारिक प्रत्यंतर का आभास दिलाती है। आजकल तो अनेक राजनीतिक परिचर्चाओं में यह भी कहा जाने लगा है कि ज्ञानोदीप्ति ने तर्क के प्रभाव क्षेत्र को कुछ अधिक ही मान लिया था। यह भी सत्य ही है कि उस काल ने आधुनिक चिन्तन पर तर्कशीलता पर आश्रय की इतनी गहरी छाप छोड़ी है कि ज्ञानोदीप्ति उपरान्त विश्व में अनेक प्रकार वैचारिक ज्यादतियाँ करने की प्रवृत्ति घर कर गई है। प्रतिष्ठित दार्शनिक जोनाथन ग्लोवर ने इसी आपेक्ष में अपना सुर मिलाते हुए कहा है : "मानव मनोविज्ञान विषयक ज्ञानोदीप्ति चिन्तन अधिकाधिक 'झीना एवं मशीनी'-सा लग रहा है और अब तो उस चिन्तन की यह आशा कि "मानवतावाद एवं वैज्ञानिक दृष्टिकोण के प्रसार से सामाजिक प्रगति होगी" भी कुछ सरलता (भोलेपन) जैसी ही बात लग रही है।[6] ज्ञानोदीप्ति के अन्य आलोचकों की भाँति ही उन्होंने भी कहा है कि "स्टालिन और उसके उत्तराधिकारी भी इसी ज्ञानोदीप्ति से प्रेरित थे और. पोल पोट भी, अप्रत्यक्षतः इसी से प्रभावित था।" किन्तु ग्लोवर धर्म या परम्परा के सहारे इस समस्या का समाधान नहीं चाहते—(इस सन्दर्भ में वे 'ज्ञानोदीप्ति' के ही प्रबल समर्थक हो जाते हैं) अतः उनका सारा आक्रोश उन दृढ़तापूर्वक धारित विश्वासों/मतों पर केन्द्रित रहता है जिन्हें तर्क के अतिविश्वस्त प्रयोग से बढ़ावा मिलता है। उनका आग्रह है कि "स्टालिन की उजड्डता का मूल भी 'विश्वास' में ही था।"

अपनी रचना *मोरल हिस्ट्री ऑफ द ट्वंटीअथ सैंचुरी* में सुविख्यात दार्शनिक जोनाथन ग्लोवर (Jonathan Glover) ने बहुत सशक्त शब्दों में आलोचना का स्वर उठाया है। उनका कहना है कि मानव मनोविज्ञान विषयक ज्ञानोदीप्ति दृष्टिकोण बहुत ही झीना और मशीनी लगने लगा है तथा मानवतावाद और वैज्ञानिक जीवनदृष्टि के प्रसार के माध्यम से सामाजिक प्रगति की आशाएँ बहुत ही अटपटी लगने लगी हैं।[7] उन्होंने (ज्ञानोदीप्ति के अन्य आलोचकों की भाँति ही) आधुनिक युग में निरंकुशता की भर्त्सना करते हुए आग्रह किया है कि "न केवल स्टालिन उसके उत्तराधिकारी ही ज्ञानोदीप्ति धारा से अभिभूत थे, बल्कि पोल पोट भी अप्रत्यक्ष रूप से उसी चिन्तन से प्रभावित था।[8] किन्तु ग्लोवर इन समस्याओं का समाधान धार्मिक या परम्परावादी निष्ठा के आधार पर नहीं करना चाहते (और इस दृष्टि से वे 'ज्ञानोदीप्ति को अपरिहार्य' भी मानते हैं।) इसी कारण से उनका सारा आक्रोश दृढ़तापूर्वक धारण किए गए विश्वास के प्रति रहता है और उनका मानना है कि तर्क का अतिशय प्रयोग इस दृढ़ता में बड़ा योगदान देता है। उनका आग्रह है कि स्टालिन की उजड्डता का उद्गम स्रोत उस प्रकार के विश्वासों में ही रहा है।[9]

दृढ़विश्वास एवं कट्टर श्रद्धाओं की शक्ति के विषय में ग्लोवर के संकेत का विरोध कर पाना कठिन ही रहेगा। स्टालिनवाद में विचारधारा की भूमिका विषयक उनकी अवधारणा को चुनौती देना भी सहज नहीं है। यहाँ हम गलत विचारों की

नकारात्मक प्रभावोत्पादक क्षमता की बात पर प्रश्न नहीं उठा रहे। हमारा प्रश्न तो यही है कि क्या इसे सामान्य रूप से तर्क के प्रभाव क्षेत्र और विशेष रूप से ज्ञानोदीप्ति चिन्तनधारा की आलोचना मान लेना उचित होगा?[10] क्या वीभत्सतापूर्ण राजनेताओं के अधकचरे विश्वासों और अंधश्रद्धापूर्ण व्यवहार का दोष ज्ञानोदीप्ति विचार परम्परा पर मढ़ा जा सकता है? कितने ही ज्ञानोदीप्ति विचारकों ने तो चयन में तर्क की भूमिका पर बल देते हुए अंधश्रद्धा का कड़ा विरोध किया था—क्या फिर भी उस चिन्तन को बाद के नेताओं की ज्यादतियों के लिए उत्तरदायी ठहराया जा सकता है? 'स्टालिनवाद की उजड्डता' का विरोध तो निश्चय ही अन्य विधियों से भी हो सकता है—कुछ ऐसा ही उसके समकालिक असन्तुष्टों ने किया भी था। उन्होंने उस व्यवस्था की कथनी और करनी में भारी अन्तर को तर्कों द्वारा उजागर और सदाशयता के दावों के विपरीत उस व्यवस्था की बर्बरता को विश्व के सामने प्रकट किया था। यह बर्बरता इतनी विकट एवं व्यापक थी कि अधिकारी वर्ग इसे छिपाए रखने के लिए सैंसर और पवित्रीकरण (तथ्यों को तोड़-मरोड़ कर उन्हें भव्य स्वरूप प्रदान करना) की नीति अपनाने को विवश रहते थे।

तर्क के पक्ष में एक मुख्य बात ही यह है कि इससे हमें विचारधारा और अंधश्रद्धा की समीक्षा करने में सहायता मिलती है। यह भी ठीक है कि कितने ही अधकचरे विश्वास भी किसी न किसी तरह के 'तर्क' पर आधारित रहते हैं। उदाहरण के लिए जातिवादी एवं लिंगभेदी पूर्वाग्रह प्रायः इस 'तर्क' की धारणा पर निर्भर रहते हैं कि 'अश्वेत' मूल के व्यक्ति या महिलाएँ शारीरिक/बौद्धिक रूप से 'निकृष्ट' होते हैं। तर्क की विषय-वस्तु ही प्रचलित विश्वास और उनके आधारभूत तर्कों की आलोचनात्मक समीक्षा ही है। तर्क पर निर्भरता इस बात की अस्वीकारोक्ति या खंडन नहीं है कि सामान्यतः व्यक्ति अपने विश्वास के पक्ष में कोई न कोई तर्क दे ही देते हैं—वे चाहे जितने भी लचर क्यों न हों। इस प्रकार के प्रश्नों पर हम अध्याय 8 और 9 में आगे विचार करेंगे। तर्क पोल पोट का मुख्य सहयोगी नहीं था। उसके सहयोगी तो उन्माद और तर्कविहीन दृढ़विश्वास थे। इनमें तर्क आधारित समीक्षा की कोई सम्भावना नहीं थी। ज्ञानोदीप्ति परम्परा के विषय में ग्लोवर की आलोचना ने मुख्य प्रश्न तो ये उठाए हैं : गलत तर्क का क्या उपचार है? और, तर्क तथा भावनाओं में क्या सम्बन्ध है? साथ ही अनुकम्पा-दया और सहानुभूति में क्या नाता है? इनसे आगे चलकर यह भी पूछा जा सकता है—तर्क पर निर्भरता का अन्ततः क्या औचित्य है? क्या तर्क को एक अच्छा उपाय/यंत्र/या अस्त्र माना जा सकता है—यदि हाँ, तो किस ध्येय/या कार्य के लिए? या फिर, क्या तर्क का अपना ही औचित्य होता है—यदि हाँ, तो यह अंध एवं शंकाविहीन श्रद्धा से किस प्रकार भिन्न है? इन प्रश्नों पर युगों से चर्चा चलती रही है—किन्तु हमारी इस पुस्तक में न्याय की अवधारणा में तर्क पर निर्भरता के कारण हमारे लिए इन प्रश्नों पर विचार करना आवश्यक हो गया है।

अकबर और तर्क की आवश्यकता

डब्ल्यू. बी. यीट्स ने नीत्शे की पुस्तक *जेनिओलोजी ऑफ मोरल्स'* की अपनी प्रति के हाशिये पर लिखा था : "ये महाशय ऐसा क्यों सोचते हैं कि रात में तारे नहीं होते, केवल चमगादड़, उल्लू और पागल चाँद होता है।"[11] नीत्शे (Nietzsche) की मानवता विषयक संशयवादिता और भविष्य के विषय में थर्रा देने वाली 'जीवनदृष्टि' बीसवीं शती के आरम्भ से कुछ ही पहले प्रस्तुत हुई थी (इनका निधन 1900 में हो गया था)। इस शताब्दी के घटनाक्रम में महायुद्धों, महाबलियों, नरसंहारों तथा अन्यान्य अत्याचारों ने इस चिन्ता को बहुत बल दिया है कि कहीं मानवता के विषय में नीत्शे की आशंकाएँ सत्य तो नहीं थीं। उन्हीं पर, उनकी मृत्यु के एक सौ वर्ष बाद विचार करते हुए ग्लोवर का निष्कर्ष है कि हमें अपने भीतर बैठे दानवों पर गौर से देखना होगा और उन पर पार पाने, उन्हें बन्दी बनाने के मार्ग खोजने होंगे।"[12]

नवशती आरम्भ को अनेक लोग वर्तमान घटनाक्रम की समीक्षा और 'भविष्य में क्या करना चाहिए?' के बारे में विचार करने का उपयुक्त समय मानते हैं किन्तु सभी के विचार मानव की प्रकृति या भविष्य के बारे में नीत्शे या ग्लोवर की भाँति निराशा एवं संशयवादी नहीं होते। भारत में कभी मुगल सम्राट अकबर के समय में हुई ऐसी ही एक समीक्षा को शतीय नहीं सहस्राब्दिक दृष्टि से भी महत्त्वपूर्ण माना जा सकता है। हज़रत मुहम्मद के हिज्र या मक्का से मदीना (622 ईस्वी) के एक सहस्र हिजरी वर्षों (ये चान्द्रवर्ष 354 दिन, 8 घटे, 48 मिनट के होते हैं) की सम्पूर्ति के अवसर पर 1591-92 ईस्वी में सम्राट अकबर ने भी सामाजिक, राजनीतिक जीवनमूल्यों और विधिक एवं सांस्कृतिक व्यवहार की एक समीक्षा की थी। उन्होंने अपने बहुसांस्कृतिक भारत (सोलहवीं शताब्दी) में अन्तर्सामुदायिक सम्बन्धों एवं सौहार्द तथा पारस्परिक सहयोग की आवश्यकता की ओर विशेष ध्यान दिया था। हमें यह नहीं भूलना चाहिए कि उस काल की दृष्टि से अकबर की नीतियाँ बहुत ही असाधारण थीं। उस ज़माने में यूरोप में तो धर्मनिष्ठा परीक्षण का दौर चल रहा था। रोम में ज्योर्डेनो ब्रूनो को धर्मभ्रंश का अपराधी मान ज़िन्दा जलाया जा रहा था (1600)। किन्तु भारत में अकबर धार्मिक सहिष्णुता की उद्घोषणाएँ कर रहे थे। उनका कहना था कि शासन का कर्तव्य है कि धर्मनिष्ठा के आधार पर किसी के जीवन में कोई हस्तक्षेप नहीं हो और व्यक्ति अपनी पसन्द के धर्म को अपनाने को स्वतन्त्र रहे।[13] उन्होंने अपनी राजधानी आगरा में हिन्दू, मुस्लिम, ईसाई, जैन, पारसी, यहूदी एवं अन्य समुदायों, यहाँ तक कि अनीश्वरवादियों एवं नास्तिकों के समुदायों के बीच व्यवस्थित रूप से सम्वादों का आयोजन भी किया था।

अपने प्रजाजनों की धार्मिक विविधताओं को ध्यान में रखते हुए अकबर ने धर्मनिरपेक्षता और राज्य की पंथनिरपेक्षता की नींव रखी थी। भारत में अंग्रेज़ी राज

से मुक्ति के बाद 1949 में बनाए गए संविधान में उस अकबरी विधान की अनेक विशेषताएँ निहित हैं जो 1590 के दशक में रचा गया था। इन सांझे तत्त्वों में यह विचार तो बहुत ही प्रमुख है : धर्मनिरपेक्षता की व्याख्या—अर्थात् सरकार प्रत्येक धर्म से समान अन्तर बनाए रखे और किसी धर्म के प्रति विशेष सद्भाव न रखे।

सामाजिक रीतियों और सार्वजनिक नीति के विषय में तो अकबर का प्रबल मत था कि सद्व्यवहार की समस्याओं पर पार पाने और एक न्यायपूर्ण समाज की रचना करने के लिए 'परम्पराओं की दलदल' से बचकर चलते हुए तर्क के मार्ग का अनुसरण करना होगा।[14] धर्मनिरपेक्षता उन विषयों में से एक थी जिन पर अकबर का आग्रह था कि हम स्वतन्त्रतापूर्वक यह समीक्षा करें कि क्या कोई वर्तमान रीति-रिवाज या नीति उपयुक्त है? उदाहरण के रूप में उसने केवल गैरमुस्लिमों पर लगने वाले कर समाप्त कर दिए क्योंकि वे समाज के विभिन्न समुदायों के बीच भेदभाव करते थे। वर्ष 1582 में उन्होंने सभी शाही दासों को यह कह कर विमुक्ति प्रदान कर दी थी कि "बल प्रयोग द्वारा किसी से लाभ उठाना न्याय और सदाचार की सीमाओं का अतिक्रमण है।"[15]

उस समय की सामाजिक प्रथाओं के प्रति अकबर की आलोचनाओं तथा उनके आधारभूत तर्कों के उद्धरण भी सहज ही मिल जाते हैं। वे बाल-विवाह के विरोधी थे (उस समय की व्यापक प्रथा का दुर्भाग्यवश अभी भी पूर्ण निर्मूलन नहीं हो पाया है)। इस विषय में उनका कहना था : "ऐसे विवाह से जिस प्राप्ति की कामना की जाती है वह तो बहुत दूर रहती है, उलटे तत्काल कुछ न कुछ आघात या क्षति की आशंका रहती है।" उन्होंने हिन्दू समाज में विधवाओं के विवाह की अनुमति नहीं होने की भी कड़ी आलोचना की थी (यह कुप्रथा भी कई सौ साल बाद ही दूर हो पाई है)। उनका कहना था कि 'ऐसा धर्म जो विधवा-विवाह की अनुमति नहीं देता उसमें तो बालविवाह-जन्य विभीषिका और भी गहन हो जाती है।" सम्पत्ति के उत्तराधिकार के विषय में उन्होंने कहा है, 'मुस्लिम धर्म बेटी को सम्पत्ति के एक न्यून अंश की अधिकारिणी मानता है, जबकि उसकी (सहज) दुर्बलता के कारण उसे अधिक अंश मिलना चाहिए। 'तर्क पर आधारित व्यवहार का एक अन्य ही रूप भी दिखाई देता है। यह उन धार्मिक कृत्यों से जुड़ा है जिनके विषय में अकबर को सदैव अविश्वास-सा रहता था। उनके दूसरे पुत्र ने अकबर के कर्मकांड-विरोध को जानते हुए प्रश्न किया था कि क्या उन पर प्रतिबन्ध लगा देना चाहिए? तो अकबर का तुरन्त उत्तर था; "नहीं, फिर तो ऐसा अवचेतन मूढ़ जो शरीर के प्रयास को ही ईश्वर की आराधना मानता है—उसके भगवान का ध्यान करने पर ही प्रतिबन्ध लग जाएगा।"

अकबर स्वयं तो एक निष्ठावान मुस्लिम रहे, किन्तु वे सभी के लिए विरासत में मिले विचारों और श्रद्धाओं की समीक्षा की आवश्यकता के पक्ष में तर्क भी देते

थे। एक धर्मनिरपेक्ष, सहिष्णु, बहुसांस्कृतिक समाज के पक्ष में अकबर ने जो सबसे बड़ी बात कही वो इस सारे प्रकल्प में तर्क की भूमिका ही थी। तर्क का विरोध करने में भी वे तर्क के प्रयोग को ही श्रेष्ठतम मानते थे। जब उनके स्वधर्मियों ने (जो केवल इस्लामी परम्परा में अटूट एवं निःशंक श्रद्धा पर आग्रह कर रहे थे) उन पर प्रहार किए तो उन्होंने अरबी-फारसी के प्रकांड विद्वान अपने मित्र अबुल फ़ज़ल से कहा था, "तर्क का अनुगमन और रूढ़िवादिता की अस्वीकारिता स्वयमेव इतनी उत्कृष्टतापूर्ण है कि इनके विषय में किसी तर्क की आवश्यकता नहीं रहती।"[16] उनका कहना था कि "तर्क का मार्ग" या 'बुद्धि का शासन' (राहे अक़्ल) ही अच्छे और न्यायपूर्ण व्यवहार तथा स्वीकार्य विधिक कर्तव्यों एवं अधिकारिताओं का आधार होना चाहिए।" अकबर सहज ही स्केनलोन के इस विचार का समर्थन करते कि : तर्क के विचार को गोपनीय नहीं मानना चाहिए, इसके लिए किसी अन्य दार्शनिक व्याख्या की आवश्यकता नहीं होनी चाहिए।

नैतिक वस्तुपरकता और सुविचारित समीक्षा

तर्क की अपरिहार्यता का संकेत करने में अकबर सही थे। हम अभी यह चर्चा करेंगे कि भावनाओं के महत्त्व को भी तर्क भी सीमाओं में समझाया जा सकता है। वास्तव में, उन्हें गंभीरतापूर्वक लेने विषयक तर्क ही हमारे विचार-विमर्श में भावनाओं के महत्त्व की स्थापना कर देंगे। यदि कोई भावना हमें बहुत आन्दोलित करती है तो यह जानना आवश्यक हो जाता है कि इसका क्या *कारण* है। मानवीय चिन्तन-मनन में तर्क और भावना प्रतिपूरक हो जाते हैं। इनके बीच सम्बन्ध की जटिलता पर हम इसी अध्याय में और विचार करेंगे।

यह समझने में कोई कठिनाई नहीं होती कि नीतिक निर्णय के लिए बुद्धि मार्ग का अनुसरण आवश्यक होता है। केवल यही प्रश्न बच रहता है कि हम तर्क को नीतिक श्रद्धाओं का अन्तिम निर्णयकर्ता क्यों मान लें? क्या यहाँ तर्क की कोई विशेष भूमिका होती है—या कोई विशेष प्रकार का तर्क ही नीतिक निर्णयों में सर्वव्यापी और निर्णायक महत्त्व से सम्पन्न होता है? केवल तर्क-आधारित समर्थन को मूल्यवान गुण तो नहीं माना जा सकता। इसीलिए हमें स्वयं से पूछना चाहिए : तर्क-आधारित समर्थन इतना निर्णायक क्यों होता है? क्या तर्कशील समीक्षा सत्य तक पहुँचना सुनिश्चित कर देती है? यह तो बड़ा कठिन होगा—केवल इसीलिए नहीं कि नीतिक एवं राजनीतिक विश्वासों में सत्य की प्रकृति ही इतनी दुरूह होती है। वास्तव में नीतिशास्त्र सहित किसी भी विषय के अधीन सत्य के अन्वेषण में विफलता सम्भव रहती है।

वास्तव में कई बार, संयोगवश कोई बहुत ही सन्देहास्पद प्रक्रिया अति सटीक तर्क की अपेक्षा अधिक सही उत्तर प्रदान कर जाती है। यह बात ज्ञानमीमांसा शास्त्र में तो बहुत ही स्पष्टतः दिखाई पड़ जाती है : यद्यपि विभिन्न विकल्पों में से एक वैज्ञानिक प्रक्रिया की सफलता की सम्भावना अधिक हो सकती है। किन्तु कुछ अवस्थाओं में कोई सनकी-सी विधि भी सही उत्तर या समाधान प्रस्तुत कर सकती है (वास्तव में यह समाधान अधिक वैज्ञानिक विधियों की अपेक्षा अधिक सटीक भी होगा)। उदाहरण : एक व्यक्ति रुकी हुई घड़ी को ही समय देखने के लिए प्रयोग कर रहा है। उसे दिन में दो बार तो अवश्य एकदम सही समय मिल जाएगा, (यदि वह ठीक उसी क्षण समय जानने का प्रयास करे)। उसी क्षण पर तो रुकी हुई घड़ी किसी भी अन्य घड़ी की अपेक्षा अधिक सही समय बता रही होगी! भले ही रुकी हुई घड़ी चल रही घड़ियों को दिन में दो बार समय की सटीकता में परास्त कर दे किन्तु उसी को समय जानने के लिए प्रयोग करने की सिफारिश कर पाना कठिन ही रहेगा। इसी सन्दर्भ में मुझे एक बात याद आ रही है। बंगाली लेखिका लीला राय ने अपने संस्मरणों में लिखा है कि जब वे एक शरारती छात्रा थीं तो उन्होंने कलकत्ता की सड़क पर चलते हुए किसी राहगीर से शरारत करते हुए बड़े तपाक से कहा : हैलो, आप चटगाँव से कब आए? वह व्यक्ति बड़े विस्मय से बोला, ''कल आया था, पर आपको कैसे पता चला कि मैं चटगाँव का रहने वाला हूँ?''

यह सोचना अव्यावहारिक नहीं होगा कि श्रेष्ठतम तर्कित प्रविधि के चयन के लिए भी इसी प्रकार का कोई तर्क दिया जा सके, किन्तु उसके सदैव सटीक सिद्ध होने की कोई गारंटी नहीं होगी—वास्तव में उसके अन्य कम तर्कशील विधियों से बेहतर परिणाम दे पाने की भी कोई गारंटी नहीं है। यदि हम विभिन्न प्रविधियों की सटीकता का निर्णय किसी निश्चित विश्वास के साथ कर पाने की स्थिति में हो, तभी यह बात बन पाएगी, अन्यथा नहीं)। तो फिर तर्क पर आधारित समीक्षा क्यों की जाए? इस समीक्षा का आधार यह नहीं है कि इस प्रकार हम सभी कार्यों को एकदम सटीक स्वरूप में कर पाएँगे। हो सकता है, ऐसी कोई भी विधि नहीं हो। किन्तु इसका आधार तो यही है कि हम यथासम्भव वस्तुपरक रहना चाहते हैं। मेरा तो आग्रह है कि नैतिक निर्णयों में भी तर्क का सहारा लेने का कारण वस्तुपरकता के तकाज़े ही हैं और ये तकाज़े तर्कशास्त्र के विशेष अनुशासन-स्वरूप की माँग भी करते हैं। वर्तमान रचना में तर्कशीलता की भूमिका को दिया गया महत्त्व न्याय और अन्याय के प्रश्नों पर विचार करते समय वस्तुपरक तर्क कर पाने की आवश्यकता से सम्बन्धित है।

नैतिक एवं राजनीतिक दर्शन में 'वस्तुपरकता' स्वयं ही एक कठिन मुद्दा बन जाती है। इसीलिए इस पर कुछ चर्चा आवश्यक हो जाती है। क्या नैतिक वस्तुपरकता का अन्वेषण नैतिक उद्देश्यों/पदार्थों की खोज बन जाएगा? नैतिकता की वस्तुपरकता

पर अधिकांश चर्चा का स्वरूप तत्त्वशास्त्रीय रहा है (यहाँ *"कौन से नैतिक तत्त्वों का अस्तित्व* है? जैसे तत्त्वविज्ञानी विषयों पर खूब चर्चा हुई है)। फिर भी यह समझ पाना कठिन है कि ये नैतिक तत्त्व कैसे होंगे? मुझे तो हिलेरी पुतनम का विचार ठीक लगता है कि इस प्रकार की अन्वेषणा निरर्थक और भ्रमित-सी ही रहती है। नैतिक वस्तुपरकता पर वाक्‌युद्ध करते समय हम किसी तथाकथित नैतिक तत्त्व के स्वरूप और सार पर संघर्ष नहीं करते।

ऐसे नीतिशास्त्रीय कथन भी हैं जो किन्हीं चिह्नित होने योग्य पदार्थों/तथ्यों के अस्तित्व पर आग्रह करते हैं (उदाहरण : किसी के बहादुर या फिर करुणाशील होने के प्रत्यक्ष 'साक्ष्य' की अन्वेषणा ऐसा ही प्रयास होगा), तो दूसरी ओर अन्य कथनों में ऐसे किसी सम्बन्ध का संकेत नहीं होता (किसी व्यक्ति के नितान्त चरित्रहीन या अन्यायी होने की बात)। किन्तु वर्णन और मूल्यांकन में कुछ प्रतिच्छादन होने के बावजूद नीतिशास्त्र को किन्हीं विशेष तत्त्वों के सत्यतापूर्ण विवरण का नाम नहीं दिया जा सकता। इसके विपरीत, जैसा कि पुतनम का आग्रह है, वास्तविक नीतिशास्त्रीय प्रश्न तो व्यावहारिक प्रश्नों की ही एक प्रजाति है, और व्यावहारिक प्रश्नों में केवल मूल्यांकन नहीं भरे होते।[17] इनमें तो दार्शनिक, धार्मिक और तथ्यात्मक विश्वासों का एक जटिल मिश्रण होता है। वस्तुपरकता के अन्वेषण में प्रयुक्त प्रविधियाँ सदैव स्पष्ट नहीं होतीं, उन्हें स्पष्ट शब्दों में बताया भी नहीं जाता, किन्तु पुतनम का तर्क है कि यदि आधारभूत प्रश्नों की पर्याप्त समीक्षा की जाए तो यह पक्ष भी स्पष्ट हो सकता है।

न्याय के तकाज़ों के विश्लेषण में जिन तर्कों की अपेक्षा की जा रही है, उनमें निष्पक्षता की कुछ मूल अनिवार्यताएँ सम्मिलित होंगी, यह न्याय तथा अन्याय की अवधारणाओं का अभिन्न अंग है। इस बिन्दु पर 'न्याय-निष्पक्षता के रूप में' पर चर्चा करते हुए जॉन रॉल्स ने वस्तुपरकता के बचाव में नैतिक एवं राजनीतिक वस्तुपरकता का जो विश्लेषण किया था, उस पर कुछ विचार आवश्यक लगता है (हमारा अगला अध्याय इसी कार्य को समर्पित है) मैं यहाँ स्पष्ट करना चाहूँगा कि पुतनम और रॉल्स के चिन्तन में कुछ महत्त्वपूर्ण अन्तर भी हैं। पुतनम तो सार्वभौमिक सिद्धान्तों के प्रति अविश्वास व्यक्त करते हुए कहते हैं कि उन्हें सर्वव्यापी सामान्यीकरण मान कर शायद ही किसी वास्तविक समस्या का समाधान हो जाता है। किन्तु रॉल्स सार्वभौमिक सिद्धान्तों के साथ-साथ विशिष्ट नैतिक समस्याओं की विशेषताओं पर भी विचार की बात करते हैं।

रॉल्स का तर्क है : पहली अनिवार्यता तो यही है कि वस्तुपरकता की अवधारणा को ऐसे सार्वजनिक विचार-तन्त्र की रचना करनी चाहिए जो न्याय-निर्णय के विचार को लागू कर विचार-विनिमय और चिन्तन के बाद तर्कों और साक्ष्यों के आधार पर निष्कर्षों तक पहुँचने में उपयोगी हो। वे और आग्रह करते हैं : किसी राजनीतिक

दृढ़ धारणा को वस्तुपरक कहने का अर्थ होगा कि किसी उचित और पारस्परिक रूप से स्वीकार्य राजनीतिक अवधारणा पर आधारित ऐसे कारण विद्यमान हैं जो उन अनिवार्यताओं को पूरा करते हैं और सभी औचित्यपूर्ण व्यवहार करने वाले व्यक्तियों को इनकी अपनी औचित्यपूर्णता से सहमत कराने के लिए पर्याप्त रहते हैं।[18]

वस्तुपरकता की इस कसौटी पर एक अच्छी-ख़ासी बहस हो सकती है। इस कसौटी में कुछ आदर्शमूलक तत्त्व विद्यमान हैं। (जैसेकि, औचित्यपूर्ण व्यवहार करने वाले व्यक्ति कौन होंगे?) वैसे यह कसौटी जानकारी-आधारित खुले जनसंवाद में खरी सिद्ध हो सकती है। रॉल्स के विपरीत जर्गन हैबर्मेस (Jurgen Habermas) ने मुख्यतः प्रक्रिया-आधारित मार्ग अपनाया है[19] (उन्होंने किसी ऐसी प्रक्रिया मुक्त विधि का अनुसरण नहीं किया जिसमें औचित्यपूर्ण व्यक्तियों को किसी राजनीतिक दृढ़धारणा के औचित्य पर सहमत कराया जा सके) मुझे हैबर्मेस के तर्कों की 'शक्ति' समझ आ रही है, उन्होंने जो स्पष्ट विभेदन किया है, उसकी सत्यता से भी मैं सहमत हूँ किन्तु मुझे ऐसा नहीं लग रहा कि तर्क-युक्ति धारा की दृष्टि से रॉल्स और हैबर्मेस की विधियों में बहुत बड़ा अन्तर है।

हैबर्मेस जिस प्रकार के राजनीतिक समाज पर विचार केन्द्रित करना चाहते हैं उसकी प्राप्ति हेतु वे उस समाज में जनविमर्श पर कड़ी शर्तें भी थोप रहे हैं। यदि व्यक्ति सहज भाव से अन्य व्यक्तियों के मतों पर ध्यान देकर नई जानकारी का स्वागत कर पाने में समर्थ होते (यही खुले जनविमर्श को सम्भव बनाने वाली अनिवार्य शर्त भी है) तो दोनों की विधियों में कोई बड़ा अन्तर नहीं बचता दिखाई देता।

हैबर्मेस का यह भी आग्रह है कि उनकी व्यवस्था में जिस प्रकार की सहमति विकसित होगी वह रॉल्स के अधिक उदार नियमों और वरीयताओं द्वारा सृजित सहमति से बहुत अलग होगी। किन्तु फिर तो यही जाँचना आवश्यक होगा कि दोनों के निष्कर्षों का अन्तर वास्तव में स्वतन्त्र लोकतान्त्रिक विचार-विमर्श विषयक उनकी विधियों में अन्तर का ही परिणाम है?

मैं रॉल्स के 'औचित्यपूर्ण व्यक्तियों' एवं अन्य मानवों में कोई बड़ा अन्तर नहीं करूँगा। (भले ही रॉल्स ने बार-बार इस औचित्यपूर्णता पर आग्रह किया हो)। मेरा तो मानना है कि हम सभी में जानकारी का स्वागत करने, अन्य क्षेत्रों से आए तर्कों पर विचार करने और मुद्दों पर चर्चा करने की विधियों विषयक विमर्श में भागीदारी आदि के माध्यम से पर्याप्त रूप में 'औचित्यपूर्ण' हो सकने की क्षमता विद्यमान होती है।[20] मैं इस मान्यता को 'नैतिक शक्ति' सम्पन्न 'स्वतन्त्र एवं समान व्यक्तियों' विषयक रॉल्स की धारणा से बहुत भिन्न नहीं मानता। वास्तव में रॉल्स ने दो प्रकार की नैतिक क्षमताओं की बात की है—"न्यायपूर्ण सूझ की क्षमता" और "सद्‌भाव की अवधारणा की क्षमता।" उनका विश्लेषण 'औचित्यपूर्ण' एवं अन्य व्यक्तियों के 'वर्गीकरण' पर नहीं बल्कि विचार-विमर्श में भाग ले रहे व्यक्तियों के 'चरित्र-चित्रण' पर अधिक केन्द्रित

है। वास्तव में रॉल्स ने 'अनौचित्यपूर्ण' व्यक्तियों के विषय में कोई चर्चा ही नहीं की है, न ही यह बताया है कि उन्हें सामाजिक व्यवस्था में किस प्रकार सम्मिलित किया जाएगा।

एडम स्मिथ और समदर्शी दर्शक

राजनीतिक और नीतिशास्त्रीय विचारों की वस्तुपरकता की एक अनिवार्य विशेषता सार्वजनिक विचार-मंथन है। रॉल्स ने न्याय के आकलन में वस्तुपरकता के विषय में विचार करने की एक विधि सुझाई है तो एडम स्मिथ का 'समदर्शी दर्शक' का विचार दूसरी विधि है। मैं स्मिथ के ग्रन्थ *थ्योरी ऑफ मोरल सेंटिमैंट्स*, 1759, के प्रकाशन के लगभग 250 वर्ष बाद लिखते हुए उनकी विधि को 'पुरातन विधि' की संज्ञा दे रहा हूँ। इस विधि की प्रभावोत्पादकता को बहुत दूरगामी माना जा सकता है। इसमें प्रविधि एवं सत्त्व-विषयक तत्त्वों का समावेश है। सार्वजनिक विचार-विमर्श द्वारा समाधान की खोज करते समय उस विषय से सम्बद्ध किसी भी पक्ष के विचारों और तर्कों को उनके स्वहितों से जुड़े होने या उनके चिन्तन का किन्हीं विशेष निर्णयों के प्रति दृष्टिकोण के आधार पर ही अनदेखा कर देने के विरुद्ध बहुत आग्रहपूर्वक बात की जा सकती है। उन विचारों/तर्कों से ही एक ऐसी दृष्टि मिल सकती है जो अन्यथा सम्भव नहीं होती।

रॉल्स की प्राथमिकता तो वैयक्तिक हितों एवं वरीयताओं में अन्तर है, एडम स्मिथ भी विमर्श को अधिक व्यापक बना जीवन-मूल्यों की स्थानिक संकीर्णता से बचना चाहते थे। उस (संकीर्णता के कारण) किसी सभ्यता विशेष में अपरिचित किन्तु महत्त्वपूर्ण तर्कों की अनदेखी हो सकती है। सार्वजनिक चिन्तन का एक प्रतितथ्यात्मक स्वरूप भी हो सकता है (दूर बैठा हुआ निष्पक्ष दर्शक इस बारे में क्या कहेगा?) इसी कारण स्मिथ की कार्यपद्धति में विभिन्न प्रकार के विचारों-मतों के संकलन पर आग्रह किया गया है। वे विचार, निकटस्थ/दूरस्थ, किसी भी प्रकार के अनुभवों पर आधारित हो सकते हैं। वे समान सांस्कृतिक एवं सामाजिक परिवेश में, समान अनुभवों—पूर्वाग्रहों के आधार पर औचित्यपूर्णता तथा सम्भव/व्यावहारिक का विवेक करने वाले किन्हीं तथ्यात्मक या प्रतितथ्यात्मक संयोग सम्पर्कों के भरोसे नहीं रहना चाहते थे। अन्य बातों के साथ-साथ स्मिथ का आग्रह था कि हमें अपनी भावनाओं पर भी उनसे कुछ दूर हट कर विचार करना चाहिए। ये विचार केवल निहित स्वार्थों के साथ-साथ रूढ़ परम्पराओं और रिवाजों के प्रभावों की समीक्षा के मन्तव्य से प्रेरित था।

भले ही स्मिथ, हैबर्मेस और रॉल्स ने अलग-अलग तर्कों का प्रयोग किया है फिर भी वस्तुपरकता विषयक उनके दृष्टिकोणों में एक सारभूत समानता भी विद्यमान है : तीनों ने ही प्रत्यक्ष/परोक्ष रूप से वस्तुपरकता की कसौटी उसके सार्वजनिक विमर्श

में सभी प्रहारों/आक्षेपों की आंच को सह पाने की क्षमता माना है। मैं भी अपनी इस पुस्तक में नैतिक एवं राजनीतिक धारणाओं की वस्तुपरकता की कसौटी में विभिन्न दृष्टिकोणों के आधार पर तर्क-आधारित समीक्षा पर खरे उतर पाने की क्षमता को आवश्यक मान कर चलूँगा।

हाँ, यहाँ पर मुझे एक बात कहनी चाहिए, वास्तव में उस पर आग्रह करना चाहिए कि इस प्रकार की समीक्षा में खरे उतरने वाले नियमों का कोई एक अकेला समुच्चय नहीं होता। यह कथन जॉन रॉल्स के विचार से कहीं अधिक दूर है (हिलेरी पुतनम से इसका अन्तर अपेक्षतया कम है)। वास्तविकता यही है कि ऐसा न्याय दृष्टिकोण, जो रॉल्स की भाँति किसी विशेष संस्थागत रचना की कठोर व्यवस्था में बँधे रहकर न्याय के नियमों का चयन करने की बात करता हो, और (उसी धारणा के अनुरूप) एक-एक कदम द्वारा न्याय के इतिहास-क्रम को उजागर करने का उपक्रम करता हो, सहज ही अपेक्षाकृत भिन्न स्वरों में बात करने वाले नियमों के सह-अस्तित्व को स्वीकार नहीं कर पाता। जैसा कि मैंने 'भूमिका' में ही कहा था, मैं ऐसी सम्भावनाओं के पक्ष में स्वर उठा रहा हूँ कि अनेक विषमतापूर्ण विचार भी एकसाथ प्रतिष्ठित रह सकते हैं, और उन्हें किसी आमूल काट-छाँट द्वारा विभिन्न तकाज़ों के बक्से में सुघड़तापूर्वक सजाया नहीं जा सकता। जबकि रॉल्स का सिद्धान्त सार्वभौम सरकार द्वारा विनियमित किसी विलक्षण संस्थागत रचना के माध्यम से ऐसा कुछ करने का प्रयास कर रहा है।

यहाँ चर्चित वस्तुपरकता के विभिन्न दृष्टिकोणों में कुछ अन्तर विद्यमान है—किन्तु उनमें एक साँझी विशेषता भी है। ये सभी निष्पक्ष आधार पर तर्क-युक्त वैचारिक आदान-प्रदान की बात कर रहे हैं। इनमें अन्तर तो केवल निष्पक्षता के 'अनावृत' और 'संवृत' स्वरूपों पर आग्रह का ही है। तर्क के भी कई स्वरूप (और प्रत्येक के अपने-अपने उपयोग) हो सकते हैं। किन्तु जब बात वस्तुपरकता की हो तो हमारे तर्कों को निष्पक्षता के तकाज़ों को पूरा करना ही होगा। न्याय के तर्क प्रबुद्धता के तर्कों से भिन्न हो सकते हैं (जिन्हें स्मिथ ने 'स्व-स्नेह' का नाम दिया है) किन्तु फिर भी न्याय के तर्कों का वितान बहुत विस्तृत होगा। मेरी इस रचना का बहुत बड़ा अंश इसी विशाल वितान की अन्वेषणा से जुड़ा है।

तर्क की व्यापकता

अतीत और निवर्तमान की करतूतों से विश्व में छाए अंधियारे में तर्क का आश्रय उज्ज्वल आशा की एक किरण है। यह बात सहज-स्पष्ट भी है। उदाहरण के लिए जब भी हमें बहुत विचलित करने वाली किसी बात का सामना करना पड़ता है, हम तुरन्त यह प्रश्न उठाते हैं कि ऐसा क्यों हुआ होगा। क्या यही होना चाहिए था?

और क्या हम इसी (घटना) को अपने व्यवहार के लिए 'मार्गदर्शक' के रूप में स्वीकार कर लें। तर्क का अर्थ अन्य व्यक्तियों, संस्कृतियों, दावों-तकाज़ों, के प्रति सही दृष्टिकोण अपनाने और श्रद्धा तथा सहिष्णुता के विभिन्न आधारों की समीक्षा से जुड़ा होता है। यही नहीं, हम तर्क द्वारा अपनी पुरानी गलतियों को समझ कर उन्हें न दोहराने की सीख भी ग्रहण कर सकते हैं। महान जापानी लेखक केन्ज़ाबुरो ओये (Kenzaburo Oe) ने ऐसी ही कुछ आशा अपने देश के विषय में संजोई है कि उनका राष्ट्र "लोकतन्त्र के विचार और फिर कभी युद्ध आरम्भ न करने के निश्चय" पर "भौगोलिक आक्रान्ति के अपने इतिहास" से सीख ग्रहण कर डटा रहेगा।

ऐसे कार्यों की जिन्हें आघात पहुँचाने के लिए नहीं किया जाता फिर भी जिनसे आघात पहुँच जाते हैं, पहचान के लिए बौद्धिक चिन्तन-मनन करना भी कम महत्त्वपूर्ण नहीं है। उदाहरण : यह भ्रम कि कुल खाद्य-सामग्री की उपलब्धि बढ़ाए बिना अकाल अपरिहार्य है उसकी विभीषिका की गम्भीरता के लिए उत्तरदायी है (क्योंकि इस कार्य में तो बहुत समय लग सकता है)। इस प्रकार की अकर्मण्यता स्वयं एक विभीषिका का रूप धारण कर हज़ारों नहीं, लाखों का जीवन लील सकती है और इस अकर्मण्यता का स्रोत है—वास्तविकता पर आधारित सामान्य विवेकजनित सहज भाव जो तर्कविहीन भाग्यवाद का मुखौटा ओढ़ लेता है। जबकि सचाई यही है कि अकालों का निवारण बहुत आसान होता है। इस आसानी का एक मुख्य कारण तो यही है कि अकाल आमतौर पर जनसंख्या के एक बहुत छोटे अंश को ही प्रभावित करते हैं—यह अंश कभी-कभार ही 5 प्रतिशत से अधिक रहा है—10 प्रतिशत तो कभी नहीं। दूसरे, वर्तमान खाद्य भंडारों के उचित पुनः वितरण के लिए तुरन्त रोज़गार योजनाएँ बना खाद्य-सामग्री के लिए क्रय शक्ति का सृजन सम्भव हो सकता है। यह तो सभी जानते हैं कि अधिक भोजन सामग्री होती तो बेहतर होता (फिर तो सार्वजनिक वितरण व्यवस्था के माध्यम से बाज़ार में खाद्य कीमतों को भी कम रखना सम्भव हो जाता), फिर भी अधिक सामग्री का होना अकाल राहत की परम अनिवार्यता नहीं है (हाँ, इसे अनेक बार तुरन्त राहत कार्य आरम्भ नहीं करने का बहाना अवश्य बना लिया जाता है)। भुखमरी का मुख्य आधार तो किसी न किसी आपदा के कारण रोज़गार और क्रयशक्ति की हानि है। इस प्रकार आजीविका से वंचित हो गए वर्ग को काम देकर उनके पास खाद्य सामग्री हेतु पर्याप्त क्रयशक्ति का सृजन कर वर्तमान खाद्य-आपूर्ति में वांछित थोड़ा-सा पुनर्वितरण ही भुखमरी का निवारण करने को पर्याप्त होगा।

प्रायः अकालपीड़ित समाज में दुर्बलता और जल के अभाव के कारण अनेक सामान्य बीमारियाँ ही घातक रूप धारण कर जाती हैं। इनका निवारण भी सामान्य स्वास्थ्य और चिकित्सा सुविधाओं द्वारा सम्भव है। भारत में बंगाल के अकाल, 1943 में 80 प्रतिशत जनहानि उस क्षेत्र में सामान्यतः होने वाली बीमारियों से हुई थी—भूख के कारण प्रत्यक्ष जनहानि मात्र 20 प्रतिशत रही। ऐसे ही अनुभव दारफर, सूडान एवं अन्य अफ्रीकी देशों में हुए हैं।

एक और विषय पर गौर करें—इसे अन्ततः अब लोग गम्भीरता से देखने लगे हैं। यह विषय है प्राकृतिक पर्यावरण की हानि का। यह स्पष्टतः मानवीय व्यवहार के नकारात्मक प्रभावों के कारण पैदा हो रही एक बड़ी भारी विषम समस्या है। किन्तु यह समस्या इसलिए नहीं उठ रही कि आज की पीढ़ी भविष्य में पैदा होने वालों को कोई हानि पहुँचाना चाहती है। यह पीढ़ी भावी पीढ़ियों के हितों के प्रति जानबूझकर निर्दयता भी नहीं बरत रही। किन्तु तर्क-आधारित विचार-विमर्श और व्यवहार के अभाव में हम अपने आसपास के पर्यावरण तथा अच्छे जीवन की धारणीयता के लिए आवश्यक तत्त्वों का पूरा ध्यान नहीं रख पा रहे हैं। मानवीय लापरवाही या निर्दयतापूर्ण निष्ठुरता से हो सकने वाले विनाश को रोकने के लिए केवल दूसरों के प्रति सद्भाव पर्याप्त नहीं होगा। इसके लिए तो अच्छी तरह से सोच-विचार कर उचित कदम उठाने की आवश्यकता होगी।[21]

इन सभी कार्यों में तर्कयुक्ति तो हमारी सहयोगी होगी, हमें जोखिम में डालने वाली मुसीबत नहीं। तो फिर तर्कबुद्धि के आश्रय को 'समस्यापूर्ण' क्यों मान लिया जाता है? एक सम्भावना तो यही है कि प्रायः तर्क का सहारा लेने वाले अपने तर्कों की युक्तियुक्तता से इतने सहमत हो जाते हैं कि वे किसी अन्य द्वारा दिए गए तर्क को केवल इसी कारण से सुनने को भी तैयार नहीं रहते कि कहीं कोई और निष्कर्ष नहीं निकल आए। सम्भवतः ग्लोवर (Jonathan Glover) इसी बात को लेकर चिन्तित हैं। यह चिन्ता वास्तव में उचित भी है। किन्तु यहाँ पैदा होने वाली कठिनाइयाँ कुतर्की आश्वस्ति पर आधारित होती हैं, तर्कयुक्ति के प्रयोग के कारण नहीं। जैसा हमने पहले भी कहा है, कुतर्क का निवारण तो बेहतर तर्क का प्रयोग है और तर्कशील समीक्षा का दायित्व कुतर्क से सु-तर्क की ओर ले जाना ही है। सम्भव है कि ज्ञानोदीप्ति काल के कुछ विद्वानों ने पुनःसमीक्षा और सावधानी की बात पर पर्याप्त आग्रह नहीं किया हो। किन्तु इसी आधार पर समग्र ज्ञानोदीप्ति दृष्टिकोण की भर्त्सना करने और उचित व्यवहार या सामाजिक नीति में तर्कयुक्ति की भूमिका को ही दोषी ठहरा देना भी उचित नहीं होगा।

तर्क, भावना और ज्ञानोदीप्ति दृष्टिकोण

एक अन्य प्रश्न अन्तर्मन की भावनाओं और सावधानी से की गई गणनाओं के सापेक्ष महत्त्व से जुड़ा है। ज्ञानोदीप्ति विचारधारा के अनेक लेखकों ने इस विषय में बहुत कुछ कहा है। जोनाथन ग्लोवर का एक 'नए मानव मनोविज्ञान' की आवश्यकता पर आग्रह राजनीति और मनोविज्ञान के गहन अन्तर्सम्बन्धों विषयक अनुभूति पर ही आधारित है। यह सोच पाना भी कठिन है मानवीय व्यवहार सम्बन्धी साक्ष्यों पर आधारित कोई तर्क-प्रक्रिया इस अन्तर्सम्बन्ध को स्वीकार नहीं करेगी। अत्याचार और

सम्वेदनाशून्य व्यवहार से बचने में क्रूरता के प्रति मन में बसी सहज घृणा निश्चय ही बहुत बड़ी भूमिका निभा सकती है। ग्लोवर ने अन्य बातों के साथ-साथ "मानव के प्रति सहज सम्मान भाव" और सहानुभूति–अर्थात् अन्य व्यक्तियों के सुख-दुख के प्रति भावना का जो महत्त्व बताया है, वह निश्चय ही उचित है।

किन्तु यहाँ तर्क-प्रक्रिया, (जो इन्हीं वरीयताओं का अनुमोदन करेगी) से टकराव का प्रश्न ही कहां है! ग्लोवर की एकतरफा और अधिक आत्मविश्वासी व्यवहार की जोखिम की समीक्षा में सद्तर्क प्रक्रिया ने यही भूमिका निभाई है। यहाँ अकबर की यह धारणा बहुत उपयुक्त लगती है कि किसी भी तर्क को झुठलाने के लिए भी तर्क देना आवश्यक होगा। तर्क को, यदि उचित हो, तो इस सूझ को स्थगित नहीं कर देना चाहिए कि मानवीय सुरक्षा सुनिश्चित करने के लिए केवल सावधानीपूर्ण गणनाएँ पर्याप्त नहीं होंगी, सम्भवत उचित भी नहीं रहें।

वास्तव में तर्क का गुणगान करते हुए भी हमें सहज मनोविज्ञान और अनायास हो जाने वाली प्रतिक्रियाओं की दूरगामी भूमिका को अस्वीकार करने का कोई आधार दिखाई नहीं देता।[22] ये दोनों प्रतिपूरक भी हो सकते हैं। यही नहीं अनेक मामलों में तो हमारी भावनाओं में भरी सूझबूझ हमारे व्यवहार को और व्यापक एवं उदारमना बना सकती है। इस प्रकार ये भावनाएँ भी तर्क की विषयवस्तु का अंग बन जाती हैं। स्कॉटिश ज्ञानोदीप्ति के एक गण्यमान्य प्रणेता (और फ्रांसीसी ज्ञानोदीप्ति में भी प्रभावशाली रहे) एडम स्मिथ ने तो अपने ग्रन्थ *द थ्योरी ऑफ मॉरल सेंटिमेंट्स* में बड़े विस्तार से भावनाओं और मनोवैज्ञानिक प्रतिक्रियाओं की भूमिका के महत्त्व की चर्चा की है। भले ही स्मिथ ने अपने विचार-क्रम को डेविड ह्यूम (David Hume) के इस कथन तक नहीं पहुँचाया हो कि "सभी नैतिक निश्चयों और निष्कर्षों में तर्क और भावनाओं का साहचर्य होता है"[23], फिर भी दोनों (विद्वानों) ने तर्क और भावनाओं को बहुत ही अन्तरंग गतिविधियाँ माना है। ह्यूम और स्मिथ, दोनों ही 'विशुद्ध ज्ञानोदीप्ति विचारक' थे–ये किसी भी दृष्टि से डिडरोट (Diderot) या कॉन्ट से कम नहीं थे।

भावनाओं की शक्ति को जानने और क्रूरता के प्रति घृणा जैसी अनेक सहजभावी प्रतिक्रियाओं के सकारात्मक प्रभाव को स्वीकार कर लेने से मनोवैज्ञानिक दृष्टिकोणों की तर्क-आधारित समीक्षा की आवश्यकता समाप्त नहीं हो जाती। स्मिथ ने तो सम्भवतः ह्यूम से भी अधिक हमारी भावनाओं और मनोवैज्ञानिक सरोकारों की समीक्षा में तर्क को बहुत बड़ी भूमिका प्रदान की है। ह्यूम तो अनेक बार भावावेग को तर्क से अधिक शक्तिशाली मान लेते हैं। थॉमस नगेल ने अपनी पुस्तक *द लास्ट वर्ड* में ठीक ही लिखा है : ह्यूम का यह विचार तो विख्यात ही है कि "प्रत्येक सम्प्रेरणा का आधार तर्क-आधारित समीक्षा से अप्रभाव्य भावावेग ही होता है। अतः विशेष रूप से व्यावहारिक तर्क या नैतिक तर्क जैसी कोई चीज़ बचती ही नहीं।" स्मिथ

ने ह्यूम के इस विचार को तो नहीं अपनाया, फिर भी वे भावनाओं को बहुत महत्त्वपूर्ण और प्रभावशाली मानते थे। उनका कहना था कि "सही या गलत की हमारी प्रथम-अनुभूति तर्क की विषयवस्तु नहीं होती—यह तो तात्कालिक अनुभूति और भावना पर आधारित रहती है।" किन्तु स्मिथ का यह भी आग्रह था कि किसी भी व्यवहार के प्रति हमारी सहज प्रतिक्रियाएँ भी (चाहे अन्तर्निहित रूप से ही) अनेक बार व्यवहार और परिणाम के बीच कारण और प्रभाव विषयक हमारे तर्कबोध पर ही आश्रित रहती हैं। यही नहीं, ये प्रथम अनुभूतियाँ समीक्षात्मक विश्लेषण के परिणामस्वरूप परिवर्तित भी हो सकती हैं—जैसाकि स्मिथ ने कहा है, कारणों की समीक्षा से हमें यह पता चल सकता है कि किसी विशेष कार्य को तो किसी परिणाम विशेष की प्राप्ति के लिए किया जा रहा था।[24]

वर्तमान व्यवहार के प्रति हमारे दृष्टिकोण की समीक्षा के सन्दर्भ में तर्क-आधारित समीक्षा की नितान्त आवश्यकता के पक्ष में स्मिथ के तर्क बहुत ही स्पष्ट रूप से दृष्टिगोचर होते हैं। ये स्मिथ द्वारा सुधारों की सशक्त वकालत में तो स्पष्टतः बहुत उपयोगी थे। उन्होंने दासप्रथा की समाप्ति, विभिन्न देशों के बीच व्यापार पर मनमानी नौकरशाही रुकावटों को कम करने और 'गरीब जन कानूनों' के अनुपालन में स्थानीयता की शर्त के दंडात्मक प्रतिबन्धों में छूट देने का बड़े उग्र स्वर में समर्थन किया था। यही बात प्राचीन ग्रीस में प्रचलित शिशु संहार की भर्त्सना विषयक उनके विचारों में झलकती है—जबकि प्राचीन युग के महान ग्रीक विचारकों, प्लेटो और अरस्तू तो उस प्रथा के समर्थकों में दिखाई पड़ते हैं।

यह निश्चय ही सही है कि विचारधारा और दकियानूसी विचारों का उद्गम धर्म और परम्परा से भिन्न स्रोतों से भी सम्भव है। अनेक बार ऐसा ही हुआ भी है। अतः इससे सहज धारणाओं और जानबूझ कर अपनाई गई नीतियों के पक्ष में दिए गए तर्कों की समीक्षा में तर्कशास्त्र का महत्त्व कम नहीं हो जाता। अकबर का 'तर्क का मार्ग' न तो सहज प्रतिक्रियाओं के महत्त्व को नकारता है और न ही मानसिक प्रतिक्रिया की सहज बोधकारी भूमिका की अनदेखी करता है। और यह मत सहज ही असमीक्षित भावनाओं को बिना शर्त अन्तिम सत्य नहीं मान लेने के विचार के अनुरूप ही है।

2

रॉल्स के विचार और उनसे आगे

यह अध्याय मुख्यतः हमारे समय के प्रमुख राजनीतिक विचारक जॉन रॉल्स (John Rawls) के न्याय सिद्धान्त की समालोचना है। मैं यह भी साथ-साथ ही स्पष्ट करता चलूँगा कि किन बिन्दुओं पर मैं रॉल्स से सहमत नहीं हूँ। किन्तु, इस समालोचना का प्रारम्भ करने से पूर्व मैं रॉल्स के प्रति अनेक कारणों से अपना आभार भी व्यक्त करना चाहता हूँ : प्रथमतः तो न्याय के विषय में मेरी अपनी सारी सूझ और राजनीति-दर्शन का ज्ञान उन सब बातों से भी प्रभावित है जो मैंने रॉल्स महाशय से सीखी हैं। वास्तव में हम सभी न्याय के बारे में दार्शनिक स्तर पर दिलचस्पी का पुनरारम्भ करने के लिए रॉल्स के अत्यन्त ही ऋणी हैं। इन्होंने ही इस विषय को इसका वर्तमान स्वरूप प्रदान किया है और मैं इस समालोचना का आरम्भ उस भावोद्वेग से कर रहा हूँ जिसे समकालिक राजनीतिक दर्शन को रॉल्स द्वारा प्रत्यावर्तित होते देख मैंने अनुभव किया था। मैं न केवल उनकी रचनाओं से लाभान्वित हुआ हूँ बल्कि इस भव्य व्यक्ति को एक मित्र और सहयोगी के रूप में जानने का गौरव भी मुझे प्राप्त हुआ है। इनका कृपाभाव आश्चर्यजनक रहा है और इनकी सारगर्भित टिप्पणियाँ, आलोचनाएँ एवं सुझाव निरन्तर मुझे आलोकित करते रहे हैं। मेरे अपने चिन्तन पर उनका बहुत भारी प्रभाव है।

समय की दृष्टि से मैं भाग्यशाली रहा हूँ। जिस समय इन विषयों में मेरी रुचि जागृत हो रही थी, उसी समय रॉल्स के नेतृत्व में नैतिक एवं राजनीतिक दर्शन विकास पथ पर बहुत प्रगति कर रहा था। (उस समय मेरी रुचि तो पहले गणित एवं भौतिकी तथा आगे चलकर अर्थशास्त्रीय दृष्टि से एक अवलोकनकर्ता जैसी ही थी)। उनके 1958 के शोधपत्र *जस्टिस एज़ फेयरनैस* को एक ऐसे प्रकाश के किरणपुंज का नाम दिया जा सकता है जिसकी पूर्ण व्याख्या मैं आज भी नहीं कर पाऊँगा। उनके '50 के दशक के अनेक शोधपत्र 'निर्णय प्रक्रियाओं' और 'नियमों' की विभिन्न परिकल्पनाओं पर थे। उन्हें मैंने स्नातक पूर्व छात्र के रूप में पढ़ा था। उन लेखों ने मेरी चिन्तन-धारा को बहुत ही भावोत्तेजक रूप से प्रभावित किया था।[1]

फिर 1971 में रॉल्स की नव-पथ प्रवर्तक पुस्तक *ए थ्योरी ऑफ जस्टिस*[2]

आई। वैसे रॉल्स, केन्नेथ ऐरो और मैं उस पुस्तक के एक प्रारम्भिक मसौदे का प्रयोग राजनीतिक दर्शन की एक साँझी कक्षा में अध्यापन के लिए पहले ही कर चुके थे। उन दिनों (1968-69) में मैं अपने मूल संस्थान, दिल्ली विश्वविद्यालय से एक वर्ष के लिए हार्वर्ड आया हुआ था। उसी समय मैं सामाजिक चयन पर अपनी पुस्तक भी लिख रहा था (जिसमें न्याय पर भी कुछ चर्चा है)। उस पुस्तक का नाम है *कलेक्टिव चॉइस एंड सोशल वेलफेयर 1970*। उसकी रचना में मैं रॉल्स की तीखी टिप्पणियों और सुझावों से बहुत लाभान्वित हुआ था। कुछ समय बाद मुझे हार्वर्ड यूनीवर्सिटी प्रेस के लिए रॉल्स के *ए थ्योरी ऑफ जस्टिस* के अन्तिम मसौदे पर टीका लिखने का सुयोग मिला। यह बात कुछ अतिशयोक्ति पूर्ण लग सकती है, पर मुझे लगता है कि उस समय मैं वर्ड्सवर्थ की इन पंक्तियों की भावनाओं की तरंगों की अनुभूति में खो सा गया था : ''उस भोर में जीवित होना परम आनन्द से कम न था, पर साथ ही युवा होना उस परम आनन्द की भी पराकाष्ठा थी।''

भले ही आज मुझे लग रहा है कि रॉल्स के सिद्धान्त के अनेक मुख्य आधारस्तम्भों में त्रुटियाँ हैं किन्तु अभी भी उस उत्साह की भावना (वर्षों बाद भी) मध्यम नहीं हो पाई है। अब मैं अपनी आपत्तियों की चर्चा प्रारम्भ कर रहा हूँ, किन्तु सबसे पहले न्याय सिद्धान्तों के सम्पूर्ण विषय को एक ठोस आधार प्रदान करने के लिए रॉल्स के योगदान के महत्त्व को स्वीकार करना चाहूँगा।[3] भले ही मेरी चिन्तनधारा और उसके निष्कर्ष किसी अन्य दिशा की ओर मुड़ गए हैं किन्तु रॉल्स द्वारा आवश्यक मानी गई अनेक संकल्पनाएँ आज भी न्याय के विषय में मेरी समझ-बूझ को आलोकित कर रही हैं।

न्याय-निष्पक्षता के रूप में : रॉल्स की विश्लेषण विधि

न्याय की पर्याप्त सूझ के लिए क्या आवश्यक है? इसका, सम्भवतः सबसे अच्छा उदाहरण तो रॉल्स की यह आधारभूत स्थापना है कि न्याय का निष्पक्षता की दृष्टि से अवलोकन होना चाहिए। मैं मानता हूँ कि किसी भी विशद् सिद्धान्त के संक्षेपण में 'बर्बरता' भरी रहती है, किन्तु कदाचित् अति-सामान्यीकरण की जोखिम उठाते हुए भी न्याय के निष्पक्षता स्वरूपी रॉल्स के सिद्धान्त का संक्षिप्त ब्यौरा देना उपयोगी रहेगा। इससे रॉल्स की विश्लेषण विधि की मूल विशेषताओं को समझने और साथ ही न्याय सिद्धान्तों की बृहत्तर विवेचना करने के प्रयास में भी सहायता ही मिलेगी।*

---

* मैं एक बात स्पष्ट करना चाहूँगा : रॉल्स की रचनाओं में न्याय की चर्चा कम से कम तीन सन्दर्भों में हुई है। सबसे पहले तो निष्पक्षता के विचार पर आधारित उनकी ''न्याय के नियमों की व्युत्पत्ति ही है। यहीं उन्होंने न्याय के आधार पर समाज की आधारिक रचना के लिए आवश्यक संस्थाओं →

इस विधि में निष्पक्षता की संकल्पना को आधारिक माना जाता है, जिसका स्थान न्याय के नियमों के विकास से भी पहले रहता है। मैं अनेक कारणों से रॉल्स के विचार से सहमत हो सकता हूँ कि न्याय की प्राप्ति के प्रयास किसी न किसी रूप में निष्पक्षता के विचार से ही व्युत्पन्न होते हैं। यह अन्तस्थ अनुभूति केवल रॉल्स की अपनी परिकल्पना के लिए महत्त्वपूर्ण नहीं है। इसका सम्बन्ध तो न्याय की अधिकांश समीक्षाओं से है। जो विश्लेषण मैं इस पुस्तक में करने जा रहा हूँ—वह भी इस विचार से ही सम्बद्ध है।*

तो फिर यह निष्पक्षता आखिर है क्या? आधारभूत विचार के अनेक स्वरूप हो सकते हैं किन्तु मुख्य बात तो यह है कि इसका स्वरूप एक तकाज़े का हो—ताकि यह हमारे अपने मूल्यांकन की अभिनतियों से मुक्त रह सके, अन्यों के हितों एवं सरोकारों का ध्यान रख सके और विशेष रूप में हमारे निहित स्वार्थों या व्यक्तिगत वरीयताओं, पूर्वाग्रहों और सनकों से भी अप्रभावित रह सके। मोटे तौर पर इसे समदर्शिता का तकाज़ा कहा जा सकता है। रॉल्स का समदर्शिता के तकाज़ों का निरूपण 'मूल अवस्था' विषयक उनकी वैचारिक संरचना पर आधारित है—वस्तुतः वही उनकी न्याय की निष्पक्षता रूपी संकल्पना का केन्द्रबिन्दु भी है। 'मूल अवस्था' को एक 'आदिम समता' की दशा माना गया है। ऐसी दशा जिसमें समूह के किसी भी सदस्य को अपनी वैयक्तिक अस्मिताओं (पहचानों) अथवा निहित स्वार्थों का कोई आभास (अभिज्ञान) नहीं होता। उनके प्रतिनिधि इस 'अनभिज्ञता के आवरण' में रहते हुए ही चयन करते हैं—यह 'चयनात्मक अनभिज्ञता' (selective ignorance) की एक काल्पनिक अवस्था है जहाँ व्यक्ति स्पष्टतः वैयक्तिक अभिरुचियों/हितों और अच्छे जीवन के वास्तविक परिदृश्यों से विशेष रूप से अनभिज्ञ रहता है (इन बातों को रॉल्स ने व्यापकार्थी वरीयताओं का नाम दिया है)। इस प्रकार की निर्मित अनभिज्ञता

→की पहचान भी की है। इस अवधारणा की रॉल्स ने बहुत अच्छी तरह से विस्तृत व्याख्या भी की है और यहीं से आगे एक-एक कदम बढ़ाते हुए न्याय के निष्पक्षता रूपी तकाज़ों को पूरा करने के लिए उपयुक्त कानून बनाने और उन्हें लागू करने तक की चर्चा की गई है। दूसरा सन्दर्भ चिन्तन-मनन का है। यहाँ 'मननात्मक सन्तुलन' के विकास की बात हुई है। यहाँ भी न्याय की बात उठ सकती है—किन्तु मुख्य आग्रह साधुता (अच्छेपन) और उचित होने (औचित्य) के प्रति विभिन्न व्यक्तियों के वैयक्तिक आकलन पर ही रहता है। तीसरा सन्दर्भ रॉल्स का 'प्रतिच्छायी सहमति' के विचार से जुड़ा है। यह हमारी उन सहमतियों और असहमतियों के जटिल संयोजनों से सम्बन्धित है जिन पर सामाजिक व्यवस्था का स्थायित्व निर्भर रहता है। वर्तमान पुस्तक में मेरा मुख्य सरोकार केवल प्रथम सन्दर्भ—अर्थात् न्याय के नियमों की रचना से ही है।

रॉल्स के विचारों से उनके अनेक समकालीन विचारकों के चिन्तन पर प्रभाव पड़ा है। ये विचारक हैं : रोनाल्ड डॉर्किन, थॉमस नगेल, राबर्ट नॉज़िक, थॉमस पॉज्जे, जोसेफ राज़ और थॉमस स्केनलोन आदि।

की अवस्था में न्याय के नियमों का चुनाव सर्वसम्मत हो जाता है। इस प्रकार रॉल्स की वैचारिक संरचनाओं में न्याय के नियम उन आधारिक सामाजिक संस्थाओं का निर्धारण करते हैं जिन्हें समाज की व्यवस्था का संचालन करना चाहिए—यह वह समाज है जिसकी रचना वे संस्थाएँ करने जा रही हैं।

इस काल्पनिक 'मूल अवस्था' में न्याय के नियमों पर विचार-विमर्श में निष्पक्षता के लिए समदर्शिता की आवश्यकता अवश्य होती है। रॉल्स ने इस बात को कुछ इस प्रकार रखा है (*ए थ्योरी ऑफ जस्टिस,* 1971, पृष्ठ 17) :

> 'मूल अवस्था' वह प्रारम्भिक यथास्थिति है जो स्वयं ही सुनिश्चित कर देती है कि उसमें तय हुई मौलिक सहमतियाँ निष्पक्षतापूर्ण होंगी। इसी तथ्य के आधार पर न्याय को निष्पक्षता का नाम दिया गया है। अतः स्पष्टतः मैं यही कहना चाहता हूँ कि न्याय की वह संकल्पना अधिक उचित या न्यायसंगत होगी जिसे मूल अवस्था में चयन कर रहे विवेकशील व्यक्तियों ने अन्य सिद्धान्तों की अपेक्षा बेहतर मानकर चुना हो। न्याय की संकल्पनाओं को इस प्रकार की परिस्थितियों से बाधित व्यक्तियों द्वारा उनकी स्वीकार्यता के स्तर के अनुसार क्रमबद्ध किया जाना है।

बाद में कोलम्बिया विश्वविद्यालय में डिवी (Dewey) आख्यानमाला पर आधारित अपनी रचना *पॉलिटिकल लिबरलिज़्म* 1993, में रॉल्स ने इस बात का अधिक सशक्त बचाव किया है कि निष्पक्षता की प्रक्रिया कैसे कार्य करेगी।* न्याय के निष्पक्षतावादी स्वरूप को प्रारम्भ से ही अंतस्थ रूप से 'न्याय की राजनीतिक संकल्पना' माना गया है। रॉल्स ने इस मौलिक प्रश्न पर विचार किया है कि उचित सिद्धान्तों के आधार पर गहन विरोध के बावजूद समाज के सदस्य किस प्रकार परस्पर सहयोग कर सकते हैं। यह तभी सम्भव हो पाता है जब नागरिक राजनीतिक न्याय की किसी उचित-सी संकल्पना पर सहमत हों। इसी से उन्हें आवश्यक संवैधानिक एवं अन्य न्यायविषयक प्रश्नों पर खुली चर्चा करने और यथासम्भव उनका उचित समाधान पाने का आधार मिल जाता है। उनकी अपनी-अपनी धार्मिक आस्थाएँ हो सकती हैं, एक सार्थक जीवन के विषय में उनके विचारों में अन्तर हो सकते हैं किन्तु फिर भी, रॉल्स का मत है कि विचार-विमर्श द्वारा इन विविधताओं को ध्यान में रखते हुए वे सभी के लिए निष्पक्षतापूर्ण न्याय के नियमों पर सहमत हो सकते हैं।

---

* अभी हाल ही में प्रकाशित 'कलेक्टेड पेपर्स ऑफ जॉन राल्स' हार्वर्ड विश्वविद्यालय प्रेस, 1999 ने तो रॉल्स के तर्कों की अभूतपूर्व प्रभाव क्षमता एवं विस्तार को बहुत ही स्पष्ट कर दिया है। इस संकलन में उनके अनेक प्रकाशित—अप्रकाशित लेखों से यह बात स्पष्ट हो रही है।

इस प्रकार से निष्पक्षता के निरूपण का ध्येय समाज की मूल संरचना के निर्धारण के लिए आवश्यक न्यायपूर्ण संस्थाओं के चयन में सहायक उपयुक्त नियमों की पहचान करना है। रॉल्स ने न्याय के कुछ बहुत ही विशेष नियमों की पहचान की है और उनका आग्रह है कि यदि न्याय की राजनीतिक अवधारणा निष्पक्षता-प्रेरित हो तो उन नियमों को समाज सर्वसम्मत रूप से स्वीकार कर लेगा। मैं इन्हीं नियमों पर यहाँ चर्चा करने जा रहा हूँ। उनका तर्क है कि मूल अवस्था की मौलिक समानता की दशा में सभी व्यक्ति इन्हीं नियमों का चयन करेंगे। अतः ये नियम न्याय की एक उपयुक्त संकल्पना की रचना कर देते हैं। इसी कारण से इन नियमों द्वारा रचित एक सुस्पष्टतः क्रमबद्ध समाज में पले-बढ़े व्यक्ति इन नियमों के आधार पर ही न्याय की भावना को भी सहज स्वीकार करेंगे। (भले ही अच्छे जीवन के प्रति उनके दृष्टिकोण समान नहीं हों और उनकी अपनी-अपनी वरीयताएँ भी अलग-अलग हों)। न्याय के इन नियमों के चयन में सर्वसम्मति का यह विचार रॉल्स की संकल्पना में एक बहुत ही महत्त्वपूर्ण भूमिका निभाता है। उस संकल्पना में समाज की आधारिक रचना के लिए उपयुक्त संस्थाओं का चयन और साँझी संचेतना के अनुरूप वैयक्तिक चिन्तन-व्यवहार को प्रभावित कर सकने में समर्थ न्याय की राजनीतिक अवधारणा का निरूपण भी सम्मिलित होता है। इस अध्याय में ही आगे चलकर मैं इस विषय पर विस्तार से चर्चा करूँगा।

रॉल्स की सामाजिक न्याय की अवधारणा के बहुस्तरीय निरूपण का पहला सोपान न्याय के मूल नियमों का चुनाव है। इसी से हम अगले सोपान 'संरचना निर्माण' की ओर बढ़ते हैं। उस सोपान में समाज की वर्तमान स्थिति को ध्यान में रखते हुए, चुने गए न्याय के नियमों के अनुरूप संस्थागत व्यवस्था का चुनाव किया जाता है। इन संस्थाओं के कार्य-व्यवहार से ही समाज को आगे चलकर कुछ और सामूहिक स्तरीय निर्माण करने पड़ते हैं। इनमें उपयुक्त कानूनों की रचना भी सम्मिलित होती है। यह क्रम दृढ़तापूर्वक एक-एक कदम पूर्वनिर्धारित मार्ग पर आगे बढ़ता रहता है और अन्ततः एक पूर्णतः न्यायपूर्ण सामाजिक व्यवस्था के बिस्तृत स्वरूप की रचना स्पष्ट हो जाती है।

इस सारे स्पष्ट निरूपण की प्रक्रिया प्रथम सोपान में ही न्याय के उन दो नियमों के उदय होने पर आधारित है और ये रॉल्स की संकल्पना के सभी अंगों को प्रभावित करते हैं। मैं रॉल्स द्वारा 'मूल अवस्था' में सर्वसम्मत विलक्षण चयन की बात पर गम्भीर अविश्वास व्यक्त करने को विवश हो रहा हूँ। मेरा यह अविश्वास पूर्णतः न्यायशील समाज के लिए आवश्यक संस्थाओं के चयन से कहीं अधिक जुड़ा हुआ है। कई बार न्याय के बारे में हमारी समझ अनेक और कदाचित् परस्पर टकरावपूर्ण

विचारों/सरोकारों से प्रभावित रहती हैं।[4] इनकी रचना ही ऐसी होती है कि चयन कर पाना सहज नहीं होता—(तो क्या) केवल एक ही ऐसा नियम समुच्चय होगा जो वास्तव में समदर्शिता और निष्पक्षता भरा हो (अन्य नहीं)? वास्तव में जॉन रोमर (John Roemer) ने समदर्शिता की कसौटी को पूरा करने वाले वितरण विषयक न्याय के अनेक सिद्धान्तों की तुलना की है और उससे स्पष्ट होता है कि उनके बीच चुनाव किन्हीं अन्य कारणों के आधार पर ही हो पाएगा। उन नियमों में निष्पक्षता और विचारोद्वेगहीनता भी होती है। उनके पक्षधर भी उन्हें ''सार्वभौमिक नियम हो पाने की क्षमता से सम्पन्न'' मानते हैं।[5]

मेरा तो आग्रह है कि निष्पक्ष नियमों की बहुलता ही इस बात का प्रमाण है कि समदर्शिता के अनेक प्रकार और स्वरूप हो सकते हैं। मेरा 'भूमिका' वाला उदाहरण जहाँ तीन बच्चों और बाँसुरी की बात उठाई गई थी यही दिखाता है कि निष्पक्ष और समदर्शितापूर्वक (विभिन्न व्यक्तियों से) व्यवहार की एक सामान्य संकल्पना है जो प्रभावी प्रयोग एवं उपयोगिता, आर्थिक समता और वितरणात्मक निष्पक्षता तथा अपनी मेहनत के फलों पर निर्बन्ध अधिकार पर आधारित है। उनके तर्क बहुत सामान्य हैं और न्यायपूर्ण समाज के बारे में उनके तर्क ऐसे मौलिक विचारों पर निर्भर हैं जिन्हें हम समदर्शिता की कसौटी पर खरा मान सकते हैं (किसी निहित स्वार्थ के आधार पर नहीं)। यही नहीं, यदि समाज की मूल रचना का निर्माण करने वाली संस्थाओं के विलक्षण स्वरूप की पहचान करने में समर्थ न्याय नियमों पर सर्वसम्मति नहीं हो पाए। तो फिर रॉल्स के सिद्धान्त का प्रयोग कर पाना भी सम्भव नहीं होगा।

जैसा मैंने 'भूमिका' में भी उल्लेख किया था, मूल अवस्था में न्याय के विलक्षण नियमों के सर्वसम्मत उद्भव पर आग्रह को रॉल्स ने (अपनी बाद की रचनाओं में) स्वयं ही कुछ शिथिल कर दिया है। *जस्टिस एज़ फेयरनैस : ए रीस्टेटमेंट* में तो उन्होंने स्पष्ट रूप से स्वीकार किया है : बहुत-से सरोकार मूल अवस्था में पृथक-पृथक न्याय के नियमों की संकल्पनाओं की रचना की जा सकती है—इन संकल्पनाओं में परस्पर टकराव भी हो सकते हैं। कुल मिलाकर अन्ततः किसी तर्कप्रेरित निर्णय द्वारा ही वैकल्पिक तर्कों के बीच सन्तुलन स्थापित हो पाएगा।[6] जब वे यह स्वीकार करते हैं कि सम्भवतः 'आदर्श' की प्राप्ति नहीं हो पाए तो उनका आशय न्याय के निष्पक्षतावादी स्वरूप के आदर्श से ही है। किन्तु कतिपय मामलों में असहमति और आपत्ति की सम्भावना स्वीकार करने वाले न्याय-सिद्धान्त को 'गैर-आदर्श' मान लेना भी उचित नहीं होगा। इन सिद्धान्तों में भी न्याय के तकाज़ों पर तर्क-आधारित सहमति से अनेक ठोस निष्कर्ष प्राप्त हो सकते हैं।

हाँ, एक बात स्पष्ट है—यदि रॉल्स के बाद के विचारों का वही आशय है जो दिखाई दे रहा है तो निश्चय ही उनके पुराने एक-एक सोपान चढ़ने वाले न्याय-सिद्धान्त

को तिलांजलि देना अपरिहार्य हो जाएगा। यदि मूल अवस्था में न्याय के कतिपय नियमों के आधार पर संस्थागत संरचना का निर्माण होना था और उन नियमों का उद्भव नहीं हो पाता तो रॉल्स के उस सिद्धान्त के आधार पर ही कुठाराघात हो जाएगा। रॉल्स के अपने ही विचारों में इन वर्षों में गम्भीर आन्तरिक तनाव पैदा हो गया है। उन्होंने औपचारिक रूप से न्याय के निष्पक्षता स्वरूप का त्याग तो नहीं किया है किन्तु मूल अवस्था में न्याय के नियमों पर सर्वसम्मति पाने की असाध्य समस्याओं को वे स्वीकार करने लगे हैं। इस स्वीकारोक्ति का उनके न्याय-सिद्धान्त पर बहुत ही विनाशकारी प्रभाव हो रहा है।

मेरा अपना आशय तो यही है कि रॉल्स के मौलिक सिद्धान्त ने न्याय के विभिन्न आयामों को स्पष्ट करने में बहुत योगदान दिया है—भले ही हमें उस सिद्धान्त को त्यागना पड़ जाए—फिर भी रॉल्स के उस नवप्रवर्तनकारी अग्रगामी योगदान से राजनीतिक दर्शनशास्त्र समृद्ध होता रहेगा। एकसाथ ही उस सिद्धान्त के सम्मान और गम्भीर आलोचनात्मक पक्ष अपना लेना सम्भव है। यदि न्याय के निष्पक्षतावादी स्वरूप की इस द्वैधात्मक व्याख्या में मुझे स्वयं रॉल्स का ही साथ और सहयोग मिल जाए तो कहना ही क्या है!

रॉल्स के न्याय सिद्धान्तों का प्रयोग

मैं रॉल्स के सिद्धान्त—न्याय के निष्पक्षतावादी स्वरूप की रूपरेखा से ही यहाँ चर्चा का आरम्भ कर रहा हूँ। रॉल्स ने कभी इसका परित्याग नहीं किया है और यह आधुनिक नैतिक शास्त्र का सर्वाधिक प्रभावशाली सिद्धान्त रहा है। रॉल्स का तर्क रहा है कि मूल अवस्था में ये 'न्याय के ये नियम' सर्वसम्मत रूप से उभर कर आएँगे :

(क) प्रत्येक व्यक्ति को समान मौलिक स्वातन्त्र्यों की एक पर्याप्त रूप से सुस्पष्ट व्यवस्था पर समान अधिकार है और यह व्यवस्था सभी व्यक्तियों के लिए सुलभ है।

(ख) सामाजिक और आर्थिक विषमताएँ दो शर्तों के पूरा होने पर ही स्वीकार्य हो सकती हैं। एक तो इन विषमताओं का नाता सभी को समान अवसरों की व्यवस्था के अन्तर्गत सुलभ किसी पद/पदाधिकार से हो; तथा दूसरे इन (विषमताओं) से भी समाज के सर्वाधिक अभावपीड़ित व्यक्तियों का अधिकतम हितसाधन हो रहा हो।

ध्यान दें कि रॉल्स के न्याय-सिद्धान्त में 'स्वातन्त्र्य की वरीयता' को पहला स्थान दिया गया है—अर्थात् प्रत्येक व्यक्ति को अधिकतम स्वातन्त्र्य प्राप्त हो, यदि अन्य सभी को भी ऐसे ही स्वातन्त्र्य की सुलभता हो। यह वरीयता सामाजिक और आर्थिक विषमता आदि सभी सरोकारों से पहले मानी गई है। समान वैयक्तिक स्वातन्त्र्य का स्थान किन्हीं सामान्य अवसरों की समता और सामान्य प्रयोग के

संसाधनों के विभाजन में समता से भी पहले रखा गया है। दूसरे शब्दों में समाज के सदस्यों के बीच धन और आय तथा अन्य संसाधनों के बँटवारे को बेहतर बनाने के नाम पर भी सर्वसुलभ स्वातन्त्र्यों का उल्लंघन नहीं हो सकता। रॉल्स ने स्वातन्त्र्य को अन्य सभी सरोकारों से उच्चस्थ स्थान पर स्थापित कर दिया है (भले ही इसमें कुछ 'अतिवाद' झलक रहा है)। यहाँ प्रमुख बात यही है कि स्वातन्त्र्य को अन्य सुविधाओं (अमीरी आदि) का प्रतिपूरक नहीं माना जा सकता, मानव जीवन में स्वातन्त्र्य का विशेष स्थान होता है। इस पुस्तक में मैं अतिवादी नहीं, बल्कि इस अधिक सामान्य स्थापना को ही अपना विचार आरम्भ करने का संकेत बिन्दु मान कर चल रहा हूँ।

रॉल्स के न्याय के नियमों में संस्थागत चयनों से जुड़े अन्य प्रश्नों को उल्लिखित नियम 'ख' में शर्तों के एक सम्मिश्रण द्वारा समाहित किया गया है। द्वितीय नियम का पहला भाग सभी को सार्वजनिक अवसर सुलभ होने की संस्थागत व्यवस्था है। इसमें किसी को जाति, प्रजाति या धर्म आदि के आधार पर वंचित नहीं रखा जाता। दूसरे नियम का दूसरा भाग (अन्तर का नियम) वितरणात्मक समता और सामान्य दक्षता से सम्बन्धित है। इसमें समाज के सर्वाधिक अभावग्रस्त सदस्यों को यथासम्भव (जितना हो सके उतना) ऊपर उठाने पर बल दिया गया है।

संसाधन आबंटन में समता के विश्लेषण में रॉल्स एक 'विशेष सूचक' का प्रयोग करते हैं। इसे उन्होंने 'प्राथमिक पदार्थ' का नाम दिया है। ये अनेक लक्ष्यों को साधने में समर्थ आम इस्तेमाल के साधन होते हैं। ये वे साधन हैं जिन्हें समाज के सदस्य अपनी विविधतापूर्ण आवश्यकताओं को पूरा करने के लिए प्रयोग किया करते हैं। इनमें रॉल्स ने अधिकारों, स्वातन्त्र्यों और अवसरों, आय और सम्पत्ति तथा आत्मसम्मान के सामाजिक आधारों को सम्मिलित किया है।[7] ध्यान देने की बात है कि यहाँ स्वातन्त्र्य एक बार फिर शामिल कर लिए गए हैं किन्तु यहाँ ये आय और सम्पत्ति जैसी अन्य सुविधाओं के सहायक मात्र हैं।

वितरण-आबंटन के सरोकारों की चर्चा के अन्तर्गत यह ध्यान देना आवश्यक है कि रॉल्स ने इनमें क्या शामिल किया है और इसी के साथ-साथ इस बात का भी महत्त्व है कि अन्य विश्लेषकों द्वारा महत्त्वपूर्ण माने गए किन कारकों को इन्होंने अपने विश्लेषण में स्थान नहीं दिया है। ध्यान रहे कि रॉल्स ने योग्यता और पात्रता या सम्पत्ति के स्वामित्व के विचारों पर आधारित किसी अधिकारिता या हकदारी को प्रत्यक्ष मूल्यांकन में स्थान नहीं दिया है। उन्होंने इन बातों को विश्लेषण से बाहर रखने और अन्य कारकों को शामिल करने के अपने तर्क भी स्पष्ट किए हैं।

दक्षता और समता के संवर्धन के माध्यम से परोक्ष रूप से उत्पादिताएँ इस विश्लेषण में शामिल हो गई हैं और यदि इनके कारण सर्वाधिक अभावग्रस्त वर्ग के उत्थान में सहायता मिलती हो तो रॉल्स का विश्लेषण इन विषमताओं का समर्थन

भी करता है (यह कार्य सम्प्रेरणाओं के माध्यम से होता है), स्वाभाविक भी है। ऐसा विश्व जहाँ व्यक्ति का व्यवहार केवल मूल-अवस्था में 'न्याय की संकल्पना' (conception of justice) द्वारा नियमित नहीं होता वहाँ सम्प्रेरणाओं की समस्या से बच पाना सम्भव नहीं रहता।

दूसरी ओर, यदि मूल-अवस्था में सम्प्रेरणा के तकाज़ों पर आधारित विषमताओं को गलत एवं अनुचित ठहराया जाता है (लोगों को अपने कर्तव्य का ठीक से निर्वाह करने के लिए घूस देना भी ऐसी ही 'सम्प्रेरणा' होगी) तो क्या उस मूल अवस्था में अपनाए गए नियमों द्वारा ही ऐसी सम्प्रेरणाओं की आवश्यकता का उन्मूलन नहीं हो जाना चाहिए? यदि एक न्यायपूर्ण अर्थव्यवस्था में सम्प्रेरणा आधारित विषमताएँ स्वीकार्य नहीं हों तो क्या समदर्शिता की दशा में उभर कर आ रहे नियमों में घूस की आशा किए बिना सभी से उनके कर्तव्यों के निर्वहन की अपेक्षा नहीं की जानी चाहिए? फिर रॉल्स के विचार तन्त्र में एक बार अनुबन्ध निर्धारण के पश्चात् जो विश्व (समाज) रचित होगा उसमें सभी व्यक्ति कर्तव्यनिष्ठ होंगे और सभी अनायास ही अपने-अपने उत्पादक कार्यों को बिना किसी सम्प्रेरणा की आशा के ही सम्पन्न करते रहेंगे।

"व्यक्ति अनायास ही वह सभी कार्य करते रहेंगे जिनके विषय में उन्होंने मूल अवस्था में सहमति दी है।" यह विचार रॉल्स की अपनी उत्पत्ति है। फिर भी रॉल्स बात को बस यहीं तक सीमित रख जाते हैं—आगे नहीं बढ़ाना चाहते। यह बात भी पूर्णतः स्पष्ट नहीं हो पाती कि जिस व्यवस्था में अन्य सभी प्रकार की विषमताएँ अस्वीकार्य हों वहाँ मूल-अवस्था से प्रारम्भ व्यवहार की कसौटियाँ किस प्रकार से सम्प्रेरणा आधारित विषमताओं को स्वीकार्य बना देती हैं।[8]

इस समस्या के प्रति दो दृष्टिकोण अपनाए जा सकते हैं। एक दृष्टिकोण जी. ए. कोहेन (G. A. Cohen) ने अपनाया है। उनका कहना है कि सम्प्रेरणा आधारित विषमताओं को सम्मिलित कर लेने से रॉल्स के न्याय-सिद्धान्त की सीमाएँ संकुचित हो गई हैं।[9] सम्प्रेरणाओं के नाम पर रियायतें देना व्यावहारिक प्रतीत हो सकता है—किन्तु क्या इसे किसी उपयुक्त न्याय-सिद्धान्त का अंग भी बनाया जा सकता है? जहाँ न्याय की भावातीत संकल्पना पर ही आग्रह हो वहाँ तो कोहेन द्वारा उठाई गई आपत्ति उचित ही लगती है।

इस प्रश्न का एक अन्य आयाम भी है। यह सोच पाना भी कठिन लगता है कि किसी मूल अवस्था में अनायास ही कर्तव्य के निर्वहन पर सहमति हो जाने से सभी व्यक्तियों के लिए सम्प्रेरणाओं की आवश्यकता का भी निर्मूलन हो जाएगा। कोहेन का यह विचार ठीक हो सकता है कि पूर्णरूपेण न्यायनिष्ठ होने का दम भरने वाले समाज में सम्प्रेरणा आधारित विषमता जैसी बाधाएँ नहीं होनी चाहिए—सम्भवतः यह न्यायसिद्धान्त के निरूपण में भावातीत न्याय की संकल्पना पर अत्यधिक निर्भरता

के विरुद्ध एक तर्क भी बन सकता है। भले ही रॉल्स का यह मध्यमार्ग कोहेन की दृष्टि में पर्याप्त रूप से भावातीत नहीं हो, किन्तु कोहेन की पुस्तक से उद्धरण लिए बिना भी रॉल्स को भावातीतता पर संकेन्द्रण के कारण और अनेक समस्याओं का सामना करना पड़ जाता है। न्यायनिष्ठता के अनुसार तुलना करें तो कोहेन का विश्व रॉल्स द्वारा कल्पित निष्पक्षता आधारित विश्व की अपेक्षा उच्चतर हो सकता है, किन्तु तुलनात्मक न्याय सिद्धान्तों का मुख्य उपयोग तो व्यावहारिक सम्भावनाओं की तुलना है भले ही वे कोहेन और रॉल्स द्वारा चर्चित न्यायनिष्ठ विश्व की संकल्पनाओं की अपेक्षा कम उत्कृष्ट हों।

रॉल्स की विश्लेषण विधि से कुछ सकारात्मक सीख

यह समझ पाना कठिन नहीं है कि रॉल्स की न्याय की निष्पक्षता रूपी प्रस्तुति (और जिस प्रकार उन्होंने इसके निहितार्थों का स्पष्टीकरण किया है) में कुछ महान महत्त्वपूर्ण योगदान निहित हैं। सबसे पहले तो निष्पक्षता को न्याय के केन्द्रभूत सरोकार के रूप में स्थापित करना ही हमें इस विषय के पूर्ववर्ती सिद्धान्तकारों के विचारों से बहुत आगे ले जाता है (उदाहरण : बैंथम के (Benthamite) उपयोगितावादी सिद्धान्त का न्यायिक आधार)। मैं 'मूल अवस्था' की परिकल्पना के आधार पर समदर्शिता की बात को इस कार्य के लिए पर्याप्त नहीं मानता, फिर भी इसे रॉल्स द्वारा न्याय सिद्धान्त के विकास में निष्पक्षता को सर्वोपरि आधार मानने के विचार के प्रति विद्रोह का स्वर उठाने के लिए अपनी आपत्ति को पर्याप्त नहीं पाता।

दूसरे, मैं अपनी एक बात फिर से दोहरा रहा हूँ : यह व्यावहारिक कारणों के आधार पर वस्तुपरकता विषयक रॉल्स के विचार की दूरगामिता से सम्बद्ध है। उनका तर्क है कि वस्तुपरकता की अवधारणा की सबसे पहली अनिवार्य विशेषता यही है कि इस द्वारा ऐसी सार्वजनिक विचार-प्रक्रिया की रचना होनी चाहिए जो "तर्कों और साक्ष्यों के आधार पर विचार-विमर्श एवं चिन्तन के पश्चात् निर्णय" के लिए पर्याप्त हो।[10] इस बारे में हमने अध्याय-1 में विस्तार से चर्चा की है—यहां उसे दोहराना उचित नहीं होगा।

तीसरे, निष्पक्षता को न्याय से पहले स्थापित करने के अतिरिक्त रॉल्स ने एक अन्य महत्त्वपूर्ण मौलिक योगदान दिया है। यह है : 'अच्छाई की सूझ' और 'न्याय की अनुभूतिविषयक क्षमता' से सम्बद्ध जनसामान्य की 'नैतिक शक्ति' को स्पष्ट करना। ये 'तर्क आधारित चयन सिद्धान्त' (rational choice theory) के किसी स्वरूप पर केन्द्रित काल्पनिक विश्व से कहीं बहुत दूर निकलकर देखने का विचार है जिसमें व्यक्तियों में 'स्वहित' की समझ तो कूट-कूट कर भरी होती है किन्तु निष्पक्षता और न्याय पर विचार करने की इच्छा और क्षमता का नितान्त अभाव होता है।[11] रॉल्स

ने तर्कशीलता के विचार को और समृद्ध बनाते हुए 'तर्कशीलता' और 'औचित्यपूर्णता' के बीच बहुत उपयोगी भेद को भी स्पष्ट किया है।[12] मैं अपनी इस पुस्तक में उसी भेद का खुलकर प्रयोग करूँगा।

चौथे, रॉल्स ने स्वातन्त्र्य को 'सम्पूर्ण वरीयता' का अतिवादी स्वरूप प्रदान कर दिया है। इससे तो स्वातन्त्र्य को एक स्वतन्त्र स्वरूप मिल जाता है और यह स्वरूप अनेक प्रकार से सामाजिक व्यवस्थाओं की न्याय-निष्ठा के विश्लेषण के तकाज़ों पर भी भारी पड़ जाता है। निस्सन्देह, व्यक्ति के समस्त हित-लाभों की समीक्षा में अन्य बातों के साथ-साथ स्वातन्त्र्य का भी महत्त्व रहता है। रॉल्स ने इसे अपने 'अन्तर के नियम' की रचना में प्रयोग करने के लिए व्यक्ति के समस्त हित-लाभ के चित्रण में 'प्राथमिक पदार्थों' (primary goods) की सूची में रखा है। किन्तु अन्य प्राथमिक पदार्थों से मिलकर साँझी भूमिका से कहीं आगे स्वातन्त्र्य को एक अतिरिक्त विशेष भूमिका भी दे दी गई है। यह विशेष भूमिका व्यक्ति के हित-लाभ संवर्धनकारी प्रभावों में स्वातन्त्र्य के महत्त्व की पहचान से कहीं अधिक महत्त्वपूर्ण है। वैयक्तिक स्वातन्त्र्य आय आदि अनेक प्राथमिक पदार्थों की भाँति वास्तव में उपयोगी होती है–पर इतना ही नहीं है। यह वैयक्तिक जीवन के अनेक निजी आयामों को प्रभावित करने वाला एक केन्द्रभूत सरोकार है और साथ ही साथ यह अपने-आपमें सामाजिक मूल्यांकन के लिए अत्यावश्यक सार्वजनिक विचार-विमर्श की एक मूलभूत अनिवार्यता भी है। (उदाहरण : अभिव्यक्ति की स्वतन्त्रता)। कोई हैरानी की बात नहीं कि सदियों से वैयक्तिक स्वातन्त्र्य के महत्त्व की तर्क-आधारित अनुभूति ने कितने ही व्यक्तियों को इसकी रक्षा के लिए संघर्ष करने की प्रेरणा दी है। ध्यान देने की बात यही है कि रॉल्स ने स्वातन्त्र्य के महत्त्व की स्थापना करते हुए इसे अन्य सहायक कारकों की अपेक्षा एक विलक्षण स्वरूप प्रदान किया है।[13]

पाँचवें, दूसरे नियम के प्रथम भाग में प्रक्रिया की निष्पक्षता पर आग्रह करते हुए रॉल्स ने सामाजिक विषमता से संबंधित साहित्य को बहुत ही समृद्धि प्रदान की है। उनसे पूर्व समाजशास्त्री प्रायः सामाजिक स्तर या आर्थिक परिणामों की विषमता पर ही अटक कर रह जाते थे और जन्म, जाति या लिंग के आधार पर भेद-भाव करने वाली प्रक्रियाओं की ओर उनका ध्यान ही नहीं जाता था। हम कह सकते हैं कि बराक ओबामा के अमरीकी राष्ट्रपति चुने जाने के विश्व स्तर पर भव्य स्वागत का एक कारण इस निर्वाचन द्वारा अमरीकी राजनीति पर जातिवादी गिरफ्त के कमज़ोर पड़ने के संकेत की प्राप्ति भी है। यह पक्ष ओबामा के एक विशिष्ट जीवन-दृष्टि से सम्पन्न होने के कारण उनकी उपयुक्तता से एकदम अलग है। वह उपयुक्तता उनकी जातीय पृष्ठभूमि से बँधी हुई नहीं है।

छठे, स्वातन्त्र्य को विशिष्ट स्थान प्रदान कर सभी व्यक्तियों को समानतापूर्वक

पदों और प्रशासनाधिकारों के लिए खुली स्पर्धा में भाग लेने का अधिकार प्रदान करने के उपरान्त 'अन्तर सिद्धान्त' सामाजिक व्यवस्थाओं में समता के महत्त्व का इस प्रकार निरूपण करता है कि समाज के 'सर्वाधिक अभावग्रस्त' सदस्यों की दुरवस्था की ओर सहज ही ध्यान आकृष्ट हो जाता है।[14] रॉल्स के सिद्धान्त में प्राथमिक पदार्थों के अभावस्वरूप गरीबी के निवारण को बहुत महत्त्वपूर्ण स्थान दिया गया है। रॉल्स के इस आग्रह का गरीबी निवारण विषयक सार्वजनिक नीतियों के विश्लेषण पर बहुत ही सशक्त प्रभाव रहा है।

और अन्त में, मेरी अपनी समझ तो यही कहती है (भले ही अन्य अध्येता इसे रॉल्स के विचारों की सही व्याख्या नहीं मानें) कि व्यक्ति के अपने हित संवर्धनकारी सामान्य उपयोगी प्राथमिक पदार्थों पर ध्यान केन्द्रित कर रॉल्स ने "व्यक्तियों को अपने जीवन को अपने ढंग से जी पाने" का सही अवसर प्रदान करने की आवश्यकता को अप्रत्यक्ष रूप से स्वीकारोक्ति प्रदान की है। आगे चलकर अध्याय 11 और 12 में मेरा तर्क रहेगा कि प्राथमिक पदार्थ सम्पन्नता और व्यक्ति की सारपूर्ण स्वातन्त्र्य का लाभ उठा पाने की क्षमता में सह-सम्बन्ध बहुत ही अपूर्ण हो सकता है—और इस समस्या का निदान व्यक्तियों की वास्तविक योग्यताओं—(क्षमताओं) पर ध्यान देकर किया जा सकता है।[15] फिर भी, मानवीय स्वतन्त्रता को सहायक रूप से रेखांकित कर रॉल्स ने अपने न्याय-सिद्धान्त में स्वतन्त्रताविषयक विचारों को एक निश्चित स्थान तो प्रदान कर ही दिया है।

प्रभावी निराकरण हो सकने वाली समस्याएँ

किन्तु कुछ समस्याएँ और कठिनाइयाँ भी हैं। मैं एक-दो ऐसी समस्याओं से बात शुरू कर रहा हूँ जो महत्त्वपूर्ण तो हैं किन्तु रॉल्स की मूल विश्लेषण विधि का उल्लंघन किए बिना ही (मुझे लगता है कि) उन्हें (न्याय सिद्धान्त में) सम्मिलित किया जा सकता है। इस विषय में अनेक अध्येताओं ने बहुत कुछ लिखा भी है।

सबसे पहला तर्क तो यही दिया गया है कि स्वातन्त्र्य की सर्वोच्च प्राथमिकता कुछ अधिक ही अतिवादी है। आखिर भूख, भुखमरी और चिकित्सीय अभावों को किसी भी प्रकार के वैयक्तिक स्वातन्त्र्य के अतिक्रमण से कम महत्त्वपूर्ण क्यों मान लिया जाता है? यह प्रश्न सबसे उग्र स्वर में हर्बर्ट हार्ट[16] (Herbert Hart) ने उठाया था और स्वयं रॉल्स ने अपनी बाद की रचनाओं में इस स्वातन्त्र्य का चरमोत्कर्ष कुछ कम करने का प्रयास भी किया है।[17] यह बात तो समझ आ सकती है कि स्वातन्त्र्य को भी कुछ वरीयता दी जाए किन्तु उसे ही सर्वप्रथम प्राथमिकता दे देना तो कुछ ज्यादती-भरा ही होगा। कई प्रकार की गणितीय भारमान निर्धारण विधियाँ विभिन्न कारकों/सरोकारों को सापेक्ष वरीयतानुक्रम प्रदान कर सकती हैं। वास्तव में

मुझे तो लगता है कि रॉल्स को स्वातन्त्र्य को अन्य सहायक कारकों जितनी ही वरीयता देना कुछ गलत लगा होगा और वे इसे सभी दशाओं में सबसे अधिक प्राथमिकता दे बैठे। यह कुछ ज़्यादा ही हो गया। भारमान निर्धारण के गणित में सर्वाधिक से निम्न स्तर के अनेक भार निर्धारित कर पाने की सम्भावनाएँ उपलब्ध हैं। मैंने अपनी पुस्तक *चॉइस, वेलफेयर एण्ड मैनेजमेंट* में ऐसी अनेक लचीली भारमान निर्धारण विधियों की चर्चा की है। किसी भी वरीयता को सर्वग्राही बनाए बिना एक सरोकार को अन्यों की अपेक्षा अधिक महत्त्व दे पाना सम्भव हो सकता है।

दूसरे, रॉल्स ने दूसरे सिद्धान्त में व्यक्तियों को सुलभ अवसरों का मापन उनके (सुलभ) साधनों द्वारा किया है। इस मापन में उन व्यक्तियों की प्राथमिक पदार्थों को एक अच्छे जीवन में परिवर्धित कर पाने की क्षमताओं में अन्तर पर कोई ध्यान नहीं दिया गया। उदाहरण : एक अपंगताग्रस्त व्यक्ति (शारीरिक रूप से पूरी तरह स्वस्थ व्यक्ति की तुलना में) समान आमदनी से समान क्षेम अनुभूति नहीं पा सकता! इसी प्रकार, एक गर्भवती महिला की पोषक पदार्थों की आवश्यकता अन्य समवयस्काओं की तुलना में अधिक रहती है। अन्तर्निहित विशेषताओं के कारण व्यक्तियों की प्राथमिक पदार्थों को वे कार्य, जिन्हें वे महत्त्वपूर्ण मानते हैं, कर पाने की योग्यता में परिवर्तित कर पाने की क्षमताएँ अलग-अलग हो सकती हैं। इस अन्तर के कारण कहीं पर विरासत में मिली व्याधियाँ तो कहीं पर्यावरणीय कारकों के प्रभावों में अन्तर (बार-बार महामारियों का फैलना आदि) भी हो सकते हैं। अतः चिन्तन को प्राथमिक पदार्थों के भण्डार से हटाकर वास्तविक स्वातन्त्र्यों और क्षमताओं के विश्लेषण की ओर ले जाना आवश्यक होगा। किन्तु यदि मैं प्राथमिक पदार्थों पर ध्यान को केन्द्रित करने के रॉल्स के मन्तव्य को ठीक से समझ पाया हूँ तो प्राथमिक पदार्थों से क्षमताओं की ओर अग्रसर होने से रॉल्स के कार्यक्रम में कोई आधारभूत बदलाव नहीं आएगा—केवल व्यावहारिक युक्ति में कुछ परिवर्तन होगा।

वे समस्याएँ जिन पर नये सिरे से विचार आवश्यक है

पिछले भाग में चर्चित समस्याओं पर बहुत विचार हो चुका है और अभी भी उन पर चिन्तन चल रहा है। यद्यपि उनका पूर्णरूपेण समाधान अभी नहीं हो पाया है—फिर भी उनके मुख्य आशय को बहुत स्पष्ट रूप से समझा जा रहा है। मैं अपनी इस पुस्तक में उन समस्याओं की अनदेखी तो नहीं करूँगा, फिर भी, इस समय रॉल्स की विधि की उन समस्याओं की ओर ध्यान आकर्षित करना चाहता हूँ जिन पर अभी तक अधिक चर्चा नहीं हुई है :

(1) वास्तविक व्यवहार के महत्त्व की अपरिहार्यता

रॉल्स की निष्पक्षता की सामाजिक अनुबंध के माध्यम से खोज केवल 'न्यायपूर्ण संस्थाओं' की पहचान तक सीमित रह गई है। यह पहचान भी मूल रचना की इन संस्थाओं को वर्तमान से भविष्य तक नियमित करते रहने वाले नियमों पर सहमति द्वारा की जानी है।[18] रॉल्स के न्याय के निष्पक्षतावादी स्वरूप में प्रभावी संस्थाओं और वास्तविक व्यवहार पर आधारित 'न्यायनिष्ठ समाज' की अपेक्षा केवल 'न्यायनिष्ठ संस्थाओं' पर ही सीधे-सीधे ध्यान केन्द्रित कर दिया गया है।

सैम्युल फ्रीमैन (Samuel Freeman) और ऐरिन केल्ली (Erin Kelly) ने रॉल्स की इधर-उधर फैली हुई विस्तृत रचनाओं को एकत्र कर उनका सम्पादन करने का महती कार्य किया है। इन्होंने न्याय के निष्पक्षतास्वरूप में रॉल्स की विचार युक्ति का इन शब्दों में संक्षेपण किया है :

''रॉल्स ने न्याय के नियमों का प्रतिपादन करने में एक काल्पनिक सामाजिक सहमति का सहारा लिया है। पहले ये नियम 'समाज की मूल रचना' करने वाली संस्थाओं की 'न्यायनिष्ठता' का निर्णय करते हैं। यहाँ व्यक्तियों और उनके कार्यों का महत्त्व वहीं तक सीमित रह जाता है जहाँ तक वे (उन) न्यायनिष्ठ संस्थाओं की व्यवस्थाओं का पालन कर रहे हों...। इन संस्थाओं के निरूपण और सामाजिक व्यवस्था में इनकी समाविष्टी का व्यक्तियों के चरित्र, आकांक्षाओं और योजनाओं तथा उनके भविष्य की सम्भावनाओं पर प्रभाव रहता है। साथ ही इस बात पर भी कि वे किस प्रकार के व्यक्ति बनना चाहते हैं। हमारे सम्पूर्ण व्यक्तित्व पर संस्थाओं के गहन प्रभाव को देखकर ही रॉल्स ने कहा है कि समाज की मूल रचना ही 'न्याय का प्राथमिक सरोकार' है।''[19]

यहाँ हम स्पष्ट ही देख सकते हैं कि यह नीति केन्द्रित विधि किस प्रकार न्याय के प्रति न्यायात्मकता केन्द्रित विधि से अलग हो जाती है। हमने पहले अध्याय में सामाजिक चयन के सन्दर्भ में यह भेद बताया था। यहाँ न्यायात्मकता की विधि सामाजिक संस्थाओं और सामाजिक व्यवहार के संयोजनों को उन परिणामों और उपलब्धियों अथवा सम्प्राप्तियों पर निर्भर बना देती है जो उन संयोजनों द्वारा सम्भव हो पाती हैं। इसमें सामाजिक संस्थाओं और व्यवहार के संयोजनों के विश्लेषणीय सम्प्राप्तियों में अन्तर्निहित महत्त्व पर भी विचार किया जाता है।

इस तुलना में दो बातों पर विशेष ध्यान दिया जाना चाहिए। एक तो न्यायिकता को न्याय मान लेने से सामाजिक संस्थाओं किसी चयन विशेष सम्भव वास्तविक सम्प्राप्तियों की अनदेखी नहीं हो सकती। व्यक्तियों का क्या हाल होगा यह तो न्याय-सिद्धान्त का मुख्य सरोकार ही होगा—न्यायिकता के विभिन्न स्वरूप कुछ भी हों और विभिन्न संस्थाओं तथा व्यवहार के मानकों को महत्त्वपूर्ण मानकर उन्हें कुछ

भी भारमान आबंटित किए जा रहे हों। दूसरे, यदि हम यह मान भी लें कि मूल सामाजिक संस्थाओं का चयन सर्वसम्मत अनुबंध से होगा और इससे उचित व्यवहार (न्याययुक्त भी) का कुछ स्वरूप विकसित हो जाएगा, तो भी, इस प्रकार चुनी गई संस्थाओं के उस विश्व में निष्पादन को लेकर बहुत बड़ा प्रश्न खड़ा हो जाता है जहाँ प्रत्येक व्यक्ति का व्यवहार 'उचित व्यवहार' की कसौटी पर खरा नहीं उतर पाता। रॉल्स का कहना है कि न्याय के नियमों का सर्वसम्मत चयन न्याय की उस राजनीतिक संकल्पना की रचना कर देता है जिसे सभी स्वीकार करते हैं, किन्तु इस स्वीकारोक्ति पर आधारित संस्थाओं द्वारा निर्मित समाज में व्यक्तियों के आम व्यवहार तथा स्वीकारोक्ति में भारी अन्तर आ सकते हैं। व्यक्तियों के उचित व्यवहार पर रॉल्स से अधिक आग्रह किसी ने नहीं किया है। इससे स्पष्ट हो जाता है वे समाज के सभी सदस्यों के द्वारा सहज भाव से 'उचित व्यवहार' अपनाए जाने में आने वाली कठिनाइयों को बहुत अच्छी तरह से समझ रहे थे।

यहाँ एक प्रश्न उठता है : यदि समाज के घटनाक्रम की न्यायसंगतता उसकी संस्थागत रचना और वास्तविक व्यावहारिक विशेषताओं तथा सामाजिक सम्प्राप्तियों को प्रभावित करने वाले अन्य प्रभावों के सम्मिश्रण पर निर्भर हो तो क्या किसी समाज में न्यायनिष्ठ संस्थाओं का चयन उन्हें वास्तविक व्यवहार (इसका न्यायपूर्ण या 'उचित' होना आवश्यक नहीं है) की कसौटी पर कसे बिना हो पाएगा? यदि न्याय के वांछित सिद्धान्त को वास्तव में समाज की संस्थाओं के चयन में उपयोगी बनाना है तो 'न्याय की राजनीतिक संकल्पना' के लिए उपयुक्त नियमों की स्वीकृति मात्र पर्याप्त नहीं होगी।

हमें तो यह बात अच्छी तरह से समझ आ रही है कि न्याय की अन्वेषणा अंशतः समाज में व्यवहार तन्त्र के (धीमे) विकास पर भी निर्भर है। किन्हीं नियमों को स्वीकार कर लेने से सभी का व्यवहार तुरन्त उन नियमों के अनुरूप होकर उनमें निहित न्याय की राजनीतिक संकल्पना का अनुपालक नहीं हो जाएगा। सामान्यतः न्याय की राजनीतिक संकल्पना पर सर्वसम्मति के बाद भी जिन संस्थाओं का चयन होना है उन्हें समाज की प्रकृति और समाज में सम्भव वास्तविक व्यवहार-शैली पर संयुक्त रूप से निर्भर होना होगा। रॉल्स के सिद्धान्त में तो दोनों नियमों के चयन से ही संस्थाओं के सही चयन और सभी व्यक्तियों के सम्यक् व्यवहार के विकसित हो जाने की अपेक्षा की गई है। इस प्रकार व्यक्ति और सामाजिक मनोविज्ञान, दोनों को ही पूरी तरह से किसी राजनीतिक नीतिशास्त्र पर निर्भर बना दिया गया है। बहुत ही योग्यता एवं संगततापूर्वक विकसित की गई रॉल्स की विश्लेषण विधि में सामाजिक न्याय-सम्बन्धी व्यावहारिक तर्कों के सारभूत अंग वैयक्तिक व्यवहार और न्याय के नियमों के क्रियान्वयन के बहुआयामी एवं विशाल कार्य को एक अति-सरलीकृत सूत्र का स्वरूप प्रदान कर दिया गया है। यही दुर्भाग्यपूर्ण है। हम यह तर्क भी कर सकते हैं कि मानव का वास्तविक

व्यवहार सिद्धान्त द्वारा अपेक्षित आदर्श से भिन्न हो सकता है। अतः सामाजिक न्याय की दृष्टि से किसी सामाजिक चयन को निदर्शित करने में सामाजिक संस्थाओं और मानवीय व्यवहार के अन्तर्सम्बन्ध भी निर्णायक महत्त्व धारण कर लेते हैं। भारत के प्राचीन विचारकों में भी इस विषय में चला द्वन्द्व बहुत ही स्पष्ट रहा है। एक ओर कौटिल्य के विचार थे तो दूसरी ओर अशोक के। इसी द्वन्द्व की झलक एडम स्मिथ की राजनीतिक दर्शन और न्यायशास्त्र विषयक रचनाओं में भी मिलती है।

(2) अनुबंधात्मक विधि के विकल्प

रॉल्स की विधि अनुबंधात्मक अधिक लगती है। वे प्रश्न उठा रहे हैं : मूल अवस्था में सर्वसम्मति से किस सामाजिक अनुबंध को स्वीकार कर लिया जाएगा? यह अनुबंधात्मक विधि कांट के विचारों के अधिक निकट है।[20] इसका आधुनिक राजनीतिक और नैतिक दर्शन पर बहुत गहरा प्रभाव रहा है—यहाँ भी रॉल्स ही 'नेतृत्व' करते नज़र आ रहे हैं। न्याय के निष्पक्षता सिद्धान्त को रॉल्स ने स्वयं भी उसी परम्परा में निरूपित किया है और कहा है कि वे लॉक, रूसो और कांट के सामाजिक अनुबंध विषयक परम्परागत विचारों को अधिक व्यापक और उच्चतर स्तर पर ले जाने का प्रयास कर रहे हैं।[21]

रॉल्स ने एक सामाजिक अनुबंध की रचना करने वाली तर्कधारा की तुलना किसी व्यापक सिद्धान्त द्वारा निर्दिष्ट समाज के सभी सदस्यों के हितलाभ के योग को अधिकतम करने की विधि से की है।[22] यह तुलना अपने-आपमें बड़ी अच्छी लगती है किन्तु केवल एक तुलना के आधार पर ही रॉल्स ने अन्य उन सभी विश्लेषण धाराओं को अनदेखा कर दिया है जो न तो अनुबंधवादी हैं और न ही उपयोगितावादी। उदाहरण के लिए एडम स्मिथ ने तो एक समदर्शी अवलोकनकर्ता को निष्पक्षता के तकाज़ों का न्यायकर्ता बनाया था। इस प्रतिमान में न किसी सामाजिक अनुबंध पर आग्रह था और न ही उपयोगिताओं के योगफल या किसी अन्य हित-लाभ योग के सूचक को अधिकतम करने का प्रयास निहित था।

समदर्शी अवलोकनकर्ता से ऐसी अनेक सम्भावनाएँ भी उभरकर स्पष्ट हो जाती हैं जो रॉल्स की अनुबंध विधि में भी सहज भाव से सुलभ नहीं हो पातीं। आइए, स्मिथ की इस विधि से उभरकर आने वाली सम्भावनाओं के विभिन्न आयामों पर विचार करें :

(i) यहाँ तुलनात्मक मूल्यांकन है, किसी भावातीत समाधान की पहचान-मात्र नहीं;

(ii) समाज की सम्प्राप्तियों पर ध्यान दिया जाता है, केवल संस्थाओं और नियमों के तकाज़ों पर नहीं;

(iii) सामाजिक मूल्यांकन में अपूर्णता की सम्भावना को स्वीकार किया जाता है—किन्तु साथ ही अन्याय के स्पष्ट मामलों के निराकरण सहित न्याय-निष्ठता में सुधार की महत्त्वपूर्ण सामाजिक समस्या के समाधान के लिए दिशा-निर्देश भी प्रदान किए जाते हैं;

(iv) अनुबन्ध तन्त्र से बाहर रह गए व्यक्तियों की बातों को भी सुना जाता है। उनके हितों का ध्यान रखा जाता है—स्थानीय स्तर पर पक्षपाती व्यवहार से बचा जाता है।

मैंने 'भूमिका' में ही इन समस्याओं पर टिप्पणी करते हुए लिखा था कि किस प्रकार यह अनुबन्धात्मक विश्लेषण विधि और रॉल्स की निष्पक्षतावादी न्याय की अवधारणा को कुंठित कर देती है। इन पर और रचनात्मक विचार की आवश्यकता है।

(3) विश्वस्तरीय परिप्रेक्ष्य की सार्थकता

रॉल्स की सामाजिक अनुबन्ध विषयक दृष्टि उनके सिद्धान्त को एक राष्ट्र-राज्य तक ही सीमित कर देती है। यह उनके मूल अवस्था के विचार का ही परिणाम है। थॉमस पोज़े आदि ने इस विचार को व्यापक विश्व-पटल तक विस्तृत करने का प्रयास किया।[23] किन्तु रॉल्स के विचार का इस प्रकार विस्तार तो एक विश्वस्तरीय सरकार के गठन की जटिल समस्याओं में उलझा देगा और इसी आशंका के कारण थॉमस नगेल जैसे विद्वानों ने 'विश्वस्तरीय न्याय' की सम्भावना को ही नकार दिया है।

किन्तु फिर भी किसी देश की सीमाओं में न्याय का विश्लेषण पूर्व-इंगित दो कारणों से विश्व के घटनाक्रम से अवश्य प्रभावित हो जाता है। एक देश में क्या हो रहा है, उसकी संस्थाएँ किस प्रकार कार्य कर रही हैं आदि के कई बार सारे विश्व पर बहुत गम्भीर प्रभाव हो सकते हैं। विश्व-स्तर पर चल रहे आतंकवाद के संचालन और उसे नियंत्रित करने के नाम पर अमरीका द्वारा ईराक में घुसपैठ आदि राष्ट्र की अपनी सीमाओं से कहीं आगे तक पहुँचने वाले प्रभावों के ही उदाहरण हैं। दूसरे, प्रत्येक समाज या देश में (कुछ न कुछ) आत्मपक्षपाती विचार प्रचलित हो सकते हैं जिनकी, आज के युग में, विश्वस्तरीय समीक्षा आवश्यक हो जाती है। इसके माध्यम से कहीं बृहत्तर स्तर के प्रश्नों और सरोकारों पर विचार सम्भव होगा और अन्य देशों के अनुभवों के आधार पर उन संकुचित विचारों के वास्तविक पूर्वाग्रहों की भी समीक्षा हो पाएगी। वैश्विक सम्वेदनशीलतापूर्ण प्रश्नों के माध्यम से अनेक मुद्दों पर स्थानीय तथ्यों और जीवन-मूल्यों तक सीमित चर्चा की अपेक्षा कहीं अधिक सारपूर्ण विचार सम्भव हो पाएगा। समाज में नारी के असमान स्तर, शारीरिक उत्पीड़न एवं मृत्युदंड आदि अनेक प्रश्न इसी श्रेणी में आते हैं। रॉल्स के विश्लेषण में एक

समाज विशेष की सीमाओं में रहते हुए व्यक्ति के हितों और वरीयताओं में परिवर्तन पर तो खूब विचार हुआ है। (किन्तु वहाँ अछूते रह गए विषयों) निहित स्वार्थों और स्थानीय संकुचित विचारों से निपटने की विधियों पर हम अपने आगामी अध्यायों में विचार करेंगे।

न्याय और न्यायावकाश

मैं इस अध्याय के समापन स्वरूप एक अन्य, अपेक्षाकृत कम महत्त्वपूर्ण प्रश्न पर चर्चा कर रहा हूँ। रॉल्स के सिद्धान्त में निष्पक्षता का विचार तो व्यक्तियों से जुड़ा है जबकि उसके न्याय के नियम संस्थाओं के चयन की बात कर रहे हैं। व्यक्तियों के बीच निष्पक्षता से ही रॉल्स संस्थाओं तक पहुँचते हैं (मुझे इनकी इस विश्लेषण यात्रा की सार्थकता पर कुछ अविश्वास है)। फिर भी एक बात तो समझ ही लेनी चाहिए : रॉल्स के विश्लेषण में निष्पक्षता और न्याय दो अलग-अलग संकल्पनाएँ हैं। रॉल्स ने स्वयं इन दो विचारों के बीच अन्तरों को बहुत ध्यानपूर्वक स्पष्ट किया है। इसी अध्याय में मैं उस पर टिप्पणी भी कर चुका हूँ।

किन्तु प्रश्न उठता है कि रॉल्स के सिद्धान्त—न्याय का निष्पक्षतावादी स्वरूप—के लिए अपरिहार्य निष्पक्षता और न्यायनिष्ठता के बीच यह अन्तर कितना सारभूत है? मुझसे व्यक्तिगत स्तर पर बातचीत में ईसाईया बर्लिन (Isaiah Berlin) ने रॉल्स के सिद्धान्त को लेकर कुछ आपत्तियाँ उठाई थीं और जब मैंने रॉल्स से इनका ज़िक्र किया तो मुझे बहुत ही ज्ञानवर्धक उत्तर मिला था। बर्लिन का आग्रह था कि 'न्याय का निष्पक्षतावादी स्वरूप' कोई बहुत बड़ा सारभूत विचार नहीं हो सकता क्योंकि विश्व की अधिकांश बड़ी भाषाओं में इनके लिए पृथक-पृथक शब्द ही विद्यमान नहीं हैं। उदाहरण के लिए फ्रेंच भाषा में न्याय (justice) शब्द से ही दोनों का काम लिया जाता है (एक के बिना दूसरे विचार की वहाँ कल्पना भी नहीं हो पाती)। रॉल्स का उत्तर था कि किसी भाषा में दो अलग-अलग शब्दों का होना या नहीं होना इतना महत्त्वपूर्ण नहीं है। मुख्य बात तो यह है कि उस भाषा का प्रयोग करने वाले व्यक्ति (आवश्यक) अन्य शब्दों को प्रयोग कर इन दोनों विचारों का अलग-अलग निरूपण कर पाते हैं या नहीं। मुझे भी यह बर्लिन की आपत्तियों का सटीक उत्तर प्रतीत होता है। शब्दों का अपना महत्त्व होता है—किन्तु हमें उन्हीं में उलझकर (उनका कैदी बनकर) नहीं रह जाना चाहिए।

क्वीने (W.V.O Quine) ने मेरे एक लेख पर टिप्पणी करते हुए 'न्याय' (justice) शब्द पर एक बड़ी रोचक बात उठाई थी :

मैं justice शब्द पर विचार करते-करते solstice पर भी सोचने लगा। निश्चय ही दूसरे शब्द की व्युत्पत्ति में सौर (solar) स्तब्धता (standstill) अर्थात् sol + still—(stat से निर्गत) की युति स्पष्ट होती है। तो क्या शब्द justitium किसी कानूनी स्तब्धता का द्योतक रहा होगा? मैंने मिल्लेट (Meillet) देखा तो पाया कि वस्तुतः यही बात थी! विचित्र है न! इसका अर्थ है न्यायालय में अवकाश (छुट्टियाँ) और आगे खोज-बीन कर मैंने पाया कि justitia का justitium से कोई नाता नहीं है। justitia है just + itia अर्थात् न्यायपूर्णता जो होना भी चाहिए और justitium है jus + stitium.

क्वीने का यह पत्र पाने के बाद तो मुझे लोकतन्त्र की अपनी थाती को लेकर चिन्ता ने घेर लिया और इसी मनोदशा में मैं लोकतान्त्रिक शासन व्यवस्था के उस प्रतिष्ठित दस्तावेज़ *मैग्ना कार्टा* के पन्ने पलटने लगा। वहाँ यह पढ़कर मुझे आश्वस्ति भी मिली और हर्ष भी हुआ : "हम किसी का अधिकार या न्याय न बेचेंगे, न उसे इनसे वंचित रखेंगे और न ही ये प्रदान करने में विलम्ब करेंगे।" यह बहुत ही गौरव की बात है कि अधिनायकवाद के विरुद्ध उस आन्दोलन के नेताओं को न केवल यह ज्ञान था कि वे क्या करने जा रहे थे, बल्कि उन्हें यह भी पता था कि उन्हें उन कामों के लिए किन शब्दों का प्रयोग करना था। वैसे विश्व-भर के न्यायाधीशों को यह जानकर धक्का ही पहुँचेगा कि *मैग्ना कार्टा* (Magna Carta) में न्यायालयीय अवकाश का कोई प्रावधान नहीं है।

जॉन रॉल्स के निष्पक्षता और न्याय के विचारों में योगदान की प्रशंसा होनी ही चाहिए, किन्तु (जैसा कि मैंने इंगित किया है) उनके न्याय-सिद्धान्त में कई और विचार भी निहित हैं और उनकी समीक्षा तथा परिमार्जन की आवश्यकता है। निष्पक्षता, संस्थाओं और व्यवहार के उनके विश्लेषण ने हमारे न्यायबोध को बहुत समृद्ध किया है और वह आज भी न्याय सिद्धान्तों के विकास में बहुत रचनात्मक योगदान दे रहा है। किन्तु हम न्याय के प्रति रॉल्स की चिन्तनधारा को एक 'बौद्धिक स्तब्धता' का स्वरूप भी नहीं दे सकते। उनके विचारों से हम अपने चिन्तन को समृद्ध बनाते हुए आगे बढ़ना चाहेंगे (किसी 'अवकाश' पर जाना नहीं चाहेंगे)। हमें 'न्याय' की आवश्यकता है 'न्यायावकाश' की नहीं।

3

संस्थाएँ और व्यक्ति

विट्टजेन्स्टीन (Wittgenstein) द्वारा 'श्रेष्ठता' और 'कुशाग्रता' के बीच सुझाया गया सम्बन्ध इतना नवीनता भरा नहीं है। अनेक विद्वान बहुत समय से इस सम्बन्ध का विश्लेषण करते आए हैं—भले ही उन्होंने विट्टजेन्स्टीन की भाँति दो-टूक टिप्पणी नहीं की हो। उदाहरण के लिए भारत के सम्राट अशोक ने (जिन्होंने देश-विदेश में अनेक शिलाखंडों और स्तम्भों पर अच्छे और न्यायसंगत व्यवहार पर अपने विचार अंकित करवाए थे) भी एक प्रसिद्ध लेख में इस सम्बन्ध की चर्चा की है।

अशोक ने असहिष्णुता का विरोध और सौहार्द का पक्ष लेते हुए कहा है : यदि किसी समाज के एक समूह या मतानुयायियों का अन्यों से विरोध भाव हो तो भी, प्रत्येक दशा में उन (विरोधी) वर्गों का भी पूर्ण सम्मान किया जाना चाहिए। इसका कारण तो कदाचित् मीमांसाशास्त्रीय ही बताया गया है कि अन्य लोगों के मत भी किसी न किसी कारण से सम्माननीय होते हैं। यही नहीं, उन्होंने यह भी कहा है कि जो व्यक्ति अपने मत के प्रति श्रद्धा के वशीभूत होकर अन्य मतों का अपमान करता है वह अपने इस व्यवहार द्वारा *अपने ही मत को गम्भीरतम ठेस पहुँचाता है*।[1] अशोक स्पष्टतः यही कह रहे थे कि अन्य लोगों के मत और धर्म के प्रति असहिष्णुता आपकी परम्पराओं के प्रति विश्वास जागृत नहीं करा सकती। दूसरे शब्दों में यही कहा जा सकता है कि कुशाग्रता का ऐसा अभाव जो अपने ही मत का संवर्धन करने के नाम पर उस पर कुठाराघात कर रहा हो, नितान्त मूर्खतापूर्ण ही होगा। ऐसे व्यवहार को न कुशाग्रतापूर्ण कह पाएँगे और न ही श्रेष्ठ।

अशोक के सामाजिक न्याय सम्बन्धी विचार केवल उनके इस दृढ़ विश्वास पर आधारित नहीं थे कि जनसामान्य के क्षेम और स्वातन्त्र्य के संवर्धन में राज्य एवं समाज के सदस्यों की महत्त्वपूर्ण भूमिका रहती है—उनका यह भी मानना था कि इस प्रकार की सामाजिक समृद्धि नागरिकों के स्वेच्छया सद्व्यवहार द्वारा सम्भव है—और इसमें किसी प्रकार उन्हें विवश करने की आवश्यकता नहीं होती। अशोक ने अपने जीवन का बहुत बड़ा अंश लोगों को परस्पर सहज सद्व्यवहार की शिक्षा देने में व्यतीत किया था और उनके देश-भर में फैले शिलालेख इसी का प्रमाण हैं।

अशोक के विपरीत उनके दादा के प्रमुख सलाहकार कौटिल्य का आग्रह उपयुक्त संस्थाओं के निर्माण पर ही रहा। आपको ज्ञात ही होगा कि कौटिल्य या चाणक्य मौर्यवंश के संस्थापक चन्द्रगुप्त के प्रमुख सलाहकार थे और उनकी बहुचर्चित पुस्तक 'अर्थशास्त्र' को राज-अर्थनीति की एक श्रेष्ठ 'संहिता' माना जाता है। इस पुस्तक में उन्होंने राजनीतिक एवं आर्थिक पटलों पर सफलता की कुंजी के रूप में संस्थाओं की भूमिका का निरूपण किया है। उनके विचार में सद्व्यवहार सुनिश्चित करने के लिए अनेक प्रकार की बाधाओं और अनिवार्यताओं का प्रयोग अपरिहार्य था। यह दृष्टिकोण निश्चय ही संस्था-आधारित न्याय संवर्धन का विचार था। इसमें व्यक्तियों की स्वेच्छया सद्व्यवहार की क्षमता के लिए कोई स्थान नहीं था—वे केवल किसी प्रेरणा या भय के कारण ही उचित व्यवहार करने को विवश हो सकते थे और उस कार्य के लिए सोच-विचारकर एक उपयुक्त संरचना गढ़ना आवश्यक था। आज भी अनेक अर्थशास्त्री मानव को इसी प्रकार सदाशयहीन मानते हैं—अशोक का मत इनके एकदम विपरीत था—वे मानते थे कि सोच-विचारकर व्यक्ति निश्चय ही बेहतर व्यवहार कर सकते हैं—दुर्व्यवहार तो केवल कुविचारों का ही दुःखद परिणाम होता है।

व्यवहार-विषयक सुधारों की निष्पादन क्षमता को लेकर अशोक निश्चय ही अतिआशावादिता से ग्रस्त थे। उनके जीवन का आरम्भ तो एक क्रूर एवं बर्बरतापूर्ण व्यवहार करने वाले शासक के रूप में हुआ था—किन्तु एक अविजित रह गए क्षेत्र (कलिंग) को जीतने के लिए उनके अपने युद्ध की भीषणता ने ही उनके नैतिक एवं राजनीतिक चिन्तन को परिवर्तित कर डाला। उनकी वरीयताएँ बदल गईं और वे गौतम बुद्ध की अहिंसावादी शिक्षाओं का अनुसरण करने लगे। धीरे-धीरे उन्होंने अपनी सेनाएँ भी भंग कर दीं और दासों तथा बंधुओं मज़दूरों की विमुक्ति आदि के कार्यों द्वारा वे एक क्रूर शासक से नीति उपदेशक का रूप धारण कर गए।[2] दुर्भाग्यवश उनके निधन के कुछ ही समय बाद उनका विशाल साम्राज्य छोटे-छोटे टुकड़ों में बंट कर रह गया—सम्भवतः उनके प्रति 'सम्मान' के कारण उनके जीवन काल में यह विघटन नहीं हो पाया था। या फिर यह भी सत्य ही है कि उन्होंने कौटिल्य द्वारा रचित संस्थागत संरचना की अनुशासनबद्ध शासन प्रणाली को तिलांजलि नहीं थी। इसी कारण उनका राज्य बचा रह सका था।[3]

अशोक तो सद्-व्यवहार की सीमाओं को लेकर अतिआशावाद से ग्रस्त थे—किन्तु क्या कौटिल्य का सामाजिक नैतिकता के प्रति इतना गहन अविश्वास उचित माना जा सकता है? यही लगता है कि उन दोनों के दृष्टिकोणों में कुछ त्रुटियाँ थीं—फिर भी समाज में न्याय के संवर्धन के लिए उपयुक्त विधियों पर विचार करते समय दोनों के विचारों पर ध्यान देना आवश्यक होगा।

संस्थाओं के चयन का सापेक्ष स्वरूप

केवल सुदूर अतीत (कौटिल्य और अशोक) के प्रशासन-सम्बन्धी विचारों के मूल्यांकन ही नहीं बल्कि आज के आर्थिक और राजनीतिक परिवेश में सामाजिक न्याय के संवर्धन में उपादेयता के आधार पर भी संस्थाओं और वैयक्तिक व्यवहार-शैलियों के बीच परस्पर निर्भरता पर विचार करना उपयोगी रहेगा। यहीं जॉन रॉल्स की न्याय की निष्पक्षतावादी संकल्पना के विषय में एक प्रश्न उठता है : यह तो सभी जानते हैं कि विभिन्न समाजों की व्यवहार शैलियों में बहुत अन्तर होते हैं। तो फिर रॉल्स, जिसे उन्होंने संवैधानिक सोपान (constitutional phase) का नाम दिया है, में भी उन सभी समाजों में संस्थाओं की रचना के लिए एक समान न्याय के नियमों का प्रयोग किस प्रकार कर पाएँगे?

यहाँ इस बात पर भी ध्यान देना होगा कि रॉल्स ने संस्थाओं की किसी विशेष रचना के नियम नहीं गढ़े हैं—वे तो उन नियमों की बात कर रहे हैं जिनका अनुसरण कर वास्तविक संस्थाओं का चयन किया जा सके। इस चयन में आवश्यकता के अनुसार समाज के व्यवहार मानकों को स्थान दिया जा सकता है। उदाहरण के लिए रॉल्स के द्वितीय नियम पर ही गौर करें :

> सामाजिक और आर्थिक विषमताएँ दो आधारों पर स्वीकार्य हो सकती हैं : एक, वे उन पदों, पदाधिकारों से जुड़ी हो जिन्हें पा सकने के अवसर समान रूप से सर्वसुलभ हों; और दूसरे, उनके (विषमताओं के) द्वारा समाज के सर्वाधिक अभावग्रस्त सदस्यों का अधिकतम हित साधन हो रहा हो।[4]

भले ही शुरू में विभेदहीन संस्थावादी दृष्टिकोण ही दिखाई पड़ रहा हो किन्तु इस नियम में समान रूप से सर्वसुलभ अवसरों की बात तो उपयुक्त संस्थाओं के चयन में व्यवहार के पक्ष का महत्त्व भी स्वीकार कर रही हैं। इस व्यवहार में अनेक बातें सम्मिलित हो सकती हैं—जैसे कि प्रभावी व्यवहार की विशेषताओं को ध्यान में रखते हुए चयन की कौन-सी कसौटियाँ उचित रहेंगी? आदि।

जब हम संस्थाओं के चयन-सम्बन्धी इस नियम के दूसरे भाग—'अन्तर के नियम' पर ध्यान देते हैं तो यह बात एकदम स्पष्ट हो जाती है कि विभिन्न सम्भावित संस्थागत संरचनाओं का समाज के व्यवहार के मानकों से कैसा सम्बन्ध और लेन-देन होगा। वास्तव में अन्तर के नियम में प्रयुक्त भाषा भी यह स्पष्ट कर रही है कि समाज में वास्तविक घटनाक्रम क्या होगा (क्या विषमताएँ सर्वाधिक अभावग्रस्तों का अधिकतम हितसाधन करेंगी?)। इस प्रकार रॉल्स को व्यवहार में अन्तर को अपने विश्लेषण में समाहित करने में बहुत सुविधा मिल जाती है।

अनुबंधात्मक तर्क द्वारा व्यवहार-परिबन्धन

व्यवहार और संस्था-चयन के सम्बन्ध की चर्चा से एक दूसरा प्रश्न भी जुड़ा है। इसका रॉल्स की इस पूर्वधारणा से सम्बन्ध है कि सामाजिक अनुबन्ध (की रचना) के बाद सभी व्यक्ति स्वहित के अनुगमन की संकीर्णता का त्याग कर उसी व्यवहार के नियमों का अनुसरण आरम्भ कर देंगे जो उस अनुबंध को सफल बनाने के लिए उपयुक्त हो। रॉल्स ने इसी को 'उचित' व्यवहार माना है। यही संस्था चयन के नियमों पर सर्वसम्मति के बाद एकमात्र उपयुक्त मार्ग बचता है।[5]

अनुबन्ध उपरान्त व्यवहार की प्रकृति को लेकर रॉल्स की मान्यताएँ बहुत ही कष्टसाध्य लगती हैं। ज़रा गौर कीजिए :

उचित (व्यवहार वाले) व्यक्ति-अपने ही हितों की दृष्टि से ऐसे सामाजिक परिवेश की कामना करेंगे जिसमें वे स्वतन्त्रतापूर्वक एवं समान रूप में अन्य लोगों के साथ उन शर्तों पर सहयोग कर सकें जो सभी को स्वीकार्य हों। वे आग्रह करेंगे कि समग्र परिवेश में परस्पर निर्भरता इस प्रकार (व्याप्त) हो कि प्रत्येक व्यक्ति अन्य सभी के साथ (मिलकर) लाभान्वित होता रहे। दूसरी ओर यदि वे व्यक्ति सहयोग की न्यायोचित शर्तों के निर्धारक नियमों/मानकों के प्रस्तावों का सम्मान किए बिना ही सहयोगकारी योजनाओं में सम्मिलित होने का ढोंग करते हैं तो उनके व्यवहार को औचित्यहीन माना जाएगा। इस दशा में वे जब मौका मिले, स्वहित पोषण के लिए उस सामाजिक सहमति की किसी भी शर्त का उल्लंघन करने को तैयार रहते हैं।[6]

रॉल्स ने हमें साफ-साफ बता दिया है कि संस्थाओं की रचना के बाद किस प्रकार के व्यवहार को उचित माना जाएगा। अनुबन्ध पश्चात् विश्व में उस अनुबन्ध के अनुरूप व्यवहार ही उचित होगा। अतः इससे संस्थाओं का चयन भी बहुत आसान हो जाता है।

फिर तो रॉल्स पर उसके सिद्धान्त में किसी असंगति या अपूर्णता को लेकर कोई आरोप नहीं लग पाएगा। फिर भी यह प्रश्न तो हमारे समक्ष खड़ा ही है। यह संगतिपूर्ण और सामंजस्यपूर्ण राजनीतिक प्रतिमान रॉल्स के कल्पित विश्व नहीं बल्कि हमारे वास्तविक संसार में न्याय का निर्णय करने के लिए किस प्रकार मार्गदर्शन कर पाएगा? यदि आपका इरादा यही जानने का है कि पूर्णतः न्यायनिष्ठ सामाजिक व्यवस्था की रचना कैसे करें और उचित व्यवहार को साथ मिलाकर पूर्णतः न्यायनिष्ठ स ाज की रचना कैसे करें तो रॉल्स के ये आग्रह सही समझ में आ जाते हैं। किन्तु जी. ए. कोहेन ने रॉल्स के सिद्धान्त की 'पर्याप्तता' को लेकर कुछ शंकाएँ उठाई हैं। उनका कहना कि यदि सम्प्रेरणाओं के आधार पर विषमता को स्वीकार करेंगे तो रॉल्स का सिद्धान्त सम्पूर्ण न्याय का सिद्धान्त बन पाने में नितान्त असमर्थ सिद्ध

होगा—क्योंकि फिर तो व्यक्तियों को वे कार्य करने को भी सम्प्रेरणा (घूस) की आवश्यकता होगी जिन्हें करना उनका सहज कर्तव्य है। निश्चय ही इससे रॉल्स के न्याय सिद्धान्त के सारभूत सत्त्व पर ही आघात पहुँचेगा (रॉल्स ने अनुबन्ध पश्चात् वैयक्तिक व्यवहार पर तो कठिन शर्तें लगाई हैं किन्तु सम्प्रेरणाओं को अनुबन्ध में ही समाहित कर उनके अभाव में आदर्श व्यवहार की आवश्यकता से मुक्ति पाने का प्रयास भी किया है)। इसी से भावातीत चिन्तन और सामाजिक न्याय के तुलनात्मक निर्णय के बीच का अन्तर और अधिक विस्तीर्ण एवं समस्यापूर्ण हो जाता है।

रॉल्स की अनुबंध पश्चात् उचित व्यवहार की पूर्वधारणाओं और अशोक की उचित व्यवहार (धर्म) प्रेरित समाज सम्बन्धित जीवन दृष्टि में बहुत कुछ समानता दिखाई देती है। अन्तर इतना ही है कि संस्थाओं और व्यवहार की दोहरी भूमिका के कारण रॉल्स उस विश्व में, जिसकी वे रचना करना चाहते हैं, में क्या कैसे होना चाहिए के बारे में भी अधिक स्पष्ट चित्रण करते दिखाई दे रहे हैं। उनकी संस्था और व्यवहार विषयक भावातीत दृष्टि बहुत ही सशक्त एवं स्पष्ट है :

अतः बहुत ही संक्षेप में : (*i*) अच्छे की संकल्पना को धारण करने की क्षमता के साथ-साथ व्यक्तियों में न्याय एवं निष्पक्षता की संकल्पनाएँ प्राप्त करने की क्षमता और इन संकल्पनाओं के अनुरूप व्यवहार करने की इच्छा भी विद्यमान है; (*ii*) जब उन्हें विश्वास हो जाए कि सामाजिक संस्थाएँ और व्यवहार न्यायनिष्ठ या निष्पक्ष हैं तो वे भी इन व्यवस्थाओं में अपनी भूमिका निभाने को तैयार हो जाते हैं—यदि उन्हें अन्य लोगों द्वारा भी अपनी-अपनी भूमिका निभाने का आश्वासन मिल जाए; (*iii*) यदि अन्य लोगों की न्यायपूर्ण निष्पक्ष व्यवस्था में अपना-अपना योगदान देने की इच्छा स्पष्ट हो जाए तो नागरिकों को उन पर विश्वास और भरोसा हो जाता है; (*iv*) दीर्घकाल तक उस सहयोग तन्त्र के सफल संचालन से यह विश्वास और भरोसा अधिक दृढ़ और सम्पूर्ण हो जाता है; और (*v*) यही बात हमारे मूलभूत हितों के संरक्षण के लिए बनाई गई संस्थाओं के विषय में भी लागू हो जाती है जब अधिक दृढ़तापूर्वक और सहज भाव से उनके इस स्वरूप को स्वीकार कर लेने पर यही बात हमारे मूलभूत हितों (मौलिक अधिकारों एवं स्वातन्त्र्यों) का संरक्षण करने के लिए बनाई गई संस्थाओं पर भी लागू होती है।[7]

यह जीवन-दृष्टि अत्यन्त ही ज्ञानवर्धक और प्रेरणास्पद है। यदि हम विश्व में व्याप्त अन्याय से चिन्तित हैं और यह जानते हैं कि संस्थागत रचना और व्यवहार की त्रुटियाँ विद्यमान हैं तो फिर हमें यह भी सोचना पड़ेगा कि अब संस्थाओं की रचना किस प्रकार की जाए और स्वातन्त्र्यों-स्वतन्त्रताओं के सम्वर्धन द्वारा न्याय के स्तर का उन्नयन कर आज विद्यमान (किन्तु कल नहीं होने वाले) व्यक्तियों का क्षेम-साधन किस प्रकार किया जाए। यही वह सन्दर्भ है जहाँ व्यवहार के मानकों और नियमों के विषय में वास्तविकता आधारित सूझ को अपनाना संस्थाओं के चयन

और न्याय-संवर्धन के लिए महत्त्वपूर्ण बन जाता है। अव्यावहारिक अपेक्षाएँ करना न्याय का संवर्धन नहीं कर पाता। न्याय और अन्याय के विषय में हमारे चिन्तन में इस मौलिक अनुभूति को स्थान मिलना ही चाहिए। इस पुस्तक के शेष अंश में मेरा यही प्रयास रहेगा।

शक्ति (सत्ता) और उसके प्रतितोलक की आवश्यकता

आइए, अब जॉन कैनेथ गालब्रेथ (John Kenneth Galbraith) के उन संस्थाओं विषयक विचारों पर गौर करें जिनकी समाज को आवश्यकता हो सकती है। गालब्रेथ निर्बन्ध शक्ति के अहितकारी प्रभावों के विषय में बहुत सचेत थे। उनका मत था कि संस्थाओं में सन्तुलन समाज के लिए बहुत महत्त्वपूर्ण होता है और दूसरे, शक्ति में भ्रष्ट करने की बहुत क्षमता होती है। इसीलिए उन्होंने अलग-अलग रूप से ऐसी सामाजिक संस्थाओं की रचना के महत्त्व का प्रतिपादन किया था जो परस्पर प्रतितोलक शक्तियों (countervailing powers) का कार्य कर सकें। उन्होंने इस विचार का प्रतिपादन करते हुए यह भी स्पष्ट किया है कि किस प्रकार अमरीकी समाज की सफलता गहन रूप से अनेक ऐसी संस्थाओं द्वारा अपनी-अपनी शक्तियों के प्रयोग पर आधारित है जो अन्य किसी भी संस्था की प्रबलता को बढ़ावा देने पर प्रभावी रोक लगा देती हैं।[8]

पिछले कुछ वर्षों से अमरीकी व्यवस्था में हो रही अनेक गड़बड़ियों की समीक्षा गालब्रेथ के इस विश्लेषण द्वारा सम्भव है। इन गड़बड़ियों का मुख्य कारण यही है कि कार्यपालिका ने ऐसी अनेक शक्तियों का निर्बन्ध प्रयोग करने का प्रयास किया है जो अमरीकी संविधान ने इसे प्रदान ही नहीं की थीं। इससे भी कहीं अधिक स्पष्ट रूप से तो गालब्रेथ हमें यह बता रहे हैं कि एकदलीय शासन-व्यवस्था में (जहाँ पूर्ववर्ती सोवियत संघ की भाँति सारी शक्तियाँ किसी केन्द्रीय नियन्त्रण के अन्तर्गत आ जाती हैं) क्या गड़बड़ हो सकती है। अक्तूबर क्रान्ति ने न्यायविषयक आशाओं का एक तूफान-सा खड़ा कर दिया था किन्तु सोवियत संघ अन्ततः राजनीतिक एवं आर्थिक स्तर पर घोर विफलताओं का पुंज बनकर रह गया (इनमें शुद्धि अथवा निष्कासन, अभियोग चलाने के नाटक, गुलाग द्वीप-समूह, और नौकरशाही की गिरफ्त में फँसे निष्पादन शून्य अर्थ एवं सामाजिक तन्त्र प्रमुख हैं)। इन विफलताओं का मूल स्रोत, आंशिक रूप से अवश्य, सोवियत संस्थागत संरचना में प्रतितोलक शक्तियों का अभाव रहा है। यह प्रश्न अन्ततः लोकतन्त्र के अभाव का है और हम इस पर अध्याय-15 में आगे विचार करेंगे। जनवाणी और जनशक्ति के बहुलतापूर्ण स्रोतों से भरे समाज में लोकतान्त्रिक व्यवहार का प्रतितोलक शक्ति के अस्तित्व और प्रयोग से गहरा नाता होता है।

संस्थाएँ आधार होती हैं

न्याय के सिद्धान्तों को संस्थाओं की भूमिका के महत्त्व को स्वीकार करना ही पड़ता है क्योंकि इनका चयन ही न्याय के किसी भी स्वीकार्य निरूपण का केन्द्र-बिन्दु बन जाता है। किन्तु हम पहले भी चर्चा कर चुके हैं कि हम ऐसी संस्थाओं की तलाश कर रहे हैं जो न्याय को बढ़ावा देती हों, हम संस्थाओं के अस्तित्व को ही न्याय का प्रतिरूप नहीं मान रहे, क्योंकि यह मान लेना संस्थावादी अतिवाद होगा। कई बार नीति के व्यवस्थाकेन्द्रित स्वरूप की व्याख्या इस प्रकार कर ली जाती है कि उपयुक्त संस्थाओं का विद्यमान होना ही न्याय के सभी तकाज़ों को पूरा कर देता है। फिर भी न्याय के अधिक व्यापक सन्दर्भ में उस संस्थागत आधार से समाज को वास्तव में सुलभ सम्प्राप्तियों के मूल्यांकन की आवश्यकता बनी रहती है। हम उन संस्थाओं की उपस्थिति को भी संप्राप्तियों में गिन सकते हैं। किन्तु यह पर्याप्त नहीं होगा क्योंकि यहाँ व्यक्तियों के जीवन का सवाल भी विद्यमान है। जस्टिस स्टीफन ब्रेयर ने लोकतान्त्रिक संविधान की व्याख्या के सन्दर्भ में 'उद्देश्य और परिणाम' की समीक्षा करते हुए बहुत ही सशक्त रूप से इन लोकतान्त्रिक उद्देश्यों की निष्ठा का मापदंड परिणामों को ही माना है।*

उचित मान ली गई संस्थागत रचना के साथ न्याय की सम्प्राप्ति को समीकृत करने की सामाजिक-आर्थिक विश्लेषण परम्परा दीर्घकाल से चली आ रही है। संस्थाओं पर ही निर्भर करने के अनेक उदाहरण हैं और समाज की संरचना को बदलने के लिए सुझावों के पक्ष में उतने ही जोर-शोर से तर्क दिए जाते रहे हैं। कहीं स्वतन्त्र रूप से कार्य कर रहे बाज़ारों तथा निर्बन्ध व्यापार के गुण गाए जाते हैं तो कहीं संसाधनों के सामाजिक स्वामित्व के *शंग्री-ला* और केन्द्रीय नियोजन की जादू-भरी दक्षता का गुणगान होता है। किन्तु अब तो हमारे पास इस बात के पर्याप्त प्रमाण एकत्र हो चुके हैं कि इन प्रतिमानों के पक्षधर चाहे जो कुछ कहते रहे हों, ये सभी प्रतिमान वे सब कुछ तो नहीं कर पाये जिनके स्वप्न दिखाए गए थे। इनकी अच्छी सामाजिक सम्प्राप्तियाँ सुनिश्चित कर पाने की क्षमता तो पूरी तरह से देश की सामाजिक, आर्थिक, राजनीतिक और सांस्कृतिक वास्तविकताओं पर निर्भर रहती है।[9] संस्थावादी अतिवाद न केवल समाज की जटिलताओं को पददलित करने का प्रयास करता है बल्कि इसके मिथ्याभिमान से सृजित आत्मतुष्टि की भावना उन संस्थाओं की रचना के वास्तविक परिणामों की समीक्षा करने में भी बाधक हो जाती है। पूर्णतः संस्थावादी परिप्रेक्ष्य में न्यायनिष्ठ संस्थाओं की रचना के अतिरिक्त न्याय की कोई और चर्चा नहीं हो पाती। फिर भी, संस्थाएँ कितनी ही सदाशयपूर्ण हों उन्हें अपने-आपमें

---

* इण्टरप्रेटिंग अवर डेमोक्रेटिक कांस्टीट्यूशन (न्यूयार्क : केएनओएफ, 2005), पृष्ठ 115

सदाशय की प्रतिमूर्ति मान लेना कठिन लगता है—उस सदाशयपूर्णता की कसौटी तो किन्हीं सहज स्वीकार्य या शानदार सामाजिक उपलब्धियों की संप्राप्ति ही होगी।

ये सब बातें सहज समझ आने योग्य हैं। फिर भी राजनीतिक दर्शन में भी चुनी गई संस्थाओं की प्रकृति की वकालत से प्रायः संस्थात्मक अतिवाद की झलक आने लगती है। उदाहरण के लिए डेविड गॉथियर (David Gauthier) की प्रसिद्ध रचना *मोराल्स बाई एग्रीमेंट* की ही बात लें। उनका आग्रह है कि जब सभी दलों के बीच संस्थागत व्यवस्था पर सहमति हो जाती है तो बस सामाजिक न्याय भी सुनिश्चित हो जाता है। संस्थाओं को इतना उच्च स्थान प्रदान कर दिया जाता है कि वे उनके अपने दुष्परिणामों से भी सदैव अप्रभावित रहते हैं। गॉथियर भी दक्षतापूर्ण व्यवस्था की रचना करने के लिए बाज़ार-व्यवस्था पर ही आस लगाए बैठे हैं। उनका विचार है कि सभी सहमति के इच्छुक पक्ष इसी पर ध्यान लगाए रहते हैं और एक बार सही संस्थाएँ बन जाने पर हम सभी उन संस्थाओं के सुरक्षित हाथों में होंगे। गॉथियर ने बहुत रोचक तरीके से यह भी समझाया है कि सही संस्थाएँ बनने के बाद सभी पक्ष नैतिकता की चिन्ता के बन्धनों से भी मुक्त हो जाते हैं। शायद इसीलिए उन्होंने अपनी पुस्तक के इस उल्लिखित अध्याय को नाम दिया है : *द मार्किट : फ्रीडम फ्रॉम मोरिलिटी*।[10]

डेविड गॉथियर की तरह सामाजिक न्याय के मूल्यांकन में संस्थाओं को आधारभूत भूमिका तो सभी ने नहीं दी फिर भी अनेक दार्शनिकों के विचारों में ऐसा ही रुझान झलकता है। किसी काल्पनिक न्यायनिष्ठ अनुबंध द्वारा तर्क अनुसार चुनी गई संस्थाओं की अनुल्लंघनीयता (inviolability) की मान्यता में बहुत आकर्षण प्रतीत होता है। (उन संस्थाओं की उपलब्धियाँ चाहे कुछ भी हों)। हमारा मुख्य प्रश्न यही है कि क्या हम केवल संस्थाओं के चयन से सन्तुष्ट होकर रह जाएँगे और बाद में चाहे जो कुछ परिणाम भुगतने पड़ें उन संस्थाओं तथा उनके आधार अनुबन्धों पर कोई प्रश्न नहीं उठाएँगे?

कुछ ऐसे भी सिद्धान्त हैं जो गॉथियर जैसा अतिवादी दृष्टिकोण तो नहीं अपनाते, किन्तु फिर भी परिणामों और उपलब्धियों के स्वरूप से अधिक वरीयता चुनी गई संस्थाओं को ही प्रदान करते हैं। उदाहरण : न्याय के आधार पर सम्पदा, स्वतन्त्र विनिमय और हस्तांतरण एवं उत्तराधिकार के स्वातन्त्र्यों सहित वैयक्तिक स्वातन्त्र्य का पक्षपोषण करते हुए रॉबर्ट नाज़िक अपनी न्यायनिष्ठ समाज की संकल्पना में इन अधिकारों को सुनिश्चित करने वाली कानूनी और आर्थिक संरचनाओं को आवश्यक मान लेते हैं।[11] यही नहीं, परिणामों के आधार पर वह किसी प्रकार की समीक्षा को स्वीकार नहीं करना चाहते—सभी कुछ उन संस्थाओं के भरोसे छोड़ देना चाहते हैं। औपचारिक दृष्टि से संस्थाओं को उपयोगी मानने और उन्हें अपने-आप में मूल्यवान

मानने में अन्तर है। किन्तु यह अन्तर औपचारिक ही रह जाता है और नॉज़िक का सिद्धान्त भी निश्चित रूप से संस्थात्मक अतिवादी मार्ग का ही अनुसरण करता दिखाई देता है।

किन्तु यदि नॉज़िक द्वारा अनुशंसित स्वातन्त्र्याधिकारों का अतिक्रमण किए बिना ही न्यायनिष्ठ समझी जा रही संस्थाएँ मिलकर समाज के सदस्यों का जीवन दूभर कर दें तो फिर क्या होगा? नॉज़िक को ऐसी दुर्सम्भावना की आशंका थी। किन्तु इस प्रकार के गम्भीर नैतिक संकट (catastrophic moral horror) को उन्होंने अपनी प्रस्तावित व्यवस्था का एक अपवाद माना था और आशा व्यक्त की थी कि ऐसा कभी नहीं होगा। ऐसी दुष्पराकाष्ठा की स्थिति में (कतिपय) संस्थाओं पर आग्रह को छोड़ा जा सकता है। किन्तु फिर उनके सिद्धान्त में निहित मूलभूत वरीयता का क्या होगा? उसमें संस्थाओं और नियमों के सर्वोपरि स्थान का क्या होगा? यदि गम्भीर नैतिक-संकट की दशा में तथाकथित न्यायनिष्ठ संस्थाओं पर निर्भरता का त्याग हो सकता है तो उतने गम्भीर नहीं किन्तु फिर भी बहुत विनाशकारी संकट क्या उन वरीयताओं पर पुनः विचार का आधार नहीं बन सकते?

मुख्य बात तो यही है कि विश्व के घटनाक्रम के प्रति निरन्तर सम्वेदनशीलता के अभाव से बहुत अविश्वसनीय-सी बातें हो जाती हैं—संस्थाएँ चाहे जितनी भी उत्कृष्ट रही हों। भले ही रॉल्स ने उन सामाजिक संरचनाओं के आधार पर संस्थाओं के विषय में चर्चा करने का आग्रह किया है जो उन संस्थाओं के कारण अस्तित्व में आती हैं किन्तु फिर भी न्याय के नियमों की व्याख्या को केवल उन संस्थाओं पर आधारित छोड़ देने के कारण वे भी न्याय के संस्थावादी दृष्टिकोण के ही समर्थक सिद्ध होते हैं। यही दशा उन अनेक सिद्धान्तकारों की है जो अन्ततः अपनी प्रस्तावित संस्थाओं और उनकी अपेक्षित कार्यपद्धति तक सीमित रह गए हैं।

यहीं पर हम उन सबसे अलग रास्ता अपना रहे हैं। इस संस्थावादी दृष्टिकोण के विपरीत न्याय और सामाजिक चयन के ऐसे सिद्धान्त भी हैं जो उनके परिणाम-स्वरूप विकसित सामाजिक रचनाओं पर विचार कर यह समीक्षा करते हैं कि क्या ये व्यवस्थाएँ न्यायनिष्ठ मानी जा सकती हैं। ऐसा ही एक दृष्टिकोण उपयोगितावाद है (वैसे इसका सामाजिक रचना का मूल्यांकन सृजित उपयोगिता तक ही सीमित रह जाता है), फिर भी, ऐसा ही कुछ न्याय और मूल्यांकन के सामाजिक चयन के सिद्धान्त में भी होता है। कॉंडोर्से तथा ऐडम स्मिथ की आदर्शमूलक विश्लेषण विधियों की केन्नेथ ऐरो की व्याख्या में यही कुछ स्पष्ट होता है)। वस्तुस्थिति या अन्तिम अवस्था (नॉज़िक) के मूल्यांकन में उपयोगिता का सहारा लेना और प्रक्रियाओं के विशाल महत्त्व को अनदेखा कर देना आवश्यक नहीं है। वास्तव में यह जानने के लिए कि क्या हम जो कुछ कर रहे हैं वह सही है, या इससे बेहतर कुछ किया जा

सकता है—हमें रचनाओं और घटनाओं पर एक समग्र दृष्टि से विचार करना होगा।

न्याय के व्यापक परिप्रेक्ष्य में निर्णय करने का अधिकार सामाजिक संस्थाओं और नियमों के सुपुर्द कर सन्तोष नहीं किया जा सकता—भले ही वे संस्थाएँ और नियम कितने ही ठीक लग रहे हों किन्तु गॉथियर की भाँति और आगे सामाजिक समीक्षा की आवश्यकता को नकारा नहीं जा सकता। काम कैसे चल रहा है और उसे कैसे सुधारा जा सकता है—ये बातें तो न्याय की अन्वेषणा में चिरस्थायी एवं सदैव अपरिहार्य होंगी।

4

जनवाणी और सामाजिक चयन

ईसा पूर्व 325 के आसपास सिकन्दर भारत के उत्तर-पश्चिम क्षेत्रों में एक-एक कर स्थानीय राजाओं को पराजित कर रहा था—किन्तु भारत के अधिकांश भू-भाग के शासक, पाटलिपुत्र से राज्य कर रहे नन्द वंश के विरुद्ध शस्त्र उठाने का साहस वह अपने सैनिकों में नहीं भर पाया। किन्तु अरस्तू का यह शिष्य चुपचाप यूनान लौट जाने वाला नहीं था। उसने भारत के धार्मिक और सामाजिक विचारकों के साथ संवाद में भी काफी समय व्यतीत किया था। उस काल के भारत में श्रद्धा और तर्क के क्षेत्रों में बहुत बड़े स्तर पर बौद्धिक विविधता (कदाचित् विषम मतवाद भी) पाई जाती थी।

ऐसे ही एक वार्तालाप में विश्वविजेता सिकन्दर ने कुछ जैन दार्शनिकों से पूछा कि वे उसको अनदेखा क्यों कर रहे थे तो उसे कुछ इस प्रकार का लोकतान्त्रिक उत्तर मिला था :

राजा सिकन्दर, प्रत्येक व्यक्ति का भूमि के उतने ही हिस्से पर अधिकार रहता है जितने पर वह खड़ा हो। तुम भी हमारी ही तरह इन्सान हो—अन्तर इतना ही है कि तुम हमेशा कुछ न कुछ शरारत करते रहते हो, अपने घर से इतना दूर निकल आए हो और अन्य व्यक्तियों ही नहीं अपने-आपके लिए भी मुसीबत बन गए हो।... शीघ्र ही तुम भी मर जाओगे और केवल उतनी ही भूमि तक सीमित रह जाओगे जिसके नीचे तुम्हें दफन कर दिया जाएगा।[1]

सिकंदर के जीवनवृत्त के लेखक एरियन (Arrian) ने लिखा है कि सिकंदर ने इस पूर्णतः समतावादी फटकार के प्रति भी वैसा ही आदरभाव व्यक्त किया जैसा कि उसने डायोजेनेस (Diogenes) के प्रति दिखाया था। अपने विरुद्ध तर्क देने वाले उस विद्वान की बात को उसने सत्य मानकर स्वीकार कर लिया। किन्तु अपने निजी व्यवहार में वह पूर्ववत् ही बना रहा—वह जिस तथ्य की प्रशंसा करने का ढोंग कर रहा था, वास्तव में उसके बिल्कुल ही विपरीत व्यवहार करता रहा।[2]

स्पष्ट है कि वाद-विवाद और विचार-विमर्श सदैव प्रभावशाली नहीं होते। फिर

भी सम्भव है कि सिकन्दर के मामले में भी डायोजेनेस और जैन विद्वानों तथा अन्य अनेक लोगों से चर्चाओं ने उसके औदार्य और चिन्तन के प्रसार को विस्तृत किया हो और उसे संकुचित बौद्धिकता को पूरी तरह नकारने वाला बना दिया हो। सिकन्दर का कुछ भी अन्त हुआ हो किन्तु उसके आगमन से जिस वैचारिक आदान-प्रदान का क्रम प्रारम्भ हुआ उससे अगली अनेक शताब्दियों तक भारतीय साहित्य, नाट्य शास्त्र, गणित, ज्योतिर्विज्ञान, मूर्तिकला और अनेक अन्य अध्यव्यवसायों पर गहन प्रभाव पड़ते रहे हैं। इनसे भारत में अनेक बड़े बदलावों का मार्ग प्रशस्त हुआ है। साथ ही यूनानी भी भारत के विचारों और दार्शनिक चिन्तन के प्रति बहुत श्रद्धाभाव से ओतप्रोत रहे हैं। उस समय यूनानी और भारतीय दर्शनों में बहुत समानताएँ स्पष्ट हुई हैं। साथ ही यह भी स्पष्ट हुआ है कि भले ही वे समानताएँ अलग-अलग विकसित हुई हों किन्तु अनेक स्तरों पर परस्पर आदान-प्रदान के प्रभाव भी विद्यमान हैं।

अन्य मानवीय शास्त्रों की भाँति ही न्याय के तकाज़ों का अन्वेषण एकान्तवादी नहीं रह सकता। जब हम यह जानने का प्रयास करते हैं कि हमें कैसे व्यवहार करना चाहिए, किस प्रकार के समाज को निश्चित रूप से अन्यायपूर्ण मानना चाहिए तो हमें अन्य लोगों के विचारों की ओर भी ध्यान देना चाहिए, उनके सुझावों पर गौर करना चाहिए। सम्भव है कि इनसे हमारे अपने विचारों/निष्कर्षों में भी परिवर्तन भी करना पड़ जाए। हम अनेक बार अपनी वरीयताओं की ओर अन्य व्यक्तियों का ध्यान आकर्षित करने और उन्हें अपने विचारों से सहमत कराने का प्रयास करते हैं। कभी इस काम में हमें सफलता मिल पाती है तो कभी निराशा हाथ लगती है। संवाद और सम्प्रेषण निश्चित रूप से न्याय के सिद्धान्त का ही अंग है। मुझे तो 'संवादविहीन न्याय' के प्रति शंका करना अनिवार्य-सा लगता है। मेरा तो विश्वास है कि विचारों के आदान-प्रदान से ही सुझाए गए सिद्धान्तों की प्रकृति, सौष्ठव और प्रभावपूर्गता में उत्कर्ष आया है।

यदि कोई न्याय सिद्धान्त इस सम्भावना को पूरी तरह नकारने का प्रयास करे कि हम अपने श्रेष्ठतम प्रयास के बावजूद कहीं कुछ कमी नहीं छोड़ जाएँगे तो यह उस सिद्धान्त का मिथ्या अभिमान ही होगा। सिद्धान्त में कुछ-न-कुछ त्रुटि रह जाने की सम्भावना को स्वीकार करना पराजयवादी मानसिकता नहीं है। इसी प्रकार यह भी स्वीकार कर लेना चाहिए कि कोई एक विचार सदा-सर्वदा के लिए अन्तिम सत्य नहीं हो सकता। वास्तव में तो व्यावहारिक तर्कशास्त्र के सिद्धान्त में ही तर्क-वितर्क की व्यवस्था अन्तरस्थ रहनी चाहिए। इस पुस्तक में हम इसी विचार के साथ आगे बढ़ रहे हैं।

अधिकांश न्याय सिद्धान्तकार इन सिद्धान्तों को तर्क की रूपरेखा की भाँति सामान्य और अल्पनिरूपित (underspecified) नहीं मानते। वस्तुतः ये सिद्धान्तकार तुरन्त ही हमें सामाजिक न्याय के निर्विवाद स्वरूप की पहचान के किसी-न-किसी

विस्तृत सूत्र की ओर ले जाने पर उतारू रहते हैं, जिसमें सामाजिक रूप से न्यायनिष्ठ संस्थाओं के स्वरूप में कोई अनिश्चितता नहीं होती। रॉल्स का न्याय सिद्धान्त इसी का एक अच्छा उदाहरण है। हमने पिछले पृष्ठों में स्पष्ट किया है कि निष्पक्षता की प्रमुखता, मूल अवस्था की संकल्पना, इस प्रयास में निहित प्रतिनिधित्व की प्रकृति और उस मूल अवस्था में संस्था चयन के नियमों पर सर्वसम्मति आदि को लेकर अनेक प्रकार के आलोचनात्मक तर्क उठाए गए हैं। फिर भी हमें आश्वस्त किया जा रहा है कि उनके सामान्य तर्क हमें न्याय के सुस्पष्ट नियम और अद्वितीय संस्थागत रचना प्रदान कर देंगे। रॉल्स के न्याय सिद्धान्त में नियम हैं : स्वातन्त्र्य की प्रमुखता (प्रथम नियम), प्रविधिगत समता की शर्त (प्रथम भाग, द्वितीय नियम), और समाज के सर्वाधिक अभावग्रस्त सदस्यों के हितों में अधिकतम संवर्धन के रूप समता के साथ-साथ दक्षता (द्वितीय भाग, द्वितीय नियम)। रॉल्स के सिद्धान्त में इस प्रकार बारीकी से प्रत्येक बात को रखने के बाद (दावा किया जाता है कि) हमें किसी प्रकार की अनिश्चितता की चिन्ता नहीं रहनी चाहिए।

किन्तु क्या यहाँ अति-निश्चितता विद्यमान है? यदि यहाँ जैसे तर्क दिए गए हैं वे सत्य हैं तो फिर इस सिद्धान्त के निरूपण का (उत्कृष्ट) स्तर हमसे अनेक सम्बद्ध बातों की ओर आँखें मूंद लेने की अपेक्षा करता प्रतीत होगा। ये सम्बद्ध बातें वास्तव में बहुत ही महत्त्वपूर्ण सरोकार हैं। रॉल्स के न्याय सिद्धान्त के स्वरूप, रचना और उसकी रचना विधि से अनेक गम्भीर अपवर्जनाओं की समस्या पैदा हो सकती है। इनमें सम्मिलित हैं :

1. केवल पूर्णतः न्यायनिष्ठ समाज की पहचान से सन्तुष्ट होकर न्याय के विषय में तुलना-भरे प्रश्नों के उत्तर देने के अनुशासन से मुँह चुराना।
2. केवल न्यायनिष्ठ संस्थाओं से सम्बद्ध नियमों के आधार पर न्याय की सभी कसौटियों का निर्धारण करना और सामाजिक सम्प्राप्तियों के अधिक व्यापक परिप्रेक्ष्य की अनदेखी करना।
3. देश के घटनाक्रम और चयनों के सीमा पार सम्भव नकारात्मक प्रभावों की अनदेखी करना; और बाहरी व्यक्तियों की वाणी को सुन पाने की संस्थागत व्यवस्था की आवश्यकता नहीं समझना।
4. शेष विश्व से अलग-थलग रहे समाज में संकीर्ण जीवन मूल्यों के प्रभाव का निवारण करने की व्यवस्था का अभाव।
5. इस सम्भावना की ओर ध्यान नहीं देना कि मूल अवस्था में भी काफी सार्वजनिक चर्चा के बावजूद कुछ व्यक्तियों के विचार में न्याय के बहुत ही अलग नियम उपयुक्त हो सकते हैं, (इसका कारण उनके निहित स्वार्थों में अन्तर नहीं बल्कि तर्क आधारित राजनीतिक मानदण्डों और जीवन-मूल्यों के प्रति वैचारिक बहुलता होती है); और 'इस सम्भावना को अस्वीकार कर देना कि कल्पित सामाजिक

अनुबन्ध में भाग लेने वाले कुछ लोगों का व्यवहार भी सदैव औचित्यपूर्ण नहीं रह पाता और इससे सभी सामाजिक व्यवस्थाओं की उपयुक्तता पर प्रभाव हो सकता है (संस्थाओं के चयनसहित)। ध्यान रहे कि ऐसा प्रायः औचित्यपूर्ण व्यवहार के विषय में बहुत सामान्यीकरण करने वाली व्यापक मान्यता के सहारे किया जाता है। यदि इस प्रकार आँखें बन्द रखने के निमन्त्रण को स्वीकार करने से बचना है तो न्याय के तकाज़ों की अन्वेषणा कहीं अधिक व्यापक पटल और परिप्रेक्ष्य पर करनी होगी। यहाँ स्वयं रॉल्स द्वारा सार्वजनिक विचार-विमर्श के जिस मंच का सुझाव दिया गया है वह बहुत महत्त्वपूर्ण सिद्ध हो सकता है। सम्भवतः इस कार्य में हमें सामाजिक चयन के सिद्धान्तों से कुछ सहायता मिल जाए। आइए, एक नज़र उस दिशा में डाल कर देखें।

सामाजिक-चयन-सिद्धान्त : एक विश्लेषण विधि

नैतिकता और राजनीति पर चर्चा नई बात नहीं है। अरस्तू ने ईसापूर्व चौथी शताब्दी में बहुत स्पष्ट एवं दूरगामी चिन्तन की अभिव्यक्ति *निकोमेशन इथिक्स एण्ड पॉलिटिक्स* में की थी तो उन्हीं के समकालीन भारतीय विचारक कौटिल्य ने कहीं अधिक संस्थागत रूढ़तायुक्त राजनीतिक चिन्तन के प्रसिद्ध ग्रन्थ *अर्थशास्त्र* में इन्हीं विषयों को उठाया था। किन्तु सार्वजनिक निर्णयों की औपचारिक विधियों एवं उनमें छिपी आदर्शमूलक मान्यताओं की समीक्षा तो बहुत बाद में प्रारम्भ हुई है। इस समीक्षा की एक विधि फ्रांसीसी क्रान्ति के समय पहली बार प्रमुखता धारण करने वाले सामाजिक चयन सिद्धान्तों में निहित है।

इस विषय पर मौलिक कार्य को अठारहवीं शती में पेरिस के आसपास रहने वाले गणितज्ञों ने विकसित किया था। इनमें जीन चार्ल्स डी बोर्डा (Jean Charles de Borda) और मार्कीस डी कॉंडोर्से प्रमुख हैं। इन्होंने वैयक्तिक वरीयताओं के आधार पर गणितीय विधियों का प्रयोग कर सामूहिक अथवा समग्रवाची मूल्यांकन का प्रयास किया था। इन्हीं विभिन्न व्यक्तियों के समूहों के निर्णयों को सामूहिक स्वरूप में निबद्ध करने के विषय की अन्वेषणा प्रारम्भ की थी।[3] उस समय के बौद्धिक परिवेश पर यूरोपीय ज्ञानोदीप्ति–विशेषकर फ्रांसीसी ज्ञानोदीप्ति धारा का बहुत गहरा प्रभाव था। इनका मुख्य आग्रह तर्क-आधारित सामाजिक रचना के निर्माण पर ही था। वास्तव में कॉंडोर्से जैसे प्रारंभिक सामाजिक चयन सिद्धांन्तकर्ता तो फ्रांसीसी क्रान्ति के बौद्धिक नेताओं में भी सम्मिलित थे।

प्रारम्भिक सामाजिक चयन सिद्धान्तकार की मुख्य प्रेरणा चयन में मनमानी और अस्थिरता का निराकरण करने की भावना थी। उनके चिन्तन का ध्येय सभी सदस्यों की वरीयताओं और उनके हितों को ध्यान में रखते हुए लोकतान्त्रिक विधि से तर्कसंगत

सामूहिक निर्णय की प्राप्ति की व्यावहारिक संरचना का विकास करना था। किन्तु उनकी सैद्धान्तिक अन्वेषणाओं से प्रायः निराशापूर्ण परिणाम और निष्कर्ष ही प्राप्त हुए थे। उदाहरण के लिए कॉडोर्से ने स्पष्टतः दिखा दिया था कि 'ए' द्वारा 'बी', 'बी' द्वारा 'सी' और 'सी' द्वारा 'ए' के बहुमत से परास्त करने की सम्भावना बनी रहती है। अतः बहुमत से निर्णय (शासन) का नियम संगतिविहीन है। उनके इस उदाहरण को 'कॉंडोर्से का विरोधाभास' भी कहा जाता है। उन्नीसवीं शती में आगे भी यूरोप में इन समस्याओं पर शोध-चिन्तन का क्रम चलता रहा किन्तु परिणाम निराशा-भरे ही रहे। कुछ बहुत ही सृजनात्मक प्रतिभाओं के धनी भी सामाजिक चयन की समस्याओं से जूझते रहे हैं। जानी-मानी रचना *'एलिस इन वंडरलैंड'* के लेखक लुइस कैरोल ने भी अपने वास्तविक नाम सी. एल. डौज़सन से सामाजिक चयन पर लिखा है।[4]

आधुनिक रूप में सामाजिक चयन सिद्धान्त पर विचार का पुनः आरम्भ केन्नेथ ऐरो ने 1950 के आसपास किया—यह नाम भी उन्हीं की देन है। ऐरो भी सामूहिक निर्णयों से जुड़ी समस्याओं और सम्भावित विसंगतियों को लेकर चिन्तित रहे। ऐरो ने सामाजिक चयन सिद्धान्त की विश्लेषणात्मक संरचना को निबद्ध किया। इसमें सभी पूर्वधारणाएँ (मान्यताएँ) स्पष्टतः बता कर उनकी समीक्षा की गई थी। साथ ही यह मांग भी की गई थी कि सामाजिक निर्णयों को औचित्यपूर्णता की कुछ न्यूनतम शर्तों को पूरा करना ही चाहिए और इसी क्रम में उपयुक्त सामाजिक अनुक्रमों और—सामाजिक अवस्थाओं के चयन का उदय होगा।[5] इससे विकसित आधुनिक सामाजिक चयन सिद्धान्त कॉंडोर्से, बोर्डा आदि के कुछ बिखरे हुए-से विचारों के विकल्प के रूप में उभर कर आया है। इसमें स्पष्टतः यह स्वीकार किया गया है कि सामाजिक निर्णय-प्रक्रिया से किन शर्तों को पूरा करने की अपेक्षा की जा रही है। इससे अन्य अध्येताओं को उचित तर्कों के आधार पर ऐरो की मान्यताओं में परिवर्तन कर समस्या पर अन्य दृष्टिकोण से विचार करना भी सहज हो गया।

इस प्रकार ऐरो के उत्कृष्ट अध्ययन-मनन ने बहुत सकारात्मक एवं रचनात्मक कार्य का मार्ग प्रशस्त कर दिया। किन्तु उनकी पूर्वधारणाओं (axioms) ने तो पुरानी निराशाओं को और गहन बना डाला। उनके शोध की परिणति 'ऐरो के असम्भाव्यता प्रमेय' के रूप में हुई—वैसे ऍरो ने उसे व्यापक (सामान्य) सम्भाव्यता प्रमेय का बड़ा उत्साहपूर्ण नाम दिया था।[6] इस बहुत ही उत्कृष्ट एवं सशक्त गणितीय निष्कर्ष ने स्पष्ट किया कि लोकतान्त्रिक और तर्कसंगत कहे जाने वाली सामाजिक निर्णय-प्रक्रिया उन निर्णयों पर लगने वाली वे साधारण-सी शर्तें भी पूरी नहीं कर पाती जिन्हें समाज के सदस्य साथ-साथ पूरे होता देखना चाहते हैं। (ऐरो ने ही इन अनिवार्यताओं का इस प्रकार निरूपण किया था)। ज्ञानोदीप्ति की चिन्तनधारा और फ्रांसीसी क्रान्ति के सिद्धान्तकारों की रचनाओं में प्रस्फुटित सामाजिक तर्कशीलता की महत्त्वाकांक्षाओं का—अर्थात् तर्कशील लोकतान्त्रिक निर्णय प्रक्रिया का, भविष्य अन्धकारमय ही प्रतीत

होने लगा—और वह भी उस समय जब द्वितीय महायुद्ध के विनाश की खून-भरी धूल को झाड़कर लोकतन्त्र के प्रति नवीन प्रतिबद्धताओं के साथ एक शान्तिपूर्ण विश्व का नवोदय हो रहा था।[7]

ऐरो के निराशाजनक प्रमेय के बाद तो इससे सम्बद्ध गणितीय परिणामों की झड़ी-सी लग गई। सामान्य स्तर पर चर्चाओं और इस तकनीकी साहित्य का एक रचनात्मक प्रभाव सामाजिक चयन सिद्धान्तों पर रहा। सिद्धान्तकारों को यह जानने का प्रयास करने को विवश होना पड़ा कि आखिर उचितप्रायः लगने वाली शर्तों की पूर्ति कर पाने में भी असम्भाव्यता क्यों पैदा हो जाती है? यह भी सुझाव दिया गया जहाँ असम्भाव्यताएँ इतनी बार उठ रही हैं वहाँ (इनके निराकरण के लिए) सामाजिक निर्णयों को जानकारियों (सूचनाओं) के प्रति अधिक सम्वेदनशील बनाना श्रेयस्कर होगा।[8] इस सन्दर्भ में क्षेम-स्तर की अन्तर्व्यक्ति तुलनाओं और सापेक्ष लाभान्वितता की जानकारी को विशेष रूप से निर्णायक पाया गया है।[9]

राजनीतिक चयन की मशीनी विधियों—मतदान और चुनाव तथा आर्थिक समीक्षा की राष्ट्रीय आय आदि के अनुमान में उनसे जुड़ी चर्चाओं के अतिरिक्त किसी विशेष जानकारी का समावेश नहीं हो पाता। मतदान के परिणाम सिवाय इसके कि किसी एक प्रत्याशी को दूसरे से अधिक मत मिले हैं—कोई अन्य जानकारी नहीं दे पाते। इसी प्रकार आर्थिक पटल पर राष्ट्रीय आय के आकलन में केवल यही जानकारी होती है कि किस वस्तु की किस कीमत पर खरीद-फरोख्त हुई। और कुछ नहीं। जब हमारी मूल्यांकन व्यवस्था या निर्णय-प्रक्रिया इतनी क्षीण-सी जानकारी पर आधारित रहेगी तो हमें निराशाजनक परिणामों के साथ ही निर्वाह करने को विवश रहना होगा। किन्तु न्याय के तकाज़ों, सामाजिक संगठनों और संस्थाओं की आवश्यकताओं और सार्वजनिक नीतियों की सन्तोषप्रद रचना को ठीक से समझ पाने के लिए तो हमें और अधिक जानकारी प्राप्त करनी होगी और साक्ष्यों की बेहतर ढंग से समीक्षा करनी होगी।

स्वयं ऐरो भी सामाजिक चयन के सूचना आधार को और अधिक विस्तृत बनाने के प्रयास में अन्य अध्येताओं के साथ मिलकर काम करते रहे हैं।[10] वास्तव में इस दिशा में कुछ सामान्य-से संकेत तो 1780 के दशक में कॉंडोर्से ने भी दिए थे।[11] यह कॉंडोर्से की जनशिक्षा—विशेषकर नारी शिक्षा की भावपूर्ण वकालत बहुत ही प्रासंगिक है। वे पहले विचारक थे जिन्होंने बालिकाओं को शिक्षित करने की इतनी ज़ोर-शोर से वकालत की थी। समाज के आँकड़ों के आधार को समृद्ध करने की दृष्टि से ही उन्होंने सार्वजनिक रूप से निरन्तर चर्चाएँ करने का आग्रह किया था। उनकी मान्यता थी कि इससे सामाजिक चयन की प्रविधियों और सामाजिक न्याय की अन्वेषणा में और अधिक जानकारियों के प्रयोग को प्रोत्साहन मिलेगा।[12]

इन विषयों पर मैं विभिन्न सामाजिक सम्प्राप्तियों के क्रम निर्धारण करने वाले सामाजिक चयन सिद्धान्तों और न्यायप्रयुक्तता के स्तर में उत्थान या पतन की समीक्षा के स्थान पर कतिपय ''न्यायनिष्ठ संस्थाओं' के रूप में पूर्णतः न्यायपूर्ण सामाजिक व्यवस्था को देखने वाली सामाजिक न्याय सिद्धान्तों की मुख्य धारा के बीच भेद स्पष्ट करने के बाद पुनः लौटकर आऊँगा।

सामाजिक चयन सिद्धान्तों का प्रभाव क्षेत्र

प्रत्यक्ष समस्याओं से चयन सिद्धान्तों की कुछ दूरी ही नज़र आती है। इसी कारण अनेक अध्येता इनके अनुप्रयोग की सीमाएँ भी बहुत संकुचित मान लेते हैं। औपचारिक सामाजिक चयन सिद्धान्तों की गूढ़ गणितीय रचना ने भी इस विषय को व्यावहारिक अनुप्रयोग से दूर की अवधारणा बना दिया है। निश्चय ही सहज बोधगम्य सार्वजनिक तर्कों और औपचारिक गणितीय दुरूहताओं के बीच की विशाल खाई इसके लिए उत्तरदायी रही है।

इसी कारण अनेक अध्येता व्यावहारिक उपयोग की दृष्टि से सामाजिक चयन सिद्धान्तों को उतना उपयोगी नहीं मानते जितना उपयोगी उन्हें सामाजिक न्याय का दार्शनिक विश्लेषण प्रतीत होता है। यद्यपि हॉब्स या काँट और रॉल्स की रचनाएँ भी बहुत परिश्रमसाध्य चिन्तन और जटिलतापूर्ण मनन की मांग करती हैं फिर भी उनके मुख्य सन्देश सामाजिक चयन सिद्धान्तों की अपेक्षा बहुत सरलता से समझ में आ जाते हैं, आत्मसात् हो जाते हैं। इसी कारण न्याय सिद्धान्तों का दर्शन सार्वजनिक चयन सिद्धान्तों की अपेक्षा व्यावहारिक विश्व के अधिक निकट प्रतीत होता है।

किन्तु क्या ये निष्कर्ष उचित हैं? मेरा तर्क है कि नहीं। वास्तव में एक महत्त्वपूर्ण दृष्टि से तो हमारा निष्कर्ष इसके एकदम विपरीत होना चाहिए। सामाजिक चयन सिद्धान्तों के अनेक आयामों से न्याय सिद्धान्त बहुत कुछ सीख सकते हैं। (मैं इस विषय में चर्चा कुछ देर बाद करूँगा), यहाँ तो इन दोनों सिद्धान्तों में सबसे महत्त्वपूर्ण अन्तरों में से एक की चर्चा कर रहा हूँ। एक समीक्षा पद्धति के रूप में सामाजिक चयन सिद्धान्त विभिन्न सामाजिक विकल्पों के बीच चयन से जुड़े सामाजिक एवं सार्वजनिक निर्णयों के तार्किक आधारों से सम्बन्धित हैं। जनता के अनुमानों के प्रकाश में सामाजिक चयन सिद्धान्त वैकल्पिक सामाजिक अवस्थाओं को सामाजिक रूप से क्रम प्रदान करते हैं। ये सभी विकल्पों में से सर्वोत्कृष्ट की उस खोज से बहुत भिन्न है जिसमें हॉब्स से लेकर रॉल्स और नॉज़िक आदि जुटे रहे हैं।[13]

यह अन्तर पूर्ववर्ती अध्यायों में चर्चित कारणों के सन्दर्भ में और भी अधिक महत्त्वपूर्ण हो जाता है। एक अनुभवातीत विधि अपने-आप में न्याय-संवर्धन नहीं कर

पाती। यह तो विभिन्न विकल्पों की तुलना करने के स्थान पर किसी काल्पनिक संसार की उत्कृष्टतम अवस्था तक की ऊँची छलाँग लगाकर ही दम लेती है। वास्तविक विश्व में न्याय और अन्याय की चर्चा कर रहे व्यक्तियों के सरोकारों को लांघकर यह भावातीत न्याय दर्शन तो किसी अन्य ही प्रकार के उत्तर देने का प्रयास कर रहा है। वास्तविक संसार की समस्याएँ भूख, गरीबी, निरक्षरता, उत्पीड़न, नस्लवाद, नारी की परवशता, मनमाने ढंग से बन्दी बनाने या फिर चिकित्सीय सुविधाओं से वंचित रखे जाने आदि के विषमतापूर्ण सामाजिक अभिलक्षणों के निवारण की है—किसी सर्वोत्कृष्ट सामाजिक स्थिति तक छलाँग भरने की नहीं।

अनुभवातीत और तुलनात्मक के बीच फासला

यह अन्तर महत्त्वपूर्ण है, फिर भी इससे यह सिद्ध नहीं हो जाता कि व्यावहारिक न्याय के प्रति अनुभवातीत विश्लेषण विधि ठीक नहीं रहेगी। सम्भव है भावातीत और तुलनात्मक विधियों के बीच कोई ऐसा सम्बन्ध हो जो पहली नज़र में दिखाई नहीं देता और जिसके कारण से अनुभवातीत विधि ही तुलनात्मक मूल्यांकन की ओर अग्रसर होने की सही विधि बन जाती हो। उस सम्बन्ध-सूत्र की खोज होनी ही चाहिए किन्तु यह अपेक्षा करना कि प्रत्येक अनुभवातीत विधि की रचना में तुलनात्मकता की सभी समस्याओं का निदान भरा होगा—भी उचित नहीं है। कुछ अनुभवातीत सिद्धान्तकार न केवल (व्यावहारिकता से) अन्तर को स्वीकार करते हैं बल्कि बड़े गर्व के साथ तुलनात्मकता के मार्ग की ओर कदम बढ़ाने की मूर्खता भी कर डालते हैं। उदाहरण के लिए नॉज़िक यही पर्याप्त मान लेते हैं कि सभी स्वातन्त्र्याधिकारों की पूर्ति होनी चाहिए—वे किन्हीं अधिकारों की पूर्ति में त्रुटि और अन्य की पूर्ति के बीच किसी समप्रत्ययन (trade off) को स्वीकार नहीं कर पाते। इसमें उन्हें निरा उपयोगितावाद भरा दिखाई देता है।[14] इसी प्रकार यह भी स्पष्ट नहीं हो पाता कि हॉब्स, लॉक या रूसो की विश्लेषण पद्धति का उत्कर्षवाद अपूर्ण विकल्पों के बीच निर्णायक रूप से तुलना किस प्रकार कर पाएगा।

काँट और रॉल्स को लेकर तो यह कहानी और भी जटिल हो जाती है। भावातीत समाधान के लिए उनके तर्कों में तुलनात्मक पक्ष के लिए भी कुछ संकेत मिल जाते हैं (किन्तु वे पर्याप्त नहीं हैं)। रॉल्स के दूसरे नियम का दूसरा भाग—अन्तर का नियम इसी का एक उदाहरण है जहाँ वे विकल्पों का समाज के सबसे अभावग्रस्त व्यक्तियों के हित-संवर्धन के आधार पर मूल्यांकन करना चाहते हैं।[15] किन्तु इसी दूसरे नियम के पहले भाग की अवसर की समानता के उल्लंघन के विषय में रॉल्स हमें कुछ भी नहीं बताते। यही बात प्रथम नियम का उल्लंघन करने वाली स्वातन्त्र्य-उल्लघंनाओं पर भी लागू होती है—यह भी पता नहीं चल पाता कि इन उल्लंघनाओं का क्रम-निर्धारण

किस प्रकार होगा। इसकी कई विधियाँ सम्भव हैं किन्तु रॉल्स ने किसी भी विधि को महत्त्व प्रदान नहीं किया है। उन्होंने इस बारे में कुछ कहा ही नहीं है। यह चुप्पी उनके उद्देश्य के लिए पर्याप्त भी थी—एक बार अनुभवातीत विधि से किसी उचित सर्वोत्कृष्ट अवस्था की पहचान हो जाए तो अन्य के साथ तुलनाओं की आवश्यकता ही नहीं रहती। एक अनुभवातीत सिद्धान्त का हमारे विषय प्रवेश में परिभाषित संग्रन्थित होना आवश्यक नहीं है। भले ही अन्यों की अपेक्षा रॉल्स ने तुलनाओं पर अधिक ध्यान दिया है फिर तुलनात्मक और अनुभवातीत सिद्धान्तों के बीच एक बहुत बड़ी खाई बनी हुई है। रॉल्स को अपने सिद्धान्त की रचना के लिए किसी संग्रन्थित सिद्धान्त की आवश्यकता ही नहीं थी—इसी कारण उन्होंने ऐसी रचना गढ़ने का प्रयास भी नहीं किया।

किन्तु भले ही प्रत्यक्ष रूप से इस बारे में चिन्तन नहीं किया गया हो पर क्या अनुभवातीत सिद्धान्त हमें तुलनात्मक परिप्रेक्ष्य के विषय में कुछ भी नहीं बताएँगे? क्या इनके बीच कोई विश्लेषणात्मक अन्तर्संबन्ध नहीं होते? इन प्रश्नों के विषय में भी विस्तार से अनुसंधान की आवश्यकता है। यहाँ दो प्रश्न विशेष रूप से महत्त्वपूर्ण हैं। क्या यह सम्भव है कि अनुभवातीत विधि से पूर्णरूपेण न्यायनिष्ठ सामाजिक व्यवस्था की पहचान में अपने-आप ही अन्य विकल्पों का क्रम निर्धारण भी हो जाएगा? क्या यह अनुभवातीत विधि अप्रत्यक्ष रूप से हमें न्याय की तुलनात्मक विवेचना का सह-उत्पाद स्वरूपी लाभ भी प्रदान कर देगी? विशेष रूप से, क्या उस अनुभवातीत उत्कृष्ट से विभिन्न वैकल्पिक दशाओं, अन्तरों को उनके बीच क्रम-निर्धारण का आधार बनाया जा सकता है? क्या अनुभवातीत विधि अपने घोषित लक्ष्य से कहीं अधिक सार्थक परिणाम दे पाने के लिए भी पर्याप्त है?

दूसरे, पर्याप्तता विषयक इस प्रश्न के साथ 'आवश्यकता' का प्रश्न भी जुड़ा है। क्या न्यायनिष्ठ समाज की रचना विषयक भावातीत प्रश्न के उत्तर की रचना पहले, आवश्यक रूप से, तुलनात्मक न्यायनिष्ठता के सुगठित सिद्धान्त के रूप में होगी? क्या इसके बिना भावातीत सिद्धान्त का आधार ही वियुक्ति-ग्रस्त (disjunctive) और भंगुर (frail) रह जाएगा? क्या उत्कृष्ट न्यायनिष्ठ अवस्था की पहचान द्वारा प्रेरित अनुभवातीत विधि-तुलनात्मक न्यायनिष्ठता की समीक्षा के लिए भी आवश्यक है?

तुलनात्मक विश्लेषण के लिए अनुभवातीत विधि की आवश्यकता और पर्याप्तता (दोनों भी) में इस निहित विश्वास ने ही अनुभवातीत विधि को समग्ररूप से न्याय सिद्धान्तों के लिए 'निर्णायक' भूमिका से सन्नद्ध कर दिया है।[16] तुलनात्मक पक्ष के 'व्यावहारिक एवं बौद्धिक महत्त्व' को नकारे बिना भी अनेक सिद्धान्तकारों ने केवल अनुभवातीत विधि को ही समग्र न्याय सिद्धान्त के लिए एक अनिवार्य आवश्यकता मान लिया है। अतः न्याय के राजनीतिक दर्शन में विभिन्न अनुभवातीत सिद्धान्तों

के सारभूत स्थान के निर्धारण में 'पर्याप्तता' और 'अनिवार्यता' की इन पूर्व धारणाओं की भी बारीकी से समीक्षा करनी होगी।

क्या अनुभवातीत विधि पर्याप्त है?

क्या एक अनुभवातीत विधि की उपपत्ति स्वरूप सापेक्ष निष्कर्ष इस प्रकार उदित हो सकते हैं कि अपने स्पष्ट स्वरूप की तुलना में वह सिद्धान्त हमें और बहुत कुछ प्रदान कर जाए? विशेष रूप से, क्या पूर्णरूपेण न्यायनिष्ठ समाज की रचना ऐसी हो सकती है कि उत्कृष्ट रूप से अन्तर के रूप में अन्य सभी सम्भव अवस्था के अनुक्रम का निर्धारण भी हो जाए?

यह अन्तराधारित तुलना की विधि व्यवहार्य लगती है, किन्तु वास्तव में कारगर सिद्ध नहीं होती। इसके कारण हैं : अन्तर की पहचान के कई अभिलक्षण अन्तरों के अनेक आयाम और अनेक प्रकार के विच्युतियों को समूहन की प्रक्रिया में मिलने वाले भारमानों में भी अन्तर होना। 'अनुभवातीत' स्वरूप की पहचान मात्र से इन कठिनाइयों का समाधान कर उस उत्कृष्ट से अन्तर के रूप में सभी सामाजिक दशाओं के अनुक्रमों का निर्धारण नहीं हो जाता। उदाहरण : रॉल्स के विश्लेषण में विच्युतियाँ कई प्रकार के हो सकते हैं, इनमें अनेक प्रकार के स्वातन्त्र्यों का उल्लंघन सम्भव है। यही नहीं, अनेक प्रकार से समता के तकाज़ों का भी अतिक्रमण हो सकता है—जैसे कि प्राथमिक पदार्थों के वितरण में अन्तर आ जाएँ या फिर 'अन्तर के नियम' के भी अनेक प्रकार (और स्तर) के उल्लंघन हो सकते हैं।

ऐसे प्रत्येक विच्युति के स्तर के आकलन और वास्तविक वितरणों की आदर्श से दूरी के अनुमान लगाने की अनेक विधियाँ हो सकती हैं। यही नहीं, हमें प्रविधिगत समता से अन्तरों (सार्वजनिक सुविधाओं और अवसरों की उचित समता का अतिक्रमण) जिन्हें रॉल्स के द्वितीय नियम के पहले भाग में रखा गया है, के बारे में भी विचार करना पड़ सकता है। इन प्रविधिगत विच्युतियों का वैयक्तिक वितरण के उदीप्यमान स्वरूप की असहजता (प्राथमिक पदार्थों का वितरण) के साथ भी समप्रत्ययन करना होगा। इस कार्य के लिए भी हमें, सम्भवतः विभिन्न आयामों के सापेक्ष महत्त्व की सूक्तिमय स्थापना करनी पड़ेगी। किन्तु ये आकलन चाहे जितने उपयोगी सिद्ध हों, मूलतः उस अनुभवातीत उत्कृष्ट की पहचान की प्रक्रिया से तो बाहर ही रहते हैं। ये तो मूलतः न्याय के 'तुलनात्मक' परिप्रेक्ष्य के ही घटक हैं। अतः भले ही कोई 'सर्वोत्कृष्ट' न्यायनिष्ठता की संरचना उचित हो जाए, इसमें उत्कृष्ट से दूरस्थ संरचनाओं की विच्युति की तुलनाएँ करने एवं क्रमनिर्धारण करने के विषय में कोई कसौटियाँ निर्धारित नहीं हो पाएँगी।

अपने-आप में ही महत्त्वपूर्ण मानी जाने वाली किसी अनुभवातीत संरचना में तुलनात्मकता का अभाव कोई शर्म की बात नहीं मानी जाएगी। सापेक्षता के प्रश्न पर चुप्पी किसी भी रूप में 'आन्तरिक' समस्या नहीं होगी, वास्तव में विशुद्ध अनुभवातीततावादी तो तुलनाएँ (क्रम निर्धारण आदि) के विचार पर भी भड़क उठेंगे और सहज भाव से ही तुलनात्मक निष्कर्षों को अनदेखा कर देंगे। वे विशेष रूप से आग्रह करेंगे कि उनकी दृष्टि से तो किसी 'सही' या 'उचित' सामाजिक व्यवस्था का (निश्चित रूप से) 'सर्वश्रेष्ठ' होना आवश्यक नहीं है (उसमें तुलनाओं की 'फिसलन' की सम्भावना रहती है)! अनुभवातीतीय उपयुक्त 'बेहतर' और 'श्रेष्ठ' की तुलनाओं से कहीं आगे निकल कर 'परम' स्वरूप धारण कर लेता है। इस विचार का अपना बहुत सशक्त तार्किक आधार है। किन्तु हमारी मुख्य समस्या तो यही है कि इससे न्यायनिष्ठता की तुलनात्मक समीक्षा में कोई सहायता नहीं मिल पाती। इसीलिए जहाँ वैकल्पिक नीतियों के बीच चयन की बात हो वहाँ यह विधिपूर्णतः बेकार सिद्ध होती है।

निश्चय ही किसी भी समाज के सदस्य यह भी समझ सकते हैं कि एकसाथ ही उन्हें एक पूर्णरूपेण न्यायनिष्ठ समाज में परिवर्तित करने के आदर्श से प्रेरित होकर कितना विराटकाय एवं सर्वांगीण सामाजिक पुनर्गठन किया जाएगा। यह तो किसी भी त्रुटि को सहन न करने वाले अनुभवातीत सिद्धान्त को पिस्तौल की एक गोली से सभी समस्याओं का समाधान करने वाली महान क्रान्तिकारी संहिता का रूप प्रदान कर देगा। किन्तु यह क्रान्तिकारी संहिता न्यायविषयक चर्चाओं में शायद ही कभी उद्धृत होती है। 'विश्व में व्याप्त बहुमुखी अन्यायों को किस प्रकार कम किया जाए' यह प्रश्न ही न्याय विश्लेषण के व्यावहारिक अनुप्रयोग का कार्यक्षेत्र निर्धारित करता है। किसी अनुभवातीत उत्कृष्ट की ओर छलाँग का इसमें कोई स्थान नहीं होगा। एक और बात, अन्याय को जानने के लिए किसी 'अद्वितीय' न्यायनिष्ठ समाज' की पहचान आवश्यक नहीं होती। समाज में व्याप्त बड़े स्तर पर भुखमरी, निरक्षरता, या निरन्तर चिकित्सीय उपेक्षा जैसी सामाजिक विकृतियाँ तो किसी न किसी अन्य आधार पर पूर्णरूपेण न्यायनिष्ठ घोषित किए जा रहे समाज में भी उपस्थित हो सकती हैं।

यदि हम इस उत्कृष्टता को उचित सामाजिक संरचनाओं की क्रमहीनता नहीं मानें, तो भी, क्रमिक रूप से सर्वश्रेष्ठ व्यवस्था का निरूपण पूर्ण 'क्रमबद्धता' प्रदान नहीं कर पाता। हम दो गैर-श्रेष्ठतम व्यवस्थाओं/विकल्पों की तुलना नहीं कर पाते। यह उस अद्वितीय क्रमिकता को भी नहीं दर्शा पाता जिसके आधार पर उस श्रेष्ठतम को शीर्षस्थ घोषित किया गया है—उस शीर्षस्थ स्तर पर भी अनेक प्रकार की क्रमिकताओं की सम्भावना पैदा हो सकती है।

एक बार फिर इस उपमा पर विचार करें : *मोना लिसा* को विश्व की 'श्रेष्ठतम' कलाकृति मान लेने से यह तय नहीं हो जाता कि पिकासो की किसी अन्य कृति का वान गोह (Van Gogh) की कृति की तुलना में क्या स्थान होगा। अनुभवातीत न्याय की अन्वेषणा अपने-आपमें एक महत्त्वपूर्ण बौद्धिक प्रयास हो सकता है, हम इसे क्रमिकताहीन 'सही' मानें या क्रमिकतानुसार श्रेष्ठ–किन्तु इससे हमें विभिन्न सामाजिक व्यवस्थाओं के तुलनात्मक गुणों को समझ पाने में कोई सहायता नहीं मिलती।

क्या अनुभवातीत विधि आवश्यक है?

आइए, अब इस धारणा पर विचार करें कि 'सर्वोत्कृष्ट' की पहचान किन्हीं भी दो विकल्पों को न्यायनिष्ठता के आधार पर क्रमबद्ध करने के लिए 'आवश्यक' है–भले ही यह पर्याप्त नहीं हो। यदि 'आवश्यक' शब्द के सामान्य भाव की दृष्टि से देखें तो यह विचार बड़ा विचित्र-सा लगता है। प्रायः सभी विषयों में तुलना करते समय किन्हीं भी दो विकल्पों में तुलना उनकी अपनी विशेषताओं (गुणधर्मों) के अनुसार होती है, उसमें किसी तीसरे (असंबद्ध) विकल्प की सहायता की आवश्यकता नहीं होती। यह समझ नहीं आता कि एक्स और वाई नामक दो सामाजिक विकल्पों की तुलना में किसी सर्वोत्कृष्ट की बात भी क्यों उठाई जा रही है। वॉन गोह और पिकासो की रचनाओं की बात करते समय विश्व की किसी सबसे उत्कृष्ट कलाकृति का हवाला देने की आवश्यकता क्यों पड़ रही है--यदि वह सर्वोत्कृष्ट है तो निश्चय ही पिकासो और वॉन गोह की रचनाओं से भी बेहतर ही होगी।

कहा जा सकता है कि सौन्दर्यबोध की उपमा समस्यापूर्ण हो सकती है। हो सकता है किसी व्यक्ति को चित्र की सम्पूर्णता का ज्ञान ही नहीं हो। इसके विपरीत अनुभवातीत न्याय सिद्धान्तकारों की मान्यता है कि 'न्यायनिष्ठ समाज' के स्वरूप को तो सभी पहचान जाते हैं। मेरा तो तर्क है कि न्याय की कसौटी पर सभी विकल्पों को पूर्णरूपेण क्रमबद्ध कर लेने मात्र से उसकी पहचान सम्भव होने पर भी 'सर्वोत्कृष्ट' अवस्था के अस्तित्व को सुनिश्चित नहीं किया जा सकता। किसी पहचान योग्य सर्वोत्कृष्ट के अस्तित्व की सम्भावना हमें अन्य विकल्पों के बीच तुलना में उसके प्रयोग को विवश नहीं कर सकती। उदाहरण के लिए हम कह सकते हैं कि अपनी ऊँचाई की दृष्टि से एवरेस्ट पर्वत सबसे श्रेष्ठ है–कोई और पर्वतश्रृंग उससे ऊँचा नहीं है। किन्तु इस जानकारी का किलिमन्जारो और मैकिनले पर्वतों की ऊँचाई की तुलना से क्या लेना-देना हो सकता है? यह बात सहज समझ नहीं आ सकती कि किन्हीं भी दो विकल्पों की तुलना करते समय किसी तीसरे और सर्वोत्कृष्ट घोषित विकल्प की आवश्यकता होगी। इनके बीच कोई विश्लेषणात्मक सम्बन्ध-सूत्र नहीं होता।

क्या तुलनीय विकल्पों से अनुभवातीतता की पहचान हो सकती है?

यह तो हम देख चुके हैं कि न्यायनिष्ठता की तुलना में किसी अनुभवातीत पहचान की न तो आवश्यकता है और न ही यह पर्याप्त रहती है। आइए, यह अब तीसरे सम्भव सम्पर्क-सूत्र पर विचार करें। क्या यह सम्भव है कि विभिन्न विकल्पों की तुलनात्मक क्रमबद्धता से, साथ-ही-साथ, सर्वोत्कृष्ट न्यायनिष्ठ सामाजिक व्यवस्था की पहचान भी हो जाएगी? क्या तुलनाओं के सम्पूर्ण प्रयोग से अनुभवातीत का अभिज्ञान स्वयमेव हो जाएगा? यदि ऐसा हो तो हम कह सकते हैं कि अनुभवातीत विकल्प की खोज कर पाने की आवश्यकता है। इससे भी यह सिद्ध नहीं होगा कि तुलनाओं के लिए अनुभवातीत का पूर्व अभिज्ञान आवश्यक है। हाँ, इससे न्याय सिद्धान्त में अनुभवातीत की उपस्थिति का 'औचित्य' सिद्ध हो जाएगा–(अर्थात् यदि सर्वोत्कृष्ट तक पहुँच पाना सम्भव नहीं है तो तुलनाएँ 'सम्पूर्ण' कैसे हो सकती हैं?)

क्या युग्मीय तुलनाओं से हम सर्वोत्कृष्ट तक पहुँच पाएँगे? इस प्रकार की धारणा में कुछ सत्व होता है–क्योंकि ठीक से तुलनाएँ कर पाने का अन्तिम परिणाम सर्वोत्कृष्ट का अभिज्ञान ही होना चाहिए। किन्तु यह निष्कर्ष भी सामान्यतः अव्यावहारिक लगता है। वास्तव में केवल एक परिमित समुच्चय में सम्पूर्ण एवं सकर्मक क्रमिकता ही युग्मीय तुलनाओं के माध्यम से सर्वोत्कृष्ट तक पहुँच सकती है।

फिर तो प्रश्न उठेगा कि किसी व्यवस्थित विषय का रूप धारण करने के लिए विवेचना को किस सीमा तक 'सम्पूर्ण' होना चाहिए? रॉल्स सहित न्याय सिद्धान्तकारों के 'सम्पूर्णतावादी' परिवेश में तो 'अपूर्णता' को विफलता मान लिया गया है–कम-से-कम, अपूर्णता से यह आभास अवश्य झलकता है कि अभी काम पूरा नहीं हुआ है। वास्तव में अपूर्णता रह जाने को ही न्याय सिद्धान्त की त्रुटि मान लिया जाता है। और उसमें निहित अन्य सभी सकारात्मक निष्कर्षों की अनदेखी कर दी जाती है। वास्तव में कुछ अपूर्णता को अपनी रचना में स्थान प्रदान करने वाला न्याय सिद्धान्त बहुत ही सशक्त और सार्थक निर्णयों तक पहुँचने में सहायक हो सकता है। यह अन्य प्रत्येक सामाजिक राजनीतिक, व्यवस्था के साथ सम्पूर्ण रूप से तुलनाएँ किए बिना ही समृद्ध विश्व में अकालों की विभीषिका या नारी के गम्भीर उत्पीड़न और शोषण जैसे अन्याय को सहज ही स्पष्ट कर सकता है। कहीं न कहीं किस देश में पेट्रोल पर कितना कर लगाने से पर्यावरण सुरक्षा की नीति के ध्येय पूरे हो पाएँगे आदि प्रश्नों पर भी चर्चा चल सकती है।

मैंने अपनी एक अन्य रचना में बहुत विस्तार से यह बात उठाई है कि सामाजिक न्यायसहित तर्क-आधारित मूल्यांकन के किसी सुगठित सिद्धान्त को सम्पूर्णताग्रही क्यों नहीं होना चाहिए। अनेक कारणों से अपूर्णता ही स्थायित्वपूर्ण विशेषता बन सकती

है : कहीं जानकारी में बहुत विशाल खाइयाँ होती हैं जिन्हें पार पाना सम्भव नहीं हो पाता, तो कहीं जानकारी की पूर्णता के बाद भी विभिन्न सरोकारों के बीच पूरी तरह तालमेल बिठा पाना सम्भव नहीं हो पाता। उदाहरण के लिए समता के विभिन्न सरोकारों के बीच समन्वय भी कठिनाई का कारण बन सकता है। रॉल्स के उस 'न्यून के अधिकतम' वाले नियम पर विचार करें जहाँ सर्वाधिक अभावग्रस्त के ज़रा-से लाभ को भी अन्य सभी पर वरीयता देने की बात कही गई है (भले ही इस प्रक्रिया में अन्य वर्गों को भारी हानि सहन करनी पड़ जाए)। निश्चय ही निष्पक्ष अवलोकनकर्ता इस बारे में कुछ भिन्न मत अपना सकते हैं। स्वातन्त्र्य को रॉल्स ने 'सर्वोपरि' मान लिया है (प्रथम नियम) किन्तु इसके नाम पर आर्थिक विषमता में कितनी कमी को कुर्बान किया जाए–के विषय में मतान्तर हो सकते हैं। हम पुस्तक में न्याय के बहुलतापूर्ण आयामों के महत्त्व को समझने के बारे में चर्चा कर चुके हैं। आगे भी कुछ अध्यायों में इस बारे में और बातचीत होगी।

इस प्रकार की अस्पष्टता के बाद भी अकालों की निरन्तरता और चिकित्सा अभाव के निवारण–लागत चाहे कुछ भी हो–निश्चय ही न्याय का संवर्धनकारी ही होंगे। हमें यह भी स्वीकार कर लेना चाहिए कि विभिन्न व्यक्तियों के स्वातन्त्र्यों में परस्पर टकराव हो सकते हैं और सभी के लिए समान स्तर पर स्वातन्त्र्य की बात को व्यावहारिक रूप दे पाना कठिन हो सकता है। फिर भी सरकार के इशारे पर उत्पीड़न, न्यायिक व्यवस्था को अनदेखा कर आरोपियों को बन्दीगृहों में डाले रखना आदि तो गम्भीर अन्याय के उदाहरण हैं और इन मामलों में तुरन्त सुधार किए जाने की आवश्यकता है।

यदि प्रत्येक व्यक्ति वैकल्पिक सामाजिक अवस्थाओं के बीच सम्पूर्ण क्रमिकता का निर्धारण कर पाने में समर्थ हो जाए फिर भी सामाजिक न्याय विषयक निर्णयों में कुछ अपूर्णता की सम्भावना बनाए रखने के कई सशक्त आधार हो सकते हैं। प्रायः न्याय सिद्धान्तों में सामाजिक सहमति या अनुबन्ध की बात उठाई गई है–(रॉल्स ने तो इसे मूल अवस्था से ही जोड़ दिया है) किन्तु, सहमति के बाद भी व्यक्तियों के निजी मूल्यांकनों में पर्याप्त अन्तर बने रह सकते हैं। यह बात अनेक तुलनात्मक निर्णयों से मेल भी खाती है 'अज्ञान का परदा' (veil of ignorance) आदि के माध्यम से निहित स्वार्थों और स्वहितों का निराकरण करने के बाद भी सामाजिक वरीयताओं को लेकर मतभेद बने रह सकते हैं। तीन बच्चों और बाँसुरी के उदाहरण में अपनी मेहनत के फल पर आधिकारिकता का प्रश्न ऐसी ही समस्या या मतभेद की बात उठाई गई थी।

यदि सभी सम्बद्ध पक्षों की न्यायविषयक क्रमिकताएँ सम्पूर्ण हों किन्तु सर्वांगसम नहीं हों तो फिर उनके प्रतिच्छादी अंश–अर्थात् विभिन्न पक्षों के सांझे विचारों से एक आंशिक क्रमिकता का जन्म हो सकता है। इसके स्वरूप विभिन्न वैयक्तिक क्रमिकताओं में समानता के आधार पर अलग-अलग हो सकते हैं।[17] सामाजिक चयन

सिद्धान्त में तो मूल्यांकन की अपूर्णता को सहज भाव से स्वीकार किया जा रहा है। यह बात न्याय सिद्धान्तों के लिए भी कम महत्त्वपूर्ण और सार्थक नहीं है (भले ही कुछ न्याय सिद्धान्त यही मानकर चल रहे हैं कि मूल अवस्था में पूर्ण सहमति अवश्य सम्भव हो सकती है)।

अतः वैयक्तिक मूल्यांकनों में सम्भावित अपूर्णताओं और उनमें अपूर्ण सर्वांगसमता के कारण सामाजिक न्यायविषयक निर्णयों में अपूर्णता एक स्थायी विशेषता का रूप धारण कर जाती है। इससे पूर्णरूपेण न्यायनिष्ठ समाज की रचना और उस विषयक अनुभवातीत निष्कर्ष तक पहुँचने में अवश्य ही कठिनाइयाँ आती हैं। यदि गणितीय दृष्टि से विचार करें तो हम कह सकते हैं कि परिमित समुच्चय में एक अपूर्ण किन्तु सक्रमक क्रमिकता से निश्चित रूप से 'अधिकतम' तत्त्वों का एक समूह प्राप्त होगा--जिसके सदस्य किसी भी अन्य तत्त्व द्वारा अभिभावित नहीं होते। किन्तु ऐसे अधिकतम तत्त्वों के समूह को हम सर्वोत्कृष्ट तत्त्वों का समूह नहीं मान सकते—अधिकतम होना सर्वोत्कृष्ट होने की गारंटी नहीं है। यह तो केवल इतना बताता है कि ये तत्त्व अन्यों से निकृष्ट नहीं हैं। यही नहीं, इस प्रकार की अपूर्णता अनेक मामलों में (जहाँ अन्याय को कम करने और न्याय को बढ़ाने के बारे में युग्मित तुलनाओं के विषय में काफी सहमति हो) तुलनात्मक मूल्यांकन करने में बहुत उपयोगी रहती है।

अतः न्याय के प्रति तुलनात्मक और अनुभवातीत विश्लेषण विधियों में वियुति बहुत ही व्यापक प्रतीत होती हैं। भले ही बौद्धिक स्तर पर 'एक न्यायनिष्ठ समाज क्या है?' यह प्रश्न महत्त्वपूर्ण लगे। किन्तु, मैं इसे किसी उपयोगी न्याय सिद्धान्त का प्रारम्भिक बिन्दु स्वीकार नहीं कर पाता। यहाँ इसके साथ इस स्वीकार्य निष्कर्ष को भी जोड़ सकते हैं कि यह प्रश्न न्याय सिद्धान्त की मंज़िल भी नहीं है। यह आवश्यक नहीं है कि तुलनात्मक न्याय को कोई व्यवस्थित सिद्धान्त एक न्यायपूर्ण समाज विषयक उपर्युक्त प्रश्न का उत्तर भी दे।

सामाजिक चयन : एक तर्क व्यवस्था

सामाजिक चयन सिद्धान्त न्याय सिद्धान्त के लिए अनेक दृष्टियों से सार्थक हो सकता है। यहाँ मैं सामाजिक सम्प्राप्तियों के पूर्वचर्चित पक्ष के अतिरिक्त केवल सात ऐसे बिन्दुओं पर चर्चा करूँगा जिनका योगदान महत्त्वपूर्ण रहता है।[18]

(1) तुलनात्मक पक्ष पर आग्रह--केवल अनुभवातीत पर नहीं

सम्भवतः न्याय सिद्धान्त में सामाजिक चयन सिद्धान्त का सबसे महत्त्वपूर्ण योगदान तो तुलनात्मक मूल्यांकन से सरोकार है। अनुभवातीत नहीं, तुलनात्मक विश्लेषण दृष्टि

क्या चुनना है, क्या निर्णय लेना है आदि के विषय में व्यावहारिक तर्कों का प्रयोग करती है—यह उस न्यायनिष्ठ समाज के स्वरूप को लेकर (जिस पर सहमति हो, न हो) अनुमान लगाती नहीं रह जाती! किसी काल्पनिक अति उत्कृष्ट और अव्यावहारिक विश्व का स्वप्न दिखाने के स्थान पर एक न्याय सिद्धान्त को वास्तव में सुलभ चयन विकल्पों के विषय में कुछ बात करनी चाहिए। मैं इन दोनों के बीच अन्तर पर पहले ही बहुत कुछ कह चुका हूँ। अतः यहाँ बस इतना ही।

(2) स्पर्धी नियमों की अपरिहार्य बहुलता की स्वीकारोक्ति

सामाजिक चयन सिद्धान्तों ने तर्कों की बहुलता को बहुत मान्यता दी है। वे सभी, कदाचित् टकरावपूर्ण तर्क सामाजिक न्याय के प्रश्नों पर विचार करते समय भी बरबस ध्यान आकर्षित कर लेते हैं। इस तर्क-बहुलता से केवल 'असम्भाव्यता' का निष्कर्ष मिलना ही आवश्यक नहीं है। हम इसकी यह व्याख्या भी कर सकते हैं : न्याय सिद्धान्त में कतिपय न हटाए जा सकने वाले नियमों के बीच स्थायी टकराव की सम्भावना पर ध्यान दिया जाना चाहिए। आगे आने वाले अध्यायों में हम बहुलता पर और चर्चा करेंगे।

(3) पुनः समीक्षा की अनुमति और उसे सहज बनाना

सामाजिक चयन सिद्धान्तों की एक अन्य महत्त्वपूर्ण विशेषता इनमें पुनः मूल्यांकन और आगे समीक्षा की गुंजाइश रही है। ऐरो के असम्भाव्यता प्रमेय का सबसे बड़ा योगदान यह स्पष्ट करना ही है कि सामाजिक चयन के बहुत-से सहज स्वीकार्य लगने वाले नियम अपने ही जैसे अन्य नियमों के साथ टकराव के कारण समस्या का कारण बन सकते हैं।

प्रायः हम किसी भी प्रश्न की ओर ध्यान आकर्षित करने वाले नियमों की सहज स्वीकार्यता पर विचार करके ही सन्तुष्ट रह जाते हैं। मानव मस्तिष्क उन सामान्य नियमों की गहरी पैठ को तुरन्त नहीं समझ पाता। किन्तु जब उन नियमों का निर्बन्ध रूप से निरूपण किया जाता है तो उनमें हमारे मूल ध्यान आकर्षित करने वाले कारक के अतिरिक्त और अनेक बातें भी सम्मिलित हो जाती हैं। इस प्रकार उन नियमों के विषय में हम सहमत होते समय अनेक अन्य कठिनाइयों की सम्भावनाओं के विषय में सोच भी नहीं पाते। किन्तु बाद में हमें यह तय करने को विवश होना पड़ जाता है कि क्या रखें क्या छोड़ दें। किसी को सामाजिक न्याय सिद्धान्त बहुत ही लचीले और अनिश्चयवादी प्रतीत हो सकते हैं (काँडोर्से तो अपने निष्कर्षों को ही चर्चा का आरम्भिक बिन्दु मानते थे—अन्तिम नहीं)। किन्तु रॉल्स और नॉज़िक

द्वारा बहुत कठिन और आग्रही नियमों पर आधारित अनमनीय सिद्धान्तों की रचना न्याय के विचार के साथ पूरा न्याय नहीं कर पाती।

(4) आंशिक समाधान की गुंजाइश होना

सामाजिक चयन सिद्धान्त इस सम्भावना को स्वीकार करते हैं कि (कई बार) सम्पूर्ण न्याय सिद्धान्त भी न्यायनिष्ठता की अपूर्ण क्रमिकता ही प्रदान कर पाएँगे। वास्तव में कुछ मामलों में पूर्णता के आग्रह का परिणाम कुछ ऐसा भी हो सकता है : 'एक्स' तथा 'वाई' को न्याय की दृष्टि से क्रमबद्ध नहीं किया जा सकता। ज़रा इसकी तुलना उस स्थिति से कर देखिए जहाँ आरम्भ में अपूर्णता को स्वीकार कर और अधिक जानकारी या समीक्षा के सहारे या फिर किन्हीं अन्य सहायक कसौटियों का प्रयोग कर पूर्णता की प्राप्ति के प्रयास किए जाते हैं।

न्याय सिद्धान्त को निश्चयात्मक और प्रारम्भिक (अनिश्चयात्मक) दोनों प्रकार की अपूर्णताओं के लिए कुछ गुंजाइश बनाए रखनी चाहिए। अनिश्चयात्मक अपूर्णता किसी गम्भीर अवधारणागत या मूल्यमानिक अवरोध नहीं बल्कि व्यावहारिक कठिनाइयों का परिणाम भी हो सकती है। ये व्यावहारिक कठिनाइयाँ जानकारी के अभाव, गणनाओं की दुरूहता या अनुप्रयोग की किन्हीं अन्य कठिनाइयों से जुड़ी हो सकती हैं। हर्बर्ट साइमन (Herbert Simon) ने इन्हीं कठिनाइयों को बहुत शानदार अभिव्यक्ति प्रदान करते हुए 'परिमित तर्कशीलता' के विचार का प्रतिपादन किया था।[19] भले ही अपूर्णता अनिश्चयात्मक हो, फिर भी यह इतनी 'स्थायी' होती है कि इसे उस व्यावहारिक न्याय सिद्धान्त में सम्मिलित करने का तकाज़ा हो सकता है जिसमें पुनर्विचार और पुनः समीक्षा के गुण विद्यमान हों। इसके विपरीत निश्चयात्मक अपूर्णता होने पर न्याय सिद्धान्त के निष्कर्षों में यह तथ्य समाहित हो जाता है कि जो समाधान किया जा रहा है वह आंशिक है—हाँ, सिद्धान्तों की आगे समीक्षा और उनमें परिवर्तन के मार्ग खुले हैं।

(5) व्याख्याओं और आदानों (जानकारियों) में अन्तर

सामाजिक चयन सिद्धान्तों की औपचारिक रचना में प्रायः वैयक्तिक वरीयताओं और सामाजिक निर्णयों के बीच फलनात्मक सम्बन्धों की किन्हीं पूर्वधारणाओं/ मान्यताओं के आधार पर समीक्षा सम्मिलित रहती है। और इस रचना की बहुत-सी व्याख्याएँ सम्भव होती हैं। उदाहरण : यहाँ सिद्धान्तकारों में वैयक्तिक हितों के समूहीकरण और वैयक्तिक निर्णयों के समूहीकरण को लेकर बहुत विचार-विमर्श होता रहा है।[20]

किसी व्यक्ति की आवाज़ पर ध्यान देने के दो कारण हो सकते हैं : उसके हित इस समस्या से जुड़े हों या फिर उसके तर्क और निष्कर्ष सारी चर्चा को एक नई रोशनी प्रदान कर रहे हों। किसी व्यक्ति के निष्कर्षों को महत्त्व दिए जाने के दो कारण सम्भव हैं : वह सम्बद्ध समूह का सदस्य होने के नाते अपनी बात कहने का अधिकारी हो या फिर उस व्यक्ति के तर्क और उस द्वारा प्रतिपादित परिप्रेक्ष्य उसकी अपनी असम्बद्धता के बावजूद सारे मूल्यांकन-विश्लेषण को एक नई अन्तर्दृष्टि प्रदान करने में सक्षम हों। इसे सार्थकता के कारण अधिकारिता[21] का नाम दिया जा सकता है? रॉल्स के निष्पक्ष परिप्रेक्ष्य में तो सदस्यता का पक्ष ही राजनीतिक स्तर पर समस्त महत्त्व का अधिकारी बन गया है। दूसरी ओर एडम स्मिथ का निष्पक्ष अवलोकनकर्ता ज्ञानवृद्धि कर पाने में सक्षम होने के कारण अधिकारिता पाता है। (इस प्रकार स्थानीय स्तर पर संकुचित मानसिकता से उबरा जा सकता है)। इस अन्तर को हम अध्याय 6 में और विस्तारपूर्वक समझने का प्रयास करेंगे।

कई बार तथाकथित वैयक्तिक क्रमिकताओं और वरीयताओं को विभिन्न व्यक्तियों से जोड़ने के स्थान पर एक ही व्यक्ति द्वारा निर्णयगत प्रश्नों के प्रति विभिन्न दृष्टिकोणों के साथ जोड़कर भी देखा जा सकता है। ये सभी दृष्टिकोण सम्मान और ध्यान दिए जाने के अधिकारी हो सकते हैं। एक और प्रकारान्तर भी सम्भव है : वैयक्तिक क्रमिकताएँ वैयक्तिक वरीयताओं का परिणाम नहीं हैं (जैसा कि सामान्यतः मान लिया जाता है) ये तो पृथक-पृथक तर्कों के प्रयोग द्वारा निर्धारित क्रम हैं। कुल मिलाकर हम कह सकते हैं कि सामाजिक चयन सिद्धान्त विषय का सम्बन्ध विभिन्न परिप्रेक्ष्यों और वरीयताओं के आधार पर सामाजिक चयन के विषय में सामान्य निर्णय पर पहुँचने से है।

(6) सटीक अभिव्यक्ति और तर्क पर आग्रह

पूर्ण रूप से स्पष्ट परिभाषित पूर्वधारणाओं/मान्यताओं और उनके आधार पर ध्यानपूर्वक की गई व्युत्पत्तियों से यह स्पष्ट हो जाता है कि क्या माना जा रहा है और उसका क्या परिणाम निकलता है। इसी कारण स्पष्टवादिता में एक सामान्य (और महत्त्वपूर्ण) अच्छाई मानी जाती है। किन्तु सार्वजनिक चर्चाओं में न्याय के तकाज़ों और न्याय सिद्धान्तों में भी स्पष्ट अभिव्यक्ति और सुस्पष्ट तर्कों का अभाव दिख जाता है। यदि यहाँ स्पष्टवादिता आ जाए तो यह भी न्याय के संवर्धन में एक योगदान ही होगा? ज़रा रॉल्स के इस दावे पर गौर करें कि मूल अवस्था में उनकी सुझाई गई वरीयताओं को लेकर अनुबन्ध हो जाएगा और उनके प्रथम नियम की स्वातन्त्र्य की सर्वोच्च प्राथमिकता व द्वितीय नियम की सर्वाधिक अभावग्रस्त समूह के प्राथमिक पदार्थों पर अधिकार की सशर्त प्राथमिकता भी इस अनुबन्ध में सम्मिलित होंगी।

किन्तु और भी कई प्रकार के आकर्षक अनुबन्ध हो सकते हैं—हाँ, यह आवश्यक नहीं कि उन पर मूल अवस्था जैसी परिस्थितियों में भी स्पष्ट सर्वसम्मति हो जाए। रॉल्स के इस आग्रह के पीछे कि मूल अवस्था में उनके दो नियमों पर पूर्ण सहमति हो जाएगी, कोई निश्चयात्मक तर्क नहीं दिखाई देते। यह भी स्पष्ट नहीं होता कि कौन सी आदर्शमूलक मान्यता निश्चित चयन का आधार होगी, अथवा उसके प्रति संगत सिद्ध होगी। वास्तव में सामाजिक चयन के अनेक अध्येताओं ने रॉल्स की इन पूर्व धारणाओं के आधार को पहचानने का कार्य किया है।[22] उन्हीं से यह स्पष्ट होता है कि सारी बहस किस बारे में हो रही है। पूर्वधारणाओं से संगति 'क्या चुना जाए' के कठिन प्रश्न का समाधान तो नहीं कर पाती, किन्तु इनसे ये संकेत तो मिल ही जाते हैं कि आदर्शमूलक चर्चा की कौन-सी दिशा अधिक फलदायक सिद्ध होगी।

यह सत्य है कि मानवीय जीवन मूल्य और सामाजिक तर्कशास्त्र को सटीक पूर्वधारणाओं में समाहित कर पाना कठिन होता है। फिर भी इस विषय में यथासम्भव स्पष्टता चर्चा को अधिक सार्थक बनाने में सहायक होती है? सटीक निरूपण में पूर्वधारणाओं के स्वरूप और स्तर का निर्धारण अन्ततः अध्येता के अपने निर्णय पर निर्भर रहता है, फिर भी उन सरोकारों का जो महत्त्वपूर्ण होते हैं, किन्तु जिन्हें पूर्वधारणा का रूप दे पाना सहज नहीं होता, भी ध्यान रखा जाना चाहिए। उन पर अपेक्षाकृत सामान्य शब्दों में चर्चा हो सकती है। इस प्रकार की परस्पर वैचारिक आदान-प्रदान की प्रक्रिया में सामाजिक चयन सिद्धान्त एक महत्त्वपूर्ण स्पष्टकारी भूमिका निभा सकते हैं।

(7) सामाजिक चयन में सार्वजनिक तर्कों की भूमिका

भले ही सामाजिक न्याय सिद्धान्तों के विषय को अनेक गणितज्ञों ने प्रतिपादित और संवर्धित किया है, इसका सार्वजनिक स्तर पर तर्क और चर्चाओं से गहरा सम्बन्ध रहा है। गणितीय परिणाम सामाजिक चर्चाओं में योगदान दे सकते हैं। कॉंडोर्से (जो एक प्रतिष्ठित गणितज्ञ थे) का मन्तव्य यही था। उनके मतदान विरोधाभास सहित असम्भाव्यता परिणाम और अधिक दूरगामी ऐरो प्रमेय आदि सभी समस्याओं पर विचार-मन्थन करने और उनकी सार्वजनिक स्तर पर समीक्षा करने की विधियों में योगदान ही है।

सामाजिक चयन सिद्धान्तों के एक अन्य असम्भाव्यता फलन (पैरेटोवादी उदार की असम्भाव्यता) पर विचार करें। यह प्रमेय किसी भी अन्य विषय में समाजव्यापी वरीयता और व्यक्तियों के जीवन-धारण के न्यूनतम स्वातन्त्र्य के बीच असंगति को दर्शाता है।[23] मैंने यह परिणाम 1970 में प्रस्तुत किया था और उसके बाद से इस

असम्भाव्यता परिणाम और इसके निहितार्थों को लेकर बहुत कुछ लिखा गया है।[24] इस क्रम में वरीयता की सार्थकता की भी समीक्षा की गई है। उससे स्पष्ट होता है भले ही कोई वरीयता सर्वसम्मति से तय की गई हो, उसे तय करने की प्रक्रिया में प्रयोग किए गए तर्कों का भी महत्त्व होता है। साथ ही सामाजिक चयन सिद्धान्तों में स्वातन्त्र्य और उदारवाद के महत्त्व को सही रूप से सम्मिलित करने के बारे में भी चर्चाएँ हुई हैं। इस बारे में हम अध्याय–14 में विस्तार से बात करेंगे। इस प्रमेय ने व्यक्तियों द्वारा अपने व्यक्तिगत जीवन पर भी पारस्परिक अधिकारों का सम्मान करने की आवश्यकता पर भी चर्चा का आरम्भ कराया है। इसका कारण इस असम्भाव्यता प्रमेय की 'सर्वव्यापी प्रभाव क्षेत्र' नामक शर्त में छिपा है जिसके अनुसार वैयक्तिक वरीयताओं का प्रत्येक समुच्चय समान रूप से स्वीकार्य होता है। यदि हमारे उदाहरण से यह परिणाम निकले कि सभी के स्वातन्त्र्य की संरक्षणा के लिए हमें एक-दूसरे के जीवन मूल्यों के प्रति परस्पर सहिष्णुता सीखनी होगी तो फिर यह परिणाम सहज ही सहिष्णुता के पक्ष में एक सार्वजनिक विमर्शजनित तर्क का रूप धारण कर लेगा।[25] इस तरह से औपचारिक रूप से केवल असम्भाव्यता परिणाम होते हुए भी इस प्रमेय के विभिन्न प्रकार के सार्वजनिक तर्कों, स्वातन्त्र्य के तकाज़ों के सही बोध और तर्क तथा व्यवहार के मानकों की समीक्षा के लिए अनेक निहित अर्थ स्पष्ट हो जाते हैं।

संस्थागत सुधार और व्यवहार में परिवर्तन की परस्पर निर्भरता

हमने पहले भी कहा है कि सामाजिक न्याय के आधार पर व्यवहार पर पुनः विचार को बढ़ावा देने और सामाजिक व्यवहार के मानकों को ध्यान में रखते हुए न्याय के संवर्धन के संस्थागत स्तर पर प्रयासों के बीच द्विपक्षीय सम्बन्ध है। कॉंडोर्से का नारी शिक्षा पर आग्रह इस प्रकार से परिवार और सामाजिक जीवन के साथ-साथ सार्वजनिक क्षेत्रों में नारी की आवाज़ को स्थान दिलाने की आवश्यकता को परिलक्षित करता है। नारी की वाणी के इस महत्त्व को स्वीकार करने पर हमें अपनी सार्वजनिक नीतियों में नारी शिक्षा को इसके प्रत्यक्ष लाभों और परोक्ष परिणामों के आधार पर सामाजिक स्तर पर न्याय के प्रसार की युक्ति का अंग बनाने की प्रेरणा मिल सकती है।

कॉंडोर्से के सामाजिक दर्शन में शिक्षा और ज्ञानोदीप्ति की भूमिकाओं का केन्द्रस्थ महत्त्व है। उदाहरण के लिए माल्थस (Malthus) के मानवीय तर्कशास्त्र की इस समस्या से निपट पाने में विफलता के विपरीत कॉंडोर्से के जनसंख्या वृद्धि सम्बन्धी विचार

अधिक संयत रहे हैं। इन्होंने माल्थस से पहले ही इस बात को उठाया था कि यदि जनसंख्या वृद्धि पर अंकुश नहीं लगा तो विश्व में गम्भीर जनसंख्या समस्या पैदा हो जाएगी। माल्थस ने स्वयं अपने अधिक चिन्ताकारी सिद्धान्त का प्रतिपादन करते समय कॉंडोर्से के इस मत के प्रति आभार व्यक्त किया है।

किन्तु कॉंडोर्से ने यह निश्चित मत भी व्यक्त किया था कि सामाजिक ज्ञान से सम्पन्न अधिक शिक्षित समाज, जिसमें नारी शिक्षा का प्रसार अधिक व्यापक हो, जनसंख्या वृद्धि दर में भारी कटौती करने में (यहाँ तक कि उसकी दिशा बदल देने में भी) सफल हो सकता है। किन्तु माल्थस ने इस विचार को स्वीकार नहीं किया–बल्कि इसके लिए कॉंडोर्से को मूर्ख तक कह डाला था। किन्तु आज यूरोप में जनसंख्या में कमी और शेष विश्व में नारी शिक्षा के जनसंख्या नियन्त्रण में विशेष योगदान के प्रमाण कॉंडोर्से के ज्ञान प्रसार विषयक मत की पुष्टि कर रहे हैं–(और माल्थस के विचार का खंडन कि बिना दबाव के मानवीय परिवार का आकार सीमित नहीं हो पाएगा)।[27] पारिवारिक निर्णयों और सामाजिक प्रक्रियाओं में व्यक्ति एवं सार्वजनिक विमर्श की भूमिकाओं पर कॉंडोर्से का आग्रह सामाजिक चयन सिद्धान्तों की सामान्य रचना के आधार में रचा-बसा है।

वास्तव में एक ओर सामाजिक विमर्श और दूसरी ओर भागीदारीपूर्ण सामाजिक निर्णयों के तकाज़ों के बीच सम्बन्ध केवल लोकतन्त्र को अधिक प्रभावोत्पादक बनाने की व्यावहारिक चुनौती ही नहीं वरन् सामाजिक चयन और निष्पक्षता के आधार पर सामाजिक न्याय के विचार को स्पष्ट निरूपित करने के लिए भी महत्त्वपूर्ण है। हमारी इस रचना में इन दोनों प्रयासों का स्थान बहुत महत्त्वपूर्ण है।

5

समदर्शिता और वस्तुनिष्ठता

जुलाई 14, 1789 के दिन पेरिस के विशाल शाही दुर्ग और कारागार को जनता ने पददलित कर दिया। इस जन-क्रान्ति के आवेग को बढ़ते देख फ्रांस की राष्ट्रीय महासभा ने अगस्त में 'मानवाधिकारों का घोषणा पत्र' पारित किया और नवम्बर में अपने सदस्यों के सम्राट लुई XVI द्वारा प्रस्तावित किसी भी पद को स्वीकार करने पर प्रतिबन्ध लगा दिया। किन्तु, जिन एडमंड बर्क ने बड़े भावावेश में भारत में ईस्ट इंडिया कम्पनी के दमनचक्र के विरोध और बाद में 1776 में अमरीकी क्रान्ति के पक्षधरों के पक्ष में जमकर भावपूर्ण भाषण दिए थे, उनका फ्रांसीसी क्रान्ति के बारे में क्या मत रहा? क्या उन्होंने इसका तत्काल स्वागत किया था? क्या लंदन की क्रान्तिकारी सोसायटी जिसने फ्रांसीसी महासभा को नवम्बर 1789 के निर्णय पर बधाई दी थी, के विचारों के प्रति बर्क के मन में सहानुभूति थी? उत्तर है—नहीं। बर्क फ्रांसीसी क्रान्ति के प्रखर विरोधी थे और उन्होंने लंदन में संसद में इसकी कड़ी भर्त्सना करते हुए फरवरी 1790 में एक भाषण भी झाड़ दिया था।

बर्क व्हिग दल के सदस्य थे, किन्तु फ्रांसीसी क्रान्ति को लेकर उनके विचार अनुदारवादी थे। वास्तव में उन्हीं द्वारा किए गए इस क्रान्ति के मूल्यांकन को आधुनिक अनुदार विचारधारा का आधार-स्तम्भ माना जाता है। यह मूल्यांकन *रिफ्लेक्शन्स ऑन द रिवोल्यूशन इन फ्रांस* के नाम से प्रसिद्ध है। किन्तु इस मूल्यांकन का उनके भारत में दमन-चक्र के विरोध से कोई टकराव नहीं है। वह विरोध भी मूलतः अनुदार मत पर ही आधारित था। उन्हें भारत की पुरानी सामाजिक व्यवस्था और कार्य-पद्धति के विघटन पर आपत्ति थी। वे नए ब्रिटिश शासन द्वारा भारत में मचाई गई उथल-पुथल के विरोधी थे, इसी प्रकार उन्हें फ्रांस की उथल-पुथल भी पसन्द नहीं आ रही थी। आज के वैचारिक वर्गीकरण में भारत में ब्रिटिश शासन पर बर्क के विचार 'वामपंथी' कहे जाएँगे, किन्तु फ्रांसीसी क्रान्ति के सन्दर्भ में वही बर्क 'दक्षिणपंथी' नज़र आएँगे। किन्तु ये दोनों आयाम उनके अपने सिद्धान्तों के साथ पूर्ण संगति के साथ जुड़े हैं। इनमें कोई विरोधाभास नहीं है।

किन्तु अमरीका के स्वाधीनता संग्राम का समर्थन क्या एक बड़ी उथल-पुथल का समर्थन नहीं था? उनके उपर्युक्त विचारों के साथ इसका मेल कैसे बिठा पाएँगे?

मेरा अपना विचार है कि विभिन्न सन्दर्भों में किसी व्यक्ति के फैसलों की केवल एक कसौटी के आधार पर व्याख्या नहीं होनी चाहिए (यहाँ यह कसौटी अनुदार विचारधारा है)। यह बात बर्क जैसे विराट प्रतिभा के धनी बुद्धिजीवी पर विशेष रूप से लागू होती है, वे अनेक प्रकार के सरोकारों (प्रयासों) से जुड़े रहते थे और अनेक पक्षों की ओर समाज का ध्यान आकर्षित कर सकते थे। किन्तु किसी एक घटना पर लागू होने वाली बात न्याय के विभिन्न तर्कों पर समान रूप से लागू हो सकती है। वस्तुतः 18वीं शताब्दी के विभिन्न घटनाचक्रों पर बर्क के विचारों की व्याख्या उनकी किसी एक वैचारिक अभिनति के आधार पर करना ही गलत होगा—यह अभिनति चाहे अनुदारवादी हो या क्रान्तिकारी।

वैसे अमरीकी क्रान्ति के सन्दर्भ में भी बर्क एक सशक्त अनुदार धारा का समर्थन करते नज़र आते हैं। संसद में फ्रांसीसी क्रान्ति की भर्त्सना के कुछ ही समय बाद इंग्लैंड की प्रखर नारीवादी नेत्री और क्रान्तिकारी कार्यकर्त्ता मैरी वोल्स्टोनक्राफ्ट ने बर्क से कुछ तीखे सवाल पूछे थे। ये एक लम्बे पत्र के रूप में एक पुस्तक में संकलित हैं। मैरी ने बर्क के फ्रांसीसी क्रान्ति विषयक विचार को आधार बना कर टिप्पणी की थी : "मैं तो यह समझ ही नहीं पाती कि बर्क अमरीकी क्रान्ति का समर्थन किस आधार पर कर रहे हैं।" बर्क के अमरीकी क्रान्तिविषयक विचारों का मैरी किस कारण से विरोध कर रही थीं?

मैरी वोल्स्टोनक्राफ्ट वास्तव में स्वातन्त्र्य के अपर्याप्त संरक्षण को लेकर चिंतित थीं। उन्हें समाज का दो वर्गों में विभाजन दिखाई दे रहा था। क्रान्ति एक वर्ग के स्वातन्त्र्य के संवर्धन और सुरक्षा की बात कर रही थी किन्तु शेष वर्गों की दुर्गति पर चुप्पी साधे हुई थी। इनकी आपत्ति बर्क द्वारा क्रान्ति का समर्थन कर रहे बर्क की अमरीका के निवासी गुलामों की दशा पर नितान्त चुप्पी और गैर-गुलाम के स्वातन्त्र्य अधिकार वाली स्वतन्त्रता की वकालत पर थी। मैरी का कहना था :

"बर्क के विचारों का तर्क तो गुलामी को एक स्थायी आधार पर अवस्थित कर देता है। उनके पुरातनवादी मानसिकता के प्रति दास्यभाव और स्वहित चिन्तन से तो यही आभास मिलता है कि वे गुलामों के व्यापार को केवल इसलिए बंद होते नहीं देखना चाहते कि हमारे उन बुज़ुर्गों ने, जिन्हें मानव के अन्तर्भूत सम्मान की भावना का ज्ञान नहीं था, एक ऐसी प्रथा प्रारम्भ कर दी थी जिसने तर्क और धर्म की सभी मर्यादाओं को पददलित कर एक अमानवीय प्रथा का अनुसरण करने को ही राष्ट्रप्रेम की कसौटी मान लिया था। इसी के अनुसरण को हम अपनी सम्पत्ति की सुरक्षा मान बैठे हैं।"[1]

अमरीका में भी गुलाम प्रथा का अन्त हुआ; किन्तु यह शेष ब्रिटिश साम्राज्य में इसके अन्त के बहुत बाद, 1860 के दशक के गृहयुद्ध के बाद ही सम्भव हो पाया। वोल्स्टोनक्राफ्ट की बर्क की आलोचना को हम सैद्धान्तिक संगति से भिन्न

परिप्रेक्ष्य में भी देख सकते हैं। वास्तव में गुलामों के प्रति व्यवहार से स्वतन्त्रता की प्रतिबद्धता के गम्भीर रूप से बाधित होने की बात अमरीका को बहुत देर से समझ आई थी। यहाँ तक कि राष्ट्रपति अब्राहम लिंकन ने भी प्रारम्भ में गुलामों के लिए केवल जीवन, स्वातन्त्र्य और श्रम के फलों पर अधिकार की बात ही उठाई थी—उन्हें पूर्ण नागरिक और राजनीतिक अधिकार देने की मांग नहीं की थी। और यह बात मैरी वॉल्स्टोनक्राफ्ट द्वारा अमरीकी स्वातन्त्र्यवाद की नारेबाज़ी के खोखलेपन को उजागर करने के 70 वर्ष बाद हो रही थी।

मैरी के सभी तर्कों का सार यही है कि यदि स्वातन्त्र्य मानवों को दो वर्गों में बाँट कर अपने सभी सरोकार एक वर्गविशेष तक सीमित रखा जाएगा तो स्वातन्त्र्य का वह स्वरूप अधिक समय तक धारणीय नहीं रह पाएगा। बर्क को लिखे अपने पत्र के दो वर्षों बाद मैरी ने मानवाधिकारों पर अपने दूसरे शोध पत्र का प्रकाशन किया। यह था *ए विंडीकेशन ऑफ द राइट्स ऑफ वूमैन*[2] इस रचना की एक मुख्य धारा यही थी कि नारी को समान अधिकार दिए बिना केवल पुरुषों के अधिकारों को ही मानव अधिकार कहे जाना निरर्थक है। उनका मुख्य आग्रह यही है कि न्याय को न्याय बनने के लिए सर्वव्यापी होना होगा—यह केवल कुछ ही व्यक्तियों की समस्याओं और कष्टों के निवारण तक सीमित नहीं रह सकता।

निष्पक्षता, समझ और सापेक्षता

क्या नीतिशास्त्र, विशेष रूप से न्यायनिष्ठा के प्रति ऐसा विचार सहज समझने योग्य (understanding) हो सकता है जो केवल कुछ ही व्यक्तियों पर ध्यान देता हो और अन्य को असम्बद्ध मानकर अनदेखा कर देता हो? आधुनिक युग में नैतिक एवं राजनीतिक दर्शनों, ने प्रायः मैरी वोल्स्टोनक्राफ्ट के मार्ग का ही अनुसरण किया है और (बड़े उग्र स्वर से) मांग की है कि सभी को नैतिक और राजनीतिक प्रक्रिया से सम्बद्ध माना जाए। भले ही किसी कारणवश हम किसी समूह के घटकों या राष्ट्र के नागरिकों के स्वातन्त्र्य आदि पर अपना ध्यान केन्द्रित रख रहे हों किन्तु यह ध्यान रहे कि ऐसा संकुचित केन्द्रण भी मूलतः एक विस्तृत और अधिक क्षमतापूर्ण परिवेश का अंग है जिसमें सभी व्यक्तियों को एक समान माना जा रहा है। मनमाने ढंग से किसी चुने हुए वर्ग में किसी को शामिल कर लेना एक पूर्वाग्रह का ही परिचायक होगा। सभी को (व्यापक स्वरूप में) सम्मिलित करने की मैरी की मांग समदर्शिता (impartiality) का अविभाज्य अंग है। इसी सन्दर्भ में हमने पिछले अध्यायों में (विशेषकर पहले अध्याय में) नीतिशास्त्र और न्याय के सिद्धान्तों पर चर्चा की है।

उस सर्वव्यापी मांग को समझाने के लिए इमेन्युअल काँट जितना प्रयास शायद ही किसी ने किया हो। इस विषय में उनकी एक उक्ति तो बहुत ही स्पष्ट रूप से

इस नियम को समाहित किए हुए है : "सदा ऐसे नियम के अनुसार काम करो जो सभी के लिए मान्य हो।"[3] जब महान उपयोगितावादी अर्थशास्त्री हेनरी सिगविक (Henry Sidgwick) ने सर्वग्राह्यता का अपना विचार प्रतिपादित किया तो उन्होंने उपयोगितावाद और काँट के दर्शन में अन्तर के बावजूद अपनी इस समझ-बूझ के लिए काँट का आभार व्यक्त किया था। उन्होंने अपनी प्रतिष्ठित पुस्तक, *द मेथड्स ऑफ एथिक्स* के प्राक्कथन में ही इस आभार को इस प्रकार अभिव्यक्त किया है : मैंने काँट की उक्ति को कुछ इस प्रकार ग्रहण किया है कि जो मेरे लिए उचित है वह ऐसी परिस्थितियों में पड़े प्रत्येक व्यक्ति के लिए मान्य होना चाहिए। मुझे काँट का यह नियम सूत्र निश्चित रूप से आधारभूत, निश्चित ही सत्य लगता है और यह व्यावहारिक महत्त्व से शून्य नहीं है।[4] काँट के नियम सूत्र को निश्चित रूप से सत्य घोषित करते समय सिगविक ने जिस भाषा का प्रयोग किया है वह प्रायः नीतिशास्त्र में नहीं, बल्कि विज्ञान और मीमांसा में अधिक प्रयुक्त होती है।

मैंने पहले चर्चा की है कि किस प्रकार मूल्यांकन में समदर्शिता से नैतिक एवं राजनीतिक दर्शन में वस्तुनिष्ठता (objectivity) का विचार सहज बोधगम्य हो जाता है। विज्ञान और मूल्यों के विलगाव में जिन शब्दों का प्रयोग गलती से हुआ मान लिया जाता है वह भी भाषा द्वारा स्वीकार कर लिए गए किसी अनुशासन को ही परिलक्षित कराता है। इस दृष्टि से सिगविक द्वारा काँट के सूत्र को निश्चित रूप से सत्य घोषित करना बिना किसी बहसबाज़ी के यह स्पष्ट कर देता है कि नैतिक दावों को किस प्रकार वस्तुनिष्ठ या सत्य माना जा सकता है। इस प्रकार के दावों और वक्तव्यों में प्रयुक्त शब्दावली में निहित सूझ और सम्प्रेषण न्याय और अन्याय की भाषा की साँझी सूझ को परिलक्षित कराती है—भले ही उन दावों को समझने के बाद उनके सार स्वरूप का विरोध ही किया जाए।

यहाँ गैर अन्तःनिष्ठता से सम्बद्ध दो प्रश्न हैं : एक तो वस्तुनिष्ठ आधार पर समझने और सम्प्रेषण करने से जुड़ा है (इससे किसी भी व्यक्ति के विचार और धारणाएँ किसी ऐसी वैयक्तिक अन्तःदृष्टि में सीमित नहीं रह जाते जिसमें अन्य व्यक्तियों की पैठ सम्भव नहीं हो)। दूसरा पक्ष वस्तुनिष्ठ स्वीकार्यता का है—इसके आधार पर विभिन्न व्यक्तियों के दावों की सत्यता को लेकर बहस हो सकती है। बात चाहे वोल्स्टोनक्राफ्ट द्वारा सभी व्यक्तियों को नैतिक एवं राजनीतिक मूल्यांकन में सम्मिलित करने को सही ठहराने की हो या सिगविक द्वारा सर्वव्यापकता और निष्पक्षता की सत्यता के प्रतिपादन की। दोनों में ही विभिन्न व्यक्तियों के बीच अवबोधन और सामान्य रूप से अन्तर विद्यमान होने की बात भरी हैं। दोनों ही अपने-अपने तरीके से वस्तुनिष्ठता की बात कर रहे हैं। नैतिक वस्तुनिष्ठता विषयक रचनाओं में दोनों ही विचारों की समीक्षा हुई है और पाया गया है कि ये परस्पर सम्बन्धित तो हैं, किन्तु पूर्णतः एक समान नहीं हैं।

उलझन, भाषा और सम्प्रेषण

मैं यहाँ सम्प्रेषण एवं विभिन्न व्यक्तियों के बीच (परस्पर) अवबोधन से बात आरम्भ कर रहा हूँ। ये दोनों बातें सार्वजनिक विचार-विमर्श में बहुत महत्त्वपूर्ण होती हैं। हमारी भाषा में अनेक ऐसी बातें/उक्तियाँ हैं जिनका हम नैतिक मूल्यांकनों में प्रयोग करते हैं। यहाँ तथ्यों और मूल्यों में बहुत-से उलझाव भर गए हैं। विवियन वाल्श (Vivian Walsh) ने ठीक ही कहा है कि 'तथ्यों और मूल्यों का उलझाव' एक सुविधाजनक उक्ति बन गई है किन्तु हिलेरी पुतनम (Hilary Putnam) का यह कहना सत्य है कि वास्तव में तथ्य, परम्परा और मूल्यों की त्रिपक्षीय उलझन बन गयी है।[5] हमारी सामाजिक और नैतिक अन्वेषणाओं का अर्थ समझ पाने में परम्पराओं की सूझ की भूमिका पर हम यहाँ विशेष आग्रह कर रहे हैं।

बीसवीं शताब्दी के सम्भवतः सबसे अधिक नवप्रवर्तनकारी मार्क्सवादी दार्शनिक एन्टोनियो ग्रामस्की (Antonio Gramsci) ने अपने *लेटर्स फ्रॉम प्रिज़न* (फासीवादियों की जेल से) में अस्सी वर्ष पूर्व कहा था : "अपने विश्वबोध को विकसित करते समय हम अपने समुदाय विशेष के सदस्य ही बने रहते हैं–हम उसी समुदाय की सभी सामाजिक विशेषताओं, सोच और व्यवहार के आधार पर उस बोध की रचना करते हैं। हम सभी किसी न किसी प्रकार के अनुगमनवादी ही बने रहते हैं। सदैव किसी समूह में एक व्यक्ति या एक 'सामुदायिक व्यक्ति' बने रहते हैं।[6]

यहाँ हमारी चर्चा किसी दिग्वर्तन से ग्रस्त लग सकती है–पर यह ग्रामस्की द्वारा व्याकरण के नियमों और उलझावों पर ध्यान आकर्षित करने से जुड़ा है। इनका समकालिक दर्शन के विकास पर बहुत प्रभाव रहा है। मेरा मत[7] है कि ग्रामस्की के विचारों ने लुडविग विट्टजेन्स्टीन के विचारों में बड़े बदलाव में भूमिका निभाई है। पियरो सर्राफा (Piero Sraffa) से प्रभावित हो विट्टजेन्स्टीन फिर तो अपने *पिक्चर थ्योरी ऑफ मीनिंग* नामक अन्त एवं अर्थविहीन अनुसंधान से विमुख हो गए। उनकी 1921 की पूर्व उद्धरित रचना में प्रत्येक वाक्य को किसी वस्तुस्थिति के एक चित्र या रूपक का प्रतिनिधि माना जाता था जिससे कि उसकी तर्क-स्थापना और उस द्वारा परिभाषित विषयवस्तु की तार्किक रचना एक समान रहे।

वर्ष 1929 में केम्ब्रिज वापस आने के बाद विट्टजेन्स्टीन को अपनी उस विश्लेषण विधि के ठीक होने पर सन्देह होने लगा (वैसे वे वहीं पर पहले बर्ट्रेंड रसेल (Bertrand Russell) के विद्यार्थी रह चुके थे)। इस बदलाव में अर्थशास्त्री पियरो स्राफा (विट्टजेन्स्टीन की ही भाँति ट्रिनिटी कॉलेज में आधारित) ने बहुत बड़ा योगदान दिया है। इन पर ग्रामस्की द्वारा प्रारम्भ पत्रिका ला ओर्डीन न्युआवो (L'ordine Nuovo) के बौद्धिक वातावरण का भी गहरा प्रभाव पड़ा। प्रतिष्ठित फिनलैंडवासी दार्शनिक हेनरिक वान राइट (Henrik von Wright) से चर्चा करते हुए एक बार विट्टजेन्स्टीन ने कहा था

कि इन सब बातों से उन्हें लगने लगा है कि वे एक ऐसे वृक्ष हैं जिसकी सभी शाखाएँ काट दी गई हैं। विट्टजेन्स्टीन की रचनाओं को पूर्वकालिक एवं पश्चकालिक भागों में बाँटा जाता है। इस विभाजन की रेखा वर्ष 1929 ही है। अपने प्रभावशाली ग्रन्थ *फिलोसोफिकल इन्वेस्टीगेशन्स्* की भूमिका में उन्होंने इस आलोचना के प्रति कृतज्ञता व्यक्त की है कि इसी विश्वविद्यालय के एक शिक्षक पियरो सर्राफा अनेक वर्षों से निरन्तर उनके विचारों पर आचरण करते रहे हैं—और कहा है कि वे इस आलोचना के ऋणी हैं कि इसने उन्हें उस पुस्तक के सर्वाधिक सारपूर्ण विचारों को निखारने के लिए प्रेरित किया है।[8]

विट्टजेन्स्टीन ने केम्ब्रिज के ही एक अन्य दार्शनिक मित्र रश रीस (Rush Rhees) से कहा था : सर्राफा ने मुझे दार्शनिक समस्याओं के नृ-वैज्ञानिक (anthropological) परिप्रेक्ष्य की शिक्षा दी है।[9] उनकी पहली रचना *ट्रेक्ट्रेस* तो भाषा को उसके प्रयोग के सामाजिक सन्दर्भ से स्वतन्त्र मान रही थी किन्तु दूसरी रचना *फिलोसोफिकल इन्वेस्टीगेशन्स्* ने आग्रह किया है कि परम्पराएँ और नियम ही विभिन्न कथनों को विशेष अर्थ प्रदान करते हैं। इसी को विवियन वाल्श ने त्रिपक्षीय उलझाव का नाम दिया है—जिसमें स्राफा और ग्रामस्की को भी गहरी रुचि थी। आगे चल कर एंग्लो-अमरीकी दर्शन धारा में सामान्य भाषा के परिप्रेक्ष्य की इस स्थापना में विट्टजेन्स्टीन के 1929 के बाद के विचारों का प्रभाव स्पष्ट रूप से देखा जा सकता है।*

ग्रामस्की ने दर्शन में सामान्य भाषा के महत्त्व को स्पष्ट करने पर बहुत आग्रह किया था। उसने इस मीमांसा शास्त्रीय प्रश्न के महत्त्व को अपने सामाजिक और राजनीतिक सरोकारों के साथ भी जोड़ लिया था। *द स्टडी ऑफ फिलॉसफी* पर एक लेख में उन्होंने "सन्दर्भ के कुछ प्राथमिक बिन्दुओं" की चर्चा करते हुए बड़ा साहसपूर्ण दावा किया है कि इस पूर्वाग्रह को नष्ट करने की आवश्यकता है कि दर्शन तो किन्हीं विशेषज्ञों या पेशेवर और प्रशिक्षित दार्शनिकों की बौद्धिक गतिविधि होने के कारण विचित्र और कठिन विषय होता है। उनका तर्क था : सबसे पहले तो यही दिखाने की ज़रूरत है कि प्रत्येक व्यक्ति दार्शनिक होता है। इसके लिए स्वतःप्रेरित दर्शन की विशेषताएँ और सीमाएँ स्पष्ट करने की आवश्यकता होगी। इस 'स्वतःप्रेरित दर्शन' के अंग क्या हैं? ग्रामस्की के अनुसार इसका पहला घटक तो भाषा ही है जिसमें सभी धारणाओं और संकल्पनाओं का सार भरा है—वह अर्थविहीन शाब्दिकता मात्र

---

* एक रोचक दृष्टान्त : एक बार विट्टजैन्स्टीन कथन की तार्किक रचना द्वारा उसके अर्थ के स्पष्टीकरण पर आग्रह कर रहे थे। स्राफा ने इस बात से असहमति सूचक संकेत के रूप में अपनी उँगली से अपनी ठुड्डी खुजलाते हुए पूछा : इसकी तार्किक रचना क्या है? यह दृष्टान्त वास्तव में घटित नहीं हुआ हो, तो भी शिक्षाप्रद तो है ही कि इस प्रकार व्यक्त असहमति का भी अपना सन्दर्भ है—केवल नेपोलियन के संसार से परिचित व्यक्ति को यह असहमति चिह्न समझ आ सकता है।

नहीं है। इस प्रकार भाषा और सम्प्रेषण के नृवैज्ञानिक स्वरूप को समझने की शिक्षा ही स्राफा ने विट्टजेन्स्टीन को प्रदान की थी। इसे नज़र-अन्दाज़ करना बहुत कठिन है। ग्रामस्की की *प्रिज़न नोटबुक* में भी अधिकांशतः इसी पर चर्चा हुई है।

सार्वजनिक विचार-विमर्श और वस्तुनिष्ठता

नैतिक उद्घोषणाओं सहित किसी भी बात को समझ पाने के लिए किसी न किसी रूप में अनुसरणवादी होना ही पड़ता है–किन्तु जिस दावे को समझ लिया है, उससे सहमत या असहमत होने का प्रश्न तो बचा ही रहता है। एक क्रान्तिकारी राजनीतिक व्यक्ति के रूप में ग्रामस्की लोगों के चिन्तन और वरीयताओं को बदलना चाहते थे। किन्तु इस काम के लिए भी तो किसी साँझे सोच और व्यवहार के स्तर पर उनके साथ जुड़ना आवश्यक था। इस प्रकार के सम्वाद के लिए, ग्रामस्की के ही शब्दों में, हमें किसी-न-किसी प्रकार से अनुसरणवादी होना पड़ेगा, जनता के बीच का एक आदमी–एक साँझा (सामाजिक) व्यक्ति होना होगा।" यह एक दोहरा काम हो जाता है : अनुसरणवादी नियमों पर भली प्रकार आचरण करते हुए उसी की भाषा और उपमाओं के माध्यम से कुशलतापूर्वक अपनी बात कहना किन्तु साथ ही साथ उसी क्रम में अपने गैर-अनुसरणवादी प्रस्तावों को भी सम्प्रेषित कर देना। उद्देश्य यही था कि महत्त्वपूर्ण रूप में नवीन विचारों को इस प्रकार प्रस्तुत करना कि उन्हें सम्प्रेषण के पुराने नियमों के अनुसार ही ठीक से समझा और समझाया जा सके।

इस दोहरेपन की उपादेयता हम सहज ही समझ सकते हैं। हम न्याय के मान्य सिद्धान्तों का अनुसरण करते हुए भी यह सुझा रहे हैं कि न्याय सिद्धान्तों को कुछ और नए विचारों को आत्मसात् कर लेना चाहिए। सार्वजनिक तर्क और चर्चाएँ न्याय की अन्वेषणा में बहुत महत्त्वपूर्ण होती हैं। इसी कारण हमारी इस पुस्तक के उद्देश्यों में उपर्युक्त दोहरी भूमिका का महत्त्व और अधिक हो जाता है। यहाँ हम विशेष रूप से इस बात की समीक्षा कर रहे हैं : किसी भी नैतिक प्रस्ताव का औचित्य उसके आधारभूत तर्कों पर आधारित होता है। उसे स्वीकार करने का अर्थ होगा कि हम उस प्रकार से तर्क करने की विधि को स्वीकार कर रहे हैं। मैंने प्रथम अध्याय में भी आग्रह किया था कि इस पुस्तक में वस्तुनिष्ठता के विचार का अपना ही महत्त्वपूर्ण स्थान रहेगा। नैतिक स्तर पर वस्तुनिष्ठता का अर्थ है खुली सार्वजनिक समीक्षा में खरे सिद्ध होना और इस सिद्धि का प्रस्तावित स्थापनाओं और उनके पक्ष में दिए जा रहे तर्कों की समदर्शिता से निकट सम्बन्ध रहता है।

मैरी वॉल्स्टोनक्राफ्ट ने बर्क की आलोचना करते समय पहली स्थापना तो यह की थी कि अमरीकी स्वतन्त्रता का बिना शर्त समर्थन करते समय वे गुलामी की व्यवस्था को सदा-सर्वदा चलने वाला (सामाजिक) आधार मान रहे थे। इस प्रारम्भिक

स्थापना के बाद इस बात को आधार बनाकर कि यह विचार बहुत बड़े मानव समाज को सभी अधिकारों से वंचित करने वाला होने के कारण समदर्शिता और वस्तुनिष्ठता का विरोधी है, उन्होंने बर्क की भर्त्सना की थी। यह रॉल्स के इस नियम का भी विरोधी होगा कि 'राजनीतिक आस्था को वस्तुनिष्ठ होना चाहिए और कि किसी 'उचित' और पारस्परिक रूप से स्वीकार्य राजनीतिक संकल्पना, जो सभी को अपने 'उचित' होने का विश्वास दिलाने में समर्थ हो, द्वारा (इस विषयक) निर्धारित कारण होने चाहिए।[10] सार्वजनिक सम्वाद की भाषा और सम्प्रेषण में वस्तुनिष्ठता की आवश्यकता से आगे चल कर समदर्शिता के तकाज़ों को अपने-आपमें समाहित रखने वाले नैतिक मूल्यांकन में वस्तुनिष्ठता की विशेष आवश्यकता की बात आती है। प्रत्येक स्वरूप में वस्तुनिष्ठता का सार्वजनिक सम्वाद में अपना महत्त्व होता है। ये भूमिकाएँ परस्पर सम्बन्धित तो होती हैं, किन्तु एक समान नहीं होतीं।

समदर्शिता के विभिन्न प्रभाव क्षेत्र

न्याय-बोध के परिप्रेक्ष्य से देखें तो सामाजिक न्याय और समाज-विषयक व्यवस्थाओं के मूल्यांकन में समदर्शिता का विचार केंद्रभूत दिखाई देता है। फिर भी समदर्शिता की दुहाई देने के दो अलग-अलग तरीके हैं और उनके अन्तर को समझ लेना बहुत ज़रूरी है। मैं इन विधियों को 'अनावृत समदर्शिता' और 'संवृत समदर्शिता' का नाम दे रहा हूँ। 'संवृत समदर्शिता' में समदर्शितापूर्ण निर्णय की विधि केवल एक समाज या देश के सदस्यों पर लागू रहती है (रॉल्स ने इन्हीं को 'एक जन समुदाय' का नाम दिया है)। रॉल्स का 'न्याय का निष्पक्षता' स्वरूप मूल अवस्था में उस समाज के सदस्यों के बीच अनुबन्ध के सहारे चलता है। इस अनुबन्ध व्यवस्था में किसी बाहरी व्यक्ति के लिए कोई स्थान नहीं होता।

इसके विपरीत 'अनावृत समदर्शिता' का विचार बाह्य व्यक्तियों द्वारा समदर्शितापूर्ण मूल्यांकनों को केवल स्वीकार नहीं कर लेता—बल्कि अनेक अवस्थाओं में उसे आवश्यक भी मानता है (ताकि संकीर्णताजन्य अभिनति से बचा जा सके)। एडम स्मिथ ने अपने ग्रन्थ *द थ्योरी ऑफ मोरल सेंटीमेंट्स* में 'समदर्शी अवलोकनकर्ता' की अवधारणा की स्थापना की है। उनका कहना है कि इस अवलोकनकर्ता का समाज का सदस्य होना आवश्यक नहीं (बल्कि आदर्श स्थिति तो यही होगी कि वह एक बाहरी व्यक्ति हो।[11] समदर्शितापूर्ण विचार समाज, देश या संस्कृति के भीतर या बाहर, कहीं से भी आ सकते हैं। स्मिथ का आग्रह था कि इनके लिए गुंजाइश भी है और इनकी ज़रूरत भी है।

यह भेद समझ लेना न्याय के सिद्धान्त के लिए बहुत आवश्यक है और अगले अध्याय में हम इसी पर ध्यान देंगे।

6

संवृत और अनावृत समदर्शिता

एडम स्मिथ के वैचारिक प्रयोग ने समदर्शिता की कसौटी के रूप में 'समदर्शी अवलोकनकर्ता' (impartial spectator) की संकल्पना दी है। यह संकल्पना 'न्याय के निष्पक्षता स्वरूप' की संवृत समदर्शिता से बहुत ही अलग है। स्मिथ ने कहा है कि 'हमें अपने व्यवहार की समीक्षा भी ऐसे करनी चाहिए जैसे कोई समदर्शी अवलोकनकर्ता करेगा। इसी विचार को अपनी इसी पुस्तक के बाद के संस्करण में उन्होंने इस प्रकार रखा है : अपने व्यवहार की ऐसे समीक्षा करनी चाहिए कि जैसे कोई निष्पक्ष और समदर्शी अवलोकनकर्ता कर रहा हो।[1]

हमारी समकालिक नैतिक एवं राजनीतिक चिन्तन धारा में समदर्शिता पर आग्रह पर काँट का प्रबल प्रभाव दिखाई देता है। भले ही आज स्मिथ के विचारों को कम याद किया जाता है--पर इनमें और काँट के विचारों में बहुत कुछ समानता पायी गई है। स्मिथ का समदर्शी अवलोकनकर्ता का विचार एक दृष्टि से यूरोपीय ज्ञानोदीप्ति चिन्तनधारा में समदर्शिता और निष्पक्षता के तकाज़ों की रचना का अग्रसर भी माना जा सकता है। काँडोर्से ने स्मिथ के विचारों पर टिप्पणियाँ लिखीं थी, तो काँट भी उनसे परिचित थे और उन्होंने मार्कस हर्ज़ (Markus Herz) को 1771 में लिखे एक पत्र में इस विचार पर एक टिप्पणी भी की थी।[2] ये सब बातें काँट की अपनी रचनाएँ *ग्राउंड वर्क* 1785, और *क्रिटिक ऑफ प्रैक्टिकल रीज़न* 1788, के प्रकाशन से पूर्व की हैं। अतः इस बात की पर्याप्त सम्भावना है कि काँट के विचारों के विकास पर स्मिथ का प्रभाव भी रहा हो।

एक अनुप्रयोग के रूप में स्मिथ के 'समदर्शी अवलोकनकर्ता' और रॉल्स के न्याय के निष्पक्षतास्वरूप के विचारों में एक बड़ा तीखा अन्तर है। यह विचार कि किसी निष्पक्ष और समदर्शी अवलोकनकर्ता को यह बात कैसी लगेगी, सहज ही समाज से दूरस्थ या बाहरी व्यक्तियों के निर्णय को स्वीकार करने के निकट पहुँच जाता है? किन्तु रॉल्स की संस्थागत संरचना बाह्य व्यक्तियों के परिप्रेक्ष्यों को निष्पक्षता के चिन्तन में सम्मिलित करने की सीमाएँ संकुचित कर देता है। वैसे स्मिथ ने समदर्शी अवलोकनकर्ता को 'सीने में छिपे इन्सान' का नाम दिया है--फिर भी उनकी बौद्धिक

युक्ति की मुख्य प्रेरणा तो हमारे नैतिक चिन्तन को और अधिक विस्तृत पटल पर पहुँचाने की थी। स्मिथ के इस विचार को साइमन ब्लैकबर्न (Simon Blackburn) ने 'एक साँझे दृष्टिकोण' के विकास से जोड़ा है। स्मिथ ने स्वयं अपने इस विचार को वर्तमान में रूढ़ विचारों पर प्रश्नचिह्न लगाने के लिए भी प्रयोग किया था। स्मिथ के अपने शब्दों में *द थ्योरी ऑफ मॉरल सेंटीमेंट्स,* III 3-38 पृष्ठ 153-4) :

अकेलेपन में हम अपने से जुड़ी प्रत्येक बात पर बहुत आग्रही हो जाते हैं...। एक मित्र से बातचीत हमें कुछ बेहतर, तो अनजान व्यक्ति से वार्तालाप और बेहतर मनःस्थिति में ले आता है। किन्तु हमारे सीने में छिपे इन्सान को, जो हमारी भावनाओं और व्यवहार का एक आदर्श अवलोकनकर्ता है, जगाना पड़ता है, किसी वास्तविक अवलोकनकर्ता को उसे उसका कर्तव्य समझाना पड़ता है। हमें उसी अवलोकनकर्ता से ही न्यूनतम सहानुभूति और कृपा की अपेक्षा हो सकती है और उसी से हम आत्मसंयम का सबसे सम्पूर्ण पाठ सीख पाते हैं।

स्मिथ ने समदर्शी अवलोकनकर्ता के चिन्तन का प्रयोग स्थानीय वैचारिक परम्पराओं से बाधित रहे बिना यह जानने के लिए किया है कि वे परम्पराएँ और व्यवहार दूर से देखने वाले किसी दर्शक को कैसे लगेंगे। स्मिथ ने अनावृत समदर्शिता के औचित्य को इस प्रकार स्पष्ट किया है :

हम तब तक अपनी भावनाओं और उद्देश्यों का सर्वेक्षण स्वयं नहीं कर सकते और न ही उनके विषय में कोई निर्णय कर सकते हैं जब तक कि हम स्वयं को अपने स्वाभाविक स्थान से परे हट कर उन (भावनाओं और उद्देश्यों) का अवलोकन नहीं करते। किन्तु ऐसा करने की सबसे अच्छी विधि तो अन्य व्यक्तियों की दृष्टि से देखने की है—या उस प्रकार से देखने की है जिस प्रकार अन्य लोग उन्हें देखेंगे।[3]

अतः स्मिथ का तर्कशास्त्र न केवल दूर और पास के अन्य लोगों के विचारों को स्वीकार मात्र नहीं करता, उन पर ध्यान देने को अनिवार्यता का रूप प्रदान कर देता है। इस प्रकार समदर्शिता पाने की विधि अनावृत या खुली विधि है—यह किसी स्थानीय समुदाय के परिप्रेक्ष्य और अवबोधन तक सीमित नहीं है।

मूल अवस्था और अनुबंधवाद की सीमाएँ

यद्यपि रॉल्स का 'अज्ञान का परदा' प्रभावी रूप से समुदाय के सदस्यों के निहित स्वार्थों और वैयक्तिक अभिनतियों के प्रभावों का निराकरण कर सकता है—फिर भी यह (स्मिथ की भाषा में) शेष मानव समाज द्वारा समीक्षा से बच निकलता है। इस समस्या का समाधान तो स्थानीय समाज में रहते हुए वैयक्तिक 'पहचान का

विलोपन' ही हो सकता है। इस दृष्टि से न्याय के निष्पक्षता स्वरूप का संवृत समदर्शिता का व्यावहारिक उपाय अपनी रचना में ही संकीर्णतापूर्ण दिखाई पड़ता है।

मैं एक बात स्पष्ट कर दूँ—रॉल्स की 'न्याय के नियमों' की व्युत्पत्ति की विधि के सीमित परिवेश एवं प्रभाव क्षेत्र की ओर मेरे संकेत का यह अर्थ कदापि नहीं है कि मैं रॉल्स को संकीर्णता का दोषी ठहरा रहा हूँ (यह तो एक बहुत ही विद्रूपतापूर्ण व्याख्या होगी)। मेरी आपत्तियाँ केवल रॉल्स द्वारा अपनाई गई उस कार्यविधि को लेकर है जिसे वे 'मूल अवस्था' से 'न्याय के निष्पक्षता स्वरूप' की व्युत्पत्ति के लिए कर रहे हैं। यह उनके राजनीतिक दर्शन में विशाल योगदान का एक (छोटा-सा) अंश-मात्र है। रॉल्स के 'चिन्तनशील सन्तुलन' (reflective equilibrium) द्वारा वैयक्तिक वरीयताओं, प्राथमिकताओं और न्यायबोध के विश्लेषण में ऐसी किसी सीमा बाधा के दर्शन नहीं होते। वस्तुतः स्मिथ द्वारा खुलेपन की नियत कसौटी कि 'अन्य व्यक्तियों की दृष्टि में यह बात कैसी लगेगी' में निहित अनेक बातों को रॉल्स भी सहर्ष स्वीकार कर लेते। एक राजनीतिक दर्शन के अध्येता के रूप में विभिन्न क्षेत्रों से आ रहे तर्कों में रॉल्स की व्यापक रुचि पर कोई सन्देह भी नहीं है। उनके विश्लेषण में एक 'सार्वजनिक विचार की रूपरेखा' और अपने समाज व उसमें अपने स्थान पर "वस्तुनिष्ठतापूर्ण दृष्टिकोण"[4] के विचारों और स्मिथ के तर्कों में बहुत कुछ साँझापन लगता है।

फिर भी विच्छिन्न 'मूल अवस्थाओं' के कृत्रिम अलगावयुक्त कार्य करने की पद्धति से सामाजिक आम व्यवहार और संकीर्ण भावनाओं (जिनसे मूल अवस्था में न्याय के नियमों का चयन भी प्रभावित हो सकता है) की पर्याप्त वस्तुनिष्ठ समीक्षा की गारंटी नहीं मिल पाती।

हमारे नैतिक नियम और आस्थाएँ एक " 'सामान्य (सर्वमान्य) दृष्टिकोण' की कसौटी पर आधारित और परीक्षित होने के कारण वस्तुनिष्ठ ही मानी जानी चाहिए।" ऐसा कहते हुए एक बार तो लगता है कि रॉल्स खुली समीक्षा का मार्ग खोल देना चाहते हैं किन्तु अगले ही क्षण इसी वाक्य को और आगे बढ़ाते हुए वे इस कार्य-विधि को क्षेत्रीय रूप में अलग-थलग मूल अवस्था से जोड़ देते हैं और कहते हैं कि मूल अवस्था की संकल्पना द्वारा निर्धारित प्रतिबन्धों द्वारा निर्मित सीमा में तर्कों का भी मूल्यांकन होना चाहिए।[5]

रॉल्स का *जस्टिस एज़ फेयरनेस* अनुबंधात्मक स्वरूप तो मूल अवस्था विषयक सारे विचार-विमर्श को केवल उन व्यक्तियों तक सीमित कर डालता है जो उस आलोच्य समाज में पैदा हुए हैं। यहाँ स्थानीय पूर्वाग्रहों से बचे रह पाने का कोई तरीका ही नहीं हो सकता, और मूल अवस्था के चिन्तन की शेष मानवता की आँखों में छवि का भी प्रश्न नहीं उठ सकता। हमारी सारी चिन्ता यही है कि स्थानीय जीवन-मूल्यों

की समीक्षा की कोई सक्षम प्रविधि नहीं सुझाई गई जो यह समझा सके कि कहीं ये जीवन-मूल्य केवल पूर्वाग्रह और स्थानीय समुदाय में व्याप्त अभिनतिमात्र तो नहीं हैं।

रॉल्स ने स्वयं एक देश या राज्य की जनता के लिए परिभाषित अपनी 'न्याय की अवधारणा' के सीमित स्वरूप को इस प्रकार स्वीकार किया है : किसी न किसी समय-बिन्दु पर न्याय की राजनीतिक संकल्पना को विभिन्न देशों की जनताओं के बीच या उनके कानूनों के बीच न्यायपूर्ण सम्बन्धों पर भी ध्यान देना होगा। इस प्रश्न पर उनकी बाद की रचना, *द लॉ ऑफ पीपल्स,* 1999, में विचार किया गया है। किन्तु विभिन्न जन-समुदायों के बीच न्यायपूर्ण सम्बन्ध की बात जीवन-मूल्यों और व्यवहार की खुली समीक्षा की अपक्षपाती विधि से बहुत ही अलग किस्म की बात है। स्थानीय जीवन-मूल्यों की खुली समीक्षा की व्यवस्था के अभाव की रॉल्स की मूल अवस्था की संकल्पना को बहुत बड़ी कीमत चुकानी पड़ती है।

'मूल अवस्था' में 'अज्ञान का परदा' व्यक्तियों को अपने निहित स्वार्थों और ध्येयों से आगे झाँकने को विवश करने का एक अच्छा साधन है। किन्तु यह भी स्थानीय और सम्भवतः संकीर्ण पक्षपाती मूल्यों की खुली समीक्षा सुनिश्चित कराने में कोई योगदान नहीं दे पाता। यहाँ स्थानीय पूर्वाग्रहों–सम्भवतः दुराग्रहों से बचने के लिए स्मिथ का सुझाया मार्ग कारगर सिद्ध हो सकता है। उनका सुझाव था कि एक बार हमें स्वयं को उस स्वाभाविक स्थिति से दूर हटाकर उस पर ध्यान देना चाहिए। क्योंकि ऐसा करते हुए हम अपने उस व्यवहार को अन्य लोगों की आँखों से देख-समझ पाएँगे। स्मिथ का यह विचार स्थानीय रूप से संवृत रहने के स्थान पर खुली समीक्षा पर आग्रह करता है।

एक देश (राज्य) के नागरिक और उनसे आगे अन्य लोग

किसी विचार या दृष्टिकोण के सरोकार को किसी सार्वभौम राष्ट्र के सदस्यों तक ही सीमित रखने में क्या समस्याएँ हो सकती हैं? क्या सार्वभौम राष्ट्रों के संसार में राजनीति इसी रास्ते पर नहीं चलती है? क्या न्याय के विचार को उस सीमा से आगे निकल जाना चाहिए जिस का निरूपण व्यावहारिक धरातल पर राजनीति कर रही हो? क्या उन अधिक व्यापक सरोकारों का स्थान न्याय के विचार की अपेक्षा मानवतावाद में नहीं होना चाहिए।

यहाँ कम से कम तीन स्पष्ट समस्याएँ विद्यमान हैं। सबसे पहली बात तो यही है कि न्याय पारस्परिक दायित्वों के विचार से जुड़ा एक सम्बन्ध भी है। रॉल्स ने इस विषय में बहुत कुछ कहा है कि हमें एक-दूसरे के लिए क्या कुछ करना चाहिए

और हम एक 'चिन्तन आधारित सन्तुलन' तक किस प्रकार पहुँच सकते हैं—अर्थात् यह कैसे निर्धारित कर सकते हैं कि हमें अन्य मानव-मात्र के लिए न्यूनतम क्या कुछ तो अवश्य करना चाहिए। काँट का तर्क है कि हम जिन दायित्वों की बात करते हैं वे प्रायः 'अपूर्ण दायित्व' (imperfect obligations) होते हैं, इन्हें किसी स्पष्ट स्वरूप में परिभाषित नहीं किया जाता, फिर भी वे न तो लुप्त हो जाते हैं और न ही महत्त्वहीन। यदि हम कहें कि हमारे पास-पड़ोस से दूर बसे लोगों के प्रति दयाभाव रखना तो ठीक है, किन्तु, उनके प्रति हमारा कोई दायित्व नहीं हो सकता, तो हमारा दायित्व-बोध बहुत संकुचित होकर रह जाएगा। यदि अन्य व्यक्तियों—चाहे वे दूर हों या पास, के प्रति हमारा कुछ सद्‌भावना का दायित्व है तो भले ही उस ज़िम्मेदारी का स्वरूप कितना ही अस्पष्ट हो, एक क्षमतावान न्याय-सिद्धान्त में न्याय के प्रति हमारे चिन्तन में उन व्यक्तियों को भी स्थान मिलना ही चाहिए। यह स्थान किसी सदभावपूर्ण मानवतावाद के स्तर से अतिरिक्त होगा।

समदर्शिता का वह सिद्धान्त जो किसी देश की सीमा-रेखाओं से ही बंधा रहता है, कानूनी दृष्टि से महत्त्वपूर्ण होते हुए भी राजनीतिक और नैतिक दृष्टि से इतना प्रसादपूर्ण नहीं रहता। हम इस बात से इन्कार नहीं कर रहे कि प्रायः हमारा अस्मिता-बोध हमें किसी समूह विशेष के साथ बाँध देता है—उसमें 'अन्य' व्यक्तियों का कोई स्थान नहीं होता। किन्तु यह भी सच है कि हम एकसाथ ही अनेक प्रकार के अस्मिता-बोध धारण किए रहते हैं और वे (सभी) किसी देश की सीमा से बँधे नहीं रहते। हम एक धर्म, भाषा, प्रजाति, लिंग, राजनीतिक विचार या अध्यवसाय के अनुसार भी व्यक्तियों की पहचान तय कर सकते हैं।[7] अस्मिता की यह बहुलता राष्ट्रीय सीमाओं तक सीमित नहीं रहती। व्यक्ति वे सभी काम कर डालते हैं जो उन्हें करने योग्य प्रतीत होते हों, वे केवल कुछ करने की सदाशयपूर्ण स्वीकृति प्रदान नहीं करते। दूसरे, एक देश के क्रिया-कलाप अन्य देशों में जीवन को गम्भीर रूप से प्रभावित कर सकते हैं। यहाँ हमारा आशय केवल ज़बरदस्ती किसी दूसरे देश पर कब्ज़ा करने (ईराक पर 2003) जैसी घटनाओं से नहीं है। इसमें वाणिज्य-व्यापार के अप्रत्यक्ष प्रभाव भी सम्मिलित हैं। अब हम किसी निजी और अलग-थलग कृमिकोष में नहीं रहते। यदि एक देश की नीतियों और संस्थाओं के अन्य देशों पर भी प्रभाव पड़ते हैं तो क्या उन अन्य देशों के वासियों की (आवाज़ की समाज की संगठनात्मक व्यवस्थाओं की न्यायपूर्णता के विषय में निर्णय करते समय) सुनवाई नहीं होनी चाहिए?

तीसरी बात स्मिथ द्वारा किए गए इशारे की है—सभी अन्य आवाज़ों को अनसुना करने में (कहीं-न-कहीं) पक्षपातपूर्ण संकीर्णता भरी हो सकती है। यहाँ इस बात पर आग्रह नहीं है कि केवल इसलिए किसी बात को स्वीकार कर लेना चाहिए कि कोई बाहरी व्यक्ति इसके लिए आवाज़ उठा रहा है—उनकी अनेक बातें फिज़ूल भी हो सकती हैं—किन्तु वस्तुनिष्ठता का तकाज़ा है कि अलग प्रकार के व्यावहारिक अनुभवों

की झलक से भरे बाह्य विचारों और मतों की भी गम्भीरतापूर्वक समीक्षा होनी चाहिए। प्रत्येक अलग दृष्टिकोण एक प्रश्न उठाता है—भले ही उसे हम पर्याप्त रूप से विचार मन्थन के बाद नकार दें—किन्तु इस प्रकार नकार पाना सदैव सम्भव नहीं होता। यदि हम पूर्वनिर्धारित आस्थाओं और व्यवहार के स्थानीय विश्व में ही जीवित रहते हैं तो संकीर्ण पक्षपात-भरा व्यवहार ही एक निश्चित परिणाम होगा। (इस विषय में स्मिथ ने पुरातन एथेन्स का उदाहरण दिया है जहाँ प्लेटो और अरस्तू जैसे विद्वान भी शिशु हत्या जैसी जघन्य प्रथा के बौद्धिक स्तर पर समर्थक बने हुए थे, उन्हें यह ज्ञान ही नहीं था कि इस प्रकार शिशुओं की हत्या नहीं करने वाले समाज भी फल-फूल रहे थे)। अन्य लोगों के मतों और उनके तर्कों पर विचार करना वस्तुनिष्ठता के तकाज़ों की सटीक रूप से समझने की एक प्रभावशाली विधि हो सकती है।

तो इस चर्चा के समापन स्वरूप कहा जा सकता है कि मानवता की दृष्टि जो न्याय की समीक्षा चाहती है कि, एक, हम अपने स्थानीय क्षेत्र से आगे निकल कर अन्य लोगों के साथ जुड़ें, उन्हें समझें, दूसरे, हमारी गतिविधियों के अन्य लोगों पर भी प्रभाव हो सकते हैं और तीसरे, उन अन्य लोगों ने जो कुछ अपने इतिहास और भौगोलिक परिस्थितियों से सीखा है उस ज्ञान से हमें अपनी संकीर्णता पर पार पाने में सहायता मिल सकती है।

स्मिथ और रॉल्स

एडम स्मिथ द्वारा समदर्शी अवलोकनकर्ता का अनुबन्धवादी तर्कों में प्रयोग कुछ वैसा ही है जैसा कि निष्पक्ष सौदा वार्ता में किसी बाह्य व्यक्ति की मध्यस्थता का होता है। ध्यान रहे कि वार्ता के दोनों पक्ष तो मूल अनुबन्ध से ही जुड़े होते हैं—जैसे कि किसी देश के नागरिक। स्मिथ के विश्लेषण में उपयुक्त निर्णय या फैसला सौदावार्ता में लिप्त पक्षों के परिप्रेक्ष्यों से दूर बाह्य समदर्शी अवलोकनकर्ता से प्राप्त हो सकता है। यहाँ स्मिथ हमेशा ही फैसला करने का अधिकार किसी बाह्य मध्यस्थ को नहीं सौंप रहे। इस रूप में कानूनी पंचाट विधि से तुलना सही नहीं रहती। लेकिन जहाँ तक निर्णयकर्ताओं से अतिरिक्त अन्य व्यक्तियों की बात, (चाहे इस मामले से उनके हित भी जुड़े हों) को सुनने और समझने का प्रश्न है—यह निश्चय ही हमारे बोध को अधिक सम्पूर्ण और निष्पक्ष बना सकती है।

किन्तु, यदि हमारा लक्ष्य प्रत्येक निर्णयात्मक समस्या का समाधान करने में समर्थ न्याय की सम्पूर्ण समीक्षा तक पहुँचना है तो उपर्युक्त विधि बहुत ही निराशाजनक सिद्ध होगी। हमारी पूर्वचर्चित अपूर्णता की अस्थायी या निश्चयात्मक स्वीकृति ही समदर्शी अवलोकनकर्ता के विचारों का प्रयोग करने का मार्ग प्रशस्त कर सकती है। ये अवलोकनकर्ता यहाँ मध्यस्थ का रूप धारण कर नहीं आते—ये वे व्यक्ति हैं जिनके

नैतिक एवं न्यायबोध केवल प्रत्यक्षतः सम्बन्धित व्यक्तियों पर केन्द्रित विचार के अपेक्षाकृत कम आंशिक हैं। किसी देश में किसी व्यक्ति के विचार सौदावार्ता से जुड़े समूह की सदस्यता के कारण महत्त्वपूर्ण हो सकते हैं–किन्तु यदि उन वार्तापक्षों के बाहर से कुछ आवाज़ आ रही हो तो वह दोनों पक्षों के ज्ञान और समझ को और व्यापक करने में सहायक हो सकती है। इस प्रकार अध्याय–4 में चर्चित 'सदस्यता अधिकारिता' और 'ज्ञान आधारित सार्थकता' का भेद महत्त्वपूर्ण हो जाता है। प्रथम अधिकारिता की महत्ता द्वितीय सार्थकता के महत्त्व को समाप्त नहीं कर पाती।

रॉल्स के अपने तर्कों और समदर्शी अवलोकनकर्ता की सहायता से अनावृत समदर्शिता के प्रयोग में काफी कुछ समानताएँ भी हैं। हमने पहले भी कहा है कि यद्यपि रॉल्स के विचारों से अनुबन्धवाद की गन्ध आ रही है किन्तु उनके राजनीतिक दर्शन और न्यायनिष्ठता के निरूपण में केवल सामाजिक अनुबन्ध के विचार का प्रयोग नहीं किया गया–उनमें और भी बहुत कुछ है। इसी दृष्टि से रॉल्स के दूरगामी योगदान के महत्त्व को 'मूल अवस्था' या 'न्याय के निष्पक्षता स्वरूप' के डिब्बों में बन्द कर देना उपयुक्त नहीं होगा। मेरा अपना अनुभव तो यही है कि उनकी सभी रचनाओं का एकसाथ पाठ करना अधिक ज्ञानवर्धक सिद्ध होगा। मूल अवस्था की कल्पित घटनाओं की भी कुछ पृष्ठभूमि होगी। वस्तुतः अधिकांश चिन्तन-मनन तो जन-प्रतिनिधियों के उस 'मूल अवस्था' में एकत्र होने से पूर्व ही हो जाता है। 'अज्ञान के परदे' को समदर्शिता का व्यावहारिक तकाज़ा माना जा सकता है–भले ही इस प्रकार व्यक्ति के नैतिक और राजनीतिक चिन्तन पर प्रभाव हों और भले ही अनुबन्ध सम्भव नहीं हो पाए। यही नहीं, भले ही यहाँ समदर्शिता पूर्वचर्चित रूप से संवृत ही रह जाती है–फिर भी रॉल्स का ध्येय तो एक प्रकार से पूर्व इतिहास और वैयक्तिक हितों पर आधारित स्वेच्छाचारी प्रभावों का निर्मूलन ही था।

'मूल अवस्था' को प्रतिनिधि का स्वरूप प्रदान कर रॉल्स हमारे वास्तविक चिन्तन को प्रभावित करने वाली स्वेच्छाचारिता की समस्याओं पर नियन्त्रण पाना चाहते थे। यह नियन्त्रण समदर्शितापूर्ण दृष्टिकोण विकसित करने के लिए आवश्यक होता है? 'मूल अवस्था' विषयक अपने पहले ही कथन ने अपना यह ध्येय इस प्रकार स्पष्ट किया है :

> 'मूल अवस्था' जिसे मैंने औपचारिक विशेषताओं सहित 'अज्ञान का परदा' का नाम दिया है, ही यह दृष्टिकोण है–अतीत के इन समवर्ती लाभों और आकस्मिक प्रभावों द्वारा वर्तमान से भविष्य में मौलिक संरचना की संस्थाओं का नियम करने के नियमों पर सहमति पर प्रभाव नहीं पड़ना चाहिए।[8]

इस प्रकार 'अज्ञान के परदे' के पीछे छिपे वार्ता पक्ष अनुबन्ध के तत्त्वों पर

पहले से ही सहमत नज़र आते हैं। इस अनुबन्ध पूर्व सहमति को देखते हुए ही रॉल्स ने स्वयं प्रश्न उठाया है कि क्या (फिर भी) अनुबन्ध ज़रूरी है? उनका आग्रह है कि पूर्व सहमति होने के बावजूद अनुबन्ध कर लेना अपने आप में महत्त्वपूर्ण है और अनुबन्ध में बँध जाने के विचार का अनुबन्ध पूर्व के विचार-विमर्श पर भी प्रभाव हो सकता है :

जब वार्ता द्वारा दूर करने योग्य मतभेद ही नहीं हैं तो फिर सहमति की क्या आवश्यकता है? मेरा उत्तर है कि बन्धनकारी व्यवस्था से रहित सर्वानुमत सहमति और सभी द्वारा एक ही चयन पर पहुँच जाना या एक इरादा बना लेना दो अलग-अलग बातें हैं। यहाँ एक वचन देने के विचार के भी शामिल हो जाने का सभी के चिन्तन-मनन पर प्रभाव होता है। इस प्रकार निर्धारित समझौता सभी द्वारा एक ही विकल्प के चयन की अभिव्यक्ति की तुलना में कहीं अलग परिणाम देता है।[9]

यद्यपि मूल अनुबन्ध रॉल्स के चिन्तन में अपना महत्त्वपूर्ण स्थान रखता है—फिर भी उनके अधिकांश तर्क अनुबन्ध पूर्व चिन्तन-मनन पर केन्द्रित रहते हैं। ये चिन्तन स्मिथ के निष्पक्ष मध्यस्थ के प्रयोग से अधिक भिन्न नहीं हैं। बस अन्तर यही है कि रॉल्स सारी भागीदारी को आलोच्य समुदाय के सदस्यों पर ही 'अज्ञान के परदे' के प्रयोग तक सीमित रख देना चाहते हैं। यहाँ स्केनलोन द्वारा प्रस्तावित 'सहज ही नकारणीय नहीं होने' के विचार द्वारा समदर्शिता की सर्वानुमति समीक्षा करना आकर्षक लगता है। किन्तु यह भी स्मिथ के विचार से सामंजस्यपूर्ण रहता है—किन्तु रॉल्स की मूल अवस्था में न्याय के निष्पक्षता स्वरूप द्वारा अपेक्षित अद्वितीय सामाजिक अनुबन्ध से इसका मेल नहीं हो पाता।

यदि और आगे विचार करें तो यह मत हमें रॉल्स द्वारा 'सदस्यता अधिकारिता' को अधिक महत्त्व देने और 'ज्ञानोदीप्ति सार्थकता' को अधिक सम्मान नहीं देने से भी मेल खाता है। मेरा आग्रह है कि यह एक गम्भीर त्रुटि है। फिर भी रॉल्स के इस विचार-तन्त्र से हमें न्याय के विचार में समदर्शिता के महत्त्व के विषय में बहुत ही मौलिक ज्ञान की प्राप्ति होती है। उन्होंने बहुत ही सशक्त तर्कों द्वारा स्पष्ट किया है कि न्याय की समीक्षा क्यों एक पूर्णतः निजी बात नहीं रह जाती (जिसे अन्य व्यक्ति नहीं समझ सकते)। यही नहीं; उन्होंने जिस 'सार्वजनिक विचार तन्त्र' की मांग की है उसमें किसी अनुबन्ध का ज़िक्र नहीं उठाना भी महत्त्वपूर्ण हैं। हम अपने समाज और उसमें अपने स्थान पर वस्तुनिष्ठता से विचार करते हैं। अन्य व्यक्तियों से हमारी वैचारिक सांझेदारी है। हम अपने फैसले केवल व्यक्तिगत रुझान के आधार पर नहीं कर लेते।[10] इस विचार को उनके राजनीतिक उदारवाद में दिए गए तर्कों से और अधिक बल मिला है (कि, नैतिक नियमों की वस्तुनिष्ठता का सार्थक मानक

एक सार्वजनिक विचार-तन्त्र में सही ठहराने योग्य होना चाहिए।

रॉल्स का यह सिद्धान्त स्मिथ के समदर्शी अवलोकनकर्ता के विचार के संवर्धन से प्राप्य सिद्धान्त से किस प्रकार भिन्न है? इनमें अन्तर कई प्रकार के हो सकते हैं किन्तु प्रमुख तीन बिन्दुओं पर ध्यान देना बहुत महत्त्वपूर्ण है। सबसे पहली बात तो स्मिथ का अनावृत समदर्शिता पर आग्रह—या ज्ञानोदीप्ति की सार्थकता (अन्य व्यक्तियों के विचारों के महत्त्व की स्वीकारोक्ति) है। दूसरे, स्मिथ की अन्वेषणा का तुलनात्मक स्वरूप उसे पूर्णरूपेण न्यायनिष्ठ समाज की खोज से कहीं आगे ले जाता है। तीसरे, स्मिथ न्यायनिष्ठ संस्थाओं की खोज से आगे निकल कर समाज की वास्तविक सम्प्राप्तियों की बात भी उठाते हैं। ये अन्तर परस्पर सम्बन्धित भी हैं, क्योंकि, स्थानीय सीमाओं से दूर के विचारों को शामिल करने से न्यायसम्बन्धित प्रश्नों के उत्तर पर विचार करते समय अनेक असंगत (स्थानीय चिन्तन से) तर्कों पर भी विचार-मन्थन सम्भव हो जाता है। दूर और पास के समदर्शी (निष्पक्ष) विचारों में भी बहुत-से अन्तर हो सकते हैं। परिणामस्वरूप समरूपतापूर्वक क्रमबद्ध युग्मों पर आधारित अपूर्ण सामाजिक क्रमिकता ही प्राप्त हो पाएगी। और इस अपूर्ण क्रमिकता में सबकी भागीदारी होगी। इस साँझी अपूर्ण क्रमिकता और अन्तरों पर विचार-मन्थन से न्याय और अन्याय के विषय में सार्वजनिक तर्कशास्त्र और अधिक समृद्ध होता है।

स्मिथ का 'समदर्शी अवलोकनकर्ता' विषयक विचार समीक्षा और सार्वजनिक विचार-मन्थन में निर्णायक सिद्ध होता है। इसे रॉल्स के सिद्धान्त द्वारा माँगी गई सर्वसम्मति या संस्थागत रूढ़ता की कोई आवश्यकता नहीं होती। (वैसे रॉल्स ने *पॉलिटिकल लिबरेलिज़्म* में स्वीकार किया है कि अनेक बार राजनीतिक रूप से औचित्यपूर्ण व्यवहार करने वाले व्यक्तियों में भी अनेक बाधाओं के कारण सहमति नहीं हो पाती)। यहाँ जो भी समवर्तिता सम्भव हो पाती है वह भी सीमित अभिव्यक्ति सहित आंशिक क्रमिकता से आगे नहीं जाती। किन्तु उसके आधार पर भी बहुत ठोस एवं उपयोगी निष्कर्ष सम्भव हो जाते हैं। अतः जो समझौते हों उनमें यह आग्रह नहीं होना चाहिए कि कोई प्रस्ताव अद्वितीय रूप से न्यायपूर्ण है—वास्तव में यही पर्याप्त रहना चाहिए कि उस प्रस्ताव की न्यायनिष्ठता 'स्वीकार्य' स्तर पर है—अथवा कम से कम, वह स्पष्टतः अन्यायपूर्ण तो नहीं है। सचमुच ही तर्क-आधारित व्यवहार अनेक अपूर्णताओं और अनसुलझाए टकरावों के साथ भी निर्वाह कर लेता है। सार्वजनिक विचार तन्त्र के पटल पर उदित होने वाला समझौता आंशिक किन्तु उपयोगी हो सकता है।

रॉल्स द्वारा स्मिथ की व्याख्या (पर टिप्पणी)

समदर्शी अवलोकनकर्ता की अनावृत समदर्शिता और सामाजिक अनुबन्ध की संवृत समदर्शिता में अनेक सारगर्भित समानताएँ और अन्तर विद्यमान हैं। एक प्रश्न उठता

है कि क्या वास्तव में किसी प्रकार की अनुबन्धवादी संवृत समदर्शिता का कोई सहारा लिए बिना ही अनावृत समदर्शिता नैतिक या राजनीतिक मूल्यांकन का आधार बन सकती है? रॉल्स ने अपनी रचना *थ्योरी ऑफ जस्टिस* में ही इस बारे में टिप्पणी की है।

रॉल्स ने इस समदर्शी अवलोकनकर्ता के विचार को 'आदर्श अवलोकनकर्ता' का एक उदाहरण माना है। इस प्रकार, जैसा रॉल्स ने माना है, हमें इस विचार को और सारपूर्ण बनाने में कुछ स्वतंत्रता मिल जाती है। उनका कहना है कि इस प्रकार इस परिभाषा का न्याय के निष्पक्षतावादी स्वरूप से कोई टकराव नहीं बचता। सम्भव है कि एक आदर्श रूप में तर्कशील और समदर्शी अवलोकनकर्ता उसी समय किसी सामाजिक व्यवस्था को अनुमति देगा, जब वह अनुबन्ध रचना के अनुसार निर्मित न्याय के नियमों को पूरा कर पा रही हो।'

यह एक 'आदर्श अवलोकनकर्ता' की व्याख्या हो सकती है--किन्तु स्मिथ के समदर्शी अवलोकनकर्ता की तो नहीं। यह तो सम्भव है कि अवलोकनकर्ता यह जान-भर ले कि रॉल्स के अनुबन्ध तक कैसे पहुँचा जाए--किन्तु स्मिथ तो उससे यह जानने की भी अपेक्षा करते हैं कि वह प्रश्न अन्य लोगों की दृष्टि में कैसा लगेगा--और ये दूर और पास के 'वास्तविक अवलोकनकर्ता' होंगे।

रॉल्स ने स्वीकार किया है कि समदर्शी अवलोकनकर्ता के विचार के साथ अनुबन्ध का दृष्टिकोण जोड़ने का प्रयास किया जा सकता है और इसके लिए अन्य विधियों से व्युत्पत्ति आधार बनाया जा सकता है। किन्तु, अचानक से, रॉल्स इसके आगे स्मिथ को छोड़ डेविड ह्यूम की रचनाओं पर चले गए हैं। कोई हैरानी नहीं कि वे फिर इस समदर्शी अवलोकनकर्ता को अन्य व्यक्तियों के अनुभवों के आधार पर सहानुभूतिपूर्ण विचारों से जनित सन्तुष्टि पर निर्भर करने पर उतारू हो गए और कहने लगे कि इस अवलोकनकर्ता की अनुमति के बल का निर्धारण उन सन्तुष्टियों के सन्तुलन पर निर्भर रहेगा जिनके प्रति उसने स्वानुभूतिपूर्वक प्रतिक्रिया व्यक्त की है। इस तरह से रॉल्स उस अवलोकनकर्ता को प्रतिष्ठित चिन्तनधारा के उपयोगितावादी वेश में सजा देते हैं। एक बार इस विचित्र से निदान के बाद तो रॉल्स सहज भाव से अपनी स्वाभाविक प्रतिक्रिया की ओर छलाँग भर लेते हैं। वे कहते हैं कि इस प्रकार के उपयोगितावाद को नकारने के पर्याप्त कारण तो वे अपने न्यायसिद्धान्त के पहले अध्याय में ही बता चुके हैं। यह उपयोगितावाद व्यक्तियों के बीच भेद को गम्भीरतापूर्वक स्वीकार नहीं कर पाता।

प्रतिष्ठित उपयोगितावाद के इतिहास की चर्चा में और विभ्रम पैदा करते हुए रॉल्स ने ह्यूम के साथ ही एडम स्मिथ को भी इसके प्रारम्भिक पक्षधरों में शामिल कर डाला है।[11] यह एक अत्यन्त ही गलत धारणा है। स्मिथ ने तो अच्छाई और सही होने के विचारों को आनन्द और कष्ट की अनुभूतियों पर आधारित मानने के

उपयोगितावादी प्रस्तावों को पूरी तरह से अस्वीकार कर दिया था। साथ ही इस विचार को भी स्वीकार्य नहीं माना था कि नैतिक निर्णयों को आनन्द और कष्ट की गणना या किसी 'एक प्रकार की उचितता' के आकलन का रूप दिया जा सकता है।[12]

अतः रॉल्स द्वारा एडम स्मिथ और उनके समदर्शी अवलोकनकर्ता के विचार की व्याख्या पूरी तरह से गलत है। वास्तव में अवलोकनकर्ता की इस संकल्पना के लिए न तो रॉल्स के अनुबन्धवाद पर निर्भर होना आवश्यक है और न ही बैंथम के उपयोगितावाद पर (रॉल्स ने इन्हीं दो पर विचार किया है)। वास्तव में समदर्शी अवलोकनकर्ता को उन्हीं विविधतापूर्ण नैतिक और राजनीतिक द्वन्द्वों से जूझना है जिनके बारे में स्वयं रॉल्स ने इतने उत्कृष्ट स्वरूप में चर्चा की है–किन्तु (स्मिथ की दृष्टि से अनावश्यक मनमाने ढंग से) उसे संवृत समदर्शिता के पाश में बाँध देना उचित नहीं होगा। स्मिथ के दृष्टिकोण में तो उस अवलोकनकर्ता के लिए भी नैतिक एवं राजनीतिक तर्कशास्त्र के अनुशासन में रहते हुए समदर्शी बने रहना अनिवार्य है–उस समदर्शिता को संवृत नहीं किया जाता। समदर्शी अवलोकनकर्ता सामाजिक अनुबन्धकर्ता या छद्म उपयोगितावादी बने बिना भी–कार्य कर सकता है, ज्ञानवर्धन कर सकता है।

'मूल अवस्था' की सीमाएँ

निष्पक्षता की किसी विशेष व्याख्या द्वारा मूल अवस्था का प्रयोग कर न्याय के नियमों की रचना की अनेक परिप्रेक्ष्यों से समीक्षा हो सकती है। एक तो 'प्रेरणा की पर्याप्तता' (motivational adequacy) की है–विशेष रूप से ध्यान देने की बात यही है कि कहीं रॉल्स के तर्क 'संवर्धित विवेक' में तो बंधकर नहीं रह गए और 'औचित्यपूर्ण व्यवहार करने वाले व्यक्तियों' को यही समझाने में तो नहीं जुट गए कि अन्य लोगों से सहयोग से अन्ततः उन्हें भी किस प्रकार फायदा रहेगा? किसी सामाजिक अनुबंध के साथ समदर्शी अवलोकन को बाँध देने की इस विश्लेषण विधि की यही सबसे बड़ी त्रुटि है। थॉमस हॉब्स ने इस प्रकार के अनुबंधों को पारस्परिक रूप से लाभप्रद सहयोग का एक माध्यम ही बताया है। समदर्शिता को इस प्रकार के लाभकारी सहयोग के साथ जोड़ देना आवश्यक नहीं है। इसमें उन एकपक्षीय दायित्वों के लिए भी स्थान रहता है–जिन्हें हम अपने वांछित सामाजिक परिणामों की प्राप्त करने की क्षमता के कारण धारण कर लेते हैं (आवश्यक नहीं कि उनसे हमें भी लाभ हो)।

अगले कुछ पृष्ठों में मैं 'मूल अवस्था' के माध्यम से जिस समदर्शिता की खोज हो रही है उसी पर चर्चा करूँगा।[13] यहाँ सम्भव सीमाओं (limitations) को तीन सामान्य वर्गों में विभाजित किया जा सकता है।

1. *बहिष्कृतिवादी अवहेलना* (exclusionary neglect) : संवृत समदर्शिता उन

व्यक्तियों की आवाज़ को अनसुनी कर देती है जिनके जीवन पर भले ही इस समूह के फैसलों के प्रभाव पड़ते हों, किन्तु जो इस समूह के सदस्य नहीं हैं। रॉल्स के 'जनता के नियम' की बहुस्तरीय रचना पर आधारित संवृत समदर्शिता भी इस समस्या का पर्याप्त समाधान नहीं कर पाती।

यदि आलोच्य समूह (मूल अवस्था) के निर्णयों का अन्य व्यक्तियों पर कोई प्रभाव नहीं हो तो यह समस्या नहीं उठती—किन्तु फिर तो हमें यह मानना होगा कि विश्व में सभी समाज या देश पूरी तरह से अलग-थलग रहते हैं, उनमें कोई पारस्परिक सम्बन्ध नहीं होता। यह प्रश्न न्याय के निष्पक्षता स्वरूप के लिए बहुत समस्याप्रद हो सकता है—क्योंकि एक समाज द्वारा चुनी गई आधारिक संरचना का अन्य देशों के नागरिकों के जीवन पर भी प्रभाव हो सकता है और वे अन्य व्यक्ति उस समाज की मूल अवस्था की गणनाओं के भागीदार नहीं होते। यहाँ उद्विग्नता तो बहुत होती है किन्तु प्रतिनिधित्व सम्भव नहीं हो पाता।

2. समावेशन में संयोग अभाव : कई बार समूह की संवृति में भी असंगतियाँ आने की आशंका हो जाती है—विशेषकर जबकि जिस विषय में निर्णय लिया जाना हो वही समूह के आकार या रचना का निर्धारक हो।

यदि मूल अवस्था में किसी निर्णय से देश की जनसंख्या का आकार या संरचना प्रभावित (प्रत्यक्ष या परोक्ष) होने जा रही हो तो आलोच्य समूह की रचना और आकार उस निर्णय के स्वरूप के अनुसार परिवर्तित होने की आशंका पैदा हो जाती है। रॉल्स के 'अन्तर के नियम' जैसी संरचनाएँ भी निश्चय ही सामाजिक और जीव वैज्ञानिक संसर्ग को प्रभावित कर उस आलोच्य समाज की सदस्य संख्या, आकार और संरचना को प्रभावित कर जाती है।[14]

3. प्रविधिगत संकीर्णता : संवृत समदर्शिता उस समूह के सदस्यों के हितों और उद्देश्यों के बीच भेदभाव को समाप्त करने के लिए बनाई गई एक विधि है। किन्तु यह भी उस समूह के सदस्यों की साँझी पूर्वधारणाओं और अभिनतियों के प्रति पक्षपात से छुटकारा नहीं दिला पाती।

उल्लिखित अन्तिम दो समस्याओं पर साहित्य में कोई व्यवस्थित चिन्तन नहीं दिखाई पड़ता—वस्तुतः इन्हें समस्या के रूप में जाना ही नहीं गया है। हाँ, पहली समस्या 'बहिष्कृतिवादी अवहेलना' पर किसी न किसी रूप में अवश्य ध्यान दिया गया है। मैं रॉल्स के विश्लेषण की इसी पहली समस्या से चर्चा आरम्भ कर रहा हूँ।

बहिष्कृतिवादी अवहेलना और विश्वस्तर पर न्याय

उन लोगों के हितों की अवहेलना का प्रश्न जो किसी सामाजिक अनुबंध में भागीदार हों (किन्तु उन भागीदारों के फैसलों के कुछ परिणाम भुगतने को विवश हों) भी बहुत

महत्त्वपूर्ण है। मेरा इस सन्दर्भ में यही तर्क रहने वाला है कि किस प्रकार से विश्व-स्तर पर न्याय के तकाज़े 'अन्तरदेशीय न्याय' से अलग स्वरूप धारण कर जाते हैं।[15] स्मिथ की अनावृत समदर्शिता में इस समस्या पर विचार की गुंजाइश रहती है। अन्तर्निभर विश्व के देशों के बीच सम्बन्ध तो प्रत्येक स्तर और क्षेत्र में छाए हुए हैं। ये सम्बन्ध अनेक प्रकार से परस्पर गुंथे हुए-से रहते हैं। रॉल्स ने इस प्रश्न पर अपने 'जन नियम' के अन्तर्गत विशेष रूप से विचार किया है। यहाँ वे विभिन्न देशों के निवासियों या उनके प्रतिनिधियों के बीच एक दूसरी 'मूल अवस्था' के विचार का प्रतिपादन कर रहे हैं।[16] चार्ल्स बीट्ज़ (Charles Beitz), ब्रियान बारी (Brian Barry), थॉमस पॉज्जे आदि अनेक अन्य विद्वानों ने इस समस्या पर चिन्तन किया है और इससे निपटने की विधियाँ सुझाई हैं।[17]

रॉल्स ने तो यहाँ भी एक और 'मूल अवस्था' का विचार गढ़ लिया है और इसमें उन जन-समुदायों के प्रतिनिधियों को भागीदार बना लिया है। कुछ सामान्यीकरण के साथ हम इन मूल अवस्थाओं को 'अन्तःदेशिक' (intranational) और 'अन्तर्देशिक' (international) कह सकते हैं। दोनों विधियों में संवृत समदर्शिता का ही प्रयोग होता है, किन्तु ये मिल कर समस्त विश्व को आच्छादित कर लेती हैं।

किन्तु यह विधि भी प्रभावित जनसमुदायों के बीच विसंगतियों का समाधान करने में विफल रहती है। विभिन्न राष्ट्रों की साधन-सम्पन्नता और अवसरों की सुलभता में भारी अन्तर पाए जाते हैं, साथ ही रॉल्स द्वारा सारे विश्व-समुदाय पर एक वरीयतानुक्रमित समदर्शिताओं की शृंखला को लागू करें या पॉज्जे आदि की तरह किसी विश्वस्तरीय 'मूल अवस्था' की कल्पना करें, में भी टकराव बना रहता है। सारे विश्व की जनसंख्या के लिए एक सामाजिक अनुबंध का विचार तो वैसे भी बहुत अविश्वसनीय प्रतीत होता है। अब भी और निकट भविष्य में भी इसके व्यावहारिक हो पाने की सम्भावना नहीं दिखाई देती। स्पष्टतः यहाँ कोई बड़ी संस्थागत त्रुटि विद्यमान है। यहाँ इस सन्दर्भ में थॉमस नगेल का विश्व-स्तर पर न्याय के विषय में संशयवाद बहुत सारगर्भित प्रतीत होता है। वैसे यह संशयवाद संवृत समदर्शिता पर अधिक गहनता से लागू होगा क्योंकि विश्व-स्तरीय अनुबंध को लागू करने के लिए विश्व- स्तरीय सक्षम संस्थाओं की आवश्यकता भी होगी। इसके विपरीत स्मिथ का अनावृत समदर्शिता का विचार ऐसी किसी विवशता की ओर इंगित नहीं करता।

इस सशक्त व्यावहारिक तथ्य को जान लेने का अर्थ यह नहीं है कि सीमा पार तक के सार्वजनिक विचार-तन्त्र से मिलने वाली अन्तर्दृष्टियों एवं संकेतों को प्रयोग कर पाने की सभी सम्भावनाओं को रद्द कर देना चाहिए। विश्व-स्तरीय विचार-विमर्श की प्रासंगिकता और प्रभाव किसी विश्व शासन-व्यवस्था या किसी विश्व-स्तरीय विशालकाय संस्थागत अनुबंध के अस्तित्व पर निर्भर नहीं हैं।

यही नहीं, हमारे राजनीतिक दृष्टि से विभाजित विश्व में भी सभी लोगों के

लिए केवल अंतरराष्ट्रीय सम्बन्धों के सूत्रों के माध्यम से ही सीमाओं के पार काम करना अनिवार्य नहीं होता। विश्व विभाजित है, किन्तु इसमें कई प्रकार की विभाजिकाएँ हैं और राष्ट्र या देश का विचार एकमात्र विभाजन रेखा नहीं है। ये राष्ट्र स्तरीय विभाजन 'जन नियमों' में इंगित किसी अन्य विभाजन से अधिक वरीयता प्राप्त भी नहीं हैं।

देशों की सीमाओं के पार व्यक्तियों के बीच के सम्बन्ध अनेक प्रकार से अन्तरराष्ट्रीय सम्बन्धों से कहीं आगे निकल जाते हैं। सीमा पार मानवीय व्यवहार के प्रभावों के सन्दर्भ में तो देशों/राष्ट्रों की 'मूल अवस्था' विशेष रूप से संकुचित प्रतीत होती है। यदि हम अन्तरराष्ट्रीय व्यापारिक निकायों के कार्यों की समीक्षा करें तो उनके इस अन्तरराष्ट्रीय स्वरूप को स्वीकार करना होगा कि उनके कार्यों की कोई राष्ट्रीय सीमाएँ नहीं होतीं—ये केवल व्यावसायिक सुविधा के आधार पर कानूनी पंजीकरण सम्पत्ति कर और अन्य तद्सम्बन्धित प्रश्नों के विषय में निर्णय करते हैं। इन्हें परस्पर प्रभाव छोड़ने वाले व्यक्तियों या देशों की श्रेणी में समा पाना सम्भव नहीं होगा।

इसी प्रकार वे सम्बन्ध भी, जो व्यक्तियों को परस्पर उत्तरदायित्व और सद्भावना के सूत्रों में बाँध देते हैं, देशों के सामूहिक स्तर पर संचालित नहीं होते। उदाहरण : यदि एक अमरीकी नारीवादी कार्यकर्ता सूडान की महिलाओं के हित में कुछ काम करना चाहती हो तो, उसे इस कार्य के लिए सूडान के हितों में सारे अमरीकी राष्ट्र की संवेदना को जागृत करना आवश्यक नहीं होगा। एक नारी या, फिर स्वतंत्र नारी की अभावग्रस्तता से आन्दोलित पुरुष के रूप में उसकी एक अलग पहचान भी है—और यह पहचान, इस सन्दर्भ में, उसकी राष्ट्रीयता से अधिक महत्त्वपूर्ण हो जाती है। इस प्रकार के नारीवादी परिप्रेक्ष्य को राष्ट्रीय अस्मिता के अधीन बनाए बिना ही 'अनावृत समदर्शिता' में समाहित किया जा सकता है। इसी प्रकार वर्ग, भाषा, साहित्य, व्यवसाय आदि की अस्मिताओं को भी समदर्शिता के अनावृत स्वरूप में सहज ही शामिल कर सकते हैं और ये सभी अस्मिताएँ राष्ट्र आधारित राजनीति से स्पर्धा करने वाले परिप्रेक्ष्य प्रदान कर सकते हैं।

हमारी सबसे बड़ी पहचान तो मानव होना है और हमारे दृष्टिकोण को अधिक विस्तृत बनाने में अनेक बार यह पहचान भी पूरी तरह से जुट जाती है। मानव के रूप में जिन अनिवार्यताओं को हम धारण कर लेते हैं उनका निर्धारण हमारी निम्नस्तरीय अन्य सामूहिक अस्मिताओं द्वारा नहीं होता। यह मानव रूपी पहचान देश-प्रजाति और अन्य नए-पुराने सम्बन्धों को भुलाकर केवल विस्तृत मानव समाज की सदस्यता पर ही आधारित रहती है। इस प्रकार की अति उदार अस्मिता को भी उन सरोकारों, जो किसी भी प्रकार की 'सदस्यता' से परे हैं, (जैसे करुणा, निष्पक्षता, मानवता आदि) से पृथक रूप में समझना भी आवश्यक है। किन्तु इस पुस्तक में मैं इनके बारे में

कोई चर्चा नहीं करूँगा। इन पर मैं अपनी रचना *आइडेंटिटी एण्ड वॉयलैंस : द इल्यूज़न ऑफ डेस्टिनी* में बहुत कुछ कह चुका हूँ।

विश्व, वाणिज्य, संस्कृति, राजनीति, परोपकार और विरोधाभिव्यक्ति (जैसे हाल ही में सीटेल, वाशिंगटन, मेलबोर्न, प्रॉग, क्यूबेक या जेनेवा आदि की सड़कों पर दिखाई दी है) अनेक ऐसे सह-सम्बन्ध सूत्र हैं जो विविध मानकों और अनेक प्रकार के वर्गीकरणों, वरीयताओं में विभक्त मानवों के बीच प्रत्यक्ष सम्बन्धों पर आधारित हैं। इस प्रकार की नैतिकताओं का हम समर्थन कर सकते हैं, इनकी समीक्षा या फिर आलोचना भी कर सकते हैं। इस काम में अनेक विधियों का प्रयोग हो सकता है, विभिन्न समूहों के बीच अन्य प्रकार के सम्बन्धों की दुहाई दी जा सकती है किन्तु किसी भी रूप में ये 'आधिकारिक' राष्ट्रीय हितों से जुड़े नहीं होते। देशों के राजनीतिक विभाजन को ही मूलभूत स्वरूप प्रदान कर उन्हें नैतिक एवं राजनीतिक दर्शन में एक प्रकार के व्यावहारिक संरोध नहीं मानने में भी एक प्रकार की स्वेच्छाचारिता की झलक मिलती है। इन अन्तरराष्ट्रीय सरोकारों में अनेक प्रकार के समूह जुड़े होते हैं, उनके सदस्य स्वयं को व्यवसायी, श्रमिक, नारी, पुरुष, स्वातन्त्र्यवादी, अनुदार, समाजवादी, अमीर, गरीब या किसी भी व्यावसायिक वर्ग का सदस्य (डॉक्टर, वकील आदि) कह सकते हैं। अनेक प्रकार की सामुदायिक अस्मिताओं का नाम लिया जा सकता है। कुल मिलाकर बात यही है कि अन्तरराष्ट्रीय न्याय का होना विश्वस्तरीय न्याय को सुनिश्चित करने के लिए पर्याप्त नहीं रहता।

इस प्रश्न का मानव अधिकारों पर चल रही चर्चा से भी सम्बन्ध है। मानव अधिकारों की संकल्पना मानव के रूप में हमारी साँझी पहचान को और सुदृढ़ बनाती है। ये अधिकार किसी राष्ट्र की नागरिकता या सदस्यता से व्युत्पन्न नहीं होते। ये तो मानव होने के कारण हमारे अधिकार बन जाते हैं। इस रूप में ये संविधान द्वारा किन्हीं राष्ट्रों के घटकों को दिए गए अधिकारों से अलग होते हैं। उदाहरण के लिए किसी भी व्यक्ति का आतंकवादियों द्वारा उत्पीड़ित नहीं होने का अधिकार एक मानव अधिकार है। यह किसी देश की नागरिकता, वहाँ की सरकार के समर्थन आदि सभी से परे है।

'बहिष्कृतिवादी अवहेलना' की समस्याओं पर पार पाने के लिए विश्ववादी विधि में निहित अनावृत समदर्शिता के विचार का प्रयोग हो सकता है। यह विधि स्मिथ की 'समदर्शी अवलोकनकर्ता' विषयक संकल्पना के अधिक निकट होगी। समदर्शिता की यह व्यापक संकल्पना इस बात को भी बहुत ही स्पष्ट कर देती है कि मूल नागरिक एवं राजनीतिक स्वातन्त्र्यों की सुरक्षा का महत्त्व क्यों नागरिकता और राष्ट्रीयता तथा राष्ट्रीय स्तर पर अनुबंध से व्युत्पन्न संस्थागत संरचना पर निर्भर नहीं रहना चाहिए। यही नहीं, यहाँ तो किसी विश्वव्यापी सरकार या अनुबंध की आवश्यकता भी नहीं

होती। इन मानव अधिकारों के संरक्षण का अपूर्ण दायित्व प्रत्येक उस व्यक्ति पर होता है जो किसी-न-किसी रूप में इस मामले में सहायता करने में सक्षम हो।

अनावृत समदर्शिता की यह स्वतंत्रताकारी भूमिका विभिन्न प्रकार के पूर्वाग्रहों और अभिनतियों से मुक्त परिप्रेक्ष्यों पर विचार सम्भव बनाती है और हमें विभिन्न अवस्थाओं में स्थित समदर्शी अवलोकनकर्ताओं के ज्ञान और सूझबूझ का लाभ उठाने को प्रोत्साहित करती है। इन सूझबूझों की समीक्षा में कुछ साँझे सूत्र भी उभर कर आ सकते हैं, किन्तु हमेशा ही सभी अन्तरों का अन्त हो जाना सम्भव नहीं होता। हमने पहले भी कहा है कि तर्क-आधारित फैसलों के लिए एक व्यवस्थित मार्गदर्शन की प्राप्ति अनसुलझी समस्याओं को परिलक्षित कराने वाली अपूर्ण क्रमिकताओं से भी हो सकती है। वास्तव में सामाजिक चयन सिद्धान्तों के अपेक्षाकृत नम्यतापूर्ण परिणामों (यथा अपूर्ण क्रमिकता) ने स्पष्ट कर दिया है कि केवल इस कारण से कि मूल्यांकन-प्रक्रिया से कुछ विकल्प छूट गए हैं, या कुछ समस्याओं का निदान नहीं हो पाया है, सारी ही सामाजिक निर्णय-प्रक्रिया बेकार या निराशाजनक रूप से समस्या पूर्ण नहीं हो जाती।[18]

अधिकारों और दायित्वों (सही और गलत भी) के विषय में एक साँझी और उपयोगी सूझबूझ के विकास के लिए इस बात पर आग्रह की कोई आवश्यकता नहीं होती कि पूर्ण क्रमिकता पर पूरी सहमति हो अथवा न्यायनिष्ठ और अन्यायपूर्ण के बीच सर्वमान्य विभाजन हो। उदाहरण के लिए अकाल, नरसंहार, आतंकवाद, दासता, अस्पृश्यता, निरक्षरता या महामारियों के विरुद्ध संघर्ष में साँझेदारी के लिए यह आवश्यक नहीं है कि उत्तराधिकार, आयकर दरों, न्यूनतम मज़दूरी या फिर कॉपीराइट कानूनों के विषय में भी उसी प्रकार के किसी उपयुक्त सूत्र पर उतनी ही व्यापक सहमति होनी चाहिए। अनावृत समदर्शिता एक ऐसे विश्व का चित्रण करती है जिसमें अनेक प्रकार के परिप्रेक्ष्य होते हैं—इनमें से कुछ में कुछ अभिनति होती है तो कुछ में प्रत्यान्तर भी। इस वास्तविकता को स्वीकार कर लेना पराजयवादी मनोवृत्ति का परिचायक नहीं है।

समावेशन में अस्पष्टता और आलोच्य समूह का लचीलापन

केवल एक 'राष्ट्र' पर ही ध्यान केन्द्रित रखने पर भी उस समूह के सदस्यों के विशेष स्थान के होने तथा अन्य लोगों के उस स्थान से वंचित होने के कारण समस्याएँ पैदा हो जाती हैं। भले ही सामाजिक नीतियाँ इसी कार्यविशेष को समर्पित न हों, फिर भी अनेक नीतियों के कारण समाज की जनसंख्या के आकार और रचना में

परिवर्तन आ सकते हैं। समाज की 'मूल रचना' की दृष्टि से भी जनसंख्या में बदलाव आ सकते हैं। डेरेक पार्फिट (Derek Parfit) ने बहुत उत्कृष्ट तर्क से समझाया है कि आर्थिक, राजनीतिक और सामाजिक संस्थाओं की पुनः रचना से उस समूह के आकार और रचना पर भी प्रभाव होगा जो विवाह, प्रणय, सहवास आदि प्रजननात्मक कारकों द्वारा जन्म लेता है।[19] किसी चयन में लिप्त आलोच्य समूह स्वयं भी उस चयन से प्रभावित होता है। इस कारण संवृत समदर्शिता के लिए किसी समूह का पहले से ही निर्माण कर देने के विचार में संयोग या संगति का अभाव घर कर जाता है।

आइए, समूह की नम्यता को एक उदाहरण द्वारा समझने का प्रयास करें। मान लीजिए कि दो संस्थागत व्यवस्थाएँ 'ए' और 'बी' हैं जिनसे क्रमशः जनसंख्या के आकार 5 और 6 मिलियन हो सकते हैं। ये (दोनों समूह) पूर्णतः पृथक्-पृथक् भी हो सकते हैं, किन्तु हम अपने तर्क के अधिक पक्ष वाली मान्यता कर रहे हैं कि 6 मिलियन के आकार में हमारी चर्चा में आए पहले 5 मिलियन व्यक्ति भी शामिल रहते हैं। तो फिर हमारा प्रश्न होगा कि 'ए' और 'बी' नीतियों के बीच चयन की 'मूल अवस्था' में कौन व्यक्ति सम्मिलित होंगे? (ध्यान रहे कि वही व्यक्ति जनसंख्या के आकार और रचना का निर्धारण भी करने वाले हैं)।

आइए, इस समस्या से बचने का एक विकल्प खोजने का प्रयास करें। हम मान लेते हैं कि बड़ा समूह–6 मिलियन व्यक्ति 'मूल अवस्था' के आलोच्य समूह में सम्मिलित थे। और ये उस संरचना का चुनाव करते हैं जिसमें जनसंख्या 5 मिलियन हो पाएगी (अथवा 'ए' का चुनाव करते हैं) फिर तो आलोच्य समूह का निरूपण ही गलत रहा है। हम यह भी पूछ सकते हैं कि वे एक मिलियन व्यक्ति जो अस्तित्व में ही नहीं थे (पैदा ही नहीं हुए थे) मूल अवस्था की चर्चा में किस प्रकार भागीदार रहे होंगे? इसी तरह 'ए' द्वारा निर्दिष्ट छोटे समूह द्वारा 'बी' के चयन से भी आलोच्य समूह के त्रुटिपूर्ण निरूपण की समस्या खड़ी हो जाती है। इस दशा में अतिरिक्त एक मिलियन व्यक्ति मूल अवस्था के विमर्श में भागीदार नहीं रहे होते। और उस विमर्श ने उनके जीवन को भी प्रभावित करने वाले निर्णय लिए होंगे। यहाँ हम केवल उनके पैदा होने या नहीं होने की बात से परे हटकर केवल जीवन-यापन की ही बात कर रहे हैं। यदि मूल अवस्था में लिए गए निर्णय जनसंख्या के आकार और रचना को प्रभावित करते हैं और यह आकार एवं रचना उस मूल अवस्था या उसमें लिए गए निर्णयों को, तो फिर यह निश्चित रूप से कह पाना सम्भव नहीं रहता कि मूल अवस्था से जुड़े आलोच्य समूह का निरूपण सुस्पष्ट या समझ में आने वाला है।

यह कठिनाई तो रॉल्स के न्याय के निष्पक्षता स्वरूप थॉमस पॉज्जे आदि द्वारा सुझाए गए रूपान्तर में सारे विश्व की जनता को एक विराट अनुबंध से जोड़ने वाले

व्यापक प्रयास में भी पीछा नहीं छोड़ती। हम एक राष्ट्र की बात करें या सारे विश्व की, जनसंख्या की नम्यता की समस्या बनी रहती है।

किन्तु यदि रॉल्स की व्यवस्था को विशाल विश्व में केवल राष्ट्र के समुदाय पर लागू करें तो कुछ और समस्याएँ भी पैदा हो जाती हैं। आधारभूत सामाजिक संरचना के प्रभाव न केवल जन्म और मृत्यु पर होते हैं बल्कि जनसंख्या के एक देश से दूसरे की ओर प्रवाह पर भी इसके प्रभाव देखे जा सकते हैं। इस विचार की डेविड ह्यूम के संशय के एक आधार से कुछ समानता है। उनका संशय 'मूल अनुबंध' की संकल्पना की रचना और ऐतिहासिक प्रासंगिकता को लेकर था। ये विचार उनके जीवन काल में ही सुझाए जा चुके थे। ज़रा ध्यान दीजिए :

पृथ्वी का रूप निरन्तर बदल रहा है। कहीं छोटे-छोटे राज्य विशाल साम्राज्य बन रहे हैं तो कहीं बड़े साम्राज्य विघटित होकर छोटे-छोटे राज्यों में बदल रहे हैं। कहीं उपनिवेशों में नए बागान लग रहे हैं तो कहीं जनजातियों का प्रव्रजन हो रहा है... जिस ऐच्छिक सहयोग या पारस्परिक सहमति का शोर मचाया जा रहा है वह आखिर है कहाँ?[20]

किन्तु यहाँ मुख्य बात यह नहीं है कि जनसंख्या के आकार और रचना में निरन्तर परिवर्तन हो रहा है—हमारा मुख्य सरोकार तो यही है कि यह परिवर्तन उस मूल संरचना से स्वतंत्र नहीं है जिसका निर्धारण इसी जनसंख्या को करना है (वह भी अनुबन्धकारी तर्कों के सहारे उस 'मूल अवस्था' में रहते हुए)।

फिर भी हमें इस प्रश्न पर कुछ और विचार करना चाहिए कि क्या आलोच्य समूह की मूल संरचना पर निर्भरता रॉल्स की न्याय के निष्पक्षता स्वरूप की संकल्पना के लिए समस्याकारी है। क्या इस आलोच्य समूह को वास्तव में सम्बद्ध मूल अवस्था के सहारे मूल सामाजिक संरचना का निर्धारण करना पड़ता है? यदि मूल अवस्था से सम्बन्धित पक्ष ही मिलकर आलोच्य समूह की रचना करते हों तो हमारा उत्तर हाँ में ही होगा (ये ही उस समाज या राष्ट्र के सभी सदस्य होंगे)। किन्तु कभी-कभी रॉल्स मूल अवस्था को केवल प्रतिनिधित्व का एक साधन मात्र भी बताते हैं।[21] फिर तो यह कहने का मन होता है कि समाज के सभी सदस्यों का मूल अनुबंध में प्रत्यक्ष भागीदार होना आवश्यक नहीं होगा। फिर तो यह भी कहा जा सकता है कि मूल अवस्था में निर्णय पर आलोच्य समूह की निर्भरता से कोई समस्या नहीं होगी।

किन्तु मुझे लगता है कि कम से कम दो कारणों से यह उपर्युक्त कथन समावेशन के संयोग अभाव की समस्या का पूर्ण समाधान नहीं है। पहली बात तो यही है कि रॉल्स द्वारा प्रतिनिधियों की बात समाज के सदस्यों से भिन्न किन्हीं नए व्यक्तियों को मूल अवस्था की अनुबंध निर्धारण प्रक्रिया के भागीदार पक्ष नहीं बना देती। वस्तुतः उन्हीं वास्तविक सदस्यों को 'अज्ञान के परदे' से आच्छादित कर दिया जाता है और वे इस परदे के पीछे से अपना ही प्रतिनिधित्व करते हैं। रॉल्स ने इसकी व्याख्या

इस प्रकार की है : इसका तात्पर्य यही है कि विमर्श के सभी पक्ष अज्ञान के परदे के पीछे हैं—कुल मिलाकर मूल अवस्था प्रतिनिधित्व का ही एक माध्यम है। वास्तव में रॉल्स द्वारा अनुबन्ध की आवश्यकता पर बल देते हुए कहना कि इसके माध्यम से समाज के सदस्य एक वचन दे रहे हैं—निश्चित रूप से अनुबंध की रचना में मूल अनुबंध वाले व्यक्तियों की स्पष्ट भागीदारी का संकेत है—(फिर भी इसे 'अज्ञान के परदे के पीछे से' का नाम दिया जा रहा है)।[22] दूसरे, यदि प्रतिनिधि अन्य व्यक्ति भी होते तो वे भी उसी आलोच्य समूह के सदस्यों का ही प्रतिनिधित्व करते (हाँ, 'अज्ञान के परदे' के कारण समूह का कोई भी सदस्य किसी अन्य का प्रतिनिधि बन जाता)। इस प्रकार उस समूह की परिवर्तनशीलता मूल अवस्था में प्रतिनिधियों द्वारा जिनका प्रतिनिधित्व हो रहा है उनकी परिवर्तनशीलता में बदल जाती।

यह समस्या कोई बड़ी समस्या नहीं होती यदि समाज की आधारिक संरचना जनसंख्या के आकार से अप्रभावित रहती, (पैमाने की पूर्ण अपरिवर्तनशीलता); और वरीयताओं एवं जीवन-मूल्यों की दृष्टि से व्यक्तियों के सभी समूह पूर्णतः एक समान होते (पूर्ण जीवन-मूल्य अपरिवर्तनशीलता) किन्तु न्याय के किसी भी सारपूर्ण सिद्धान्त की रचना पर और प्रतिबन्ध न लगाए बिना ये दोनों मान्यताएँ तय कर पाना आसान नहीं होगा। अतः व्यक्तियों के किसी भी आलोच्य समूह की बात करें, समूह की नम्यता से संवृत समदर्शिता के प्रयोग में समस्याएँ ही उत्पन्न होती हैं।

संवृत समदर्शिता और संकीर्णतापूर्ण पक्षपात

हमने पहले भी यह बात की है कि मूल अवस्था में संवृत समदर्शिता किस प्रकार न्याय के विचार और नियमों को स्थानीय परिप्रेक्ष्यों और एक समूह या देश के पूर्वाग्रहों का बन्दी बना देती है। उस चर्चा में यहाँ पर मैं तीन और बातें जोड़ रहा हूँ।

सबसे पहले तो हमें यह बात जान लेनी चाहिए कि प्रविधिगत संकीर्णता को सभी लोग समस्या नहीं मानते। सामाजिक निर्णयों विषयक कई विधियों में समूह की अभिनति से बचने का कोई प्रयास नहीं किया जाता—बल्कि इसके विपरीत व्यवहार किया जाता है। उदाहरण : समुदायवाद (communitarianism) के कुछ स्वरूपों में तो इस अभिनति अर्थात् वरीयताओं के स्थानीय स्वरूप का अभिनन्दन भी हो सकता है। ऐसी ही बात अन्य स्थानीय न्यायस्वरूपों पर भी लागू रहती है।

आइए, एक चरमस्थिति पर विचार करें। सैनिक हस्तक्षेप से पूर्व अफगानिस्तान के तालिबान शासक आग्रह कर रहे थे कि ओसामा बिन लादेन पर अभियोग की सुनवाई केवल इस्लामी उलेमा के समूह द्वारा होनी चाहिए जो सभी शरीयत से प्रतिबद्ध हों। उस समय भी (बिन लादेन को व्यक्तिगत स्तर पर पक्षपात दिखाने के विरुद्ध) किसी समदर्शिता की आवश्यकता को सिद्धान्त रूप से नकारा नहीं जा रहा था।

केवल यही कहा जा रहा था कि समदर्शितापूर्ण निर्णय एक विशेष धर्म और उसके नैतिक नियमों के प्रतिबद्ध संवर्त समूह द्वारा लिया जाना चाहिए। अतः इस प्रकार की संवृत समदर्शिता और उसके आधारस्वरूप सम्बन्ध निरूपण मानकों के बीच कोई आन्तरिक विसंगति नहीं होती। हाँ, फिर भी केवल स्थानीय स्तर पर आधारित तर्कों तक ही सीमित रह जाने को लेकर जो आपत्तियाँ है—वे अभी भी बनी रहती हैं। स्मिथ ने उन्हीं कठिनाइयों और सीमितताओं की समीक्षा की थी।

वास्तव में जब हम स्थानिक नैतिकता के विश्व को छोड़कर संवृत समदर्शिता को सर्वव्यापक आशयों से जोड़ने का प्रयास करते हैं तभी प्रविधिगत (संकीर्ण) पक्षपाती व्यवहार एक समस्या का रूप धारण करता है। रॉल्स के न्याय के निष्पक्षता स्वरूप के साथ भी यही हो रहा है। उनके चिन्तन की मुख्यधारा तो व्यापक एवं गैर-पक्षपाती है। किन्तु सारी समीक्षा केवल 'अज्ञान के परदे' से ढके आलोच्य समूह तक सीमित रह जाने के कारण स्थानीय पूर्वाग्रहों के ही सारी प्रक्रिया पर हावी हो जाने के विरुद्ध हमें कोई प्रविधिगत आश्वासन नहीं मिल पाता।

दूसरे, हमें मूल अवस्था में अपनाई गई विधि पर विशेष ध्यान देना पड़ता है। केवल उन आशयों से काम नहीं चलता जो अनुशंसित विधियों पर भारी पड़ने का प्रयास कर रहे हों। अपने सर्व विश्वव्यापिता के पक्ष में रुझानों के बावजूद मूल अवस्था के प्रस्ताव द्वारा रॉल्स ने जो रचना गढ़ दी है उसमें कहीं से भी ताज़ा हवा का झोंका प्रवेश नहीं कर पाता। वस्तुतः उनका तो आग्रह है कि सिद्धान्त रूप में इस मूल अवस्था के विचार को और सम्पुष्ट किया जाना चाहिए :

> मैं मानता हूँ कि मूल संरचना एक संवृत समाज की रचना है—हम इसे सब प्रकार से आत्मअन्तर्विष्ट (self contained) मानते हैं। इसका किसी अन्य समाज से कोई लेन-देन नहीं होता। एक समाज का इस प्रकार संवृत होना एक विविक्त विचारणा (abstraction) है। इसे केवल इसलिए बनाया गया है कि हम अनेक व्यवधानकारी विस्तार आदि से बचकर किन्हीं मुख्य प्रश्नों पर अपना ध्यान केन्द्रित रख सकेंगे।

यहाँ पर एक प्रश्न उठता है : क्या समाज से बाहर के विचारों और अनुभवों पर ध्यान देना 'अनावश्यक' विस्तार में उलझ जाना है? और उस उलझाव से बचकर रह पाने से ही निष्पक्षता की पवित्रता की रक्षा हो पाएगी?

तीसरे, यद्यपि अनावृत समदर्शिता के पक्ष में बहुत सशक्त तर्क विद्यमान हैं, फिर भी यह कहा जा सकता है कि मानव मस्तिष्क की सीमाओं के कारण अपने स्थानीय परिवेश से बाहर झाँकने में कुछ गम्भीर समस्याएँ उठ सकती हैं। क्या समझ-बूझ और आदर्शमूलक चिन्तन किन्हीं भौगोलिक सीमाओं का अतिक्रमण कर सकता है? यद्यपि कुछ व्यक्ति यह कहने को उद्यत हो सकते हैं कि हम देश की सीमाओं से परे तो किसी का पीछा नहीं कर सकते या कि हमें संस्कृति-विशेष की सीमाओं में ही रहना चाहिए

(ऐसा मत कुछ समुदायवादी अलगाव के पक्षधर व्यक्त करते रहे हैं) किन्तु, ऐसा कोई कारण नहीं लगता कि व्यक्तियों के बीच सम्वाद और आदान-प्रदान केवल भौगोलिक या सांस्कृतिक सीमाओं तक ही सीमित रह जाना चाहिए।

एडम स्मिथ ने तो बहुत सशक्त रूप से यह बात उठाई थी कि समदर्शी अवलोकनकर्ता दूर और पास के अनुभवों को अपने साथ लाएगा। ज्ञानोदीप्ति धारा के विचारकों में यह एक महत्त्वपूर्ण सरोकार था। आज के युग में सीमाओं के पार सम्वाद और विचार-विमर्श की सम्भावना एडम स्मिथ के अठारहवीं शताब्दी के विश्व की तुलना में अधिक बेतुकी तो नहीं होनी चाहिए। भले ही विश्व सरकार या विश्व-स्तरीय लोकतंत्र नहीं है–फिर भी स्मिथ का समदर्शी अवलोकनकर्ता आधुनिक विश्व में विश्वस्तरीय सार्वजनिक विचार-विमर्श की भूमिका के साथ सहज ही जुड़ सकता है।

आज विश्वस्तरीय न्याय के लिए अत्यावश्यक सम्वाद केवल संयुक्त राष्ट्र संघ या विश्व व्यापार संगठन जैसी संस्थाओं के माध्यम से ही नहीं चल रहा–इसका कहीं अधिक व्यापक स्वरूप प्रचार माध्यमों, राजनीतिक आन्दोलनों, नागरिकों की प्रतिबद्ध संस्थाओं के कार्यों, अनेक गैर-सरकारी संगठनों और ऐसे सामाजिक कार्यों के सहारे चल रहा है। ये सब राष्ट्रीय पहचान के साथ-साथ श्रमिक संघ, सहकारिता, मानव अधिकार और नारीवादी गतिविधियों आदि के अन्य साँझे सूत्रों का प्रयोग भी कर रहे हैं। आधुनिक विश्व में अनावृत समदर्शिता के विचार की पूर्ण अनदेखी तो नहीं हो रही।

आज विश्व में सीमापार से आतंकवाद रोकने और विश्व आतंकवाद के मूल स्रोत पर चर्चा चल रही है तो करोड़ों व्यक्तियों के जीवन को प्रभावित कर रहे विश्व आर्थिक संकट से निपटने के तरीकों पर भी विचार चल रहा है। इस परिप्रेक्ष्य में इस मत को स्वीकार कर पाना कठिन लगता है कि हमारी समझ-बूझ केवल हमारे देश की सीमाओं के भीतर तक ही सीमित रहती है। कई बार विभिन्न संस्कृतियों के बीच सम्वाद में सहमति के अभाव को समझ का अभाव मान लिया जाता है किन्तु सही असहमति तो उन्हीं मुद्दों पर हो सकती है जिन्हें सटीक रूप से समझ लिया गया हो। आज स्मिथ द्वारा सुझाए गए खुले दृष्टिकोण को अपनाने पर आग्रह करने की बहुत आवश्यकता प्रतीत हो रही है। आज के अन्तर्संबन्धित विश्व में नैतिक और राजनीतिक दर्शन में समदर्शिता के तक़ाज़ों को समझने में स्मिथ का यह विचार बहुत बड़ा योगदान दे सकता है।

भाग 2
तर्क शैलियाँ

7

स्थिति, प्रासंगिकता और भ्रांति

राजा लीयर (King Lear) ने नेत्रहीन ग्लौसेस्टर (Gloucester) को जब यह कहा कि एक नेत्रहीन व्यक्ति भी दुनिया का व्यवहार देख सकता है तो साथ ही यह भी कहा था कि अपने कानों से देखो :

देखो कि तुम्हारा न्याय समक्ष लाए गए चोर से क्या करता है। अपने कानों में हो रही गूंज को सुनो, स्थान बदल कर देखो फिर जानो कि चोर कौन है और न्यायाधीश कौन है। किसान के कुत्ते को किसी भिखारी पर भौंकते सुना है न?[1]

'स्थान परिवर्तन' से दुनिया में छुपी हुई चीज़ों को समझा जा सकता है। राजा लीयर यही मुख्य बात समझा रहे थे। साथ ही वे बता रहे थे कि (राजनीतिक दृष्टि से एक विध्वंसकारी कथन द्वारा) कि किसान के कुत्ते में उसे 'अधिकार' सम्पन्नता का सबसे बड़ा चित्र दिखाई पड़ जाएगा।

'नैतिक एवं राजनीतिक दर्शन और न्यायशास्त्र में अपने स्थितिगत परिप्रेक्ष्यों की सीमाओं से आगे झांककर देखने की बहुत आवश्यकता है। स्थिति से पृथक्कीकरण सदैव सहज नहीं होता, किन्तु यह एक ऐसी चुनौती है जिसे नैतिक, राजनीतिक और विधिक विचारों को स्वीकार करना होगा। हमें अपने उस 'सामान्य न्याय' से आगे झाँकना होगा जिसका आपात आपके सामान्य से चोर पर सहज भाव से हो जाता है।

निरीक्षण और ज्ञान का संबंध

मीमांसा में भी स्थिति की सीमा रेखाओं से बाहर निकलने के प्रयास का बड़ा महत्त्व रहता है। किन्तु अवलोकनीयता में एक समस्या आती है—और अपने अवलोकन के सीमित परिप्रेक्ष्य से घटनाक्रम के अवबोधन में कुछ बाधा भी आ जाती है। हम जिस चीज़ को देख रहे हैं उसकी तुलना में हमारी स्थिति—अर्थात हम कहाँ खड़े हैं—क्या है? अर्थात् हमें जो देख (पा) रहे हैं वह हमारी स्थिति से स्वतंत्र नहीं रह

पाते। इसका हमारी आस्थाओं, हमारे अवबोधन और निर्णयों पर भी प्रभाव पड़ता है। स्थिति आधारित अवलोकन, विश्वास और चयन न केवल ज्ञान वरन् व्यावहारिक कारणों से भी महत्त्वपूर्ण हो सकते हैं। वास्तव में मीमांसा शास्त्र, निर्णय सिद्धान्त और नीति, सभी को अवलोकनों और निष्कर्षों की अवलोकनकर्ता की स्थिति पर निर्भरता पर ध्यान देना होगा। वस्तुनिष्ठता का सम्बन्ध सम्पूर्ण रूप से वस्तुओं या चीज़ों से नहीं होता। जहाँ वस्तुनिष्ठता के स्वरूप अवलोकन और तत्सम्बन्धी (अवलोकनीय) अवबोधन की खोज हो रही हो वहाँ अवलोकन (करने वाले की) स्थिति पर भी विचार आवश्यक है।

स्थिति के अनुसार अवलोकन में भेद का विचार बहुत सीधा है। आइए, इसे भौतिक उदाहरण से समझाएँ। इस दावे पर विचार करें : सूर्य और चन्द्रमा एक ही आकार के दिखाई देते हैं। किन्तु यह अवलोकन आधारित वक्तव्य स्पष्टतः स्थिति स्वतंत्र नहीं है। यदि यही अवलोकन चन्द्रमा के धरातल से किया जाता (या किसी और स्थान से) तो ये दोनों बहुत ही अलग आकार के दिखाई देते। किन्तु यह सत्य भी उस कथन को कहने वाले व्यक्ति के मनःस्थिति की उत्पत्ति या पूर्णतः गैर वस्तुनिष्ठ ठहरा देने के लिए पर्याप्त नहीं होगा। पृथ्वी पर, उसी स्थान से, सूर्य और चन्द्रमा को देखने वाला कोई भी व्यक्ति उक्त कथन की पुष्टि ही करेगा—उसे नकार नहीं पाएगा।

भले ही कथन में स्थितिगत सन्दर्भ सम्मिलित नहीं है, फिर भी इस कथन का मूल स्वरूप स्थिति निर्भर ही है—इसकी सही रचना होगी : "पृथ्वी पर इस स्थान से, सूर्य और चन्द्रमा एक समान आकार के दिखाई देते हैं। अवलोकनकर्ता से भी कह सकते हैं कि उनकी वर्तमान स्थिति से अलग किसी अन्य स्थान से चीज़ें कैसी दिखेंगी। उनके दूसरे कथन का पहले के साथ कोई टकराव नहीं होगा। हम पृथ्वी पर खड़े हुए कह सकते हैं कि "चन्द्रमा से सूर्य और चन्द्रमा का आकार एक जैसा नहीं लगेगा।"

स्थितिगत वस्तुनिष्ठता में अवलोकन बिन्दु स्थिर रहने पर 'वैयक्तिक अपरिवर्तनशीलता' का गुण होता है। यह शर्त अन्य स्थितियों से अवलोकनों में अन्तर के साथ पूर्णतः संगत होती है। विभिन्न व्यक्ति उस स्थिति विशेष से उसी अवलोकन की पुष्टि कर सकते हैं और एक ही व्यक्ति पृथक-पृथक स्थितियों पर पहुँच कर अनेक अलग-अलग अवलोकन बता सकता है।

स्थितिगतता (दृष्टिकोण) के उद्भासन और विभ्रम

अवलोकन के परिणाम की स्थिति पर निर्भरता हमारा ज्ञानवर्धन (उद्भासन) कर सकती है तो हमें भ्रमित भी कर सकती है। हमारे सूर्य और चन्द्रमा के आकार की बात

ही लें—ये कितने-कितने बड़े दिखते हैं (समानप्रायः) यह एक जानकारी है कि दोनों एक समान दिखते हैं। किन्तु यही जानकारी उनके पिंडों के द्रव्यमान की समानता का भ्रम भी पैदा कर रही है। स्थितिगत परिवर्तनशीलता के दो पक्ष बहुत ही अलग-अलग प्रश्नों के उत्तर प्रदान करते हैं और दोनों को ही पूर्णतः व्यक्तिनिष्ठ नहीं कहा जा सकता। इस विषय पर हम कुछ और चर्चा करेंगे—क्योंकि सामान्यतः वस्तुनिष्ठता के विचार को स्थिति आधारित प्रक्रिया के रूप में नहीं जाना जाता।

थॉमस नगेल ने अपनी प्रसिद्ध पुस्तक *द व्यू फ्रॉम नोह्वेयर* में वस्तुनिष्ठता को कुछ इस प्रकार निरूपित किया है : 'कोई विचार (दृष्टिकोण) किसी अन्य की अपेक्षा अधिक वस्तुनिष्ठ होगा, यदि वह उसे प्रस्तुत करने वाले व्यक्ति की अपनी रचना, संसार में उसके स्थान या इस बात पर कम निर्भर करती है कि वह व्यक्ति किस प्रकार का जीव है।[2] वस्तुनिष्ठता के प्रति इस दृष्टिकोण में कुछ स्पष्ट गुण है। यह वस्तुनिष्ठता के स्थिति स्वतंत्रता रूपी प्रतिष्ठित संकल्पनागत आयाम पर केन्द्रित है। पृथ्वी से समान आकार दिखाई देने के कारण यह निष्कर्ष बना लेना कि उनके द्रव्यमान भी समान होंगे, स्थिति स्वतंत्र वस्तुनिष्ठता का गम्भीर उल्लंघन होगा। यदि हम अवलोकनों में स्थिति अनुसार आने वाले अन्तरों के आकलन कर उनके लिए परिष्कार नहीं करेंगे तो ये अवलोकन हमें भ्रमित कर सकते हैं।

सीधी-सी बात यही है कि जो कुछ किसी विशेष स्थान या स्थिति से देखा जा सकता है वही 'स्थितिगत वस्तुनिष्ठता' है। यहाँ हम 'व्यक्ति अपरिवर्ती किन्तु स्थिति परिवर्ती' अवलोकन और अवलोकनीयता की बात कर रहे हैं। जिसे हम एक विशेष स्थिति से देख सकते हैं। यहाँ वस्तुनिष्ठ मूल्यांकन की विषयवस्तु उस चीज़ को माना जाएगा जिसे कोई भी सामान्य व्यक्ति उसी अवस्था में स्थित होकर देख सके। सूर्य और चन्द्रमा के सापेक्ष आकार देखने वाले व्यक्ति की स्थिति के अनुसार उसके निष्कर्ष परिवर्तित हो सकते हैं। किन्तु किसी भी स्थान विशेष से देखने वाले सभी व्यक्तियों के निष्कर्ष समान होंगे।

इस मामले में किसी विशेष स्थान या उसी प्रकार की स्थितिगत विशेषता वाले स्थान से कोई चीज़ किसी को (भी) कैसी दिखाई देती है—यही विषयवस्तु है। स्थिति अनुसार अवलोकन में आने वाले अन्तरों को 'व्यक्तिनिष्ठता' पर आरोपित करना पूर्णतः गलत होगा। ऑक्सफोर्ड इंग्लिश शब्दकोश में दी गई व्यक्तिनिष्ठता दोनों ही मानक कसौटियों के पूरा हो पाने की यहाँ कोई सम्भावना नहीं लगती। सूर्य और चन्द्रमा के एक समान दिखने वाले कथन का 'स्रोत न किसी के मस्तिष्क' में है और न ही 'किसी व्यक्ति विशेष की अपनी विशेषता या उसके मस्तिष्क की कार्यविधि' का परिणाम है।

एक अवलोकन-जनित कथन का किसी व्यक्ति के मस्तिष्क की विशेष कार्यविधि का परिणाम होना आवश्यक नहीं होता। यह तो किसी के भी मस्तिष्क से स्वतंत्र

रूप से घटित प्रतिमास की पहचान कराता है जिसके अपने भौतिक लक्षण भी हैं। वास्तव में पृथ्वी से सूर्य और चन्द्रमा के आकार एक समान दिखाई देने के कारण ही हमें पूर्ण (खग्रास) सूर्यग्रहण दिखाई दे पाता है। (एक कम आकार का पिंड चन्द्रमा भी कई गुना बड़े आकार के पिंड सूर्य को पूरी तरह ढकता दिखाई पड़ जाता है)। उस सूर्यग्रहण को हम किसी के मस्तिष्क की उपज तो नहीं मान सकते। यदि हम ग्रहणों के पूर्व आकलन का काम कर रहे हैं तो सूर्य और चन्द्रमा के सापेक्ष आकारों की बात करते समय उनके वास्तविक आकार या द्रव्यमान नहीं बल्कि पृथ्वी से उनके स्थितिगत प्रक्षेपणों के सापेक्ष आकार ही अधिक प्रासंगिक महत्त्व से पूर्ण होंगे।

पाँचवीं शताब्दी के पूर्वार्द्ध के भारतीय गणितज्ञ आर्यभट्ट ने ग्रहणों की व्याख्या करते हुए प्रक्षेपणों के सापेक्ष आकार का विचार प्रस्तुत किया था। यह उनके अनेक खगोलशास्त्रीय योगदानों में से एक था।* स्वाभाविक ही था कि उनकी धार्मिक रूढ़ आस्थाओं के विरुद्ध जाने के आधार की तीखी आलोचना हुई होगी किन्तु उनके आलोचकों में एक उन्हीं का शिष्य और प्रखर गणितज्ञ ब्रह्मगुप्त भी था। ब्रह्मगुप्त दकियानूसी विचारों के पक्ष में बातें भी बनाते रहे और न केवल आर्यभट्ट की गणनाओं का प्रयोग करते रहे बल्कि उन्हें और विस्तृत एवं परिमार्जित रूप भी प्रदान करते रहे। सैंकड़ों वर्ष बाद ईरानी गणितज्ञ एवं खगोलविद अल-बरूनी ने आर्यभट्ट का समर्थन करते हुए कहा था कि ग्रहणों का व्यावहारिक स्तर पर पूर्व आकलन वास्तव में ब्रह्मगुप्त के दकियानूसी विचारों के नहीं, आर्यभट्ट की गणनाओं के अधिक निकट था। अब से एक हज़ार वर्ष पूर्व अल-बरूनी ने ब्रह्मगुप्त की कुछ इस प्रकार आलोचना की थी :

हम ब्रह्मगुप्त से कोई बहस नहीं करेंगे, बस चुपके से उससे यही पूछना चाहेंगे कि आर्यभट्ट और उनके अनुगामियों की इतनी तीव्र भर्त्सना करने के बाद सूर्यग्रहण की व्याख्या के लिए चन्द्रमा और सूर्य का व्यास और चन्द्रग्रहण की व्याख्या करते हुए पृथ्वी की छाया के व्यास का आकलन किसलिए करते हो? तुम जिनके साथ सहमत हो, उन्हीं की बात का अनुगमन करने के स्थान पर जिन्हें धर्मच्युत कह रहे हो उनके विचारों का प्रयोग क्यों कर रहे हो?[3]

सचमुच ही स्थितिगत वस्तुनिष्ठता द्वारा 'वस्तुनिष्ठता' के विचार को सटीक रूप से समझा जा सकता है।

स्थितिगत प्राचलों के और अनेक उदाहरण हैं जिन्हें बौद्धिक या मनोवैज्ञानिक विप्रयास कह कर नहीं टाला जा सकता। इनमें अनेक व्यक्ति सहमत या भागीदार हो सकते हैं। ये हैं : किसी भाषा-विशेष को जानना या नहीं जानना; गिनती कर पाना या नहीं कर पाना; अथवा सामान्य दृष्टिसम्पन्न या फिर रंग-अंधताग्रस्त होना

---

* आर्यभट्ट की अन्य खगोलशास्त्रीय स्थापनाओं में से एक विचार था कि पृथ्वी सूर्य की परिक्रमा करती है। (सूर्य पृथ्वी की नहीं) तो दूसरा विचार था कि गुरुत्वाकर्षण की शक्ति के कारण ही घूर्णन के बावजूद पिंड आदि पृथ्वी से उछल कर अन्तरिक्ष में नहीं जा पाते।

आदि। किन्हीं विशेष स्थितिगत अभिलक्षणों वाले व्यक्ति को संसार कैसा लगेगा–यह कहना स्थितिगत वस्तुनिष्ठता का उल्लंघन नहीं करता।

एक और महत्त्वपूर्ण बात पर ध्यान दें! यहाँ यह दावा नहीं किया जा रहा कि ऐसी कोई भी बात जिसकी 'कारण' के माध्यम से व्याख्या हो सके स्थितिगत वस्तुनिष्ठता से सम्पन्न नहीं हो जाती। उसमें निहित परिवर्तनशीलता की प्रकृति पर भी बहुत कुछ निर्भर करेगा। भारतीय मीमांसाशास्त्र का एक चिरपरिचित उदाहरण यहाँ बहुत सटीक लगता है। अपनी विशेष घबराहट या साँपों से अत्यधिक भय के कारण रस्सी को साँप समझ बैठने की स्पष्टतः व्यक्तिनिष्ठा को स्थितिगत वस्तुनिष्ठता नहीं बना देती। किन्तु यदि रस्सी के उस टुकड़े की आकृति प्रत्येक देखने वाले को साँप जैसी दिख रही हो (भले ही उन्हें कम प्रकाश में रस्सी में साँप जैसे लक्षण दिखाई दे रहे हों) तो फिर स्थितिगत वस्तुनिष्ठता के विचार के प्रयोग को ठीक ठहराया जा सकता है।

स्थितिगतता (positionality) की उद्भासनकारी और विभ्रमकारी भूमिकाओं जैसा ही भेद नैतिक एवं राजनीतिक मूल्यांकनों में उपस्थित रहता है। सम्बन्ध-आधारित विशेष दायित्वों के सिद्धान्तों का उदाहरण लें। अभिभावकों की अपनी सन्तान की देखभाल करने की विशेष ज़िम्मेदारी होती है। इस अवस्था में उनके द्वारा अपनी सन्तान के हितों को प्रमुखता देना नैतिक दृष्टि से उचित प्रतीत हो सकता है। अपने बच्चों के जीवन में (अन्यों की अपेक्षा) विसंगतिपूर्ण रुचि लेना उस सन्दर्भ-विशेष में व्यक्तिनिष्ठ मूर्खता नहीं होगी–यह तो वस्तुनिष्ठ नैतिक दायित्व का निर्वहन होगा (जिसका नाता उनकी अभिभावकीय स्थिति की प्रासंगिकता के साथ जुड़ा है)। नैतिक मूल्यांकनों में व्यक्तिगत सम्पर्कों एवं सम्बन्धों के महत्त्व और जटिलता पर अनेक विद्वानों ने चिन्तन किया है। फिर इस विषय में व्यापक स्तर पर सहमति विकसित नहीं हो पाई है।

इस दृष्टि से तो नैतिक वस्तुनिष्ठता को 'कहीं से भी नहीं' की अपेक्षा 'किसी स्पष्ट रूप से निदर्शित स्थान विशेष' के दृष्टिकोण से देखना अधिक सार्थक होगा। स्थितिगत अभिलक्षणों की विशेष प्रासंगिकता हो सकती है जिसे एक क्षमतावान नैतिक सिद्धान्त को पहचान लेना चाहिए और उसका भली प्रकार अपने आकलन में समंजन कर लेना चाहिए। अपनी सन्तान के प्रति दायित्व किसी के मस्तिष्क की उपज नहीं है और नीतिशास्त्र में इसे वास्तविक महत्त्व मिलना ही चाहिए।

कर्ता सापेक्ष और, अधिक व्यापक स्तर पर स्थिति सापेक्ष मूल्यांकनों और दायित्वों की समीक्षा में (अध्याय–10) स्थितिगत वस्तुनिष्ठता के उद्भासन आयाम विशेष रूप से प्रासंगिक होंगे। किन्तु यदि सम्बन्ध निरपेक्ष नीतिशास्त्रीय दृष्टिकोण से विचार करें तो अपनी सन्तान के हितों पर अधिक ध्यान देना स्पष्टतः एक गलती होगा। उदाहरण : यदि एक सार्वजनिक अधिकारी अपने नागरिक (प्रशासकीय) दायित्वों के निर्वहन में भी अपनी सन्तान के हितों को प्रमुखता देने लगे तो यह एक नैतिक-राजनीतिक

विफलता होगी—भले ही व्यक्तिगत निकटता की स्थिति की दृष्टि से अभी भी अपनी सन्तान का हित अधिक महत्त्वपूर्ण हो।

इस सारे विश्लेषण में 'स्थिति-निरपेक्ष या अनभिनत' व्यवहार की आवश्यकता प्रतीत होती है। यहाँ तो नैतिकता का तकाज़ा होगा कि अन्य व्यक्तियों की सन्तानों के हित भी अपनी सन्तान जितने ही महत्त्वपूर्ण हैं। यहाँ 'किसी विशेष स्थान' या स्थिति द्वारा निरूपित (अभिभावकीय) सम्बन्धों वाला दृष्टिकोण गलत होगा।

एक गैर-सम्बन्धीय विधि में नैतिक उद्भासन में विश्व के स्थिति निरपेक्ष अवबोधन की खोज होनी चाहिए। जब मैरी वॉल्स्टोनक्राफ्ट अमरीकी स्वतंत्रता के सन्दर्भ में बर्क की इस आधार पर भर्त्सना कर रही थीं कि वे अमरीकी गुलामों के हितों की बात नहीं कर रहे, तो उनका आशय यह नहीं था कि स्वतंत्रता श्वेत अमरीकियों तक ही सीमित रह जाने वाली थी। उनका आग्रह तो एक सर्वव्यापी परिप्रेक्ष्य को अपनाने पर था जिससे स्थितिगत पूर्वाग्रहों और जातिवादी (वर्गवादी) पक्षपातों का निवारण सम्भव हो सके। यहाँ स्थितिगत अवबोधन नहीं किसी प्रकार के संक्रान्तिक अवबोधन की बात (अधिक सार्थक) लगती है। इस अवस्था में 'किसी भी स्थिति से निर्बन्ध' दृष्टिकोण एक उपयुक्त विचार होगा।

वस्तुनिष्ठ भ्रम और स्थितिगत वस्तुनिष्ठता

यदि किसी मीमांसा, नैतिक या राजनीतिक मूल्यांकन के लिए स्थिति निरपेक्ष दृष्टिकोण हो, तो भी, स्थितिगत अनभिनत अवबोधन तक पहुँचने की कठिनाई की व्याख्या करते समय अवलोकनों की स्थिति निर्भरता की वास्तविकता पर ध्यान देना आवश्यक हो सकता है। स्थितिगत परिप्रेक्ष्यों की जकड़ इतनी मज़बूत हो सकती है कि व्यक्तियों के लिए अपने स्थितिगत सीमितं दृष्टि से आगे झाँक पाना कठिन हो सकता है। उदाहरण के लिए यदि किसी समाज में महिलाओं को अधीनस्थ मानने की दीर्घ परम्परा विद्यमान हो, तो नारी की तथाकथित हीनता के लक्षणों पर ही केन्द्रित रहने के सांस्कृतिक मानक इतने रूढ़ हो जाते हैं, कि उन लक्षणों की कोई अन्य व्याख्या करने के लिए मस्तिष्क की बहुत ही अधिक स्वतंत्रता की आवश्यकता होगी। उदाहरण : यदि किसी समाज में लड़कियों को विज्ञान की शिक्षा पाने से हतोत्साहित किया जाता हो तो वहां महिला वैज्ञानिकों की अत्यन्त कमी ही इस बात को समझ पाने में एक बड़ी बाधा बन जाती है कि महिलाएँ भी सफल वैज्ञानिक बन सकती हैं—जबकि (महिला वैज्ञानिकों का) यह अभाव तो महिलाओं को उपयुक्त शिक्षा के अवसरों और प्रोत्साहनों से वंचित रखे जाने का परिणाम ही है।

किसी समाज में महिला वैज्ञानिकों के अभाव का अवलोकन तो ठीक हो सकता है, किन्तु, उस स्थिति के आधार पर यह निष्कर्ष निकालना पूरी तरह से गलत होगा

कि महिलाएँ विज्ञान को नहीं समझ सकतीं। अनेक भेदभावों से ग्रस्त समाज में स्थानिक अवलोकनों की स्थितिगतता से आगे निकलने की बहुत बड़ी आवश्यकता होती है। किसी अन्य समाज में (जहाँ महिलाओं को अधिक अवसर सुलभ रहते हों) महिलाओं की विज्ञान के क्षेत्र में सफलता से इस बात का सत्यापन हो सकता है कि वे भी पुरुषों की तरह ही इन विषयों में पारंगत हो सकती है (बस उन्हें भी आवश्यक अवसर और सुविधाएँ प्राप्त होनी चाहिए)। यह तर्क भी फिर से एडम स्मिथ के 'समदर्शी अवलोकनकर्ता' के विचार में निहित दूर और पास के परिप्रेक्ष्यों (अनुभवों) से सीख ग्रहण करने में सक्षम 'अनावृत समदर्शिता' की ओर उन्मुख हो रहा है।

जब स्थानीय विश्वास की जकड़ बहुत मज़बूत हो, उसे निरस्त करना कठिन हो, तो बड़ी दृढ़ता के साथ इस तथ्य को स्वीकार करने से मना कर दिया जाता है। अपने ही समाज में नारी के साथ हो रहे व्यवहार में विषमता भरी हुई है। यही नहीं, अनेक महिलाएँ जो 'साफ-साफ दिख रहा' उसी तथाकथित साक्ष्य को सत्य मानकर नारी की बौद्धिक क्षमताओं की हीनता को स्वीकार कर लेती हैं—यह निश्चय ही एक स्तर विभाजित समाज के स्थानीय परिप्रेक्ष्य की विकृतिपूर्ण समझ का परिणाम होता है। अनेक परम्पराग्रस्त समाजों में दिखाई पड़ रहे भेदभाव और सामाजिक विसंगतिंयों की 'निर्विरोध' 'स्वीकार्यता' की व्याख्या करते समय स्थितिगत वस्तुनिष्ठता का विचार एक सटीक योगदान कर सकता है। यह हमें स्थिति आधारित अवबोधन के एक अवैध अनुप्रयोग की उत्पत्ति के विषय में समझा सकता है (यहाँ वास्तव में स्थितिगत अवबोधन से आगे झाँकने की आवश्यकता होती है)।

मार्क्सवादी दर्शन* में प्रयुक्त 'वस्तुनिष्ठ विभ्रम' की संकल्पना की व्याख्या भी हमारी स्थितिगत वस्तुनिष्ठता के माध्यम से हो सकती है। इस अवस्था में ऐसा स्थितिगत वस्तुनिष्ठ विश्वास जो स्थिति के पार समीक्षा में ठीक सिद्ध नहीं हो पाए एक वस्तुनिष्ठ विभ्रम कहलाएगा। वस्तुनिष्ठ विभ्रम की इस संकल्पना में दो विचार समाहित हैं—एक, स्थितिगत वस्तुनिष्ठ विश्वास, और दूसरे, उस विश्वास की स्थिति पर समीक्षा में उसका गलत सिद्ध होना। हमारे सूर्य और चन्द्रमा के सापेक्ष आकारों के उदाहरण में पृथ्वी से उनके आकारों का समान दिखना अन्य जानकारियों, विचारों एवं समीक्षा के अवसर के अभाव में उनके वास्तविक आकार समान होने का स्थितिगत अवबोधन करा सकता है। उस विश्वास की असत्यता ही एक वस्तुनिष्ठ विभ्रम का उदाहरण है।

---

* मार्क्स का यह विचार केवल दर्शन तक सीमित नहीं है। उन्होंने *कैपिटल वोल्यूम-I* और *दि थ्योरीज ऑफ़ सरप्लस वैल्यू* में यह भी दिखाया है कि श्रम बाज़ार में विनिमय की न्यायप्रयुक्तता एक भ्रम-मात्र है। यहाँ तक कि जिन श्रमिकों की गाढ़ी कमाई की लूट हो रही है, वे भी इसे उचित विनिमय मान बैठते हैं।

इस विषय में जी. ए. कोहेन की यह चर्चा बहुत ही उपयोगी लगती है :

मार्क्स के विचारानुसार इन्द्रियाँ हमें वायु की रचना और सौरपिंडों की गति आदि के बारे में भ्रमित कर देती हैं। किन्तु यदि कोई व्यक्ति श्वास लेकर ही वायु के सभी घटकों की सटीक पहचान कर लेता है तो निश्चित ही उसका नाक सामान्य व्यक्ति के नाक की भाँति काम नहीं कर रहा। इसी प्रकार यदि कोई व्यक्ति कहता है कि उसे तो सूर्य स्थिर और पृथ्वी घूमती हुई लग रही है उसे भी कोई-न-कोई दृष्टिदोष है या उसका अपने अंग-संचलन पर नियन्त्रण नहीं है। किन्तु वायु को एक तत्त्व और सूर्य को गतिशील मानने के अनुभव तो मानसिक विभ्रम नहीं, मृग-मरीचिका के दर्शन से अधिक मिलता-जुलता है। यदि कोई व्यक्ति उपयुक्त परिस्थितियों में मृग-मरीचिका को नहीं देख पाता तो अवश्य ही दृष्टिदोष से ग्रस्त होगा। उसकी आँखें दूरी के कारण प्रकाश रश्मियों में दिखाई देने वाले अन्तरों को नहीं देख पा रही हैं।[4]

यहाँ वे अवलोकन, जिन्हें वस्तुनिष्ठ माना जाता है, होंगे : सामान्य नाक द्वारा साँस लेना और सामान्य आँखों से सूर्य को देखने की स्थितिगत विशेषताएँ या फिर दूर से प्रकाश-वर्तन को देखना। ये सभी दृष्ट विशेषताएँ स्थितिगत रूप से वस्तुनिष्ठ हैं—भले ही उस सन्दर्भ के लिए अधिक सटीक कसौटियों के आधार (जो हमें उस स्थितिगतता से पार ले जाएं) पर वे गलत सिद्ध हो जाएँ?

स्वास्थ्य, रुग्णता और स्थितिगत विविधताएँ

मार्क्स ने वस्तुनिष्ठ विभ्रम के विचार का वर्ग-विश्लेषण के लिए प्रयोग किया था और उन्होंने इसके आधार पर 'मिथ्या संचेतना' (fake consciousness) की अन्वेषणा की थी। एक बहुत ही अलग प्रकार का उदाहरण रुग्णता की 'आत्मानुभूति' से जुड़ा है। यह विकासशील देशों में स्वास्थ्य की स्थिति की व्याख्या में बहुत उपयोगी सिद्ध हो सकता है। भारतीय राज्यों में जन्म के समय जीवाशा (expectancy of life at birth) के स्तर की बात करें तो केरल शेष देश से बहुत आगे निकल चुका है। केरल की जीवाशा चीन से अधिक है और यूरोपीय देशों के उच्च स्तर की बराबरी कर रही है। यही नहीं, केरल इस स्वास्थ्य संक्रान्ति की पुष्टि अनेक चिकित्साशास्त्रीय साक्ष्यों से हो रही है। किन्तु फिर भी रुग्णता की आत्मानुभूति के सर्वेक्षणों में भी केरल की रुग्णता की अनुभूति की दरें सबसे ऊँची पाई गई हैं (ऐसा औसत और वय-वर्गीय, दोनों आधारों पर पाया गया है)। दूसरी ओर बिहार और उत्तर प्रदेश जैसे प्रान्त हैं जहाँ जीवाशा के न्यून और मरणशीलता की बहुत उच्चवय वर्गीय दरें (स्वास्थ्य संक्रान्ति के प्रमाण शून्य प्रायः) पायी गई हैं। किन्तु आश्चर्यजनक बात यह है कि इन प्रान्तों में रुग्णता की आत्मानुभूति दरें बहुत ही निम्न हैं। यदि चिकित्सीय और

मरणशीलता दरों के प्रमाण स्वीकार करें (उन्हें झुठला पाने के कोई पर्याप्त आधार भी नहीं हैं) तो रुग्णता की आत्मानुभूति के इन आकलनों को गलत—या कम-से-कम अत्यन्त ही समस्यापूर्ण अवश्य मानना पड़ेगा।

यही नहीं, इन रुग्णता आत्मानुभूति विषयक आँकड़ों को आकस्मिक गलतियाँ या व्यक्तियों की व्यक्तिनिष्ठता का परिणाम मान कर नज़र-अन्दाज़ करना भी विचित्र-सा लगेगा। मरणशीलता एवं रोगानुभूति (रुग्णता की आत्मानुभूति) में इतनी व्यवस्थित विसंगति का क्या कारण हो सकता है? यहाँ वस्तुनिष्ठ विभ्रम का विचार उपयोगी सिद्ध हो सकता है। केरल राज्य में (नारी साक्षरता सहित) साक्षरता दरें शेष देश से बहुत उच्चतर हैं और सार्वजनिक स्वास्थ्य सेवा व्यवस्था भी कहीं अधिक व्यापक एवं विस्तृत है। अतः केरल में सम्भावित रोगादि के विषय में चेतना अधिक है और लोग तुरन्त बचाव के लिए चिकित्सीय सलाह और सेवाएँ पाने को चल देते हैं। वही विचार-व्यवहार जिनके कारण केरल में मरणशीलता में भारी कमी आई है, प्रदेशवासियों की रोग आदि के विषय में चेतना को भी बढ़ा-चढ़ाकर दिखाने में सहायक हो रहे हैं। इसके विपरीत बिहार, उत्तरप्रदेश की कम साक्षर-शिक्षित जनता, जिसे उतने व्यापक स्तर पर चिकित्सीय सुविधाएँ भी सुलभ नहीं हैं, में सम्भावित रोगों के विषय में अधिक चेतना भी नहीं दिखाई पड़ती। इसी कारण से इन राज्यों में जीवाशा और स्वास्थ्य की बहुत निम्न दशाओं के साथ साथ रोगानुभूति भी केरल से निम्न बनी हुई है।

सामाजिक दृष्टि से पिछड़े हुए प्रांतों में निम्न रुग्णता के भ्रम का एक स्थितिगत वस्तुनिष्ठ आधार है—यहाँ की जनता को सीमित स्तर पर स्कूली शिक्षा और चिकित्सीय अनुभवों की उपलब्धता (इस विषय में भारतीय आँकड़ों पर आधारित विश्लेषण ज्यां द्रीज़ के साथ रचित मेरी पुस्तक *इण्डिया : इकॉनामिक डिवेलपमेंट एण्ड सोशल ऑपारच्युनिटी* में देखा जा सकता है)। इन गलत ढंग से किए गए पक्षपातपूर्ण निदानों की स्थितिगत वस्तुनिष्ठता बरबस ध्यान आकर्षित कर लेती है। समाजशास्त्री इन्हें व्यक्तिनिष्ठ एवं विद्रूप कहकर छुटकारा नहीं पा सकते। किन्तु इन आत्मानुभूतियों को हम उपयुक्त स्थित-पार अवबोधनों के आधार पर स्वास्थ्य और रुग्णता के सही प्रतिबिम्ब भी नहीं मान सकते।

इस प्रकार के वस्तुनिष्ठ विभ्रम की सम्भावनाओं और घटनाओं के राष्ट्रीय और अन्तरराष्ट्रीय स्तर पर तुलनीय चिकित्सीय आँकड़ों की प्रस्तुति के लिए बहुत ही गम्भीर एवं दूरगामी निहितार्थ हो सकते हैं। रोगानुभूति के और चिकित्सा पाने विषयक तुलनात्मक आँकड़ों की स्थितिगत परिप्रेक्ष्यों के अनुसार आलोचनात्मक समीक्षा होनी चाहिए।

लिंग-भेद और स्थितिगत विभ्रम

एक और मामला बड़ा विचित्र है। यह रोगानुभूति और वास्तविक रुग्णता में पुरुषों और महिलाओं के बीच बड़ी विसंगति से जुड़ा है। एशिया और उत्तरी अफ्रीका के अनेक देशों—चीन, पाकिस्तान, ईरान और मिस्र की ही भाँति भारत में भी महिलाएँ जीवनधारण में अनेक अभावों से ग्रस्त रही हैं। उनकी मरणशीलता दर (सभी वय वर्गों में) पिछले कुछ वर्ष पूर्व तक अधिक रही है। यह स्थिति नवजातावस्था और फिर 35 से 40 वर्ष की आयु तक विशेष रूप से देखी गई है। किन्तु चिकित्साशास्त्रीय ज्ञान तो यही कहता है कि यदि सम्यक् रूप से स्वास्थ्य सेवाएँ सुलभ हों तो प्रत्येक वय वर्ग में नारी की मरणशीलता पुरुषों से कम रहनी चाहिए। पिछले कुछ वर्षों में भारत में नारी की जीवाशा पुरुषों से अधिक हो चली है किन्तु अभी भी नारी और पुरुष की दीर्घायुता का अनुपात वैज्ञानिक आधार अपेक्षित से कम ही है। हाँ, भारत का केरल प्रान्त इसका अपवाद प्रतीत होता है।

भले ही मरणशीलता दरों में भारतीय नारी अभावग्रस्त है किन्तु इसकी रोगानुभूति दर पुरुषों से अधिक नहीं है। यह भी नारी की शैक्षणिक अभावग्रस्तता और लिंग-भेद को 'सामान्य' मानने का ही परिणाम है। मैं यहाँ जिस शब्द का प्रयोग कर रहा हूँ, उसे उपयोगितावादी स्वीकार नहीं करेंगे, किन्तु हर्ष का विषय है कि अब सारे देश में महिलाएँ अपनी सेहत को लेकर अधिक अप्रसन्नता की अभिव्यक्ति करने लगी हैं। इससे स्थिति निर्मित अच्छे और बुरे स्वास्थ्य की धारणाओं के पाश की शिथिलता के संकेत मिल रहे हैं। जैसे-जैसे नारी की अभावग्रस्तता का विषय राजनीतिक स्वरूप धारण कर रहा है वैसे-वैसे नारी की उस अभावग्रस्तता को लेकर अभिनतियाँ कम होती जा रही हैं। नारी के स्वास्थ्य से सम्बन्धित समस्याओं और विभ्रमों के स्वरूप की बेहतर समझ ने मरणशीलता में लिंग-भेद को कम किया है—अनेक प्रान्तों में तो यह समाप्तप्रायः हो गया है।*

लिंग-भेद को समझने में भी स्थितिगत वस्तुनिष्ठता का विचार बहुत महत्त्वपूर्ण है। पारिवारिक जीवन में हित-लाभों और दायित्वों (कार्यों) के विभाजन में कुछ समवर्तिता तो कुछ टकराव बना रहता है। सामूहिक सम्बन्धों की रचना के सन्दर्भ में इसे 'सहयोगात्मक टकराव' कहते हैं। किन्तु परिवार के जीवन में सामंजस्य के लिए उन टकरावों का समाधान सुस्पष्ट सौदेबाज़ी नहीं बल्कि निहित रूप से करना होता है। इन टकरावों को तूल देना असामान्य व्यवहार समझा जाता है। परिणामस्वरूप परम्परागत व्यवहार को ही वैध और उचित मान लिया जाता है। अधिकांश विश्व

* लिंग-भेद के भीषणतम परिणाम को मैंने 'लुप्त हो गई महिलाएँ' संज्ञा दी है। तात्पर्य है कि लाखों की संख्या में ऐसी नारियाँ जिन्हें आज जीवित होना चाहिए था, असमय में ही काल के मुँह में जा चुकी हैं।

में इसी कारण किसी-न-किसी क्षेत्र में पुरुषों की अपेक्षा महिलाओं की व्यवस्थित अभावग्रस्तता पर ध्यान नहीं देना ही 'सामान्य' बना हुआ है।

न्याय सिद्धान्त की स्थिति

यह प्रश्न एक न्याय सिद्धान्त की रचना के लिए बहुत महत्त्वपूर्ण है–न्याय के तकाज़ों के अवबोधन के लिए सार्वजनिक विचार-विमर्श को विशेष भूमिका प्रदान करने वाले न्याय सिद्धान्त की खोज में तो इसका महत्त्व और भी अधिक हो जाता है। व्यक्ति अपने विश्व को किस प्रकार देखते-बूझते हैं? इसका सार्वजनिक विचार-विमर्श की प्रभावोत्पादकता पर बहुत गहन प्रभाव रहता है। और यदि उस सामाजिक अवबोधना में स्थितिगतता का सशक्त प्रभाव अस्पष्टताकारी भूमिका धारण कर ले, तो, न्याय और अन्याय के सही मूल्यांकन में आने वाली चुनौतियों एवं कठिनाइयों को जानने के लिए भी उस विषय की सटीक सूझ बहुत निर्णायक सिद्ध होगी।

अवलोकन की स्थितिगतता और भाव-व्यंजना (construction) का वैज्ञानिक ज्ञान की प्रक्रिया में बहुत महती योगदान रहता है, किन्तु धारणाओं (और आस्थाओं) के निर्माण में यह और अधिक व्यापक पटल पर महत्त्व धारण कर लेता है। यह बात सामाजिक एवं प्राकृतिक, दोनों प्रकार के शास्त्रीय ज्ञानों की अन्वेषणा पर लागू रहती है। सामाजिक अवबोधना और सामाजिक अवस्थाओं के मूल्यांकन को गम्भीर रूप से प्रभावित और विकृत करने में सक्षम व्यवस्थागत एवं रूढ़ विभ्रमों की व्याख्या करने में हमारा यह स्थितिगतता विषयक विचार महत्त्वपूर्ण योगदान दे सकता है।

आइए, एक बार फिर पृथ्वी से देखने पर सूर्य और चन्द्रमा के 'समान आकार' वाले उदाहरण पर बात करें। एक ऐसे समुदाय के सदस्य को लें जिसे अन्तर आधारित प्रक्षेपणों तथा सूर्य और चन्द्रमा के विषय में अन्य कोई जानकारी सुलभ नहीं रही है। इस प्रकार अवधारणागत संरचना और सहायक जानकारी के अभाव में वह व्यक्ति दोनों के आकार एवं पिंड के द्रव्यमानों को अपने स्थितिगत अवलोकन के आधार पर एक समान मान लेगा–वह यह भी कह सकता है कि समान गति से उनके चक्कर लगाकर आने में बराबर समय लगेगा। यदि उस व्यक्ति को अन्तरों एवं प्रक्षेपण आदि का ज्ञान हो तो यह निष्कर्ष बहुत ही विचित्र हो जाएगा किन्तु उस ज्ञान के अभाव में यह विचित्रता का भाव विलुप्त हो जाएगा। यद्यपि सूर्य और चन्द्रमा के समान आकार और उनके चक्कर लगाने में बराबर समय लगने के विचार गलत है–उनमें विभ्रम भरा है–फिर वर्तमान परिस्थितियों में उन्हें पूर्णतः व्यक्तिनिष्ठ धारणा नहीं कहा जा सकता–क्योंकि उसकी स्थितिगत अवस्था ही ऐसी है। यही नहीं, उस जैसी स्थिति में फँसा (अर्थात् उसी की तरह अवधारणाओं और जानकारी के अभाव झेल रहा) प्रत्येक व्यक्ति आलोचनात्मक समीक्षा से पूर्व उन्हीं कारणों से उन्हीं निष्कर्षों

तक पहुँच जाएगा। भारत में पहली कुछ शताब्दियों (ईसवी) प्रचलित दर्शन की न्याय प्रशाखा के विद्वान कहते थे कि ज्ञान ही नहीं, विभ्रम भी कतिपय पूर्वनिर्दिष्ट (पूर्व परिचित) संकल्पनाओं पर निर्भर रहते हैं। जिसे साँप का ज्ञान नहीं हो उस व्यक्ति को अँधेरे में रस्सी साँप जैसी कैसे प्रतीत हो पाएगी? यहाँ अवधारणाओं और वास्तविकताओं के सम्बन्ध की बात आ जाती है। उस पर भी न्यायदर्शन के अध्येताओं ने बहुत कुछ लिखा है।

भले ही स्थितिगतता ज्ञानवर्धन करने के स्थान पर हमें भ्रमित कर रही हो किन्तु उस पर आधारित वस्तुनिष्ठता द्वारा सृजित विभ्रमों से मुक्ति पाना सहज नहीं होता। गलत अनुभूतियों के कारण विरासत में मिली लिंग विषमताओं पर पार पाना एक कठिन कार्य हो सकता है, वस्तुतः उन्हें दूर हटाने के लिए प्रयास की आवश्यकता को समझ पाना भी कठिन रहता है।[5] परिवार के भीतर तो अभावग्रस्तों को इस व्यवस्था को चलाए रखने में सहभागी बना लिया जाता है। इस दशा में तो स्थितिगत परिप्रेक्ष्यों की अपारदर्शिता इन विषमताओं के निरन्तर अस्तित्व में एक प्रमुख कारक बन जाती है।

स्थितिगत सीमितताओं पर पार पाना

न्याय की अन्वेषणा में स्थितिगत विभ्रम ऐसे संरोध उत्पन्न कर देता है जिनका निवारण मूल्यांकन के लिए आवश्यक जानकारियों के आधार को अधिक व्यापक बनाकर ही किया जा सकता है। इसी कारण एडम स्मिथ ने दूर-पास हर जगह के परिप्रेक्ष्यों के विधिवत् प्रयोग पर आग्रह किया था। अनावृत समदर्शिता के सहारे बहुत कुछ किया जा सकता है किन्तु स्थितिगत दृष्टिकोण से पूर्णतः स्थिति निरपेक्ष दृष्टिकोण की ओर अग्रसर हो पाने की सफलता में सन्देह है।

कहा जा सकता है कि विश्व के विषय में हमारा समस्त अवबोधन हमारी सम्भव अनुभूतियों, विचारों की सृजन-क्षमता और (स्वाभाविक रूप) हम किस प्रकार के जीव हैं इन्हीं बातों पर निर्भर रहता है। हमारे विचार और अनुभूतियाँ भी समग्र रूप से हमारी इन्द्रियों, मस्तिष्क और अन्य शारीरिक क्षमताओं पर निर्भर होते हैं। यही नहीं, 'दृष्टिकोण' (चाहे जहाँ से हो) का विचार भी अपनी आँखों से देखकर समझ पाने पर निर्भर रहता है—यह मानवीय विकास की एक सहज भौतिक गतिविधि ही तो है।

हाँ, हम अपनी कल्पना के संसार में हमें विश्व के साथ बाँधने वाले सभी सम्बन्ध सूत्रों और हमारी विभेद क्षमता एवं बोध को प्रभावित करने वाली शारीरिक गतिविधियों से बहुत आगे की उड़ान भर सकते हैं। हम ऐसे विश्व के बारे में सोचने का प्रयास कर सकते हैं जिसमें प्रकाश, ध्वनि, उष्णता, गन्ध, स्वाद, स्पर्श आदि के

संकेतों से आगे की बातें भी शामिल हों। किन्तु हमारी मूल रचना तो इन्हीं इन्द्रिय बोध्य संकेतों को ग्रहण करने की अभ्यस्त है। इसे इन संकेतों से आगे का विश्व कैसा प्रतीत होगा? इस बारे में कोई निश्चित अनुभूति निर्मित कर पाना भी आसान नहीं होगा। यही बात हमारी चिन्तन प्रक्रिया और चिन्तन क्षमता के विस्तार पर भी लागू होती है। बाह्य संसार के विषय में हमारा बोध कुछ इस प्रकार हमारे अनुभवों और सोच पर अवलम्बित है कि इनसे बहुत आगे जा पाने की सम्भावना सीमित रहती है।

किन्तु इन सब बातों का यह तात्पर्य नहीं है कि हमारे लिए कुछ अधिक व्यापक दृष्टिकोण पाने के लिए स्थितिगतता पर आंशिक या पूर्ण रूप से काबू कर पाना सम्भव नहीं है। यहाँ भी (न्याय सिद्धान्त की ही भाँति) हम किसी अनुभवातीत सर्वोत्कृष्टता के ध्येय के स्थान पर किन्हीं तुलनात्मकताओं की अन्वेषणा तो कर ही सकते हैं। नवपरिवर्तनशील मीमांसाशास्त्र, नीतिशास्त्र और राजनीतिशास्त्र की रुचि तुलनात्मक रूप से विस्तार करने में ही रही है और विश्व के बौद्धिक इतिहास में इसके अनेक पुरस्कार भी मिले हैं। सभी प्रकार की वैयक्तिक अभिलक्षणाओं से पूर्ण स्वतंत्रता का 'निर्वाण' ही एकमात्र 'साध्य' नहीं रहना चाहिए।

हमारा पड़ोसी कौन है?

अपने नैतिक सरोकारों को पड़ोस तक सीमित रखने के विचार के विरोध का बड़ा लम्बा इतिहास है। यह विरोध उस धारणा का है कि हमारे अपने तात्कालिक पड़ोसियों के प्रति तो कुछ दायित्व हो सकते हैं किन्तु दूरस्थ व्यक्तियों से हमारा कोई सम्बन्ध नहीं होता। विश्व के नैतिक विचारों के इतिहास में पड़ोसियों के प्रति कर्तव्यों के प्रश्न का बहुत बड़ा स्थान रहा है। यहाँ तक कि एंग्लिकन चर्च की सामान्य प्रार्थना-पुस्तिका ने इस प्रश्न का कि 'आपने इन पवित्र आदेशों से क्या सीखा है' का बहुत स्पष्ट उत्तर भी दिया है : "मैंने दो बातें सीखी हैं : ईश्वर के प्रति मेरा क्या कर्तव्य है और अपने पड़ोसियों के प्रति क्या कर्तव्य है।"

यदि अपने दायित्वों के प्रति हमारा यह बोध सही हो और अन्यों की अपेक्षा हमारे पड़ोसियों के दावों को अतुलनीय रूप से सशक्त मानें तो क्या इससे 'केवल एक देश में न्याय' के विचार की विद्रूपता कुछ कुंठित नहीं हो जाएगी? किन्तु अपने पड़ोसियों के हितों को इस प्रकार असम्यक् वरीयता प्रदान करने के विचार को भी तो न्यायप्रद ठहराने की ज़रूरत विद्यमान है। इतनी ही महत्त्वपूर्ण व्यक्तियों को इस प्रकार पड़ोस के समुदायों में विभाजित कर देने के विचार की बौद्धिक भंगुरता भी है। *'गास्पेल ऑफ ल्यूक'* में परोपकारी व्यक्ति की गाथा सुनाते हुए नज़रथ के जीसस ने बहुत ही स्पष्ट बात कही है। उन्होंने स्थिर पड़ोस के विचार पर ही प्रश्नचिह्न लगाया

है। कई बार इस कहानी में निहित शिक्षा को 'सर्वव्यापी' कह कर विद्वान लोग स्थिर पड़ोस के विचार को ईसा द्वारा पूरी तरह से नकार देने की अनदेखी कर जाते हैं।

यहाँ इस बिन्दु पर ईसा किसी स्थानीय वकील से उसकी 'उन व्यक्तियों जिनके प्रति हमारे कर्तव्य हैं' विषयक सीमित संकल्पना पर चर्चा करते नज़र आते हैं। ईसा उस वकील को बताते हैं कि सड़क के दूसरी ओर पड़े एक घायल, जिसे एक पुरोहित और आम श्रद्धालुओं ने नज़रअन्दाज़ कर दिया था, की अन्ततः एक अच्छे समेरियाई (धर्मनिष्ठ समेरियावासी) ने सहायता की थी। वस्तुतः वह पुरोहित और उसके अनुगामी श्रद्धालु तो सहायता करने की बजाय उस घायल को लाँघ कर सड़क के दूसरी ओर चलने लग गए थे ताकि उस पड़े हुए व्यक्ति की ओर देखना भी नहीं पड़ जाए।

ईसा ने इस सन्दर्भ में उन सभी की, जिन्हें ज़रूरत है, मदद करने के दायित्व की बात तो नहीं उठाई किन्तु इस बात पर एक प्रश्न अवश्य खड़ा किया है कि आखिर हमारे पड़ोसी कौन हैं? उन्होंने उस वकील से स्पष्ट प्रश्न किया : उस घायल व्यक्ति के निकटवर्ती पड़ोसी कौन थे? वकील को कहना ही पड़ा : ''जिसने उसकी सहायता की।'' और ईसा इसी बात को समझा रहे थे कि पड़ोसियों के प्रति हमारे कर्तव्य केवल उन्हीं तक सीमित नहीं रह जाते जिनके द्वार से हमारा द्वार मिलता हो। ईसा के तर्क को सही रूप में समझने के लिए यह भी जान लेना चाहिए कि समेरियन न केवल इज़राइल से दूर बसे थे, बल्कि इज़राइल वासी उनके प्रति घृणाभाव से भी ग्रस्त थे।

वह समेरियाई उस घटना के कारण उस घायल इज़राइली से जुड़ गया। उसने एक ज़ख्मी को देखा, सहायता करने की ज़रूरत को समझा, सहायता प्रदान की और इस प्रकार उस घायल व्यक्ति के साथ उसका सम्बन्ध स्थापित हो गया। इस बात का कोई महत्त्व नहीं है कि वह समेरियाई कृपा से द्रवित हो गया था या 'न्याय की भावना' से या फिर 'अन्य व्यक्तियों को भी अपने समान मानने की निष्पक्षता की किसी गूढ़ धारणा में।' किन्तु जैसे ही वह इस अवस्था में पहुँचा—वह एक नए 'पड़ोस' में पहुँच गया।

हमारे सम्बन्धों द्वारा दूर-दराज़ के व्यक्तियों के साथ जिसे 'निकटता' की स्थापना होती है वह आधुनिक विश्व में 'न्याय' को ठीक से समझ पाने के लिए बहुत ही व्यापक स्तर पर महत्त्व से सम्पन्न है। हमारे परस्पर सम्बन्ध वाणिज्य, व्यापार, साहित्य, भाषा, संगीत, कलाओं, मनोरंजन, धर्म, चिकित्सा शास्त्र, स्वास्थ्य सेवाओं, राजनीति, समाचार, वृतान्तों, मीडिया सन्देशों एवं अन्य प्रकार के सम्पर्क सूत्रों से निर्मित होते हैं। लगभग 250 वर्ष पूर्व डेविड ह्यूम ने हमारी न्याय की भावना के विस्तार में वृद्धिमान सम्पर्कों के महत्त्व की स्थापना करते हुए कहा था :

फिर मान लो कि विभिन्न समाज पारस्परिक सुविधा और हितों की दृष्टि से ही कुछ सम्पक बनाए रखते हैं। किन्तु मानवीय दृष्टिकोण की विशालता और उनके पारस्परिक सम्बन्धों की शक्ति के अनुपात में ही न्याय की सीमाओं का भी विस्तार होता रहेगा।[6]

अनावृत समदर्शिता का विचार इसी 'मानवीय दृष्टिकोण की विशालता' को अपना आधार-स्रोत बनाता है और उन पारस्परिक सम्बन्धों की शक्ति ही न्याय की सीमाओं का विस्तार करती है। आज संचार और परिवहन के साधनों के विकास तथा अन्तरराष्ट्रीय संस्थाओं की सम्वृद्धि ने विश्व को इतना छोटा बना दिया है कि विश्व-भर में फैले अपने सम्पर्क एवं सम्बन्ध सूत्रों के न्यायविषयक सरोकारों को न्यायसिद्धान्त में स्थान प्रदान करने से इन्कार करना बहुत ही विचित्र लगेगा।

हम यह चर्चा तो कर सकते हैं कि हमारे सरोकारों का कितना प्रसार आज व्यावहारिक स्तर पर स्वीकार्य होगा और उस विषय में भी हमें सर्वसम्मति की आशा नहीं करनी चाहिए। किन्तु आज कोई भी न्याय-सिद्धान्त शेष समग्र विश्व की अवहेलना कर केवल अपने देश पर केन्द्रित नहीं रह सकता। भले ही हमें यह समझाने का प्रयास किया जा रहा हो कि हमारे दायित्व तो निकट पड़ोस तक ही सीमित हैं—किन्तु हम विश्व-भर में फैले अपने 'निकटवर्तियों' की उपेक्षा नहीं कर सकते। हम अब केवल आर्थिक, सामाजिक और राजनीतिक सम्बन्धों के सूत्रों में नहीं बंधे हैं—किसी न किसी रूप में न्याय और अन्याय विषयक दूरगामी साँझी सोच भी विश्व में उपस्थित चुनौतियों (हिंसा और आतंकवाद) का सामना करने के लिए हमें अधिक निकट ला रही है। यही नहीं, हमारी साँझी हताशाएँ और वैश्विक निस्सहायताओं-सम्बन्धी साँझे विचार भी हमें एकजुट कर सकते हैं—विभाजित नहीं। आज के विश्व में बहुत कम ऐसे लोग बचे हैं जिन्हें हम 'गैर-पड़ोसी' की संज्ञा दे पाएँगे।

8

तर्कशीलता और अन्य व्यक्ति

वर्ष 1638 में महान गणितज्ञ पियरे डी फर्मेट (Pierre de Fermat) ने रेने डेस्कोर्टेज (Rene Descartes) को अधिकतमीकरण और न्यूनतमीकरण विषयक एक सन्देश प्रेषित किया था। उस सन्देश की पांडुलिपि कई वर्षों से पेरिस के गणितज्ञों के बीच घूम रही थी। किन्तु डेस्कार्टेज इसे पाकर बिल्कुल भी प्रभावित नहीं हुए। फिर भी उस पांडुलिपि में जो कुछ फर्मेट ने कहा था उसने गणित के विषय के अन्तर्गत वह चरम मान ज्ञात करने की अधिकतम तथा न्यूनतम का आकलन, विधि को स्थायी स्थान एवं महत्त्व प्रदान कर दिया।* यह विषय गणित और दर्शन ही नहीं, सभी विज्ञानों में बहुत महत्त्वपूर्ण स्वरूप धारण कर चुका है। समाजविज्ञानी भी इसका प्रयोग करते हैं—अर्थशास्त्र में तो इस विधि के विशेष प्रयोग सामान्यतः होते ही रहते हैं।

आज अर्थशास्त्र और समाजविज्ञान में अधिकतमीकरण का प्रयोग एक व्यवहारजनित विशेषता के रूप में किया जाता है। किन्तु मूल स्वरूप में फर्मेट का 'न्यूनतम समय का नियम' प्रकाश-विज्ञान में प्रकाश के एक बिन्दु से दूसरे तक पहुँचने में लगे समय से सम्बन्धित था। वह न्यूनतमीकरण का उदाहरण बहुत अनूठा था किन्तु इसमें प्रकाश द्वारा स्वेच्छा से न्यूनतम समय-पथ के सुविचारित 'चयन' जैसी कोई बात दिखाई नहीं पड़ती। वास्तव में भौतिकी और अन्य प्राकृतिक विज्ञानों में बिना किसी अधिकतमकर्ता की उपस्थिति या प्रयास के ही अधिकतमीकरण सम्भव हो जाता है। ज्यॉमिति में ऐसी विधियों का प्रयोग तो यूनानी गणितज्ञों द्वारा लघुतम ज्यॉ (shortest arc) की गवेषणा अपोलोनियस आदि विद्वानों की रचनाओं में भी सम्मिलित रहा है, किन्तु, उनमें भी निर्णय-आधारित चयन का अभाव ही था।

इनके विपरीत अर्थशास्त्र में अधिकतम करना एक सुविचारित चयन होता है। (कभी-कभी स्वभाववश अधिकतम' का भी महत्त्व स्वीकार किया जाता है) और तर्कशील चयन की परिभाषा ही उस चीज़ को अधिकतम करने से जोड़ दी गई है

* वस्तुतः अधिकतम और न्यूनतम की विधियों में विशेष अन्तर नहीं है। एक अधिकतमीकरण का प्रयोग केवल सम्बद्धचर के चिह्न को बदल देने से न्यूनतमीकरण हो जाता है।

जिसका चयनकर्ता संवर्धन करना चाहता हो। जॉन एल्स्टर ने कुछ ऐसे लिखा है : तर्कशील कर्ता वह है जो पर्याप्त कारणों से कर्म करे।' अतः इस विचार को अनदेखा करना कठिन हो जाता है कि चयन की तर्कशीलता का तर्कशास्त्र से बड़ा सबल सम्बन्ध होना चाहिए। और इसी, प्रायः निहित, विश्वास के आधार पर कि हमारा तर्कशास्त्र उस चीज़ को, जिसे हम बढ़ाना चाहते हैं, अधिकतम करने का समर्थन करेगा। हम अधिकतमीकरण को ही तर्कशील व्यवहार की केन्द्रीय कसौटी मान लेते हैं। अर्थशास्त्र में 'चरम मान' की गवेषणा की विधि का प्रयोग कर यह जानने का प्रयास किया जाता है कि कैसे चयन उभर कर आएँगे। यह बात सभी समस्याओं पर लागू रहती है—चाहे उपभोक्ता द्वारा उपयोगिता अधिकतम करने की बात हो या उत्पादक द्वारा लागत न्यूनतम अथवा फर्म द्वारा लाभ अधिकतम करने की समस्या हो।

चयन की तर्कशीलता के विषय में यह दृष्टिकोण हमें समकालिक अर्थशास्त्र की इस सामान्य धारणा की ओर ले जाता है कि व्यक्तियों के वास्तविक चयनों की श्रेष्ठतम व्याख्या किसी उपयुक्त (चर के) अधिकतमीकरण के आधार पर हो सकती है। तर्कशील चयन और व्यक्तियों के वास्तविक चयन की समीक्षा में व्यक्तियों के लिए क्या 'अधिकतम करना उचित होगा' की जाँच ही केन्द्रस्थ सरोकार बन जाता है।

किन्तु पहले अर्थशास्त्र में अधिकतमीकरण से जुड़े एक प्रक्रियात्मक प्रश्न पर ध्यान देना आवश्यक है। यह अर्थशास्त्र में अधिकतमीकरण के दोहरे प्रयोग का प्रश्न है। हम इसे 'क्या हो पाएगा' के पूर्व आकलन की विधि भी मानते हैं और साथ ही साथ इसे तर्कशीलता की कसौटी भी बना देते हैं—(अर्थात् किन मानकों का अनुसरण करें कि हमारे चयन को तर्कशील समझा जाए)। अब तर्कशील और वास्तविक चयनों का पृथक् निरूपण एक आम बात है और तर्कशील चयन के सन्दर्भ में यह प्रश्न उठने लगा है कि (चाहे जैसे भी इसका निर्धारण हो) क्या तर्कशील चयन व्यक्तियों के वास्तविक चयन का सटीक पूर्व आकलन कर पाएगा? स्पष्ट है यहाँ चर्चा और समीक्षा के लिए बहुत सम्भावनाएँ विद्यमान हैं।

तर्कशील निर्णय और वास्तविक चयन

क्या मनुष्य सदैव तर्क द्वारा प्रेरित होता है या भावावेग अथवा मनमस्ती में भी कुछ कर जाता है? यदि मनुष्य अपने वास्तविक व्यवहार में तर्कशीलता के मानकों पर आचरण नहीं करते तो हमें इन दो प्रश्नों के एक समान उत्तर कैसे मिल सकते हैं कि (1) किसी व्यक्ति के लिए क्या काम करना तर्कशील होगा; और (2) व्यक्ति वास्तव में क्या करेगा? हम एक सामान्य नियम के रूप में एक ही उत्तर द्वारा दो

प्रश्नों का सामना कैसे करेंगे? क्या अधिकतमीकरण का प्रत्यक्ष या परोक्ष आधार पर दोहरा प्रयोग करने वाले अर्थशास्त्रियों को इस समस्या पर विचार करने के लिए आमन्त्रित नहीं किया जाना चाहिए?

अनेक अर्थशास्त्रियों ने वास्तविक चयन व्यवहार में तर्कशीलता से व्यवस्थित रूप से प्रत्यन्तरों पर ध्यान दिया भी है। हर्बर्ट साइमन ने इस प्रत्यन्तर पर विचार को 'परिसीमित तर्कशीलता' (bounded rationality) का नाम दिया है।[2] उन्होंने इस सम्भावना को स्वीकार किया है कि सटीक रूप से ध्यान न दे पाने, या सम्पूर्ण तर्कशीलता के अपेक्षित जानकारियों के संग्रह और प्रयोग में निरन्तर सचेत एवं दृढ़ नहीं रह पाने के कारण व्यक्ति सम्पूर्ण रूप से तर्कशील चयन न करने का निर्णय भी कर सकते हैं। अनेक अध्ययनों के आँकड़ों से भी यही प्रमाण मिले हैं कि व्यक्ति अपने लक्ष्यों और ध्येयों के पूर्ण अधिकतमीकरण से परे भी हट जाते हैं। केह्नेमन, स्लोपिक और त्वेर्स्की (Kahneman, Slovik and Tversky) ने बहुत सशक्त साक्ष्यों के आधार पर यह समझाया है कि उपलब्ध प्रमाणों के आधार पर किसी भी मामले में अपेक्षाओं के विषय में अनिश्चितता के स्वरूप को पहचान पाने में व्यक्ति असफल भी रह सकते हैं।[3]

कई बार 'इच्छाशक्ति की दुर्बलता' भी समस्या बन जाती है। इस विषय में तो दार्शनिक सदियों से मनन करते रहे हैं। प्राचीन यूनानी विद्वान इसे अॅक्रासिआ (akrasia) कहते थे। व्यक्ति यह जानते हुए भी कि तर्कशीलता के तकाज़े के अनुसार उसे क्या करना चाहिए, तदनुरूप व्यवहार नहीं कर पाता। व्यक्ति जानते-बूझते हुए (मूर्खता की सीमा तक) अधिक खा लेते या पी जाते हैं। इस काम की बेवकूफी को समझते हुए भी वे स्वयं को रोक नहीं पाते। अर्थशास्त्री इसे कई बार 'परिसीमित इच्छाशक्ति' या 'अपर्याप्त आत्मसंयम' का नाम देते हैं। इस विषय में एडम स्मिथ से लेकर हमारे समय में थॉमस शेलिंग (Thomas Schelling) आदि अनेक अर्थशास्त्रियों ने विचार-मन्थन किया है।[4] ध्यान देने की बात यही है कि इस समस्या का सम्बन्ध व्यक्तियों की सम्पूर्ण तर्कपूर्वक व्यवहार कर पाने में विफलता से है—इसका अभिप्रायः यह नहीं है कि तर्कशील व्यवहार की कसौटी को ही बदल देना चाहिए।[5]

तर्कशील चयन और वास्तविक व्यवहार के बीच सम्बन्ध का अर्थशास्त्र में चल रहे निरन्तर विवाद से गहरा नाता है। कुछ अर्थशास्त्री मानते हैं कि व्यक्तियों का व्यवहार न्यूनाधिक तर्कशील ही रहेगा, तो अन्य को इस विचार पर अविश्वास है। मानवीय व्यवहार की इस आधारभूत मान्यता को लेकर इस अविश्वास के बाद भी आधुनिक अर्थशास्त्रियों ने तर्कशील व्यवहार के आधार पर बहुत-से प्रतिमानों की रचना की है। इस मान्यता का प्रयोग वे बिना किसी प्रकार की युक्तियाँ दिए ही कर लेते हैं, जब कभी युक्ति दी जाती है तो इतना कह भर दिया जाता है कि यह मान्यता वास्तविक व्यवहार के बहुत निकट है (जबकि इस निकटता पर आपत्तियों

से वे स्वयं भी भलीभाँति परिचित हैं)। या फिर यह कह देते हैं कि इस प्रकार का व्यवहार वर्तमान विश्लेषण की आवश्यकताओं के लिए पर्याप्त रहेगा। किन्तु इन दोनों ही कथनों में सत्य के निकटतम व्याख्या से बचने का प्रयास ही झलक रहा है।

किन्हीं कारणों से सत्य के निकटतम व्याख्या से प्रत्यन्तर की अनुमति के पक्ष में तर्क (उस व्याख्या को सटीक से भिन्न स्वरूप देने के पक्ष में तर्क) मिल्टन फ्रीडमैन ने बहुत उत्साह से दिए हैं।[6] उनका आग्रह है कि इससे बहुत सरल-से प्रतिमानों का प्रयोग कर अच्छे सारपूर्ण पूर्वानुमान प्राप्त हो जाते हैं। फ्रीडमैन (Milton Friedman) ने तो यहाँ तक कह डाला है : यथार्थवादी व्याख्या का सत्य व्याख्या पर आधारित होना आवश्यक नहीं, इस यथार्थवादिता की कसौटी तो यह है कि क्या सिद्धान्त कारगर सिद्ध हो रहा है–अर्थात् क्या उसके प्रयोग से हमें पर्याप्त रूप से सही पूर्वानुमान प्राप्त हो रहे हैं? व्याख्या के यथार्थ के विषय में उनका यह मत बहुत विलक्षण है। इसकी पॉल सैम्युलसन (Paul Samuelson) ने कड़ी आलोचना की है। मैं इस विवाद और उसके आधारभूत कारणों की समीक्षा का प्रयास नहीं करूँगा क्योंकि वे मेरी इस पुस्तक की विषयवस्तु नहीं हैं। हाँ, मैंने इस विषय और इसमें निहित कार्यविधिगत प्रश्नों पर अन्यत्र विचार अवश्य किया है।[7]

वास्तविक व्यवहार की तर्कशीलता की समीक्षा में कुछ महत्त्वपूर्ण व्याख्यात्मक पक्ष भी होते हैं। उनके कारण कई बार गैर-तर्कशील व्यवहार का तात्कालिक निदान कुछ अधिक जल्दबाज़ी में हो जाता है।[8] उदाहरण के लिए सम्भव है कि अन्य व्यक्तियों को अत्यन्त ही तर्कहीन प्रतीत होने वाला व्यवहार वास्तव में इतना अनुपयुक्त भी नहीं हो। कई बार किसी व्यवहार के पीछे रहे पर्याप्त रूप से सूझबूझपूर्ण कारणों को देख पाने में विफलता के कारण हम उसे 'मूर्खतापूर्ण' मान लेते हैं।

'तर्कहीन' कार्य की गुंजाइश रखना सचमुच बड़ा महत्त्वपूर्ण है–किन्तु यह भी ध्यान रहे कि तर्कहीनता का निदान उतना सरल नहीं होता जितना लगता है।[9] हमारे वर्तमान अध्ययन के लिए यह मान्यता आवश्यक नहीं होगी कि व्यक्ति सदैव तर्कशील व्यवहार करते हैं–हमारा विचार तो इतना-सा ही है कि वे सदैव तर्कशीलता के तकाज़ों से विमुख नहीं रहते (भले ही कभी-कभी गलत परिणाम भी सामने आ जाएँ या प्रत्येक मामले में वे तर्क के तकाज़े पूरे न भी कर पाएँ)। प्रत्येक मामले में बिना किसी चूक के तर्क के अनुसार व्यवहार करने की क्षमता की अपेक्षा यहाँ यह अधिक महत्त्वपूर्ण है कि व्यक्ति किस प्रकार के तर्क के प्रति सम्वेदनशील हो सकता है। व्यक्ति केवल दैनिक व्यवहार में ही तर्क के प्रति सम्वेदनशील नहीं होते, वे न्याय के स्वरूप और एक समाज की वांछित विशेषताओं जैसे बृहत्तर प्रश्नों पर विचार करते समय भी इस सम्वेदनशीलता का प्रदर्शन करते हैं। हम इस पुस्तक में व्यक्तियों की विभिन्न प्रकार के तर्कों पर विचार कर अपना व्यवहार तय कर पाने की योग्यता की बात बार-बार उठेगी। यह आवश्यक नहीं कि उनकी तर्कों पर प्रतिक्रियाएँ अन्य व्यक्तियों

को सदैव ही समझ आ सकें। प्रत्येक मामले में व्यवहार का पूर्णतः तर्कशील नहीं रह पाना ही तर्कशील व्यवहार की आवश्यकता को निरस्त कर देने के लिए पर्याप्त नहीं हो जाता। अधिक महत्त्वपूर्ण बात यही है कि आमतौर पर व्यक्ति अपने एवं अन्य व्यक्तियों के निर्णयों क्रे तर्कों को समझ कर उनकी समीक्षा कर लेते हैं। यहाँ ऐसी कोई खाई नहीं है जिस पर पुल बांधना (या जिसे पाटना) सम्भव न हो।

तर्कशील चयन बनाम तथाकथित 'तर्कशील चयन सिद्धान्त'

यदि हम मन से या बेमन से यह स्वीकार भी कर लें कि वास्तविक व्यवहार विषयक बोध तर्कशीलता के तकाज़ों से असम्बद्ध या अप्रभावित नहीं रहेगा तो भी एक बहुत बड़ा प्रश्न बचा रहता है। वह है : आखिर तर्कशील चयन है क्या? इसकी विशेषताएँ क्या हैं? इसके तकाज़े क्या हैं?

अर्थशास्त्र से प्रारम्भ होकर यह धारणा अब राजनीति और विधिशास्त्र में भी फैल रही है कि यदि व्यक्ति केवल समझदारी पूर्वक स्वहित साधन का प्रयास ही करें तो वे तर्कशील चयन करेंगे। विचित्र बात तो यह है कि तर्कशील चयन के प्रति इस अत्यन्त ही संकीर्ण दृष्टिकोण को 'तर्कशील चयन सिद्धान्त' का नाम दे दिया गया है (इस पर किसी प्रकार की कोई शर्त नहीं लगाई गई है) वास्तव में यह स्वनाम-धन्य तर्कशील चयन सिद्धान्त तर्कशीलता को कौशलपूर्वक स्वहित को अधिकतम स्तर तक ले जाने का स्वरूप प्रदान कर रहा है। बिना किसी अन्य बात की चिन्ता किए यदि व्यक्ति बुद्धिमानीपूर्वक स्वहित साधन में नहीं जुट पाता तो उसके व्यवहार को तर्कशील नहीं माना जाएगा। (हाँ, यदि अन्य बातें उस स्वहित साधन में सहायक हों तो उनपर भी ध्यान दिया जा सकता है)। किन्तु मानव अनेक कारणों से स्वहित साधन से इतर अन्य उद्देश्यों की प्राप्ति पर भी ध्यान दे सकते हैं, उनके विचार में कई बृहत्तर जीवन मूल्य और आदर्शमूलक नियम भी महत्त्वपूर्ण हो सकते हैं। इस दृष्टि से यह केवल स्वहित साधन की बात तर्कों और तर्कशीलता विषयक बोध को अत्यन्त ही संकुचित रूप प्रदान कर देती है।

कोई आश्चर्य नहीं है कि इस विषय पर बहुत कुछ लिखा गया है--उन रचनाओं में बहुत ही परिष्कृत रूप से तर्कशीलता के स्वहित साधन निरूपण को उचित ठहराने के प्रयास भी सम्मिलित हैं। एक महत्त्वपूर्ण प्रश्न का सम्बन्ध तो व्यक्ति द्वारा अपने (स्वरचित) कारणों के आधार पर परमार्थ हेतु किए गए कार्यों की व्याख्या से है : प्रश्न उठाया जाता है कि क्या ऐसा करने वाले को इन कार्यों से कुछ निजी लाभ भी होगा? इस प्रश्न के उत्तर यहाँ प्रयुक्त तर्कों पर निर्भर करते हैं। यदि किसी व्यक्ति को भीषण विषमताग्रस्त समाज में रहने से कष्ट होता है, और इसी कारण से वह

उन विषमताओं के निवारण के लिए कुछ प्रयास कर रहा है, तो, उसे इस विचार के समर्थक केवल स्वहित प्रेरित व्यवहार ही घोषित कर देंगे। किन्तु यदि व्यक्ति विषमता में कमी को (अपनी पीड़ा से जोड़ने के स्थान पर) समाज के बृहत्तर हित से जोड़ने का प्रयास करता है तो फिर यह तर्क केवल स्वहित पोषण से कुछ अलग स्वरूप धारण कर लेगा–(उस व्यक्ति को विषमता के दर्शन कष्टकर हों या नहीं)। इस विशाल शोधित एवं समीक्षित विषय पर मैंने अपनी पुस्तक *रैश्नेलिटी एंड फ्रीडम* (2002) में विस्तार से लिखा है।[10]

हम केवल स्वहित साधन के प्रयास द्वारा मानवीय तर्कशीलता के इस निरूपण की इसी पुस्तक में विस्तार से समीक्षा करेंगे, किन्तु उससे पूर्व मैं अपने ही एक अन्यत्र, प्रस्तुत प्रस्ताव पर कुछ चर्चा करना चाहता हूँ। यह प्रस्ताव है कि चयन की तर्कशीलता का निरूपण अपेक्षाकृत कम निरोधक एवं अधिक अकाट्य किस प्रकार बनाया जा सकता है। इस दृष्टिकोण में तर्कशीलता का मूल अर्थ यही बन जाता है कि क्या प्रत्यक्ष या परोक्ष तर्कों द्वारा हम अपने चयन को आलोचनात्मक समीक्षा में मनन साध्य रूप में संधारित कर सकते हैं।* इस प्रकार तर्कशील चयन की विषयवस्तु हमारे चयन और उसके आधार स्वरूप तर्कों की समीक्षा बन जाती है। तर्कशील चयन की अनिवार्य कसौटी यह बन जाती है कि हम अपने कार्यों और उद्देश्यों तथा जीवन-मूल्यों और वरीयताओं की तर्क-आधारित समीक्षा करने को तत्पर रहें।

यह दृष्टिकोण हमारे लिए क्या चुनना तर्कशील होगा और 'क्या चुनने के लिए हमारे पास कारण है' के बीच सम्बन्ध पर आधारित है। कुछ करने के कारण होना किसी असमीक्षणीय दृढ़ धारणा (आन्तरिक प्रेरणा) कि हम जो करना चाहते हैं उसके लिए 'हमारे अपने बहुत अच्छे कारण' हैं मात्र नहीं। वास्तव में यह आवश्यक है कि हम उस चयन के आधारस्वरूप कारणों की अन्वेषणा करें और विचार कर देखें कि क्या वे कारण गम्भीर आलोचनात्मक समीक्षा की कसौटी पर खरे उतर पाएँगे। यह कार्य तभी सम्भव है जब हम आत्मसमीक्षा के महत्त्व को समझ कर उसे स्वीकार कर लेंगे। पर्याप्त चिन्तन-मनन एवं अन्य व्यक्तियों से चर्चा पर आधारित तर्क-वितर्क की समीक्षा में उस चयन के आधार सही सिद्ध होने चाहिए। जहाँ उपयुक्त हो और सुलभ हो, वहाँ इस कार्य में अतिरिक्त जानकारी का प्रयोग करने की तत्परता भी होनी चाहिए। हम न केवल अपने उद्देश्यों और जीवन-मूल्यों के आधार पर अपने निर्णयों का मूल्यांकन कर सकते हैं, बल्कि उन उद्देश्यों और मूल्यों की धारणीयता (की निर्णायकता) की भी समीक्षा स्वयं ही कर सकते हैं।[11]

---

* यद्यपि इस विचार में अनेक प्रकार के तकनीकी और गणितीय विचारों का प्रयोग हुआ है–फिर भी मोटे तौर पर यहाँ तर्कशीलता को केवल ऊपरी रूप से नहीं बल्कि गहन मनन और समीक्षा के बाद भी उन तर्कों का अनुगमन माना गया है जिन्हें व्यक्ति धारणीय मानता है।

आशय यह नहीं है कि जब भी हम किसी चीज़ का चयन करें उससे पहले व्यापक स्तर पर आलोचनात्मक समीक्षा करनी चाहिए। यदि ऐसा हुआ तो तर्कशील व्यवहार जीवन दूभर कर देगा। किन्तु यह तो कहा ही जा सकता है कि वही चयन तर्कशील होगा जो आलोचनात्मक समीक्षा की कसौटी पर खरा उतर पाने में सक्षम हो। यदि अनुभव, जानकारी या अभ्यास (आदत) के कारण किसी चयन के कारण हमारे मन-मानस में रूढ़ हो गए हों तो फिर बिना उन कार्यों की समीक्षा के प्रयास के भी हम प्रायः तर्कशील चयन ही कर लेते हैं (हमारा किया गया चयन तर्क की कसौटी पर खरा सिद्ध होता है)। भले ही हम कई बार पुरानी आदतों के कारण धोखा भी खा जाते हों और नई परिस्थितियों के अनुरूप सही दिग्वर्तन नहीं कर पाते हों फिर भी हमारे उपर्युक्त कार्य से सूझबूझ पूर्ण व्यवहार की किसी कसौटी का गम्भीर उल्लंघन नहीं होता। यदि कोई व्यक्ति सायं के भोजन के बाद आदतन कैफीन रहित कॉफी पीता हो (भले ही वह कैफीन वाली कॉफी से कम स्वादिष्ट हो) तो इसमें बेशक प्रत्येक बार उसने कोई विस्तृत समीक्षा नहीं की हो, उसका व्यवहार तर्कशीलता विरोधी नहीं माना जाएगा। हो सकता है कि पिछले अनुभव से उसने यह सीख लिया हो कि रात के उस समय कैफीन वाली कॉफी पीने से उसे देर तक नींद नहीं आ पाएगी और इसी अन्तर्निहित कारण से प्रेरित हो उसने कैफीन रहित कॉफी पीना उचित माना हो। कॉफी के प्रत्येक घूँट के साथ कैफीन के मारे देर रात तक बदली प्रत्येक करवट को याद करना ज़रूरी नहीं। प्रत्येक अवसर पर स्पष्ट रूप से समीक्षा किए बिना भी धारणीय तर्क सम्भव हो सकते हैं।

''धारणीय तर्कों पर आधारित चयन ही तर्कशील मानना चाहिए''—तर्कशील चयन के विषय में इस सामान्य दृष्टिकोण को कुछ विशेषज्ञ इतना सामान्य या साधारण मान लेते हैं और इसे सारहीन कह डालते हैं। किन्तु वास्तविकता इसके बिल्कुल विपरीत है। धारणीय तर्कों पर आधारित चयन तर्कशील चयनों की प्रकृति के विषय में अनेक अन्य तर्कों को निरस्त करते हुए अपने (पक्ष में) बहुत ही अकाट्य तर्क प्रस्तुत करता है। आलोचनात्मक रूप से समीक्षित चयन को ही तर्कशील चयन मानना एक ओर बहुत कष्टसाध्य तो दूसरी ओर बहुत ही लचर विचार लगता है।

यह कष्टसाध्य इस दृष्टि से है कि किसी एक सूत्र (स्वहित को अधिकतम करना आदि) द्वारा ही तर्कशीलता की पूर्ति नहीं हो जाती—उस सूत्र की भी तीखी समीक्षा होगी, साथ-ही-साथ साध्य ध्येयों और तदनुसार उपयुक्त समझे जा सकने वाले सूझबूझ पूर्ण व्यवहार की भी जाँच की जाएगी। तर्कशील चयन सिद्धान्त में निहित संकीर्ण दृष्टिकोणों के अनुसार किसी भी दावे को तात्कालिक रूप से तर्कशील स्वीकार कर पाना कठिन हो जाएगा।

एक और बात भी ध्यान देने योग्य है : वह गणितीय विधि जिसके माध्यम से चयन को किसी ध्येय सूचक चर के अधिकतमीकरण की समस्या का रूप प्रदान

किया जाता है, वास्तव में स्वहित के अधिकतम के आकलन से कहीं अधिक व्यापक है। स्वहितवादी जिस प्रकार सारी समस्या का निरूपण कर देते हैं उसमें तो सामान्य भाषा में निहित 'अधिकतम' का भाव भी पूरी तरह से नहीं समा पाता। सामान्य भाषा में तो 'अधिकतमीकरण' करने के व्यवहार में कदाचित नकारात्मक भाव भी निहित रहते हैं। अतः अधिकतम के विचार के विश्लेषणात्मक निरूपण में समाहित स्वरूप पर भी ध्यान देना आवश्यक होगा। यदि व्यक्ति के ध्येयों में केवल अपने स्वहित नहीं, बल्कि, उससे कहीं आगे व्यापक जीवन मूल्यों (जिन्हें वह वांछनीय मानता हो) का संवर्धन भी है तो इस प्रकार के लक्ष्य के अधिकतमीकरण का स्वरूप केवल स्वहित के गणित से बहुत भिन्न हो जाएगा। यही नहीं, यदि व्यक्ति सद्व्यवहार के कुछ संयमवादी संरोधों को स्वीकार कर ले (जैसे कि आग लग जाने पर औरों को धक्का देकर आगे भागने या फिर किसी सामाजिक समारोह में धक्का-मुक्की कर सबसे अच्छी सीट हथियाने से परहेज़ करना आदि) तो फिर इन आत्मस्वीकृत संरोधों का ध्यान रखते हुए किसी लक्ष्य के अधिकतमीकरण का प्रयास तर्कशीलता के मुख्य तकाज़ों को पूरा कर सकता है। वैसे यह गरिमापूर्ण व्यवहार व्यक्ति के दीर्घकालिक हितों में भी होता है। किन्तु इनका औचित्य केवल स्वहित-पोषण के साथ जोड़ना उचित नहीं होगा।

यदि तर्कशील चयन के प्रति यह 'आलोचनात्मक समीक्षा चयन' इस दृष्टि से अधिक कष्टसाध्य है तो एक अन्य दृष्टि से यह अधिक सुविधाकारी भी हो जाती है : यह इस सम्भावना को समाप्त नहीं करती कि क्या चुना जा सकता है के एक से अधिक निरूपण व्यक्ति की अपनी समीक्षा की कसौटी पर खरे उतर सकते हैं। एक व्यक्ति अन्य की अपेक्षा अधिक परमार्थवादी हो सकता है—किन्तु उनमें से कोई भी तर्कशीलता का अतिक्रमण नहीं कर रहा होता। यदि सामाजिकता के दृष्टिकोण से देखें तो एक व्यक्ति अधिक 'उचित' व्यवहार करने वाला प्रतीत हो सकता है, (रॉल्स ने ऐसा ही किया है), किन्तु इसका अर्थ यह कदापि नहीं होगा कि दूसरा व्यक्ति निश्चित रूप से तर्कशील नहीं है। आलोचनात्मक आत्मसमीक्षा के तकाज़े बहुत कठिन हैं—फिर भी ये अनेक वैकल्पिक कारणों से ध्यान दिए जाने के अधिकारी हैं।

इस प्रकार की सुविधाकारिता का एक सीधा-स्पष्ट निहित अर्थ है--आइए, उस पर विचार करें। तर्कशील चयन की कसौटियों से सदैव ही एक अद्वितीय विकल्प की पहचान सम्भव नहीं हो पाती फिर तो इस चयन विधि का पूर्वाकलन के लिए प्रयोग बहुत ही समस्यापूर्ण हो जाएगा। यदि अनेक विकल्प तर्काधारित लग रहे हों तो फिर चयन किसका होगा? तर्कशील चयन का विचार महत्त्वपूर्ण है। इस नाते इसकी प्रकृति या रचना को समझना और वास्तविक चयन व्यवहार में इसकी उपादेयता को जानने का प्रयास करना एक बात है। किन्तु यह आशा करना कि चयन की

तर्कशीलता का बोध तुरन्त ही वास्तविक चयन के पूर्व आकलन में परिवर्तित हो जाएगा एक बहुत अलग प्रकार की धारणा होगी–भले ही प्रत्येक व्यक्ति को तर्कशील चयन के प्रति प्रतिबद्ध मान लिया जाए और वह पूर्व आकलन केवल तर्कशील विकल्पों का समुच्चय ही क्यों न हो।

धारणीय तर्कों की बहुलता की सम्भावना न केवल तर्कशीलता की अपनी महत्ता का सम्मान करती है, बल्कि यह वास्तविक चयन के पूर्व आकलनकर्ता की उस तथाकथित भूमिका से भी तर्कशीलता को कुछ अलग कर देती है जो अर्थशास्त्रियों की मुख्य शाखा ने इस पर आरोपित कर दी है। भले ही प्रत्येक वास्तविक चयन आलोचनात्मक समीक्षा में खरे होने के कारण तर्कशील सिद्ध हो, किन्तु, तर्कशील चयनों की बहुलता केवल तर्कशीलता के आधार पर किसी व्यक्ति के वास्तविक चयन का एक अद्वितीय पूर्व अनुमान लगा पाना कठिन बना देती है।

अर्थशास्त्र की मुख्य धारा का संकीर्ण होना

उन्नीसवीं शताब्दी के अन्त के एक प्रमुख अर्थशास्त्री फ्रांसिस एजवर्थ (Francis Edgeworth) ने उस मानवीय व्यवहार सम्बन्धी मान्यता जिस पर उनका सारा विश्लेषण आधारित था और मानव के वास्तविक व्यवहार सम्बन्धी अपनी दृढ़धारणा के बीच विशाल खाई की बात की है।[12] (आज भी अर्थशास्त्री प्रायः एजवर्थ द्वारा प्रयोग की गई मान्यताओं के आधार पर ही कार्य करते हैं)। एजवर्थ ने कहा था कि अर्थशास्त्र का प्रथम नियम है : ''प्रत्येक व्यक्ति अपने स्वहित से प्रेरित होकर ही कार्य करता है' और मैं अपने विश्लेषण में इसी का अनुसरण करूँगा–किन्तु मेरा विश्वास है कि वास्तव में प्रत्येक व्यक्ति में अहंवाद और उपयोगितावाद दोनों का मिश्रण होता है। यदि आपको इस बात से ठेस पहुँच रही हो कि इतना महान अर्थशास्त्री जीवनपर्यन्त उस विश्लेषण विधि को विकसित करने में लगा रहा जिसके प्रथम नियम को ही वह स्वयं झूठा मानता था, तो मैं आपको यह भी बता दूँ कि अगली पूरी एक शताब्दी-भर आर्थिक सिद्धान्तों के अनुभव दृढ़ धारणा (विश्वास) और मान्यता के बीच स्वरवैषम्य (बेसुरेपन) का अभ्यस्त बनाते रहे हैं। अनेक महान अर्थशास्त्रियों को इसकी सत्यता पर गम्भीर सन्देह रहे हैं–फिर भी अर्थशास्त्र की मुख्य धारा पर पूर्णतः अहंवादी मानव की मान्यता पूरी तरह छाई रही है।

वैसे अर्थशास्त्र में यह द्वैध सदैव नहीं था। आर्थिक प्रश्नों पर प्रारम्भिक लेखकों (अरस्तू, उन्हीं के समकालीन कौटिल्य) तो मध्य युग के अक्वीना (Aquinas), ऑक्हैम (Ockham) मैमोंडीस (Maimonides) आदि ने मानवीय व्यवहार में नैतिकता को एक महत्त्वपूर्ण स्थान दिया है। उन्होंने समाज में व्यावहारिक सम्बन्धों में भी नैतिक नियमों को महत्त्वपूर्ण भूमिका प्रदान की है। प्रारम्भिक आधुनिक युग के अर्थशास्त्री

विलियम पैट्टी (William Petty), ग्रेगरी किंग (Gregory King), फ्रांक्रोइज क्वीने (Francois Quesnay) आदि भी अनेक प्रकार से नैतिक विश्लेषण को लेकर सचेत थे।

आधुनिक अर्थशास्त्र के जनक एडम स्मिथ के इन प्रश्नों पर, विचारों पर भी यही बात और अधिक मुखर रूप से लागू होती है। अनेक बार 'अर्थपुरुष' (economic man) की संकल्पना के प्रणेता होने के कारण एडम स्मिथ पर केवल स्वहित पोषण के विचार के जनक होने का मिथ्या आरोप भी गढ़ दिया जाता है। वास्तव में उन्होंने तो इस 'स्वहित पोषण' की मान्यता की सीमाओं की बहुत विस्तार से चर्चा की है। उनका कहना था कि इस प्रकार का 'स्वयं से प्यार' तो संकीर्ण स्वहित व्यवहार की ओर प्रेरित करने वाले अनेक कारकों में से एक था। उन्होंने इस 'स्वयं से प्यार' के निर्देशों के विरुद्ध काम करने के अनेक कारणों को भी स्पष्ट किया है। ये हैं :

सहानुभूति : अधिकांश मानवीय कार्यों में किसी आत्मवंचना, आत्मसंयम या वरीयता की भावना का त्याग नहीं होता, वे तो केवल विशुद्ध एवं उत्कृष्ट सहानुभूति द्वारा प्रेरित होते हैं।

उदारता : उदारता की बात ही कुछ और है–हम किसी मित्र या अन्य के हितों के संवर्धन हेतु अपने महत्त्वपूर्ण हितों का परित्याग करने को प्रस्तुत हो जाते हैं।

सार्वजनिक भावना : दो बातों की तुलना करते समय व्यक्ति केवल इस प्रकार नहीं देखता कि उसे वे कैसी लगती हैं–वह उस दृष्टि से विचार करता है कि उसके राष्ट्र (समाज) को वह बातें कैसी लगेंगी।[13]

एक व्यक्ति इसी मौलिक सहानुभूति के वशीभूत होकर स्वयं को हानि पहुँचाए बिना भी अन्यों के प्रति अच्छे काम कर जाता है। इसका कारण यही है कि उसे वे कार्य करने से भी आनन्द की अनुभूति होती है। अन्य मामलों में वह अपने 'व्यवहार के नियमों' क्रे लिए उपयुक्त मार्गदर्शन की खोज के लिए 'समदर्शी अवलोकनकर्ता' की संकल्पना का सहारा ले सकता है।[14] यहाँ सार्वजनिक भावना और 'उदारता' की व्याख्या भी हो सकती है। स्मिथ ने गैर-स्वहित प्रेरित व्यवहार की आवश्यकता को लेकर बहुत विशद् स्तर पर चर्चा की है? उन्होंने कहा है कि व्यक्ति का सबसे बड़ा सहायक गुण तो 'सद्विवेक' है, और मानवता, न्यायनिष्ठता, उदारता और सार्वजनिक भावना वे विशेषताएँ हैं जो अन्य लोगों के लिए सबसे अधिक उपयोगी रहती हैं।[15]

स्मिथ के विचारों की व्याख्या तो सचमुच बौद्धिक युद्धभूमि बन चुकी है। उन्होंने अनेक बार स्वहित के अतिरिक्त सम्प्रेरणाओं के महत्त्व की स्थापना करते हुए विशद् चर्चाएँ की हैं, किन्तु फिर भी स्मिथ के नाम के साथ यह विचार जुड़ गया है कि प्रत्येक व्यक्ति केवल स्वहित से प्रेरित होकर ही काम करता है। शिकागो के प्रसिद्ध

अर्थविद् जार्ज स्टिग्लर (George Stigler) ने अपने दो जाने-माने लेखों में 'स्वहित सिद्धान्त' का निरूपण (कि अधिकांश व्यक्ति केवल स्वहित से ही प्रेरित होते हैं) करते समय दावा किया है कि वे स्मिथ का ही अनुकरण कर रहे हैं।[16] इस दावे में कि स्टिग्लर कोई विलक्षणता प्रदर्शित नहीं कर रहे थे, वे केवल उन लेखकों के समूह का अंग बन रहे थे जो अपने (इस प्रकार के) समाज विषयक सिद्धान्तों के समर्थन में स्मिथ का नाम उछालते रहते हैं।[17] स्टीफन लीकॉक (Stephen Leacock) (अर्थशास्त्री एवं साहित्यकार) ने तो स्मिथ की इस अपव्याख्या को एक तुकबन्दी का रूप भी दे दिया है :

एडम एडम एडम स्मिथ
सुनो, तुम पर मेरा अभियोग क्या है
क्या तुमने,
किसी दिन कक्षा में नहीं कहा था
स्वार्थी व्यवहार से लाभ भी हो सकता है?
तुम्हारे सारे सिद्धान्तों का सार यही था न?
क्यों स्मिथ? यही था न? स्मिथ![18]

कुछ व्यक्ति जन्म से ही 'ओछे' होते हैं। कुछ ओछे बन जाते हैं किन्तु कुछ पर ओछापन थोप दिया जाता है।[19]

इस सारे विभ्रम का एक कारण तो यही है कि अर्थशास्त्री एक विषय की बात करते हुए किसी और सन्दर्भ में कही गई बात को उठा लेते हैं। स्मिथ ने तो केवल बाज़ार में लेन-देन करते समय स्वहित से प्रेरित होने की प्रमुखता पर आग्रह किया था। उनके बहुत बार उद्धृत इस कथन पर ध्यान दीजिए : हम अपने रात्रि-भोज की आशा किसी कसाई, शराब बनाने या बेकरी वाले की उदारता के कारण नहीं करते--वह तो उनके स्वहित पोषक व्यवहार के परिणामस्वरूप हमें सुलभ हो जाता है।[20] ये हमें मांस, शराब, और डबल रोटी बनाकर इस लिए देते हैं कि वे हमारे रुपये-पैसे हम से लेना चाहते हैं; और हम उनके (उत्पादित) मांस, शराब, डबल रोटी के उपभोक्ता इन चीज़ों के लिए रुपयों में भुगतान करने को तैयार होते हैं। विनिमय से सभी को लाभ पहुँचता है और इस विनिमय को सफल बनाने के लिए किसी को भी उदारता और परमार्थवाद की लहर में बह जाने की आवश्यकता नहीं होती।

अनेक अर्थचिन्तन धाराओं में स्मिथ के पाठक केवल कुछ ही पंक्तियाँ पढ़कर सन्तुष्ट हो जाते हैं। भले ही वह चर्चा केवल विनिमय के प्रश्न से जुड़ी हो (उत्पादन, वितरण से नहीं) और वहाँ केवल लेन-देन की (तात्कालिक) प्रेरणा की बात हो रही हो (विनिमय व्यवस्था को धारणीय बनाने के लिए आवश्यक विश्वास या भरोसे आदि

की नहीं)। स्मिथ की अन्य रचनाएँ मानवीय व्यवहार को प्रभावित करने वाली अन्य प्रेरणाओं की व्याख्याओं से ही भरी हुई है।

स्मिथ ने यह भी कहा था कि कई बार हमारा नैतिक व्यवहार–पुरानी परम्परा का अनुसरण करने का रूप भी धारण कर लेता है। उन्होंने यह स्वीकार तो किया है कि चिन्तनशील और दूरदर्शी व्यक्ति नैतिकता के तकाज़ों को अधिकांश अन्य व्यक्तियों की अपेक्षा जल्दी समझ जाते हैं,[21] किन्तु स्मिथ ने कहीं भी यह आग्रह नहीं किया है कि जनसामान्य अपने व्यवहार से चयन में नैतिक सरोकारों से व्यवस्थित रूप से अप्रभावित रहते हैं। यहाँ एक और बात ध्यान देने की है : स्मिथ का कहना है कि उस समय भी जब हम किसी नैतिक तर्क से प्रभावित हो काम कर रहे हों, हम (कई बार) स्पष्टतः यह नहीं जान पाते कि हमें नैतिकता प्रेरित कर रही है–हम यही मान कर चलते हैं कि हम तो अपने समाज के आम व्यवहार का अनुसरण कर रहे हैं। बहुत-से व्यक्ति शालीनतापूर्ण व्यवहार करते रहते हैं, आजीवन वे किसी भी प्रकार के आरोप आदि से बचकर रहते हैं। किन्तु फिर भी जिन मानदण्डों के आधार पर हम उनके व्यवहार की प्रशंसा कर रहे हैं उनके औचित्य के विषय में उन्होंने सोचा तक नहीं होता, वे तो बस व्यवहार के सहज प्रचलित नियमों के अनुसार काम करते रहे हैं।[22] स्मिथ के मानव व्यवहार और उसके सामाजिक परिणामों के विश्लेषण में 'व्यवहार के प्रचलित' नियमों के पालन पर यह आग्रह बहुत महत्त्वपूर्ण रहा है। ये 'प्रचलित नियम' केवल 'आत्मप्रेम' के तकाज़ों पर आधारित नहीं होते।

स्मिथ तो मानवीय व्यवहार को प्रत्यक्ष और परोक्ष रूप से प्रभावित करने वाली अनेक संप्रेरणाओं के महत्व को खूब समझते थे किन्तु आधुनिक अर्थशास्त्रियों ने अन्य सभी की अवहेलना कर केवल 'स्वहित साधन' के एक विचार को ग्रहण करने के 'सुविधाकारी' मार्ग को चुन लिया है। यही नहीं, स्वनामधन्य 'तर्कशील चयन सिद्धान्त' ने तो मानव व्यवहार की इस तथाकथित सर्वग्राही समरूपता को तर्कशील व्यवहार की मुख्य कसौटी का रूप प्रदान कर दिया है। अब मैं इसी प्रश्न के सम्बन्ध सूत्रों पर चर्चा करूँगा।

स्वहित, सहानुभूति और प्रतिबद्धता

यद्यपि तथाकथित 'तर्कशील चयन' सिद्धान्त केवल सूझबूझपूर्ण स्वहित साधन के द्वारा ही तर्कशीलता का निरूपण करता है–फिर भी यह इस बात की सम्भावना से इन्कार नहीं करता कि एक व्यक्ति के मन में अन्यों के प्रति सहानुभूति या फिर विद्वेष का भाव हो सकता है। वैसे इस सिद्धान्त के अधिक संकीर्ण स्वरूप में तो यही आग्रह था कि एक तर्कशील व्यक्ति को केवल अपने स्वहित की चिन्ता करनी चाहिए, उसे अन्य सभी से पूर्णतः निरपेक्ष रहना चाहिए ताकि उस पर अन्य व्यक्तियों की उपलब्धियों

और क्षेम-परिवर्तन आदि का कोई प्रभाव नहीं हो, (किन्तु अब इस आग्रह को प्रायः नज़रअन्दाज़ कर दिया जाता है)। किन्तु अन्य व्यक्तियों में रुचि लेने मात्र से कोई व्यक्ति कम स्वहित-पोषक नहीं हो जाता (इसमें किसी प्रकार की आत्मवंचना नहीं होती), जैसा कि स्मिथ ने कहा था, "इस प्रकार भी वे अपना हित संवर्धित कर सकते हैं, अन्य लोगों के हित से अपने आनन्द और कष्ट का आकलन कर सकते हैं। अन्य व्यक्तियों की परिस्थितियों का आकलन कर केवल स्वहित साधन (अन्य के जीवन के प्रति प्रतिक्रिया सहित) करने और केवल अपने स्वहित साधन में ही जुटे रहने के बीच अन्तर होता है। इनमें से पहला विचार स्वहित प्रेरित व्यवहार के अधिक व्यापक स्वरूप से जुड़ा है और इसे तर्कशील चयन सिद्धान्त में स्थान दिया जा सकता है।

तीस वर्ष से अधिक समय हो गया है जब मैंने हर्बर्ट स्पेंसर आख्यान (ऑक्सफोर्ड विश्वविद्यालय) में अन्यों के प्रति व्यवहार के आधार के सन्दर्भ में 'सहानुभूति' और 'प्रतिबद्धता' के बीच भेद का अन्वेषण करने का प्रयास किया था। सहानुभूति (नकारात्मक स्वरूप में विद्वेष) का तात्पर्य एक व्यक्ति के हितों पर अन्य व्यक्तियों की हित अवस्था के प्रभाव से है (उदाहरण के रूप में एक व्यक्ति को किसी अन्य के कष्ट से व्यथा हो सकती है), जबकि दूसरी ओर प्रतिबद्धता का नाता वैयक्तिक हित और कार्य के चयन के बीच सुदृढ़ सम्बन्ध सूत्र को तोड़ना है[23] (जैसे कि स्वयं भुक्तभोगी हुए बिना भी कष्ट देने वाली परिस्थितियों में कुछ सुधार का प्रयास करना)। सहानुभूति को स्वहित व्यवहार से जोड़ा जा सकता है और इसका स्मिथ द्वारा परिभाषित 'आत्मप्रेम' से भी सामंजस्य सम्भव है। यदि अन्यों के कष्ट का हम केवल उतनी ही सीमा तक निवारण करने का प्रयास कर रहे हों कि उन्हें कष्ट में देखकर हमें दुख नहीं हो तो भी हमारा व्यवहार केवल आत्म-प्रेम प्रेरित ही रहता है। किन्तु यदि अपने हित प्रभावित नहीं होने पर भी अन्य व्यक्तियों के कष्टों के निवारण के लिए प्रतिबद्धता होना (केवल अपने हित पर प्रभाव तक नहीं) तो निश्चित रूप से 'केवल स्वहित प्रेरित' व्यवहार की सीमाओं से बहुत आगे निकल जाना होगा।

'तर्कशील चयन सिद्धान्त' के प्रमुख सिद्धान्तकार प्रो. गैरी बेकर (Gary Becker) ने स्वहित पर केन्द्रित रहते हुए भी अन्यों के प्रति सहानुभूति को मानवीय भावनाओं का विधिवत अंग स्वीकार करते हुए इस सिद्धान्त का एक बृहतर निरूपण किया है। स्वहितवादी होने के लिए आत्मकेन्द्रित हो जाना ज़रूरी नहीं है—अपनी उपयोगिता के गणित में ही अन्य व्यक्तियों के हितों का आकलन भी समाहित किया जा सकता है। किन्तु उनका यह नवीन विश्लेषण मूलरूप से उनके पुराने विचारों से अधिक भिन्न नहीं है। वे पुराने विचार थे : सभी मानवीय व्यवहारों की व्याख्या इस प्रकार हो सकती है कि उनमें भाग लेने वाले (1) अपनी उपयोगिता अधिकतम करते हैं; (2) अपनी वरीयताएँ निश्चित रखते हैं; और (3) अनेक प्रकार के बाज़ारों

से उपयुक्त स्तर पर जानकारियों एवं अन्य आदानों का संग्रह करते रहते हैं।[24]

तर्कशील चयन सिद्धान्त पर अनावश्यक प्रतिबंध लगाए बिना उसका केन्द्रस्थ सरोकार यही रहता है कि व्यक्ति के व्यवहार द्वारा जिस चीज़ को अधिकतम करने का प्रयास हो रहा है वह उसका निजी स्वहित ही है। इस स्वहित के आकलन में अन्य व्यक्तियों के हित-अहित के प्रभावों को भी समाहित किया जा सकता है। इस प्रकार बेकर के उपयोगिता फलन की व्याख्या तर्क के आधार पर वांछित अधिकतम करणीय और निजी स्वहित के प्रतिनिधि, दोनों ही स्वरूपों में हो सकती है। यह समरूपता बेकर के अनेक आर्थिक एवं सामाजिक विश्लेषणों में अत्यन्त ही महत्त्वपूर्ण रही है।

इस प्रकार केवल स्वहित पोषण को ही चयन का तर्कशील आधार मानने वाला सिद्धान्त सहानुभूति को तो सहज भाव से अपना लेगा, किन्तु प्रतिबद्धता उसके लिए अग्राह्य बनी रहेगी। इस प्रकार बेकर द्वारा पूर्ववर्ती संकीर्ण रचना की अपेक्षा अधिक व्यापक निरूपण का स्वागत है—फिर भी उसकी परिधि से क्या बाहर छूट गया है उस पर विचार करना भी आवश्यक है। इससे ऐसे किसी तर्क की गुंजाइश पैदा नहीं होती जो स्वहित से भिन्न लक्ष्य के लिए उन्मुख करता है (अर्थात् मुझे कुछ भी हो जाए, मुझे उसकी सहायता करनी ही है, अथवा मैं अपने देश की स्वतंत्रता के लिए बहुत कुछ बलिदान करने को तैयार हूँ आदि)। यह किसी भी तरह अपने लक्ष्य के ही साधन से अलग रास्ता भी नहीं है (अन्यों के प्रति न्यायनिष्ठ होने के लिए मुझे अपने लक्ष्य से कुछ अलग जाना ही चाहिए) और न ही यह आग्रह करता है कि स्वहित साधन से अलग कोई हित या लक्ष्य होता ही नहीं। इस विचार का आग्रह तो यह है कि यदि बाह्य कारकों के प्रभावों के आकलन के बाद केबल स्वहित साधन के साथ किसी अन्य लक्ष्य या प्रेरणा को जोड़ने के प्रयास से तर्कशीलता के तकाज़ों का उल्लंघन हो जाएगा।

प्रतिबद्धताएँ और लक्ष्य

यह बात तो सहज ही समझ आ सकती है कि यदि कोई व्यक्ति केवल निजी स्वहित तक सीमित नहीं रहने वाले लक्ष्य की प्राप्ति के लिए प्रयास करे तो इसमें न कुछ विचित्र होगा और न ही तर्कशीलता की अवमानना होगी। एडम स्मिथ ने भी कहा था कि केवल स्वहित साधन से कहीं आगे निकलने वाली हमारी अनेक सम्प्रेरणाएँ हो सकती हैं। केवल स्वार्थ साधक कार्यों से अलग कुछ करने से तर्कशीलता का विरोध नहीं हो जाता। वास्तव में मानवता, न्यायनिष्ठता, उदारता और सार्वजनिक भावना आदि ऐसी सम्प्रेरणाएँ सारे समाज के लिए बहुत उत्पादक (उपयोगी) हो सकती हैं।

किन्तु इस विचार को स्वीकार करने के विरुद्ध एक प्रतिरोध-सा दिखाई पड़

रहा है कि व्यक्तियों के पास अपने स्वहित से आगे झाँकने वाले लक्ष्यों का निर्धारण करने के अच्छे कारण भी हो सकते हैं (भले ही वे लक्ष्य केवल स्वहित पर निर्भर हों या नहीं)। उनका तर्क है : यदि आप सदा सचेतन रूप से किसी लक्ष्य की सिद्धि का प्रयास नहीं कर रहे हैं तो स्पष्टतः वह लक्ष्य आपका है ही नहीं। कुछ लेखकों का विचार तो यह है कि व्यक्ति की केवल अपने लक्ष्य तक सीमित न रहने की बात ही बेतुकी है—क्योंकि कोई चाहे कितना भी परमार्थवादी या विषम विचारी क्यों न हो जाए, वह अन्य किसी के लक्ष्य की प्राप्ति के लिए तब तक प्रयास नहीं कर पाएगा, जब तक उस पराये लक्ष्य को ही अपना लक्ष्य नहीं बना ले।

लेकिन यहाँ यह ध्यान देने की बात है कि यह अस्वीकार कर देने से कि तर्कशीलता (केवल बाह्य संरोधों के अधीन रहते हुए) केवल अपने लक्ष्यों के साधन में जुटे रहने पर आग्रह करती है, आप निश्चित रूप से अन्य व्यक्तियों के लक्ष्यों के साधन के प्रति समर्पित नहीं हो पाएँगे। हम शालीन व्यवहार के उन नियमों के पक्ष में तर्क दे सकते हैं जो हमें अन्यों के प्रति निष्पक्षतापूर्ण लगते हैं और केवल स्वहित साधन की अद्वितीय प्रबलता पर अंकुश लगा सकते हैं। शालीन व्यवहार के नियमों के प्रति सम्मान में कुछ भी रहस्यवादिता नहीं भरी है—ये तो वही नियम हैं जिन्हें हम सटीक और विवेकशील रूप से अनुकरणीय मानते हैं—इनसे उन लक्ष्यों की सिद्धि में सहायता मिलती है जिन्हें हम प्रोत्साहित करना चाहते हैं।

आइए, एक ऐसे संरोध पर विचार करें जो अन्य व्यक्तियों के लक्ष्यों को अपनाने में बाधक होता है। मान लें कि आप हवाई यात्रा में खिड़की के साथ बैठे हैं और बाहर अच्छी धूप खिली है किन्तु आपने शीशे से परदा उठाया हुआ है। आपके साथ वाली सीट पर बैठा व्यक्ति प्रार्थना करता है कि अगर कष्ट नहीं हो तो परदा गिरा दीजिए, ताकि वह अपने कम्प्यूटर के स्क्रीन को ठीक देखकर उस पर खेलता रह सके। आपकी धारणा है कि ऐसे खेल सीधे-सादे समय की बर्बादी और मूर्खता है। आप बहुत क्षुब्ध रहते हैं कि इतने लोग निरर्थक खेलों में लगे रहते हैं—समाचार-पत्र आदि पढ़कर यह जानने का प्रयास नहीं करते कि ईराक, अफगानिस्तान या फिर अपने ही शहर में क्या हो रहा है। फिर भी आप शालीनतापूर्ण व्यवहार करते हुए उस खिलाड़ी की प्रार्थना स्वीकार कर परदा गिरा देते हैं।

यह कहानी आपके चयन के बारे में क्या कहती है? यह समझने में तो कठिनाई नहीं होगी कि आप अपने पड़ोसी या किसी अन्य द्वारा स्वहित साधन में बाधक नहीं होना चाहते। किन्तु यहाँ तो बात कुछ और ही है। आप जानते हैं कि एक मूर्खतापूर्ण खेल पर समय की बर्बादी से आपके साथ बैठे व्यक्ति का कोई भला नहीं होगा—और आप द्वारा परदा गिरा देने से उसी काम में सहयोग दिया जा रहा है। आप तो वास्तव में उसे अपनी *न्यूयार्क टाइम्स* अखबार की प्रति भी उधार देने को तैयार हैं—आपको लगता है उसे पढ़ने से उसकी शिक्षा और क्षेम का स्तर ऊँचा उठेगा।

अतः परदा गिरा देने वाले आपके काम को किसी भी रूप से हितसाधन के सामान्य प्रयास का हिस्सा नहीं कहा जा सकता।

यहाँ महत्त्वपूर्ण बात यह होगी कि क्या आपको अपना मत थोप कर किसी अन्य के उन लक्ष्यों के साधन में बाधक होना चाहिए जो स्पष्टतः बुराई-भरे तो नहीं हैं—भले ही आपका अपना मत हो कि उनके अनुसरण से उनका कोई भला नहीं होने वाला। सम्भवतः आप एक सामान्य धारणा के अनुसार अपने पड़ोसी के प्रति असहयोग नहीं करना चाहते (भले ही उसके उस लक्ष्य के प्रति आपका अपना दृष्टिकोण कुछ भी हो)। हो सकता है कि आप सोच रहे हों कि केवल खिड़की के साथ की सीट मिल जाने मात्र से अगर परदा नियन्त्रण करने वाला बटन मेरे हाथ आ गया है तो मुझे अन्य लोग क्या करना चाहते हैं उसमें ऐसे ही बाधक नहीं होना चाहिए (यह सम्भव है कि आप को धूप अच्छी लग रही थी, और आप उस खिलाड़ी के लक्ष्य को बहुत ही तुच्छ मानते हैं)।

इस प्रकार के तर्क प्रत्यक्ष या परोक्ष रूप से आपके निर्णय पर प्रभाव डाल सकते हैं। किन्तु क्या यह सोचना ठीक होगा कि आपका उन लक्ष्यों के प्रति कुछ भी दृष्टिकोण हो, किन्तु सामाजिक दृष्टि से प्रभावित व्यवहार ने अन्यों की सहायता करने को आपका ध्येय बना दिया है? सामाजिकता के नाते ही आपने पड़ोसी को उसका लक्ष्य पूरा करने में सहयोग दिया है। किन्तु यह कहना तो कुछ ज़्यादती ही हो जाएगी कि आपका ध्येय अन्य लोगों की अधिकतम सहायता करना है और उनके लक्ष्य अब आपके अपने लक्ष्य बन गए हैं। सम्भवतः आप उस सद्व्यवहार के नियम का पालन कर रहे हैं कि अन्य लोगों को वे काम करने दें जो वे करना चाहते हैं। यह आप द्वारा अपने चयन व्यवहार पर लगाया गया आत्मसंयम है।

अन्य लोगों को उनके अपने ढंग से रहने देने के निर्णय को विचित्र, मूर्खतापूर्ण या तर्कहीन नहीं ठहराया जा सकता। हम जिस विश्व में रहते हैं उसमें न जाने कितने लोग बसे हैं। सभी को अपनी-अपनी इच्छानुसार रहने/जीने के स्थान दिए जाने का विचार (उनकी किसी भी बात को अपनाए बिना) अपने-आप में सराहनीय हो सकता है। प्रतिबद्धता का एक स्वरूप केवल उन लक्ष्यों की प्राप्ति के लिए प्रयास न करना जो स्वहित मात्र पर निर्भर हों, ही नहीं है। इसका यह रूप भी हो सकता है : स्वीकार्य सम्भवतः उदारतापूर्ण व्यवहार करना जो केवल स्वहित से प्रेरित होने की हमारी प्रवृत्ति पर अंकुश लगा सके। अन्यों की इच्छाओं और प्रयासों के प्रति उदारता को तर्कशीलता का अतिक्रमण नहीं मानना चाहिए।

9

समदर्शी तर्कों की बहुलता

पिछले अध्याय में तर्क दिया गया है कि केवल निजी स्वहित साधन की संकीर्ण सीमाओं से बाहर निकलकर चयन और निर्णय करने में कोई असामान्यता या तर्कहीनता नहीं भरी होती। व्यक्तियों के लक्ष्य केवल स्वहित-संवर्धन से कुछ अधिक भी हो सकते हैं, उनके चयन उन व्यक्तिगत हितों के संवर्धन से आगे भी निकल सकते हैं, सम्भवतः वे व्यवहार की शालीनता के तकाज़ों से प्रेरित हो सकते हैं और अन्य व्यक्तियों को उनके (अपने-अपने) लक्ष्यों का साधन करने की अनुमति प्रदान कर सकते हैं। तथाकथित तर्कशील चयन सिद्धान्त की तर्कशीलता को केवल निजी स्वहित साधन का नाम दे देना वास्तव में मानव की तर्कशीलता (तर्कक्षमता) को सस्ते में लुटा डालना ही है।

पिछले अध्याय में ही हमने चयन की तर्कशीलता और उस चयन के (निर्धारक) तर्कों की धारणीयता के बीच सम्बन्ध पर भी चर्चा की थी। इस चर्चा से यही बोध होता है कि प्रत्यक्ष और परोक्ष रूप से चयन को उन तर्कों पर आधारित करना जो चिन्तन द्वारा धारणीय हों, ही वास्तव में तर्कशीलता है। इसका यह भी आग्रह है कि हमारे चयन, हमारे कार्य और उद्देश्य, जीवन मूल्य और वरीयताएँ भी हमारी अपनी गम्भीर एवं आलोचनात्मक समीक्षा की कसौटी पर खरे सिद्ध होंगे। यह भी चर्चा हुई थी कि इस समीक्षा द्वारा स्वहित साधन से अलग प्रत्येक अन्य प्रेरणा को क्यों निर्ममतापूर्वक निरस्त नहीं किया जाना चाहिए।

चयन की तर्कशीलता गैर-स्वहितकारी प्रेरणाओं को सहज ही स्वीकार तो कर लेती है, किन्तु, इस पर आग्रह नहीं करती। अन्य व्यक्तियों के प्रति भावनाओं से प्रेरित हो जाने में कोई विचित्रता या तर्कहीनता नहीं है—फिर भी यह कह पाना कठिन होगा कि तर्कशीलता के आधार पर इस प्रकार का कोई दायित्व सृजित हो जाता है। हमारे पास अपने कार्यों, रुझानों और अपनी निजी समीक्षा की रूपरेखा को उचित ठहराने के धारणीय कारण हो सकते हैं। किन्तु चयन-व्यवहार की विशेषता के रूप में तर्कशीलता न तो समर्पित परमार्थी को नकारती है और न ही तर्कों के आधार पर निजी लाभ में व्यस्त रहने वाले को।

यदि मैरी एक सूझबूझ पूर्ण ढंग से अपने सामाजिक हित विषयक विचार

का क्रियान्वयन करने में स्वयं भारी त्याग भी करने को तत्पर हो तो उसी आधार पर उसे तर्कहीन ठहराना कठिन होगा। इसी प्रकार यदि पॉल एक विशुद्ध स्वहित संवर्धक है, और उसकी अपनी समीक्षा में उसके जीवन-मूल्य, वरीयताएँ और चयन सही सिद्ध होते हैं तो उसके विरुद्ध भी तर्कहीनता का आरोप टिक नहीं पाएगा। हाँ, पॉल को यह ध्यान रखना होगा कि उसका विशुद्ध आत्म-प्रेम अन्य व्यक्तियों से उसके सम्बन्धों को कुछ प्रभावित कर सकता है और इससे उसकी स्वहित गणनाओं पर भी प्रभाव हो सकता है। हम यही कह सकते हैं कि पॉल के लिए अन्य लोगों की ओर प्रतिबद्धता इतनी महत्त्वपूर्ण नहीं है जितनी कि मैरी को प्रतीत होती है। किन्तु जॉन रॉल्स ने स्पष्ट किया है कि यह अन्तर तर्कहीनता नहीं है।[1] तर्कशीलता का विचार वास्तव में बहुत लचीला है–यह तर्कों की जाँच की मांग तो करता है, किन्तु आत्म-समीक्षा के अनेक स्वरूपों को भी स्वीकार कर लेता है–किसी समान कसौटी को अपनाने का विशेष आग्रह नहीं करता। यदि तर्कशीलता एक चर्चा होती तो वस्तुतः उसे बहुत ही खुले मन वाला चर्च होना पड़ता। वास्तव में रॉल्स जिस औचित्यपूर्णता की बात कर रहे हैं उसके तकाज़े तर्कशीलता मात्र से कहीं अधिक कष्टसाध्य हैं।*

रॉल्स का अनुसरण करते हुए जब हम तर्कशीलता से औचित्यपूर्णता के विचार की ओर कदम बढ़ाते हैं तो समीक्षा की कसौटियों को और अधिक तीखा बनाना पड़ता है। हमने अध्याय-5 में देखा है कि व्यावहारिक तर्क में वस्तुनिष्ठता का विचार बड़े व्यवस्थित रूप से समदर्शिता के तकाज़ों के साथ जुड़ा रहता है। इसी के आधार पर हम कह सकते हैं कि नैतिक नियमों की वस्तुनिष्ठता का उपयुक्त मानक खुली और स्वतंत्र सार्वजनिक चर्चा में उचित ठहराए जा सकने की योग्यता पर निर्भर होगा।** यहाँ अन्य व्यक्तियों के परिप्रेक्ष्यों और मूल्यांकनों तथा हितों को एक ऐसी भूमिका मिल जाती है जिस पर अकेली तर्कशीलता कभी आग्रह नहीं करती।***

---

* स्केनलोन ने एक रोचक उदाहरण दिया है। एक प्रभावशाली व्यक्ति के व्यवहार को आपत्तिजनक मानते हुए भी एक निर्बल व्यक्ति चुप रहना ही तर्कशीलता मान लेता है। अतः एक औचित्यपूर्ण बात की अभिव्यक्ति भी परिस्थितियाँ देख कर करनी चाहिए। मेरे विचार में यहाँ दो बातें मिल गईं हैं। एक तो तर्कशीलता और औचित्यपूर्णता के तकाज़े अलग-अलग हैं। उनमें सर्वांगसमता होनी आवश्यक नहीं–मेरा तो आग्रह है कि औचित्य की कसौटी अधिक कष्टसाध्य है। दूसरे किसी बोध या निर्णय की तर्कशीलता और उस बोध या निर्णय की घोषणा की तर्कशीलता में भी अन्तर हो सकता है। विचार और सम्प्रेषण के सन्दर्भ में एक 'अच्छे वक्तव्य' और एक 'अच्छा वक्तव्य देने' के बीच बहुत बड़ा अन्तर हो सकता है।

** यहाँ रॉल्स के 'औचित्यपूर्ण वक्तव्यों' और 'उन्हें क्या उचित लगता है' विषयक विचार सार्थक प्रतीत होते हैं।

*** खुली और स्वतंत्र सार्वजनिक चर्चा की रूपरेखा को लेकर मतैक्य नहीं मिलता। कहीं यह बहुत सटीक तो कहीं सूक्ष्मदर्शी स्वरूप धारण कर लेती है।

किन्तु हमें अन्य व्यक्तियों से तर्क-वितर्क में उचित ठहराए जा सकने की योग्यता की जाँच अवश्य करनी चाहिए। इस उचित ठहराने की क्षमता के तकाज़े क्या हैं और क्यों हैं?

जिसे अन्य व्यक्ति उचित रूप से अस्वीकृत नहीं कर पाएँ

विलियम शेक्सपियर के नाटक *किंग लीयर* का एक पात्र वर्णसंकर फिलिप कहता है कि विश्व के प्रति हमारा सामान्य (नज़रिया) मूल्यांकन प्रायः हमारे अपने विशेष हितों से प्रभावित रहता है :

> हाँ, जब तक मैं भिखारी हूँ, मैं चिल्लाता ही रहूँगा,
> और कहता रहूँगा कि अमीर होना गुनाह नहीं है।
> किन्तु यदि मैं अमीर हो गया तो फिर मुझे यही कहना अच्छा लगेगा
> कि गरीबी से बड़ी कोई बुराई नहीं है।*

यह झुठलाना कठिन होगा कि हमारी परिस्थितियाँ और परेशानियाँ सामाजिक अन्तरों और विसंगतियों के विषय में हमारे सामान्य दृष्टिकोण और राजनीतिक विश्वास को प्रभावित करती हैं। यदि गम्भीरतापूर्वक आत्मसमीक्षा करें तो सम्भव है कि हम इतने दृढ़ (मानसिक रूप से) हो जाएँ कि अपने मूल्यांकनीय निर्णयों में अधिक संगति की अपेक्षा करने लगें (उदाहरण : अमीरी के विषय में मत अपने गरीब या अमीर होने से प्रभावित नहीं रहे)। किन्तु इस बात की गारंटी कोई नहीं दे सकता कि इस प्रकार की कठिन समीक्षा होगी ही। वैसे भी हम जिन बातों से प्रत्यक्षतः जुड़े हों उनके विषय में राय और दृष्टिकोण निर्धारित करते समय हम अतिशय आत्मश्लाघा की क्षमता से परिपूर्ण रहते हैं। इससे हमारी आत्म-समीक्षा का प्रसार सीमित रह जाता है।

सामाजिक सन्दर्भ में जहाँ अन्य लोगों के प्रति निष्पक्षता से भी सम्बन्ध होता है वहाँ तो तर्कशीलता की अनिवार्यताओं से आगे निकल कर अधिक लचीली आत्म-समीक्षा की ओर जाना होगा और अन्य व्यक्तियों के प्रति 'औचित्यपूर्ण·व्यवहार' के तकाज़ों पर भी ध्यान देना होगा। और अधिक कठिन सन्दर्भ में हमें अन्य व्यक्तियों के परिप्रेक्ष्यों और सरोकारों पर भी ध्यान देना होगा क्योंकि हमारे निर्णयों और चयनों को जिन समीक्षाओं से गुज़रना पड़ सकता है उनमें इन बातों का भी योगदान रहेगा। इस दृष्टि से समाज में 'क्या ठीक होगा और क्या गलत' विषयक विवेक के एडम स्मिथ द्वारा सुझाए गए 'आत्म-प्रेम' से कहीं अधिक आगे निकलना होगा।

---

* विलियम शेक्सपियर, किंग लीयर-II-I-593.6

थॉमस स्केनलोन ने इस विषय में बहुत ही समझ में आनेवाला तर्क दिया है : 'सही और गलत के बारे में सोचना अन्ततः इस बारे में विचार करना है कि किस बात को अन्य लोगों के समक्ष उचित ठहराया जा सकता है कि किस बात को सही प्रेरणा दिए जाने पर वे उचित रूप से नकार नहीं सकेंगे।[2] अपनी समीक्षा में सही ठहरने का विचार तर्कशीलता के विचार में महत्त्वपूर्ण है तो अन्य लोगों की समीक्षा में खरे उतर पाने की बात हमें तर्कशीलता से आगे अन्य व्यक्तियों के प्रति औचित्यपूर्ण व्यवहार की ओर ले जाएगी। निश्चय ही यहाँ राजनीतिक और सामाजिक नीतिशास्त्रीय तकाज़ों की गुंजाइश प्रतीत हो रही है।

क्या स्केनलोन का विचार 'मूल अवस्था' के माध्यम से व्यक्त रॉल्स की निष्पक्षता के तकाज़ों से भिन्न है? दोनों के बीच सशक्त सम्बन्ध तो अवश्य दिखाई दे रहे हैं। 'मूल अवस्था' में 'अज्ञान के परदे' की संकल्पना इसलिए रची गई थी कि व्यक्ति अपने निहित स्वार्थों और लक्ष्यों से ऊपर उठकर देख सकें। फिर भी रॉल्स की निर्विवादित रूप से अनुबन्धवादितापूर्ण विधि (जहाँ सहमति से पारस्परिक लाभ पर ही ध्यान केन्द्रित रहता है। और स्केनलोन के तर्क से विस्तृत विश्लेषण के बीच एक भारी अन्तर विद्यमान है (वैसे स्केनलोन ने अपनी विश्लेषण विधि को अनुबंधवादी कहकर बहुत ही अस्पष्टता पैदा कर दी है)।

रॉल्स के विश्लेषण में जब मूल अवस्था में 'अज्ञान के परदे' के पीछे जन-प्रतिनिधि एकत्र होते हैं तो कोई नहीं जानता कि कौन क्या बनने वाला है, किन्तु इस प्रकार से भी अज्ञात रूप से सभी के हितों की गणना करते हुए उन नियमों का निर्धारण होता है जो समाज की आधारभूत संस्थागत संरचना का निर्माण करने में न्यायनिष्ठ समझे जाएँगे। रॉल्स का कहना है कि मूल अवस्था की उस वार्ता में व्यक्ति अपने नैतिक विचारों और सांस्कृतिक जीवन-मूल्यों की बौछार नहीं करते—उनका कार्य तो बस अपने और उनके हितों को बढ़ावा देना होता है जिन्होंने उन्हें प्रतिनिधि बनाया है। यहाँ सभी पक्ष अपने-अपने हितों का प्रतिपादन कर रहे हैं, फिर भी जिस अनुबन्ध पर सर्वसम्मति विकसित होगी वह तो उस 'अज्ञान के परदे' के पीछे से सभी के सांझे हितों का श्रेष्ठ स्तर सुनिश्चित करने में समर्थ होगा। हमारा यह आग्रह है कि 'अज्ञान के परदे' के सहारे समदर्शितापूर्ण समग्रता प्राप्ति का यह प्रयास निरापद रहना आवश्यक नहीं है क्योंकि यह स्पष्ट नहीं है कि इस प्रकार निर्मित अनिश्चितता (के वातावरण) में किस (नियम) का चयन हो जाएगा। सभी पक्षों द्वारा सर्वसम्मत रूप से चुने गए अद्वितीय समाधान का अस्तित्व नहीं होना विभिन्न व्यक्तियों के टकरावपूर्ण हितों के अद्वितीय समग्र स्वरूप का निर्धारण नहीं हो पाने से मिलता है। उदाहरण के लिए रॉल्स के वितरण के सूत्र में सबसे पिछड़े वर्ग के हितों को वरीयता देने के विचार की तुलना सभी की उपयोगिताओं के योग को अधिकतम करने वाले उपयोगितावादी विचार से करनी होगी। वस्तुतः जॉन हर्सान्यी (John

Harsanyi) ने कौन क्या होने वाला है के विषय में इसी प्रकार की अनिश्चितता का सृजन कर यह उपयोगितावादी समाधान प्राप्त किया है।

इसकी तुलना में स्केनलोन की संरचना पर विचार करें तो भले ही सार्वजनिक चर्चा का आधार उसमें लिप्त पक्षों (भागीदारों) के हित ही होते हैं फिर भी तर्क समाज के अन्दर-बाहर कहीं से भी आ सकते हैं, बस उसके पक्षधर को यही सिद्ध करना होगा कि इस प्रकार किए गए निर्णय को 'औचित्यपूर्ण रूप से अस्वीकार' नहीं किया जा सकता। भागीदार तो वहाँ अपने हितों के कारण ही उपस्थित हैं, उनकी ओर से 'किस बात को औचित्यपूर्वक अस्वीकार या स्वीकार किया जा सकता है' का प्रश्न अलग ही नैतिक परिप्रेक्ष्यों की रचना कर देता है। यह है औचित्यपूर्ण माने जाने का परिप्रेक्ष्य (न कि भागीदार पक्षों के सोचने के ढंग से बंधे रहने का परिप्रेक्ष्य)। इस प्रकार स्केनलोन की विधि हमें एडम स्मिथ द्वारा सुझाए गए 'समदर्शी अवलोकनकर्ता' के विचार की ओर अग्रसर कर देती है—भले ही स्केनलोन के विश्लेषण की सभी मान्यताएँ किसी-न-किसी रूप से प्रभावित पक्षों के सरोकारों और हितों के साथ ही बंधी दिखाई देती हैं।

रॉल्स के विचार तो एक देश की जनता तक सीमित थे किन्तु स्केनलोन की विधि में सम्मिलित प्रभावित व्यक्ति देश से बाहर के भी हो सकते हैं। इससे इसका प्रसरण अधिक व्यापक है। स्केनलोन की संरचना (जिनके हित प्रभावित हो रहे हैं) ऐसे व्यक्तियों के दायरे को बहुत व्यापक बना देती है। उनका एक ही देश का नागरिक होना अनिवार्य नहीं है। यहाँ उन कारणों (तर्कों) की खोज हो रही है जो विभिन्न अवस्थाओं में स्थित व्यक्तियों पर मान्य हों अतः इस खोज में केवल स्थानीय व्यक्तियों के मूल्यांकन ही महत्त्वपूर्ण नहीं रहते। मैंने अध्याय–6 में रॉल्स की अनुबंधीय विधि की संकीर्ण प्रकृति पर टिप्पणी की थी कि यह सार्वजनिक विचार-विमर्श में सम्मिलित होने वाले परिप्रेक्ष्यों के प्रसरण को बहुत सीमित कर देती है। और जब स्केनलोन की अनुबंध की विधि इनमें से कुछ बंधनों को शिथिल करती दिखाई देती है तो हमें सहज ही रॉल्स की अपेक्षा इसे अपनाने के कुछ अच्छे कारण मिल जाते हैं।

स्केनलोन ने अपनी विधि को अनुबंधवादी क्यों कहा होगा (इस व्याख्या के कारण अनुबंधवादी रचनाओं से उनके मतभेद स्पष्ट करना कठिन हो गया है)। किन्तु ये कारण बताते हुए उन्होंने इसे 'अन्य लोगों को औचित्यपूर्णता के आधार पर स्वीकार्य बनाने के ध्येय से अपनी निजी माँगों में परिवर्तन की सांझी तत्परता' का नाम दिया है। इसमें किसी पूर्व अनुबंध की उपस्थिति नहीं है फिर भी इसे रूसो के समय तक की पुरानी सामाजिक अनुबंध परम्परा से जुड़ा एक विचार मानने में स्केनलोन कोई गलती भी नहीं कर रहे। किन्तु इस सामान्य रूप में तो यह मूल विचार और अनेक वैचारिक परम्पराओं का अंग भी है। मैंने अध्याय–7 में ईसा की एक स्थानीय वकील से चर्चा का उदाहरण दिया था। इसी प्रकार स्मिथ और उपयोगितावादी परम्परा में

भी ये विचार दिख जाते हैं। फिर भी मेरा आग्रह है कि भले ही स्केनलोन अपने विचार को सामाजिक अनुबंधवादी परम्परा की परिधि में सीमित कर रहे हैं, फिर भी यह बहुत अधिक व्यापक परिवेश में मान्य हो सकता है।

गैर-अस्वीकार्यता की बहुलता

अब मैं एक अलग प्रश्न पर चर्चा कर रहा हूँ। ध्यान देने की बात है कि जिस प्रकार स्केनलोन ने औचित्यपूर्ण दिखने वाले नियमों के चयन की बात की है, उससे किसी भी तरह एक अनूठा नियम संचय नहीं मिल पाता। उन्होंने स्वयं गैर-अस्वीकार्यता की कसौटी पर खरे उतर सकने वाले नियमों की बहुलता के विषय में कुछ विशेष नहीं कहा है। यदि उन्होंने कहा होता तो उन्हें भी अपनी तथाकथित अनुबंधतावादी और पूर्ण 'अनुबंधवादी' विधियों का अन्तर सहज ही समझ आ जाता। एक अनुबंधवादी विधि, चाहे हॉब्स की हो या रूसो या रॉल्स की, उससे तो एक निश्चित अनुबंध की प्राप्ति होती है। रॉल्स की विधि में इससे 'न्याय के निष्पक्षता स्वरूप' के अन्तर्गत 'न्याय के नियमों' का एक अद्वितीय समुच्चय प्राप्त हो जाता है। वास्तव में रॉल्स के विश्लेषण में उन नियमों के समुच्चय की अद्वितीयता का महत्त्व निर्णायक रहता है। यही विशेषता समाज की आधारिक संस्थागत संरचना का निर्माण करती है। अन्य विशेषताओं की ओर अग्रसर होने से पूर्व उस अद्वितीय नियम समूह पर सर्वसम्मति द्वारा अनुबंध ही न्यायनिष्ठ समाज की रचना का पहला संस्थागत कदम होता है। किन्तु यदि ऐसे न्याय के नियमों के अनेक समूह सम्भव होते तो स्वभाविक ही मूल अवस्था से बहुलतापूर्ण संस्थागत संरचनाएँ उभर सकती थीं। फिर तो रॉल्स की सारी कथा का स्वरूप ही बदल जाता।

अध्याय-2 में मैंने इस प्रश्न पर मूल अवस्था में भी एक अनूठे नियम समूह के चयन की असम्भाव्यता के सन्दर्भ में बातचीत की थी। यदि निष्पक्षता पूर्ण कार्य के बाद अनेक चयन योग्य विकल्प दिखाई पड़ें तो कोई अद्वितीय सामाजिक अनुबंध नहीं उभर सकता जो उस संस्थागत संरचना का आधार बन सके जिसका वर्णन रॉल्स ने किया है।

गहन समीक्षा से उभरने वाले सशक्त एवं समदर्शी तर्कों की सम्भावित बहुलता को समझ लेने में कुछ विशेष महत्त्वपूर्ण बात छुपी है। जैसा हमने भूमिका में ही कहा था, हमारे पास न्याय के तर्कों के अनेक समूह हैं और उनमें से एक को छोड़ (जो परस्पर पूर्ण संगति और प्रतिपूरकता से सम्पन्न हैं) अन्य सभी को नकार देना भी सम्भव नहीं है। भले ही किसी व्यक्ति की कोई मनपसन्द वरीयता हो, किन्तु वरीयताएँ तो व्यक्ति अनुसार बदलती रहती हैं। अत:, ऐसे तर्कों/कारणों को जिन्हें अन्य व्यक्ति उच्च वरीयता दे रहे हों, नकार पाना सहज सम्भव नहीं होगा।

एक बार फिर बाँसुरी के लिए झगड़ रहे तीन बच्चों के उदाहरण पर गौर करें। प्रत्येक विकल्प के साथ उसे उचित ठहराने वाले तर्क हैं जिन्हें खूब चिन्तन और समीक्षा के बाद भी औचित्यपूर्वक नकार पाना सम्भव नहीं होता। तीनों बच्चों के पक्ष में तर्क समदर्शिता को धारण कर सकते हैं। फिर भी उनमें उनके आधारभूत गैर-वैयक्तिक केन्द्रण के कारण अन्तर बने रहते हैं। एक दावा सम्पूर्ति और प्रसन्नता की अनुभूति पर आधारित था, दूसरा आर्थिक समता पर तो तीसरा अपनी मेहनत के आर्थिक फल के भोगाधिकार पर। हम इन विकल्पों का सामना होने पर किसी एक का पक्ष ले सकते हैं, किन्तु शेष दो को गैर-समदर्शिता के आधार पर नकार नहीं पाएँगे। यही नहीं, पूर्णतः समदर्शी न्यायधीश (जो अपने निहित स्वार्थों और व्यक्तिगत झोंक के शिकार नहीं होते) भी इस प्रकार के प्रकरण में न्याय के अनेक तकाज़ों की उपस्थिति को स्वीकार करते हुए इस बात पर सहमत नहीं हो पाएँगे कि क्या निर्णय किया जाए। (क्योंकि प्रत्येक पक्ष के तर्कों में कुछ न कुछ समदर्शिता अवश्य भरी है)।

सहयोग के पारस्परिक हित-लाभ

यह जानना कठिन नहीं है कि अनुबंधवादी विधि कुछ तथाकथित 'वास्तविकता वादियों' को (जो किसी-न-किसी रूप में व्यक्तिगत हित-साधन के प्रयास से ही गरिमापूर्ण व्यवहार की व्युत्पत्ति चाहते हैं) क्यों पसन्द आती है। रॉल्स की समाज को 'निष्पक्षतापूर्ण सहयोग व्यवस्था' के रूप में देखने की इच्छा इसी वर्ग में सटीक बैठती है। उन्हीं के शब्दों में, 'सहयोग के विचार में प्रत्येक भागीदार के तर्कशील हित-लाभ सम्मिलित हैं, और तर्कशील हित-लाभ के विचार में यह बात निहित है कि सहयोग में भागीदार अपने-अपने निजी हित की दृष्टि से किस बात/चीज़ को संवर्धित करना चाहते हैं। यहाँ बातें कुछ-कुछ तर्कशील चयनसिद्धान्त से मिलती-जुलती हैं (उसमें भी स्वहित सर्वोपरि होता है) बस अन्तर यही है कि रॉल्स मूल अवस्था में 'अज्ञान के परदे' के पीछे व्यक्तियों की पहचान को छिपा देते हैं। साथ ही उन लोगों को यह अनुभूति भी रहती है कि अन्य लोगों के सहयोग के बिना उनके अपने मन्तव्य पूरे नहीं हो पाएँगे। इसलिए सहयोगपूर्ण व्यवहार का चयन सभी के हित में रहता है और इसका अर्थ है सभी भागीदारों द्वारा सांझे रूप से ऐसी शर्तों का चयन जिन्हें औचित्यपूर्वक नकारा नहीं जा सके (और यदि अन्य लोगों को स्वीकार्य हों तो स्वीकार भी किया जा सके)।[3]

यह सामाजिक नैतिकता हो सकती है, किन्तु यह विवेकशील नैतिकता ही रहेगी। रॉल्स की मूल अवस्था का आधार यही पारस्परिक लाभपूर्ण सहयोग है और निष्पक्षता का आधारभूत विचार इसी मूल अवस्था से उदित हो रहा है। अतः यही बात अन्तिम

सत्य प्रतीत होती है कि रॉल्स की 'न्याय की निष्पक्षता रूपी' धारणा वस्तुतः (व्यक्तियों के पारस्परिक) हितलाभों से ही प्रेरित है।

सामाजिक नियमों और व्यवहार की दृष्टि से हितलाभ आश्रित परिप्रेक्ष्य महत्त्वपूर्ण होता भी है। अनेक अवस्थाओं में सभी के सांझे हितों की दृष्टि से यही फायदेमन्द रहता है कि सभी लोग सामाजिक व्यवहार के उन नियमों का पालन करते रहें जो छोटे से निजी लाभ को पाने के लिए अन्य व्यक्तियों के लिए कठिनाइयाँ खड़ी करने की मनाही करते हैं। वास्तविक विश्व ऐसी अनेक समस्यांओं से भरा हुआ है। हम इस सन्दर्भ में पर्यावरणीय धारणीयता, सांझे प्राकृतिक संसाधनों के संरक्षण, से लेकर उत्पादन प्रक्रिया में कार्य की नैतिकता और नागर जीवन में नागरिक स्वबोध आदि अनेक उदाहरण दे सकते हैं।[4]

इस प्रकार की अवस्थाओं का सामना होने पर सहयोग के माध्यम से पारस्परिक हित-संवर्धन की दो विधियाँ हो सकती हैं : एक, सहमतिपूर्ण अनुबंध जिन्हें लागू किया जा सके; दूसरे, सामाजिक मानदण्डों का विकास जिन पर सभी स्वेच्छया आचरण करें। वैसे तो राजनीतिक दर्शन में हॉब्स के समय से ही इन दोनों विधियों पर चर्चा होती रही है किन्तु अनुबंधवादी विधि, जिसमें उसे लागू करने का प्रावधान भी हो, को इस साहित्य में बहुत ही उच्च स्थान मिला है। इसके विपरीत सामाजिक मानदण्डों के विकास की विधि पर समाजशास्त्री एवं नृशास्त्री अधिक चिन्तन-मनन करते रहे हैं। ऐलिनर ऑस्ट्रोम (Elinor Ostrom) जैसे सामाजिक अध्येताओं ने व्यवहार के सामाजिक मानदण्डों के माध्यम से सार्वजनिक प्रयास के उदय एवं धारणीयता के सन्दर्भ में समाज के सदस्यों द्वारा आत्मसंयमित, और सहयोगपूर्ण व्यवहार के लाभों की बहुत ज्ञानवर्धक व्याख्या की है।[5]

अनुबंधवादी तर्क और उनका प्रभाव क्षेत्र

सामाजिक सहयोग और उसके माध्यम से सामाजिक नैतिकता और राजनीति के लिए अन्ततः परस्पर लाभ पर आधारित विवेकशील तर्कों की विभिन्न समाजों की सफलताओं एवं विफलताओं की व्याख्या में निस्सन्देह बहुत बड़ी सार्थकता रही है। अनुबंधवादी तर्कधारा ने नैतिक आग्रहों और संस्थागत व्यवस्थाओं के माध्यम से सामाजिक सहयोग के विभिन्न पक्षों के विकास एवं स्पष्टीकरण में बहुत बड़ा योगदान दिया है। इस तर्कधारा से जिस स्पष्टता का उदय हुआ है उसने राजनीतिक दर्शन और नृशास्त्र की व्याख्या क्षमताओं को बहुत बल प्रदान किया है।

हॉब्स द्वारा मूलतः प्रस्तुत प्रत्यक्ष विवेकशीलता आधारित, किन्तु अविकसित प्रायः सामाजिक सहयोग विश्लेषण पहले काँट और फिर रॉल्स के हाथों में आकर बहुत परिष्कृत और समृद्ध हुआ है। रॉल्स द्वारा 'पारस्परिक हित' के परिप्रेक्ष्य के

प्रयोग में अनेक महत्त्वपूर्ण विशेषताएँ भरी हैं (समदर्शितापूर्ण तर्कों का प्रयोग तो बहुत ही महत्त्वपूर्ण है), जबकि 'पारस्परिक लाभ के लिए सहयोग' अन्ततः किसी न किसी रूप में हॉब्स द्वारा निरूपित विवेकशीलता पर ही जा पहुँचता है।

यद्यपि रॉल्स ने न्यायनिष्ठ सामाजिक संस्थाओं और व्यवहार के मानकों के निर्धारण के लिए अनुबंध के विचार का प्रयोग किया है, फिर भी उनका विश्लेषण उस अनुबंध को ज़बरदस्ती लागू करने पर आग्रह नहीं करता, वह तो समाज के सदस्यों के उन नियमों के अनुसार आचरण की बात करता है जिन पर उन सदस्यों ने स्वेच्छापूर्वक सहमति प्रदान की है। इस रूप में रॉल्स के सिद्धान्त की व्याख्या सैद्धान्तिक रूप में उसे दंड के भय के माध्यम से क्रियान्वित होने वाले अन्य अनुबंधवादी सिद्धान्तों की अपेक्षा एक अलग रूप प्रदान कर देता है। फिर तो व्यवहार के मानदण्ड एक अनुबंध पश्चात् पुनर्रचित रूप धारण कर लेते हैं। पारस्परिक हितलाभ की सम्भावना का प्रदर्शन अनुबंधपूर्व किया जाता है, और यह कल्पना अनुबंध पर सहमति में सहायक हो सकती है। इस प्रकार से उस अनुबंध में निहित नियमों द्वारा समाज में न्यायनिष्ठ संस्थाओं और मानवीय व्यवहार के स्वरूप की रचना की जाती है।

दूसरे, एक अन्य विशेषता भी रॉल्स के विश्लेषण को गरिमापूर्ण परस्पर लाभ हेतु व्यवहार सम्बन्धी तर्कों के सामान्य निरूपण से कहीं आगे ले जाती है। यह मूल अवस्था का 'अज्ञानता का परदा' है—कोई भी व्यक्ति समाज में अपने पद या स्थान के सहारे सौदेबाज़ी की दिशा को प्रभावित नहीं कर पाता। अतः सारा प्रयास वास्तविक निजी हित के संवर्धन से सामाजिक हित के संवर्धन की ओर उन्मुख हो जाता है (किसी को भी यह ज्ञान नहीं रहता कि उस सामाजिक हित में से उसका अपना अंश भाग क्या होगा)। अतः निश्चित रूप से रॉल्स के विश्लेषण में पर्याप्त समदर्शिता भरी है—फिर भी सहयोग के लिए लाभ की लालसा के सहारे औचित्य सिद्ध करने (भले ही 'अज्ञानता का परदा' उसे समदर्शितापूर्ण बना देता हो) के साथ इसके सम्बन्ध तो बने ही रहते हैं।

रॉल्स का 'न्याय का निष्पक्षता' विश्लेषण अनुबंधवादी तर्कशास्त्र को विकसित कर उसे परम्परावादी अनुबंध साहित्य के धरातल से क़हीं बहुत आगे ले जाता है। किन्तु फिर भी सामान्य स्तर पर वैयक्तिक हितलाभ और विशेष रूप से पारस्परिक लाभ का विचार रॉल्स के विश्लेषण में भी शेष अनुबंधवादियों की भाँति ही केन्द्रस्थ महत्त्व से सम्पूर्ण है। अनुबंधवादी तर्क इस परिवर्धित रूप में चाहे जो कुछ प्राप्त कर गए हों, किन्तु, हम यहाँ यह अवश्य जानने का प्रयास करेंगे कि क्या केवल प्रत्यक्ष-परोक्ष लाभ प्राप्ति का प्रयास ही समाज में औचित्यपूर्ण व्यवहार के एक सशक्त आधार का निर्माण कर सकता है? इसी से जुड़ा एक और प्रश्न भी है : क्या समस्त राजनीतिक औचित्यपूर्णता का आधार परस्पर लाभ और पारस्परिकता ही होनी चाहिए?

शक्ति और इसके दायित्व

आइए, एक और प्रकार की तर्कधारा पर विचार करें : यदि किसी के पास ऐसे परिवर्तन कर पाने की शक्ति है जिससे विश्व में अन्याय में कुछ कमी आ सकती है, तो उस द्वारा उस कार्य को करने के लिए एक सशक्त सामाजिक तर्क उपस्थित है (उसके तर्कशास्त्र को किसी कल्पित सहयोग में निहित लाभ के सहारे की आवश्यकता नहीं होनी चाहिए)। प्रेरणाओं के औचित्य के स्तर पर शक्ति के प्रभावपूर्ण प्रयोग का यह दायित्व सहयोग के पारस्परिक दायित्व से बहुत ही विलक्षण है।

गौतम बुद्ध ने 'सूत्त निपात'[6] में शक्ति के दायित्व का विचार बहुत आग्रह के साथ प्रस्तुत किया था। बुद्ध ने तर्क दिया है कि हमारा पशुओं के प्रति भी कुछ दायित्व है—यह हमारे और उनके बीच की एक विसंगति पर आधारित है—किसी ऐसी संगति पर नहीं जो हमारे और पशुओं के बीच किसी पारस्परिक सहयोग की आवश्यकता की बात उठाती हो। उनका कहना था कि अन्य प्रजातियों की अपेक्षा हम बहुत ही अधिक क्षमता से सम्पन्न हैं। इसी नाते इस शक्ति की विसंगति के कारण उनके प्रति हमारे कुछ दायित्व हो जाते हैं।

बुद्ध ने इस बात का स्पष्टीकरण करने के लिए एक माँ और उसके शिशु का उदाहरण दिया है। उनके उदाहरण में जिस पक्ष पर बल दिया गया है वह शिशु को जन्म देने वाली माँ के दायित्व से भिन्न है। यहाँ तो इस बात पर आग्रह किया गया है कि माँ उस बच्चे के जीवन को प्रभावित करने वाले अनेक ऐसे काम कर सकती है जो उस शिशु के लिए स्वयं कर पाना सम्भव नहीं है। वह सहयोग रूपी पुरस्कार की अपेक्षा में शिशु की सहायता नहीं करती बल्कि इन अभिज्ञान के कारण करती है कि अपने इस विसंग व्यवहार द्वारा वह बच्चे के जीवन पर बहुत बड़ा प्रभाव डाल सकती है। माँ को किसी वास्तविक या काल्पनिक पारस्परिक लाभ की खोज नहीं करनी पड़ती। उसे शिशु के प्रति किसी कल्पित अनुबंध की भी ज़रूरत नहीं है। गौतम यही बात स्पष्ट कर रहे थे।

यहाँ सारा तर्क इस प्रकार चल रहा है : यदि किसी व्यक्ति को स्वतंत्रतापूर्वक ऐसा कुछ कर पाने का अवसर उपलब्ध है (इस प्रकार इस कार्य का सम्पादन व्यावहारिक हो जाता है) जो उस व्यक्ति के अपने आकलन में विश्व में अधिक न्यायपूर्ण परिस्थितियाँ निर्मित कर सकता है (अर्थात् वह कार्य न्यायसंवर्धक होगा) तो इन सभी जानकारियों के बाद उस व्यक्ति द्वारा गम्भीरतापूर्वक उस कार्य को करने की बात सोचने के लिए वही तर्क पर्याप्त होना चाहिए। अनेक ऐसे कार्य हो सकते हैं जो अकेले-अकेले इन दोनों शर्तों को पूरा कर सकते हों—पर वह व्यक्ति उन सबका सम्पादन कर पाने में समर्थ नहीं होता। अतः यहाँ हमारे तर्कशास्त्र का यह आग्रह नहीं है कि जिस भी कार्य द्वारा इन दोनों शर्तों को पूरा किया जा रहा हो उन्हें अवश्य किया जाना

चाहिए। हम तो केवल यही कह रहे हैं कि उन कामों को करने के बारे में सोचना चाहिए। माँ द्वारा शिशु के लिए करणीय कार्यों को उचित ठहराने के लिए किसी तरह (तोड़-मरोड़ कर) अनुबंधवादी दायित्व भी सिद्ध किए जा सकते हैं, किन्तु वह उन्हीं परिणामों पर (जो शक्ति के दायित्व द्वारा प्रत्यक्षतः उपलब्ध हो जाते हैं) पहुँचने का बहुत ही टेढ़ा-मेढ़ा रास्ता होगा।

यहाँ यही बात समझाने का प्रयास किया जा रहा है कि औचित्यपूर्ण व्यवहार की खोज की अनेक विधियाँ सम्भव हैं और उन सभी का लाभ आधारित पारस्परिक लाभप्रदता के विचार पर निर्भर रहना आवश्यक नहीं है। पारस्परिक लाभ की खोज प्रत्यक्षतः हॉब्स की और परोक्ष रूप से रॉल्स की विधि है–इसका बहुत सामाजिक महत्त्व भी है किन्तु जिसे औचित्यपूर्ण व्यवहार कहा जा सकता हो उसकी चर्चा के लिए यही एकमात्र तर्क नहीं है।

मैं एक अन्तिम टिप्पणी के साथ समदर्शितापूर्ण तर्कों की बहुलता पर इस चर्चा का समापन करना चाहता हूँ। दायित्वों के बोध को आजकल 'मानव अधिकार' विधि का नाम भी दिया जा रहा है, किन्तु ये विचार अलग-अलग नामों से बहुत पहले से ही चर्चित रहे हैं (अठारहवीं शताब्दी में टॉम पेन (Tom Paine) और मैरी वोल्स्टोनक्राफ्ट) और इनमें समाजनिष्ठ तर्कों का तत्त्व बहुत सशक्त रूप से विद्यमान रहा है। उस तत्त्व का प्रभावी शक्ति के दायित्वों से नाता है।[7] ऐसे तर्क जो पारस्परिक लाभों के स्थान पर शक्ति की विसंगति के कारण एकपक्षीय दायित्वों पर आधारित हों, आज भी मानवाधिकार विषयक चर्चाओं में कम ही सुनाई पड़ते हैं। किन्तु उनकी एक झलक स्वातन्त्र्यों को महत्त्वपूर्ण मानने–और सभी के लिए मानवाधिकार की बात के प्रारम्भिक स्वरूप में दिख ही जाती है। वोल्स्टोनक्रॉफ्ट द्वारा महिलाओं और पुरुषों के अधिकारों के 'प्रतिपादन' विषयक उनकी और टॉम पेन की रचनाएँ सभी के स्वातन्त्र्यों के संरक्षण और संवर्धन में प्रभावी शक्ति के प्रयोग के इस दायित्व जैसी प्रेरणाओं पर आधारित रही हैं। इस प्रकार की चिन्तनधारा को 'नैतिक कारणों' विषयक एडम स्मिथ के विश्लेषण का समर्थन भी मिला है। व्यक्तियों को नैतिकता के तकाज़ों और दायित्वों का ज्ञान कराने में समदर्शी अवलोकनकर्ता के विचार का प्रयोग भी इसी दिशा में एक प्रयास था।

अन्य व्यक्तियों के प्रति औचित्यपूर्ण व्यवहार के विचारों का एकमात्र आधार संगति और परस्परता पर आधारित पारस्परिक लाभ नहीं है। प्रभावी शक्ति से सम्पन्नता और उस कारण सृजित एकपक्षीय दायित्व का बोध भी समदर्शितापूर्ण तर्कों का एक महत्त्वपूर्ण आधार बन सकता है, और यह विचार पारस्परिक हित-लाभ की प्रेरणा से कहीं अधिक व्यापक है।

10

सम्प्राप्तियाँ, परिणाम और अभिकर्तृत्व

हमने 'भूमिका' में संस्कृत के प्राचीन महाकाव्य *महाभारत* के एक रोचक संवाद की चर्चा की थी। प्रसंग दिल्ली से कुछ ही दूर, कुरुक्षेत्र में, एक महायुद्ध आरम्भ होने से ठीक पहले उस महाकाव्य के एक महान योद्धा अर्जुन और उसके मित्र एवं परामर्शदाता कृष्ण के वार्तालाप का है। यह वार्तालाप मानव के सामान्य कर्तव्यों और उस समय अर्जुन के विशेष दायित्वों से जुड़ा है। कृष्ण और अर्जुन उस चर्चा में एकदम विपरीत परिप्रेक्ष्यों का प्रतिपादन करते दिखाई देते हैं। मैं इस अध्याय का प्रारम्भ अर्जुन और कृष्ण के बीच हुई उस बहस के विभिन्न मुद्दों की विस्तार से चर्चा द्वारा ही कर रहा हूँ।

कुरुक्षेत्र का युद्ध पांडवों और कौरवों के बीच था। इस महाकाव्य के पांडव एक 'अच्छे' राजपरिवार के सदस्य हैं और उनके वरिष्ठतम सदस्य युधिष्ठिर हैं, जो अर्जुन के सबसे बड़े भाई हैं और उन्हें हस्तिनापुर के राजसिंहासन का उचित उत्तराधिकारी माना गया है। दुर्योधन पांडवों के पिता के बड़े भाई की सन्तान हैं और उन्होंने राजसिंहासन पर अनुचित रूप से अधिकार किया हुआ है। देश के उत्तरी, पश्चिमी और पूर्वी क्षेत्रों के अधिकांश राजवंश इस महायुद्ध के एक या दूसरे पक्ष के साथ आकर जुड़ गए हैं। इस प्रकार देश के अधिकांश शारीरिक क्षमता से सम्पन्न व्यक्ति दो सेनाओं के सदस्य होकर आमने-सामने आ गए हैं। पांडवों के न्यायनिष्ठ पक्ष के महान और अजेय योद्धा अर्जुन हैं। कृष्ण उस युद्ध में अर्जुन के सारथी बने हैं किन्तु उन्हें उस युग में ईश्वर का अवतार भी माना गया है।

अर्जुन-कृष्ण संवाद की जीवन्तता ने सारे महाकाव्य को तो समृद्ध बनाया ही है, साथ ही, सदियों से यह नैतिक एवं राजनीतिक स्तरों पर भी बहुत चिन्तन-मनन को बढ़ावा देती रही है। महाकाव्य के इस संवाद वाले अंश को *भगवद्गीता* या संक्षेप में *गीता* कहा जाता है। संवाद ने सामान्य पाठक को तो अपनी जीवन्त प्रकृति से बहुत बांध कर रखा ही है, धार्मिक एवं दार्शनिक विद्वानों का ध्यान भी बड़े असाधारण स्तर पर आकर्षित किया है।

अर्जुन और कृष्ण दोनों पक्षों की सेनाओं का अवलोकन कर उस महायुद्ध के बारे में सोच रहे हैं जो आरम्भ होने वाला था। उसी समय अर्जुन इस विषय में अपना गम्भीर संशय व्यक्त करता है कि क्या उसके लिए उस युद्ध में लड़ना ठीक होगा! उसे अपने पक्ष के औचित्य और युद्ध के न्याययुक्त होने के विषय में सन्देह नहीं है, उसे अपनी सेना की शक्ति (साथ ही अपने शस्त्र-बल और सैन्य-संचालन कौशल) के भरोसे यह भी विश्वास था कि उसी का पक्ष विजयी होगा। किन्तु अर्जुन को उस युद्ध में भीषण नरसंहार भी होता दिखाई दे रहा था। उसे यह बात भी कचोट रही थी कि उस नरसंहार में वह भी भागीदार होगा और अधिकांश मरने वालों ने सिवाय इसके कोई जघन्य अपराध नहीं किया होगा कि वे रिश्तों और नातों के कारण एक या दूसरे पक्ष का साथ देने को तैयार हो गए थे। अर्जुन की चिन्ता का एक आयाम पूरे राष्ट्र को अभिभूत करने वाले विनाशचक्र के सम्बन्धित है जिसमें उसकी अपनी भूमिका की कोई चर्चा नहीं है तो दूसरा आयाम उन हत्याओं से जुड़ा है जो वह स्वयं करने जा रहा है—वह उन लोगों का वध भी करेगा जो उसके निकट सम्बन्धी हैं और जिनसे उसे बहुत प्रेम भी है। इस प्रकार युद्ध से विमुखतावादी अर्जुन के तर्कों में स्थितिवादी और स्थानातीत (trans-positional) दोनों ही प्रकार के तत्त्वों का मिश्रण है।

अर्जुन कृष्ण से कहता है कि वास्तव में उसे युद्ध और नरसंहार नहीं करना चाहिए—इस (विनाश) से अच्छा तो यही होगा कि अनाचारपूर्वक राज हस्तगत कर लेने वाले कौरव ही शासन करते रहें। कृष्ण इस विचार का विरोध करते हैं। उनकी प्रतिक्रिया तो इसी बात पर केन्द्रित रहती है कि व्यक्ति को अपने 'कर्म' या कर्तव्य को प्राथमिक मानना चाहिए, उसके परिणाम कुछ भी हों। कृष्ण के तर्कों का यही पक्ष बार-बार धार्मिक और नैतिक दर्शन की चर्चाओं में आया है। वस्तुतः यहाँ कृष्ण पांडवों के सदाशयी कृपालु पक्षधर से धीरे-धीरे ईश्वर के अवतार स्वरूप की ओर अग्रसर होते दिखाई पड़ रहे हैं। इसी कारण से *गीता* एक महान धर्मशास्त्रीय महत्त्व का ग्रन्थ भी बन गई है।

कृष्ण अर्जुन से कहते हैं कि चाहे जो भी हो, युद्ध करो, और उस समय तो युद्ध करना ही उसका कर्तव्य है—उसका परिणाम जो भी हो। यह युद्ध एक 'उचित' ध्येय से हो रहा है, और एक ऐसे योद्धा व सेनानायक के रूप में जिस पर उसका पक्ष विजय की आस लगाए बैठा है, वह अपने दायित्व से मुँह नहीं मोड़ सकता। कृष्ण के उच्चस्तरीय आचार-शास्त्र और कर्मकेन्द्रित एवं परिणाम निरपेक्ष तर्कों का अगले हज़ारों वर्षों तक नैतिक संवादों पर गहन प्रभाव रहा है।

यह विशुद्ध सिद्धान्त की शक्ति का ही प्रभाव है कि मोहनदास गांधी जैसे अहिंसा के पुजारी भी प्रतिफल की चिन्ता किए बिना कर्म करने के कृष्ण के उपदेश से प्रभावित और प्रेरित रहे हैं (वे प्रायः *गीता* से किसी-न-किसी उक्ति का उद्धरण

देते रहते थे), यद्यपि यहाँ कृष्ण युद्ध और नरसंहार को कर्तव्य बता रहे थे—एक ऐसे कार्य को जिसके प्रति सामान्यतः गाँधी जी के मन में कोई उत्साह नहीं होता।

विश्व के अनेक दार्शनिक और साहित्यिक विद्वानों ने कृष्ण की नैतिक स्थापनाओं का बहुत मुखर रूप से समर्थन किया है। *भगवद्गीता* के और कृष्ण के तर्कों के प्रति प्रशंसा की भावना यूरोपीय बौद्धिक संस्कृति का एक स्थायी अंग बन चुकी है। क्रिस्टोफर आइशरवुड (Christopher Isherwood) ने *भगवद्गीता* का अंग्रेज़ी में अनुवाद किया है।[1] तो टी. एस. इलियट ने उनके मुख्य सन्देश को अपनी एक कविता में इस प्रकार झिड़की के रूप में संजोया है : काम के प्रतिफल की चिन्ता ना करो। आगे बढ़ो! बेशक नहीं हो तुम कुशल। पर तुम तो बस आगे बढ़ो! जल यात्री![2]

अर्जुन के तर्क

जैसे-जैसे संवाद आगे बढ़ता है, अर्जुन और कृष्ण अपने-अपने विचारों के पक्ष में तर्क प्रस्तुत करते जाते हैं। इसे परिणाम-निरपेक्ष और परिणाम-संवेदनशील आचारशास्त्रीय निरूपण का एक उत्कृष्ट संवाद माना जा सकता है। अन्ततः अर्जुन कृष्ण के तर्कों के आगे अपनी पराजय स्वीकार कर लेता है, किन्तु उससे पूर्व कृष्ण को अपने तर्कों के समर्थन में अपनी दिव्यता की अलौकिकता की झाँकी भी दिखानी पड़ जाती है।

किन्तु क्या अर्जुन को वास्तव में कुछ भ्रम हो गया था? आखिर हम किस लिए 'केवल आगे' बढ़ने को तैयार हो जाएँ, 'ठीक रहने को नहीं'? क्या किसी प्रतिफल-निरपेक्ष कर्तव्य से प्रेरित हो किसी न्यायनिष्ठ हेतु से व्यक्ति-युद्ध करने को इस प्रकार प्रेरित हो जाना चाहिए कि नरसंहार विरोधी अपनी सभी मान्यताओं को तिलांजलि देकर उसे अपने प्रियजनों का भी वध कर डालना चाहिए? यहाँ हम यह कहने का प्रयास नहीं कर रहे कि अर्जुन का युद्ध से हट जाना ठीक होता (कृष्ण द्वारा बताए गए कारण के अतिरिक्त और अनेक कारणों से अर्जुन का युद्ध से हट पाना सम्भव नहीं था), फिर भी यहाँ इतने अधिक कारकों और प्रभावों के बीच सन्तुलन करने की आवश्यकता है कि फल की चिन्ता किए बिना युद्ध करने के कर्तव्य की दुहाई-भर देने से अर्जुन के मानव-जीवन केन्द्रित सरोकार निरस्त नहीं हो जाते।

यही दो सारगर्भित स्थापनाओं से पूरित द्वैध है—दोनों ही स्थापनाओं का अनेक प्रकार से पक्ष-पोषण सम्भव है। कुरुक्षेत्र का संग्राम देशवासियों के जीवन को पूरी तरह बदल देने वाला था (महाकाव्य में ही यह भली प्रकार दर्शाया भी गया है) अतः क्या करना चाहिए विषयक निर्णयों की बहुत विस्तार से आलोचनात्मक समीक्षा होनी चाहिए थी। सभी तर्कों को अर्जुन के युद्ध करने के किसी फलनिरपेक्ष परम कर्तव्य की दुहाई देकर नकार देना पर्याप्त नहीं था। भले ही एक धर्मग्रन्थ के रूप में *गीता*

पूर्णतः कृष्ण के पक्ष में दिखाई देती है, किन्तु जिस अधिक व्यापक *महाभारत* का वह एक अंश-मात्र है, उसके कथानक ने तो दोनों पक्षों को अपने तर्क विकसित करने का पूरा-पूरा स्थान और अवसर प्रदान किया है। वास्तव में *महाभारत* की गाथा संहार और विनाश पर आँसू बहाते-पछताते हुए एक त्रासदी के रूप में समाप्त हुई है। विजय और न्याय के पक्ष की विजय के साथ क्षोभ और दुःख भी जुड़े हैं। इस घटनाक्रम से अर्जुन के तर्कों में समाहित संशयवाद की पुष्टि ही सत्यापित होती है।

सोलह जुलाई 1945 को मानव द्वारा किए गए प्रथम परमाणु विस्फोट की आश्चर्यजनक विनाश क्षमता से अभिभूत होकर द्वितीय महायुद्ध में अमरीका के परमाणु बम निर्माण दल के नेता जे. रॉबर्ट ओपेनहेमर (J. Robert Oppenheimer) ने *गीता* से कृष्ण के शब्दों को ही प्रतिध्वनित करते हुए कहा था : "मैं विश्व का संहारकर्ता काल बन गया हूँ।"[3] जैसे योद्धा अर्जुन को कृष्ण से न्याय के पक्ष में युद्ध करने का परामर्श मिला था, उसी प्रकार भौतिकीविद् ओपेनहेमर को उचित पक्ष के सहायतार्थ तकनीकी दृष्टि से उत्कृष्ट बम का विकास करने में औचित्य दिखाई दे गया था। बाद में अपने ही योगदान पर प्रश्न उठाते हुए ओपेनहेमर ने लिखा है : जब आपको कोई चीज़ तकनीकी रूप से भव्य दिखाई देती है तो आप उसी की ओर बढ़े चले जाते हैं और उसके विषय में तर्क-वितर्क तकनीकी सफलता पाने के बाद ही कर पाते हैं। आगे बढ़े जाने की इस विवशता के साथ-साथ ओपेनहेमर के पास भी (कृष्ण के तर्कों से अभिभूत हुए बिना) अर्जुन द्वारा उठाए गए प्रश्न तो थे ही : 'इतने लोगों के संहार से कोई भलाई कैसे सम्भव हो सकती है!' और कि "मैं अपने काम के फलस्वरूप होने वाले संहार एवं कष्टों को नज़र-अन्दाज़ कर एक भौतिकशास्त्री के रूप में बम निर्माण के 'कर्तव्य' के पालन में कैसे जुटा रह सकता हूँ?*"

इस सारे प्रसंग के न्याय के तकाज़ों के बोध की व्याख्या करने से पूर्व अर्जुन के तर्कों में निहित परस्पर सम्बन्धित, किन्तु अलग-अलग तत्त्वों को स्पष्ट रूप से समझ लेना उपयुक्त रहेगा। गीता-सम्बन्धी विशद् टीकाओं में प्रायः ये तीनों तत्त्व एकाकार हो जाते हैं, किन्तु वस्तुतः वे तीन पृथक-पृथक तत्त्व हैं और तीनों ही ध्यान दिए जाने के अधिकारी हैं।

अर्जुन के तर्कों में पहली महत्त्वपूर्ण बात यही है कि विश्व में क्या कुछ होगा, यह महत्त्वपूर्ण है और उसे हमारे नैतिक और राजनीतिक चिन्तन में महत्त्व मिलना चाहिए। व्यक्ति आँखें मूंद कर अपनी फल-निरपेक्ष नीति पर आचरण करते नहीं रह सकता और इस प्रकार जो स्थितियाँ पैदा हो रही हों उनकी पूर्णरूप से अनदेखी नहीं कर सकता। अर्जुन के तर्कों का यह पक्ष 'वास्तविक विश्व की सार्थकता' कहला

* ओपेनहेमर ने भले ही कृष्ण को उद्धृत किया है किन्तु यहाँ एक सूक्ष्म अन्तर भी है : कृष्ण तो युद्ध में एक पक्ष के सेनापति को उसका कर्तव्य समझा रहे थे, किन्तु ओपेनहेमर तो तकनीकी भव्यता से अभिभूत हो अपने उस कार्य को उचित मान बैठा था।

सकता है और उसे इसी का एक पक्ष सबसे अधिक उद्वेलित कर रहा था। वह था उस युद्ध कर्म से जुड़े व्यक्तियों के जीवन और मरण का प्रश्न। यहाँ सबसे महत्त्वपूर्ण बात हमारे जीवन के महत्त्व की है उससे हमारा ध्यान उचित व्यवहार पर प्रश्न चिह्नों, वंश या राज्य के गौरव या 'राष्ट्र' की विजय (जैसा कि यूरोप के रक्तसिक्त प्रथम महायुद्ध में हुआ था) के आधार पर चाहे जिस तरह भी हटाने का प्रयत्न किया जा सकता है।

न्याय और नीति के प्रतिष्ठित द्वैध की दृष्टि से अर्जुन का मत निश्चय ही 'न्याय' की ओर तथा एक सेनानायक के रूप में उचित युद्ध की 'नीति' के विपरीत झुक रहा था। इस तर्क में जिसे हम अभी तक 'सामाजिक सम्प्राप्तियाँ' कहते आ रहे हैं निर्णायक रूप से महत्त्वपूर्ण हो जाती हैं। इस व्यापक रूपरेखा में अर्जुन का एक विशेष तर्क, कि किसी भी नैतिक या राजनीतिक मूल्यांकन में 'मानव जीवन के साथ क्या होने वाला है' इस बात को अनदेखा नहीं किया जा सकता, अपना ही स्थान रखता है। अर्जुन के बोध के इस अंश को मैं 'मानव जीवन का महत्त्व' कहूँगा।*

दूसरा प्रश्न व्यक्तिगत उत्तरदायित्व का है। अर्जुन का आग्रह है कि यदि किसी व्यक्ति के निर्णयों के गम्भीर (और दूरगामी) परिणाम होते हैं तो उस व्यक्ति को अपने चयनों के उन परिणामों का उत्तरदायित्व भी लेना चाहिए। कृष्ण और अर्जुन के तर्कों में बार-बार उत्तरदायित्व की बात उठी है—किन्तु अर्जुन के उत्तरदायित्व की उन्होंने (दोनों ने) बहुत ही अलग-अलग प्रकार की व्याख्याएँ की हैं। अर्जुन का कहना था कि व्यक्तियों को अपने कामों के परिणामों को ध्यान में रखकर निर्णय करना चाहिए तो कृष्ण का तर्क था कि कुछ भी होता रहे, व्यक्ति को अपना कर्म करते रहना चाहिए और उस कर्म (कर्तव्य) के बोध को सम्भावित परिणामों की चिन्ता से कलुषित नहीं होने देना चाहिए।

राजनीतिक एवं नैतिक दर्शन में परिणाम (फल) आधारित मूल्यांकन और कर्तव्य-आधारित तर्कों के विभिन्न तकाज़ों पर अनेक विद्वानों के विचार मिलते हैं। यह कृष्ण के चरम आचार-शास्त्र और अर्जुन के परिणामों के प्रति संवेदनशील तर्कों के बीच अन्तर का एक उदाहरण है। एक बात को प्रायः अनदेखा कर दिया जाता है : अर्जुन व्यक्ति के उत्तरदायित्व के विचार के महत्त्व को स्वीकार करता है, किन्तु वह केवल सद्परिणामों की बात नहीं करता, वह तो यह भी देख रहा है कि उस मार्ग पर चलते हुए उसे क्या करना होगा—अर्थात् उसे नरसंहार करना होगा। अतः अर्जुन के तर्कों में मानव-जीवन के प्रति उसकी चिन्ता के साथ-साथ उसका अपना अभिकर्तव्य और

* मेरा आग्रह यही है कि गीता के कृष्ण-अर्जुन संवाद में नीति एवं न्याय के द्वन्द्व के साथ-साथ और भी अनेक महत्त्वपूर्ण प्रश्न उठे हैं। उस बौद्धिक रूप से समृद्ध संवाद के उन प्रत्यक्ष और परोक्ष प्रश्नों की अनदेखी नहीं होनी चाहिए।

उसके फलस्वरूप सृजित उत्तरदायित्व का विचार बहुत प्रमुखता से स्पष्ट हो रहा है। अर्जुन किसी अभिकर्ता-निरपेक्ष फलवाद के पक्ष में तर्क नहीं कर रहा।

तीसरे, अर्जुन उन व्यक्तियों को भी पहचान पा रहा है जो मारे जाएँगे, विशेष रूप से उनको लेकर वह चिन्तित है जिनके प्रति उसके मन में प्रेम का भाव है और उनमें से अनेक उसके सगे-सम्बन्धी भी हैं। यद्यपि वह नरसंहार की सम्भावना के प्रति सामान्य रूप से भी चिन्तित है—पर उसकी विशेष चिन्ता का सम्बन्ध उन लोगों का वध करने से है जिनका उसके लिए विशेष महत्त्व रहा है। इस चिन्ता के पीछे किसी कार्य से जुड़े व्यक्तियों के साथ व्यक्तिगत सम्बन्ध का बोध भी है। यह एक विशिष्ट स्थितिवादी सरोकार है—यह मोटे तौर पर उसी प्रकार के सरोकारों के वर्ग में सम्मिलित होगा जिसमें बच्चों के प्रति विशेष दायित्व की अनुभूति होती है। कुछ एक नैतिक परिप्रेक्ष्यों से पारिवारिक सम्बन्धों, व्यक्तिगत स्नेह और अभिकर्तृत्व पर आधारित सम्बन्धवादी दायित्वों की बहिष्कृति उचित हो सकती है। पर ये परिप्रेक्ष्य—अधिकारियों द्वारा सार्वजनिक नीति-निर्धारण आदि के होते हैं। किन्तु जब व्यक्तिगत दायित्वों की बात चल रही हो तो वहाँ नैतिक एवं राजनीतिक दर्शन के न्यायसिद्धान्त सहित व्यापक परिप्रेक्ष्य में भी उन सम्बन्धों को उचित स्थान-सम्मान दिया जाना चाहिए।

महाकाव्य में अर्जुन का चरित्र-चित्रण एक दार्शनिक के रूप में नहीं किया गया है। अतः उससे गीता में दिए गए तर्कों के व्यापक रूप से पक्ष-पोषण की आशा भी नहीं की जानी चाहिए। फिर भी अर्जुन द्वारा युद्ध से विरत हो जाने के पक्ष में दिए गए तर्कों में उसकी सभी चिन्ताओं और शंकाओं की बहुत ही स्पष्ट रूप में अभिव्यक्ति आश्चर्यजनक लगती है। 'न्याय' की सारस्वरूप विषयवस्तु की अन्वेषणा में अर्जुन की मानवीय सहानुभूतियों के साथ-साथ उपर्युक्त तीन बातें भी स्पष्टतः सार्थक और महत्त्वपूर्ण प्रतीत होती हैं।

परिणति (पराकाष्ठा) और व्यापकार्थी परिणाम

प्रायः परिणति-आधारित तर्कों का सम्बन्ध परिणामों से मान लिया जाता है—कई बार तो उन्हें केवल परिणाम या फल से सम्बन्धित भी मान लेते हैं। अतः अर्जुन के तर्कों को अधिक अच्छी तरह समझने के लिए हमें 'फल' की (सामान्य से हटकर) अधिक सूक्ष्मतापूर्ण समीक्षा करनी होगी। परिणाम या फल हमारे निर्णय पर—किसी कार्य, नियम या अभिनति के कारण उत्पन्न परिस्थितियों को कहा जाता है। यद्यपि किसी भी 'परिस्थिति' को सम्पूर्ण रूप से निरूपित कर पाने की सम्भावना अधिक नहीं होती (हम विभिन्न घटनाओं और क्रियाओं में अधिक सूक्ष्मता से विचार कर

कुछ न कुछ और जोड़ सकते हैं) फिर भी यह 'परिस्थिति' या अवस्था का विचार जानकारियों की दृष्टि से बहुत महत्त्वपूर्ण है–इसमें हम उन सभी विशेषताओं को शामिल कर सकते हैं जिन्हें हम महत्त्वपूर्ण मानते हैं।

किसी अवस्था का मूल्यांकन करते समय उसके किसी दरिद्रतापूर्ण स्वरूप पर आग्रह करना बड़ा तर्कहीन-सा लगता है। विशेष रूप से देखें तो अनुवीक्षणगत चयन के सन्दर्भ में 'फल' या अवस्था में केवल अन्तिम परिणाम या परिणति ही नहीं बल्कि चयन की प्रक्रिया भी समाहित हो सकती है। परिणाम के तत्त्वों में अभिकर्तृत्व विषयक समस्त जानकारी और वैयक्तिक, गैर-वैयक्तिक किन्तु निर्णय समस्या के लिए महत्त्वपूर्ण सम्बन्धों को भी स्थान मिल सकता है।

मैंने निर्णय सिद्धान्त और तर्कशील चयन पर अपने पूर्ववर्ती शोधकार्यों में 'व्यापकार्थी' परिणामों पर विशेष ध्यान देने को महत्त्वपूर्ण माना है (इसमें किए गए कार्य, उनसे सम्बन्धित अभिकर्तृत्व, प्रक्रिया आदि भी 'साधारण परिणामों के साथ सम्मिलित रहते हैं)। साधारण परिणामों को मैंने प्रक्रियाओं, अभिकर्तृत्व और सम्बन्धों से विच्छिन्न रखते हुए 'परिणति परिणाम' माना है। न्याय के सन्दर्भ में तो व्यापकार्थी परिणामों के महत्त्व को सहज ही अस्वीकार नहीं किया जा सकता। वस्तुतः व्यावहारिक तर्कशास्त्र के परिणामवादी चिन्तन की एक बड़ी समस्या उसका परिणति पर ही केन्द्रित रह जाने से जुड़ी है। अर्थशास्त्र, राजनीति, समाजशास्त्र और तर्कशील निर्णयों एवं द्यूत-क्रीड़ा सिद्धान्तों में इस भेद को समझ लेना बहुत ही उपयोगी सिद्ध होता है।* यह भेद परिणाम आधारित तर्कों की प्रभाविता के मूल्यांकन में भी उपयोगी रहता है, क्योंकि परिणाम किसी घटनाचक्र के अन्त का दृश्य-मात्र नहीं है।

अर्जुन के तर्कों को समझने में यह भेद किस प्रकार उपयोगी होगा? *गीता* के सार की दार्शनिक चर्चाओं में प्रायः कृष्ण को अथक आचार-शास्त्रवादी मान लिया गया है, जो केवल कर्तव्य पर ही सारा ध्यान केन्द्रित किए रहते हैं, और अर्जुन को ऐसा परिणामवादी कह दिया गया है जो किसी कर्म से होने वाले परिणामों के आधार पर ही मूल्यांकन कर उस कर्म को अच्छा (करणीय) या बुरा (अशुभ फलदायी, अकरणीय) मानना चाहता है। वस्तुतः ये दोनों ही व्याख्याएँ भ्रामक हैं। भले ही यह विधि स्वतंत्र रूप से निर्धारित कर्तव्यों से आरम्भ हो रही हो, किन्तु सामान्य आचार-शास्त्रीय विधि को परिणामों पर ध्यान देने से कौन रोक सकता है? अतः कृष्ण की कुछ-कुछ दुर्बलताग्रस्त नैतिकता को ही सम्पूर्ण आचारशास्त्र मान लेना उचित

---

* उदाहरण : एक व्यक्ति किसी देर तक चलने वाली गोष्ठी में सबसे आरामदेह कुर्सी पाना चाहता है किन्तु वह उसकी ओर भागकर पहुँचने का इच्छुक नहीं है। इससे अवस्था के मूल्यांकन में प्रक्रिया की सार्थकता स्पष्ट है। अवस्था के मूल्यांकन में व्यापकार्थी परिणाम का मूल्यांकन एक अभिन्न अंग बन जाता है–और इस दृष्टि से यह परिणामवादी मूल्यांकन की एक निर्णायक घटक रचना का रूप धारण कर लेता है।

नहीं होगा। उदाहरण के लिए हम कृष्ण की पराकाष्ठा व्याख्या के आधार पर इमेन्युअल काँट के आचारशास्त्र को तो समझ ही नहीं पाएँगे। कृष्ण का आचारशास्त्र एक बहुत ही विशुद्ध स्वरूप को प्राप्त कर गया है जो किसी कर्म को करने के सन्दर्भ में केवल कर्तव्य-आधारित तर्कों को देख पाता है, उसे किसी अन्य सरोकार की सार्थकता (विशेषकर परिणाम से जुड़े सरोकार) ही दिखाई नहीं दे पाती।

इसी प्रकार अर्जुन भी कोई निर्विवाद परिणामवादी नहीं है जो केवल परिणति (अन्य सभी बातों को भुलाकर) पर ही केन्द्रित रहता हो। वस्तुतः प्रायः परिणामवाद की ऐसी ही संकुचित परिभाषा की जाती है। इसकी तुलना में अर्जुन के नैतिक और राजनीतिक तर्क तो निश्चित रूप से फलों के व्यापकार्थी स्वरूप से जुड़े हुए हैं। सामाजिक सम्प्राप्तियों का विचार भी परिणामों के व्यापक स्वरूप पर ही आग्रह करता है—जिसमें कार्य, सम्बन्ध और अभिकर्तृत्व सभी सम्मिलित रहते हैं। हमने पहले भी स्पष्ट किया है—अर्जुन अपने कर्तव्य के विचार को स्वीकार करता है, अपने अभिकर्तृत्व के दायित्व, और वह युद्ध के अनेक सम्भावित भुक्तभोगियों के साथ सम्बन्धों तथा अपने ही कार्य द्वारा बड़े नरसंहार की सम्भावना को लेकर व्यथित है। यह निश्चित ही परिणति आधारित परिणामवाद से कहीं अधिक व्यापक विचार है।

मेरा इस पुस्तक की रचना में सामाजिक सम्प्राप्तियों के मूल्यांकन के साथ अवस्था या 'परिस्थितियों' को एक व्यापक बोध को जोड़ने का विचार है। परिणाम, यहाँ तक की परिणति परिणाम भी गम्भीर सरोकारों में सम्मिलित हैं, फिर भी यहाँ हम दो सदियों से उपयोगितावादियों द्वारा निखारे-संवारे गए परिणामवाद का पक्ष-पोषण नहीं करेंगे। फिर भी यह प्रश्न उठाना उपयुक्त लगता है कि अर्जुन को परिणामवादी क्यों और किस प्रकार मान लिया गया है (भले ही मूल रूप से नहीं)?

परिणाम (फल) और सम्प्राप्तियाँ

फलवाद* की ऐसी कोई परिभाषा नहीं है जो इस विचार के सभी समर्थकों और आलोचकों को सन्तुष्ट कर सके। वास्तव में 'फलवाद' शब्द की रचना परिणामवादी मूल्यांकन के विरोधियों ने की थी। इसकी दुहाई प्रायः इस विचार का खंडन करने के लिए ही दी जाती है। अक्सर इसके लिए बहुत रंग-बिरंगे उदाहरणों का प्रयोग हुआ है और उन्होंने नैतिक दर्शन की बौद्धिक नीरसता को कम करने का योगदान दिया है। फलवादी होने की स्वीकृति को अपना परिचय एक भोंदू की तरह देना माना जाता है। 'फलवादिता' एक ऐसा शब्द है कि प्रत्येक चाहने वाले को इसकी वसीयत कर दी जाती है।

---

* अर्जुन का फलवाद फिलिप पेट्टिट की परिभाषा के बहुत निकट है : फलवाद वह सिद्धान्त है जो किसी कर्ता के कर्म को ठीक या गलत उसके शेष विश्व पर पड़े प्रभावों के आधार पर ठहराता है।

फिर भी यह बात ध्यान रहे कि दायित्व के विचार के व्यापक अर्थ को समझने के लिए फल या परिणाम के प्रति संवेदनशील तर्क आवश्यक होते हैं। इसे कर्ता के परिस्थितियों के मूल्यांकन, उन चयनों से सम्बन्धित सभी परिणामों और उस घटनाक्रम के व्यापकार्थी परिणामों पर आधारित उत्तरदायित्वपूर्ण चयन विधा का एक अंग होना ही चाहिए।[4] यह सारपूर्ण प्रश्न 'फलवादिता' शब्द के प्रयोग से नहीं बंधा है। उत्तरदायित्वों और सम्प्राप्तियों के विचारों को फलवाद की किसी व्यापक अवधारणा में समाहित करना या नहीं करना यहाँ इतना महत्त्वपूर्ण नहीं है (किन्तु उत्तरदायित्व और सम्प्राप्तियों के ये विचार अवश्य महत्त्वपूर्ण हैं)।*

यह भी सत्य है कि फलवादी नैतिकता ने अपने व्यक्तिगत उत्तरदायित्व के महत्त्व को अच्छी तरह नहीं समझा है। उपयोगितावादी नैतिकता के मानक स्वरूप तमें तो इस दृष्टि से काफी कमी है, यह तो उस अवस्था के शेष सभी लक्षणों को अनदेखा कर केवल उपयोगिता पर ही केन्द्रित रह जाता है। फलवाद को क्षेमवादी तकाज़ों से जोड़ने के उपयोगितावादी कार्यक्रम के तो सम्पूर्ण अवस्था के मूल्यांकन को उपयोगिता विषयक जानकारी (प्रसन्नता, इच्छापूर्ति) के साथ जोड़ दिया गया है—भले ही फलस्वरूप प्राप्त अवस्था की अन्य विशेषताएँ कुछ भी हों (चाहे जितने हेय कर्म हों या अन्य व्यक्तियों के स्वातन्त्र्य का हनन होता रहे)।**

सम्प्राप्तियाँ और अभिकर्तृत्व

फलवाद पर बस इतना ही। किन्तु फिर भी इससे जुड़े अनेक सारपूर्ण प्रश्न अभी बाकी हैं। उन पर हम अगले अध्यायों में चर्चा करेंगे। हाँ, मैं इस अध्याय के समापन से पूर्व दो-एक बातें और कहना चाहूँगा। मैंने आग्रह किया है कि सामाजिक सम्प्राप्तियों का विचार परिणतिवादी संकुचित निरूपण की अपेक्षा कहीं अधिक व्यापक है। व्यक्ति के पास न केवल अपने कर्मों के परिणामों पर ध्यान देने के, बल्कि साथ-ही-साथ उनसे सम्भावित सम्प्राप्तियों पर भी व्यापक रूप से विचार करने के उचित कारण विद्यमान हो सकते हैं। इन में सम्बद्ध अभिकर्तृत्वों के स्वरूप, प्रयुक्त प्रक्रियाएँ और

---

* यहाँ एक 'संकेत' विषयक प्रश्न भी पैदा हो जाता है। जैसे ही हम फल या परिणाम की बात करते हैं तो तुरन्त पूछा जाता है किसका परिणाम? परिणामतः स्वयं को फलवादी कहने वाले भी 'अवस्था' के मूल्यांकन से ही आरम्भ कर कार्यों, नियमों की समीक्षा की ओर बढ़ जाते हैं। फलवाद से किसी बात की पूर्वनिर्धारित सार्थकता का आभास होता है। (किसी उपनिवेश को शासक से स्वतंत्र रूप से परिभाषित करना अटपटा-सा ही लगता है)।

** वस्तुतः उपयोगितावादी तर्कों में तीन पूर्व धारणाएँ सन्निहित हैं (1) फलवाद, (2) क्षेमवाद, और (3) योग-आधारित क्रमिकता (अर्थात् विभिन्न व्यक्तियों की उपयोगिताओं के योगफल द्वारा अवस्था का मूल्यांकन किया जाए।

व्यक्तियों के बीच सम्बन्ध भी सम्मिलित होते हैं। संकीर्ण फलवादी तर्कों के खंडन के लिए कुछ ऐसे सार्थक आचार-शास्त्रीय द्वन्द्वों का प्रयोग हुआ है जिन्हें पैदा ही नहीं होना चाहिए था। कम-से-कम उत्तरदायित्वपूर्ण चयन व्यवहार में तो नहीं जहाँ उस चयन से होने वाली सामाजिक सम्प्राप्तियों के मूल्यांकन की बात हो रही हो।

सामाजिक सम्प्राप्तियों में 'अवस्था' के महत्त्व को देखते हुए फलवादी तर्कों के आलोचकों के समक्ष यह प्रश्न तो अवश्य उठता होगा : यदि हम अभिकर्तृत्वों, प्रक्रियाओं और व्यक्तिगत सम्बन्धों पर भी ध्यान देने लगेंगे तो सामाजिक सम्प्राप्तियों के मूल्यांकन की संगतिपूर्ण व्यवस्था की प्राप्ति जिसके आधार पर तर्क द्वारा उत्तरदायित्वपूर्ण निर्णय किए जा सकें, की आशाएँ कितनी बचेंगी? यदि संगति की बात करें तो फिर दो व्यक्तियों को अपने-अपने कार्यों एवं दायित्वों के आधार पर किसी अवस्था का अलग-अलग मूल्यांकन कैसे करने देंगे? इस समस्या की अनुभूति का आधार सामाजिक सम्प्राप्तियों का गैरवैयक्तिक मूल्यांकन करने की लालसा में ही निहित है। यह आग्रह कि "यदि आप और मैं किसी विशेष नैतिक व्यवस्था से परिचित हैं तो हमें किसी भी व्यापकार्थी परिणाम का एक समान मूल्यांकन करना चाहिए" वस्तुतः उपयोगितावादी नैतिकता पर आधारित है। किन्तु यह फलवादी तर्क का एक उत्कृष्ट एवं अत्यन्त सीमित जानकारी वाला स्वरूप ही है। अतः अभिकर्तृत्वों, सम्बन्धों और प्रक्रिया से सम्बद्ध रहते हुए भी व्यापकार्थी परिणामों के मूल्यांकन में इस प्रकार की समानता पर आग्रह करना बहुत ही मनमानेपन और प्रेरणा के स्तर पर विरोधाभासी हो जाएगा।[5]

यदि किसी 'अवस्था' के निर्माण में दो व्यक्तियों की भूमिकाएँ एकदम अलग हों तो उनसे यह अपेक्षा करना कि वे उस 'अवस्था' का मूल्यांकन एक जैसी तरह करेंगे बड़ा विचित्र लगेगा। फिर तो सामाजिक सम्प्राप्तियों के अंगस्वरूप अभिकर्तृत्वों पर ध्यान देना भी अर्थविहीन हो जाएगा। उदाहरण के लिए, जब ओथेलो (Othello) डेस्डेमोना (Desdemona) की हत्या की व्याख्या करते हुए लोडोविको (Lodovico) को बताता है "वह वो है जो ओथेलो था; यहाँ मैं हूँ।" तो यह आग्रह करना बड़ा विद्रूप होगा कि ओथेलो भी सारे घटनाक्रम को उसी प्रकार देखे जैसे कि उसे लोडोविको ने देखा होगा। ओथेलो द्वारा अपने प्राणों के हरण के कार्य की प्रकृति और उसमें उसके अपने अभिकर्तृत्व का बोध यह तकाज़ा करता है कि वह उस हत्या में अपनी भूमिका से स्वतंत्र रह कर उसे देख ही नहीं सकता। इस तरीके से उसका परिप्रेक्ष्य अन्य व्यक्तियों से पूर्णतः अलग हो जाएगा। यहाँ ओथेलो की स्थिति मूल्यांकन में केन्द्रस्थ है—यह ऐसी बात नहीं कि उस घटना के अपने मूल्यांकन में कहीं खो कर रह जाए।

कोई आश्चर्य नहीं कि अर्जुन के परिणाम संवेदनशील तर्कों ने इस तथ्य को बहुत महत्त्व दिया था कि वह स्वयं कितने ही लोगों का संहार करेगा और उनमें

से अनेक उसके प्रिय सम्बन्धी भी होंगे। परिणाम के प्रति संवेदनशीलता यह नहीं कहती कि विश्व के घटनाक्रम के मूल्यांकन में अभिकर्तृत्व और सम्बन्धों के प्रति सवंदेनशील हो जाओ। इस प्रकार यह न्यायनिष्ठता के प्रति 'न्याय' दर्शन का दृष्टिकोण बन जाता है। फिर भी इनकी सार्थकता और महत्त्व के मूल्यांकन की व्यक्तिगत समीक्षा और उस पर सार्वजनिक रूप से विचार-मंथन की आवश्यकता से मुक्ति नहीं मिल जाती। 'औचित्यपूर्णता' के मूल्यांकन में तर्कशीलता के तकाज़े दोनों पर ही समान रूप से लागू रहते हैं।

भाग 3

न्याय के साधन

11

जीवन, स्वातन्त्र्य और सामर्थ्य

पचीस सौ वर्ष पूर्व युवा गौतम (बाद में बुद्ध कहलाए) जब हिमालय की उपत्यकाओं में बसे अपने राजनिवास को त्यागकर ज्ञान की खोज करने निकले तो वे अपने चारों ओर छाई हुई मरणशीलता, रुग्णता और अक्षमता (अपंगता) को लेकर उद्वेलित थे। उस अज्ञान, जिसका उन्हें सामना करना पड़ा, ने भी उन्हें व्यथित किया हुआ था। भले ही विश्व की चरम प्रकृति के विषय में उनके बाद में किए गए विश्लेषण पर अधिक ध्यान देने की आवश्यकता हो, किन्तु मानव जीवन के अभावों और असुरक्षाओं को लेकर उनकी व्यथा को समझ लेना आसान ही है। हम जिस विश्व में जी रहे हैं उसके तर्क-आधारित मूल्यांकन में मानव जीवन का महत्व केन्द्रस्थ है, इस बात को समझना कठिन नहीं है। नियमबद्ध नीति की तुलना में 'न्याय' के परिप्रेक्ष्य की यही केन्द्रभूत विशेषता है (वैसे समाज की हालत के बारे में चर्चा में मानव जीवन के महत्त्व की बात करने वाले विचार अनेक हैं–न्याय कोई एक अनूठा और अकेला नहीं है)।

युगों से सामाजिक विश्लेषक व्यक्तियों के जीवन की प्रकृति पर ध्यान देते रहे हैं। यद्यपि उन्नयन की आर्थिक कसौटी, जिसे तुरन्त तैयार किए गए आंकड़ों द्वारा व्यक्त किया जाता है, विशेष रूप से सुविधा के निर्जीव पदार्थों (सकल राष्ट्रीय उत्पाद और सकल घरेलू उत्पाद जो आर्थिक प्रगति के अनगिनत अध्ययनों का केन्द्र रहे हैं) पर ही आधारित है। इस केन्द्रण को अन्ततः किसी सीमा तक उचित भी ठहराया जा सकता है–किन्तु यह औचित्य इन पदार्थों के मानव जीवन पर प्रत्यक्ष और परोक्ष प्रभावों के माध्यम से ही सिद्ध हो पाएगा। इसीलिए इनके विपरीत जीवन की गुणवत्ता, कुशल-क्षेम और स्वातन्त्र्य जो मानव जीवन से जुड़े प्रत्यक्ष (प्रभावित करने वाले) सूचक हैं, महत्त्व को अधिक स्वीकार्यता मिलने लगी है।[1]

राष्ट्रीय आय के परिमाणात्मक मापन के विचार के प्रणेताओं का आग्रह था कि उनका अन्तिम ध्येय तो मानवीय जीवन की समृद्धि का आकलन है। किन्तु उनके उस ध्येय की प्रेरणा के स्थान पर उन द्वारा गढ़े गए मापकों पर ही अधिकांश विश्लेषकों

का ध्यान अटक कर रह गया है। उदाहरण के लिए सत्रहवीं शताब्दी के राष्ट्रीय आय अध्येता विलियम पैट्टी ने राष्ट्रीय आय का आज के शब्दों में आय और व्यय विधि द्वारा अध्ययन किया था। उनका कहना था कि इस अध्याय में उनकी 'रुचि मूलतः' यह ज़ानने के लिए जागृत हुई है कि क्या सम्राट की प्रजा वास्तव में उस दुर्दशा से ग्रस्त है जिसका दावा 'असन्तुष्ट' व्यक्ति कर रहे हैं। इससे आगे उन्होंने जनता की अवस्था के निर्धारकों की चर्चा करते हुए 'सांझी सुरक्षा' और प्रत्येक व्यक्ति की (अपनी) प्रसन्नता की व्याख्या की है।[2] किन्तु जीवन निर्वाह के साधनों पर केन्द्रित विश्लेषण प्रायः उस प्रेरणा सूत्र को नज़र-अन्दाज़ कर जाते हैं और उन साधनों को ही अन्तिम साध्य मान लेते हैं। साधनों और साध्य के बीच भ्रमित नहीं होने के, आय और विपुलता को अपने-आप में महत्त्वपूर्ण नहीं मानने के अनेक शानदार कारण विद्यमान हैं। वही कारण हमें समझाते हैं कि इन साधनों/आय, धन आदि का मूल्यांकन इस आधार पर होना चाहिए कि इनसे व्यक्तियों को अच्छे और सार्थक जीवन सहित क्या कुछ पाने में सहायता मिलती है।*

एक और बात पर ध्यान देना आवश्यक है : आर्थिक समृद्धि और सारपूर्ण स्वातंत्र्य में सम्बन्ध तो हैं, किन्तु अनेक बार इनमें विपर्यास भी पैदा हो सकता है। यह बात बड़ी चौंकाने वाली लगती है कि परिहार्य रोग व्याधि आदि से मुक्त पर्याप्त रूप से दीर्घ जीवन जी पाने की स्वतंत्रता की कसौटी के अनुसार विश्व के अति अमीर देशों में बसे अभावग्रस्त वर्गों की वास्तविक अवस्था गरीब देशों के अभावग्रस्त वर्गों से कुछ विशेष अच्छी नहीं है। उदाहरण के लिए संयुक्त राज्य अमरीका के शहरों के भीतरी क्षेत्रों में बसे अफ्रीकी मूलक अमरीकियों की वृद्ध अवस्था तक पहुँच पाने की सम्भावना कोस्टारिका, जमैका, श्रीलंका, चीन और भारत जैसे गरीब देशों में जन्मे व्यक्तियों से भी कम रहती है।[3] उच्च आय से प्रायः अकाल मृत्यु से स्वतंत्रता पाने में सहायता मिल जाती है, किन्तु इस स्वतंत्रता में सामाजिक संगठन, स्वास्थ्य-सेवा-व्यवस्था, चिकित्सा सहायता की निश्चितता, स्कूलों और शिक्षा व्यवस्था के स्वरूप, सामाजिक समरसता और सहयोग आदि अनेक कारकों का महत्त्वपूर्ण योगदान होता है। इस बात से निश्चय ही फर्क पड़ता है कि हम केवल जीवन-यापन के साधनों पर ध्यान दे रहे हैं या उस जीवन पर भी जिसे पाने में जनसामान्य सफल हो जाते हैं।[4]

अपने जीवन का मूल्यांकन करते समय हमारे पास न केवल उस जीवन में रुचि लेने के कारण हैं जो हम जी पाते हैं, बल्कि साथ-ही-साथ इस बात में भी हमारी रुचि हो सकती है कि हम अपनी मनवांछित जीवन शैली का चुनाव करने

---

* प्रख्यात पाकिस्तानी अर्थशास्त्री महबूब उल-हक, जिनके साथ छात्र जीवन से ही मेरा घनिष्ठ सम्बन्ध रहा है, ने जी.एन.पी. के साधन आश्रित परिप्रेक्ष्य से आगे निकल जहाँ तक अन्तरराष्ट्रीय आंकड़ों से सम्भव हो सके, मानव जीवन के आयामों पर ध्यान केन्द्रित करने का स्वप्न देखा था। उसी विचार का प्रयोग कर 1990 से नियमित रूप से *ह्यूमन डिवेलपमेंट रिपोर्ट* प्रकाशित हो रही हैं।

को कितने स्वतंत्र हैं। वास्तव में अपने जीवन की प्रकृति का निर्धारण कर पाना जीवन के उन मूल्यवान आयामों में से एक है जिन्हें हम स्थायी महत्व देते हैं। स्वातन्त्र्य के महत्व का बोध हमारे सरोकारों और प्रतिबद्धताओं को और व्यापक बना सकता है। हम उन अनेक उद्देश्यों के संवर्धन के लिए भी उस स्वातन्त्र्य का उपयोग कर सकते हैं जो संकीर्ण दृष्टि से हमारे जीवन का अंग नहीं होते (विलुप्ति के कगार पर पहुँचे वन्य जीवों के संरक्षण आदि की चिन्ता इन्हीं उद्देश्यों में शामिल होगी)। यही प्रश्न पर्यावरणीय दायित्वों और विकास की धारणीयता सम्बन्धी चिन्ताओं से जुड़ा है। इस प्रश्न पर मैं मानव जीवन के मूल्यांकन में स्वातन्त्र्य के परिप्रेक्ष्य की चर्चा के बाद बातचीत करूँगा।

स्वातन्त्र्य का मूल्यांकन

सैंकड़ों, बल्कि हज़ारों वर्षों से स्वातन्त्र्य के महत्त्व के आकलन को लेकर बौद्धिक संग्राम चल रहा है। कहीं इनके समर्थक-पक्षधर हैं तो कहीं आलोचक और घोर निंदक भी। विभाजन रेखाएँ, जैसा कई बार आग्रह होता है, मूलतः भौगोलिक नहीं हैं। वर्तमान युग में प्रयुक्त शब्दों का प्रयोग करें तो सभी 'एशियन जीवन मूल्य' निरंकुशतावादी और स्वातन्त्र्य के महत्त्व के प्रति संशयवादी नहीं हैं, और न ही सभी 'यूरोपियन जीवन मूल्यों' को स्वातन्त्र्य पक्षीय एवं निरंकुशता विरोधी कहा जा सकता है। फिर भी यह सत्य है कि कुछ वर्ग निर्धारण पर उतारू विद्वान 'पूर्व' और 'पश्चिम' के अन्तर का निरूपण करते समय 'वैयक्तिक स्वातन्त्र्य' में विश्वास की एक श्रेणी गढ़ लेते हैं। वास्तव में इस प्रकार के वर्गीकरण की बहुत ही ज़ोर-शोर से वकालत करने वालों में 'पश्चिमी सभ्यता के विलक्षण स्वरूप के उग्र प्रहरी' और 'पूर्वी जीवन मूल्यों के (अनुशासन को स्वातन्त्र्य पर प्राथमिकता) के मुखर संरक्षक' सुर में सुर मिलाते दिखाई पड़ जाते हैं। किन्तु विचारों के इतिहास को इस प्रकार विभाजित करने के लिए कोई अनुभवसिद्ध आधार उपलब्ध नहीं है।[5]

स्वातन्त्र्य के पक्षधर और विरोधी पश्चिमी रचनाकारों में विद्यमान रहे हैं (ज़रा अरस्तू और ऑगस्टाइन की तुलना तो करके देखिए) तो गैर पश्चिमी रचनाकारों में भी उनके उदाहरण मिल जाएँगे (अशोक और कौटिल्य के विचारों में अन्तर पर हमने अध्याय-3 में चर्चा भी की है)। यदि हम इन दोनों क्षेत्रों में स्वातन्त्र्य के पक्ष और विरोध के सापेक्ष प्राथमिकता के आँकड़ों का सांख्यिकीय विश्लेषण करें तो अवश्य कुछ रोचक आँकड़े सामने आ सकते हैं किन्तु स्वातन्त्र्य के 'पक्ष' और 'विरोध' की कोई बड़ी भौगोलिक विभाजिका प्राप्त होने की कोई विशेष आशा नहीं है।

स्वातन्त्र्य : अवसर और प्रक्रियाएँ

स्वातन्त्र्य कम-से-कम दो कारणों से मूल्यवान है। प्रथमतः तो अधिक स्वातन्त्र्य हमें अपने ध्येयों की प्राप्ति (उन कार्यों को करने, जिन्हें हम मूल्यवान समझते हैं) का प्रयास करने के अधिक अवसर प्रदान करता है। यह अपनी तरह से जीवन जीने के निर्णय करने, उन साध्यों, जिन्हें हम अधिक साधनीय मानते हैं को बढ़ावा देने की हमारी क्षमता को बढ़ाता है। स्वातन्त्र्य का यह आयाम हम जो चाहते हैं उसे पाने (चाहे जैसे भी यह सम्भव हो जाए) की हमारी योग्यता से जुड़ा है। दूसरे, हम चयन की प्रक्रिया को भी महत्त्वपूर्ण मान सकते हैं। उदाहरण के लिए हम यह सुनिश्चित करने की इच्छा कर सकते हैं कि अन्य व्यक्तियों द्वारा बनाए गए संरोध हमें किसी विशेष अवस्था में पहुँचने को विवश न कर दें। स्वातन्त्र्य के 'अवसर आयाम' और 'प्रक्रिया आयाम' के बीच भेद महत्त्वपूर्ण और बहुत दूरगामी हो सकते हैं। यह आवश्यक नहीं कि स्वातन्त्र्य विषयक प्रत्येक चर्चा में इन दोनों आयामों पर समान रूप से ध्यान दिया जाए।

आइए, एक उदाहरण द्वारा स्वातन्त्र्य के अवसर और प्रक्रिया आयामों को और स्पष्ट रूप से जानने का प्रयास करें। 'किम' एक रविवार कहीं बाहर जाकर भाग-दौड़ करने के स्थान पर घर पर ही रहने का निश्चय करता है। यदि वह यही मनचाहा काम कर पाए तो हम इसे परिदृश्य-'ए' की संज्ञा देंगे। दूसरी सम्भावना की कल्पना करें : बदमाशों का एक गुट आकर उसके जीवन में बाधक हो जाता है—उसे घसीट कर घर से बाहर निकाल गन्दे नाले में फेंक देता है। इस वीभत्स घटना को हम परिदृश्य-'बी' का नाम दे रहे हैं। तीसरे परिदृश्य-'सी' में वे बदमाश 'किम' के साथ और कोई दुर्व्यवहार नहीं करते, बस उसे उसके घर में बैठे रहने को विवश कर देते हैं।

स्पष्ट है कि परिदृश्य-'बी' में किम के स्वातन्त्र्य पर बहुत गहरा आघात होता है। वह अपने ही घर में नहीं रह पाता, उसकी अपने निर्णय स्वयं लेने की क्षमता भी बाधित हो जाती है। अतः किम की स्वतंत्रता के दोनों आयाम प्रभावित हो रहे हैं—उसके अवसर बहुत गम्भीर रूप से सीमित हो गए हैं और वह स्वयं कुछ निर्णय भी नहीं कर पा रहा।

अब तीसरे परिदृश्य-'सी' पर ध्यान दें। अब किम की स्वतंत्रता का प्रक्रिया आयाम दुष्प्रभावित हुआ है—भले ही वह अब भी वही कर रहा है जो करना चाहता था—घर में ही है—किन्तु अब वह कुछ और करना चाहे तो उसे दंड भुगतना पड़ सकता है। अब उसकी स्वतंत्रता के अवसर आयाम को लेकर एक रोचक स्थिति पैदा हो गई है चाहे ज़बरदस्ती हो या अपनी मर्ज़ी से, है तो वह घर में ही। तो क्या 'ए' और सी' परिदृश्यों में उसके अवसर आयाम को समान माना जा सकता है?

यदि अवसर की कसौटी वही कर पाना भर होता जो व्यक्ति करना चाहता था तो 'ए' और 'सी' परिदृश्यों में सचमुच कोई अन्तर नहीं होता। अवसर की संकीर्ण व्याख्या में तो यहाँ कोई अन्तर नहीं आया—वह घर पर ही रहने का कार्यक्रम बना रहा था और घर पर है।

किन्तु क्या 'अवसर' शब्द से हमारा यही अभिप्राय होता है? क्या इसी आधार पर अवसर का निर्णय हो जाएगा कि हम जो चाहते थे वही हो गया है? भले ही अब हमें कुछ विकल्प चुन पाने की सम्भावनाएँ नहीं रही हों? ज़रा घर से बाहर निकल कर सैर करने की बात ही लें—यह बात उस दिन की किम की योजना में नहीं थी, किन्तु निश्चय ही नाले में फेंके जाने से तो बेहतर सम्भावना (विकल्प) थी। अपना फैसला बदलने की सम्भावना को सोचकर देखें—या यही कि स्वतंत्रतापूर्वक घर पर रहने का चयन करने का अवसर और घर में ही पड़े रहने के अवसर (की विवशता) में अन्तर नहीं है क्या? 'ए' और 'सी' परिदृश्य तो अवसर की कसौटी पर भी भिन्न हो गए हैं। अतः यदि ऐसे विकल्प व्यवहार्य हो तो कहा जा सकता है कि परिदृश्य 'सी' में किम के स्वातन्त्र्य का अवसर आयाम बाधित हो गया है—हाँ, यह बाधा उतनी गम्भीर नहीं है जितनी परिदृश्य बी में हो सकती थी।

यहाँ परिणति परिणाम और व्यापकार्थी परिणाम का भेद सार्थक रूप धारण कर जाता है। उस भेद की दृष्टि से यहाँ स्वातन्त्र्य के अवसर आयाम की कई व्याख्याएँ सम्भव हो जाती हैं। यहाँ अवसर का एक अर्थ 'परिणति परिणाम' भी हो सकता है, यदि हम अवसर को उसके संकीर्ण स्वरूप में देखें और विकल्पों के अस्तित्व तथा चयन की स्वतंत्रता को पूरी तरह नज़र-अन्दाज़ कर दें।[6] इसके विपरीत हम अवसर को अधिक विस्तृत रूप में भी परिभाषित कर सकते हैं—मेरा विश्वास है कि वही अधिक स्वीकार्य भी होगा—यह 'व्यापकार्थी परिणाम' के रूप में परिभाषा होगी। इसमें उस परिणति परिणाम तक पहुँचने की प्रक्रिया भी महत्त्वपूर्ण होगी, कि वह उस स्थिति तक अपनी मर्ज़ी से पहुँचा है या अन्य लोगों ने अपने फैसले उस पर थोप दिए हैं। इस विस्तृत दृष्टिकोण के अनुसार तो परिदृश्य 'सी' में घर में बन्द करने के आदेश के कारण। (वह और कुछ नहीं कर सकता) किम की स्वतंत्रता पर बहुत बड़ा आघात हो गया है। परिदृश्य 'ए' में किम को अन्य सभी विकल्पों पर विचार करने और फिर, यदि उसकी इच्छा होती तो, घर में रहने को स्वतंत्र रहता। किन्तु परिदृश्य 'सी' में वह अन्य कुछ नहीं कर सकता।

जब हम स्वातन्त्र्य के मूल विचार से आगे बढ़कर सामर्थ्य की अधिक विशिष्ट संकल्पना की ओर चलेंगे तो अवसर के विषय में यह संकीर्ण और विस्तृत दृष्टिकोणों का भेद बहुत ही महत्त्वपूर्ण हो जाएगा। हम उस सन्दर्भ में भी यह जानने का प्रयास करेंगे कि क्या व्यक्ति की जीवन को स्व-वांछित रूप से जी पाने की सामर्थ्य या क्षमता उस विकल्प की परिणति के आधार पर आकलित होनी चाहिए जिसमें वह

पहुँच गया है अथवा अधिक व्यापक स्तर पर, चयन की प्रक्रिया का (अर्थात् वे अन्य विकल्प जिनमें से वह चयन कर सकता था) ध्यान रखना भी उसके कुछ कर सकने की सामर्थ्य के मूल्यांकन में शामिल होना चाहिए।

क्षमता विधि

नैतिक और राजनीतिक दर्शन, विशेष कर न्याय के किसी भी सारपूर्ण सिद्धान्त को एक जानकारी केन्द्रण का चुनाव करना होता है। उसे यह तय करना होता है कि किसी समाज का मूल्यांकन करने, न्याय और अन्याय का विवेचन करने में हम विश्व के किन विशेष लक्षणों और विशेषताओं पर ध्यान केन्द्रित रखेंगे।[7] इस सन्दर्भ में इस बारे में एक दृष्टिकोण अपनाना बहुत महत्त्वपूर्ण रहता है कि किसी व्यक्ति के समग्र हितों का मूल्यांकन किस प्रकार किया जाएगा; उदाहरण के लिए क्या जेरेमी बैंथम द्वारा प्रणीत उपयोगितावाद व्यक्ति की खुशी या आनन्द पर (या उसकी 'उपयोगिता' की किसी अन्य व्याख्या पर) केन्द्रित रहता है और इसी को एक व्यक्ति की हित-लाभ अवस्था तथा उसकी अन्य व्यक्तियों से तुलना के लिए प्रयोग करता है। अर्थशास्त्र की अनेक व्यावहारिक रचनाओं में प्रयुक्त एक अन्य विधि व्यक्ति की आय, सम्पत्ति या साधन सम्पन्नता के आधार पर उसकी हित-लाभ अवस्था का आकलन करती है। ये विकल्प स्वातन्त्र्य आधारित सामर्थ्य विधि और उपयोगिता एवं साधन-आधारित विधियों के बीच भेद-विशेषों को स्पष्ट करते हैं।

उपयोगिता-आधारित और साधन आधारित विधियों की अपेक्षा सामर्थ्य विधि में व्यक्ति की उन कार्यों को कर पाने की क्षमता जिन्हें वह मूल्यवान मानता है, उसकी हित-लाभ स्थिति के मूल्यांकन का आधार बनती है। यदि किसी व्यक्ति को उसके मूल्यांकन कार्यों को सम्पन्न कर पाने के वास्तविक अवसरों की सुलभता किसी अन्य व्यक्ति की अपेक्षा निम्न हो तो उसे हम अवसरों की दृष्टि से न्यून हित-लाभ स्थिति में अवस्थित मानेंगे। यहाँ हमारा ध्यान व्यक्ति के कुछ कर पाने या बन पाने पर केन्द्रित है और यह 'कुछ' वह है जिसे उस व्यक्ति ने 'मूल्यवान' माना है। स्पष्ट ही जिन बातों को हम अधिक मूल्यवान मानते हैं उन्हें पा सकना हमारे लिए अधिक महत्त्वपूर्ण होगा। किन्तु स्वातन्त्र्य का विचार हमारे निर्णय करने की किसी बात या चीज़ को मूल्यवान मानने की और अन्ततः हमारी चयन करने की स्वतंत्रता का सम्मान करता है। इस प्रकार हमारी सामर्थ्य की संकल्पना स्वातन्त्र्य के 'अवसर' स्वरूप से सम्बन्धित हो जाती है—यह सम्बन्ध व्यापकार्थी अवसर से होता है—केवल किसी परिणति पर केन्द्रित नहीं रहता।

इस विधि की कुछ बहुत ही महत्त्वपूर्ण विशेषताएँ हैं जिन्हें प्रारम्भ में ही समझ लेना आवश्यक है (उन्हें कई बार भ्रामक रूप से समझने या उनकी भ्रामक व्याख्या

के प्रयास हो चुके हैं)। सामर्थ्य विधि व्यक्ति के सम्पूर्ण हित-लाभ के निर्धारण व तुलना में जानकारी केन्द्रण की ओर इंगित करती है। यह अपनी ओर से उस जानकारी के प्रयोग का कोई सूत्र नहीं सुझाती। सन्दर्भ अनुसार (जैसे प्रश्न उठ रहे हों) अलग-अलग प्रकार से इसके प्रयोग सम्भव हैं। उदाहरण के लिए गरीबी, अपंगता या सांस्कृतिक स्वतंत्रता के प्रति नीतियों के सन्दर्भों में इस विचार के प्रयोग अलग-अलग रूप धारण कर जाएँगे। साथ ही व्यावहारिक रूप से आँकड़ों और जानकारीगत सामग्री की उपलब्धता का भी इस कार्य में महत्त्व रहेगा। सामर्थ्य विधि समाज की रचना के बारे में कोई प्रारूप नहीं सुझाती—यह तो अवसरों के रूप में व्यक्तियों की हित-लाभ दशाओं सम्बन्धी जानकारी पर आधारित सामान्य मूल्यांकन विधि है। सामाजिक मूल्यांकन और नीति निर्धारण में इस सामर्थ्य विधि के सशक्त प्रयोग को लेकर पिछले कुछ वर्षों में मार्था नस्सबॉम (Martha Nussbaum) ने बहुत ही शानदार वैचारिक योगदान दिए हैं। इन योगदानों की सम्पूर्णता और निश्चयात्मक उपलब्धियों को उन जानकारीगत परिप्रेक्ष्यों से अलग करके देखा जाना चाहिए जिन पर वे आधारित हैं।[8]

यह सामर्थ्यवादी विधि सामाजिक विषमताओं के मूल्यांकन में क्षमताओं की विषमता के केन्द्रीय महत्त्व की ओर संकेत करती है। किन्तु यह किसी प्रकार की नीतियाँ गढ़ने के लिए कोई सूत्र नहीं सुझाता। एक सामान्य-सी भ्रामक व्याख्या के विपरीत क्षमता विधि का प्रयोग सभी को समान रूप से सामर्थ्यवान बनाने (इस प्रकार की नीतियों के परिणाम चाहे कुछ भी हों) की नीतियों पर हस्ताक्षर करने की मांग नहीं करता। इसी प्रकार समाज की समग्र प्रगति का मूल्यांकन करने में यह सामर्थ्य विधि समाज के सभी सदस्यों की मानवीय क्षमताओं के संवर्धन के विशाल महत्त्व की ओर तो ध्यान आकर्षित करेगी, किन्तु समग्रता और वितरण पक्षों के सामर्थ्य पर आधारित होने के बावजूद उनके बीच किसी टकराव के समाधान की कोई रूप- रेखा प्रदान नहीं करेगी। फिर भी एक जानकारी केन्द्रण विशेष—सामर्थ्य पर ध्यान का चयन ही उन निर्णयों और नीति-विश्लेषणों जो सही प्रकार की जानकारी का प्रयोग करे, की ओर ध्यान आकर्षित करने के महत्त्व को बहुत अच्छी तरह सिद्ध कर देता है। समाज और सामाजिक संस्थाओं के मूल्यांकन उस जानकारी से प्रभावित होते हैं जिसका वह विधि प्रयोग करती है। और यहीं पर इस सामर्थ्य विधि का अपना विशेष योगदान रहता है।[9]

एक दूसरी महत्त्वपूर्ण बात यह है कि सामर्थ्य का परिप्रेक्ष्य हमारे जीवन और सरोकारों के विभिन्न लक्षणों की बहुलता के साथ बहुत ही अपरिहार्य रूप से सम्बन्धित रहता है। मानवीय कृत्यकारिताओं (human functioning) में प्राप्त विभिन्न उपलब्धियाँ होती हैं जिन्हें हम मूल्यवान मानते हैं। ये सुपोषित होने या अकाल मरणशीलता का शिकार होने से बचाव से लेकर सामुदायिक जीवन में भागीदारी, और व्यक्ति की कार्यविषयक महत्वाकांक्षाओं एवं योजनाओं के लिए प्रयास करने के लिए आवश्यक कौशल के विकास आदि तक का रूप धारण कर सकती हैं। हम जिन सामर्थ्यों की

बात कर रहे हैं उनका सम्बन्ध हमारी उन कृत्यकारिताओं के संयोजनों को पा सकने की योग्यता से है जिनके बीच हम अपने 'मूल्यवान' के विचार के आधार पर तुलना और निर्णय करते हैं। प्रायः विभिन्न क्षमताओं की बात करना सरल प्रतीत होता है, किन्तु सामर्थ्य विधि अन्ततः मूल्यवान मानी गई कृत्यकारिताओं के संयोजनों को प्राप्त कर पाने की योग्यता से ही सम्बन्धित है। मैं जहाँ कहीं प्रस्तुति की सुविधा हुई, विभिन्न क्षमताओं के विषय में व्यक्तिगत रूप से भी बात करूँगा।

सामर्थ्य विधि किसी निरपेक्ष-सी सुविधा या पदार्थ नहीं बल्कि मानवीय जीवन पर ध्यान केन्द्रित करती है। प्रायः आर्थिक रचनाओं में उन पदार्थों और सुविधाओं को ही मानवीय सफलता की कसौटी मान लिया जाता है। वस्तुतः यह विधि जीवन के साधनों से हटकर जीवन के वास्तविक अवसरों की ओर ध्यान केन्द्रित करती है। यह जॉन रॉल्स द्वारा 'प्राथमिक पदार्थ' बताई गई चीज़ों (बहुप्रयोगी साधन—जैसे कि आय, सम्पत्ति, शक्ति, पद के विशेषाधिकार आत्मसम्मान के सामाजिक आधार आदि) पर केन्द्रित साधनों द्वारा मूल्यांकन करने की विधियों से परिवर्तन लाने में भी सहायक रहती है।

प्राथमिक पदार्थ हद-से-हद मानव जीवन के किन्हीं मूल्यवान ध्येयों के निमित्त साधन मात्र होते हैं। किन्तु रॉल्स की न्याय के नियमों की रचना में वही वितरण की समता के विश्लेषण में सबसे महत्त्वपूर्ण रूप धारण कर गए हैं। मेरा तर्क रहा है (अध्याय—2) कि यह एक भूल है—प्राथमिक पदार्थ तो स्वातन्त्र्य जैसे किन्हीं साध्यों के लिए साधन मात्र हैं। मैंने अपनी उसी चर्चा में यह बताया था कि रॉल्स के तर्कों की आधारिक सम्प्रेरणाएं (विशेष कर मानवीय स्वातन्त्र्य संवर्धन का विचार) स्वातन्त्र्यों के प्रत्यक्ष मूल्यांकन के अधिक निकट होने के कारण उन्हें प्राप्त करने के साधनों की गणना की अपेक्षा प्रत्यक्ष चिन्तन द्वारा अधिक अच्छी तरह पूरी हो पाएँगी। इन प्रश्नों पर मैं अगले अध्याय में और आगे विचार करूँगा। सामर्थ्य विधि साध्यों को पाने, और उन्हें पाने की सारभूत स्वातन्त्र्य का संवर्धन करने के अवसरों की अपेक्षा केवल साधनों तक सीमित रह जाने की भूल को सुधारने पर आग्रह है।

यह समझना कठिन नहीं है कि सामर्थ्य की ओर प्रत्यंतर के आधारिक तर्क (हमारे जीवन में) बहुत बड़ा रचनात्मक और महत्त्वपूर्ण परिवर्तन ला सकते हैं। इस उदाहरण पर विचार करें : यदि किसी की आय बहुत अधिक हो किन्तु वह गम्भीर बीमारी या अपंगता से ग्रस्त हो तो केवल उच्च आय के आधार पर उस व्यक्ति को श्रेष्ठ हित-लाभ स्थिति में मान लेना ठीक नहीं होगा। उसके पास जीवन के एक साधन—आय—की प्रचुरता है किन्तु वह उस प्रचुरता को अच्छे जीवन (जिसे पाना एक उत्सव जैसा हो जाए) में परिवर्तित कर पाने में बीमारी और शारीरिक अपंगता के कारण समर्थ नहीं है। हमें केवल उसके साधनों को नहीं, बल्कि इस बात पर ध्यान देना चाहिए कि क्या वह, यदि चाहे तो, अच्छे सुखी जीवन को पा सकता है और क्या वह जो कुछ करना चाहता है उसे कर पाने के लिए शारीरिक रूप से ठीक हो सकता है। एक सन्तोषप्रद

मानव जीवन को पाने के साधन अपने-आपमें एक अच्छे जीवन के साध्य नहीं हो सकते। यदि यह बात समझ आ जाए तो मूल्यांकन विधि की प्रभाव क्षमता को बढ़ा पाने में बहुत सहायता मिल जाएगी। हमारा यह सामर्थ्य परिप्रेक्ष्य इसी बिन्दु से प्रारम्भ होता है। इस क्षेत्र में कार्य कर रहे शोधकर्ताओं ने सामर्थ्य विधि के योगदान के विभिन्न आयामों को बहुत स्पष्ट रूप प्रदान किया है। इनमें से मुख्य शोधकर्ता हैं : सबीना एल्कीर (Sabina Alkire), एनरीका शिएप्पेरो-मार्टिने (Enrica Chiappero-Martinetti), फ्लावियो कोमिम (Flavio Komim), डेविड-ए-क्रोकर (David A. Crocker), रीको गोटो (Reiko Gotoh), मुज़फ्फर किज़िल्बाश (Mozaffar Qizilbash), जेनिफर प्राह रूजेर (Jennifer Prah Ruger), इनग्रिड रॉबीन्स (Ingrid Robeyns), तानिया बर्खार्ट (Tania Burchardt) और पॉली विजर्ड (Polly Vizard)।[10]

भ्रामक व्याख्याओं से बचने के लिए सामर्थ्य विधि की कुछ अन्य विशेषताओं को स्पष्ट करना भी उपयोगी रहेगा। ये हैं : 1. क्षमता और उपलब्धि के बीच अन्तर, 2. क्षमताओं की बहुलतापूर्ण रचना और सामर्थ्य विधि के प्रयोग में (सार्वजनिक चर्चा सहित) तर्क की भूमिका और 3. क्षमताओं की अवधारणा में व्यक्तियों, समाज और उनके अन्तर्सम्बन्धों का स्थान। आइए, अब इन पर क्रमशः विचार करें।

उपलब्धि से आगे (बढ़कर) अवसर तक क्यों चलें?

इस प्रकार हमारी क्षमता विधि केवल इस बात पर नहीं कि 'व्यक्ति वास्तव में क्या करता है' बल्कि 'वह क्या कर पाने में समर्थ है' पर केन्द्रित है (वह उस अवसर का प्रयोग करे या नहीं)। अनेक आलोचकों ने इस पक्ष को लेकर गम्भीर प्रश्न उठाए हैं। इन्होंने जो तर्क दिए हैं वे देखने में काफी वज़नदार लगते हैं। इनका कहना है कि विभिन्न सम्भावित उपलब्धियों के बीच चयन कर पाने की अपेक्षा क्षमता कृत्यकारिताओं की वास्तविक उपलब्धि पर ध्यान दिया जाना चाहिए।[11]

यह तर्क धारा इस विचार द्वारा प्रेरित है कि जीवन उन घटनाओं से मिलकर बना है जो वास्तव में घटित हो जाती हैं न कि यदि व्यक्ति का 'कोई अन्य रुझान होता तो क्या हो सकता था' से। यहाँ कुछ अति सरलीकरण दिखाई पड़ता है—क्योंकि हमारे स्वातन्त्र्य और चयन हमारे वास्तविक जीवन के ही अंग हैं। हमारे पिछले उदाहरण में हमने देखा था कि अन्य विकल्प होने पर 'किम' घर में रहने का निर्णय करे उस स्थिति की अपेक्षा उसे घर में ही रहने को विवश किया जाए तो उसका जीवन प्रभावित होता है। फिर भी सामर्थ्य विधि की उपलब्धिता आधारित आलोचना पर गम्भीर रूप से विचार होना चाहिए—यह आलोचना अनेक व्यक्तियों को ठीक लग रही है और यह सवाल उठाना महत्त्वपूर्ण रहेगा कि क्या व्यक्तियों के हित-लाभों या अभावों का

सामाजिक मूल्यांकन उनकी क्षमता के स्थान पर उनकी वास्तविक उपलब्धियों के आधार पर करना अधिक उपयुक्त नहीं होगा?*

इस आलोचना की प्रतिक्रिया का आरम्भ मैं एक छोटे-से तकनीकी प्रश्न से कर रहा हूँ। यह प्रविधि की दृष्टि से बहुत महत्त्वपूर्ण है किन्तु अनेक आलोचक इसे अति औपचारिक मानकर इस पर ध्यान नहीं देते। क्षमताओं को व्युत्पन्न रूप से कृत्यकारिताओं के आधार पर परिभाषित किया गया है, अतः उनमें व्यक्ति द्वारा चयनीय कृत्यकारिता संयोजनों में भरी सारी जानकारियाँ भी निहित रूप से समाहित हो गई हैं। वह जिन कृत्यकारिताओं के जिस गुच्छे का चयन करता है वह स्वाभाविक रूप से व्यवहार्य संयोजनों में ही रहा होना चाहिए। यदि हम केवल प्राप्त हो गई कृत्यकारिताओं पर ही केन्द्रित रहना चाहें तो क्षमता समुच्चय के मूल्यांकन को उस समुच्चय में से चयनित संयोजन पर भी आधारित किया जा सकता है।[12] यदि स्वातन्त्र्य किसी व्यक्ति के कुशल-क्षेम में सहायक मात्र हो और चयन का कोई अन्तर्निहित महत्त्व नहीं हो तो सामर्थ्य के विश्लेषण के लिए यह निश्चय ही एक उपयुक्त जानकारी केन्द्रण हो सकता है।

सामर्थ्य समुच्चय के मूल्यमान को चुने गए कृत्यकारिता संयोजन के मान से समीकृत कर लेने से सामर्थ्य विधि का सारा भार वास्तविक उपलब्धि पर पहुँच जाता है। (इस दृष्टि से) सामर्थ्य परिप्रेक्ष्य वास्तविक उपलब्धि परिप्रेक्ष्य की अपेक्षा अधिक विस्तृत जानकारी पर आधारित होने के कारण अधिक बहुमुखी प्रतिभा सम्पन्न प्रतीत होता है। वस्तुतः यह अवसरों और चयन को महत्त्व प्रदान करने के कारण मूल्यांकन में अन्य वरीयताओं को समाहित करने में भी समर्थ हो जाता है। यह बात एक न्यूनतम स्तर वाला तर्क ही है। अभी हमारे पास सामर्थ्य और स्वातन्त्र्य के परिप्रेक्ष्य के महत्त्व की स्थापना के पक्ष में और बहुत से सकारात्मक और धनात्मक तर्क विद्यमान हैं। प्रथमतः यदि दो व्यक्तियों की प्राप्त कृत्यकारिताओं का स्तर एक समान हो तो यह उन व्यक्तियों के हित-लाभ स्तरों में भारी अन्तर पर परदा डालने का माध्यम बन सकता है—वास्तव में उनके हित स्तरों में भारी अन्तर बने रह सकते हैं। भूखे रहने और पोषण से वंचित रहने के एक उदाहरण पर गौर करें : एक व्यक्ति धार्मिक आस्थावश उपवास कर रहा है और दूसरा अकाल के मारे भूखों मर रहा है। भले ही दोनों के पोषण की हानि के स्तर एक समान हों किन्तु क्या उपवास कर रहे अमीर व्यक्ति की क्षमताएँ भूखे मर रहे गरीब से अधिक नहीं हैं? सामर्थ्य का विचार इस अन्तर को भी समाहित कर सकता है—क्योंकि यह व्यक्तियों की स्वतंत्रता और अवसरों पर ध्यान देता है—इससे व्यक्तियों को अपनी पहुँच में आ रही विभिन्न जीवन-शैलियाँ चुनने की वास्तविक क्षमता प्राप्त हो जाती है। सारा ध्यान किसी चयन की परिणति मात्र पर केन्द्रित होकर नहीं रह जाता।

---

* यदि व्यक्ति की किन्हीं क्षमताओं की वास्तविकता को लेकर असमंजस की स्थिति हो तो वास्तविक उपलब्धि पर ध्यान देना अधिक उपयुक्त हो सकता है। लिंग समता के मूल्यांकन में इसे अधिक सार्थक माना जा सकता है।

दूसरे, सांस्कृतिक जीवन के चयनों का भी बहुत बड़ा निजी एवं राजनीतिक महत्त्व हो सकता है। ज़रा उन गैर-पाश्चात्य प्रवासियों की अपनी पुरानी संस्कृति से लगाव की बात पर विचार कर देखें जो यूरोप या अमरीका में आ बसे हैं। इस प्रश्न का समाधान 'कुछ करने' और 'कुछ करने को स्वतंत्र होने' के बीच भेद पर ही टिका है। प्रवासियों को अपनी पुरातन संस्कृति कुछ अंशों को अपने जीवन का अंग बनाए रहने देने के पक्ष में अनेक तर्क गढ़े जा सकते हैं (धार्मिक पूजा पाठ, उनकी अपनी काव्य, साहित्य आदि की धरोहर के प्रति प्रेम आदि) (यदि वे अपने निवास के देश के व्यवहार-तन्त्र से तुलना और उस देश में कुछ अलग व्यवहार के पक्ष में विद्यमान तर्कों पर विचार करने के बाद यही करना चाहे)।*

यहां सांस्कृतिक स्वतंत्रता के महत्त्व को बिना विचारे पुरातन जीवन शैली जीने के पक्ष में तर्क नहीं बनाया जा सकता। हमारा मुख्य मुद्दा जीवन शैली के चयन का है—कर्ता चाहे तो पुरातन शैली का अनुसरण करने का चयन किया जा सकता है—किन्तु उस चयन को सदैव उस पर थोपने का बहाना बनाने का कोई आधार नहीं बनता—वह जब चाहे, अपने उस चयन को बदलने को भी स्वतंत्र हो। यहाँ किसी जीवन शैली को चाहे अनचाहे ढोते रहने की अपेक्षा अवसर और चयन की क्षमता का प्रश्न महत्त्वपूर्ण है। तीसरे, एक नीति विषयक प्रश्न है जो सामर्थ्य और उपलब्धियों के भेद को एक अन्य कारण से महत्त्वपूर्ण बना देता है। यह समाज और व्यक्तियों के अभावग्रस्तों की सहायता करने के उत्तरदायित्वों और दायित्वों से जुड़ा है। इसका नाता देश के भीतर सार्वजनिक सुविधाओं की व्यवस्था और बृहत्तर स्तर पर मानवाधिकारों से भी है। उत्तरदायित्वपूर्ण वयस्कों के हितलाभों की दृष्टि से विचार करते हुए उनके समाज पर दावों की व्याख्या प्राप्त करने योग्य स्वातन्त्र्यों के रूप में हो सकती है—न कि वास्तविक उपलब्धियों के रूप में। उदाहरण के लिए व्यक्तियों को प्राथमिक स्वास्थ्य सेवाओं की गारंटी देने का अर्थ उनकी स्वास्थ्य अवस्था को सुधारने की क्षमता से जुड़ा है। किन्तु यदि सार्वजनिक स्वास्थ्य सुविधाओं के उपलब्ध होते हुए भी कोई व्यक्ति उनसे लाभ नहीं उठाना चाहे तो इस अभावग्रस्तता को सामाजिक चेतना के अभाव का (व्यक्ति को उपयुक्त स्वास्थ्य सेवा उपलब्ध कराने में विफलता का) प्रमाण मान लेना उचित नहीं होगा।

अतः केवल सीमित जानकारी पर आधारित प्राप्त कृत्यकारिताओं के संकीर्ण

---

* कुछ समुदायों में युवा लड़कियों के जननांगों को विकृत करने जैसी जघन्य परंपराएँ चली आ रही हैं। क्या उन्हें इन परम्पराओं का, नए देश में, जहाँ इसके प्रति सहज घृणा हो, अनुसरण करने की स्वतंत्रता होनी चाहिए? मेरे विचार में यह प्रश्न उस समुदाय की अपनी परम्पराएँ निभाने की स्वतंत्रता का नहीं है। यह तो उन लड़कियों के अपने जीवन को अपने ढंग से जी पाने की स्वतंत्रता का प्रश्न है। इससे नए देशवासियों की परम्पराओं का कोई सम्बन्ध नहीं है।

दृष्टिकोण के बंदी बने रहने की अपेक्षा विस्तृत जानकारी आधारित व्यापकार्थी सामर्थ्य परिप्रेक्ष्य को अपनाने के पक्ष में अनेक सकारात्मक और औचित्यपूर्ण तक विद्यमान हैं।

अ-समानुपातिकता का भय

कृत्यकारिताओं और क्षमताओं का सम्बन्ध हमारे जीवन और स्वातन्त्र्य के अलग-अलग लक्षणों से होता है और इसी कारण उनमें बहुत विविधता रहती है। यह कोई बहुत विलक्षण और ध्यान देने की बात तो नहीं है। फिर भी अर्थशास्त्र और राजनीतिक दर्शन में किसी एक 'समरूप' लक्षण को ही एकमात्र शुभ लक्षण मान कर उसे अधिकतम स्तर पर पहुँचाने का आग्रह करने की इतनी लम्बी परम्परा है कि जब अनेक प्रकार की चीज़ों (कृत्यकारिताओं, क्षमताओं) का एकसाथ मूल्यांकन करने की बात आती है तो हमारे विश्लेषणकर्ता बहुत 'घबरा' जाते हैं।

उपयोगितावादी परम्परा ने प्रत्येक मूल्यवान चीज़ को ठोक-पीट कर उपयोगिता के तथाकथित समरूप परिमाण में योगदान का रूप देना प्रारम्भ किया था और इसी ने बस केवल एक चीज़ की गणना करने में निहित सुरक्षा की भावना को इतना तूल दिया है कि अनेक मूल्यवान चीज़ों के संयोजनों का मूल्यांकन करते समय मन में तरह-तरह की आशंकाएँ छा जाती हैं। किन्तु गम्भीरतापूर्वक विचार कर देखें तो सामाजिक स्तर पर मूल्यांकन में जीवन मूल्यों की बहुलता से मुँह चुरा पाना सम्भव नहीं रहता।[13] हम जिन चीज़ों और बातों को मूल्यवान मानते हैं उन्हें किसी एक समरूप परिमाण द्वारा निरूपित कर पाना सहज सम्भव नहीं होता। यदि सामाजिक मूल्यांकन में हम केवल उपयोगिता की ही बात करें, अन्य सभी पक्षों को नज़र-अन्दाज़ कर दें, फिर भी बहुलता से नहीं बच पाएँगे—क्योंकि अरस्तू और जॉन स्टुअर्ट मिल के अनुसार यह उपयोगिता भी बहुत विविधतापूर्ण होती है।

यदि उपयोगितावाद की दीर्घ परम्परा और उसकी समरूप उपयोगिता की मान्यता ने समतुल्य समरूपता के सहारे आकलन में एक सुरक्षा की भावना को जन्म दिया है तो व्यापक स्तर पर केवल सकल राष्ट्रीय उत्पाद को ही आर्थिक स्थिति का परिचायक मान लिए जाने का भी अपना योगदान रहा है। जब भी आर्थिक विश्लेषकों को केवल सकल राष्ट्रीय उत्पाद पर निर्भरता से दूर हटाने के कोई सुझाव दिए जाते हैं, वे इस चिन्ता से घिर जाते हैं कि फिर वे विविधतापूर्ण आयामों का मूल्यांकन करके सकल राष्ट्रीय उत्पाद की भाँति सहज स्पष्ट रूप से स्थिति में सुधार या गिरावट की बात कैसे कर पाएँगे? किन्तु सामाजिक मूल्यांकन के किसी भी प्रयास में विविध आयामों पर ध्यान देना अपरिहार्य ही होगा। टी. एस. ईलियट ने ठीक ही कहा था "मानव अधिक वास्तविकताओं का सामना नहीं कर सकता।"[14] किन्तु फिर भी मानवता

को इस वास्तविकता को आंशिक रूप से तो मानना ही पड़ेगा कि दुनिया में एक से अधिक अच्छी चीज़ें भी हो सकती हैं।

कई बार इस प्रश्न को असमानुपातिकता के बहुधा प्रयुक्त दार्शनिक विचार के साथ जोड़ दिया जाता है और उसी से कुछ मूल्यांकन विशेषज्ञ बहुत विचलित हो जाते हैं। क्षमताएँ मूल रूप से विविधतापूर्ण होने के नाते असमानुपातिक होती हैं--किन्तु इससे यह स्पष्ट नहीं हो जाता कि विभिन्न क्षमता संयोजन की तुलना कितनी कठिन या सहज हो जाएगी।[15]

यह समानुपातिकता आखिर है क्या? दो पृथक पदार्थों को हम उस समय समानुपातिक कहते हैं जब उनके मापन की इकाई समान हों। यदि मूल्यमान के अनेक ऐसे आयाम हों जिन्हें एक इकाई में परिवर्तित करना सम्भव नहीं हो तो फिर असमानुपातिकता की समस्या उत्पन्न हो जाएगी। चयन के मूल्यांकन के सन्दर्भ में समानुपातिकता का अर्थ सभी संबद्ध परिणामों के मानों को एक ही पैमाने पर मापना होगा ताकि 'श्रेष्ठतम' की पहचान करने के लिए कुछ समान इकाइयों वाली संरचनाओं को गिनने के अतिरिक्त कोई कष्ट नहीं उठाने पड़ें। सभी का मापन एक समान इकाइयों में हुआ है, अतः यह सहज ही जाना जा सकता है कि प्रत्येक विकल्प से 'वह एक अनूठी अच्छी चीज़' किस मात्रा में मिल पाएगी।

सभी विकल्पों से एक ही अच्छी चीज़ की प्राप्ति हो रही है अतः दो विकल्पों के बीच चयन कोई समस्या नहीं रहता—जो उस चीज़ का अधिक परिमाण सुलभ कराता हो, उसी विकल्प का चयन हो जाएगा। निश्चय ही यह एक स्वयंसिद्ध-सी बात है। किन्तु यह विचार कि "यदि चयन की समस्या इतनी सरल एवं स्वयंसिद्ध-सी नहीं हो तो क्या करें का निर्णय बहुत समस्यापूर्ण हो जाएगा" तो बहुत ही विचित्र-सा कमज़ोर तर्क लगता है। सचमुच, यदि हम चयन समस्याओं के समाधान के लिए किन्हीं वास्तविक संख्याओं की गिनती के अतिरिक्त कुछ भी कर पाने के योग्य नहीं हैं तो निश्चय ही हम अधिक समझ भरे और बुद्धिमानी पूर्ण निर्णय नहीं कर पाएँगे।

हम चाहें खरीदारी की वस्तुओं के संयोजन का चयन कर रहे हों, या छुट्टियों के कार्यक्रम का या फिर चुनाव में मतदान का—हमें प्रत्येक स्थिति में अ-समानुपातिक विकल्पों का मूल्यांकन करना पड़ता है। प्रत्येक वह व्यक्ति जो घर का सामान खरीदने गया है, जानता है कि आमों को सेबों की इकाइयों में और चीनी को साबुन की इकाइयों में मापना सम्भव नहीं होता। वैसे कितने ही लोग यह चाहते होंगे कि काश सब चीज़ों की मापन की इकाइयाँ एक समान होतीं। वस्तुतः हमारे विश्व में इस अ-समानुपातिकता का अभिज्ञान कोई बहुत बड़ी खोज नहीं है। और इसी के कारण सूझबूझ-भरा चयन बहुत कष्टसाध्य नहीं हो सकता (क्योंकि हम अ-समानुपातिक परिवेश में ही सभी कार्य करने के अभ्यस्त हैं?)।

एक उदाहरण : अपनी चिकित्सा कराना या विदेश यात्रा करना दो बहुत ही

असमानुपातिक कार्य होंगे। किन्तु किसी भी व्यक्ति को इनके बीच चुनाव करने में कोई कठिनाई नहीं होगी—हाँ, निर्णय इस बात पर अवश्य निर्भर करेगा कि कर्ता को अपने स्वास्थ्य के विषय में क्या जानकारियाँ हैं और उसके अन्य सरोकार (दायित्व आदि) क्या हैं। चयन में भारमान निर्धारण कुछ समस्यापूर्ण हो सकता है किन्तु विविध पदार्थों के संयोजनों में से तर्कपूर्ण चयन करना सामान्य रूप में असम्भव नहीं होगा।

असमानुपातिक पुरस्कारों वाली स्थितियों में चयन करना तो सीधे-सीधे गद्य का पाठन करना है—और यह पाठ कोई बहुत कठिन काम नहीं होता। किन्तु इससे यह सत्य नकारा नहीं जा सकता कि कई बार यह गद्य-पाठ भी कठिन हो जाता है—इसलिए नहीं कि गद्य में भावों की अभिव्यक्ति नहीं हो पाती, वरन् इसलिए कि हम इतने भाव-विभोर हो जाते हैं कि शब्दों का ठीक से उच्चारण भी नहीं कर पाते। असमानुपातिक परिणामों की उपस्थिति यही दर्शाती है कि चयन-निर्णय स्वयंसिद्ध नहीं होंगे, यह नहीं कि ये निर्णय असम्भव हो जाएँगे, या सदैव ही बहुत कष्ट- साध्य होंगे।

मूल्यांकन और सार्वजनिक तर्क-वितर्क

सुविचारित मूल्यांकन केवल गिनती नहीं बल्कि सापेक्ष महत्त्व के विषय में तर्क की मांग करता है। हम यही काम हमेशा करते रहते हैं। बस इस बोध में यह और सम्मिलित करने की आवश्यकता है कि सार्वजनिक रूप से तर्क (विचार-विमर्श) से भी हमारी मूल्यांकन विधियाँ और अधिक विश्वस्त एवं स्थूल रूप धारण कर सकती हैं, उनकी प्रभाव क्षमता और विस्तृत हो सकती है। समीक्षा और आलोचनात्मक मूल्यांकन की अनिवार्यता का अर्थ किन्हीं आत्मकेन्द्रित और अलग-थलग पड़े व्यक्तियों द्वारा मूल्यांकन की मांग नहीं है। यह तो सार्वजनिक तर्क-विचार-विमर्श की उपादेयता की ओर संकेत है। यही नहीं, यदि अच्छे तर्क-वितर्क भी कहीं अलग-थलग से पड़े रहें और व्यापक सार्वजनिक संवाद का अंग नहीं बन पाएँ तो सामाजिक मूल्यांकनों को सटीक जानकारी के गम्भीर अभाव का सामना करना पड़ जाता है। सार्वजनिक चर्चा और विचार-विमर्श से प्रत्येक कृत्यकारिता और उनके संयोजनों की भूमिका, प्रभाव- क्षेत्र और महत्त्व की जानकारी और बेहतर बन सकती है।

उदाहरण के लिए भारत में लिंग-आधारित विषमताओं पर सार्वजनिक संवाद ने ही अनेक उन स्वतंत्रताओं की ओर ध्यान आकर्षित किया है जिनके विषय में पहले कोई सोचता भी नहीं था। इनके उदाहरण नारी के आर्थिक-सामाजिक अवसरों को सीमित रखने वाले पुरातन पारिवारिक दायित्व और वे सामाजिक मानदंड हैं जो पुरुष की अभावग्रस्तता को नारी की (अभावग्रस्तता) तुलना में अधिक गम्भीर मानते थे। पुरुषप्रधान समाजों में रची-बसी इन लिंगभेदी विषमताओं को केवल वैयक्तिक

सरोकार नहीं कहा जा सकता। इन पर खुलकर सार्वजनिक बहस ही नहीं, आन्दोलन की भी आवश्यकता है।

सामाजिक मूल्यांकन में क्षमताओं के भार-निर्धारण और सार्वजनिक तर्क तथा चयन के बीच सम्बन्धों के महत्त्व पर आग्रह आवश्यक है। यह उस तर्क की अनर्गलता की ओर ध्यान दिलाने के लिए भी उपयोगी है कि क्षमता विधि तभी उपयोगी होगी जबकि उसमें किन्हीं पूर्वनिर्धारित कृत्यकारिताओं के साथ-साथ उनके भारमान भी निर्दिष्ट हों। यह पूर्वनिर्दिष्ट भारमानों की बात न केवल संकल्पनात्मक दृष्टि से आधारहीन है, बल्कि इस तथ्य को भी अनदेखा कर रही है कि प्रयोज्य भार तो हमारी अपनी आत्मसमीक्षा और सार्वजनिक विचार-विमर्श के आधार पर निरन्तर बदलते रहने वाले हैं। वस्तुतः नई-नई बातों को सामाजिक मूल्यांकन में सम्मिलित करने के पक्ष में अनेक प्रकार के सुविचारित तर्क भी सामने आ रहे हैं। अब तो स्वातन्त्र्यों की सार्वभौमिक प्रकृति को समझने के लिए मानवीय क्षमता के अनुप्रयोग में 'सभ्यतापूर्ण' व्यवहार (civility) को भी शामिल करने का आग्रह हो रहा है। यदि किन्हीं पूर्वनिर्धारित और अपरिवर्तनीय भारमानों की बात स्वीकार कर ली जाए तो इस प्रकार के बोध और व्याख्या का प्रयोग सम्भव नहीं रहेगा।

यह सम्भव है कि प्रयोज्य भारमानों पर सदैव पूर्ण सहमति नहीं हो पाए, उस दशा में भारों के विभिन्न परिसरों (ranges) के प्रयोग पर बेहतर सहमति विकसित हो सकती है। किन्तु इससे अन्याय के मूल्यांकन या सार्वजनिक नीति-निर्धारण को कोई गम्भीर आघात नहीं पहुँचेगा। उदाहरण के लिए यह दिखाने के लिए कि दासता व्यक्ति की स्वतंत्रता का गम्भीर हनन है, या चिकित्सा की गारंटी का अभाव सार्थक जीवन-यापन के अवसरों में कटौती कर देता है या बच्चों का गम्भीर कुपोषण न केवल उन्हें तात्कालिक रूप से कष्ट में डालता है बल्कि उनकी क्षमताओं के विकास में भी बाधक है और तर्कक्षमता को विकसित होने से रोक कर न्याय में बाधक हो जाता है--आदि के विभिन्न आयामों के लिए किसी पूर्वनिर्दिष्ट अनूठे भारों के समुच्चय की आवश्यकता नहीं होगी। गैर सर्वांगसम भारों के एक विस्तृत परिसर से भी हमें मिलते-जुलते दिशानिर्देश प्राप्त हो ही जाएँगे।*

क्षमताएँ, व्यक्ति और समुदाय

अब मैं पूर्व उल्लिखित तीसरी समस्या पर बात कर रहा हूँ। क्षमताओं को प्रायः व्यक्तियों का गुण माना जाता है न कि समुदाय (सामूहिक) इकाइयों का। किन्तु सामूहिक

---

* इस सन्दर्भ में गणितीय विश्लेषण द्वारा नियमित आंशिक क्रमिकता निर्धारण पर मेरा लेख इण्टरपर्सनल एग्रीगेशन एण्ड पार्शियल कम्पैरेबिलिटी, इकोनोमैट्रिका 38 (1970) देखा जा सकता है।

क्षमताओं के विचार की कल्पना इतनी कठिन भी नहीं है। उदाहरण के लिए यदि टेस्ट क्रिकेट में हम आस्ट्रेलिया की अन्य सभी क्रिकेट खेलने वाले देशों पर भारी पड़ने की योग्यता की बात करें तो यह आस्ट्रेलियाई टीम की क्षमता की बात होगी, किसी एक आस्ट्रेलियाई खिलाड़ी की क्षमता की नहीं। तो क्या न्याय पर विचार में वैयक्तिक क्षमताओं के साथ-साथ ऐसी सामुदायिक क्षमताओं पर भी ध्यान नहीं दिया जाना चाहिए?

वस्तुतः व्यक्तियों की क्षमताओं पर ही क्षमता विधि की निर्भरता को कुछ आलोचकों ने आक्षेप करते हुए ''रीति वैज्ञानिक व्यक्तिवाद'' का नाम दिया है। मैं पहले यही कहना चाहूँगा कि क्षमता विधि को रीति वैज्ञानिक व्यक्तिवाद कहना किस प्रकार से एक भूल होगी। वैसे इस रीति वैज्ञानिक व्यक्तिवाद की परिभाषाएँ भी अनेक प्रकार से की गई हैं। उनमें से एक है : सभी सामाजिक प्रक्रियाओं का मूल्यांकन उन शब्दों में होना चाहिए जिनमें व्यक्ति सोचते, चुनते और कार्य करते हैं।[16] ऐसी विचारधाराएँ भी रहीं हैं जो समाज से निरपेक्ष व्यक्तिगत विचार, चयन और कर्म पर ही आधारित हैं। किन्तु क्षमता विधि ऐसी किसी निरपेक्षता की बात नहीं करती। इसका नाता तो व्यक्तियों के उस प्रकार जीवन-यापन की योग्यता से है जिसे वे मूल्यवान मानते हैं। इस योग्यता में सामाजिकता सहज ही समाविष्ट रहती है। ये बातें महत्त्वपूर्ण हैं कि वे किसे मूल्यवान समझते हैं (सामाजिक गतिविधियों में भागीदारी) उनके मूल्यमानों पर किन बातों के प्रभाव पड़ते हैं (निजी मूल्यांकन पर सामाजिक समीक्षा के प्रभाव) आदि।

अतः यह समझ पाना भी कठिन है कि समाज के सदस्य किस प्रकार से अपने आसपास के घटनाक्रम से अप्रभावित रहते हुए सोच, चयन और कर्म कर सकते हैं। परम्परागत लिंगभेदी समाज में नारियाँ पुरुष से निकृष्ट होने की बात को केवल सामाजिक प्रभाव के अधीन होने के कारण ही स्वीकार कर लेती हैं। इस सहमति को सामाजिक परिस्थितियों से स्वतंत्र नहीं माना जा सकता। ऐसी पूर्वधारणा को निरस्त करने के लिए क्षमता विधि इस प्रकार के प्रश्नों पर अधिक खुली सार्वजनिक चर्चाओं पर आग्रह करती है। वस्तुतः इस पुस्तक की तर्कधारा जिस 'समदर्शी अवलोकनकर्ता' के विचार पर आधारित है, वह भी व्यक्तियों के मूल्यांकन प्रयासों में समाज ही नहीं, वरन् दूर और पास के व्यक्तियों के विचारों के महत्त्व की स्थापना कर रहा था। क्षमता विधि के प्रयोगकर्ता व्यक्ति को उसके समाज से निरपेक्ष निरूपण प्रदान करने के विचार के स्पष्ट रूप से विरोधी रहे हैं।

सम्भवतः इस आलोचना की यह विपर्यासिता क्षमता विधि में प्रयुक्त वैयक्तिक अभिलक्षणों और उनपर पड़ रहे सामाजिक प्रभावों के बीच पर्याप्त रूप से भेद करने की अन्यमनस्यकता का परिणाम है। एक प्रकार से आलोचना ज़रा जल्दी ही थम जाती है। व्यक्तियों के 'सोचने, चुनने और करने' की भूमिका पर ध्यान देना तो

वास्तव में क्या हो रहा है का आरम्भ बिन्दु ही है। किन्तु हम हमारी सोच, चयन और व्यवहार पर हमारे समाज के गहन एवं व्यापक प्रभाव को जाने-समझे बिना उस आरम्भ बिन्दु पर ही कैसे रुक सकते हैं? यह सच है कि जब कोई व्यक्ति सोचता, चुनता और कुछ करता है तो कोई अन्य नहीं बल्कि वही व्यक्ति उन कार्यों का कर्ता होता है। किन्तु उस व्यक्ति के सामाजिक सम्बन्धों को समझे बिना यह समझ नहीं आएगा कि वह व्यक्ति ये तीनों कार्य उसी प्रकार सम्पादित क्यों कर रहा है (किसी और प्रकार से क्यों नहीं?)।

कार्ल मार्क्स ने इस मूल प्रश्न को डेढ़ सदी पूर्व ही बहुत स्पष्ट रूप से उठाया था : "सबसे मुख्य बात, जिससे परहेज़ करना चाहिए, वह 'समाज' की व्यक्ति से अलग किसी विचारणा के रूप में स्थापना है।"[17] विश्व की एक सुस्पष्ट वास्तविकता है सोचने, चुनने और करने वाले व्यक्तियों की विद्यमानता। और केवल इसी कारण कोई विधि रीति वैज्ञानिक व्यक्तिवादी नहीं हो जाएगी। व्यक्ति के विचारों और कार्यों की उसके आसपास के अपने समाज से स्वतंत्रता की यह दुहाई अपने-आप में अवैध है।

यह व्यक्तिवादिता का आरोप तो धारणीय नहीं रहेगा, किन्तु फिर भी एक प्रश्न उठ सकता है : मूल्यवान समझी जा रही क्षमताओं के विचार को केवल व्यक्तियों तक सीमित क्यों रखें? इसे समाज तक विस्तृत क्यों नहीं कर दें? वस्तुतः इसका कोई विश्लेषणात्मक कारण नहीं है कि अमरीकी संघ की सैन्य शक्ति या चीज़ की क्रीड़ांगन क्षमताएँ उन समाजों या विश्व में न्याय या अन्याय सम्बन्धी विमर्श का अंग नहीं हो सकती।

समूह की विचार विधि व्यक्ति से भिन्न होती है। अतः समूह की क्षमताओं का महत्त्व स्पष्टतः समूह के सदस्यों द्वारा समूह की दक्षता के मूल्यांकन के माध्यम से ही समझा जा सकेगा। अन्ततः परस्पर क्रियाशील व्यक्तियों द्वारा किए गए मूल्यांकनों की परस्पर निर्भरता का महत्व स्वीकार करते हुए भी हमें वैयक्तिक मूल्यांकनों का ही सहारा लेना पड़ेगा। ये मूल्यांकन निश्चित रूप से व्यक्तियों द्वारा परस्पर मिलकर कार्य कर पाने को दिए गए महत्त्व पर निर्भर होंगे।* व्यक्ति की सामाजिक जीवन में भागीदारी की योग्यता को मूल्यवान मानने में समाज के जीवन का निहित मूल्यांकन हो जाता है। यह क्षमता विधि का एक महत्त्वपूर्ण आयाम है।

यहीं एक अन्य मुद्दा भी महत्त्वपूर्ण है। व्यक्ति एकसाथ ही अनेक समूहों का अंग हो सकता है (लिंग, वर्ग, भाषा, व्यवसाय, राष्ट्र, समुदाय, प्रजाति, धर्म आदि)। उसे किसी एक समूह का सदस्य मात्र मान लेना उसकी स्वबोध की स्वतंत्रता का

---

* यहाँ 'सामूहिक अपराध बोध' और समूह के सदस्यों के अपराध बोध के बीच भेद बहुत सार्थक लगता है। इसी प्रकार सामूहिक अपराध भावनाए भी समूह के सदस्यों की अपराध भावनाओं से पृथक होंगी। देखें : *मार्गरेट गिलबर्ट, कलैक्टिव गिल्ट एण्ड कलैक्टिव गिल्ट फीलिंग्स, जरनल ऑफ इथिक्स*, 6 (2002)।

हनन होगा। व्यक्तियों पर किसी एक पहचान की प्रबलता थोपने के प्रयास निरन्तर प्रबल हो रहे हैं (एक अमरीकी होने के नाते यह तुम्हारा कर्तव्य है, एक मुस्लिम होने के कारण तुम्हें यह करना ही चाहिए, या एक चीनी के नाते तुम्हें इस राष्ट्रीय कार्य को प्राथमिकता देनी चाहिए आदि बातें अधिकाधिक मुखर रूप से सुनाई पड़ रही हैं)। ये निश्चित रूप से एक बाहरी अस्मिता को थोपने के प्रयास तो हैं ही, साथ ही व्यक्ति द्वारा विभिन्न समूहों (जिनका वह सदस्य है) के प्रति अपनी प्रतिबद्धता के विषय में स्वयं निर्णय करने की स्वतंत्रता का हनन भी है।

व्यक्तियों की विभिन्न समूहों की सदस्यता की उपेक्षा करने के विरुद्ध एक प्रारम्भिक चेतावनी भी कार्ल मार्क्स ने ही दी थी। उन्होंने वर्ग विश्लेषण के सामाजिक महत्त्व को समझते हुए भी उससे आगे तक जाने का आग्रह किया था (वर्ग विश्लेषण में मार्क्स का अपना योगदान बहुत विशाल रहा है) :

"असमान व्यक्तियों (यदि असमान नहीं होते तो वे अलग-अलग व्यक्ति ही नहीं रहते) का एक सांझे मानक से मापन तभी हो सकता है जब उन्हें किसी एक दृष्टिकोण से देखा जाए, एक ही पक्ष से देखा जाए। हमारे इस उदाहरण में, हम उन्हें केवल 'मज़दूर' मान रहे हैं, उनमें किसी और लक्षण को नहीं देख रहे, अन्य सभी बातों/पक्षों को नज़र-अन्दाज़ कर रहे हैं।"[18]

मैं किसी भी व्यक्ति को केवल एक समूह के सदस्य के रूप में देखने के विरुद्ध मार्क्स की इस चेतावनी में विश्वास करता हूँ। आज के बौद्धिक परिवेश में, जहाँ व्यक्तियों को अन्य सभी बातें नज़र-अन्दाज़ कर केवल एक सामाजिक वर्ग में सीमित किया जा रहा है (एक मुस्लिम, ईसाई, हिन्दू, अरब, यहूदी, हुटु, टूट्सी, पश्चिमी सभ्यता का सदस्य, इसके अन्य सभ्यताओं से टकराव की अनदेखी सहित)। सभी मानव, अपनी बहुलतापूर्ण अस्मिताओं, विविध प्रतिबद्धताओं, और सदस्यताओं के कारण मूल रूप से सामाजिक प्राणी हैं और उनके सामाजिक सम्बन्धों के अनेक प्रकार एवं स्वरूप हैं। किसी व्यक्ति को एक ही सामाजिक समूह का सदस्य निरूपित करने के प्रस्ताव विश्व के प्रत्येक समाज की विविधता, विस्तार और जटिलताओं के अपर्याप्त बोध का ही परिणाम हैं।

धारणीय विकास और पर्यावरण

मैं स्वातन्त्र्यों और क्षमताओं की सार्थकता पर चर्चा का समापन धारणीय विकास से सम्बन्धित एक व्यावहारिक उदाहरण से कर रहा हूँ। आज पर्यावरण जिस संकट का सामना कर रहा है, उस पर अनेक चर्चाओं में ठीक ही आग्रह किया गया है—फिर भी आधुनिक विश्व में पर्यावरणीय चुनौतियों के विषय में किस प्रकार विचार करना

चाहिए, इस प्रश्न पर निर्णय को लेकर स्पष्टता नहीं है। 'जीवन की गुणवत्ता' पर ध्यान देने से न केवल इस बोध को स्पष्ट रूप मिलेगा बल्कि धारणीय विकास के तकाज़ों और 'पर्यावरणीय समस्याओं' के सार और सार्थकता पर भी ध्यान आकर्षित हो जाएगा।

पर्यावरण को (मेरे विचार में अतिसरलीकृत स्वरूप में) 'प्रकृति की अवस्था' कह दिया जाता है। इसमें वन क्षेत्र का प्रसार, भूजल की गहराई, जीवित प्रजातियों की संख्या आदि अनेक आयामों को सम्मिलित किया जाता है। मान्यता है कि यदि पर्यावरण में हमारा हस्तक्षेप न्यूनतम रहे तो (अर्थात् हम इसमें प्रदूषणकारी अशुद्धियाँ नहीं भरें तो) प्रकृति का पूर्ववर्ती रूप अक्षुण्ण बना रहेगा। किन्तु यह विचार दो महत्त्वपूर्ण कारणों से त्रुटिपूर्ण लगता है।

पहली बात तो यही है कि पर्यावरण का मूल्य इस बात में नहीं है कि इसके घटक क्या हैं। इसका सही मूल्य तो इस बात में है कि यह व्यक्तियों को किस प्रकार के अवसर प्रदान करता है। पर्यावरण के मूल्यांकन में मानव जीवन पर इसके प्रभावों को प्रमुख सरोकारों में स्थान मिलना चाहिए। एक पराकाष्ठा पूर्ण उदाहरण देखिए : चेचक के उन्मूलन से प्रकृति में एक विषाणु कम हो गया, किन्तु हम इसे उसी प्रकार पर्यावरण की हानि क्यों नहीं मानते जिस प्रकार परिस्थितिक दृष्टि से महत्त्वपूर्ण वनों के विनाश को मानते हैं? यहाँ जीवन, विशेषकर मानव जीवन के साथ सम्बन्ध महत्त्वपूर्ण विचारणीय प्रश्न बन जाते हैं।

अतः कोई हैरानी नहीं है कि पर्यावरण की धारणीयता की परिभाषा मानव जीवन की गुणवत्ता के संरक्षण और संवर्धन के आधार पर हो रही है। वर्ष 1987 में प्रकाशित और अतिसम्मानित ब्रंटलैंड (Brundtland) रिपोर्ट ने धारणीय विकास को इस प्रकार परिभाषित किया था : "यह वह विकास है जिससे हम भावी पीढ़ियों की अपनी आवश्यकताएँ पूरा करने की क्षमता को हानि पहुँचाए बिना वर्तमान की ज़रूरतों को पूरा कर सकते हैं।"[19] इस बात पर बहस हो सकती है कि क्या ब्रंटलेंड समिति ने जिस बात को धारणीय मांना है वह ठीक है। यहाँ मैं उस समिति द्वारा सुझाए गए सूत्र की समीक्षा कर रहा हूँ। लेकिन उससे पूर्व मैं ग्रो ब्रंटलेंड और उनकी समिति के प्रति हम सभी की ओर से आभार व्यक्त करना चाहूँगा कि उन्होंने हमें यह समझा दिया कि पर्यावरण के मूल्य का जीवित प्राणियों के जीवन से पृथक रूप से आकलन नहीं हो सकता।

दूसरी बात यह है कि पर्यावरण का प्रश्न निष्क्रिय रूप से रक्षण का नहीं है—यह तो सक्रिय रूप से संरक्षण का मामला है। अनेक मानवीय कार्य पर्यावरण को क्षति पहुँचाते हैं, फिर भी हम जिस पर्यावरण में रहते हैं उसका उन्नयन करना हमारी शक्ति (क्षमता) से परे नहीं है? पर्यावरण विनाशी कार्यों को रोकने के चिन्तन में सृजनात्मक मानवीय हस्तक्षेप पर भी विचार करना आवश्यक होगा। विकास की प्रक्रिया हमारी

तर्कशील और प्रभावी हस्तक्षेप कर पाने की क्षमता को बहुत संवर्धित कर सकती है। उदाहरण : उच्चतर नारी शिक्षा और रोज़गार में सहभागिता से गर्भधारण और जन्मदर में दीर्घकालिक कमी आएगी। उनके परिणामस्वरूप वैश्विक उष्णन (global warming) पर दबाव कम होगा और प्राकृतिक परिधानों का विनाश धीमा पड़ जाएगा। इसी प्रकार स्कूली शिक्षा में सुधार और प्रसार हम सभी को पर्यावरण के प्रति अधिक सम्वेदनशील बना सकता है। बेहतर संवाद प्रेषण और बेहतर जानकारी पूर्ण सक्रिय मीडिया हमें अधिक पर्या-प्रेरित चिन्तन की आवश्यकता के प्रति सचेत कर सकता है। सकारात्मक भागीदारी के अनेक अन्य उदाहरण हो सकते हैं। सामान्य रूप से हम कह सकते हैं कि विकास को मानव की प्रभावी स्वातन्त्र्य के संवर्धन के रूप में देखने से मानव की पर्या-मित्र गतिविधियों में रचनात्मक भूमिका प्रत्यक्ष रूप से विकास की उपलब्धियों में स्थान पा जाती है।

विकास मूलतः एक संशक्तिकारी (empowering) प्रक्रिया है और इस शक्ति का प्रयोग पर्याविनाश नहीं बल्कि उसके संरक्षण और समृद्धि के लिए भी सम्भव है। अतः हमें पर्यावरण को केवल वर्तमान प्राकृतिक दशाओं की रक्षा नहीं मानना चाहिए—इसमें मानवीय रचनात्मक कार्यों के परिणाम भी जुड़ सकते हैं। उदाहरण : हम जिस पर्यावरण में रहते हैं उसे सुधारने में अवजल का शोधन एक बड़ा योगदान दे सकता है। महामारियों का उन्मूलन विकास और पर्यासंवर्धन में समान रूप से योगदान देता है।

किन्तु धारणीय विकास के तकाज़ों पर विचार को लेकर बहस करने की काफी गुंजाइश है। ब्रंटलेंड समिति ने धारणीय विकास की परिभाषा भावी पीढ़ियों की अपनी आवश्यकताएं पूरी करने की क्षमता को हानि पहुँचाए बिना वर्तमान की ज़रूरतों को पूरा करने वाली प्रक्रिया के रूप में की है। धारणीयता के प्रश्न पर इस पहल ने पहले ही बहुत अच्छा योगदान दे दिया है। किन्तु एक प्रश्न हम उठा रहे हैं : क्या इस बोध में निहित मानव की सकल्पना मानवता के विषय में पर्याप्त रूप से सक्षम दृष्टिकोण अपनाए हुए है? निश्चित रूप से व्यक्तियों की कुछ ज़रूरतें होती हैं—किन्तु वे अपने तर्क मूल्यांकन चयन, भागीदारी और कर्म करने की क्षमताओं को भी बहुत मूल्यवान मानते हैं। अतः व्यक्तियों को केवल उनकी ज़रूरतों की दृष्टि से देखना हमें मानव जीवन की बहुत ही संकीर्ण या क्षीण छवि के दर्शन कराती है।

हमारे वर्तमान समय के एक अग्रणी अर्थशास्त्री रॉबर्ट सोलो (Robert Solow) ने ब्रंटलैंड की धारणीयता की अवधारणा को और परिष्कृत एवं संवर्धित किया है।[20] सोलो की रचना में धारणीयता का यह अर्थ है : अगली पीढ़ी को वह सब कुछ सुलभ होना चाहिए जिससे वह भी न्यूनतम हमारे जैसा जीवन स्तर पा सके और ऐसी ही विरासत अपनी अगली पीढ़ी के लिए छोड़ सके। इस निरूपण में कई आकर्षण हैं। प्रथम : जीवन स्तर की धारणीयता, जिसमें पर्या-संरक्षण की प्रेरणा निहित है, द्वारा

सोलो ने ब्रंटलैंड की आवश्यकतापूर्ति पर निर्भरता को और अधिक व्यापक बना दिया है। दूसरे, सोलो की सुन्दर आवृति पूर्ण संरचना ने सभी भावी पीढ़ियों के हितों के संरक्षण का दायित्व उनकी पूर्ववर्ती पीढ़ियों पर डाल दिया है। इस प्रकार पीढ़ी दर पीढ़ी हितों की रक्षा के सोलो के प्रावधान में प्रशंसनीय सम्पूर्णता के दर्शन होते हैं।

किन्तु क्या सोलो द्वारा की गई इस पुनः रचना में भी मानवता के प्रति एक पर्याप्त रूप से व्यापक दृष्टिकोण अपनाया गया है? जीवन स्तर को बनाए रखने का सोलो का विचार आकर्षक है, किन्तु क्या इस जीवन स्तर की व्याप्ति पर्याप्त रूप से समाहनकारी है? विशेष रूप से क्या जीवन स्तर की धारणीयता व्यक्तियों की उन चीज़ों, जिन्हें वे महत्त्वपूर्ण और मूल्यवान मानते हैं—की रक्षा करने और धारण करने की क्षमताओं एवं स्वातन्त्र्य की धारणीयता के भी समान हैं? किन्हीं अवसरों को मूल्यवान मानने के हमारे कारण सदैव उनके हमारे जीवन स्तर या निजी हितों में योगदान पर आधारित नहीं रहते।

उदाहरण के लिए उन प्रजातियों की सुरक्षा के प्रति हमारे दायित्वों की बात लें जो विलुप्ति के कगार पर खड़ी हैं। हम इनके संरक्षण की बात केवल इसलिए नहीं करते कि इनसे हमारे जीवन स्तर में सुधार होगा। उदाहरण के लिए एक व्यक्ति यह फैसला कर सकता है कि वह बिन्दु सज्जित उल्लुओं के संरक्षण के लिए हर सम्भव प्रयास करेगा। उसके इस निश्चय का इस कथन से कोई टकराव नहीं होगा : मेरे जीवन स्तर पर बिन्दु सज्जित उल्लुओं के अस्तित्व या उनकी विलुप्ति का कोई प्रभाव नहीं होता, मैंने तो उन्हें आज तक देखा भी नहीं है। फिर भी मैं बहुत गम्भीरता से विश्वास करता हूँ कि हमें उन उल्लुओं को विलुप्त नहीं होने देना चाहिए और इस विश्वास के कारणों का मानवीय जीवन स्तर से कोई सम्बन्ध नहीं है।*

यहाँ गौतम बुद्ध का (अध्याय—9 में प्रस्तुत) तर्क प्रत्यक्ष रूप से तुरन्त सार्थक प्रतीत होता है : हम अन्य प्रजातियों से बहुत अधिक शक्तिशाली हैं और इसीलिए (इस शक्ति की विषमता के आधार पर) हमारा उनके प्रति विशेष दायित्व हो जाता है। संरक्षण प्रयासों के पक्ष में हमारे अनेक तर्क हो सकते हैं किन्तु वे सभी हमारे जीवन स्तर या आवश्यकताओं की पूर्ति पर आधारित नहीं होते। उनमें से कुछ निश्चय ही हमारी जीवन मूल्यों की सूझ और हमारी दायित्व बोध की स्वीकृति पर निर्भर रहते हैं।

यदि मानव जीवन में जीवन स्तर और आवश्यकता पूर्ति के साथ स्वातन्त्र्यों का भी कुछ महत्त्व है तो हमें विकास की धारणीयता विषयक इन विचारों की रचना को परिवर्तित करना होगा। केवल आवश्यकता पूर्ति के स्थान पर आवश्यकताएँ पूर्ण

---

* यहाँ हम आत्मकेन्द्रित पर्या-चेतना से आगे निकल कर उन समुदायों के हितों की बात कर रहे हैं जो पर्या हानि के कारण गम्भीर दुर्बलताओं/हानियों को झेलने को विवश हो जाती हैं। उदाहरण : समुद्र जल स्तर में वृद्धि से मालदीव और बांग्लादेश में भीषण बाढ़ की समस्या विश्व के अन्य देशों के वासियों के विचार-व्यवहार को भी प्रभावित कर सकती है।

कर पाने की स्वतंत्रता सहित अन्य स्वातन्त्र्यों के संवर्धन की धारणीयता का व्यापक विचार अधिक समझ में आने वाला है। फिर तो ब्रंटलैंड और सोलो की धारणीयता को हम इस प्रकार प्रस्तुत कर सकते हैं : संरक्षण, जहां सम्भव सारपूर्ण स्वातन्त्र्यों और सामर्थ्यों का संवर्धन भी, इस प्रकार कि भावी पीढ़ियां हमारे समान या हमसे अधिक स्वातन्त्र्य भोग पाने की क्षमता दुष्प्रभावित नहीं हो।

एक मध्यकालीन भेद का प्रयोग करते हुए हम कह सकते हैं कि हम केवल 'रोगी' नहीं हैं जिनकी आवश्यकताओं का ध्यान रखा जाना चाहिए। हम ऐसे अभिकर्ता भी हैं जिनकी यह तय करने की स्वतंत्रता कि क्या महत्त्वपूर्ण है हमारे अपने हितों और आवश्यकताओं से कहीं अधिक दूरगामी होती है। हमारे जीवन के समस्त महत्त्व को हमारे जीवन स्तर या आवश्यकता की किसी डिबिया में नहीं समाया जा सकता। रोगी की आवश्यकताएँ स्पष्टतः महत्त्वपूर्ण होती हैं, किन्तु वह महत्त्व कर्ता के तर्क-आधारित मूल्यों की विशाल सार्थकता को छिपा नहीं सकता।

12

क्षमताएँ और साधन

अरस्तू ने बहुत ही स्पष्ट शब्दों में बताया था कि आय या सम्पत्ति हित-लाभ स्थिति का आकलन करने की एक अपर्याप्त विधि है। उनका कहना था : स्पष्टतः धन तो वह हित नहीं है जिसकी हम खोज कर रहे हैं, यह तो किसी अन्य चीज़ के निमित्त सहायक मात्र है।[1] धन ऐसी चीज़ नहीं है जिसे हम उसके अपने कारण मूल्यवान मानते हैं। यह सदैव इस बात का अच्छा सूचक भी नहीं हो पाता कि हम इसके आधार पर किस प्रकार का जीवन जी सकते हैं। गम्भीर शारीरिक अपंगताग्रस्त व्यक्ति को केवल अधिक धनवान होने के कारण किसी शारीरिक रूप से पूर्णतः स्वस्थ व्यक्ति की अपेक्षा बेहतर हित-लाभ स्थिति में नहीं माना जा सकता। वस्तुतः एक अपंग अमीर को स्वस्थ गरीब की अपेक्षा कितने ही अधिक बंधनों को स्वीकार करना पड़ जाता है। अतः विभिन्न व्यक्तियों की हित-लाभ स्थितियों की तुलना करते समय हमें यह देखना पड़ेगा कि कुल मिलाकर वे किस प्रकार की क्षमताओं को भोग पा रहे हैं। यह निश्चित रूप से मूल्यांकन की साधन केन्द्रित आय और सम्पत्ति आधारित विधि की अपेक्षा क्षमता विधि के प्रयोग के पक्ष में एक तर्क है।

क्षमता का विचार सार्थक स्वातन्त्र्य से जुड़ा है। इसी कारण यह व्यक्ति की उन कार्यों को वास्तव में कर पाने की क्षमता को महत्त्व प्रदान करता है जिन्हें करना उसके लिए मूल्यवान है। यह विधि मानव जीवन पर केन्द्रित है, किन्हीं सुविधाकारी पदार्थों के स्वामित्व या साधनों पर नहीं। प्रायः आय और धन के स्वामित्व को मनुष्य की सफलता की कसौटी मान लिया जाता है। किन्तु जीवन के साधनों की अपेक्षा जीवन के वास्तविक अवसरों की ओर मूलरूप से ध्यानावर्तन का प्रस्ताव कर हमारी क्षमता विधि अर्थशास्त्र और सामाजिक अध्ययनों में अभी तक प्रयुक्त मानक विश्लेषण विधियों में एक आमूल परितर्वन की बात कर रही है।

यह राजनीतिक दर्शन की मानक विधियों में भी साधन-अभिमुखता (resource orientation) से एक महत्त्वपूर्ण प्रत्यंतरण प्रारम्भ कर रही है। उदाहरण के रूप में आप जॉन रॉल्स के अन्तर नियम में निहित प्राथमिक पदार्थों के माध्यम से न्याय सिद्धान्त के वितरण पक्ष के मूल्यांकन की बात पर विचार कर सकते हैं। यह प्राथमिक

पदार्थ बहु-प्रयोगी है—जैसे कि आय, धन, शक्ति (सत्ता), पदाधिकार, आत्म-सम्मान के सामाजिक आधार आदि, ये अपने आप में मूल्यवान नहीं हैं—किन्तु किसी सीमा तक वे हमारे वांछित ध्येयों की अन्वेषणा में सहायक हो सकते हैं। यद्यपि ये प्राथमिक पदार्थ मानव जीवन के महत्त्वपूर्ण ध्येयों की पूर्ति में सहायक मात्र हैं—फिर भी रॉल्स के न्याय के नियमों में इन्हें वितरणात्मक समता के आकलन में उसका प्राथमिक सूचक मान लिया गया है। इस स्पष्ट स्वीकारोक्ति कि "सन्तोषप्रद मानव जीवन के साधन (अपने आप में) श्रेष्ठ जीवन यापन के साध्य नहीं है" (जैसा अरस्तू ने कहा था) के साथ क्षमता विधि मूल्यांकन प्रयासों की प्रभाव क्षमता और क्षेत्र को बहुत विस्तृत बना देती है।

गरीबी : क्षमता की अभावग्रस्तता

इस सन्दर्भ में गरीबी की कसौटी एक केन्द्रीय प्रश्न बन जाती है। गरीबी की निम्न आय के साथ पहचान तो चिर-परिचित है—किन्तु अब तक इस पहचान की त्रुटियों या अपर्याप्तताओं पर भी बहुत कुछ लिखा जा चुका है। रॉल्स द्वारा प्राथमिक पदार्थों पर आग्रह कहीं अधिक व्यापक है (आय तो उनमें एक घटक-मात्र है), किन्तु रॉल्स के विश्लेषण में भी प्राथमिक पदार्थों की पहचान किन्हीं आम प्रयोग के साधनों की खोज से ही प्रेरित है, और उन पदार्थों के विशेष रूप से महत्त्वपूर्ण उदाहरण आय और धन बताए गए हैं। किन्तु विभिन्न व्यक्तियों के लिए आय और अन्य प्राथमिक पदार्थों को अच्छे जीवन के अभिलक्षणों तथा मानव जीवन के लिए मूल्यवान स्वातन्त्र्यों में परिवर्तित कर पाने के अवसरों में बड़े अन्तर हो सकते हैं। अतः साधनों और गरीबी के बीच के सम्बन्ध परिवर्तनशील एवं उन व्यक्तियों की अपनी विशेषताओं तथा उनके प्राकृतिक-सामाजिक परिवेश पर गहन रूप से निर्भर रहते हैं।

अनेक प्रकार की आकस्मिकताओं के कारण आय को वांछित जीवन शैली में परिवर्तित कर पाने में अन्तर आ जाते हैं। इस अन्तर के न्यूनतम चार स्रोत होते हैं :

1. *वैयक्तिक विषमरूपताएँ* : आयु, लिंग, अपंगता, व्याधिपरकता आदि के आधार व्यक्तियों के भौतिक लक्षणों में बहुत अन्तर होते हैं—इनके कारण उनकी ज़रूरतों में भारी अन्तर आ जाते हैं। उदाहरण के लिए एक अपंग या बीमार व्यक्ति को वही काम करने के लिए जो एक स्वस्थ व्यक्ति बहुत कम खर्च में पूरे कर लेता है, कहीं अधिक धन राशि का व्यय करना पड़ जाता है। वस्तुतः अनेक गम्भीर अपंगताएँ तो इलाज और सहायक उपकरणों पर चाहे जितना भी खर्च कर लें, उनका पूर्ण निवारण नहीं हो पाता।

2. *भौतिक पर्यावरण में अन्तर* : एक निश्चित आय से क्या कुछ हो सकता है? यह बात पर्यावरणीय दशाओं एवं मौसम (तापमान के उतार-चढ़ाव, बाढ़ आदि)

पर भी निर्भर करेगी। पर्या-स्थितियों को पूरी तरह अपरिवर्तनीय नहीं माना जा सकता–उनमें सामुदायिक प्रयास और प्रदूषण से क्षति भी हो सकती है। किन्तु एक अकेले व्यक्ति को तो अपनी आय और व्यक्तिगत साधनों को कृत्यकारिताओं और जीवन के गुणवत्ता में परिवर्तित करते समय पर्या स्थिति को पूर्वनिर्धारित ही मानना पड़ता है।

3. सामाजिक परिवेश में परिवर्तन : व्यक्तिगत साधनों का कृत्यकारिताओं में परिवर्तन सार्वजनिक चिकित्सा सुविधाओं और व्याधिपरकृता, सार्वजनिक शिक्षा व्यवस्था, उस स्थान विशेष में अपराध और हिंसा के वातावरण की उपस्थिति आदि अनेक सामाजिक परिस्थितियों पर निर्भर रहता है। सार्वजनिक सुविधाओं के साथ-साथ सामुदायिक सम्बन्धों की प्रकृति भी बहुत महत्त्वपूर्ण हो सकती है। सामाजिक पूँजी पर हाल ही में आई रचनाओं ने इस आयाम पर बड़ा सटीक आग्रह किया है।[2]

4. सम्बन्ध विषयक परिप्रेक्ष्यों में अन्तर : समान प्राथमिक कृत्यकारिता पाने के लिए आय की आवश्यकताएँ समाज के प्रचलित व्यवहार से भी बहुत प्रभावित हो सकती हैं। उदाहरण के लिए सार्वजनिक रूप से बिना शर्मिंदा हुए दिखाई देने के लिए भी एक अमीर समाज में कहीं अधिक वस्त्रों एवं दृश्य उपभोग की आवश्यकता हो सकती है (एडम स्मिथ ने यह दो सदियों से भी पहले भाँप लिया था)। यही बात सामाजिक जीवन में भाग लेने के लिए ज़रूरी व्यक्तिगत साधनों पर भी लागू होती है–कई बार तो आत्म-सम्मान की प्राथमिक ज़रूरतों पर भी यह बात लागू हो जाती है। यह मूलतः अन्तरसामाजिक अन्तर है, किन्तु, इनसे दो देशों में रहने वालों की सापेक्ष हितलाभ दशाओं पर प्रभाव पड़ता है।*

कई बार विभिन्न स्रोतों की अभाव-ग्रस्तताओं से व्युत्पन्न हितहानियां परस्पर संयुत हो जाती हैं। यह तथ्य गरीबी को समझने और उसके प्रति सामाजिक नीतियों के निर्धारण में बहुत ही महत्त्वपूर्ण हो जाता है।[3] आयु, अपंगता, बीमारी जैसी समस्याएँ अधिक आय कमाने में बाधक होती हैं। साथ ही इनके कारण आय को क्षमता में परिवर्तित करना भी कठिन हो जाता है। उदाहरण के लिए यदि अन्य व्यक्तियों के समान कुछ कृत्यकारिता पाना सम्भव हो तो भी एक वृद्ध/अपंग/या बीमार व्यक्ति को उसके निमित्त खर्च करने के लिए अधिक आय की ज़रूरत होगी। अतः क्षमता अभाव के रूप में वास्तविक गरीबी का स्तर केवल आय के आँकड़ों से आकलित स्तर की अपेक्षा कहीं अधिक गहनं होता है। इस तथ्य को समझ लेना वृद्ध समुदायों एवं अन्य समूहों (जिन्हें निम्न उपार्जन क्षमता के साथ अन्य अभाव भी भुगतने पड़

* कई बार आपका सापेक्ष अभाव क्षमताओं के परम अभाव में परिवर्तित हो जाता है। शेष विश्व की तुलना अधिक आय होने के बावजूद एक अमीर देश में अपेक्षतया गरीब होना एक बड़ी क्षमता बाधा बन जाता है। ऐसे देश में प्राथमिक सामाजिक कृत्यकारिताएँ पाना भी बहुत खर्चीला होता है।

रहे हैं) के लिए उपयुक्त नीतियों के निर्माण में बहुत उपयोगी सिद्ध होगा।*

परिवार के भीतर सुविधाओं और अवसरों के विभाजन भी गरीबी के प्रति आय-आधारित दृष्टिकोण को समस्याप्रद बना देते हैं। परिवार को अपने कमाऊ सदस्यों के माध्यम से आय मिलती है–यह उसके सभी सदस्यों के बीच आयु, लिंग, कार्य-क्षमता के भेदभाव बिना समान रूप से वितरित नहीं होती। यदि इस पारिवारिक आय का किन्हीं सदस्यों के हितों के संवर्धन में असामान्य रूप से अधिक प्रयोग हो तो उससे वंचित रह गए सदस्यों की अभावग्रस्तता की आपके आँकड़ों में सही छवि नहीं उभर पाएगी।[4] अनेक देशों में पुत्र-लालसा बहुत प्रबल है और परिवार के भीतर ही पुत्रियों एवं महिलाओं के हितों को गौण समझा जाता है। ऐसे सामाजिक व्यवहार वाले अनेक एशियाई और उत्तरी अफ्रीकी देशों में महिलाओं की क्षमता अभावग्रस्तता का आकलन उनकी अधिक मरणशीलता, व्याधिग्रस्तता, कुपोषण और चिकित्सा में लापरवाही आदि द्वारा सहज ही स्पष्ट हो जाती है। परिवार की आय से इसका आकलन नहीं हो पाता।**

अपंगता, साधन और क्षमताएँ

विश्व में अभावग्रस्तताओं को समझने में प्रायः अपंगता का अल्प आकलन होता रहा है। यह क्षमता परिप्रेक्ष्य पर ध्यान देने के पक्ष में एक सशक्त तर्क सिद्ध हो सकता है। शारीरिक, मानसिक अपंगताग्रस्त व्यक्ति न केवल संसार के सबसे अधिक अभावग्रस्त व्यक्ति हैं, बल्कि प्रायः वही सबसे अधिक उपेक्षित भी होते हैं।

विश्व स्तर पर अपंगता की समस्या बहुत ही विराट है। छह सौ मिलियन से अधिक–(विश्व जन समुदाय के दस में से एक)–व्यक्ति किसी-न-किसी प्रकार की बड़ी अपंगता के साथ जी रहे हैं।[5] उनमें से 400 मिलियन तो विकासशील देशों में बसते हैं। यही नहीं, विकासशील देशों के ये अपंगताग्रस्त व्यक्ति उनके सबसे गरीब निवासी भी हैं–जबकि उनकी आय की आवश्यकता स्वस्थ व्यक्तियों से कहीं अधिक है, क्योंकि उन्हें अपनी अपंगता के कारण आ रही बाधाओं पर पार पाते हुए सामान्य जीवन जीना है। आय-उपार्जन क्षमता की हानि के दुष्प्रभाव निम्न परिवर्तन क्षमता के कारण और अधिक व्यापक तथा गहन हो जाते हैं।

---

* ए.बी. एटकिन्सन ने ब्रिटेन में आय की गरीबी में ऐसी अभावग्रस्तताओं के योगदान का एक बड़ा चौंकाने वाला अध्ययन किया है। देखें, *पावर्टी इन ब्रिटेन, दी रिफार्म ऑफ सोशल सिक्योरिटी कैम्ब्रिज यूनिवर्सिटी प्रेस,* 1969

** भले ही उत्तरी अमरीका में विषमता और गरीबी के आकलन में लिंग भेद पर ध्यान नहीं दिया जाता, किन्तु इस विषमता का पूर्ण निर्मूलन वहाँ भी नहीं हो पाया है। अभी भी नारी को वहाँ कम आय और प्रतिष्ठा वाले कार्यों में लगे रहना पड़ रहा है तो कहीं रोज़गार के उच्चस्थ पद तक पहुँचने में कोई 'ग्लास सीलिंग' (glass ceiling) बाधक हो जाती है।

इंग्लैंड में वाइब्की कुक्लीस (Wiebke Kuklys) ने अपंगता के परिवर्तन 'प्रभाव' का आकलन किया था—उनके शोध कार्य को कैम्ब्रिज विश्वविद्यालय में डॉक्ट्रेट की उपाधि के लिए कैंसर से उनके निधन से कुछ ही पहले प्रस्तुत किया गया था और बाद में उसे एक पुस्तक के रूप में प्रकाशित किया गया है।[6] उनके अनुमान के अनुसार 17.9 प्रतिशत व्यक्ति ऐसे परिवारों में रह रहे थे जिनकी आय गरीबी रेखा से कम थी। यदि अपंगताग्रस्त व्यक्तियों के परिवारों पर ध्यान दें तो उनमें से 23.1 प्रतिशत गरीबी की रेखा से नीचे पाए गए। यह 5 प्रतिशत का अन्तर अपंगता से जुड़ी आय बाधा और अपंग की देखरेख की बाधा को दर्शा रहा है। यदि परिवर्तन बाधा का भी आकलन करें और अपंगता की बाधाओं को कम करने के लिए आवश्यक आय का हिसाब लगाएँ तो 47.4 प्रतिशत परिवार गरीबी की रेखा से नीचे चले जाते हैं। यह समस्त जनसंख्या के गरीबी रेखा से नीचे की जनसंख्या से 20 प्रतिशत से भी अधिक है। इसी तुलना का दूसरा स्वरूप यह है : अपंग सदस्य वाले परिवारों की गरीबी की बाधा का लगभग एक चौथाई अंश आय की बाधा है और तीन चौथाई अंश परिवर्तन बाधा का परिणाम है। यही हमारे क्षमता परिप्रेक्ष्य को आय और साधनों के परिप्रेक्ष्य से बहुत ही अलग स्वरूप प्रदान करने को पर्याप्त होगा।

अपंगता के नैतिक और राजनीतिक तकाज़ों को ठीक से समझ लेना केवल इसलिए आवश्यक नहीं है कि ये बाधाकारी लक्षण इतने विशाल जन समुदाय को अपने पाश में बाँधे हुए हैं। यह इसलिए भी आवश्यक है कि समाज स्तर पर दृढ़ संकल्प के साथ रचनात्मक प्रयासों से अपंगता के इन त्रासदायक परिणामों का बहुत हद तक निवारण सम्भव है। अपंगता विषयक नीतियों के कई आयाम हो सकते हैं—ये बाधाओं के प्रभावों के निवारण से लेकर अपंगताओं की वृद्धि को रोकने तक के रूप धारण कर सकते हैं। यह समझ लेनां अत्यन्त ही महत्त्वपूर्ण है कि अनेक अपंगताओं से बचाव सम्भव है और न केवल उनके दुष्परिणामों के निवारण बल्कि उनके आपात को भी कम किया जा सकता है।

वास्तव में उन 600 मिलियन लोगों में से, जो अब अपंगता झेल रहे हैं, जन्म के समय बहुत कम ही इन समस्याओं से ग्रस्त थे। वे अपंगता लेकर पैदा नहीं हुए थे। मातृ-कुपोषण और बाल-कुपोषण से बच्चों की रोग निरोधक क्षमता कम रह जाती है। अंधता का सम्बन्ध संक्रामक रोगों और अस्वच्छ पानी से है। अनेक अन्य अपंगताएँ पोलियो, मोतीझारा, एड्स, सड़क दुर्घटनाओं और कार्यस्थल की दुर्घटना आदि का परिणाम हो सकती हैं। विश्व के अशान्त क्षेत्रों में अक्सर बारूदी सुरंगें बिछा दी जाती हैं और वे भी बड़े पैमाने पर (बच्चों सहित) मृत्यु और अपंगता का कारण बन रही हैं। यदि न्याय के तकाज़ों में स्पष्ट अन्याय को कम करना भी है। (जैसा कि मैं इस पुस्तक में आरम्भ से आग्रह कर रहा हूँ)

और केवल किसी सुदूरस्थ पूर्णतः न्यायनिष्ठ समाज की खोज मात्र नहीं है, तो न्याय संवर्धन के प्रयास में अपंगता से बचाव और निवारण को बहुत महत्त्वपूर्ण स्थान देना अनिवार्य रहेगा।

सूझबूझपूर्ण और मानवतापूर्ण हस्तक्षेप से क्या सम्भव है यह जानते हुए भी हैरानी होती है कि अनेक समाज अपंगता के अविभाजित बोझ के प्रति इतने संवेदनहीन और निरपेक्ष क्यों बने हुए हैं। इस नितान्त निष्क्रियता में संकल्पना की दकियानूसी का भी एक बड़ा योगदान है। आय के वितरण को ही वितरण की न्यायपूर्णता का मुख्य दिग्दर्शक मान लेने से अपंगता की विवशताओं और सामाजिक विश्लेषण में उनके नैतिक एवं राजनीतिक महत्त्व को समझने में सबसे बड़ी बाधा आ रही है। ग़रीबी के प्रति आय आधारित दृष्टिकोण के निरन्तर प्रयोग एवं प्रचार से भी सामाजिक अभावों की ओर से ध्यान हट जाता है (अनेक अन्तरराष्ट्रीय संस्थाएँ एक डॉलर प्रतिदिन या दो डॉलर प्रतिदिन से कम पर निर्वाह कर रही जनसंख्या के आँकड़ों का खूब प्रचार करती रहती हैं)। उन सामाजिक अभावों में उपार्जन और परिवर्तन की बाधाओं का सम्मिश्रण भी रहता है। विश्व के 600 मिलियन अपंगता बाधाग्रस्त व्यक्ति केवल निम्न आय के शिकार नहीं है। उनकी अच्छा जीवन जी पाने की स्वतंत्रता पर अनेक प्रकार के आघात हुए हैं—वे आघात अलग-अलग और मिलकर उन व्यक्तियों का जीवन दूभर बना रहे हैं।

रॉल्स द्वारा प्राथमिक पदार्थों के विचार का प्रयोग

क्षमताओं और साधनों के बीच बहुत भारी अन्तर को देखते हुए रॉल्स के अन्तर नियम के विषय में संशय से बच पाना बहुत कठिन हो रहा है। वह नियम समाज की संस्थागत रचना के न्याय के नियमों में वितरण के प्रश्नों से सम्बन्धित है और उसका सारा केन्द्रण प्राथमिक पदार्थों पर ही है। यह प्रत्यन्तर महत्त्वपूर्ण है—फिर भी इसमें सार्थक स्वातन्त्र्य के विषय में रॉल्स की भावहीनता नहीं झलकती—इसके कारण मैं पहले ही बता चुका हूँ। भले ही रॉल्स के न्याय के नियम प्राथमिक पदार्थों पर ही अटक कर रह गए हैं—फिर भी उन्होंने अन्यत्र इस साधन केन्द्रण का निराकरण कर व्यक्तियों की वास्तविक स्वतंत्रता के विषय में अपनी 'पकड़' मज़बूत करने का प्रयास किया है। अभावग्रस्तों के प्रति उनकी व्यापक सहानुभूति उनकी अनेक रचनाओं में छलकती दिख रही है।

यद्यपि उन्होंने इसे न्याय के नियमों में समाहित नहीं किया था फिर भी रॉल्स ने 'विशेष' आवश्यकताओं' (अपंगताओं, बाधिताओं) के लिए विशेष प्रावधान किए जाने की बात की है। ये संशोधन समाज की आधारिक संस्थागत रचना के निर्माण

के समय नहीं होते—ये तो संस्थाओं के व्यवहार काल, विशेष कर उन द्वारा विधेयन की स्थिति में उभर कर आएँगे। इससे रॉल्स की प्रेरणाएँ तो स्पष्ट हो जाती हैं। फिर भी यह प्रश्न बना रहता है कि क्या ये प्रावधान पर्याप्त रहेंगे? क्या ये उनके साधन आधारित प्राथमिक पदार्थ केन्द्रित न्याय के नियमों द्वारा सृजित आंशिक दृष्टिकोण (अंधता) का निवारण कर पाएँगे?

रॉल्स ने प्राथमिक पदार्थों को इतने उच्च स्थान पर स्थापित कर दिया है कि उसके बाद इस तथ्य का महत्त्व व्यापक रूप से कम प्रतीत होने लगता है कि विभिन्न व्यक्तियों को अपनी शारीरिक विशेषताओं या सामाजिक भौतिक परिवेश के प्रभावों के कारण या फिर सापेक्ष अभावग्रस्तता के प्रभावस्वरूप सामान्य प्रयोग वाले पदार्थों को क्षमताओं में परिवर्तित कर पाने के अवसर समान रूप से सुलभ नहीं हो पाते। ये परिवर्तन के अवसरों के अन्तर केवल 'विशेष आवश्यकताओं' के प्रश्न नहीं हैं, ये तो विभिन्न सामाजिक परिस्थितियों और मानवीय अवस्थाओं में अनेक छोटे, मध्यम एवं बड़े आकार के उन अन्तरों को व्यक्त करते हैं जो सामान्यतः व्याप्त पाए जाते हैं।

रॉल्स ने आगे चलकर न्याय की अपनी कथा में विशेष आवश्यकताओं के लिए प्रावधान की बात की है (अंधता जैसी अपंगताओं के लिए)। इसमें हित हानि के विषय में उनकी आन्तरिक संवेदना झलकती है। किन्तु जिस प्रकार उन्होंने इस व्यापक समस्या का समाधान करना चाहा है उस विधि की प्रभाव क्षमता बहुत सीमित लगती है। पहली बात तो यही है कि यदि वे संशोधन हो पाते हैं तो उनके न्याय के नियमों के अनुसार संस्थागत संरचना के निर्माण के बाद ही सम्भव होंगे और उन संस्थाओं की रचना इन विशेष आवश्यकताओं से किसी भी प्रकार प्रभावित नहीं हो पाती। उस रचना में तो अन्तर नियमों की भूमिका के माध्यम से वितरण के प्रश्नों पर विचार करने वाली संस्थागत व्यवस्था के निर्माण में आय और धन-सम्पत्ति जैसे प्राथमिक पदार्थ ही सर्वोपरि रहते हैं।

दूसरे, आगे चलकर जब विशेष आवश्यकताओं पर ध्यान दिया जाता है, वहाँ भी व्यक्तियों की अन्तर्निहित परिवर्तन क्षमता के अन्तरों की ओर ध्यान नहीं दिया जाता। अंधता जैसी स्पष्ट बाधिताओं पर ध्यान देना तो महत्त्वपूर्ण है, किन्तु क्षमताओं में ये अन्तर अनेक अस्पष्ट कारणों से भी आ सकते हैं। उदाहरण : व्यक्तियों की व्याधिपरकृता, अधिक व्याधिपरक् क्षेत्र में निवास, शारीरिक बौद्धिक अपंगताओं के स्तरों में अन्तर आदि। इन सबको ध्यान में रखते हुए सामाजिक व्यवस्थाओं और सामाजिक सम्प्राप्तियों पर विचार करते समय कृत्यकारिताओं और क्षमताओं पर ही ध्यान देना आवश्यक होगा ताकि मानवीय एवं सहानुभूतिपूर्ण तर्कों के आधार पर संस्थाओं की रचना और उनका संचालन सम्भव हो पाए।

मेरा विश्वास है कि रॉल्स स्वातन्त्र्यों एवं क्षमताओं के वितरण में न्याय-निष्ठता

के विचार से प्रेरित हैं—फिर भी केवल अन्तर नियम और प्राथमिक पदार्थों विषयक जानकारी के आधार पर न्याय के नियमों की रचना कर उन्होंने न्यायनिष्ठ संस्थाओं के माध्यम से वितरण में न्याय की व्यवस्था करने के मार्गदर्शन का भारी बोझ प्राथमिक पदार्थों के कमज़ोर कंधों पर डाल दिया है। इसके कारण संस्थाओं की रचना के स्तर पर उनकी क्षमता विषयक चिन्ता को पूरा स्थान नहीं मिल पाता और न्याय के नियमों का उन्हीं से सम्बन्ध है।

रॉल्स के सिद्धान्त से प्रत्यन्तर

रॉल्स के अनुभवातीत संस्थावाद के विपरीत मेरी इस पुस्तक में न्याय का अन्वेषण किसी वरीयता क्रम के अनुसार एक के बाद एक परिदृश्यों से होते हुए सम्पूर्णरूपेण न्यायनिष्ठ समाज की ओर नहीं बढ़ता। केवल संस्था आदि के परिवर्तनों द्वारा न्याय के संवर्धन की बात तो परिवर्तनों और क्षमता के प्रश्नों को द्वितीय श्रेणी के सरोकार बना देती है। समाज में व्याप्त सहज स्पष्ट अन्याय (जिनकी सार्वजनिक चर्चा द्वारा पहचान हो जाती है) के निवारण की बहुत कुछ व्यवस्था आंशिक सहमति द्वारा भी सम्भव है। इसके लिए क्षमता अभाव और विषमता की प्रकृतियों को सटीक रूप से समझना बहुत महत्त्वपूर्ण है।*

रॉल्स की विधि का उन द्वारा निर्धारित कार्यक्षेत्र से बाहर भी बहुत प्रभाव रहा है। यह समकालिक नैतिक एवं राजनीतिक न्याय के दर्शन में भी तर्क-वितर्क का प्रमुख आधार बन गई है। उदाहरण के लिए जो अध्येता विश्वव्यापी एवं अधिक महत्त्वाकांक्षी स्तर पर न्याय के सिद्धान्त की रचना करने में भी रॉल्स के अनुबंधवादी आधार को प्रयोग करना चाहते हैं, उन्होंने भी वितरण में पूर्ण क्रमिकता की खोज को नहीं छोड़ा है, उन्हें भी सारे विश्व के स्तर पर न्यायपूर्ण अनुभवातीत संस्थागत संरचना के लिए इस पूर्ण क्रमिकता की आवश्यकता है।[7] सहज ही ये विचारक क्षमताओं पर आधारित आंशिक क्रमिकताओं से सन्तुष्ट नहीं हो सकते। कुछ ऐसा ही थॉमस पॉज्जे ने कहा है : संस्थागत व्यवस्था की रचना कैसे की जाए? इसके लिए किसी आंशिक क्रमिकता से कहीं अधिक की आवश्यकता है।[8] सारे विश्व के लिए एक अनुभवातीत संस्थागत संरचना के निर्माण में लगे विद्वानों को मेरी शुभकामनाएँ हैं।

---

* मेरा यह आग्रह नहीं है कि यदि रॉल्स अपना ध्यान प्राथमिक पदार्थों से हटाकर प्रत्यक्षतः क्षमताओं पर लगा लें तो उनके अनुभवातीत संस्थावादी परिवेश की सभी समस्याएँ समाप्त हो जाएँगी। अनेक पूर्वचर्चित समस्याएँ जिनका सम्बन्ध तुलनात्मक परिवेश के अभाव से है, वे तो फिर भी बनी रहेंगी। मेरा कहना तो यह है कि तुलनात्मक की अपेक्षा अनुभवातीत ध्यान केन्द्रण के कारण पहले से ही कमज़ोर संस्थावादी विधि को उसके प्राथमिक पदार्थों पर आधारित स्वरूप ने और अधिक दुर्बल बना दिया है।

किन्तु उस रचना के सम्पूर्ण होने से पूर्व भी जो विश्व में व्याप्त अनेक प्रकार के गम्भीर अन्यायों में कमी करने के भी इच्छुक हों, उनके लिए तो यह आंशिक क्रमिकता भी अत्यन्त उपयोगी हो सकती है।

मेरा निवेदन है कि मुख्य प्रश्न यह नहीं है कि क्या कोई विधि किन्हीं दो विकल्पों की तुलना कर पाने में पूरी तरह सक्षम है, बल्कि प्रश्न यह है कि क्या इस द्वारा सम्भव तुलना सही तर्कों पर आधारित और उपयुक्त दिशा की ओर निर्दिष्ट है? स्वातन्त्र्यों और क्षमताओं की तुलना हमें सही क्षेत्र में ले आई है और हमें इस लालसा में कि कहीं और पूर्ण क्रमिकता (इस पूर्णता की व्याख्या इस बात से पूर्णतः स्वतंत्र है कि यह पूर्ण क्रमिकता किस चीज़ की हो रही है) प्राप्त हो जाएगी, हमें अपना स्थान नहीं छोड़ देना चाहिए।

क्षमता परिप्रेक्ष्य के लाभ इसकी सार्थकता, और सार्थक महत्त्व में हैं, न कि किसी पूर्ण क्रमिकता दिलाने के वचन में। एलिज़ाबेथ एंडरसन ने ठीक ही कहा है कि क्षमता मापन की विधि साधन मापन आधारित विधि से श्रेष्ठ है क्योंकि इसमें साध्यों पर ध्यान दिया जाता है, साधनों पर नहीं, यह अपंगों के विरुद्ध भेदभाव का अधिक सफलता से निराकरण कर सकती है, वैयक्तिक क्षमताओं के लोकतान्त्रिक महत्त्व वाले अन्तरों के प्रति उपयुक्त प्रकार से संवेदनशील है और सार्वजनिक सेवाओं की (विशेषकर शिक्षा और स्वास्थ्य की) न्यायनिष्ठ व्यवस्था करने के लिए मार्गदर्शन कर पाने के लिए भी उपयुक्त है।[9]

डॉर्किन का साधनों की समता का विचार

रॉल्स ने अपने न्याय के नियमों में साधनों के परिप्रेक्ष्य का प्राथमिक पदार्थों के संकेतक के माध्यम से प्रयोग किया है और साधनों की समता में परिवर्तनों में सम्भव अन्तरों को पूरी तरह अनदेखा कर दिया है। डॉर्किन (Dworkin) ने साधन परिप्रेक्ष्य में इन अन्तरों को एक विचित्र से बाज़ार प्रेरित विचार द्वारा स्थान देने का प्रयास किया है। उन्होंने एक काल्पनिक आदिम प्रकार के बाज़ार को परिवर्तन में बाधाओं के विरुद्ध बीमा व्यवस्था की तरह प्रयोग किया है। इस वैचारिक प्रयोग में रॉल्स जैसे 'अज्ञान के परदे' के पीछे उस काल्पनिक बाज़ार में प्रवेश करते हैं जहाँ इन बाधिताओं के बीमे किए जा रहे हैं। इस काल्पनिक अवस्था में यह तो कोई भी नहीं जानता कि किसे क्या बाधिता हो सकती है किन्तु सभी सम्भावित आपदाओं के लिए बीमे खरीद लेते हैं। बाद में, जिसे जो बाधिता हो जाए, उसे उसकी क्षतिपूर्ति मिल जाती है। यह क्षतिपूर्ति बीमा बाज़ार द्वारा निर्धारित होती है—इस प्रकार उन्हें अन्य प्रकार के साधनों के रूप में क्षतिपूर्ति प्राप्त हो जाती है। डॉर्किन का कहना है कि यदि 'साधनों की समता' की दृष्टि से विचार करें तो यह 'अधिकतम सम्भव न्यायनिष्ठता' होगी।

यह विचार बहुत ही रोचक और विलक्षण है। ऑक्सफोर्ड विश्वविद्यालय में मैं डॉर्किन के साथ मिलकर 10 वर्षों तक एक कक्षा को पढ़ा चुका हूँ और उनकी मानसिक क्षमताओं की अद्भुत पहुँच से परिचित हूँ। अतः इससे कम किसी बात की मुझे अपेक्षा भी नहीं थी। किन्तु एक कल्पनासम्भव बाज़ार की शानदार रचना से अभिभूत होकर डॉर्किन सीधे ही क्षमता आधारित चिन्तन से ग्रस्त लोगों को चुनौती देने पर उतर आए हैं और कह रहे है : 'इससे बेहतर कुछ करके तो दिखाओ।' इनका कहना है कि या तो क्षमता की समता का अर्थ क्षेम की समता है (यह एक मिथ्या धारणा है) या इससे वही समाधान प्राप्त होगा जो उनकी साधन समता से मिल जाता है। फिर तो कोई अन्तर ही नहीं होगा और क्षमता विधि का अनुसरण करने से कोई लाभ नहीं होगा।

रोनाल्ड डॉर्किन के कार्य के प्रति मेरे मन में बहुत सम्मान का भाव है, पर उनकी क्षमता विधि के प्रति आपत्तियों का विश्लेषण कहाँ से आरम्भ करूँ, यह नहीं समझ पा रहा। मैं एक छोटी-सी बात से प्रारम्भ कर रहा हूँ, ताकि यह बाद में कहीं बाधक न हो। यदि क्षमता की समता क्षेम की योग्यता के समान हो भी जाए तो भी यह क्षेम की समानता नहीं बन जाएगी (पिछले अध्याय में चर्चित क्षमता और उपलब्धि का अन्तर यहाँ इस भेद को समझने में उपयोगी रहेगा)। वैसे मैं एक बार फिर यह बात दोहराना चाहता हूँ कि क्षमता परिप्रेक्ष्य की प्रथम प्रस्तुति से लेकर अभी तक मैंने कहीं भी न क्षेम की समानता की बात की है और न ही क्षेम प्राप्ति की क्षमता की समानता की।

दूसरे, यदि साधनों की समता और क्षमता और एवं सारभूत स्वातन्त्र्य की समता में कोई अन्तर नहीं है तो फिर साधनों के विषय में आदर्शमूलक चिन्तन की आवश्यकता ही कहाँ रह जाती है? वैसे भी साधन तो किसी अन्य साध्य के लिए निमित्त मात्र ही हैं। अरस्तू ने तो सदियों पूर्व कहा था कि "साधन तो किसी अन्य चीज़ के लिए उपयोगी मात्र हैं।" और फिर साधनों की समता का विचार अन्ततः उस अन्य चीज़ पर ही तो निर्भर है। तो फिर क्यों न साधनों की समता को क्षमता की समता पाने के मार्ग की सीढ़ी क्यों नहीं मान लेते—यदि उन दोनों समताओं में समरूपता है तो फिर यह कार्य करने में कठिनाई ही क्या है?

गणितीय दृष्टि से किसी चीज़ जिसे ध्येय माना जा रहा है उसे किसी अन्य चीज़ के 'समतुल्य' परिमाण द्वारा व्यक्त करने में कोई विशेष कठिनाई नहीं होती—यदि वह अन्य चीज़ उस मूल चीज़ की उसी ध्येय की प्राप्ति का माध्यम हो। अतः जब तक वह अन्य चीज़ के किसी भी स्तर को पाने में सहायक है, यह प्रयोग किया जा सकता है।* अर्थशास्त्र में इस विधि का बहुत प्रयोग हुआ है, विशेषकर उपयोगिता विश्लेषण में, जहां उपयोगिता के स्तर नहीं बल्कि समतुल्य उपयोगिता दे सकने वाली आय का प्रयोग कर लेते हैं (इसे अप्रत्यक्ष उपयोगिता कहते हैं)। डॉर्किन की साधन

* गणित में इसे 'फलन का फलन' नियम 'फंक्शन्स ऑफ ए फंक्शन रूल' कहते हैं।

समता को हम एक प्रकार से 'अप्रत्यक्ष क्षमता समता' कह सकते हैं, किन्तु ये दोनों सर्वांगसम तभी होंगी जब बाज़ार इस प्रकार कार्य करें कि डॉर्किन के सूत्र के अनुसार एक समान साधन पाने वालों की क्षमताएँ भी एक समान हो जाएँ। पर प्रश्न है कि ऐसी सहायक समता को लेकर इतना उत्साहित होने की क्या आवश्यकता है? अन्ततः महत्त्व तो उस चीज़ का ही है न जिसकी समता के लिए इस साधन का प्रयोग हो रहा है (यहाँ सारभूत स्वातन्त्र्य और क्षमता ही महत्त्वपूर्ण हैं)।

तीसरे, इस प्रकार की सर्वांगसमता की प्राप्ति इतनी सहज नहीं होगी—क्योंकि बीमा बाज़ार कुछ कार्यों को ही भली प्रकार कर सकते हैं, सभी को नहीं। क्षमता अभाव के कुछ स्रोत व्यक्तिगत लक्षणों (अपंगता) पर आधारित नहीं होते। इनका सम्बन्ध सापेक्ष एवं पर्यावरणीय कारकों से होता है (जैसे एडम स्मिथ ने सापेक्षतया अभावग्रस्त' की बात की थी)। यह तो सहज ही समझ आ जाता है कि बीमा बाज़ार की कार्यविधि में ऐसे गैर-वैयक्तिक अभिलक्षणों को समाहित करना क्यों कठिन हो जाता है (बाज़ार व्यक्तिगत ग्राहकों से वैयक्तिक स्तर पर सौदा करता है किन्तु सामूहिक अभिलक्षण के लिए बीमा शुल्क कौन देगा?)

सर्वांगसमता की सम्भावना के विरुद्ध एक और तर्क भी है : मेरी विधि में तो अभावों के वैयक्तिक अन्तरों के मूल्यांकन को सार्वजनिक विचार-विमर्श का विषय माना गया है किन्तु डॉर्किन ने इस मूल्यांकन को बीमा बाज़ार की स्वतंत्र रूप से कार्य कर रही व्यवस्था पर छोड़ दिया है। वहाँ तो विभिन्न व्यक्तियों के बीच पारस्परिक क्रियाएँ विभिन्न प्रकार के बीमा के शुल्कों और प्राप्य क्षतिपूर्तियों का निर्धारण करेंगी। डॉर्किन ने बाज़ार को वह मूल्यांकन कार्य सौंप दिया है जिसके लिए वास्तव में गम्भीर सार्वजनिक विचार-मन्थन और चिन्तन की आवश्यकता है।

चौथी बात यह है कि डॉर्किन भी अन्य अनुभवातीत संस्थावादी विधियों की तरह एक ही छलाँग में किसी पूर्णतः न्यायनिष्ठ संस्था तन्त्र की रचना कर लेना चाहते हैं। किन्तु, अत्यन्त गम्भीर अन्याय के मामलों का निवारण कर न्याय संवर्धन के कार्य की बात हो तो वहाँ आंशिक क्रमिकताएँ (जिन्हें बहुत हेय भावना के साथ नकारा जा रहा है) भी बहुत उपयोगी हो सकती हैं। यह उपादेयता उस समय और भी अधिक हो जाती है जब सम्पूर्ण रूप से न्यायनिष्ठ संस्थाओं की प्राप्ति तो दूर उनके स्वरूप पर भी सहमति नहीं हो पा रही हो। डॉर्किन की कल्पित बीमा बाज़ार व्यवस्था तो न्याय के संवर्धन को पहचान पाने के तरीके भी सुझाने का दावा नहीं कर पाती, यह तो पूरी तरह किसी अनुभवातीत न्याय की काल्पनिक प्रक्रिया में खोकर रह गई है।

पाँचवीं महत्त्वपूर्ण बात है कि डॉर्किन ने बड़े सहज भाव से पूर्णतः प्रतियोगी बाज़ार सन्तुलनों के अस्तित्व, अद्वितीयता और दक्षता को स्वीकार कर लिया है—उन्हें इसमें कोई समस्या नहीं दिखाई दी क्योंकि उन्हें अपनी संस्थावादी कहानी के लिए

इसकी आवश्यकता है। इस बारे में उन्होंने कोई तर्क देना भी आवश्यक नहीं समझा जबकि इस प्रकार की मान्यताओं की अव्यावहारिकता को 'सामान्य सन्तुलन' विषयक आर्थिक शोधकर्ता वर्षों पूर्व उजागर कर चुके हैं। वास्तव में जानकारी विषयक समस्याएँ (जानकारी की विषमता) सार्वजनिक पदार्थों की भूमिका, पैमाने की मितव्ययताएँ एवं अन्य अनेक बाधाएँ बीमा बाज़ार में तो और भी गम्भीर रूप से लागू हो जाती हैं।[10]

मुझे लगता है कि डॉर्किन की विधि में कुछ संस्थावादी अतिवाद भरा है तो उनकी इस मान्यता में कुछ मासूमियत भी भरी है कि एक बार हम बीमा आधारित साधन वितरण पर सहमत हो गए तो ये बिल्कुल भूल जाएँगे कि अन्तिम परिणाम क्या होगा और विभिन्न व्यक्ति किस प्रकार की वास्तविक क्षमताएँ प्रयोग कर पाएँगे। उन्होंने बड़ी सादगी से यह मान लिया कि वास्तविक स्वातन्त्र्य और परिणाम उस काल्पनिक बीमा बाज़ार के माध्यम से किए गए संस्थागत चयन के हाथों में सुरक्षित रहेंगे और बाद में कोई भी यह जानने का प्रयास नहीं करेगा कि क्या लोगों की अपेक्षाओं और वास्तविक घटनाओं में कोई सामंजस्य रहा या नहीं। बीमा बाज़ार तो एक बार के आधार पर ही काम करते हैं—इनमें क्या चाहा गया था और क्या मिला को लेकर कोई हैरानी, पुनरावृत्ति या बहस नहीं होती।

यदि डॉर्किन के काल्पनिक बीमा बाज़ार के विलक्षण विचार में कोई उपयोगिता है तो वह वितरणात्मक न्याय के व्यावहारिक सिद्धान्त होने के दावे पर आधारित नहीं है। डॉर्किन की साधन समता किसी भी प्रकार से क्षमता विधि का प्रतिस्थापन नहीं कर पाती। किन्तु यह इस बात को समझने के कई तरीकों में से एक हो सकता है कि अपंगता की क्षतिपूर्ति आय के अन्तरण द्वारा किस प्रकार हो सकती है। जब तक ऐसे विचार किसी शाही संस्थागत मध्यस्थता अधिकार का दावा न करें तब तक इस कठिन कार्य में उनका सहयोग (साभार) स्वीकार्य है।

जैसे हमने पहले भी चर्चा की है, न्याय के संवर्धन और अन्याय के निराकरण के लिए संस्थाओं के चयन (निजी आय एवं सार्वजनिक पदार्थों सहित) व्यवहार में परिवर्तन और इस विषय में सार्वजनिक चर्चाओं के आधार पर (कि क्या वचन दिया गया था और—संस्थाएँ कैसे कार्य कर रहीं हैं आदि) सामाजिक व्यवस्थाओं की पुनर्रचना के स्तरों पर साँझे प्रयास करने होंगे। एक बार निर्धारित बाज़ार आधारित संस्थागत चयन के गुणों को स्वीकार कर सभी प्रकार की सार्वजनिक चर्चाओं, तर्क-वितर्कों को बंद कर देने से काम नहीं चलेगा। संस्थाओं (भले ही वे काल्पनिक ही हों) की सामाजिक भूमिका कहीं अधिक जटिलता भरी होती है।

13

परितोष, कुशल-क्षेम और क्षमताएँ

मैं दर्शनशास्त्र से अपने लगाव के विषय में कुछ भी कहता रहूँ, मेरा व्यवसाय विषय तो अर्थशास्त्र ही माना जाता है। तो आइए, मैं इस स्वीकारोक्ति के साथ ही इस चर्चा का आरम्भ करता हूँ कि मेरे पेशे का परितोष या आनन्द के परिप्रेक्ष्य के साथ सम्बन्ध बड़ा कष्ट-भरा सम्बन्ध रहा है। थॉमस कार्लायल (Thomas Carlyle) का अनुसरण कर इसे उत्साहहीन विज्ञान कह दिया जाता है। अर्थशास्त्रियों को ज़बरदस्त 'आनन्द-घाती' माना जाता है जो मानव की सहज उल्लासप्रियता और परस्पर मैत्रीपूर्णता को आर्थिक अनुशासन के किसी सूत्र द्वारा निर्मित किसी आडम्बर में डुबो देना चाहते हैं। एडमंड. सी. बेंटले ने महान उपयोगितावादी जॉन स्टुअर्ट मिल की आर्थिक रचनाओं को राजकीय अर्थशास्त्र के इस उदास पिटारे में रख दिया था जिसमें कोई आनन्द और मैत्रीभाव नहीं था :

> जॉन स्टुअर्ट मिल,
> बड़ी हिम्मत से तुमने यह काम किया है
> अपनी सारी ज़िन्दादिली को ताक पर रख
> राजकीय अर्थशास्त्र का सिद्धान्त लिखा है

क्या अर्थशास्त्र में परितोष और मित्र भाव के प्रति सचमुच इतना विद्वेष भरा है कि सारे सौहार्द को तिलांजलि देकर ही हम इस विषय को समझ पाते हैं?

इस विषय में सन्देह नहीं है कि कितनी ही बार अर्थशास्त्र की विषयवस्तुएँ बहुत ही आनन्दहीन और अवसादकारी हो जाती है, किन्तु भूख और गरीबी या भयावह बेरोज़गारी और नितान्त साधन हीनता के कारणों और प्रभावों का अध्ययन करते समय शायद ही कोई व्यक्ति अपनी स्वाभाविक हर्षोल्लासपूर्ण भाव-भंगिमाओं को बनाए रख पाएगा। कोई चाहे जो कुछ समझ ले, बेरोज़गारी, गरीबी या अकाल के विश्लेषण में उल्लासपूर्णता अपने-आपमें कोई बड़ी सहायता नहीं कर पाती।

किन्तु अर्थशास्त्र तो कितने ही अन्य सामान्य मुद्दों से भी जुड़ा होता है—क्या

उसे भी नीरस कहेंगे? क्या यह कहीं परितोष या आनन्द के परिप्रेक्ष्य को भी अपने प्रभाव क्षेत्र में समेट कर, मानव जीवन में उसके महत्त्व को स्वीकार कर अच्छी आर्थिक नीतियों में उसका प्रयोग कर पाता है? इस अध्याय में मैं सबसे पहले इसी प्रश्न का उत्तर तलाश करूँगा।

मेरा दूसरा प्रश्न होगा कि यह परितोष परिप्रेक्ष्य व्यक्ति के कुशल-क्षेम या हित-लाभ स्तर का आकलन करने में कहाँ तक पर्याप्त रहता है? कई बार इस परितोष की अनुभूति को सामाजिक न्याय या सामाजिक क्षेम का एकमात्र या मुख्य आधार बनाने की चेष्टा में हम इसकी सीमाओं को देख ही नहीं पाते हैं। और फिर या तो परितोष के महत्त्व के साथ पूरा न्याय नहीं कर पाते या उसे बहुत ही बढ़ा-चढ़ा देते हैं। क्षेम और परितोष के बीच सम्बन्ध की चर्चा करते समय परितोष और स्वातंत्र्य एवं क्षमताओं के बीच सम्पर्क सूत्रों पर भी ध्यान देना उपयोगी रहेगा। मैं इस समय क्षमताओं के महत्त्व की चर्चाएँ करने में लगा हूँ और इसीलिए मुझे लगता है कि परितोष और क्षमता के (दोनों) परिप्रेक्ष्यों के बीच प्रत्यंतर के प्रसार की अन्वेषणा महत्त्वपूर्ण होगी।

तीसरे, क्षमताएँ किसी व्यक्ति के क्षेम से कैसे जुड़ जाती हैं? क्या क्षमता वृद्धि से सदा ही व्यक्ति के क्षेम में वृद्धि होती है? यदि नहीं, तो क्षमता किस प्रकार से किसी की हित-लाभ अवस्था की सूचक हो सकती है।

मैं इस अध्याय में इन्हीं प्रश्नों की समीक्षा करूँगा, लेकिन उससे पूर्व एक और तथ्य को स्पष्ट करना चाहता हूँ : क्षमता की प्रासंगिकता केवल किसी व्यक्ति की हितलाभ अवस्था बताने में भूमिका तक सीमित नहीं है। (उस भूमिका में यह परितोष से स्पर्धा कर सकती है), यह तो एक अन्य पटल पर व्यक्ति के कर्तव्यों और दायित्वों से भी सम्बन्धित रहती है। हमने पहले भी देखा है कि क्षमता एक प्रकार की शक्ति-सम्पन्नता भी है, पर परितोष यह रूप धारण नहीं कर पाता। इस अन्तर के निहित अर्थ नैतिक राजनीतिक दर्शन, और विशेष रूप से न्याय सिद्धान्त के लिए कितने महत्त्वपूर्ण होंगे?

परितोष, क्षमता और दायित्व

यहाँ प्रश्न अध्याय-9 में चर्चित प्रभावी शक्तियों के साथ जुड़े दायित्वों का है। अनुबन्धवादी तर्कशास्त्र में तो प्रभावी शक्ति से जुड़े दायित्वों द्वारा कुछ अन्तर पैदा कर सकने का प्रश्न ही नहीं उठता—वहाँ तो सभी कुछ पारस्परिक हित के लिए किए गए अनुबन्ध द्वारा ही सम्पन्न होता है। किन्तु इसके विपरीत दायित्व का विचार इस तर्क पर आधारित है कि यदि किसी के पास ऐसी शक्ति है जो विश्व में अन्याय में कमी ला सकती है तो (निश्चय ही बिना किसी काल्पनिक सहयोग में निहित पारस्परिक हित विवेक के ही) यह अनुभूति, अपने आप में, उस शक्ति का प्रयोग

करने के लिए एक पर्याप्त शक्तिपूर्ण तर्क बन जाती है। यह तर्क धारा गौतम बुद्ध जितनी पुरानी है—उनका आग्रह था कि व्यक्ति की क्षमता और शक्ति के साथ-साथ उसके लिए कुछ दायित्व भी निर्धारित हो जाते हैं। यही विचार अनेक प्रकार से विभिन्न देशों में नैतिक एवं राजनीतिक दर्शन चिन्तन में बार-बार उदित हो रहा है।

सामान्य स्वातंत्र्य और विशेष रूप से अभिकर्तृत्व स्वातंत्र्य व्यक्ति की प्रभावी शक्ति का अंग हैं और इन स्वातंत्र्यों से जुड़ी क्षमता को केवल वैयक्तिक हितलाभ का सूचक मानना गलत होगा। यह हमारे दायित्व बोध का भी केन्द्रस्थ सरोकार है। इसी अनुभूति से न्याय सिद्धान्त आधारित जानकारी घटक के रूप में परितोष और क्षमता के बीच का अन्तर भी स्पष्ट हो जाता है—परितोष उन दायित्वों को जन्म नहीं देता जो क्षमताओं के साथ सम्बन्धित हो जाते हैं। यह प्रभावी शक्ति के दायित्व विषयक विचार का ही योगदान होता है। इस प्रकार से एक ओर कुशल-क्षेम एवं परितोष तथा दूसरी ओर स्वातंत्र्य एवं क्षमता के बीच महत्त्वपूर्ण अन्तर स्पष्ट हो जाता है।

सामाजिक नीतिशास्त्र और राजनीतिक दर्शन में क्षमता की भूमिका मानवीय हित-लाभ के मार्गदर्शक के रूप में परितोष और कुशल-क्षेम के प्रतिद्वन्द्वी से कहीं अधिक है। मैं इस प्रश्न पर स्पष्ट रूप से अधिक चर्चा नहीं करूँगा किन्तु परोक्ष रूप से इस बात की व्याख्या में इसका उपयोग अवश्य होगा कि किस कारण से व्यक्ति के स्वातंत्र्य का संवर्धन निश्चित रूप से उसके कुशल-क्षेम को संवर्धित नहीं कर पाता। मैं तो वैयक्तिक अवस्थाओं और हित-लाभ दशाओं के मूल्यांकन में क्षमता की उपयुक्तता पर अधिक ध्यान दूँगा—जबकि पारम्परिक क्षेम-अर्थशास्त्र में परितोष पक्ष पर आग्रह रहता है। इस पुस्तक में प्रस्तुत न्यायविषयक दृष्टिकोण की विश्लेषण विधि में दक्षता से जुड़े दायित्वों का प्रश्न एक महत्त्वपूर्ण अवयव है।

अर्थशास्त्र और परितोष

अर्थशास्त्र की एक अन्तर्धारा—क्षेम अर्थशास्त्र का सम्बन्ध अवस्थाओं की श्रेष्ठता और नीतियों के मूल्यांकन से है। इस अंतर्धारा में सारे मूल्यांकन को परितोष पर केन्द्रित रखने की बड़ी सुदीर्घ परम्परा है। इसे ही व्यक्तियों के क्षेम का एकमात्र सूचक और उनकी हित-लाभ स्थिति का परिचायक माना जाता है। एक शताब्दी तक तो क्षेम अर्थशास्त्र आधुनिक रूप में जेरेमी बैंथम द्वारा रचित (और जॉन स्टुअर्ट मिल, फ्राँसिस एज़मर्थ, हेनरी सिगविक, अल्फ्रेड मार्शल (Alfred Marshall) और ए. सी. पीगू (A. C. Pigou) आदि अर्थशास्त्रियों द्वारा समर्थित) उपयोगितावाद द्वारा ही प्रभावित रहा है। इसने परितोष को मानवीय क्षेम और हित-लाभ का अनुपम रूप से महत्त्वपूर्ण मापक बना दिया और इसी कारण से यह सामाजिक मूल्यांकन और नीति-निर्धारण का आधार

भी बन गया। यद्यपि आज अनेक प्रबल प्रतिद्वन्द्वी विचार भी सामने आ चुके हैं, किन्तु बहुत समय तक तो उपयोगितावाद ही क्षेम अर्थशास्त्र का 'आधिकारिक सिद्धान्त' रहा है।[1] यही नहीं, आज भी क्षेम अर्थशास्त्र के अधिकांश विचारों की रचना तो उपयोगितावादी स्वरूप में ही ढली हुई दिखाई देती है। फिर भी आधुनिक अर्थशास्त्र के अनेक प्रबलतापूर्ण विमर्शों में मानव जीवन में परितोष के पक्ष की कुछ अवहेलना ही दिखाई देती रही है। विशाल सांख्यिकीय जानकारियों से स्पष्ट हो रहा है कि भले ही आज विश्व के अनेक भागों में लोग अधिक समृद्ध हो गए है, उन्हें व्यय करने को अभूतपूर्व रूप से अधिक आय भी सुलभ है, फिर भी वे पहले की अपेक्षा अधिक खुश (परितुष्ट) नज़र नहीं आते। रिचर्ड ईस्टरलिन (Richard Easterlin) की निबंध का शीर्षक *विल रेज़िंग द इन्कम ऑफ ऑल रेज़ द हैप्पिनैस ऑफ आल?*[2] सभी आर्थिक व्याधियों (कष्टों और परितोषहीनता सहित) के इलाज के रूप में 'आर्थिक संवृद्धि की वकालत करने वालों के दावों के प्रति सटीक तर्कों और अनुभवजन्य आँकड़ों के आधार पर सन्देह उत्पन्न कर रहा है। आय और धन के साथ-साथ उपयोगिता स्तर में सुधार की सरल फलनरूपी मान्यता से आगे झाँकने वाले अनेक अर्थशास्त्रियों ने अमीर अर्थव्यवस्थाओं में बसे व्यक्तियों के जीवन की 'उल्लासहीनता' के कारणों एवं स्वरूप की ओर भी ध्यान दिया है। टिबर सीटोवस्की (Tibor Scitovsky) का अर्द्ध आर्थिक-अर्द्ध-समाज शास्त्रिक विश्लेषण *जॉयलैस इकॉनामी* (उनकी एक प्रसिद्ध पुस्तक का शीर्षक) शोध के इसी बहुधा नज़र-अन्दाज़ रह गए क्षेत्र में युग परिवर्तनकारी रचना है।'[3]

मानव जीवन में परितोष के महत्त्व पर सन्देह करने के कोई कारण नहीं हैं और यह एक सुखद बात है कि अब अन्ततः, आय-परिप्रेक्ष्य और परितोष-परिप्रेक्ष्य के बीच तनाव पर अर्थशास्त्र की मुख्यधारा में भी खुलकर विचार होने लगा है। मैं अपने बहुत पुराने मित्र रिचर्ड लेयर्ड से अनेक प्रश्नों पर बहुत बहसबाज़ी करता रहा हूँ। किन्तु उन्होंने एक विरोधाभास का अन्वेषण अपनी पुस्तक *हैप्पीनैस : लैसन्स फ्रॉम ए न्यू साइंस* में बहुत ही आक्रामक और गाम्भीर्य के साथ किया है—(मैं उस विरोधाभास पर आग्रह से पूर्णतः सहमत हूँ, उसमें कोई अतिशयोक्ति नहीं है) वस्तुतः हमारे जीवन में ही वह विरोधाभास रच-बस गया है। अधिकांश व्यक्ति अधिक आय चाहते हैं और उसे पाने को प्रयास करते हैं। फिर भी, यदि पश्चिमी देशों की हालत देखें तो भले ही वे अधिक समृद्ध हुए हैं किन्तु उनके निवासी अधिक परितुष्ट नहीं हो पाए हैं।[4] ये सभी प्रश्न उसी समय उठ पाते हैं जब मानव जीवन में परितोष के महत्त्व को पूरी तरह स्वीकार कर लिया जाता है, जीवन शैली के लिए इसके निहितार्थ समय आ जाते हैं और परिणामस्वरूप यह बात भी समझ आ जाती है कि आय और परितोष के बीच के सम्बन्ध आयप्रेरित सिद्धान्तकारों की मान्यताओं की अपेक्षा कहीं अधिक जटिल होते हैं।

ये प्रश्न हैं : मानव जीवन की श्रेष्ठता के आकलन की अन्य विधियों, हमारी जीवनशैली में स्वातंत्र्यों के महत्त्व क्या हैं और क्या इन सभी सरोकारों को महत्त्वहीन मान लेना चाहिए, क्या इन्हें उपयोगिता का अनुगामी बना देना चाहिए या क्या इन्हें केवल परितोष संवर्धन का निर्धारक या माध्यम मानना चाहिए? केन्द्रीय प्रश्न परितोष के महत्त्व का नहीं है, बल्कि परितोष परिप्रेक्ष्य पर आग्रह करने वालों की इस बात का है कि अन्य सभी बातें महत्त्वहीन होती हैं।

परितोष का प्रभाव क्षेत्र और सीमाएँ

इस बात को झुठलाना कि परितोष हमारे जीवन में अत्यन्त ही महत्त्वपूर्ण होता है बहुत ही कठिन होगा। यही नहीं, सभी के परितोष के संवर्धन के प्रयास करने के लिए हमारे पास अनेक अच्छे कारण भी विद्यमान रहते हैं। रिचर्ड लेयर्ड ने परितोष सृजन की आवाज़ बुलन्द करते हुए संभवतः हमारी मुश्किल सवाल उठाने की क्षमता को कुछ कम करके आंक लिया था। किन्तु यह तो साफ समझ आ जाता है कि इस प्रकार के दावे से उनका क्या अभिप्राय रहा होगा : 'यदि हमसे कोई पूछे कि परितोष क्यों महत्त्वपूर्ण है तो हमारे पास इसके लिए कोई बाहरी तर्क नहीं होंगे। यह तो स्वयं-स्पष्ट है कि यह महत्त्वपूर्ण है![5] दूसरे शब्दों में परितोष तो इतनी बड़ी उपलब्धि होती है कि जिसका महत्त्व स्वयं स्पष्ट रहना चाहिए।

असली समस्या तो इस दावे से जुड़ी है। 'परितोष ही वह अन्तिम लक्ष्य है, जो अन्य लक्ष्यों की अपेक्षा, स्पष्टतः श्रेष्ठ सिद्ध है।' लेयर्ड यह भी बताते हैं कि अमरीकी स्वतंत्रता घोषणापत्र में भी इसे 'स्पष्टतः श्रेष्ठ' माना गया था।[6] वास्तव में अमरीकी स्वतंत्रता घोषणा पत्र की स्थापना कुछ अलग थी : यह तो स्वयं स्पष्ट है कि प्रत्येक व्यक्ति को, उसके सृजनकर्ता ने किन्हीं असंक्राम्य अधिकारों से सम्पन्न किया है' और इन्हीं अधिकारों की व्याख्या करते हुए अन्य अधिकारों के साथ-साथ परितोष के अधिकार की बात हुई है। उस घोषणापत्र में अन्य सभी अधिकारों के विपरीत परितोष की स्थापना नहीं की गई थी। स्वयं स्पष्ट श्रेष्ठता की ओर अनेक दृष्टिकोण हैं और उनमें स्वातंत्र्य, समता, भ्रातृभाव आदि न जाने कितने और सरोकार हैं जिनका परितोष द्वारा पूर्ण दमन कभी स्वीकार्य नहीं हो पाएगा। चाहे आप दो सदी पूर्व फ्रॉंसीसी क्रान्ति की प्रेरणाओं को देखें या आज की परिस्थितियों को, राजनीतिक व्यवहार को, या दार्शनिक विश्लेषण को (जिनमें नॉज़िक का स्वातंत्र्य के स्वयं स्पष्ट महत्त्व पर और डॉर्किन का समता की सर्वोच्च सद्गुणी स्वरूप पर ऐसा ही प्रबल आग्रह भी है) प्रत्येक मामले में केवल परितोष के महत्त्व की स्वयं सिद्धता सिद्ध नहीं हो पाती।[7] परितोष के अनूठे महत्त्व के स्वयंसिद्ध श्रेष्ठता के दावे का समर्थन करने के लिए लेयर्ड को और अच्छे तर्क जुटाने पड़ेंगे।

अपने दावे के पक्ष में, बड़े स्पष्ट शब्दों में, और तर्क जुटाने की अनावश्यकता की घोषणा करने के बाद स्वयं लेयर्ड ही उसके पक्ष में एक ऐसा तर्क जुटाने में लग गए जो कुछ स्वीकार्य-सा प्रतीत होता है। क्षमताओं के दावे को नकारते हुए लेयर्ड कहते हैं कि यदि हम अपने लक्ष्यों को इस आधार पर उचित नहीं ठहरा पाते कि उनके बारे में जनता क्या महसूस करती है तो उनमें कहीं न कहीं 'पैतृकवाद' की गंध आने लगेगी (पृष्ठ, 113)। यह पैतृकवाद से बचने की बात एक बाह्य तर्क ही है और यह परितोष की स्वयंसिद्ध, निर्विवाद श्रेष्ठता से बहुत ही अलग भी है। लेयर्ड ने यह पैतृकवाद का आरोप उन सभी सामाजिक अध्येताओं पर मढ़ दिया है जो यह बताने का दुःसाहस करते हैं कि प्रायः अत्यन्त ही अभावग्रस्त व्यक्ति उन अभावों का निराकरण किए बिना भी उनके साथ जीना सीख लेते हैं—अपने जीवन को अधिक 'सहनीय' बना लेते हैं। लेयर्ड कहते हैं कि 'ये विश्लेषण कर्ता तो 'भगवान' बनकर अन्य व्यक्तियों के लिए निर्णय करने का प्रयास कर रहे हैं।

लेयर्ड की इस टिप्पणी के अन्तिम भाग में ही उनकी मान्यता का व्यावहारिक अंश छुपा है। वह हमें वे कार्य करने से मना कर रहे हैं जो हमें उनके लिए अच्छे लग रहे हों—वे चाहते हैं कि वे कार्य तभी किए जाएँ जब उन लोगों को भी अच्छे लगें (पृष्ठ—20-21) क्या ये विचार उनके प्रति न्यायपूर्ण हैं जिनके विचारों का लेयर्ड खंडन करना चाहते हैं? सत्वर अभावग्रस्तता को चुपचाप स्वीकार कर लेने के आलोचक यही तो चाहते हैं कि उन अभावग्रस्तों की दुर्दशा के कारणों की और गम्भीरता से समीक्षा हो, उन्हें आशा है कि इसके माध्यम से जो परिस्थितियों से समझौता किए बैठे हैं, संभवतः उन्हें भी अपनी दुरवस्था की अनुभूति हो जाए और वे भी उसका कुछ विरोध जताने लगें।

हमने अध्याय—7 में चर्चा की थी कि भारत में परम्परागत रूप से नारी चुपचाप, आज्ञा-पालक के रूप में अपने अधीनस्थ सामाजिक स्तर को स्वीकार करती आई है, किन्तु पिछले कुछ दशकों में इस बात को लेकर कुछ 'रचनात्मक असन्तोष' के स्वर सुनाई देने लगे हैं—सामाजिक परिवर्तन की माँग उठ रही है। इस बदलाव में नारी द्वारा बिना प्रश्न किए चुपचाप और बिना किसी शिकायत या विरोध के उस अधीनस्थता को स्वीकार करने को लेकर उठाए गए प्रश्नों ने बड़ी भूमिका निभाई है। काश! मेरे मित्र रिचर्ड लेयर्ड केवल बैंथम की विचारधारा से बाहर निकल कुछ मिल की भी ओर देख लेते। परस्पर क्रियाशील जनसंवाद भारत में नारी की सत्वर अभावग्रस्तताओं को सहन करने के विरुद्ध जागरूकता में एक बड़ा योगदान दे रहा है—इसमें नारीवादी आन्दोलनों का भी योगदान है। साथ ही साथ भारत में विषमताओं के विभिन्न स्रोतों का राजनीतिक स्तर पर एक बहुत ही नए तरीके से विचार करने का भी योगदान है।

हम आत्मचिन्तन करते समय अपने-आपसे और सार्वजनिक चर्चा में अन्य

व्यक्तियों से इसलिए तर्क करते हैं कि अपनी धारणाओं और मानसिक प्रतिक्रियाओं की विश्वस्तता की जाँच कर यह जान सकें कि कहीं हमारी तात्कालिक अनुभूतियाँ हमें गुमराह तो नहीं कर रहीं। बात चाहे राजा लियर के इस आग्रह की हो कि अपनी अभिनतियों को ठीक से समझने के लिए हमें स्वयं को अन्य व्यक्तियों की स्थिति में रखकर उनको जाँचना चाहिए या एडम स्मिथ की, कि विभिन्न संस्कृतियों के व्यक्तियों को (भले ही वे एथेन्स के विद्धान हों) को भी समाज में प्रचलित शिशु वध जैसी कुप्रथाओं के प्रति अपने विचारों पर पुनः विचार करने की आवश्यकता हो सकती है। अपनी असमीक्षित भावनाओं या धारणााओं की समीक्षा करने की आवश्यकता सदैव बनी रहती है।

यह बात आज के युग में जनशिक्षा पर भी लागू है। उदाहरण के लिए स्वास्थ्य की देखरेख, खानपान या धूम्रपान की आदतों पर यह लागू है तो साथ ही प्राव्रजन-आव्रजन, प्रजातीय असहिष्णुता, चिकित्सा की अधिकारिता का अभाव और बिना पैतृकवादी लांछन आमन्त्रित किए समाज में नारी के स्थान आदि पर भी खुले मन से खुली चर्चा की आवश्यकता है। इस बात में बहुत दम है कि प्रत्येक बात पर असमीक्षित भावनाओं और अपरिचित धारणाओं के प्रबल प्रभुत्व को तर्क द्वारा चुनौती दी जा सकती है—अनेक समाज इसका प्रत्यक्ष अनुभव कर चुके हैं।

परितोष में प्रमाण-सम्बन्धी अभिरुचि

परितोष महत्त्वपूर्ण तो है, किन्तु इसे एकमात्र ऐसी चीज़ मान पाना कठिन होगा जिसे हम मूल्यवान् मानते हैं, और न ही इसे अन्य मूल्यवान चीज़ों का एकमात्र मापक माना जा सकेगा। यदि परितोष को इसकी शाही भूमिका नहीं दी जा रही हो तब भी इसे विभिन्न मानवीय कृत्यकारिताओं में से एक मानने के पर्याप्त कारण रहते हैं। इसी प्रकार परितुष्ट हो पाने की क्षमता भी एक ऐसी स्वतंत्रता है जो मूल्यवान है। इस दृष्टि से परितोष का परिप्रेक्ष्य मानव जीवन के एक अत्यन्त ही महत्त्वपूर्ण अंग को उजागर करता है।

अपने महत्त्व के साथ-साथ परितोष में कुछ प्रमाण सम्बन्धी अभिरुचि और प्रासंगिकता भी होती है। हमें यह तो स्वीकार करना होगा कि जिन बातों को हम महत्त्वपूर्ण मानते है। (और महत्त्वपूर्ण मानने के हमारे पास कारण भी होते हैं) उनकी संप्राप्ति से हमारी परितोष की भावना भी प्रभावित होती है। जो कुछ पाने का हम प्रयास करते हैं उसकी प्राप्ति में सफलता से खुशी होना स्वाभाविक है। इसी प्रकार जिन बातों को हम मूल्यवान समझते हैं उनकी प्राप्ति में विफलता पर निराशा भी स्वाभाविक है। इस प्रकार हमारे परितोष और नैराश्य क्रमशः हमारी तथ्य प्राप्ति में सफलता और विफलता से जुड़े रहते हैं—ये लक्ष्य चाहे कुछ भी हों। इसकी ये जानने

में बहुत प्रासंगिक सार्थकता हो सकती है कि क्या व्यक्ति उन चीज़ों को पाने में सफल हो रहे हैं जिन्हें वे मूल्यवान मानते हैं, और उनके पास इस मूल्यवान के कारण भी होते हैं।

किन्तु इस जानकारी का अर्थ यह नहीं होगा कि यह मान लिया जाए कि कोई चीज़ हम इसलिए मूल्यवान मान लेते हैं कि उसे नहीं पाने का अर्थ निराशा होगा! वास्तव में उन उद्देश्यों को मूल्यवान मानने के हमारे कारण (चाहे वे लक्ष्य परितोष से जितने दूरस्थ हों) ही यह समझने में सहायक हो सकते हैं कि हम जिसे पाने का प्रयास कर रहे थे उसकी प्राप्ति से हमें परितोष क्यों होता है (और प्राप्ति में विफलता से निराशा क्यों होती है) इस प्रकार परितोष एक प्रकार से हमारी जीवन की सफलताओं और विफलताओं का सूचक बन जाता है! यह उस समय भी होता है कि जब हम केवल परितोष की ही तलाश में नहीं भटक रहे होते।

उपयोगितावाद और क्षेम-अर्थशास्त्र

आइए, अब सामान्य अर्थशास्त्र में परितोष के विचार पर ध्यान दें। क्षेम अर्थशास्त्र के सन्दर्भ में (जहाँ हम व्यक्ति के कुशल-खेम को एक साध्य और नीति निर्माण का मार्गदर्शक भी मानते हैं) तो परितोष के विचार का महत्त्व और भी बढ़ा-चढ़ा रहता है। बैंथम, एजवर्थ, मार्शल और पीगू जैसे उपयोगितावादियों को सामाजिक श्रेष्ठता की क्रमिकता और चयन का वैयक्तिक क्षेमों के योगफल द्वारा निर्धारण बहुत कठिन प्रतीत नहीं हुआ था। उन्होंने वैयक्तिक क्षेम को सहज भाव से वैयक्तिक उपयोगिता द्वारा ही निदर्शित मान लिया था। साथ ही उन्होंने क्षेम और उपयोगिताओं के विभिन्न व्यक्तियों के बीच वितरण में विषमताओं की समस्याओं को भी पूरी तरह से नज़र-अन्दाज़ कर दिया था। अतः सभी वैकल्पिक सामाजिक अवस्थाओं के विषय में निर्णय उनके अपने-अपने समस्त परितोष के स्तर के आधार पर हो जाते थे और प्रत्येक वैकल्पिक नीति के विषय में निर्णय भी क्रमशः उन नीतियों से सृजित होनेवाली 'सकल उपयोगिता' के स्तरों के आधार पर होते थे।

किन्तु 1930 के दशक में लॉयनल रॉबिन्स (Lionel Robbins) और "तार्किक सकारात्मकपूर्ण दर्शन" से प्रभावित विद्वानों ने अर्थशास्त्रियों को इस बात से सहमत कर लिया कि उपयोगिताओं के वैयक्तिक स्तरों की तुलना का कोई वैज्ञानिक आधार नहीं होता। और ये तुलनाएँ सूझबूझपूर्ण नहीं होतीं। यह क्षेम अर्थशास्त्र पर एक गहरा आघात था। कहा गया कि एक व्यक्ति के परितोष की किसी अन्य के परितोष से तुलना नहीं हो सकती। रॉबिन्स का तर्क था कि प्रत्येक व्यक्ति का मस्तिष्क अन्यों के लिए अबोधगम्य होता है; और जैसे कि डब्ल्यू. एस. जेवन्स (W.S Jewons) ने कहा था : अनुभूति का कोई सांझा मापदंड नहीं हो सकता।[8]

किन्तु इस प्रकार निरसन (Dismissal) समस्यापूर्ण है, क्योंकि मानव जीवन में आनन्द और कष्ट तुलनात्मक आकलन के स्वीकार्य नियम अब उपलब्ध हैं–और जहाँ उन नियमों को लेकर संदेह हो वहाँ भी कुछ वैयक्तिक तुलनाओं को लेकर सहज ही सहमति की प्राप्ति इतनी कठिन नहीं होती। इस प्रकार (पूर्ण नहीं तो) एक अपूर्ण, क्रमिकता की रचना तो संभव हो ही जाती है। विभिन्न व्यक्तियों के परितोष का वर्णन करने में प्रयुक्त शब्दों में भी यह सहमति साफ झलक जाती है। (ये शब्द विभिन्न व्यक्तियों को अलग-थलग पड़े समुद्री द्वीपों में बसे नहीं मानते–जिनका आपस में कोई लेन-देन और सम्पर्क नहीं होता)। यदि व्यक्तियों के बीच तुलनाएँ सँभव नहीं होतीं तो राजा लियर की त्रासदी को समझ पाना कठिन ही रहता।

किन्तु अर्थशास्त्री तो (लगभग सारे) बहुत शीघ्र इस बात पर सहमत हो गए कि उपयोगिताओं के व्यक्तिगत स्तरों की तुलना की विधि ही गलत थी और उपयोगितावादी परम्परा को बृहत्तर स्वरूप भी 1940 और 1950 के दशकों में अपनी जानकारी की दृष्टि से विभिन्न स्वरूप से पराजित हो गया।

यह केवल उपयोगिता या परितोष की बात करने वाला स्वरूप ही 'नवीन क्षेम अर्थशास्त्र' कहलाता है। यह केवल उपयोगिताओं पर निर्भर था, इसने व्यक्तियों की उपयोगिताओं की तुलना पर निर्भरता का पूर्ण निराकरण कर दिया था। इसे क्षेत्रवाद भी कहा जाता है। इस क्षेम अर्थशास्त्र की जानकारी आधार संकीर्ण रूप से उपयोगिताओं पर ही टिका था किन्तु इसने उपयोगिता विषयक जानकारियों के प्रयोग की विधियों को व्यक्ति स्तरीय उपयोगिताओं पर पूर्ण प्रतिबन्ध लगाकर और भी सीमित कर दिया। व्यक्ति स्तरीय उपयोगिता तुलना से विमुक्त क्षेमवाद सामाजिक निर्णय प्रक्रिया का बहुत ही संकीर्ण जानकार आधार सिद्ध होता है। हम यह तो कर सकते थे कि एक अवस्था में व्यक्ति अधिक परितुष्ट था या दूसरी में, किन्तु दो व्यक्तियों के परितोष के विषय में कुछ भी करना वर्जित हो गया था।

जानकारी की सीमाएँ और असंभाव्यताएँ

सामाजिक क्षेम की स्वीकार्य संरचना (कसौटी) के अन्वेषण में ही केन्नेथे ऍरो ने अपने प्रसिद्ध 'असंभाव्यता प्रमेय'' का प्रतिपादन किया था। उनकी पुस्तक *सोशल चॉइस एंड इंडिविजुअल वैल्यू (1951)* ने सामाजिक चयन सिद्धान्त के एक नए विषय का निरूपण किया।[9] ऍरो ने सामाजिक चयन से जुड़ी बहुत ही नम्य-सी शर्तों को व्यक्तिगत वरीयताओं पर लागू करते हुए यह माना था कि यह न्यूनतम शर्तें हैं जिन्हें सामाजिक मूल्यांकन की किसी भी शिष्ट विधि को पूरा करना ही चाहिए। ऍरो ने दिखाया था कि उन सरल-सी लगने वाली शर्तों को पूरा करना भी सँभव नहीं था। इस 'असंभाव्यता प्रमेय' ने क्षेम अर्थशास्त्र को एक गंभीर संकट में धकेल दिया–इसे

सामाजिक एवं राजनीतिक तथा अर्थशास्त्रीय अध्ययन के इतिहास में एक बहुत बड़ी घटना माना जाता है।

वैयक्तिक वरीयताओं के आधार पर सामाजिक चयन की समस्या का निरूपण करते समय ऐरो ने उस समय की प्रचलित परम्परा–(कि व्यक्तियों के बीच उपयोगिता की तुलना का कोई अर्थ नहीं होता) का ही अनुसरण किया था।[10] यह केवल वैयक्तिक उपयोगिताओं पर निर्भरता और व्यक्ति स्तरीय उपयोगिताओं की अतुलनीयता का संयोग ही उस असंभावित प्रमेय की रचना में निर्णायक भूमिका निभा गया।

आइए, इस कठिनाई के एक आयाम को समझने का प्रयास करें। एक केक को दो या अधिक व्यक्तियों के बीच बाँटने में (उनके हिस्सों के निर्धारण में) आने वाली समस्या पर विचार करें। ऐरो के 1951 के जानकारी आधार के अनुसार तो हम व्यक्तियों के बीच उनकी अमीरी-गरीबी के आधार पर समता के किसी भी विचार का प्रयोग नहीं कर सकते। यदि अमीरी या गरीबी का निर्णय व्यक्ति की आय या उसके पास वस्तुओं के भंडार के आधार पर होगा तो यह स्पष्टतः गैर उपयोगितावादी अभिलक्षण है और ऐरो के विचार तन्त्र में इसका कोई स्थान नहीं होगा। यह तो केवल उपयोगिता पर निर्भर है। किन्तु हम व्यक्तियों की अमीरी-(गरीबी) को उनके उच्च (निम्न) परितोष स्तरों द्वारा भी व्यक्त नहीं कर पाते, इस प्रकार से वैयक्तिक परितोष की तुलना तो मान्यताओं द्वारा वर्जित कर दी गई है। इस विचारतन्त्र में समता के तकाज़े मूलतः अप्रयोज्य हो जाते हैं। परितोष का प्रत्येक व्यक्ति की निजी अवस्था के सूचक के रूप में पृथक्-पृथक् प्रयोग किया जाता है। दो अलग-अलग व्यक्तियों के परितोष स्तरों की तुलना नहीं हो सकती, विषमता के आकलन के लिए परितोष को मापक नहीं बनाया जा सकता और न ही इसके आधार पर समता के किसी तकाज़े की ओर ध्यान दिया जा सकता है।

इन सभी जानकारीगत प्रतिबन्धों के कारण हमारे पास किसी न किसी रूप से मतदान विधि पर आधारित चयन नियम ही बच रहते हैं। यह भी इसलिए कि इनमें व्यक्तियों की वरीयताओं की किसी तुलना की आवश्यकता नहीं होती (किन्तु इन नियमों में संगतिपूर्णता की गम्भीर समस्याएँ होती हैं जिन्हें 200 वर्षों से भी पहले काँडोर्से और बोर्डो जैसे फ्राँसीसी गणितज्ञ स्पष्ट कर चुके थे। एक उदाहरण : बहुमत के नियम के अनुसार विकल्स 'सी' द्वारा 'बी' को पराजित किया जा सकता है और 'बी' द्वारा 'सी' को। यहीं नहीं,, 'सी' भी 'ए' को पराजित कर सकता है। फिर तो हमारे पास एक तानाशाही पूर्ण सामाजिक निर्णय की विधि के अतिरिक्त कोई विकल्प नहीं बचता। बस एक व्यक्ति की वरीयताएँ ही सारे समाज की क्रमिकताओं के लिए निर्णय का आधार बन जाती हैं। वही 'तानाशाह' होता है।) इस प्रकार की तानाशाही निर्णय-प्रक्रिया में संगति का लक्षण बहुत ही उग्र रूप में विद्यमान रहता है, किन्तु यह राजनीतिक स्तर पर निर्णय करने की स्पष्टतः अस्वीकार्य विधि होगी। वास्तव में ऐरो की एक स्पष्ट

मान्यता, कि समाज में कोई तानाशाही नहीं होती, पहले ही इस विधि को अस्वीकार्य घोषित कर चुकी होती है। इसी प्रकार ऐरो की असंभाव्यता का जन्म होता है। उनके तुरन्त बाद और अनेक असंभाव्यता परिणाम भी उभर कर सामने आए हैं—प्रायः वे सभी ऐरो के प्रमेय की छाया में रहे हैं और पूर्व धारणाओं में अन्तरों के बाद भी उसी प्रकार के निराशावादी निष्कर्षों से भरे रहे हैं।

उस हताशा-भरे समय के बाद से असंभाव्यताओं के निराकरण की अनेक विधियों पर व्यापक रूप से विचार हुआ है और बड़े स्पष्ट रूप से यही बात उभरकर आई है कि सामाजिक निर्णय प्रक्रिया के जानकारी-आधार को अधिक व्यापक बनाकर ही उन नकारात्मक निहितार्थों पर पार पाया जा सकेगा। यह तो हम जानते ही हैं कि मतदान विधि का जानकारी-आधार अत्यन्त ही सीमित होता है और सामाजिक—आर्थिक प्रश्नों पर निर्णय करते समय तो यह विचार बहुत ही दुर्बल सिद्ध होते हैं। ऐसे सामाजिक निर्णयों में विभिन्न व्यक्तियों के हितलाभ के स्तरों की उच्चता और निम्नता की तुलनाएँ अपरिहार्य रहेंगी। यदि वैयक्तिक हितलाभ अवस्था का सूचक उपयोगिता को बनाया जाता है तो उपयोगिताओं की व्यक्तियों की बीच तुलनीयता किसी भी सफल सामाजिक मूल्यांकन व्यवस्था की रचना में अत्यन्त निर्णायक रूप धारण कर लेगी।

हम इस सम्भावना से इन्कार नहीं कर रहे कि कोई सामाजिक चयन विधि बिना हित-लाभों अथवा उपयोगिताओं की वैयक्तिक तुलनाएँ किए भी कारगर हो जाएँ, किन्तु विभिन्न व्यक्तियों के सापेक्ष हितलाभों को समरूप पैमाने के अनुसार मापे बिना ये विधियाँ न्याय के तकाज़ों को पूरा कर पाने में बहुत ही कमज़ोर साबित होंगी।* सामाजिक चयन समस्या की वैयक्तिक क्रमिकताओं में निहित जानकारियों की उपयोगिता और परितोष की क्रमिकताओं से पृथक् अन्य व्याख्याएँ भी सम्भव हैं। वास्तव में ऐरो को स्वयं भी इस बात का ध्यान था और सामाजिक चयन व्यवस्था की संगति विषयक बहस अब उस चयन व्यवस्था के गणितीय चरों की पुनर्व्याख्या के एक अन्य ही स्तर पर पहुँच चुकी है। इस विषय पर हमने अध्याय-4 में चर्चा की थी—जनवाणी का विचार परितोष की तुलना में बहुत ही बहुमुखी क्षमताओं से सम्पन्न है।[11]

इस सन्दर्भ में परितोष या इच्छापूर्ति के रूप में सामाजिक मूल्यांकन में केवल उपयोगिता पर निर्भरता को लेकर बहुत गम्भीर प्रश्न उठाए जा रहे हैं। ये प्रश्न क्षेमवाद की स्वीकार्यता को लेकर उठ रहे हैं। क्षेमवाद तो सामाजिक नीतिशास्त्र के प्रति एक विशेष विचार धारा है। इस विधि की सबसे बड़ी सीमाएँ इस तथ्य में निहित हैं कि सामाजिक व्यवस्थाओं, अवसरों, स्वातंत्र्यों वैयक्तिक स्वातंत्र्यों की अलग-अलग व्यवस्थाओं के अन्तर्गत वैयक्तिक क्षेम स्तरों का एक समुच्चय बहुत ही अलग सामाजिक चित्रण प्रस्तुत कर सकता है।

---

* जॉन नैश की विख्यात ''सौदेबाज़ी समस्या'' इसका एक उत्कृष्ट उदाहरण है। इकोनोमैट्रिका 18, 1950

क्षेमवाद का आग्रह है कि गैर उपयोगिता अभिलक्षणों पर कोई ध्यान नहीं दिया जाए—हाँ, यदि उनसे सम्बद्ध कोई उपयोगिता या परितोष भी हो तो उस (परितोष) पर ध्यान दिया जा सकता है। किन्तु इस बात की सँभावना तो रहती है कि उपयोगिता सूचक अंकों का स्तर एक समान होते हुए भी किसी सन्दर्भ में अत्यन्त आधारभूत मानवीय स्वातंत्र्यों का गम्भीरतम अतिक्रमण भी हो रहा हो। अन्य सन्दर्भों में कुछ भी होता रहे, पर क्षेमवाद तो यही कहेगा कि केवल समग्र सृजित उपयोगिता की बात करो—अन्य सभी बातें निरर्थक हैं। यह आग्रह बड़ा ही विचित्र लगता है कि वैकल्पिक अवस्थाओं और नीतियों का मूल्यांकन करते समय उपयोगिता या परितोष के अतिरिक्त किसी भी अन्य बात को ज़रा भी महत्त्व नहीं दिया जाता।

यह अवहेलना स्वतंत्रताओं के सन्दर्भ में और भी गम्भीर हो जाती है—सारभूत अवसर कहलाने वाली सकारात्मक स्वतंत्रताओं (निःशुल्क या रियायती स्कूली शिक्षा, मूल स्वास्थ्य सेवाओं आदि को पाने की स्वतंत्रता आदि) के सन्दर्भ में तो इस अवहेलना के परिणाम बहुत ही भयावह हो सकते हैं। हाँ, एक बात है, अन्य व्यक्तियों के हस्तक्षेप आदि के विशेष स्वरूपी नकारात्मक स्वतंत्रताओं की मांग पर भी यही बात लागू रहती है। क्षेमवाद वस्तुतः आदर्शमूलक मूल्यांकन और क्षेम अर्थशास्त्र के प्रति बहुत ही संकुचित दृष्टिकोण अपनाए हुए हैं। उपयोगिता को महत्त्वपूर्ण मानना एक बात है—यह महत्त्वपूर्ण है—किन्तु यह कहना कि "किसी और चीज़ का कोई अर्थ नहीं होता' कुछ और ही बात हो जाती है। हमारा तो विशेष आग्रह है कि सामाजिक व्यवस्थाओं के मूल्यांकन में स्वातंत्र्य विषयक तकाज़ों पर बहुत सार्थक रूप से ध्यान दिया जाना चाहिए।

दूसरे, जब वैयक्तिक क्षेम को केवल परितोष या इच्छापूर्ति (अथवा आपूर्ति) के रूप में देखने से उपयोगितावादी व्याख्या के जानकारी आधार की सीमाएँ और भी संकुचित हो जाती हैं। व्यक्तिगत अभावग्रस्तता की तुलनाएँ करते समय वैयक्तिक कुशल-क्षेम के प्रति यह दृष्टिकोण बहुत ही संकुचित हो जाता है। इस प्रश्न पर और विचार की आवश्यकता है।

परितोष, कुशल-क्षेम और हित-लाभ अवस्था

परितोष या इच्छापूर्ति पर आधारित उपयोगितावादी गणित निरन्तर अभाव भुगत रहे व्यक्तियों के प्रति गम्भीर रूप से अन्याय कर सकता है। इसका एक बड़ा कारण है : विषम परिस्थितियों में ज़ीवन को सहनीय बनाने के लिए हमारी मानसिकता और इच्छाएँ भी परिस्थितियों के साथ एक प्रकार का समझौता कर लेती हैं। इसी समझौते या वस्तुस्थिति को स्वीकार कर लेने से परम्परागत अभावग्रस्त वर्ग (असहिष्णु समाज में बसे अल्पसंख्यक, शोषणात्मक औद्योगिक वातावरण में पसीना बहाने वाले श्रमिक,

अनिश्चित वातावरण के बटाईदार, या लिंगभेदी संस्कृति की गृहणियाँ) अपने जीवन को कुछ सहन करने योग्य बना पाते हैं। इस प्रकार अत्यन्त ही अभाव पीड़ित निराश व्यक्तियों में किसी बड़े परिवर्तन की इच्छा करने का भी साहस नहीं रहता और उन्हें जो कुछ व्यावहारिक लगता है उसी तक वे अपनी इच्छाओं और अपेक्षाओं को समेट लेते हैं! छोटी-छोटी कृपाओं से ही वे खुश हो रहते हैं!

निरन्तर विपरीत परिस्थितियों में निर्वाह को विवश व्यक्तियों को इस प्रकार हालात के साथ समझौता व्यावहारिक स्तर पर समझ आ सकता है : इस प्रकार निरन्तर अभाव के बावजूद वे चैन से जी लेते हैं। किन्तु इन समझौतों का परितोष या इच्छा पूर्ति विषयक उपयोगिता के पैमानों पर बड़ा विचित्र प्रभाव होता है। इच्छापूर्ति या आनन्द के रूप में हताश अभावग्रस्त की हितहानियाँ बहुत ही सिकुड़ी हुई प्रतीत होती हैं—उनके अभाव और स्वतंत्रता हीनता के सही मूल्यांकन की तुलना में हितहानि बहुत कम आंकी जाती हैं। अपेक्षाओं और अनुभूतियों का यह अनुकूलन नारी की सापेक्ष अभावग्रस्तता सहित सभी सामाजिक विषमताओं को निरन्तर बनाए रखने में बहुत बड़ी भूमिका निभाता है।

परितोष के पक्ष का रिचर्ड लेयर्ड के अतिरिक्त और अनेक अध्येताओं ने बड़ा समर्थन किया है.।[12] अट्ठारहवीं शताब्दी के ज्ञानोदीप्ति काल के दार्शनिक जेरेमी बैंथम के उपयोगितावादी विचारों के पुनरुत्थान में निहित विभिन्न मुद्दों का कुछ स्पष्टीकरण उपयोगी रहेगा।[13] हम विशेष रूप से यह जानना चाहेंगे कि निरन्तर अभाव के कारण परितोष के पैमाने की समंजनशीलता को नकारे बिना इन दावों को कितना और कहाँ तक स्वीकार किया जा सकता है।

इस सन्दर्भ में विभिन्न व्यक्तियों के क्षेम-स्तरों की तुलना और विभिन्न अवस्थाओं में एक ही व्यक्ति के क्षेम-स्तरों की तुलना के बीच अन्तर करना बहुत महत्त्वपूर्ण होता है। उपर्युक्त संमजनकारी प्रक्रिया से व्यक्तियों के बीच उपयोगिता तुलनाएँ बहुत विकृत हो जाती हैं। इसका कारण है : ये निरन्तर अभावग्रस्तों की व्यथाओं का न्यून मूल्यांकन करती हैं। क्योंकि छोटी-छोटी राहतें भी उनके मानसिक तनाव को बहुत कम कर जाती हैं (भले ही उन राहतों से उनके दारिद्र्यपूर्ण जीवन के वास्तविक अभावों में कोई कमी न आए)। उनके अभावों की गहनता को केवल इसलिए नज़र-अन्दाज़ कर देना कि उनमें भी कभी-कभी खुश हो जाने की क्षमता है, शायद ही सामाजिक न्याय के तकाज़ों के प्रति एक पर्याप्त (रूप से अच्छी) समझ विकसित करने में सहायक हो पाएगी।

शायद एक ही व्यक्ति के क्षेम-स्तरों की तुलना करते समय यह समस्या इतनी गम्भीर नहीं रहे। परितोष जीवन की गुणवत्ता से असम्बद्ध नहीं होता, भले ही इसका अनेक अन्य सम्बद्ध बातों से अधिक लेना-देना नहीं हो, अतः असमंजनशील अपेक्षाओं के माध्यम से इच्छाओं को व्यावहारिक स्तर पर ले आकर छोटी-छोटी खुशियों की रचना कर लेना उन व्यक्तियों के लिए एक स्पष्ट लाभ ही होगा। इससे निरन्तर

अभाव के कारण समंजनशील अपेक्षाओं के रास्ते ही सही, परितोष और इच्छापूर्ति को कुछ महत्त्व तो मिल ही जाता है। इस अनुभूति में यही बोध निहित है। किन्तु यदि हमारा परितोष सूत्र अन्य अभावों के महत्त्व को पूरी तरह नज़र-अन्दाज़ कर देता है कि फिर एक ही व्यक्ति के परितोष की तुलना भी बहुत भ्रामक हो सकती है।

वस्तुतः सामाजिक परिस्थितियों और अनुभूतियों के बीच सम्बन्ध उपयोगिता के मानसिक गणन के लिए कुछ अन्य समस्याएँ भी पैदा कर देते हैं। कई बार हमारी अनुभूतियाँ हमें अपने ही वास्तविक अभावों की ओर ध्यान नहीं देने देतीं, जबकि अधिक बेहतर जानकारी से उनका बोध सहज ही हो सकता है। मैं स्वास्थ्य और परितोष सम्बन्धी एक उदाहरण द्वारा इस बात को और स्पष्ट करने का प्रयास करुंगा।

स्वास्थ्य : अनुभूति और मापन

व्यक्ति के स्वास्थ्य-स्तर के मूल्यांकन में एक बहुत बड़ी समस्या इस कारण से पैदा हो जाती है कि उसकी अपने स्वास्थ्य विषयक समझ उसके चिकित्सीय ज्ञान के अभाव द्वारा सीमित होकर रह जाती है। यहाँ एक अवधारणा स्तरीय अन्तर विद्यमान है। यह अन्तर व्यक्ति की अपनी अनुभूति पर आधारित आन्तरिक 'मूल्यांकन और प्रशिक्षित चिकित्सक द्वारा जाँच आदि के बाद 'बाह्य' मूल्यांकन के बीच अन्तर है। प्रायः इन दोनों मूल्यांकनों की युति बहुत उपयोगी रहती है (एक कुशल चिकित्सक की दोनों में रुचि रहती है), किन्तु ये दोनों अलग-अलग दृष्टिकोणों पर आधारित होते हैं और इसी कारण इनमें बहुत तनाव भी हो सकता है।[14]

आर्थर क्लेनमैन (Arthur kleinman) आदि अनेक अध्येताओं ने बहुत सशक्त नृशास्त्रीय विश्लेषणों द्वारा बाह्य मूल्यांकन की सटीकता पर कड़ी आपत्तियाँ जताई हैं, उनका कहना है कि ये दृष्टिकोण व्यक्ति की रुग्णता और स्वास्थ्य को बहुत दूर से और बहुत ही संवेदनहीनता पूर्वक देखता है।[15]

इन शोधकार्यों ने कष्ट को बीमारी का मुख्य लक्षण मानने का आग्रह किया है। चिकित्सीय जानकारी का मशीनी विश्लेषण कभी भी अस्वस्थता के इस आयाम की पूर्ण समझ प्रदान नहीं कर पाएगा–जैसेकि विट्टजेन्स्टीन ने कहा था : दर्द तो आत्मानुभूति की बात है।" यदि आपको दर्द महसूस हो रहा है, तो दर्द है–और यदि आपको दर्द महसूस नहीं हो रहा तो संभवतः कोई भी बाह्य रूप से देखने वाला व्यक्ति इस बात को नहीं नकार पाएगा कि आपको दर्द नहीं है। बीमारी के इस आयाम को देखते हुए तो जिन आँकड़ों पर स्वास्थ्य नियोजक, आर्थिक साधन आबंटनकर्ता और लागत हित-लाभ विश्लेषक प्रायः भरोसा कर लेते हैं, वे मूल रूप से ही अपर्याप्त सिद्ध हो जाएँगे। इन प्रश्नों की नृशास्त्रीय अन्वेषणाओं से सुलभ

हुए समृद्ध बोध का प्रयोग कर लाभान्वित होने की बहुत आवश्यकता है।

यह कहना सचमुच ठीक होगा कि सार्वजनिक स्वास्थ्य निर्णय प्रायः रोगी के वास्तविक कष्ट और चिकित्सीय (इलाज) के अनुभवों के प्रति अपर्याप्त रूप से संवेदनशील रहते हैं। दूसरी ओर इस विवाद के मूल्यांकन में आन्तरिक परिप्रेक्ष्य विषयक सभी नए और पुराने तर्कों द्वारा उजागर की गई सीमाओं पर भी ध्यान देना आवश्यक है।* यद्यपि संज्ञा आधारित मूल्यांकन के लिए आन्तरिक अनुभूति की प्राथमिकता पर सन्देह कर पाना उचित नहीं होगा, फिर भी चिकित्सक अस्वस्थता के इसी आयाम पर निर्भर नहीं रह सकता। इसका एक कारण तो यही है कि मरीज़ का यह 'आन्तरिक' दृष्टिकोण मूलतः उसकी अपनी चिकित्सा विज्ञान की जानकारियों (के अभाव) और सामाजिक अनुभवों पर ही आधारित होता है। अनेक व्याधियों से आक्रान्त किन्तु चिकित्सा सुविधाओं से वंचित व्यक्ति कितने ही लक्षणों को 'सामान्य' मान लेता है—जबकि चिकित्सीय दृष्टि से उनका निराकरण सम्भव होता है। परितोष विषयक समंजनशील अपेक्षाओं की भाँति यहाँ भी सामाजिक परिस्थितियों के प्रति एक ऐसा अनुकूलन हो जाता है जो अनेक दुष्प्रभावों को आच्छादित कर देता है।

यद्यपि 'आन्तरिक' दृष्टिकोण में अनुभूति जनित विशेष अधिकार भी सम्मिलित रहता है, फिर भी यह अनेक अन्य दृष्टियों से बहुत अभावग्रस्त हो सकता है। स्वरुग्णता के आँकड़ों को सामाजिक परिवेश से सम्बन्धित किए जाने की बड़ी भारी आवश्यकता है। इस कार्य में शिक्षा के स्तर, चिकित्सा सुविधाओं की सुलभता और रोगों एवं उनकी चिकित्सा के विषय में सर्वसुलभ जानकारी पर भी ध्यान दिया जाना चाहिए। स्वास्थ्य के विषय में आन्तरिक दृष्टिकोण का महत्त्व तो है किन्तु स्वास्थ्य सुविधाओं की आवश्यकता और चिकित्सीय युक्तियों की रचना एवं मूल्यांकन में केवल इसी पर भरोसा करना बहुत भ्रामक सिद्ध हो सकता है।

इस बोध का स्वास्थ्य नीति, विशेषकर अच्छे स्वास्थ्य के लिए नीति में बहुत महत्त्व है। इस दूसरे कार्य में संकीर्ण स्वास्थ्य नीति की तुलना में अनेक अन्य कारकों पर भी विचार किया जाता है (सामान्य शिक्षा स्तर, सामाजिक विषमताएँ आदि) हमारी वर्तमान चर्चा के सन्दर्भ में स्वास्थ्य विषयक विश्लेषण से एक बात स्पष्ट हो जाती है : स्वास्थ्य की अनुभूति और वास्तविक स्वस्थता के बीच अन्तर से व्यक्तियों की कुशल-क्षेम अवस्था के व्यक्तिपरक् मूल्यांकनों की त्रुटियाँ या सीमाएँ बहुत स्पष्ट हो जाती हैं। परितोष, प्रसन्नता एवं कष्ट की अनुभूतियों का अपना महत्त्व है, किन्तु उन्हीं को मानव के कुशल क्षेम के सभी आयामों का एकमात्र सूचक मान लेना तो अँधेरे में छलांग लगाने जैसा ही है।

---

* स्वसूचित रुग्णता अब चिकित्सीय आँकड़ों का एक अंग बन चुकी है और इनकी समीक्षा से वे समस्याएँ भी स्पष्ट हो रही हैं जो स्वास्थ्य व्यवस्था और चिकित्सीय युक्तियों के विषय में सार्वजनिक नीति को पूरी तरह भ्रमित कर सकती हैं।

कुशल-क्षेम और स्वातंत्र्य

अब मैं पूर्व उल्लिखित तीसरे प्रश्न पर बात कर रहा हूँ। व्यक्ति की क्षमता किस प्रकार से उसके कुशल-क्षेम से जुड़ी रहती है? इसके साथ ही हमें इस प्रश्न पर भी विचार करना चाहिए कि क्या क्षमता का प्रसार सदैव एक कुशल-क्षेम संवर्धनकारी परिवर्तन होता है?

हमने पहले भी व्याख्या की है कि क्षमता हमारी स्वतंत्रता का ही एक आयाम है, यह सारपूर्ण अवसरों पर आधारित रहती है। क्षमता को व्यक्ति के क्षेम का अच्छा सूचक मानने के दावों पर दो महत्त्वपूर्ण भेद कुछ सीमाएँ लागू कर देते हैं। ये भेद हैं–1. कर्तृत्व और क्षेम में अन्तर, तथा 2. स्वतंत्रता और संप्राप्ति में अन्तर। अन्य सन्दर्भों में इन अन्तरों पर हम पहले भी चर्चा कर चुके हैं किन्तु क्षमता और क्षेम के सम्बन्ध में इन पर कुछ और विचार करना आवश्यक लगता है।

पहला अन्तर व्यक्ति के क्षेम के संवर्धन और उसके कर्तव्य विषयक लक्ष्यों को पाने के प्रयासों के बीच है। कर्तव्य में वे सभी लक्ष्य हैं जिन्हें व्यक्ति किन्हीं कारणोंवश अपना लेता है। इनमें ऐसे लक्ष्य भी हो सकते हैं जिनका उसके अपने क्षेम के सवंर्धन से कोई सम्बन्ध नहीं होता। इस प्रकार कर्तव्य ऐसी क्रमिकताएँ निर्धारित कर सकता है जो क्षेम निर्धारित क्रमिकताओं से बहुत ही भिन्न होंगी। प्रायः व्यक्ति के कर्तृत्व (बृहतर भूमिका) में उसके अपने क्षेम विषयक सरोकार भी सम्मिलित रहते हैं, अतः कर्तृत्व और क्षेम में कुछ सांझी बातें भी रहती हैं (उदाहरण : क्षेम वृद्धि के साथ प्रायः उच्चतर कर्तव्य सिद्धि भी जुड़ी रहती है) यही नहीं, गैर-क्षेम लक्ष्यों की प्राप्ति के विफलता से व्यक्ति को हताशा होती है और वह उसके क्षेम की अनुभूति को हानि पहुँचाती है। इसी प्रकार के अन्य कई सम्बन्ध सूत्र भी क्षेम और कर्तव्य के बीच विद्यमान हैं, किन्तु ये दोनों संकल्पनाओं को सर्वांग समता प्रदान नहीं कर देते।

दूसरा भेद संप्राप्ति या उपलब्धिता और पा सकने की स्वतंत्रता के बीच है। यह भेद भी क्षेम एवं कर्तव्य के परिप्रेक्ष्यों पर बहुत अच्छी तरह लागू रहता है। इन दोनों भेदों से व्यक्ति की हितलाभ अवस्था की चार अलग अलग संकल्पनाओं की रचना हो जाती है। 1. क्षेम की संप्राप्ति, 2. कर्तव्य की संप्राप्ति, 3. क्षेम की स्वतंत्रता, और 4. कर्तव्य की स्वतंत्रता। इस प्रकार हमें इन दो भेदों के आधार पर मानवीय हितलाभ अवस्था के वर्गीकरण में मूल्यांकन के दृष्टिगोचर महत्त्वपूर्ण आयाम प्राप्त हो जाते हैं।[16]

इन चारों हितलाभों के मूल्यांकनों के प्रयास भी अलग-अलग रहते हैं। जिन बातों से वैयक्तिक हितलाभों के मूल्यांकनों का सम्बन्ध है उन पर इन चार प्रकार के मूल्यांकनों के प्रभाव भी अलग-अलग प्रकार के हो सकते है। उदाहरण के लिए

यदि व्यक्ति की ऐसी अभावग्रस्तता की चर्चा हो रही है जिसके निवारण में अन्य व्यक्तियों या सरकार की सहायता की ज़रूरत हो, तो वहाँ हमें उसके क्षेम पक्ष पर अधिक ध्यान देना होगा, कर्तव्य की सफलता पर नहीं (सरकार किसी व्यक्ति को अपनी बीमारी-लाचारी के इलाज के सहायता दे सकती है–किन्तु स्थानीय स्तर पर लोग चाहे जो कुछ सोचते हों, उनके किसी नायक का स्मारक बनाने में सहायता देना सरकार को इतना उपयुक्त नहीं लगेगा।)

इसी प्रकार वयस्क नागरिकों के प्रति नीति-निर्धारण में क्षेम स्वतंत्रता का आयाम क्षेम संप्राप्ति से अधिक रुचिकर हो सकता है। उदाहरण : सरकार एक व्यक्ति को अपनी भूख मिटाने के अवसर दे सकती है किन्तु उसे अवसर स्वीकार करने को विवश नहीं कर सकती।* किसी न्यूनतम शालीनतापूर्ण जीवनयापन के अवसरों की पेशकश का अर्थ यह नहीं होगा कि सबको वह पेशकश स्वीकार करने को मजबूर भी किया जाना चाहिए। सभी को पर्याप्त अनाज उपलब्ध कराने की पेशकश का यह अर्थ नहीं है कि किसी के भी ऐच्छिक उपवास पर प्रतिबन्ध लगा दिया जाए।

कर्तृत्व संप्राप्ति और कर्तृत्व स्वतंत्रता पर ध्यान देने से उनसे सम्बन्धित व्यक्ति के अपने आंकलनों और वरीयताओं को अनदेखा कर उसे केवल क्षेम प्राप्ति का वाहक मानने का आग्रह कमज़ोर पड़ जाता है। इस भेद के अनुरूप ही क्षमता विश्लेषण भी एक अन्य स्वरूप धारण कर सकता है। व्यक्ति की क्षमता को उसकी क्षेम स्वतंत्रता (अपना क्षेम बढ़ाने की स्वतंत्रता), और कर्तृव्य स्वतंत्रता (अपने विचारनुसार महत्वपूर्ण लक्ष्यों, जीवन मूल्यों के संवर्धन की स्वतंत्रता) का रूप दिया जा सकता है। पहली स्वतंत्रता का अधिक भीषण अभावग्रस्तताओं (गरीबी आदि) के निवारण के लिए सावर्जनिक नीतियों की रचना में अधिक महत्त्व हो सकता है। किन्तु दूसरी स्वतंत्रता का व्यक्ति की जीवन मूल्यों के प्रति अपनी सोच के साथ अधिक गहरा सम्बन्ध होता है। यदि व्यक्ति किसी अन्य लक्ष्य, अन्य व्यवहार नियम को अपने कुशल क्षेम से बेहतर मानता है तो यह उसका अपना निर्णय होगा। (हाँ व्यक्ति की मानसिक दशा अवश्य ठीक से सोच-विचार करने में सक्षम होनी चाहिए। ऐसा निर्णय किसी विज्ञिप्ति की अवस्था में नहीं होना चाहिए।)

यह समझने में भी कोई भेद नहीं होता कि कई बार व्यक्ति के कर्तव्य के हितलाभ उसके अपने क्षेम वर्धन के विपरीत हो सकते हैं। उदाहरणः जब ब्रिटिश सरकार ने मोहनदास गाँधी को घर पर नज़रबन्दी से आज़ाद किया तो उनकी कर्तव्य स्वतंत्रता (और साथ ही कर्तव्य सिद्धि भी) का संवर्धन हो गया था। किन्तु भारत

* जब सरकार द्वारा दिए गए अवसर से परिवार के सभी सदस्यों की भूख के निवारण में परिवार की आन्तरिक विषमताएँ बाधक हों तो सरकारी नीति की सफलता संशयापन्न हो जाती है। परिवार के मुखिया द्वारा किसी अन्य रूप को अधिक महत्व देना ऐसा ही मामला है। यह एक बार फिर वास्तविक संप्राप्ति पर आग्रह के पक्ष को बल प्रदान करता है।

की स्वतंत्रता के लिए जिस अहिंसक आन्दोलन के अंग के रूप में जो अकथनीय व्यक्तिगत कष्ट उन्होंने उठाए उनसे उनके अपने क्षेम पर निश्चय ही बड़े गम्भीर प्रभाव रहे थे, किन्तु उन्होंने अपने ध्येय के लिए उन क्षेम-हानियों को सहन करना स्वयं स्वीकार किया था, वास्तव में अनेक अवसरों पर राजनीतिक प्रश्नों को लेकर उनके लम्बे उपवास भी कर्तव्य को अपने क्षेम-हितों से अधिक महत्व देने का ही परिचायक है।

कर्तव्य किसी विशेष परिप्रेक्ष्य में ही 'लाभ' होता है–कम से कम इसे क्षेम के परिप्रेक्ष्य में तो हित-लाभ नहीं माना जा सकता। जिन्हें स्वहित के अतिरिक्त किसी अन्य हितलाभ का अर्थ ही नहीं आता। (हमने अध्याय-8 में ऐसी विचारधाराओं पर बात की थी) उन्हें कर्तव्य हित-लाभ को सम्बद्ध व्यक्ति के हित-लाभ से जोड़कर देखना बहुत कठिन प्रतीत होगा। किन्तु यह समझने के लिए कि किसी की वरीयताएँ उसके व्यक्तिगत हित-साधन की संकरी सीमाओं से कहीं आगे तक विस्तृत हो सकती हैं हमें गाँधी, मार्टिन लूथर किंग, नेल्सन मंडेला या आँग सान सू की (Aung San Suu Kyi) बन कर देखना भी आवश्यक नहीं होता।

14

समानता और स्वातंत्र्य

अट्ठारहवीं शताब्दी के यूरोप और अमरीकी क्रान्तिकारियों की माँगों में समानता की माँग ही सबसे प्रमुख माँग नहीं थी, वस्तुतः इसके महत्त्व को लेकर ज्ञानोदीप्ति पश्चात् विश्व में एक अद्भुत सर्वानुमति रही है। मैंने अपनी एक पुस्तक *इन्इक्वीलिटि रि-एक्ज़ामिन* में एक टिप्पणी की थी : सामाजिक न्याय के उस प्रत्येक सिद्धान्त को पिछले वर्षों में समर्थन एवं सहयोग मिला है जिसने किसी न किसी बात की समानता की माँग की हो और वह बात उस सिद्धान्त में बहुत महत्त्वपूर्ण भी रही हो।[1] सिद्धान्तों में बहुत विविधताएँ हो सकती हैं (किसी में समान स्वातंत्र्य, किसी में समान आय, तो किसी में सभी के अधिकारों या उपयोगिताओं के प्रति समान व्यवहार पर आग्रह हो सकता है) उनमें परस्पर टकराव भी सम्भव है–पर वे किसी न किसी प्रकार की समानता का तकाज़ा करने की सांझी विशेषता से युक्त हैं।

अतः समानता के विचार को समतावादी कहे जाने वाले राजनीतिक दार्शनिकों, (अमेरिका के उदारवादी) की रचनाओं में प्रमुखता पर कोई आश्चर्य नहीं होगा। इनमें जॉन रॉल्स, जेम्स मीड (James Meade), रोनॉल्ड डॉर्किन, थॉमस नगेल, थॉमस स्केनलोन आदि के नाम प्रमुख हैं। इससे भी अधिक महत्त्वपूर्ण बात तो यह है कि जिन्होंने वितरणात्मक न्याय के विचार के प्रति संशय व्यक्त किया है और जो समानता के तर्कों के विरोधी माने जाते हैं उन्होंने भी किसी न किसी प्रकार की आधारभूत समानता की माँग उठाई है। उदाहरण के लिए रॉबर्ट नौज़िक भले ही मीड की भाँति उपयोगिता की समानता से प्रभावित नहीं हों और रॉल्स की तरह उनका प्राथमिक पदार्थों की समानता से भी लगाव नहीं हो, किन्तु उन्होंने स्वातंत्र्य अधिकारों की समानता की माँग उठाई है–कि किसी भी व्यक्ति का स्वातंत्र्य पर अधिकार किसी अन्य से अधिक नहीं होना चाहिए। सार्वजनिक चयन सिद्धान्त(सामाजिक चयन सिद्धान्त के कुछ रूढ़िवादी प्रतिद्वन्द्वी) के प्रतिपादक जेम्स बुकॉनन, जिन्हें समानता के दावों को लेकर गम्भीर सन्देह दिखाई देते हैं, भी सभी व्यक्तियों के लिए समान कानूनी एवं राजनीतिक व्यवहार के विचार को एक श्रेष्ठ समाज सम्बन्धी अपने दृष्टिकोण में स्थापित करते दिखाई दे जाते हैं।[2] उन्होंने उनके विचारों के प्रति भी

समान सम्मान की बात की है जो किसी परिवर्तन का विरोध कर रहे हों। प्रत्येक सिद्धान्त में किसी न किसी पर्यावेश (space) (अर्थात् सम्बन्धित व्यक्तियों से सम्बद्ध किन्हीं चरों के आधार पर) में समानता की बात की गई है जो उस सिद्धान्त में बहुत महत्त्वपूर्ण भूमिका निभा रहा हो।*

क्या यह सामान्यीकरण उपयोगितावाद पर भी लागू है? सामान्यतः उपयोगितावादी ऐसे विचार का प्रतिरोध करते दिखाई पड़ जाते हैं—वे तो समग्र उपयोगिता को अधिकतम करने के पक्षधर होते हैं—उन उपयोगिताओं का वैयक्तिक वितरण कैसा भी हो—और उसमें विशेष समतावाद भी नहीं हो। किन्तु उपयोगितावादी भी एक विशेष प्रकार की समानता पर आग्रह करते हैं। यह है बिना किसी अपवाद के प्रत्येक व्यक्ति द्वारा अपने हित लाभ एवं हानियों को समान महत्व देने में उनके प्रति (व्यक्तियों के प्रति) समान व्यवहार। सभी व्यक्तियों के उपयोगिता लाभों को अपनी गणनाओं में एक समान भारमान प्रदान करते हुए उपयोगितावादी भी एक विशेष प्रकार के समतावाद का सहारा लेते दिखाई दे जाते हैं। वस्तुतः कहा जाता है कि यह समतावादी अभिलक्षण उपयोगितावाद के आधारभूत नियम (अर्थात् सभी पक्षों के हितों को एक समान महत्त्व (भारमान) दिया जाए) के साथ संबन्धित है। इसी आधारभूत नियम को हमारे समकालिक, उपयोगितावादी विचार धारा के एक अग्रणी जॉन हर्सान्यी ने कुछ इस प्रकार भी रखा है, "सभी व्यक्तियों के हितों को सदैव समान भारमान प्रदान करना।[3]

क्या इस प्रकार समानता पर (उस बात की समानता जिसे वह आदर्शमूलक सिद्धान्त बहुत महत्त्वपूर्ण मानता है) आग्रह का अपना कुछ महत्त्व है? इस 'आग्रह' को एक संयोग कहकर टालने का प्रयास हो सकता है—क्योंकि यह समता का आग्रह केवल औपचारिक है—इसमें 'किस चीज़ की समानता' का स्पष्टीकरण नहीं हो पाता। फिर भी सिद्धान्त को उचित ठहराने के लिए किसी न किसी समताकारी सूत्र की आवश्यकता गैर-पक्षपाती व्यवहार के महत्त्व को दर्शाती है। यह आवश्यकता इस बात से प्रेरित है कि यदि ऐसी व्यवस्था नहीं की गई तो आदर्शमूलक होते हुए भी वे सिद्धान्त पक्षपातपूर्ण और मनमानीपूर्ण स्वरूप धारण कर सकते हैं। सिद्धान्त के अपनी व्यावहारिक क्षमता को सुनिश्चित करने के लिए किसी न किसी रूप में समदर्शिता को उनमें सन्निहित करना उन सिद्धान्तकारों को आवश्यक प्रतीत हुआ है। थॉमस स्केमलोन ने तो नियमों की कसौटी ही यह बनाई थी कि कोई उन्हें 'औचित्यपूर्वक

---

* जी.ए. कोहेन ने रॉल्स की इसी बात को लेकर कड़ी आलोचना की है कि उन्होंने प्राथमिक पदार्थों की समानता से प्रारम्भ कर अपने सिद्धान्त में सम्प्रेरणाओं के नाम पर असमानता को स्थान क्यों दे दिया और अपने समतावादी विचार को अनुबन्ध पश्चात् सामाजिक रचना में सम्प्रेरणा निरपेक्ष स्वरूप क्यों नहीं दिया।

नकार न सके'—अतः लगता है कि सामान्य स्वीकार्यता और पक्षपात विहीनता के बीच कुछ सशक्त सम्बन्ध अवश्य होने चाहिए। दूसरे शब्दों में सभी व्यक्तियों को किसी न किसी आधारिक सतर पर 'समान' माना जा रहा है और उनके द्वारा किसी बात को नकारने का महत्त्व भी होगा।

समानता, समदर्शिता और सार्थकता (सारपूर्णता)

पिछले कुछ अध्यायों में चर्चित क्षमता विधि इसी बोध पर आधारित है कि वास्तव में यही प्रश्न निर्णायक होगा कि ''किस बात की समानता' हो? यह बात महत्त्वपूर्ण नहीं है कि हम किसी बात की समानता का आग्रह कर रहे हैं* (या नहीं) इसका अर्थ यह नहीं है कि इस दूसरे प्रश्न को नगण्य माना जा रहा है। हमारा यह तात्पर्य भी नहीं है कि अनेक प्रकार के पर्याविश में समानता की बात उठना समानता के विचार को सही सिद्ध कर देता है। यह तर्क दिया जा सकता है कि वे सभी सिद्धान्त त्रुटिपूर्ण होंगे। तो फिर सांझे अभिलक्षण को इतनी स्वीकार्यता किस प्रकार मिल जाती है? यह एक ऐसा बड़ा प्रश्न है जिसके उत्तर के साथ हम यहाँ पूरा न्याय नहीं कर पाएँगे— हाँ, उसका अन्वेषण किस दिशा में करना उपयुक्त होगा, यह जानने का प्रयास अवश्य करेंगे।

मेरा तर्क होगा कि व्यक्तियों को किसी पर्याविश में समान देखने की माँग का सम्बन्ध आदर्शमूलक समदर्शिता के तकाज़े और उससे जुड़े वस्तुनिष्ठता के दावों से है। किन्तु इसे अपने आप में पूर्ण उत्तर नहीं माना जा सकता—क्योंकि समदर्शिता और वस्तुनिष्ठता के लिए भी स्वीकार्य औचित्य की भी समीक्षा होनी चाहिए। वही समीक्षा इस बात को भी स्पष्ट कर देगी कि न्याय के सभी प्रमुख सिद्धान्त किसी न किसी आधारिक स्तर पर सभी मनुष्यों को 'समान' मानने का आग्रह क्यों करते हैं।

इस बात को और स्पष्ट करने के लिए मैं विलियम लैट्विन द्वारा संपादित लेखमाला *'अगेन्स्ट इक्वालिटी'* के लेखों का उदाहरण दे रहा हूँ।[4] एक सशक्त तर्कों पर आधारित लेख में हैरी फ्रैंकफर्ट ने ''एक नैतिक आदर्श के रूप में समानता''का कड़ा विरोध किया है। इस क्रम में उन्होंने अपनी ओर से आर्थिक समतावादी घोषित विचार ''सभी के पास समान परिमाण में आय और सम्पत्ति या मुद्रा होनी चाहिए''[5] में निहित सभी दावों का खंडन किया है। तथापि फ्रैंकफर्ट ने अपनी असहमति की

---

* 'किस बात की समता हो' इस पर असहमति से यह तो स्पष्ट ही है कि समतावाद कोई 'एकताकारी' अभिलक्षण नहीं है। विभिन्न विद्वानों द्वारा पृथक-पृथक पर्यविशों में समता पर आग्रह के कारण ही उनकी विधियों में विद्यमान आधारिक समतावादी लक्षण की ओर ध्यान नहीं जा पाता। फिर भी ये मिलता जुलता होने की बात भी अपने आप में महत्त्वपूर्ण है।

अभिव्यक्ति के लिए जिस प्रकार की भाषा का प्रयोग किया है उसी को उन्होंने 'एक नैतिक आदर्श के रूप में समानता'' के विरुद्ध तर्क भी मान लिया है। क्योंकि एक सामान्य शब्द का एक विशेष प्रकार के आर्थिक समतावाद के विरुद्ध आलोचना के रूप में प्रयोग ठीक लग रहा है—अतः यह सभी प्रकार की समानता के विरुद्ध भी ठीक होगा! उनके अनुसार आर्थिक समतावाद के इस स्वरूप को यह भी कहा जा सकता है कि मुद्रा के वितरण में कोई असमानता नहीं हो। अब तो स्पष्ट है कि फ्रैंकफर्ट के तर्क क्या हैं (1) कहना कि समता कोई अन्तनिर्हित सार नहीं होता, (2) यह दिखाना कि किन्हीं अन्तनिर्हित रूप से मूल्यवान जीवन मूल्यों का अतिक्रमण करती है—उन जीवन मूल्यों का जो किन्हीं अन्य दृष्टियों से महत्त्वपूर्ण होते हैं। अतः समता के पर्यविश' का चयन फ्रैंकफर्ट के बहुत कौशलपूर्ण तर्कों पर आधारित विचार के लिए बहुत महत्त्वपूर्ण सिद्ध हो जाता है।[6]

ये बात किसी पर्यविश की समानता के इस आधार पर विरोध कि उससे किसी अन्य पर्यविश की समानता पर आघात होता है उन सभी विरोधी स्वरों की सांझी तर्क धारा है। इस तरह से वितरण सम्बन्धी प्रश्नों का सारा संघर्ष 'समता क्यों' का नहीं वरन 'किस बात की समता'' का रूप धारण कर लेता है। राजनीतिक एवं आर्थिक और सामाजिक दर्शन में समता के दावे किन्हीं विशेष पर्यविशों में समता के विचार से सम्बद्ध होते हैं। (आय, धन, उपयोगिता) जिन्हें समतावाद कह दिया जाता है, जबकि अन्य पर्यविशों—अधिकारों, स्वातंत्र्यों आदि को गैर समतावादी दावों का नाम दे दिया जाता है। किन्तु हमें इस प्रकार निरूपण की परम्परा का बन्दी नहीं बने रहना चाहिए और इस बात को समझ लेना चाहिए कि ये सभी सिद्धान्त किसी न किसी पर्यविश में समता को वरीयता देने के आग्रह कर रहे हैं, (अन्य पर्यविशों की समता को वे कम महत्वपूर्ण मानते हैं)

क्षमता, समानता और अन्य सरोकार

यदि समानता महत्त्वपूर्ण है, और जैसे कि मेरा इस पुस्तक में तर्क रहा है, क्षमता वस्तुतः मानव जीवन का एक केन्द्रीय अभिलक्षण है तो क्या क्षमता की समानता की माँग करना उचित नहीं होगा? मेरा उत्तर है—नहीं। इसके अनेक कारण हैं। हम क्षमताओं की समता को महत्वपूर्ण मानते हैं, इसका अर्थ यह नहीं होना चाहिए कि अन्य सभी महत्त्वपूर्ण बातों के साथ टकराव होने पर भी केवल उसी समता पर आग्रह होता रहे। दूसरे शब्दों में क्षमता की समानता महत्त्वपूर्ण होने पर भी अन्य सभी प्रकार की समताओं पर भारी नहीं पड़ती।

पहली बात तो यही है कि जिस प्रकार मैंने क्षमता का निरूपण किया है, यह स्वतंत्रता के सार्थक अवसरों से सम्बन्धित आयाम का एक रूप ही होती है। यह

न्याय की संकल्पना से सम्बद्ध विधियों में निहित निष्पक्षता और समता को पूरा ध्यान नहीं दे पाती। स्वतंत्रता के अवसर आयाम के मूल्यांकन में बहुत उपयोगी होते हुए भी क्षमता का विचार स्वतंत्रता के प्रविधि विषयक आयाम के मूल्यांकन के लिए पर्याप्त नहीं रह पाता। क्षमताएँ व्यक्तिगत हित-लाभ अवस्थाओं की अभिलक्षणाएँ हैं। इनमें तत्सम्बन्धी प्रक्रियाओं के कुछ अंश भी समाहित हो सकते हैं,—किन्तु ये उन प्रक्रियाओं की निष्पक्षता और समता या फिर नागरिकों की समतापूर्ण प्रविधियों की बात करने और उनका प्रयोग करने की स्वतंत्रता के विषय में अधिक कुछ नहीं बता पातीं।

मैं एक बहुत कठोर उदाहरण द्वारा इस बात को स्पष्ट करना चाहता हूँ। अब तक सभी जान चुके हैं कि सम्यक् देख-रेख मिलने पर प्रत्येक वय वर्ग में नारी की मरणशीलता पुरुष से कम रहती है और इसके फलस्वरूप वह अधिक लम्बे समय तक जीवन धारण करने में समर्थ रह सकती है। यदि हम केवल क्षमता पर विचार करें और क्षमता की समानता पर आग्रह करें तो एक बड़े ही विद्रूप रूप में पुरुष की प्राकृतिक बाध्यता का निराकरण करने के लिए उसे नारी की अपेक्षा अधिक चिकित्सीय देखरेख प्रदान करने के पक्ष में दे सकते हैं। किन्तु इससे प्रक्रिया की समानता के विचार का तो बहुत गम्भीर रूप से उल्लंघन हो जाएगा। यह कहना अनुचित नहीं होगा कि इस प्रकार के सन्दर्भों में प्रक्रिया की समानता की समता की समानता (के अवसर की स्वतंत्रता) से अधिक वरीयता मिलनी ही चाहिए। (जीवन धारण या जीवाशा में समता के विचार भी इस क्षमता की समानता के ही अंग हैं)।

जैसे कि मैंने तर्क किया है, व्यक्तियों को सुलभ सार्थक अवसरों के मूल्यांकन में क्षमता का परिप्रेक्ष्य बहुत उपयोगी हो सकता है। यही नहीं, आय, प्राथमिक पदार्थों या साधनों पर आधारित अवसरों के विभाजन विषयक वैकल्पिक नियमों में निहित समता का मूल्यांकन करने में यह विधि और भी अधिक कारगर हो सकती है। फिर भी इसका अर्थ यह नहीं है कि न्याय के मूल्यांकन में स्वतंत्रता के प्राविधिक आयाम पर अधिक सम्पूर्ण दृष्टि से विचार नहीं होना चाहिए। एक न्याय के सिद्धान्त—या आदर्शमूलक सामाजिक चयन के पर्याप्त सिद्धान्त को प्राविधिक निष्पक्षता और—व्यक्तियों को सुलभ सार्थक अवसरों की समता एवं दक्षता, दोनों के प्रति संवेदनशील होना चाहिए।

क्षमता तो व्यक्तियों की हित-लाभ एवं हानि की अवस्थाओं की औचित्यपूर्ण व्याख्या करने के लिए एक परिप्रेक्ष्य मात्र है। ये परिप्रेक्ष्य स्वयमेव भी महत्त्वपूर्ण है और सामाजिक, नैतिक एवं न्याय के सिद्धान्तों के मूल्यांकन में यह निर्णायक रूप से उपयोगी हो सकता है। किन्तु न्याय और राजनीतिक एवं नैतिक मूल्यांकन समाज में व्यक्तियों को सुलभ अवसरों और उनकी हित-लाभ अवस्थाओं तक सीमित नहीं रह सकते। वस्तुतः यदि रॉल्स के सिद्धान्त पर बात करें तो ये क्षमताएँ केवल प्राथमिक

पदार्थों के आधार सापेक्ष हित-लाभों की समीक्षा के विचार की प्रतिद्वन्द्वी हो सकती हैं, वहाँ भी वैयक्तिक स्वातंत्र्यों और न्यायपूर्ण प्रविधियों के विचार तो इनसे अछूते ही रह जाते हैं। न्यायपूर्ण विधि और न्यायपूर्ण व्यवहार व्यक्ति के समग्र हित-लाभ से बहुत आगे की बातें है और इन पर केवल क्षमताओं पर आग्रह द्वारा पर्याप्त रूप से विचार नहीं हो सकता।

यहाँ मुख्य महत्त्व समता के बहुमुखी आयामों का है और उसे किसी एक पर्यावेश की समता का नाम नहीं दिया जा सकता—वह पर्यावेश चाहे आर्थिक हित-लाभ का हो, संसाधनों, उपयोगिताओं, संप्राप्त जीवन की गुणवत्ता का या फिर क्षमता का । समता के तकाज़ों के एक पर्यावेशी बोध को लेकर मेरा संशय वस्तुतः समता के विषय में केवल एक ही बात पर ध्यान केन्द्रित करने के आग्रह की विशद् आलोचना भी है।

दूसरे, यद्यपि मैंने वैयक्तिक हित-लाभों के निर्णयों, और इस प्रकार समानता के मूल्यांकन में स्वतंत्रताओं के महत्त्व के पक्ष में तर्क दिए हैं, फिर भी वितरण के निर्णयों से कुछ और तकाज़े भी किए जा सकते हैं और उन्हें स्पष्ट रूप से विभिन्न व्यक्तियों की स्वतंत्रता के रूप में देख पाना सम्भव नहीं होता। यदि एक बार फिर बाँसुरी पर झगड़ रहे बच्चों की बात करें तो उसे बनाने वाले बच्चे के तर्क को सहज ठुकरा पाना इतना आसान नहीं होगा। इस प्रकार श्रम को उचित प्रतिफल देकर शोषण-विरोध का विचार हमें सहज ही रुक कर केवल क्षमता की समानता का अनुसरण करने पर पुनर्विचार करने को विवश कर सकता है।[7] इस सन्दर्भ में मेहनतकश के शोषण और तथाकथित 'वास्तविक काम' करने वालों को मिले। अन्याय-भरे अधिक पुरस्कारों विषयक रचनाएँ इसी विचार से सम्बद्ध हैं।

तीसरे, क्षमताओं की एक अभिव्यक्ति नहीं है, इसके अनेक 'सुर' हैं—ये कुशल-क्षेम की स्वतंत्रता और कर्तृत्व की स्वतंत्रता आदि के अलग-अलग स्वरूप धारण कर सकती हैं। यही नहीं, केवल एक स्वरूप के आधार पर भी क्षमताओं की क्रमिकता का सम्पूर्ण हो जाना आवश्यक नहीं होता—इसका मुख्य कारण तो विभिन्न क्षमताओं या कृत्यकारिताओं को दिए जाने वाले सापेक्ष भारमानों के विषय में असमंजस (या उनमें औचित्यपूर्ण अन्तर) होते हैं। किन्हीं सन्दर्भों में विषमताओं की समीक्षा केवल आंशिक क्रमिकताओं से भी सम्भव हो सकती है—(खासकर अत्यन्त ही भीषण विषमताओं के सन्दर्भ में), किन्तु अन्य अवस्थाओं में इनके आधार पर विषमता का स्पष्ट निरूपण हो पाना निश्चित नहीं रहता। किन्तु इन बातों का तात्पर्य यह नहीं है कि क्षमताओं की विषमता पर ध्यान नहीं दिया जाना चाहिए। यह एक बड़ी बात है—फिर भी क्षमता समता की न्याय के तकाज़ों के रूप में सीमाओं को जान लेना भी महत्त्वपूर्ण है।

चौथे, किसी न्याय सिद्धान्त की केवल समानता को ही एकमात्र जीवन-मूल्य

नहीं मान लेना चाहिए और क्षमता का विचार भी केवल इसी (समता) के लिए उपयोगी नहीं होता। यदि हम सामाजिक न्याय के समग्रता एवं वितरण पक्षों पर विचार करें तो हित-लाभों एवं हानियों की ओर संकेत करने वाला क्षमता परिप्रेक्ष्य दोनों के मूल्यांकन में उपयोगी रहता है। एक उदाहरण : किसी संस्थागत व्यवस्था या नीति को इस आधार पर उचित ठहराया जा सकता है कि इसके परिणामस्वरूप न केवल क्षमता-समता में वृद्धि होती है, बल्कि इससे (वितरणात्मक सुधार न भी हों तो) सभी की क्षमता में समग्र रूप से सुधार होता है। क्षमता की समता–अधिक उपयुक्त रूप में क्षमता की विषमता में कमी–पर ध्यान दिया जाना चाहिए, पर सभी की क्षमताओं में व्यापक रूप से वृद्धि पर भी ध्यान देना आवश्यक है।

इस प्रकार केवल क्षमता-समता या क्षमतावादी परिप्रेक्ष्य की सर्वश्रेष्ठता को नकारने का अर्थ न्याय के विचार में इनके महत्त्व का खंडन नहीं है। सामाजिक न्याय में ऐसे किसी महत्त्वपूर्ण तथ्य की अन्वेषणा, जो अन्य तत्त्वों को निष्कासित नहीं कर देता हो, न्याय के संवर्धन के प्रयास में बड़ा निर्णायक योगदान दे सकती है।

क्षमता और वैयक्तिक स्वातंत्र्य

जैसे कि हमने अध्याय-2 में भी कहा था, रॉल्स के प्राथमिक पदार्थों और अन्तर नियम के माध्यम से वितरण के प्रश्नों के निदान से प्रत्यंतर कर क्षमताओं की दूरगामी भूमिका की स्थापना में अन्य विषयों पर रॉल्स के तर्कों को नकारने की कोई इच्छा नहीं छुपी है। ये प्रश्न रॉल्स के न्याय सिद्धान्त के प्रथम नियम में निहित स्वातंत्र्य से सम्बद्ध हैं।

मैं उसी अध्याय में कह चुका हूँ कि वैयक्तिक स्वातंत्र्य को वास्तविक वरीयता मिलनी चाहिए, रॉल्स द्वारा व्यक्त शब्दानुक्रम आधारित वरीयता नहीं। स्वातंत्र्य को सभी अन्य सरोकारों पर वरीयता देना व्यक्ति के समग्र हित-लाभों को प्रभावित करने वाले कारकों में से स्वातंत्र्य को भी एक कारक मानने से कहीं दूर निकल जाता है। स्वातंत्र्य भी आय एवं अन्य प्राथमिक पदार्थों की भाँति उपयोगी है किन्तु यही स्वातंत्र्य के महत्त्व का एकमात्र आधार नहीं है। स्वातंत्र्य अत्यन्त ही आधारिक स्तर पर हमारे जीवन को स्पर्श करता है और यह माँग करता है कि अन्य व्यक्तियों को हमारे इन अन्तरतम वैयक्तिक सरोकारों का सम्मान करना चाहिए–ये वही सरोकार हैं जो उन सभी अन्य व्यक्तियों से भी सम्बद्ध रहते हैं।

जब हम न्याय सिद्धान्त में व्यक्तियों के सापेक्ष समग्र हित-लाभों के आधार पर सामान्य वितरणात्मक सरोकारों का मूल्यांकन करने के सीमित ध्येय की बात कर रहे हों तो प्राथमिक पदार्थों और क्षमताओं के दावों की तुलना में यह भेद ध्यान रखना बहुत महत्त्वपूर्ण सिद्ध होगा, यही रॉल्स के अन्तर नियम की विषयवस्तु है–

किन्तु यह उनके अधिक व्यापक न्याय सिद्धान्त का तो केवल एक अंश मात्र है। जब मैं यह दावा करता हूँ कि व्यक्तियों की हित लाभ दशाओं के मूल्यांकन में क्षमताएँ प्राथमिक पदार्थों की अपेक्षा अधिक अच्छी तरह कर सकती हैं तो मेरा आशय केवल उसी सन्दर्भ तक सीमित रहता है। यहाँ ऐसा कोई दावा नहीं किया जा रहा है कि रॉल्स के सिद्धान्त के अन्य भागों पर भी यही परिप्रेक्ष्य छा जाएगा (स्वातंत्र्य से विशेष स्थान और प्राविधिक निष्पक्षता के तकाज़ों पर तो कदापि नहीं। क्षमताएँ यह काम प्राथमिक पदार्थों से बेहतर नहीं कर सकतीं। क्षमताओं और प्राथमिक पदार्थों (की क्षमताओं) में अन्तर एक सीमित धरातल पर ही मान्य है—यहाँ विभिन्न व्यक्तियों की हित-लाभ दशाओं की तुलना ही धरातल है।

मैं रॉल्स के प्रथम नियम के तर्कों से न्यूनाधिक सहमत ही हूँ। यह नियम सभी को समान रूप से सुलभ वैयक्तिक स्वातंत्र्य का नियम है। अतः संभवतः यह जानना उपयोगी रहेगा कि क्या इसे उतनी प्राथमिकता देना नितान्त अनिवार्य है। जितनी रॉल्स ने प्रदान कर दी है। आखिर किसी वैयक्तिक स्वातंत्र्य पर आघात किसी व्यक्ति या समाज के लिए गहन स्तर भूख, भुखमरी, महामारियों और अन्य आपदाओं को भुगतने से भी अधिक महत्त्वपूर्ण क्यों हो जाना चाहिए? मैंने अध्याय-2 में भी कहा था कि हमें स्वातंत्र्य को प्राथमिक पदार्थों में से एक मानने से अधिक महत्व अवश्य देना चाहिए, क्योंकि यह हमारे जीवन में बहुत महत्त्वपूर्ण होता है किन्तु इस महत्त्व को उस वर्णानुक्रमिक प्राथमिकता के अतिवाद से अलग करना होगा जिसमें स्वातंत्र्य के छोटे से छोटे लाभ को अच्छे जीवन के अन्य घटकों के बड़े से बड़े परित्याग की विवशता से भी बड़ा मान लिया जाता है?

रॉल्स ने बहुत उग्र रूप से पहले पक्ष का पोषण किया है, किन्तु अपने अन्तर नियम की रचना में दूसरे पक्ष का चुनाव कर लिया है। पर हमने अध्याय-2 में भी यह स्पष्ट किया था कि भार निर्धारण के गणित में स्वातंत्र्य को कोई अधिमान नहीं देने और उसे अन्य सभी से श्रेष्ठतम वरीयता प्रदान कर देने के बीच में अनेक प्रकार के भारों के निर्धारण की सम्भावनाएँ मौजूद रहती हैं। हम एक दृष्टि से रॉल्सवादी हो सकते हैं, किन्तु इसके कारण दूसरे रूप में भी उनका अनुसरण करने को वचनबद्ध नहीं हो जाते।

किसी विशेष सन्दर्भ में वैयक्तिक स्वातंत्र्य की वरीयता के स्तर का निर्धारण सार्वजनिक विचार-विमर्श के लिए एक अच्छा मुद्दा हो सकता है, किन्तु मुझे लगता है, यहाँ रॉल्स की सबसे बड़ी 'सफलता' स्वातंत्र्य को सर्वोपरि स्थान प्रदान कर देना रही है। उनके कार्य ने इस विषय में चेतना जगाई है कि जिस विश्व में हम जी रहे हैं वहाँ न्याय का एक बड़ा तकाज़ा सभी को समान रूप से सुलभ स्वातंत्र्यों से सम्बद्ध है। ध्यान देने की बात है कि यहाँ स्वातंत्र्य का न्याय-निष्ठ सामाजिक व्यवस्थाओं में जो स्थान है वह स्वातंत्र्य को वैयक्तिक हित-लाभ का एक अंश आय

अथवा संपत्ति की भाँति मानने से कहीं बढ़कर है। मैंने अपनी वर्तमान रचना में सारभूत स्वतंत्रताओं के रूप में क्षमताओं पर बहुत आग्रह किया है। किन्तु फिर भी स्वातन्त्र्य की विशेष भूमिका को नकारने का मेरा कोई मंतव्य नहीं है।

स्वतंत्रता के बहुलतापूर्ण अभिलक्षण

न्याय सिद्धान्तों में स्वतंत्रता के महत्त्व के विभिन्न स्वरूपों को देखते हुए स्वातंत्र्य और स्वतंत्रता के विचार की सूक्ष्मता से जाँच कर यह जानना ज़रूरी है कि सिद्धान्तकारों के लिए अखाड़ा बन गए इन विचारों में सार तत्त्व क्या हैं। स्वतंत्रता और स्वातंत्र्य शब्दों का अनेक प्रकार से प्रयोग होता है और उनके प्रभाव क्षेत्रों के विषय में कुछ बातें स्पष्ट होनी चाहिए।

'अवसर' और प्रक्रिया या 'प्रविधि' आयामों के बीच एक भेद पर हमने अध्याय-11 में विचार किया था। इस पूर्व परिचित भेद के अतिरिक्त भी अनेक अन्य तरीकों से स्वतंत्रता के विभिन्न आयामों को समझा जा सकता है। वह 'लक्ष्य' पाने की स्वतंत्रता जिसे कोई उचित रूप से पाना चाहता हो, का अनेक कारकों से सम्बन्ध है और उनके स्वतंत्रता की विभिन्न अवधारणाओं के साथ विविधतापूर्ण सम्बन्ध हो सकते हैं।

हमारी इस पुस्तक में क्षमता परिप्रेक्ष्य में व्यक्ति की अपने तर्कशील चयन के पदार्थों को स्वतंत्रता की परिधि में स्थान दे पाना भी सम्मिलित है। किन्तु किसी प्राथमिकता को अनेक प्रकार से प्रभावी बनाया जा सकता है। एक, व्यक्ति अपने प्रत्यक्ष कार्यों द्वारा उस परिणाम को पा सकता है—यह प्रत्यक्ष नियन्त्रण होगा। किन्तु इस प्रकार का प्रत्यक्ष नियन्त्रण प्राथमिकता को प्रभावी बनाने के लिए सदैव अनिवार्य नहीं होता। दूसरा, एक अधिक व्यापक प्रश्न है : क्या किसी व्यक्ति की प्राथमिकताएँ उसके अपने प्रयास या अन्यों के सहयोग से प्रभावी हो सकती हैं? किसी अप्रत्यक्ष शक्ति के सहारे प्राथमिकताओं को प्रभावी बनाने के सरलतम उदाहरण तो किसी वकील या अच्छे मित्रों और सम्बन्धियों के सहयोग द्वारा दिए जा सकते हैं। अधिक जटिल स्तर पर किसी डॉक्टर द्वारा उन परिणामों पर पहुँचने के निर्णय हो सकते हैं जो सामान्यतः किसी मरीज़ द्वारा ही लिए जाते, (यदि उसे पर्याप्त ज्ञान और जानकारी होती)। ये सभी 'प्रभावी शक्ति' से जुड़े प्रश्न हैं। हम यहाँ अप्रत्यक्ष नियन्त्रण द्वारा प्रभावी शक्ति प्रयोग पर कुछ चर्चा करेंगे, इसका मुख्य कारण यही है कि प्रायः स्वतंत्रता का आशय किसी न किसी प्रकार के नियन्त्रण को मान लिया जाता है और इसे किसी काम को स्वयं कर लेने का चयन विकल्प प्रदान करना भी माना जाता है।

हम समाज में जिन स्वतंत्रताओं का प्रयोग करते हैं उनमें से अनेक ऐसी प्रविधियों से प्रयुक्त होती हैं जिन पर हमारा प्रत्यक्ष नियंत्रण नहीं होता[8]। उदाहरण के लिए

किसी दुर्घटना का शिकार एक बेहोश ज़ख्मी व्यक्ति यह तय नहीं कर पाता कि उसके लिए क्या किया जाना चाहिए। किन्तु यदि डॉक्टर उस मरीज़ के लिए वही कदम उठाता है जो उसे लगता है कि होशो हवास में होता तो वह मरीज़ स्वयं भी यही चाहता, तो डॉक्टर द्वारा इस प्रकार के निर्णय से मरीज़ की स्वतंत्रता का हनन नहीं होगा—वस्तुतः यह तो "प्रभावी शक्ति" के रूप में स्वतंत्रता की स्वीकारोक्ति होगी।[9] यह मरीज़ के कुशल-क्षेम से भिन्न प्रश्न है, डॉक्टर उस क्षेम-भाव से भी प्रेरित हो सकता है। अनेक दशाओं में मरीज़ की स्वतंत्रता के सम्मान और उसके क्षेम के संवर्धन के तकाज़े एक समान हो सकते हैं किन्तु इन दोनों का परस्पर समान होना आवश्यक नहीं है। डॉक्टर किसी बेहोश मरीज़ के पशुओं पर क्रूर प्रयोगों से बनी दवाओं के विरोध की भावना की स्वतंत्रता का सम्मान कर सकता है—जबकि उसे ज्ञात है कि उस दवा का प्रयोग मरीज़ के हित-लाभ के संवर्धन में सहायक होगा। ऐसी दशा में कुशल-क्षेम से मिलने वाला मार्गदर्शन मरीज़ की प्रभावी स्वतंत्रता के तकाज़ों से बहुत ही अलग हो सकता है।

प्रभावी स्वतंत्रता के विचार को सामाजिक व्यवस्थाओं के अधिक जटिल क्षेत्र पर भी विस्तारित किया जा सकता है। एक बहुत अच्छा उदाहरण : नगर अधिकारियों द्वारा स्थानिक रूप से फैली बीमारियों पर नियन्त्रण के प्रयास इसी वर्ग में आते हैं (अधिकारी जानते हैं कि सभी नागरिक उन रोगों पर नियन्त्रण चाहते हैं)! प्रभावपूर्णता का विचार सारे समुदाय पर लागू होगा, यहाँ प्रभावी स्वतंत्रता का रूप सामुदायिक, हो जाएगा, किन्तु यह भी प्रभावपूर्णता का ऐसा मामला है कि जिसमें किसी व्यक्ति का उस सामाजिक निर्णय पर कोई विशेष नियन्त्रण नहीं होता। यहाँ भी भेद यही है कि अधिकारी यह मानकर फैसला करते हैं कि यदि जनता को फैसला करने का अवसर दिया जाता तो वह क्या चयन करती और इसी आधार पर वे ऐसा कुछ करने का निर्णय कर लेते हैं जो उनके विचार में उस क्षेत्र में बसे लोगों के क्षेम का संवर्धन करेगा। यहाँ भी दूसरा निर्णय महत्त्वपूर्ण है, किन्तु पहले के समतुल्य नहीं है। वैसे दोनों ही तर्कों में कारण-प्रभाव सम्बन्ध क्षेम से जुड़े हैं और उस युति का वास्तविक या अपेक्षित चयन पर भी प्रभाव हो सकता है।

एफ अन्य प्रकार के अन्तर की भी चर्चा हो सकती है। यह किन्हीं वरीयताओं के परिणामस्वरूप निर्णय कर कुछ परिणामों की प्राप्ति और अन्य व्यक्तियों की वरीयताओं से सादृश्य की सम्भावना के कारण उस निर्णय की प्राप्ति के बीच का अन्तर है। उदाहरण : एक व्यक्ति अपने क्षेत्र से महामारी का उन्मूलन चाहता है और इस विचार में अन्य सभी क्षेत्रवासी भी उसके साथ हैं—इसका अंततः सार्वजनिक नीति पर प्रभाव हो सकता है। दूसरी ओर कोई व्यक्ति केवल सौभाग्यवश ही अपनी किसी सद्-इच्छा को नीति में परिवर्तित करा पाने में सफल हो सकता है। किसी न किसी कारण से वही हो जाता है जो यह व्यक्ति चाहता था। यहाँ भी इच्छा की

पूर्ति तो है, किन्तु उस व्यक्ति की प्राथमिकता की प्रभावपूर्णता नहीं है, हो सकता है घटनाक्रम पर उस व्यक्ति की प्राथमिकताओं को कोई प्रभाव नहीं हो, वह परिणाम उस व्यक्ति के अपने या अन्य लोगों के साथ मिलकर चाहने का परिणाम ही नहीं हो। यहाँ न केवल किसी प्रकार का कोई नियन्त्रण नहीं है बल्कि किसी भी तरह से किसी शक्ति का प्रयोग भी नहीं है जिससे उसकी अपनी वरीयताओं के अनुरूप परिणाम उपलब्ध हो जाता। व्यक्ति एक प्रकार के वरीयता समुच्चय के साथ सफल हो सकता है, किन्तु किसी अन्य वरीयता समुच्चय के साथ भी सफल हो जाना निश्चित नहीं होता।

उदाहरण के लिए, किसी व्यक्ति की धार्मिक आस्थाएँ उस बात से मेल खाती हैं जिसे सरकार लागू करना चाहती है तो उस व्यक्ति की वरीयताओं की संप्राप्ति हो जाती है—किन्तु सरकार के निर्णय में उन वरीयताओं की कोई भूमिका नहीं होती। उस व्यक्ति को भाग्यवश जो उपलब्धि हो गई है उसमें स्वतंत्रता का कोई अंश नहीं है, और उस निर्णय पर उसका कोई प्रत्यक्ष या परोक्ष नियन्त्रण भी नहीं है। हमारा यह संशयवाद उचित ही है—क्योंकि हमारा यह व्यक्ति इस उदाहरण में अपने पक्षवाली परिस्थितियों का सामना मात्र कर रहा है, वह अपनी इच्छित परिस्थितियाँ पा सकने में प्रभावी नहीं हो रहा है। फिर भी उस व्यक्ति की अपने ढंग से जीवन जीने की स्वतंत्रता का (अनायास ही) किसी अन्य प्रकार से जीने के इच्छुक व्यक्ति की स्वतंत्रता से टकराव हो जाता है। इस टकराव के फलस्वरूप उसे बाधाएँ झेलनी पड़ सकती हैं—संभवतः किसी और युग में तो उसे 'धर्मनिष्ठा की जाँच' या परीक्षा से भी गुज़रना पड़ जाता। यहाँ चयन की वास्तविक स्वतंत्रता नहीं होते हुए भी अपने ढंग से जी पाने की स्वतंत्रता दिखाई दे जाती है। उदाहरण के लिए जब अकबर ने धर्म के आधार पर हस्तक्षेप नहीं करने के स्वतंत्रतावादी निर्णयों की वैधानिक घोषणा की और कहा कि कोई भी अपने मनपसन्द धर्म का अनुसरण कर सकता है, तो उन्होंने बहुत बड़े जन समुदाय को एक प्रभावी स्वतंत्रता प्रदान कर दी थी—वस्तुतः उनकी प्रजा के अधिकांश भाग को यह स्वतंत्रता मिल गई थी जो तब तक मुस्लिम नहीं होने के कारण भेद-भाव भुगते रहे थे—किन्तु ध्यान रहे कि वही प्रजा, यदि अकबर कुछ और करना चाहता तो उसे रोक पाने में सफल नहीं हो पाती, इसकी शक्ति उनके पास नहीं थी।

यह भेद आगे चर्चित होने वाले हमारे भेद से भी जुड़ा है। यह भेद है सामान्य क्षमता और निर्भरता विहीन क्षमता का, इसकी चर्चा स्वतंत्रता के प्रति एक विशेष दृष्टिकोण—जिसे फिलिप पेट्टिट (Philip Pettit—ने विकसित किया है) के सन्दर्भ में होगी। यह है 'गणतन्त्रवादी दृष्टिकोण'। मुझे विश्वास है कि अभी तक की मेरी चर्चा ने स्वतंत्रता के प्रति बहुलतापूर्ण दृष्टि की आवश्यकता की स्थापना कर दी है इसे केवल एक लक्षण से सम्पन्न नहीं मानना चाहिए।

क्षमता, निर्भरता और हस्तक्षेप

बहुत बार 'स्वतंत्रता' और 'स्वातंत्र्य' शब्दों को एक समान कर उनका प्रयोग कर लिया जाता है। रॉल्स के सिद्धान्त में स्वातंत्र्य के प्रति वरीयता में वैयक्तिक जीवन में एक विशेष प्रकार की स्वतंत्रता के प्रति विशेष भाव भरा है। यह स्वतंत्रता सरकार सहित अन्य व्यक्तियों की अनधिकार हस्तक्षेप से स्वतंत्रता है। व्यक्ति क्या कर सकते हैं, और सब बातों पर विचार करने के बाद वास्तव में क्या करते हैं के साथ-साथ रॉल्स ने इस बात का भी अन्वेषण किया है कि व्यक्तियों के अपने वांछित रूप से जीवन जी पाने के स्वातंत्र्य का क्या महत्त्व है। विशेष रूप से इस बात को जानना चाहा है कि अन्य व्यक्तियों द्वारा हस्तक्षेप न किए जाने के स्वातंत्र्य का क्या महत्त्व होता है। यह वही कार्यक्षेत्र है जिस पर जॉन स्टुअर्ट मिल की नवप्रवर्तनकारी रचना, *ऑन लिबर्टी*[10] लिखी गई थी।

स्वतंत्रता के कुछ सिद्धान्तों में 'नवरोमन' या गणतन्त्रवादी धारा में स्वातंत्र्य की परिभाषा में केवल यही नहीं है कि कोई व्यक्ति किसी परिवेश में क्या कुछ कर सकता है, इसमें यह भी सम्मिलित है कि यदि चाहें तो भी, इस व्यक्ति को वांछित कार्य कर पाने की योग्यता को मिटा नहीं पाएंगे। इस दृष्टिकोण के अनुसार, भले ही अन्य व्यक्ति अपनी उस शक्ति का प्रयोग न करें, फिर भी उनके पास मनमाने ढंग से किसी व्यक्ति के मनोवांछित जीवन-यापन में हस्तक्षेप करने की शक्ति की विद्यमानता मात्र से उस व्यक्ति के स्वातंत्र्य पर आघात हो जाता है।[11]

फिलिप पेट्टिट ने इस गणतंत्रवादी आधार पर स्वतंत्रता के क्षमता निरूपण के दृष्टिकोण की आलोचना की है। उनका कहना है कि एक व्यक्ति में अनेक कार्य करने की क्षमता तो अन्य लोगों के 'अनुग्रह' के कारण ही आ पाती है और दावा किया है कि जहाँ तक उसके चयन और वास्तविक उपलब्धियां इस प्रकार से पराश्रित हैं उसे वास्तविक रूप से स्वतंत्र नहीं माना जा सकता। उन्हीं के शब्दों में कल्पना करें कि आपका मन 'ए' और 'बी' के बीच चयन करने का हो रहा है और यह साररूप से स्वतंत्रतापूर्वक निर्णय प्रभावी होगा—किन्तु आप द्वारा इस प्रभावी वरीयता का आनन्द उठा पाना आपके आसपास के अन्य व्यक्तियों की सद्-इच्छा पर निर्भर है...आपकी वरीयताएं, इस दशा में निर्णायक तो होंगी किन्तु ये सद्-इच्छा आश्रित भी होंगी। निश्चय ही अन्य व्यक्तियों के चाहने न चाहने पर भी कुछ कर पाना व्यक्ति को एक बहुत सारपूर्ण स्वतंत्रता प्रदान करता है, इसमें एक बड़ी दृढ़ता भरी नज़र आती है। वह दृढ़ता उस अवस्था में नहीं दिख पाती जब वही कार्य करने की स्वतंत्रता अन्य व्यक्तियों की सहायता, सहिष्णुता या फिर संयोग पर आधारित हो। एक पराकाष्ठापूर्ण उदाहरण यह भी है कि दास व्यक्ति दास ही रहते हैं भले

ही उनके चयनों का अपने स्वामियों की इच्छा से कोई टकराव नहीं हो।

निस्सन्देह, स्वतंत्रता की यह गणतन्त्रवादी संकल्पना महत्त्वपूर्ण है और इसमें स्वतंत्रता के तकाज़ों के विषय में हमारी निहित भावना का एक आयाम भी सम्मिलित है। किन्तु मैं इस बात से सहमत नहीं हो पाऊँगा कि स्वतंत्रता की यह गणतन्त्रवादी संकल्पना स्वतंत्रता के क्षमता परिप्रेक्ष्य को विस्थापित कर सकती है। यदि हम स्वतंत्रता के विचार को केवल एक ही तत्त्व पर केन्द्रित करने का आग्रह न करें। (जिसके विरुद्ध मैं पहले ही बहुत तर्क दे चुका हूँ)। तो दोनों विचारों के लिए पर्याप्त स्थान होगा–उनमें तनाव रहित सह-अस्तित्व हो सकता है।

एक अपंग व्यक्ति, जो बिना सहायता के कुछ कामों को सम्पन्न नहीं कर सकता, के विषय में इन तीन विकल्पों पर विचार करें :

पहली अवस्था : अन्य व्यक्ति 'ए' की सहायता नहीं करते, परिणामस्वरूप वह अपने घर से बाहर नहीं जा पाता।

दूसरी अवस्था : अन्य व्यक्ति 'ए' की सहायता नहीं करते, अपनी स्वयंसेवी भावना या उस पड़ोस की किसी सामाजिक सुरक्षा व्यवस्था के कारण सदैव 'ए' की सहायता करने को तत्पर रहते हैं और वह घर से बाहर बड़ी स्वतंत्रता से भ्रमण आदि करता रहता है।

तीसरी अवस्था : 'ए' के पास ऐसे सेवक हैं जिन्हें पूरा पारिश्रमिक मिलता है और वे 'ए' के आदेश मानने को बाध्य हैं। उनको साथ लेकर 'ए' अपने घर से जब चाहे बाहर जाकर सभी कुछ करने को स्वतंत्र रहता है।

यदि 'क्षमता विधि' की परिभाषा को देखें तो दूसरी व तीसरी अवस्थाएँ उस अपंग व्यक्ति की दृष्टि से समानप्रायः हैं–हाँ, यदि सेवकों की दृष्टि से देखें तो बात कुछ और हो सकती है इन दोनों का पहली अवस्था से बहुत बड़ा अन्तर भी स्पष्ट है–उस अवस्था में 'ए' को बाहर जाने की क्षमता उपलब्ध नहीं थी। स्पष्टतः कुछ कर पाने और नहीं कर पाने के बीच बहुत बड़ा अन्तर होता है, इस बात का महत्त्व है कि व्यक्ति वास्तव में क्या कर पाने में सक्षम रहता है।

गणतन्त्रवादी विधि में तो 'ए' को पहली और दूसरी, दोनों अवस्थाओं में अ-स्वतंत्र माना जाएगा : पहली अवस्था में वह जो करना चाहता है उसे नहीं कर पाता तो दूसरी अवस्था में वह घर से बाहर जा सकता है, किन्तु यह बाहर जा सकने की योग्यता एक सन्दर्भ पर निर्भर है। वह सन्दर्भ है ऐसी सामाजिक सुरक्षा व्यवस्था की विद्यमानता, यह अन्य व्यक्तियों के सद्भाव और उदारता पर भी आश्रित हो सकता है। निश्चय ही 'ए' की तीसरी अवस्था की स्वतंत्रता का स्वरूप दूसरी अवस्था से बहुत ही अलग है। गणतन्त्रवादी विश्लेषण विधि इस अन्तर को स्पष्ट रूप से

पकड़ पाती है—जबकि इस भेद को कर पाने की क्षमता विधि हमारी क्षमता विधि से नहीं है।

किन्तु इससे भी क्षमता विधि के मुख्य सरोकार कि 'व्यक्ति जो कुछ करना चाहता है, वह कर पाता है या नहीं'' का महत्त्व कम नहीं हो जाता। यह अन्तर पहली अवस्था को एक ओर तथा दूसरी व तीसरी अवस्थाओं को दूसरी ओर रखने पर स्पष्ट हो जाता है। पहली अवस्था में 'ए' घर से बाहर निकल ही नहीं पाता और इस दृष्टि से वह अ-स्वतंत्र है। शेष दोनों अवस्थाओं में उसे जब चाहे घर से बाहर जाने की क्षमता और स्वतंत्रता मिल जाती है। क्षमता विधि इसी अन्तर को पकड़ने (स्पष्ट करने) का प्रयास करती है। यह अन्तर समझ कर स्वीकार कर पाना अपने-आप में एक बड़ी बात है और सार्वजनिक नीति-निर्माण में इस स्वीकारोक्ति का बहुत महत्त्व हो सकता है। यदि पहली और दूसरी अवस्थाओं को एक ही वर्ग में रखने का अर्थ यह दावा करना होगा कि अपंगता और बाधिताओं का सामना करने में सामाजिक सुरक्षा व्यवस्था या सामाजिक सहयोग की कोई भूमिका नहीं होती। किन्तु यह तो न्याय के सिद्धान्त में एक बहुत ही बड़ी त्रुटि होगी।

अनेक ऐसी विश्लेषणात्मक रचनाएँ भी हैं जहाँ यह जानना महत्त्वपूर्ण माना जाता है कि क्या कोई व्यक्ति वास्तव में वह कुछ कर पाता है या नहीं जो वह करना चाहता हो और जिसे करना चाहने के उसके पास कारण भी हों। उदाहरण के लिए कई एक अभिभावक अपने बच्चों के लिए स्वयं स्कूल की स्थापना कर पाने की स्थिति में नहीं होते, वे सार्वजनिक नीति पर निर्भर रहते हैं और वह नीति राष्ट्रीय एवं स्थानीय राजनीति सहित अनेक बातों से प्रभावित होती है। किन्तु उस क्षेत्र में स्कूल की स्थापना को बच्चों की शिक्षा पाने की स्वतंत्रता में वृद्धि माना जा सकता है। इस बात को झुठलाने का अर्थ स्वतंत्रता के विषय में एक महत्त्वपूर्ण चिन्तन (जिसके कारण और व्यवहार दोनों ही विद्यमान हैं) को नकारना है। इस बात की उस अवस्था से तुलना बहुत स्पष्ट है जब किसी क्षेत्र में कोई स्कूल ही नहीं होता और बच्चों को शिक्षा पाने की कोई स्वतंत्रता नहीं होती। इन दोनों अवस्थाओं में भेद महत्त्वपूर्ण है और हमारी क्षमता विधि इसी पर केन्द्रित है—जबकि किसी भी अवस्था में कोई व्यक्ति सरकार या अन्य व्यक्तियों के सहयोग के बिना अपना ही स्कूल चलाने में सफल नहीं हो सकता। हम ऐसे संसार में रहते हैं जहाँ अन्य व्यक्तियों के सद्भाव और सहयोग से पूर्ण रूप से स्वतंत्र रह पाना बहुत कठिन रहता है, कई बार तो उसे कर पाना बहुत महत्त्वपूर्ण भी नहीं होता।

स्वतंत्रता के प्रति क्षमता और गणतन्त्रवादी दृष्टिकोणों के बीच तनाव उसी समय पैदा होता है जब हम यह मान लें कि हमारे पास 'हद से हद' एक विचार के लिए स्थान है। यह उस समय होता है जब यह जानते हुए भी स्वतंत्रता के विचार में तत्त्वों की अपरिहार्य विविधता भरी है। हम स्वतंत्रता के किसी एकपक्षीय विचार

पर केन्द्रित होकर रह जाते हैं। मेरा तो तर्क होगा कि स्वतंत्रता के प्रति गणतंत्रवादी दृष्टिकोण वस्तुतः क्षमता आधारित परिप्रेक्ष्य को और संपुष्ट बनाता है—यह स्वतंत्रता के प्रति क्षमता परिप्रेक्ष्य की उपयुक्तता को ध्वस्त नहीं करता।

बहुलता यहीं तक सीमित नहीं रहती। एक और भेद इस आधार पर हो सकता है कि क्या किसी व्यक्ति की अपनी क्षमता का प्रयोग कर पाने में विफलता अन्य लोगों के हस्तक्षेप का परिणाम है? हम यहाँ प्रभावी हस्तक्षेप कर पाने की शक्ति पर केन्द्रित नहीं हो रहे। (उस शक्ति का प्रयोग हुआ ही नहीं) वह तो एक गणतन्त्रवादी 'चिन्ता' हो जाएगी। हमारा अभिप्राय तो उस हस्तक्षेप शक्ति के वास्तविक प्रयोग से ही है। संभावित और वास्तविक हस्तक्षेप का यह भेद महत्त्वपूर्ण है और आधुनिक राजनीतिक चिन्तन के जनक थॉमस हॉब्स ने भी इस बात की ओर ध्यान दिलाया था। यद्यपि हॉब्स के प्रारम्भिक विचारों में 'नवरोमन' या गणतन्त्रवादी धारणा के प्रति कुछ सहानुभूति सम्भव थी, (उस समय ब्रिटेन में वह विचारधारा बहुत प्रचलित भी थी), किन्तु क्वेंटिन स्किन्नर (Quentin Skinner) ने बहुत स्पष्ट रूप से समझाया है कि स्वतंत्रता के विषय में हॉब्स के विचार का स्पष्ट रूप गैर—गणतन्त्रवाद पर ही आधारित रहा है। (अर्थात हस्तक्षेप वास्तव में हुआ है या नहीं पर) अतः स्वातंत्र्य के हनन में अन्य लोगों के हस्तक्षेप का विचार हॉब्स की ही देन है।

स्वतंत्रता के विचार में क्षमता, पराश्रिता के अभाव और हस्तक्षेप के अभाव पर आधारित अनेक विशेषताओं को सम्मिलित करने में किसी प्रकार की लज्जा की अनुभूति नहीं होनी चाहिए।[12] जो स्वतंत्रता के एक सैद्धान्तिक विचार पर आग्रह कर रहे हैं उन्हें यह ज्ञान ही नहीं है कि हमारी अनुभूतियों, मान्यताओं और मूल्यांकनों में स्वतंत्रता किस-किस प्रकार के रूप धारण किए रहती है। विलियम कॉपर ने ठीक ही कहा है : स्वतंत्रता के हज़ारों मनोरम रूप हैं, पर उन्हें समझ पाने की सामर्थ्य गुलामी से सन्तुष्ट रहने वालों को कहाँ है।" विश्लेषण की हज़ारों अवधारणाओं को स्थान दे पाना बहुत कठिन हो सकता है, किन्तु इस बात में कोई कठिनाई नहीं होनी चाहिए कि स्वतंत्रता के कई अलग-अलग आयाम परस्पर प्रतिपूरक भी हो सकते हैं (प्रतिस्पर्धी नहीं)। न्याय का सिद्धान्त उन सभी आयामों पर विचार कर सकता है। वस्तुतः हमारी इस पुस्तक के न्याय के प्रति दृष्टिकोण में न्याय मूल्यांकन की एक बड़ी विशेषता के रूप में व्यापक स्तर पर फैली हुई बहुलता को ही माना गया है। स्वतंत्रता की बहुलता भी उस विस्तृत संरचना में सहज भाव से समा सकती है।

पैरेटोवादी उदार की असंभाव्यता

परिणाम को अपनी वांछित दिशा में मोड़ सकना स्वतंत्रता का एक महत्त्वपूर्ण अंश है। किस परिणाम के सटीक बोध में उस प्रक्रिया को भी स्थान दे सकते हैं जिसके

माध्यम से वह अंतिम परिणाम प्राप्त होता है। सामाजिक चयन सिद्धान्त सामाजिक अवस्थाओं से सम्बन्धित रहते हैं। उनमें स्वतंत्रता के परिणामदायक विचार पर बहुत ध्यान दिया गया है। सामाजिक चयन सिद्धान्तों में स्वातंत्र्य और स्वतंत्रता के अनेक प्रश्नों पर इसी संरचना के अन्तर्गत विचार किया गया है।

एक परिणाम ने तो अपने गिर्द अनेक रचनाओं को सम्भव बना दिया है। यह है 'पैरेटोवादी उदार की असंभाव्यता प्रमेय'। इस प्रमेय द्वारा दिखाया जाता है कि यदि व्यक्तियों को मनमानी वरीयताएँ तय करने का अधिकार हो तो पैरेटो अभीष्टता के कुछ तकाज़ों का वैयक्तिक स्वातंत्र्य के न्यूनतम तकाज़ों के साथ टकराव हो सकता है।[13] मैं यहाँ इस प्रमेय की कार्यविधि तो नहीं दिखा रहा, किन्तु एक उदाहरण द्वारा इसे स्पष्ट अवश्य करूँगा। मान लीजिए कि एक अश्लील पुस्तक है और—दो सम्भव पाठिकाएँ हैं। एक का नाम प्रूड (अति विनयशीला) है। उसे उस पुस्तक से घृणा है, वह उसे पढ़ना पसन्द नहीं करती, किन्तु उसे इस बात से और भी अधिक कष्ट होगा यदि दूसरी पाठिका उसे पढ़े। दूसरी पाठिका का नाम ल्यूड (कामासक्ता) है और उसे वह पुस्तक बहुत पसन्द है। प्रूड को यही बात कष्ट दे सकती है कि संभवतः उसे पढ़कर ल्यूड आनन्दित हो रही होगी। ल्यूड स्वयं तो उसे पढ़ना चाहती ही है, किन्तु यदि प्रूड उसे पढ़कर दुखी हो तो उसे और भी अधिक आनन्द आएगा।

तो फिर क्या किया जाए? स्वातंत्र्य पर आधारित ऐसा कोई निर्देश नहीं है कि उस पुस्तक को कोई भी नहीं पढ़े—ल्यूड उसे पढ़ना चाहती है और प्रूड को उसके निर्णय में हस्तक्षेप करने का कोई अधिकार नहीं है। इसी प्रकार स्वातन्त्र्य के आधार पर प्रूड को उसे पढ़ने का कोई आदेश नहीं दिया जा सकता और ल्यूड को उस बात में घुसने का कोई अधिकार नहीं है जिसका उससे सम्बन्ध नहीं हो। फिर तो एकमात्र विकल्प यही बचता है कि ल्यूड उसे पढ़ती रहे—यदि दोनों को अपनी इच्छानुसार उस पुस्तक को पढ़ने या न पढ़ने का निर्णय लेना होता, तो भी यही परिणाम होना था। किन्तु उन दोनों की जो वरीयताएँ स्पष्ट हो रही हैं उनके आधार पर तो प्रूड को उसे पढ़ना चाहिए। इस प्रकार उनका स्वचयन आधारित निर्णय उनकी पसन्द के विपरीत चला जाता है। क्योंकि दोनों की पसन्द कुछ ऐसा रूप धारण कर लेती है कि ल्यूड को उसे पढ़ना प्रूड द्वारा पढ़े जाने से कम पसन्द नज़र आता है। किन्तु शेष दो विकल्पों द्वारा स्वातंत्र्य के न्यूनतम तकाज़ों की अवमानना हो रही थी। अतः सामाजिक चयन की कसौटी को पूरा करने वाला कोई चुनाव नहीं हो सकता, प्रत्येक सुलभ विकल्प किसी अन्य विकल्प से निकृष्ट सिद्ध होता है। यही दोनों नियमों का एकसाथ पालन कर पाने की असम्भाव्यता है।

यह असंभाव्यता परिणाम भी सामाजिक चयन सिद्धान्तों के अन्य असंभाव्यता प्रमेयों की भाँति चयन समस्या के निदान पर चर्चा का आरम्भ बिन्दु है (उसका समापन

बिन्दु नहीं) इसने यह काम बहुत अच्छी तरह किया भी है। कुछ विद्वानों ने इस प्रमेय का प्रयोग कर कहा है कि स्वातंत्र्य तभी प्रभावी हो सकता है जब सभी व्यक्ति अन्य व्यक्तियों के चयन करने के स्वातंत्र्य का सम्मान करना सीख लें–अन्य व्यक्तियों द्वारा निजी जीवन में किए जा रहे चयनों पर अधिक ध्यान देने के स्थान पर प्रत्येक को अपने जीवन के चयनों पर अधिक ध्यान देना चाहिए।[14] अन्य विद्वानों ने गणितीय परिणाम का प्रयोग कर यह कहना चाहा है कि आमतौर पर अर्थशास्त्र में 'निर्विवाद' माने जाने वाले पैरेटो नियम का भी किन्हीं परिस्थितियों में उल्लंघन करना अनिवार्य हो सकता है।[15] इस का आधार यही है कि यहाँ वैयक्तिक वरीयताएँ अन्यों से भी जुड़ी हुई हैं और उन पर, पर चिन्ता का साया मंडरा रहा है। मिल के शब्दों में, व्यक्ति की अपनी राय के प्रति भावना और उस राय से आहत अन्य व्यक्ति की भावना के बीच कोई समानता नहीं है। कुछ अन्य विद्वानों का मत यह है कि स्वातंत्र्य का अधिकार इस शर्त पर आधारित होना चाहिए कि प्रत्येक व्यक्ति अन्य लोगों की उनकी अपनी वरीयताओं के स्वातंत्र्य का सम्मान करेगा।[16]

कुछ अन्य समाधान भी सुझाए गए हैं। एक बहुचर्चित सुझाव है 'दुरभिसंधि द्वारा समाधान'। इसके अनुसार यदि विभिन्न पक्ष पैरेटो-सुधारक सन्धि कर लें तो कोई समस्या नहीं रहेगी–अर्थात् प्रूड उस पुस्तक को पढ़े। वाह। क्या समाधान है![17]

सबसे पहले तो यहाँ एक विधिगत प्रश्न उठता है! एक पैरेटो सुधार अनुबन्ध तो प्रत्येक पैरेटो अकुशल अवस्था में सम्भव रहता है। इस कथन द्वारा हम वास्तविक जीवन की उन समस्याओं की अवमानना नहीं कर रहे हैं जहाँ वैयक्तिक चयन किसी पैरेटो–अकुशल परिणाम की ओर ले जाता है। इस प्रकार समाधान पाने की विधि में एक अन्य सामान्य समस्या भी होती है। पैरेटो सुधारक अनुबन्ध को तोड़ने की संप्रेरणाएँ बहुत सशक्त होती हैं–इसी कारण उसका बने रहना कठिन हो जाता है।[18] इसे सहयोग द्वारा समाधान पाने के नियम के विरुद्ध बहुत बड़ी आपत्ति है, नहीं मानना चाहिए। मुख्य आपत्ति तो दोनों पक्षों द्वारा ऐसे अनुबंध की पेशकश और स्वीकृति के लिए दिए गए तर्कों को लेकर है। किन्तु यह भी एक आपत्ति है, अवश्य। हमें ऐसे अनुबन्ध की विश्वसनीयता और उसके अनुपालन की कठिनाइयों पर भी विचार करना होगा। (अर्थात् हम यह कैसे सुनिश्चित करेंगे कि प्रूड उस पुस्तक को पढ़ेगी, सिर्फ पन्ने पलट कर नहीं रह जाएगी?)

यह कोई छोटी-सी समस्या नहीं है किन्तु इससे अधिक महत्त्व तो अनुबन्ध को लागू करने का है। यदि एक पुलिस वाले को प्रूड के सिर पर खड़ा कर प्रूड द्वारा पुस्तक को वास्तव में पढ़वाया जाए तो निश्चय ही स्वातंत्र्य को उससे अधिक खतरे में डालने का अन्य प्रयास नहीं हो पाएगा। जो इस प्रकार व्यक्तिगत जीवन में गम्भीर पुलिस हस्तक्षेप को उदारवादी समाधान कहते हैं उन्हें संभवतः उदार समाज की रचना के विषय में लेशमात्र भी जानकारी नहीं है।

हाँ, एक बात ठीक है, यदि व्यक्ति स्वेच्छा से अनुबन्ध का पालन करें तो ऐसी पुलिस व्यवस्था की ज़रूरत नहीं होगी। यदि व्यक्तिगत वरीयता द्वारा ही चयन होता, तो अनुबन्ध की आवश्यकता ही नहीं होती–क्योंकि प्रूड उस पुस्तक को स्वयं नहीं पढ़ना चाहती। दूसरी ओर यदि वरीयताओं को व्यक्तियों की इच्छा मात्र माना जाता है। (चयन नहीं) और इस मामले में यही अधिक जंचता भी है, तो कहा जा सकता है कि यद्यपि प्रूड और ल्यूड, दोनों अनुबन्ध के विपरीत व्यवहार करना चाहती हैं, किन्तु उन्होंने अनुबन्ध पर हस्ताक्षर कर दिए हैं, अतः अब वे अपनी इच्छाओं की गुलाम होने का प्रतिरोध करेंगी। किन्तु यदि अनुभूत इच्छाओं के विरुद्ध कार्य होने हैं तो हमारा प्रश्न यह होगा कि हम यह क्यों स्वीकार कर लें कि प्रूड और ल्यूड इस प्रकार का अनुबन्ध (दुरभिसन्धि द्वारा समाधान्) करने का चयन क्यों करेंगी? (भले ही उनकी लालसा एक परिणति के रूप में यही परिणाम पाने की हो)।

यह समझ नहीं आता कि वे दोनों ऐसा अनुबन्ध क्यों करेंगी जिसके अन्तर्गत प्रूड उस घृणित पुस्तक को केवल इसलिए पढ़ना स्वीकार कर लेगी कि उसके परिणामस्वरूप उसे पढ़ने को लोलुप ल्यूड उस अवसर से वंचित रह जाएगी। दूसरी ओर ल्यूड अपनी प्रिय पुस्तक को पढ़ने का अवसर इसलिए क्यों गंवा देगी कि अनुत्सुक प्रूड को उसे पढ़ा दिया जाए? यदि व्यक्ति अपने काम पर ध्यान देने को ज़रा भी महत्त्वपूर्ण मानते हों तो इस प्रकार का विद्रूप अनुबन्ध होगा ही नहीं। यह कुछ ऐसी ही बात है कि मुझे लगता है जैक को तलाक देकर ऐन बहुत खुश रहेगी, काश, वह ऐसा कर दे–तो चलो, मैं उसे ऐसा करने की कहे देता हूँ। अच्छा उदारमना व्यवहार जो सभी को अपनी-अपनी इच्छानुसार पढ़ाई का अवसर देता है ऐसे विद्रूप अनुबन्ध से हमारी रक्षा कर सकता है। इस प्रकार "दुरभिसन्धि द्वारा समाधान" को समाधान मानना भी कठिन ही प्रतीत होता है।

जाने क्यों, कुछ विद्वान मानते हैं कि यहाँ प्रश्न इस बात का है कि क्या अधिकार पराक्राम्य होते हैं? अर्थात्, क्या व्यक्ति अपने किन्हीं अधिकारों का सौदा कर सकते हैं? और, क्या उन्हें ऐसे अनुबन्ध करने की अनुमति होनी चाहिए?[19] मुझे नहीं लगता कि ऐसे अधिकारों के 'परस्पर सहमति' के माध्यम से लेन-देन में कोई आपत्ति होनी चाहिए। वास्तव में ऐसे अनुबन्ध के लिए किसी को किसी की (समाज की भी) अनुमति की आवश्यकता प्रतीत नहीं होती। किन्तु इसका, इस अनुबन्ध को करने का कारण अवश्य होना चाहिए–और यही समस्या है। कुछ लोगों का कहना है कि सबसे बड़ा कारण यही है कि इस के द्वारा पैरेटो–कुशल परिणाम की रक्षा हो सकती है। किन्तु यह तर्क तो बहुत ही विचित्र लगता है। इस असंभाव्यता परिणाम पर सारी चर्चा करने के पीछे हमारा एक उद्देश्य तो यही जानना था कि पैरेटो–दक्षता को कितनी प्राथमिकता मिलनी चाहिए।

सही सवाल तो ऐसे अनुबन्ध करने और फिर उस पर टिके रहने के कारणों की पर्याप्तता का है। निर्विवाद रूप से इच्छापूर्ति या आनन्द को अधिकतम करने (और अपने कामों को नज़रअन्दाज़ कर देने) के विचार को किसी सीमा तक अनुबन्ध का कारण माना जा सकता है। किन्तु यही कारण उन दोनों को हस्ताक्षर करने के बाद उस अनुबन्ध से मुकर जाने को भी पर्याप्त हो सकता है। उन दोनों को भी इस बात का ज्ञान होता है। यही नहीं, इच्छाप्रेरित चयन के सन्दर्भ में भी हमें एक भेद करना होगा : हमारी इच्छा है कि कोई अन्य व्यक्ति किसी विशेष प्रकार का व्यवहार करे एक बात है—किन्तु किसी अन्य से उस व्यवहार के अनुबन्ध का पालन कराने की इच्छा कुछ अलग ही बात होगी। यहाँ हमारे उदाहरण में ल्यूड चाहती है कि प्रूड उस किताब को पढ़े—यह पहली बात है—किन्तु उस द्वारा इस अनुबन्ध पर आग्रह कि प्रूड न चाहते हुए भी उस पुस्तक को पढ़ेगी—दूसरी ही बात होगी। यदि हम परिणाम को सम्पूर्ण दृष्टि से देखें तो इच्छा के ये दोनों विषय अलग-अलग हैं। वस्तुतः ल्यूड की उस सामान्य इच्छा कि प्रूड उस पुस्तक को पढ़े, में यह बात कहीं नहीं झलकती कि वह प्रूड द्वारा पुस्तक पढ़वाने के किसी अनुबन्ध का अनुपालन भी चाहती है। अनुबन्ध की बात उठा देने से सारी चर्चा ही अनुबन्धविहीन सामान्य इच्छाओं के परिदृश्य से कहीं दूर चली जाती है।

पैरेटोवादी उदार की असंभाव्यता का यह विचार भी ऐरो के अधिक प्रभावशाली प्रमेय की भाँति ही सार्वजनिक विचार-विमर्श में एक योगदान माना जाना चाहिए। इसने कुछ ऐसे प्रश्नों को चर्चा का विषय बनाया है जिन्हें संभवतः उठाया ही नहीं जाता। मेरा तो यही आग्रह रहा है कि सामाजिक चयन सिद्धान्त अनेक समस्याओं का स्पष्टीकरण करने और उन पर सामाजिक चर्चा कराने में बहुत उपयोगी रहते हैं। ये दोनों ही बातें हमारी वर्तमान पुस्तक में प्रस्तुत (न्याय के प्रति) दृष्टिकोण में बहुत महत्त्वपूर्ण हैं।

सामाजिक चयन बनाम द्यूतक्रीड़ा संरचनाएँ

तीन दशक पूर्व रॉबर्ट नौज़िक ने पैरेटोवादी उदार की असंभाव्यता और सामाजिक चयन सिद्धान्त में स्वातंत्र्य के महत्त्व को लेकर कुछ प्रश्न उठाए थे।

समस्या का आरम्भ व्यक्ति के विकल्पों में से चयन के अधिकार को किसी सामाजिक क्रमिकता में उन विकल्पों के सापेक्ष क्रम का निर्धारण करने के अधिकार के रूप में स्वीकृति देने से होता है—व्यक्ति के अधिकार की अधिक उपयुक्त व्याख्या यह होगी : वैयक्तिक अधिकार सह-संभावी होते हैं। प्रत्येक व्यक्ति चयन करते समय अपने अधिकार का प्रयोग करता है। इन अधिकारों के प्रयोग से ही विश्व की कतिपय विशेषताओं का निर्धारण हो जाता

है। इन स्थिर लक्षणों के संरोधों की सीमा में रहते हुए सामाजिक क्रमिकता के आधार पर सामाजिक चयन प्रक्रिया का प्रयोग कर एक चयन हो सकता है, यदि कुछ चुनने को बच रहा हो। अधिकार सामाजिक क्रमिकताओं का निर्माण नहीं करते, वे तो उन सीमाओं की रचना करते हैं जिनके भीतर रहते हुए सामाजिक चयन किया जाना है, इस प्रक्रिया में ये किन्हीं विकल्पों (के स्तर) को निश्चित कर देते हैं, किन्हीं को चयन समुच्चय से बाहर कर देते हैं...आदि। यदि कोई स्वरूपीकरण वैध (आवश्यक) है तो इसे भी हम सामाजिक चयन के कार्यक्षेत्र का अंग मान लेते हैं और ये जनता के अधिकारों द्वारा संरोधित रहता है। सेन के परिणामों का और हम किस प्रकार सामना कर पाएँगे?[20]

इस प्रकार नॉज़िक ने स्वातंत्र्य के अधिकार को किन्हीं व्यक्तिगत निर्णयों पर ''व्यक्ति के नियन्त्रण'' की परिभाषा प्रदान कर दी और व्यवस्था की कि ''प्रत्येक व्यक्ति अपने चयनानुसार उस अधिकार का प्रयोग करेगा।'' किन्तु यह तो केवल चयन करने के कार्य का अधिकार है। इससे कोई परिणाम कहाँ सुनिश्चित होता है?

वास्तव में यह पूर्णतः प्रक्रिया प्रेरित स्वातंत्र्य दृष्टिकोण अधिकारों के प्रति एक वैकल्पिक विचार है। इस तर्क के परिणाम स्वरूप अनेक प्रतिक्रियाएँ और प्रतिध्वनियाँ सामने आई हैं। जटिलता के एक स्रोत के रूप में परस्पर निर्भरता (पारस्परिकता) की समस्या की चर्चा हुई है : व्यक्ति का कुछ कर पाने का अधिकार किन्हीं अन्य बातों के घटित होने या नहीं होने पर आश्रित हो सकता है। यदि अन्य लोगों के गीत गाते समय मेरे भी शामिल हो जाने के अधिकार को कुछ भी हो, मेरे गायन के अधिकार से अलग स्वरूप दिया जाना है (चाहे अन्य लोग गा रहे हों, पूजा कर रहे हों या भोजन कर रहे हों या भाषण दे रहे हों) तो फिर मेरे लिए सुलभ युक्तियों को अन्य लोगों की युक्तियों से सापेक्ष रूप में समझना होगा। यद्यपि अधिकारों का निरूपण परिणामों के साथ स्पष्ट सन्दर्भों में किया गया है। (वे विभिन्न युक्ति संयोजनों के साथ जुड़े हैं) फिर भी सामाजिक चयन की संरचनाएँ सहज ही इन पारस्परिकताओं को समाहित कर लेती हैं। स्वातंत्र्य की प्रक्रिया आधारित सूझ ने भी इसी प्रकार की संवेदनशीलता पाने के लिए 'द्यूत सिद्धान्त पर आधारित द्यूत संरचनाओं' के विचार को अपनाया है। (इस प्रकार उन्होंने नौज़िक द्वारा अन्य लोगों से स्वतंत्र रूप में व्यक्ति के अधिकार के रूप में की गई स्वातंत्र्य की व्याख्या का परित्याग कर दिया है।[21] इस प्रकार की द्यूत संरचना में प्रत्येक व्यक्ति को कुछ क्रियाएँ या युक्तियाँ प्रयोग करने की अनुमति दी गई है—वह उनमें से एक का चयन कर सकता है। अन्तिम परिणाम तो सभी व्यक्तियों द्वारा चुनी गई युक्तियों पर ही निर्भर होगा। स्वातंत्र्य की अनिवार्यताओं को चयनीय युक्तियों पर लागू संरोधों का रूप प्रदान किया गया है, स्वीकार्य या मान्य परिणामों का नहीं। किन्तु, क्या यह रचना स्वातंत्र्य पर्याप्त निरूपण में सक्षम सिद्ध होगी? यह स्वातंत्र्य के बोध के एक सहज बोध्य मार्ग को

तो अवश्य समाहित किए है। किन्तु स्वातंत्र्य और स्वतंत्रता का सम्बन्ध केवल एक व्यक्ति द्वारा किए गए तत्सम्बन्धी कार्यों से नहीं है, ये तो अन्य व्यक्तियों द्वारा किए गय चयनों के समवेत स्वरूप से उदित होते हैं।

अतिक्रमणवादी कार्यों पर विचार की दृष्टि से स्वातंत्र्य के निरूपण में पारस्परिकता के प्रश्न का महत्त्व और भी अधिक हो जाता है। एक धूम्रपान न करने वाले के इस अधिकार पर विचार करें कि उसके मुँह की तरफ कोई धुआँ नहीं उड़ाया जाए। यह एक परिणाम का अधिकार है और स्वातंत्र्य का कोई भी बोध, यदि वह परिणाम निरपेक्ष रहे तो, पर्याप्त सिद्ध नहीं होगा।

फिर तो हमें द्यूत संरचनाओं पर पश्चगामी दृष्टिपात करना होगा और स्वीकार्य परिणामों को जन्म दे सकने वाले युक्ति संयोजनों को जानना होगा। इस प्रकार द्यूत संरचना विधि इस समस्या को अप्रत्यक्ष रूप से सुलझाने का प्रयास करती है। मेरे मुँह पर धुआँ उड़ाए जाने की संभावना को निरस्त करने के स्थान पर यहाँ की प्राविधिक अनिवार्यताएँ युक्तियों के चयन पर प्रतिबंधों का रूप धारण कर लेती हैं। हम, क्रमशः, इन युक्तियों की प्रभावोत्पादकता पर विचार कर सकते हैं :

* यदि अन्य व्यक्ति आपत्ति करें तो धूम्रपान पर प्रतिबन्ध हो,
* अन्य व्यक्तियों की उपस्थिति में धूम्रपान पर प्रतिबन्ध, या
* सार्वजनिक स्थानों पर धूम्रपान पर प्रतिबन्ध, भले ही वहाँ अन्य लोग हों या नहीं (ताकि अन्य लोगों को वहाँ से दूर न रहना पड़े)

निष्क्रिय धूम्रपान की संप्राप्ति नहीं हो पाने की दशा में हम धूम्रपान पर अधिकाधिक क्लिष्ट वर्जनाएँ लगाते जाते हैं (अनेक देशों में कानून निर्माण का ऐसा ही अनुभव रहा है) हम पृथक प्रकार की द्यूत संरचनाओं का चयन करते हैं, किन्तु यह चयन उन युक्तियों की स्वातंत्र्याधारित संप्राप्तियों को सुनिश्चित करने में प्रभावोत्पादकता के आधार पर होता है।

निस्सन्देह, द्यूत संरचनाओं का निर्धारण इस प्रकार हो सकता है कि पारस्परिकताओं का ध्यान रखा जाए और अन्य लोगों के अतिक्रमणीय कार्यों से भी बचाव हो सके। कुल मिलाकर स्वीकार्य द्यूत संरचनाओं का निरूपण–प्रत्यक्ष या परोक्ष रूप से–विभिन्न व्यक्तियों की युक्तियों के आधार पर संभावित 'परिणाम' के अभिज्ञान पर ही निर्भर रहेगा। यदि द्यूत संरचना के चयन की प्रेरणा शक्ति यह निर्णय है कि निष्क्रिय धूम्रपान को बढ़ावा देने वाला धूम्रपान स्वीकार्य नहीं है–क्योंकि ये अनिच्छुकों को विवश करता है कि वे या तो धूम्रपान करें या वहाँ से चलते बनें–तो निश्चय ही द्यूत संरचना का चयन सामाजिक चयन सिद्धान्त के इस सरोकार पर निर्भर हो जाएगा कि सामाजिक संप्राप्तियों का स्वरूप क्या है। हमें कार्य करने की स्वतंत्रता और परिणामों के स्वरूप–दोनों ही बातों पर विचार करना होगा। तभी स्वातंत्र्य के विचार को हम सटीक रूप से समझ पाएँगे।

हमारी उपर्युक्त चर्चा से यह स्पष्ट हो जाता है कि समानता और स्वातंत्र्य के अपने-अपने प्रभाव क्षेत्रों में अनेक आयाम होते हैं। इन व्यापक जीवन मूल्यों के अन्य सभी सरोकारों को नकार कर इनके किसी एक ही आयाम पर केन्द्रित संकीर्ण दृष्टिकोण को अपनाने से बचा जाना चाहिए। बहुलता को न्याय के सिद्धान्त का एक अंग बनाना होगा—उस सिद्धान्त को स्वातंत्र्य और समानता के महान विचारों द्वारा उद्घाटित सभी सरोकारों के प्रति जीवंत और जागरूक होना होगा।

भाग 4

सार्वजनिक विचार-विमर्श और लोकतंत्र

15

लोकतंत्र : सार्वजनिक विचार-विमर्श

एल्डस हक्सले (Aldous Huxley) के उपन्यास *पाईंट काउन्टर पाईंट* का मुख्य पात्र सिडनी क्वार्ल्स (Sidney Quarles) अपने ऐसेक्स स्थित घर से बार-बार लन्दन जाता है। उसका कहना है कि वह ब्रिटिश संग्रहालय में प्राचीन भारत में लोकतंत्र पर अध्ययन कर रहा है। वह अपनी पत्नी रशेल को समझाता है कि उसका अध्ययन मौर्यकालीन स्थानीय स्वशासन से जुड़ा है। यह भारत में चौथी और तीसरी शताब्दी ईसा पूर्व सत्तासीन रहे राजवंश का काल था। किन्तु रशेल को यह समझने में कोई देर नहीं लगी कि यह अध्ययन तो उसकी आँखों में धूल झोंकने की एक विस्तृत योजना मात्र था। सिडनी उसे धोखा दे रहा था और लन्दन में जाकर किसी नई रखैल के साथ समय बिताता था।

हक्सले ने हमें इस प्रकार समझाया है कि रशेल क्वार्ल्स ने किस प्रकार से निष्कर्ष निकाला था :

सिडनी अब लन्दन बार-बार जाने लगा था और वहाँ अधिकाधिक समय बिता रहा था। दूसरी यात्रा के बाद श्रीमती क्वार्ल्स बड़े खेद के साथ सोचने लगीं कि कहीं सिडनी को कोई और औरत तो नहीं मिल गई है। और जब तीसरी यात्रा के बाद कई दिनों तक, विशेषकर चौथी बार जाने से पूर्व उसने प्राचीन भारत के लोकतंत्र के इतिहास की जटिलताओं को लेकर बहुत दिखावटी आर्तनाद करना प्रारम्भ किया तो रशेल को पूरा विश्वास हो गया कि कोई मिल ही गई है। वह सिडनी को बहुत अच्छी तरह जानती थी। यदि वह सचमुच प्राचीन भारतीयों के बारे में पढ़ रहा होता तो--खाना खाते समय खास तौर पर--उनके बारे में इतनी लम्बी-लम्बी बातें नहीं करता--इतने आग्रह के साथ तो कभी नहीं। सिडनी का बातें बनाने का कारण वही था जो पीछा करने पर किसी मसिक्षेपी मछली के पास स्याही की फुहार करने का होता है। वह उस स्याही की फुहार की आड़ में अपनी गतिविधियाँ छुपाकर निकल जाना चाहती है। सिडनी भी पुराने भारतीयों के स्याही के बादल उड़ाकर अपनी हरकतों पर परदा डालना चाहता था।[1]

हक्सले के उपन्यास में तो रशेल क्वार्ल्स का सन्देह ठीक निकलता है। सिडनी ठीक उसी कारण से स्याही की फुहारें छोड़ रहा था, जैसे उसने सोचा था।

हमारी इस पुस्तक की विषय-सामग्री पर स्याही की फुहारों द्वारा रचित भ्रमजाल का बहुत प्रभाव है। क्या हम यह मानकर कि लोकतंत्र का अनुभव केवल पश्चिम की बपौती नहीं और प्राचीन भारत में भी यह विद्यमान था—अपने-आपको धोखा तो नहीं दे रहे? बहुत-से व्यक्तियों को यह विश्वास है, और वे उसे अभिव्यक्त भी करते रहे हैं—कि विश्व में पश्चिम के अतिरिक्त कहीं और लोकतंत्र फूलने-फलने ही नहीं पाया है। इसी धारणा का प्रयोग कर अनेक समकालिक घटनाओं की व्याख्या भी की जाती है। ज़रा गौर कीजिए : सैन्य हस्तक्षेप के पश्चात ईराक में पेश आ रही भीषण कठिनाइयों और समस्याओं का दोष उस नादानी से भरे और तर्कहीन हस्तक्षेप पर लगाने के स्थान पर यह गढ़ा जा रहा है कि ईराक जैसे ग़ैर-पश्चिमी देश की सभ्यता और परम्पराएँ लोकतंत्र और सार्वजनिक संवाद के लिए उपयुक्त नहीं हैं।

पिछले कुछ वर्षों से लेकर जिस वाचाल शब्दजाल का इसके सन्दर्भ में प्रयोग हुआ है उससे तो लोकतंत्र का विषय बहुत ही अस्पष्टतापूर्ण हो गया है। जो गैर पश्चिमी देशों पर (उन्हीं के हितों के नाम पर) लोकतंत्र थोपना चाहते हैं, और जो उन देशों की अपनी परम्परा के प्रति सम्मान के नाम पर इसे थोपे जाने का विरोध कर रहे हैं, उनके बीच विभाजन-रेखाएँ बहुत स्पष्ट हो चली हैं। किन्तु इस सारे विवाद में 'थोपने' के शब्द का प्रयोग बहुत ही अनुचित रूप से हो रहा है—इससे यह आभास होता है कि संभवतः लोकतंत्र का विचार मूल रूप से एक पश्चिमी विचार है—यह केवल पश्चिम में ही जन्मा और फूला-फला है।

किन्तु यह अवधारणा और इससे विश्व में लोकतंत्र के भविष्य को लेकर जिस निराशा का सृजन किया जा रहा है उसे उचित ठहराना बहुत कठिन होगा। वास्तविकता तो यही है कि जिन्हें रशेल ने प्राचीन भारतीयों के बारे में स्याही की फुहारें घोषित कर दिया था, वे बातें पूर्णतः काल्पनिक नहीं थीं। वास्तव में प्राचीन भारत में स्थानीय स्तर पर लोकतंत्र के एक नहीं अनेक प्रयोग हुए थे। विश्व में लोकतंत्र की जड़ों के फैलाव को समझने के लिए हमें विभिन्न देशों में आम जनता की भागीदारी और सार्वजनिक संवाद के इतिहास में रुचि लेनी होगी। लोकतंत्र के केवल ब्रिटिश और अमरीकी स्वरूपों के विषय में ही सोचना भी बन्द करना होगा। यदि हमने लोकतंत्र को पश्चिमी संस्कृति का एक विशिष्ट उत्पादन मान लिया तो हम, अरस्तू ने जिस दूरगामी जीवन-दृष्टि से भागीदारी पूर्ण जीवन की अत्यन्त व्यापक स्तरीय माँगों को उठाया था, उन्हें भी समझ पाने में असमर्थ रह जाएँगे।

इस बात पर कोई सन्देह नहीं हो सकता कि वर्तमान लोकतांत्रिक व्यवहार की संस्थात्मक संरचना मुख्यतः पिछली सदियों के ब्रिटिश और अमरीकी अनुभवों

की ही देन है। यह समझ लेना नितान्त ही उपयोगी रहेगा कि संस्थागत रचना के ये विकास बहुत ही नवीनतापूर्ण थे और अंततः बहुत प्रभावोत्पादक भी सिद्ध हुए हैं। इस रूप में पश्चिम की एक बहुत बड़ी उपलब्धि पर कोई सन्देह नहीं किया जा सकता।

जैसा कि उन्नीसवीं शताब्दी के प्रारम्भ में महान अमरीकी इतिहासकार एलेक्सिस डी तोक्विले (Alexis de Tocqueville) ने कहा था "यूरोप और अमरीका में हो रही महान लोकतांत्रिक क्रान्ति एक नई बात तो है—किन्तु यह इतिहास की जानी-पहचानी सबसे पुरानी, निरन्तर और स्थायी प्रवृत्ति की अभिव्यक्ति भी है।" यद्यपि तोक्विले अपने इस क्रान्तिकारी विचार के पक्ष में यूरोप से परे और बारहवीं शताब्दी से पुराने उदाहरण तो नहीं जुटा पाए थे किन्तु उनके इस विचार की सार्थकता बहुत व्यापक रही है। लोकतंत्र के गुणों-अवगुणों की समीक्षा करते समय हमें इस बात को पूरा ध्यान देना होगा कि विश्व के विभिन्न भागों में बार-बार ये भागीदारीपूर्ण शासन व्यवस्था क्यों उभर कर आती रही है। यह एक प्रबल शक्ति तो नहीं रही। किन्तु इसने इस असीमित विचार को चुनौती अवश्य दी है कि अधिकांश विश्व में निरंकुशता ही एकमात्र स्थायी सत्य रहा है। अपनी वर्तमान संस्थागत अभिलक्षणाओं सहित लोकतंत्र भले ही मात्र दो सौ वर्ष पुराना हो, किन्तु जैसे तोक्विले ने कहा था, यह एक बहुत पुरानी और विस्तृत सामाजिक जीवन-यापन की प्रवृत्ति को अभिव्यक्ति प्रदान करता है। लोकतंत्र के विरोधियों को, वे चाहे जितनी व्यग्रता से इस विचार को नकारते रहें, भागीदारीपूर्ण शासन व्यवस्था के प्रति गहन आकर्षण का कोई जवाब अवश्य खोजना होगा—यह आकर्षण आज भी महत्त्वपूर्ण है और इसका निर्मूलन सहज नहीं है।

लोकतंत्र के मूल

इस पुस्तक के प्रारम्भिक अध्याय न्यायबोध में सार्वजनिक विचार-विमर्श की भूमिका के महत्त्व पर बहुत कुछ बता चुके हैं। इसी से हम न्याय के विचार और लोकतंत्र के व्यवहार के बीच एक सम्बन्ध की ओर अग्रसर होते हैं। इसका कारण यही है कि अब राजनीतिक दर्शन में "लोकतंत्र सार्वजनिक चर्चा द्वारा शासन है" का विचार बहुत समर्थन पा रहा है। जैसा कि मैंने भूमिका में भी कहा था, यह उक्ति संभवतः वाल्टर बैजहॉट की देन है, किन्तु जॉन स्टुअर्ट मिल की रचनाओं ने इस परिप्रेक्ष्य के स्पष्ट निरूपण और इसके विषय में बेहतर समझ के विकास में बहुत योगदान दिया है।*

* क्लेमेन्ट एटली ने जून 1957 में ऑक्सफोर्ड में एक भाषण में एक परिहासात्मक टिप्पणी की थी : "हाँ, लोकतंत्र परिचर्चा द्वारा शासन है किन्तु यह तभी काम कर पाता है जब आप लोगों को बोलने से रोक पाएं।"

लोकतंत्र के प्रति अधिक पुराना और अधिक औपचारिक दृष्टिकोण तो है ही—जो इस अधिक व्यापक चर्चा द्वारा शासन की बजाय चुनाव और मतपत्रों द्वारा ही परिभाषित करता है। फिर भी आधुनिक राजनीत्तिक दर्शन में लोकतंत्र के विचार का आधार इतना व्यापक हो गया है कि अब इसे केवल सार्वजनिक मतपत्रों के तकाज़ों द्वारा नहीं, बल्कि जॉन रॉल्स के शब्दों में ''सार्वजनिक तर्क के प्रयोग' द्वारा समझा-समझाया जा रहा है। लोकतंत्र विषयक बोध में एक बहुत बड़ा परिवर्तन आया है। इसमें रॉल्स[2], और हैबरमैस[3] (Habermas) के शोधकार्यों का बहुत योगदान रहा है। साथ ही इस विषय पर ब्रूस एक्कर्मेन[4] (Bruce Ackerman), सियला बेन हबीब[5] (Seyla Benhabib), जोशुआ कोहेन[6] (Joshua Cohen) और रोनॉल्ड डॉर्किन[7] सहित अनेक अध्येताओं के योगदान भी महत्त्वपूर्ण रहे हैं। लोकतंत्र की ऐसी ही व्याख्या ''सार्वजनिक चयन सिद्धान्त' के प्रणेता जेम्स बुकानेन[8] की रचनाओं में भी मिलती है।

थ्योरी ऑफ जस्टिस में, तो रॉल्स इस विचार को बहुत स्पष्ट रूप से व्यक्त कर रहे हैं : ''विचारशील लोकतंत्र का आधारभूत विचार तो विचारशीलता ही है। जब नागरिक विचार-विमर्श करते हैं तो उनमें वैचारिक आदान-प्रदान होता है और सार्वजनिक-राजनीतिक प्रश्नों के विषय में वह अपने-अपने समर्थन के कारणों (और तर्कों) को स्पष्ट करते हैं।''[9]

हैबरमैस सार्वजनिक परिचर्चा को अनेक प्रकार से और अधिक व्यापक पटल पर ले गए हैं और स्वयं रॉल्स ने इस बात को स्वीकार भी किया है।[10] यही नहीं, हैबरमैस ने अन्यों की अपेक्षा लोकतंत्र को अधिक प्रत्यक्ष प्राविधिक स्वरूप भी दिया है, फिर भी उनके और रॉल्स के सार्वजनिक परिचर्चा की विधि और परिणामों के निरूपणों के लक्षणों में टकरावपूर्ण अन्तर कुछ भ्रामक-से प्रतीत हो सकते हैं। फिर भी, हैबरमैस ने सार्वजनिक परिचर्चा के व्यापक वितान को स्पष्ट और विशेष रूप से राजनीतिक विमर्श में ''न्याय के नैतिक प्रश्नों'' तथा 'शक्ति और दमनक्षमता के सहायक प्रश्नों'' की विद्यमानता को उजागर किया है।

सार्वजनिक तर्क-वितर्क के स्वरूप और परिणाम की रचना को लेकर सारी परिचर्चाओं में परस्पर विचारों को ठीक से समझ पाने में विफलता भी दिखाई दे रही है। उदाहरण के लिए हैबरमैस का कहना है कि जॉन रॉल्स का सिद्धान्त ''उदारवादी अधिकारों के लिए एक प्राथमिकता का सृजन कर लोकतान्त्रिक प्रक्रिया को एक निम्न स्तर पर 'पदावनत' कर देता है''। इन उदारवादी अधिकारों की सूची की व्याख्या करते हुए उन्होंने कहा है कि उदारवादी आस्था और अन्तरात्मा का स्वातंत्र्य चाहते हैं। जीवन की रक्षा, वैयक्तिक स्वातंत्र्य और सम्पत्ति भी चाहते हैं। किन्तु सम्पदा का अधिकार तो रॉल्स के घोषित विचार से मेल नहीं खाता, रॉल्स ने, जहाँ तक मैं जानता हूँ, अपनी किसी भी रचना में सम्पदा के व्यापक अधिकार की अधिकारिता

का कहीं समर्थन नहीं किया है।*

राजनीति और तार्किक नीतिशास्त्र में सार्वजनिक तर्क-वितर्क की भूमिका की व्याख्या की अनेक विधियाँ सम्भव हैं। किन्तु मैं यहाँ जिस मुख्य वैचारिक स्थापना की चर्चा कर रहा हूँ वह इन अन्तरों के कारण शिथिल नहीं हो सकती। सबसे महत्त्वपूर्ण बात यही है कि इन नवीन योगदानों ने एक बात को व्यापक रूप से स्वीकृति दिला दी है कि लोकतंत्र विषयक व्यापक बोध में राजनीतिक भागीदारी, चर्चा और सार्वजनिक पारस्परिक विचार-विमर्श ही सबसे अधिक महत्त्वपूर्ण रहते हैं। लोकतंत्र के व्यवहार में सार्वजनिक तर्क की निर्णायक भूमिका इसे हमारी इस पुस्तक की विषयवस्तु–न्याय–के साथ भी सम्बद्ध कर देती है। यदि न्याय के तक़ाज़ों का मूल्यांकन केवल सार्वजनिक तर्क द्वारा सम्भव है और लोकतंत्र के विचार की रचना में भी सार्वजनिक तर्क ही निहित है तो निश्चय ही न्याय और लोकतंत्र में एक गहरा नाता है और इनके सांझे तार्किक अभिलक्षण भी हैं।

आज राजनीतिक दर्शन में व्यापक रूप से स्वीकृति विचार कि लोकतंत्र ''परिचर्चा द्वारा शासन'' है (भले ही संस्थावादी इसे स्वीकार नहीं कर पाते) का लोकतंत्र और इसकी भूमिका के संगठनात्मक पक्ष पर विमर्श से तनाव भी हो जाता है। नीति प्रेरित संस्थागत लोकतंत्र बोध (अर्थात् इसे केवल चुनाव और मतपत्रों के रूप में देखना) न केवल परम्परागत दृष्टिकोण है, बल्कि आज के युग में भी सैम्युल हंटिंगटन आदि अनेक राजनीतिक टीकाकार इसका गुणगान कर रहे हैं। इनका कहना है ''खुले स्वतंत्र और निष्पक्ष चुनाव लोकतंत्र के अपरिहार्य सार सत्व है।''[11] राजनीतिक दर्शन में भले ही लोकतंत्र की संकल्पना का स्वरूप बहुत बदल चुका है किन्तु अभी भी इसके इतिहास का वर्णन तो संकीर्ण संस्थागत संरचनाओं विशेषकर चुनाव और मतपत्रों पर ही केन्द्रित रहता है।

मतदान तो सार्वजनिक तार्किकता की प्रक्रिया की अभिव्यक्ति और प्रभावोत्पादकता में भी बहुत महत्त्वपूर्ण भूमिका निभाता है। किन्तु वही सब कुछ नहीं हैं। मतपत्र एक लोकतान्त्रिक समाज में सार्वजनिक तर्कों की व्यवहार व्यवस्था में अनेक तत्त्वों के साथ एक विशेष महत्त्वपूर्ण तत्त्व ही है। वस्तुतः उनकी अपनी प्रभावोत्पादकता भी मतदान के साथ-साथ और क्या कुछ हो रहा है' पर निर्भर रहती है। इस 'क्या कुछ' में सम्मिलित हैं अभिव्यक्ति की स्वतंत्रता, जानकारी पाने का अधिकार और मतभेद व्यक्त करने की स्वतंत्रता। अनेक देशों में क्रूर शासकों की मतदान में शानदार जीत के अनेक उदाहरण केवल मतपत्र पर आग्रह की सीमितता को सहज ही उजागर कर देते हैं। कठिनाइयाँ मतदाताओं पर राजनीतिक दबाव और दमन-चक्र के कारण ही पैदा नहीं होती–इनके

---

* लगता है रॉल्स द्वारा संप्रेरणाओं के पक्षपोषण के आधार पर हैबरमैस ने यह निष्कर्ष निकाल लिया है कि वे सम्पदा के अधिकार के भी पक्षधर होंगे।

साथ-साथ जनता के विचारों की अभिव्यक्ति पर सैंसरशिप, जानकारी का छिपाना, और भय का वातावरण तथा राजनीतिक विपक्ष का दमन, मीडिया की स्वतंत्रता का हनन, और मौलिक नागरिक अधिकारों एवं राजनीतिक स्वातंत्र्यों का शमन भी महत्त्वपूर्ण रहते हैं। इन सबके चलते शासक गुट को अपनी इच्छानुसार मतदान का समर्थन पाने के लिए अधिक प्रयास नहीं करना पड़ता। वास्तव में विश्व के अनेक बड़े तानाशाहों ने मतदान प्रक्रिया में बिना किसी स्पष्ट बल प्रयोग के बहुत शानदार चुनावी जीत दर्ज की हैं। उन्होंने मुख्यतः सार्वजनिक चर्चाओं के दमन, जानकारी के छुपाव के लिए सन्देह और चिन्ता के वातावरण के निर्माण का सहारा लिया है।

लोकतंत्र की सीमित परम्पराएँ?

यदि यह स्वीकार भी कर लें कि सही अर्थों में लोकतंत्र का इस पुस्तक में निहित न्याय की संकल्पना से निकट सम्बन्ध है तो क्या विश्व में प्रचलित इस न्याय सम्बन्धी विचार कि "वर्तमान स्वरूप में तो लोकतंत्र मूलतः एक पश्चिमी धारणा है" के साथ कोई टकराव पैदा नहीं होगा। कहीं हम इस रचना में एक विशुद्ध पश्चिमी संगठन की रचना को निष्पक्षता और न्याय के प्रति व्यापक (एवं सामान्य) दृष्टिकोण के रूप में स्थापित करने का प्रयास तो नहीं कर रहे? यदि न्याय के व्यवहार के लिए सार्वजनिक तर्क इतने आवश्यक हैं और जब यह तर्क कला इतने स्वाभाविक रूप से लोकतंत्र का अंग दिखाई पड़ रही है तो क्या न्याय को मूलतः पश्चिम की स्थानिक विचारधारा के रूप में जानना ही उपयुक्त नहीं लगेगा?

यह धारणा तो बहुत व्यापक है कि लोकतंत्र मूलतः एक पश्चिमी यूरोपीय और अमरीकी–विचार है–इसमें कुछ स्वीकार्यता झलकती है–जबकि यह अन्ततः एक गलत और सतही धारणा सिद्ध होती है?

जॉन रॉल्स और थॉमस नगेल विश्वस्तरीय न्याय को लेकर भले ही इस कारण हतोत्साहित हो गए हों कि विश्वस्तरीय सम्प्रभुतापूर्ण शासन व्यवस्था नहीं है। किन्तु क्या विश्व के लोगों द्वारा उन्हीं के लिए सार्वजनिक तर्क-वितर्क द्वारा विश्व स्तर पर न्याय के संवर्धन के प्रयास में कोई और कठिनाई नहीं आएगी? हमने अध्याय 5 और 6 में विशेष रूप से यह तर्क दिया है कि वर्तमान संसार में कहीं भी न्याय पर सम्पूर्णता पूर्वक विचार करने में खुली (अनावृत) समदर्शिता के तकाज़े वैश्विक परिप्रेक्ष्य को अनिवार्य बना देते हैं। यदि यह सही है तो क्या उस अनिवार्यता को पूरा करना असम्भव नहीं हो जाएगा–क्योंकि विश्व समुदाय तो बहुत ही कठोर रूप से पृथक्कृत समूहों में बँटा हुआ है और उनमें से अनेक को किसी भी प्रकार सार्वजनिक विचार-विमर्श में भागीदार बना पाना सम्भव नहीं लगता? यह एक बहुत बड़ा प्रश्न है–इसके अनेक आँकड़ों पर आधारित सह-आयाम भी हैं–किन्तु न्याय सिद्धान्तों

पर इस चर्चा में इस प्रश्न से मुँह चुराना सम्भव नहीं है। अतः यह समीक्षा करना महत्त्वपूर्ण होगा कि क्या लोकतंत्र अपने संगठनात्मक स्वरूप (चुनाव और मतपत्र) या फिर 'परिचर्चा द्वारा शासन' के रूप में मूलतः एक पश्चिमी संकल्पना है या नहीं।

यदि हम पिछली दो शताब्दियों में यूरोप और अमरीका में विकसित संस्थागत रचना से अधिक व्यापक सार्वजनिक विमर्श के परिप्रेक्ष्य में लोकतंत्र पर विचार करें तो हमें विश्व के विभिन्न भागों में अनेक देशों (केवल उत्तरी अमरीका या यूरोप नहीं) में भागीदारीपूर्ण शासन के बौद्धिक इतिहास पर विचार करना होगा।[12] लोकतंत्र को सार्वभौमिक जीवन मूल्य मानने के विरोधी, सांस्कृतिक अलगाववादी, प्रायः प्राचीन यूनान (ग्रीस) में एथेन्स की अद्वितीय भूमिका की चर्चा करते हैं। (छठी शताब्दी ईसा पूर्व में वहीं पहले-पहल मतपत्र का उदय हुआ था)।

लोकतंत्र के विश्वस्तरीय उद्गम

प्राचीन ग्रीस सचमुच विलक्षण था। उसमें परिस्थितियों के एक शानदार संयोग ने लोकतान्त्रिक प्रविधियों के उदय और स्थायित्व को सम्भव बना दिया था। लोकतंत्र उस समय के ग्रीस की अत्यन्त ही स्थानिक समस्याओं के समाधान के रूप में विकसित हुआ, (2500 वर्ष पूर्व) कुछ समय तक टिमटिमाते हुए चला और फिर लुप्त हो गया। फिर भी लोकतंत्र के सत्त्व को समझने-समझाने में उस युग के ग्रीस का महती योगदान है। किन्तु उसी अनुभव के आधार पर लोकतंत्र को एक मूलतः पश्चिमी विचार कह डालने की समीक्षा तो होनी ही चाहिए। यह भी बात ध्यान देने की है कि एथेन्स का लोकतंत्र भी खुले जन-संवाद के सहारे चला था। यह ठीक हैं कि वहीं मतदान का आरम्भ भी हुआ था किन्तु सार्वजनिक विचार-विमर्श की परम्परा ऐथेन्स और पुरातन ग्रीस में बहुत सशक्त थी और इसका बहुत विस्तीर्ण इतिहास भी रहा है।

मतदान को भी विशुद्ध रूप से यूरोपीय कहने के सांस्कृतिक अलगाववादी मत की भी और जाँच होनी चाहिए। पहली बड़ी कठिनाई तो संस्कृति को विचारों और व्यवहार के सांझे सटीक इतिहास से नहीं बल्कि किन्हीं भौगोलिक सीमाओं द्वारा परिभाषित करने से पैदा होती है। यहाँ यूरोपीय या पश्चिमी शब्दों का प्रयोग बहुत अतिशयोक्तिपूर्ण लगता है। इस प्रकार के सांस्कृतिक वर्गीकरण तो वाईकिंग और विज़िगोथ समुदायों के वंशधरों की पुरातन ग्रीस की निर्वाचन परम्परा का सही उत्तराधिकारी घोषित करने में कोई कठिनाई अनुभव नहीं करेगा—आखिर ये भी तो यूरोपीय मूल के ही हैं। जबकि पुरातन ग्रीस जो अपने से दक्षिण और पूर्व की अनेक सभ्यताओं के साथ सम्पर्क बनाए हुए थे। (विशेषकर ईरान, भारत और मिस्र से) उन्होंने अपने अधिक निकटवर्ती और स्फूर्तिमान गोथ और विज़िगोथ जातियों से किसी प्रकार से संवाद में कोई रुचि नहीं दिखाई थी।

दूसरी समस्या इस बात को लेकर है कि उस मतदान के बाद क्या हुआ था। पुरातन ऐथेन्स ने तो मतदान प्रारम्भ ही किया था, किन्तु अगली शताब्दियों में अनेक एशियाई देशों में ग्रीस प्रभाव के फलस्वरूप मतदान का प्रयोग आरम्भ हुआ। किन्तु ग्रीस के इस मतदान के अनुभव का ग्रीस और रोम के पश्चिम में बसे देशों में कोई तात्कालिक प्रभाव नहीं दिखाई दिया। (न जर्मनी, न फ्राँस, न ब्रिटेन में)। इनके विपरीत एशिया के भारत, ईरान, बैक्ट्रीया के कई नगरों ने नगर प्रशासन में लोकतांत्रिक व्यवस्था को समाहित कर लिया था। दक्षिण-पश्चिम ईरान के नगर शूषाण (सूसा) में सदियों तक निर्वाचित नगर परिषद, जनप्रतिनिधित्व वाली महासभा और उस महासभा द्वारा निर्वाचित न्याय दण्डाधिकारी व्यवस्था चलती रही थी। भारत के स्थानीय लोकतांत्रिक शासन अनुभवों के अनेक उदाहरण राधाकमल मुखर्जी की पुस्तक *लोकल गवर्नमेंट इन ऐनशेंट इंडिया* (1919) में देखे जा सकते हैं।

प्राचीन भारत की लोकतान्त्रिक स्थानीय प्रशासन व्यवस्था के दस्तावेज़ भी बहुत सुरक्षित रूप से उपलब्ध हैं। सिडनी क्वार्ल्स अपनी पत्नी रशेल को अपने काल्पनिक अध्ययन की बात करते हुए उन्हीं का हवाला दे रहा था। और यहीं नहीं, उसने उन दस्तावेज़ों के रचयिताओं के नाम भी ठीक ही बताए थे।[13] 1947 में भारत की स्वतंत्रता के तुरन्त बाद संविधान सभा के विचारार्थ नए संविधान का मसविदा बनाने वाली समिति के अध्यक्ष भीमराव अम्बेडकर ने राष्ट्रव्यापी स्तर पर लोकतान्त्रिक व्यवस्था की रचना नें प्राचीन स्थानीय लोकतंत्रों के अनुभवों की सार्थकता पर बहुत विस्तार से लिखा है।*

अतः स्पष्ट है कि गैर पश्चिमी देशों में चुनाव व्यवस्था का अच्छा-खासा इतिहास है। फिर भी लोकतंत्र के विषय में अधिक व्यापक विचार लोकतंत्र का सार्वजनिक विचार-विमर्श पर आधारित स्वरूप तो निर्विवाद रूप से लोकतंत्र को मूलतः पश्चिम की क्षेत्रीय घटना कहने के सांस्कृतिक अलगाववाद को पूरी तरह निरस्त कर देता है।[14] निस्सन्देह ऐथेन्स में जन-संवाद परम्परा बहुत उत्कृष्ट थी, किन्तु ये परम्पराएं अनेक अन्य प्राचीन सभ्यताओं में भी फूली-फली हैं। कई एक विशाल जनसभाएँ तो भारत में ही पुरातन बौद्ध परिषदों के तत्त्वावधान में विभिन्न विषयों पर मतभेदों का निवारण करने के उद्देश्य से आयोजित हुई थीं। यह कार्य छठी शताब्दी ईसा पूर्व में प्रारम्भ हो चुका था। ऐसी पहली महासभा का आयोजन गौतम बुद्ध की मृत्यु के कुछ ही समय बाद राजगृह (वर्तमान राजगीर) में हुआ था। दूसरी महासभा लगभग

---

* वस्तुतः उस अध्ययन के बाद उन्होंने स्थानीय अनुभवों को पूर्णतः अनुपयोगी ठहराते हुए कहा है कि स्थानिकता से 'मानसिक संकीर्णता और साम्प्रदायिकता' पनपती है। उन्होंने इन्हीं ग्राम्य गणराज्यों को भारत की बर्बादी के लिए भी उत्तरदायी ठहराया है।

100 वर्ष बाद वैशाली में हुई थी। ऐसा अन्तिम आयोजन दूसरी शताब्दी ईसवी में कश्मीर में हुआ था।

भारत सम्राट अशोक ने तीसरा और सबसे विशाल बौद्ध परिषद आयोजन अपनी राजधानी पाटलिपुत्र (आज का पटना) में ईसा पूर्व तीसरी शताब्दी में किया था। उन्होंने सार्वजनिक चर्चा के कुछ नियमों की रचना कर उनका प्रचार भी किया था (वे उन्नीसवीं शताब्दी के "रॉबर्ट के नियमों का प्रारम्भिक स्वरूप माने जा सकते हैं)। (एक अन्य उदाहरण जापान के बौद्ध राजकुमार शोतोकू का है। अपनी माँ साम्राज्ञी सूइको के राज पदाधिकारी के रूप में शासन कर रहे इस राजकुमार ने 604 ईसवी में एक 'सत्रह सूत्री विधान' की रचना की थी। यह यूरोप के *मैग्ना कार्टा* से 600 वर्ष से भी पूर्व की घटना है। इसका एक सूत्र था : महत्त्वपूर्ण विषयों पर निर्णय किसी एक को नहीं करने चाहिए, ये तो अनेक से चर्चा के बाद किए जाने चाहिए।[15] कुछ टीकाकार इस सातवीं शताब्दी के बौद्ध प्रेरणायुक्त संविधान को 'मंथर गति से लोकतंत्र की ओर जापान की यात्रा का पहला कदम मानते हैं।'[16] इस संविधान में आगे व्याख्या करते हुए लिखा गया है : "यदि अन्य व्यक्ति हम से सहमत नहीं हों तो बुरा नहीं मानना चाहिए। प्रत्येक व्यक्ति का अपना हृदय होता है और प्रत्येक मन की अपनी भावनाएँ होती हैं। जो उन्हें ठीक लगता है, वह हमें गलत लग सकता है। इसी प्रकार जो हमें ठीक प्रतीत होता है, वह उन्हें गलत लग सकता है।" गैर-पश्चिमी विश्व के अनेक देशों के इतिहास में बार-बार सार्वजनिक चर्चा का महत्त्व स्पष्ट हो रहा है।

इस विश्व-इतिहास के उद्धरणों के पीछे हमारा आशय यह कहना नहीं है कि इतिहास से अलग रास्ता नहीं अपनाया जा सकता। वास्तव में सारे ही विश्व में अनेक प्रकार से इतिहास की धारा से रास्ते बदलने की आवश्यकताएँ हैं। आज लोकतंत्र का मार्ग अपनाने के लिए यह आवश्यक नहीं है कि हमें किसी ऐसे देश में जन्म लेना था जहाँ सुदीर्घ लोकतान्त्रिक इतिहास रहा हो। इतिहास की सार्थकता तो इस बात में है कि पुरातन परम्पराएँ व्यक्तियों के विचारों पर अपना प्रभाव बनाए रखती हैं, वे कहीं प्रेरणा तो कहीं बाधा भी बन जाती हैं। किन्तु, हम चाहे उन्हीं से प्रेरित होना चाहें या उनका विरोध करना या उनसे कहीं आगे निकलना, प्रत्येक दशा में हमें उनका ध्यान तो रखना ही होगा। भारतीय कवि रवीन्द्रनाथ टैगोर ने इसी बात को बहुत स्पष्ट शब्दों में कहा था : हम अतीत से कुछ ग्रहण करना चाहें या उसे नकारना चाहें, हमें अपने वर्तमान सरोकारों और प्राथमिकताओं के आधार पर उसकी समीक्षा अवश्य कर लेनी चाहिए।[17]

अतः कोई हैरानी नहीं–वस्तुतः इसको और अच्छी तरह समझने की ज़रूरत है–कि दूरद्रष्टा एवं निडर नेताओं द्वारा विश्व-भर में लोकतंत्र के लिए किए गए संघर्षों में स्थानीय एवं विश्वइतिहास की जानकारी का एक बहुत बड़ा रचनात्मक

योगदान रहा है। (हम इन नेताओं में सन यात सेन, जवाहरलाल नेहरू, नेल्सन मंडेला, मार्टिन लूथर किंग तथा आँग सान सू की आदि की गणना कर सकते हैं) अपनी जीवन गाथा, *लाँग वाक टू फ्रीडम* में नेल्सन मंडेला ने लिखा है कि अपने बाल्यकाल में ही मेहक्ज़वेनी (Mqhekezweni) में राज्याधिकारी के घर पर हुई स्थानीय बैठकों की कार्यपद्धति के लोकतांत्रिक स्वरूप से बहुत प्रभावित हुए थे। उन्हीं के शब्दों में :

"वह प्रत्येक व्यक्ति जो कुछ भी कहना चाहता था, उसने कहा। यह लोकतंत्र का विशुद्धतम स्वरूप था। वक्ताओं का कोई महत्त्वानुसार क्रम रहा होगा, किन्तु सबकी बात सुनी गई (वक्ता चाहे) मुखिया रहा हो या प्रजा-जन, योद्धा या ओझा, दुकानदार या किसान, भूस्वामी या मज़दूर....। स्वशासन का आधार यही था कि सभी व्यक्ति अपनी बात कहने को स्वतंत्र थे और नागरिक के रूप में सभी का समान सम्मान था।[18]

मंडेला के लोकतंत्र बोध को उनके देश में चल रही, रंगभेदी शासन व्यवस्था के व्यवहार ने शायद ही कोई योगदान दिया होगा। उस व्यवस्था को यूरोपीय मूल के लोग ही चला रहे थे। (वे अपने-आपको श्वेत नहीं 'यूरोपीय' ही कहते थे) सचमुच मंडेला के लोकतंत्र विषयक विचारों में राजधानी प्रिटोरिया का कोई योगदान नहीं था। ये तो राजनीतिक-सामाजिक समानता (जिसके स्रोत विश्वव्यापी हैं) के विषय में उनके सामान्य चिन्तन और अपने कस्बे में देखी गई सार्वजनिक चर्चा की भागीदारी के आधार पर विकसित हुए थे।

क्या मध्यपूर्व (पश्चिम एशिया) एक अपवाद है?

जाने क्यों, एक धारणा बनी हुई है कि मध्यपूर्व के देश सदा से लोकतंत्र विरोधी रहे हैं। इस धारणा के सत्यापन के लिए तो उस क्षेत्र के इतिहास में झाँकना होगा। बार-बार उसी धारणा पर आग्रह से अरब देशों में लोकतंत्र के लिए संघर्ष करने वालों को बड़ी हताशा होती है। यह सत्य है कि (वर्तमान) संस्थागत स्वरूप में तो लोकतंत्र मध्यपूर्व में कहीं महत्त्वपूर्ण नहीं रहा है–किन्तु हमें यह भी नहीं भूलना चाहिए कि लोकतंत्र का यह संस्थागत स्वरूप समूचे विश्व-भर में एक बहुत ही नई नवीन-सी प्रक्रिया है।

यदि हम लोकतंत्र के विषय में सार्वजनिक चर्चा और विविध विचारों के प्रति सहिष्णुता के अधिक व्यापक स्वरूप की दृष्टि से देखें तो मध्यपूर्व का भी गौरवमय लोकतान्त्रिक अतीत रहा है। हमें इस्लामी उग्रवाद की संकीर्ण इतिहासधारा को ही मुसलमान शासकों की बृहत्तर राजनीतिक शासन परम्पराओं का पर्याय नहीं मान लेना चाहिए। स्पेन में अधिक सहिष्णु मुस्लिम शासन पर उग्रवादी धारा का अधिकार होने पर बारहवीं शताब्दी के यहूदी दार्शनिक मैमोनिदेस को जब पलायन करना पड़ा तो

उन्होंने यूरोप के किसी देश की राह नहीं पकड़ी थी–उन्हें अरब विश्व के ही एक सहिष्णु राज दरबार ने प्रश्रय दिया था। काहिरा के सुल्तान ने उन्हें शरण ही नहीं दी–बल्कि अपने दरबार में बहुत सम्मान के साथ एक महत्त्वपूर्ण पद भी उन्हें प्रदान किया था। सलाहुद्दीन भी एक पक्का मुसलमान था–उसने धर्मयुद्धों में अनेक बार रिचर्ड शेरदिल का सामना किया था, किन्तु उन्हीं सलाहुद्दीन के दरबार में मैमोनिदेस को एक नया आधार, वाणी प्राप्त हो पाई थी। मतभेद के प्रति सहिष्णुता ही सार्वजनिक चर्चा के अवसर का सार है और उस ज़माने में जब कि धर्म-परीक्षण के उन्माद से यूरोप मतवाला हो रहा था, सहिष्णु मुस्लिम शासक एक ऐसी स्वतंत्रता प्रदान कर रहे थे जो यूरोप में नहीं मिल पाती थी।

मैमोनिदेस का अनुभव कोई अपवाद नहीं था। यद्यपि आज का विश्व मुसलमानों और यहूदियों के बीच टकराव के किस्सों से ही भरा है। किन्तु अरब देशों और मध्य युगीन स्पेन के मुस्लिम शासन काल में यहूदियों को भी समाज के सुरक्षित सदस्यों का सम्मान प्राप्त था–उनको स्वातंत्र्य और अनेक बार नेतृत्व का भी सम्मान होता था। वस्तुतः आज जिन अनेक विशेषताओं को हम पश्चिमी सभ्यता का अंश मान लेते हैं, वे यूरोपीय संस्कृति पर इस्लामी बौद्धिक थाती के प्रभाव मात्र हैं। मारिया रोसा मेनोकल (Maria Rosa Menocal) ने अपनी पुस्तक *द ऑनोमेंट ऑफ द वर्ल्ड* में कहा है : दसवीं शताब्दी आते-आते मुस्लिम शासित स्पेन में कोर्डोबा की उपलब्धियाँ इतनी शानदार थीं कि स्पेन विश्व के सभ्यतम स्थान के लिए बगदाद से स्पर्धा करने लगा था। यह खलीफा अब्दुल रहमान III और उनके यहूदी वज़ीर हस्दई इब्न शप्रूत के सांझे प्रभावों का ही परिणाम था।[19]

मध्य पूर्व एवं मुस्लिम शासकों के इतिहास में सार्वजनिक परिचर्चाओं और चर्चा द्वारा राजनीतिक भागीदारी के अनेक बड़े उदाहरण भरे हैं। काहिरा, बगदाद, इस्तम्बूल, ईरान, भारत और स्पेन के मुस्लिम राज्यों में अनेक सार्वजनिक चर्चा के बड़े पक्षधर रहे हैं। उनके काल में विपरीत विचारों के प्रति सहिष्णुता यूरोप की तुलना में तो बहुत ही विलक्षण स्तर पर थीं। उदाहरण के लिए जब 1590 में भारत में महान मुगल सम्राट अकबर धार्मिक और राजनीतिक सहिष्णुता विषयक राजाज्ञाएँ जारी कर रहे थे, विभिन्न धर्मों के अनुयायियों के बीच संवाद आयोजित कर रहे थे तो यूरोप में धर्मपरीक्षण किए जा रहे थे। जिओर्डानो ब्रूनो (Giordano Bruno) को रोम में, 1600 में धर्मविरोध के नाम पर ज़िन्दा जला दिया गया था तो उस समय आगरा में अकबर विभिन्न धर्मों और समुदायों के बीच सहिष्णुता और वार्तालाप की आवश्यकता पर अपना सन्देश दे रहे थे।

आज के मध्यपूर्व (जिसे प्रायः मुस्लिम विश्व भी कह देते हैं) की समस्याएँ बहुत विकट हो सकती हैं किन्तु इन समस्याओं के कारणों की सही जाँच के लिए पहचान या अस्मिता की राजनीति की गत्यात्मकता और प्रकृति को ठीक से समझना

होगा। यह समझना होगा कि अपने धर्म के अतिरिक्त भी व्यक्ति की अनेक आस्थाएँ हो सकती हैं। वस्तुतः ये आस्थाएँ या प्रतिबद्धताएँ धर्मनिरपेक्ष प्राथमिकताओं से लेकर धार्मिक अन्तरों का लाभ उठाने की राजनीतिक रुचि तक (कितनी ही) व्यापक हो सकती हैं। हमें मध्य पूर्व के अपने ही साम्राज्यवाद और फिर इस पर साम्राज्यवादी पश्चिम की प्रबलता पर भी विचार करना होगा। अभी भी उस प्रबलता के कई अवशेष वहाँ विद्यमान हैं। मध्यपूर्व की एक गैर लोकतांत्रिक नियति का भ्रम बहुत ही भ्रम पूर्ण और भ्रामक है। विश्व राजनीति और न्याय की चर्चा के सन्दर्भ में तो यह भ्रम बहुत ही घातक हो सकता है।

समाचार-पत्रों और मीडिया की भूमिका

यह विचार स्थापना कि लोकतंत्र तो पश्चिमी विश्व की अपने अनूठे अतीत (जिसका विश्व में कहीं और कोई उदाहरण नहीं है) के आधार पर विकसित बौद्धिक धरोहर है, सफल नहीं हो पाती। यदि हम इसे सीमित रूप से मतदान के आधार पर ही जाँचें तो भी यह विफल हो जाती है–अधिक व्यापक सार्वजनिक विचार-विमर्श की कसौटी पर तो यह स्थापना और भी बुरी तरह से नाकाम रहती है।

विश्व में सार्वजनिक संवाद को बढ़ावा देने में एक स्वतंत्र और निर्भरता मुक्त समाचार-पत्र संसार की भूमिका बहुत महत्त्वपूर्ण होती है (प्रायः यह दुर्लभ ही रहती है), किन्तु इस दशा में बदलाव लाया जा सकता है। इस सन्दर्भ में पिछले तीन सौ वर्षों में यूरोप और अमरीका में जिन नई परम्पराओं का निर्माण हुआ है उनका योगदान अत्यन्त विराटकाय रहा है। इन परम्पराओं से विश्व भर के देशों ने बहुत कुछ सीखा है। भारत से ब्राज़ील और जापान से दक्षिणी अफ्रीका तक, सभी देश स्वतंत्र एवं ऊर्जस्वी प्रचार माध्यमों की आवश्यकता को समझ रहे हैं और तेज़ी से इन्हें अपनाते जा रहे हैं। मैं इस बात को देखकर बहुत ही प्रसन्न और हैरान हूँ कि मीडिया इतनी जल्दी इतने बदलाव ला सकता है।

अनेक कारणों से एक निर्बन्ध और स्वस्थ मीडिया महत्त्वपूर्ण होता है। इसके विशेष योगदान इसे और भी विलक्षण स्वरूप प्रदान कर देते हैं। सबसे पहला और प्राथमिक तो जीवन की गुणवत्ता में प्रेस और अभिव्यक्ति की स्वतंत्रता के योगदान की बात ही है। हमारे पास परस्पर संवाद-सम्प्रेषण और अपने आसपास के संसार को बेहतर समझने के प्रयास करने के अनेक कारण रहते हैं। हमारी इस कार्य को कर पाने की क्षमता में मीडिया की स्वतंत्रता का महत्त्व निर्णायक सिद्ध होता है। स्वतंत्र मीडिया का अभाव और जनसंवाद के दमन से हमारे जीवन की गुणवत्ता प्रत्यक्ष रूप से दुष्प्रभावित होती है। (भले ही इस प्रकार का दमन करने वाला देश सकल राष्ट्रीय उत्पाद की दृष्टि से विश्व का समृद्धतम देश क्यों न हो)।

दूसरे, प्रेस की एक बड़ी 'जानकारी प्रेषक' भूमिका होती है और यह आलोचना समीक्षा में बड़ा योगदान देती है। यह जानकारी भूमिका केवल विशेष प्रकार की रिपोर्ट छापने (वैज्ञानिक सांस्कृतिक प्रगति की सूचनाएँ) तक सीमित नहीं रहती, विश्व के घटना-चक्र के विषय में आम आदमी को जानकार (एवं जागृत) बनाए रखना भी इसकी इसी भूमिका का एक अंश है। अन्वेषी पत्रकारिता तो ऐसी-ऐसी जानकारियाँ उद्घाटित कर सकती है जो अन्यथा विलुप्त ही रह जातीं।

तीसरे, मीडिया की स्वतंत्रता का एक बहुत संरक्षकात्मक कार्य भी होता है। यह उपेक्षित और अभावग्रस्त की वाणी बनकर मानवीय सुरक्षा भावना को बल प्रदान करता है। देश के शासक प्रायः अपने ही जीवन में व्यस्त रहते हैं—उन्हें आम आदमी की व्यथा की छाया तक नहीं छू पाती। देश में फैले भीषण अकाल और महामारियों के प्रभाव भी उन तक नहीं पहुँच पाते। किन्तु यदि उन्हें मीडिया में आलोचना और सैंसरमुक्त प्रेस के परिवेश में चुनाव का सामना भी करना हो तो शासकों को इस गफलत की बड़ी कीमत चुकानी पड़ सकती है। इसी के कारण वे ऐसी आपदाओं का सामना करने—यथासम्भव उन्हें उत्पन्न न होने देने के लिए प्रयास करने को विवश हो जाते हैं। अगले अध्याय में मैं इस विषय पर अधिक विस्तार से चर्चा करूँगा।

चौथे, जानकारी पूर्ण और पूर्वाग्रह रहित जीवन मूल्यों के निर्माण के लिए सम्प्रेषण और तर्क के खुलेपन की आवश्यकता होती है। इस प्रक्रिया में स्वतंत्र प्रेस निर्णायक योगदान दे सकता है। तर्क आधारित मूल्य-निर्माण एक पारस्परिक रूप से क्रियात्मक प्रक्रिया है और प्रेस इस पारस्परिकता को सम्भव बना सकता है। छोटे परिवार, कम गर्भधारण, या लिंग-समता, आदि के नवीन मानकों और वरीयताओं का उदय सार्वजनिक संवाद से होता है, और यही संवाद उन मानकों को देश के विभिन्न क्षेत्रों तक प्रसारित भी करता है।

बहुमत के शासन और अल्पमत हित संरक्षण के बीच का सम्बन्ध लोकतान्त्रिक व्यवहार का अभिन्न अंग है और यह तो सहिष्णु जीवन मूल्यों के विकास और प्राथमिकताओं पर विशेष रूप से निर्भर करता है। सामाजिक चयन सिद्धान्त में पैरेटोवादी उदार की असंभाव्यता' से एक सीख यही मिलती है कि परस्पर सहिष्णु प्राथमिकताओं और चयन का स्वातंत्र्य और स्वातंत्र्य अधिकारों को बहुमत के शासन की वरीयता और किन्हीं चयनों में सर्वानुमति से प्रेरित होने में बहुत निर्णायक योगदान रहता है। यदि बहुमत, अल्पमत और विरोधमत के अधिकारों की गारंटी देने को तैयार हो तो फिर बहुमत पर किसी बन्धन की आवश्यकता नहीं रहती।

और अन्त में, एक सुचारू रूप से कार्य कर रहा मीडिया सार्वजनिक विचार-विमर्श का पोषक होता है और हमारी न्याय की संकल्पना में उस विचार विमर्श का बड़ा महत्त्व रहता है। न्याय के मूल्यांकन एक बारगी होकर नहीं रह जाते, यह तो निरन्तर चलने वाली प्रक्रिया है। यह जानने में कोई कठिनाई नहीं आती कि एक

स्वतंत्र, ऊर्जस्वी और दक्ष मीडिया इस निरन्तर समीक्षा की प्रक्रिया को किस प्रकार समृद्ध बना सकता है। यह मीडिया लोकतंत्र ही नहीं न्याय की अन्वेषणा के लिए भी महत्त्वपूर्ण है। चर्चाविहीन न्याय तो एक 'दमघोंटू' विचार हो सकता है।

मीडिया सम्बन्धों के बहुआयामी स्वरूप यह भी बताते हैं कि संस्थागत परिवर्तन किस प्रकार जनसंवाद को परिवर्तित कर सकते हैं। सार्वजनिक तार्किकता की तात्कालिकता और शक्ति केवल ऐतिहासिक रूप से पाई जाने वाली परम्पराओं और आस्थाओं पर निर्भर नहीं होती–यह उस चर्चा और पारस्परिक लेन-देन के अवसरों पर भी निर्भर होती है जो उस संस्थागत रचना और व्यवहार द्वारा हमें सुलभ करा दिए जाते हैं। प्रायः किसी देश में जनसंवाद की त्रुटियों की व्याख्या और बचाव करने के लिए "सत्वर एवं पुरातन" सांस्कृतिक अचलताओं का सहारा लिया जाता है। यह व्याख्या आधुनिक निरंकुशतावाद की कार्यपद्धति के अवलोकन से सुलभ व्याख्या की तुलना में बहुत कमज़ोर सिद्ध होती है। आज की निरंकुशता तो सैंसरशिप, प्रेस पर प्रतिबन्धों, विरोधियों के दमन, विपक्षी दलों पर प्रतिबन्ध, और विरोधकर्ताओं को जेल में डालने (कई बार इससे भी बुरी हालत करने) आदि के सहारे ही चलती है। लोकतंत्र इन बाधाओं के निर्मूलन में एक बड़ा योगदान दे सकता है। यह योगदान स्वयमेव तो बड़ा है ही, यदि इस पुस्तक की चिन्तनधारा ठीक है, तो न्याय की अन्वेषणा में भी इसका महान योगदान हो सकता है।

16

लोकतंत्र का व्यवहार

समाचारपत्र *द स्टेट्समैन* ने 16 अक्टूबर, 1943 के अपने अग्रलेख में बहुत कड़े शब्दों का प्रयोग करते हुए लिखा था : 'भारत सचिव एक विचित्र रूप से गुमराह किए गए व्यक्ति हैं।' इसी लेख में आगे कहा गया था :

यदि भेजे गए तार उनके साथ पक्षपात नहीं कर रहे तो, उन्होंने बृहस्पतिवार को संसद को बताया कि कलकत्ता सहित बंगाल में भुखमरी के कारण प्रति सप्ताह 1000 व्यक्तियों की जानें जा रही थीं। यह संख्या कुछ अधिक भी हो सकती है। सभी सार्वजनिक रूप से उपलब्ध जानकारियाँ इस संख्या के बहुत अधिक होने के संकेत दे रही हैं। उनके 'महान' कार्यालय के पास तो इस खोज के लिए साधनों का कोई अभाव नहीं होना चाहिए।

दो दिन बाद बंगाल के राज्यपाल सर टी. रदरफोर्ड ने भारत-सचिव को लिखा :

आपका सदन में वक्तव्य संभवतः वायसराय को लिखे गए मेरे पत्र पर आधारित था। कुछ समाचार-पत्रों में उसकी कड़ी आलोचना हुई है। अब आँकड़ों की कमी के पूरे प्रभाव सामने आ रहे हैं—और अब मैं साप्ताहिक मृत्यु के आँकड़े को 2000 से कम नहीं रख पाऊँगा।

तो ये आंकड़े क्या थे? 1000 या 2000 या कुछ और ही?

दिसम्बर, 1945 में अकाल जाँच आयोग की रिपोर्ट का निष्कर्ष था कि जुलाई—दिसम्बर, 1943 में 13,04,323 मौतों की जानकारी दर्ज की गई—पूर्ववर्ती पाँच वर्षों में इसी अवधि की औसत 6,26,048 ही थी। अतः अकाल के कारण 6,78,000 अधिक मौतें हुई। किन्तु इन आँकड़ों के आधार पर साप्ताहिक मृत्यु के आँकड़े 1000 या 2000 नहीं बल्कि 26000 को पार कर जाते हैं। वैसे मैं अपनी पुस्तक *पॉवर्टी एण्ड फैमिन*, 1981 में स्पष्ट कर चुका हूँ कि इस आयोग के आँकड़े गम्भीर रूप से अल्प आकलन के शिकार थे—क्योंकि उस भुखमरी के प्रभावस्वरूप अगले कई वर्षों तक रोगादि के माध्यम से उच्चतर मृत्यु दर बनी रही थी।

बंगाल का 1943 का अकाल, मैंने किशोरावस्था में अपनी आँखों से देखा था। उस अकाल को भीषण बनाने में केवल औपनिवेशक भारत में लोकतंत्र का अभाव सहभागी नहीं था। भारतीय समाचार पत्रों पर अकाल के समाचार छापने और सरकार की आलोचना करने पर कड़ा प्रतिबन्ध था, तो कहीं जापानी फौजों को सहायता न मिल जाए, इस डर से ब्रिटिश स्वामित्व के समाचार पत्र 'युद्ध कार्य में सहयोग' के बहाने इस विषय में चुप्पी साधे हुए थे। इस प्रकार थोपी गई और ओढ़ी गई चुप्पी के फलस्वरूप उस अकाल पर न ब्रिटेन में सार्वजनिक चर्चाएँ हुई और न ही वहाँ की संसद में इसके लिए किसी नीति के निर्माण की बात उठी। किन्तु अक्टूबर, 1943 में *द स्टेट्समैन* ने इस चुप्पी को तोड़कर सरकार को विवश कर दिया। भारत में तो, खैर, उपनिवेशी ब्रिटिश शासन के अन्तर्गत संसद नाम की कोई चीज़ ही नहीं थी।

वास्तव में सरकार की नीतियों ने अकाल पर नियन्त्रण करने की बजाय उसे और भीषण बना दिया था। कई महीनों हज़ारों लोग, प्रति सप्ताह, भूख से मरते रहे किन्तु सरकार की ओर से कोई अकाल सहायता नहीं की गई। इस अकाल की विभीषिका कुछ और गहरी सरकार की उस नीति ने कर दी थी जिसके अधीन भारत के विभिन्न राज्यों के बीच चावल और अन्य खाद्य पदार्थों का व्यापार पर रोक लगा दी गई थी। परिणामस्वरूप, बंगाल में कीमतें अधिक होने के बाद भी निजी व्यापार जैसे वैध माध्यमों से अनाज बंगाल प्रान्त में नहीं पहुँच पाया। दूसरे, बाहरी देशों से बंगाल में अधिक अनाज लाने के स्थान पर नई दिल्ली की उपनिवेशी सरकार ने कुछ न करने की बात तो और है, बंगाल से उसी समय अनाज के निर्यात का फैसला कर लिया था। वस्तुतः, जब अकाल के आसार स्पष्ट दिखाई दे रहे थे तो (जनवरी 1943 में) वायसराय बंगाल के राज्यपाल को कह रहा था कि बंगाल से कुछ और चावल लंका ज़रूर रवाना करो, भले ही बंगाल में कुछ कमी हो जाए।[1]

मैं यह बता दूँ कि ब्रिटिश सरकार की इस सोच में कुछ भी अक्ल की झलक तभी दिखाई देगी जब इसे इस अनुमान पर आधारित मान लिया जाए कि बंगाल में अनाज के उत्पादन में कोई कमी नहीं आयी थी और वहाँ तो अकाल की सँभावना हो ही नहीं सकती थी। सरकार का अनाज उत्पादन का अनुमान अधिक गलत नहीं था। किन्तु अकाल की सम्भावना विषयक धारणा भयावह रूप से गलत सिद्ध हुई। बंगाल में खाद्यान्न की माँग में बहुत बड़ा बदलाव आ चुका था। इसका मुख्य कारण वहाँ चल रहे युद्ध प्रयास थे। बड़ी संख्या में सैनिकों का आगमन, नए निर्माण और युद्ध प्रयास के स्वरूप अनेक समवर्ती कार्यों में बहुत उछाल दिखाई दे रहा था। इस प्रकार माँगप्रेरित स्थिति ने चावल के दाम बहुत बढ़ा दिए थे और ग्रामीण क्षेत्रों के स्थिर आय वाले गरीब जन वैसे ही अनाज न खरीद पाने के कारण भूखे मर रहे

थे। उस दुर्बल जन समुदाय को अनाज खरीदने योग्य आय प्रदान करने वाली नीतियों की ज़रूरत थी—अकाल सहायता रोज़गार नीति बहुत प्रभावी रहती, किन्तु यदि उस प्रान्त में अधिक अनाज की आगम होने दी जाती तो (इस बात के बावजूद कि संकट माँग में वृद्धि के कारण हुआ था, आपूर्ति में कमी के कारण नहीं) आम जनता को कुछ राहत अवश्य मिलती।

पर उपनिवेशी शासकों के एक गलत अकाल सिद्धान्त में विश्वास से भी अधिक विचित्र तो यह बात थी कि उन्हें रोज़ शहरों की गलियों में भूख से दम तोड़ चुके व्यक्तियों के शव भी दिखाई नहीं पड़ रहे थे। उन अफसरों को यदि यह सत्य भी नहीं सूझ रहे थे तो वे सचमुच किसी कल्पना लोक में विहार करने वाले विचारक बन चुके थे। यदि सार्वजनिक आलोचना और सांसदीय प्रणाली वाली लोकतान्त्रिक व्यवस्था होती तो बंगाल के राज्यपाल और भारत के वायसराय जैसे अफसरों को अपने उन विचित्र विचारों पर दृढ़ रहने का अवसर नहीं मिलता।

सरकारी नीति की तीसरी कुप्रभावकारी भूमिका बंगाल में आन्तरिक रूप से अनाज के पुनःवितरण में निहित रही। कलकत्ता वासियों के लिए एक सीमित राशन प्रणाली के लिए सरकार ने ग्रामीण क्षेत्रों से महँगे भाव चावल खरीदना शुरू कर दिया। यह युद्ध प्रयास के अंग स्वरूप शहरी क्षेत्रों में असन्तोष कम करने की नीति थी। इस नीति का गम्भीर परिणाम रहा है कि स्थिर आय वाले ग्रामीण गरीबों को बहुत तेज़ी से मुँह फाड़ रही मँहगाई का सामना करना पड़ा। जबकि युद्ध प्रयास के नाम पर सरकार गाँवों से बड़े पैमाने पर ऊँचे दाम देकर अनाज खरीदे जा रही थी—और कलकत्ता की जनसंख्या के एक हिस्से को उसे सस्ते दाम बेच रही थी। किन्तु उस समय तो समाचारों और अग्रलेखों पर प्रतिबन्ध था और इनमें से किसी भी प्रश्न पर सांसदीय चर्चा नहीं हुई।

कलकत्ता के बंगला समाचारपत्र उतनी ही ऊँची आवाज़ में विरोध जता सकते थे जितना कि सैंसर इजाज़त देता—और युद्ध तथा योद्धाओं के मनोबल के नाम पर ये विरोध के स्वर बहुत मध्यम ही रहते थे। इन स्थानिक आलोचनाओं की लन्दन में कुछ गूँज नहीं होती थी। सार्वजनिक क्षेत्रों में उत्तरदायित्वपूर्ण संवाद तो तभी आरम्भ हो पाया जब अक्टूबर, 1943 में कलकत्ता के *द स्टेट्समैन* के साहसी सम्पादक इयॉन स्टीफन्स ने ऐच्छिक चुप्पी वाले समूह से नाता तोड़कर अकाल की विभीषिका का विस्तृत विवरण देना आरम्भ किया और 14 तथा 16 अक्टूबर को बहुत ही चुभने वाले अग्रलेख प्रकाशित किए। भारत सचिव, को इस अध्याय में प्रारम्भ वाली—फटकार 16 अक्टूबर के अग्रलेख का अंश थी। इसके बाद तो ब्रिटिश-भारत के प्रशासकीय क्षेत्रों में हड़कंप-सा आ गया। लन्दन की संसद में भी इस मामले पर बहस हो गई और अंततः नवम्बर में सरकारी स्तर पर अकाल सहायता कार्यक्रम भी चल पड़ा। (उससे पहले केवल निजी धर्मार्थ संस्थाएँ कुछ प्रयास कर रही थीं) दिसम्बर में अकाल

का अन्त हो गया, इसमें कुछ योगदान नई फसल का भी रहा–किन्तु मुख्य योगदान तो अकाल सहायता कार्यक्रम का ही था। किन्तु तब तक अकाल लाखों की संख्या में इन्सानों की लील चुका था।

अकाल निवारण और सार्वजनिक संवाद

हमने पिछले अध्याय में कहा था कि एक अति गरीब और अन्न अभाव झेल रहे देश में भी यदि वहाँ अपेक्षाकृत स्वतंत्र मीडिया, अभिव्यक्ति की स्वतंत्रता, विपक्षी दल और नियमति चुनावों वाली लोकतान्त्रिक व्यवस्था कार्य कर रही हो तो कभी अकाल नहीं पड़ते। तथापि प्रारम्भ में इस विचार के विषय में कुछ संशय व्यक्त हो रहे थे, किन्तु अब इसे सब स्वीकार करने लगे हैं।

यह राजनीतिक स्वातंत्र्य की संरक्षण शक्ति के एक अत्यन्त ही प्राथमिक आयाम का बहुत ही साधारण-सा उद्धरण है। यद्यपि भारतीय लोकतंत्र की कार्यपद्धति में कुछ त्रुटियाँ होंगी, किन्तु स्वतंत्रता के बाद से ही इसके द्वारा सृजित राजनीतिक संप्रेरणाएँ इतनी सक्षम रही हैं कि देश में अब बड़े अकाल नहीं पड़ते। भारत का सबसे भीषण अकाल–बंगाल का अकाल–यहाँ से अंग्रेजी साम्राज्य के खात्मे से केवल चार साल पहले ही पड़ा था। ब्रिटिश साम्राज्य की व्यवस्था के अन्तर्गत अकालों का नियमित और निरन्तर इतिहास लिखा जा सकता है, किन्तु उनके यहाँ से विदा होने और लोकतंत्र की स्थापना के साथ ही अकालों का युग भी समाप्त हो गया।

भले ही चीन ने अनेक आर्थिक मामलों में भारत से अधिक सफलता पाई हो किन्तु स्वतंत्र भारत के विपरीत उसने एक भीषण अकाल भी भोगा है–वह अब तक के इतिहास का भीषणतम अकाल था। उस अकाल–1958-61 में कम से कम 3 करोड़ जानें गई थीं। तीन वर्षों तक अकाल चलता रहा, किन्तु सरकार पर किसी परिवर्तन के लिए दबाव नहीं पड़ा–वह अपनी घातक नीतियों पर ही चलती रही। चीन में आलोचनात्मक चर्चा करने वाली न कोई संसद थी, न विपक्षी दल और न ही स्वतंत्र प्रेस। वास्तव में अकालों के इतिहास की निरंकुश शासन के साथ बड़ी घनिष्ठता रही है–यह कहीं भारत और आयरलैंड में ब्रिटिश उपनिवेशवाद, तो कहीं सोवियत संघ (1930), चीन या कम्बोडिया में एकदलीय शासन या इथोपिया, सोमालिया आदि में सैनिक शासन का रूप धारण करती रही है। उत्तरी कोरिया में चल रही अकाल की छाया भी इसी का एक उदाहरण है।[2]

अकाल का सीधा दंड तो आम जनता को भुगतना पड़ता है, सत्तासीन सरकार को नहीं। शासक कभी भूखे नहीं मरते। किन्तु यदि सरकार जनता के प्रति उत्तरदायी हो, जब समाचार-सम्प्रेषण स्वतंत्र हो और सार्वजनिक आलोचना पर सैंसर नहीं लगा हो तो सरकार को भी अकाल का निराकरण करने की बहुत उत्कृष्ट प्रेरणा मिल

जाती है। कभी-कभी इस विचार से असहमति व्यक्त करते हुए अफ्रीकी देश नाइजर का उदाहरण दिया जाता है किन्तु हमारा विचार तो एक अच्छी तरह से कार्य कर रही लोकतान्त्रिक व्यवस्था की अकाल निवारण क्षमता से जुड़ा है—छद्म लोकतंत्र से नहीं। केवल सुचारू रूप से चल रही लोकतान्त्रिक व्यवस्था ही समय रहते उपयुक्त कदम उठा पाती है।

'संवाद द्वारा सरकार' के विचार में निहित अकाल निवारण की राजनीतिक सम्प्रेरणाओं से इस सहज-स्पष्ट सम्बन्ध के अतिरिक्त दो अन्य बातें भी महत्त्वपूर्ण हैं। पहली बात अकालपीड़ित या आशंकाग्रस्त जन-अनुपात की है। आमतौर पर यह अनुपात बहुत छोटा होता है—बहुत कम मामलों में यह 10 प्रतिशत तक पहुँच पाया है। अतः अगर ये मान भी लें कि सभी अकाल प्रभावित मतदाता सरकार के विरुद्ध मतदान करेंगे तो भी सरकार को कोई खतरा महसूस नहीं होगा। अतः यह सार्वजनिक तार्किकता की दूर तक प्रभाव डालने की क्षमता ही है जो सतासीन सरकार के लिए अकाल को इतना बड़ा राजनीतिक संकट बना देती है। तार्किकता की प्रभाव क्षमता ही बहुत बड़े स्तर पर जन सामान्य को लापरवाह सरकार के विरुद्ध जागृत और आन्दोलित कर उसके पतन का मार्ग प्रशस्त कर देती है। विपत्ति के स्वरूप की सार्वजनिक चर्चा मुक्तभोगियों के भविष्य को बहुत शक्तिशाली राजनीतिक मुद्दा बना उसके प्रचार माध्यमों द्वारा प्रसार को प्रभावित करती है और अन्ततः अनेक व्यक्तियों (संभवतः बहुमत) के मतदान व्यवहार को भी प्रभावित कर देती है। लोकतंत्र की यह उपलब्धि भी कम महत्त्वपूर्ण नहीं होती कि सार्वजनिक चर्चाओं के माध्यम से हम एक-दूसरे की व्यथाओं और जीवन के विषय में कहीं बेहतर सोच को विकसित कर पाते हैं।

दूसरी बात का नाता लोकतंत्र के जानकारी पक्ष से है—ये सम्प्रेरण पक्ष से भी अधिक दूरगामी है। चीन के भीषण अकाल, 1958-61 की ही बात लें। वहाँ कृषि क्षेत्र के समूहीकरण के महत्त्वाकांक्षी कार्यक्रम 'लम्बी छलांग' की विफलता को एक बड़े रहस्य की बात बनाकर रखा गया था। उस अकाल की रचना, प्रसार और स्वरूप को लेकर चीन से बाहर तो क्या देश के भीतर भी किसी को अधिक जानकारी नहीं थी।

वस्तुतः स्वतंत्र समाचार-प्रेषण की व्यवस्था के अभाव ने स्वयं सरकार को अपने शानदार कृषि निष्पादन के मिथ्या प्रचार से भ्रमित कर दिया (स्थानीय पार्टी अधिकारी उसके लिए राजधानी में श्रेय हरण की दौड़ में लगे थे।) बहुत बड़ी संख्या में पर्याप्त अनाज उगा पाने में असफल समुदाय और सहकारिताओं को अपनी विकट अवस्था का ज्ञान था—किन्तु उन्हें सारे ग्रामीण चीन की इस अवस्था की कोई जानकारी नहीं थी। कोई सामुदायिक फार्म अपनी विफलता की बात उच्च अधिकारियों के पास नहीं पहुँचाना चाहता था और बीजिंग सरकार के पास शानदार सफलता की झूठी

सूचनाओं की बाढ़ सी आ रही थी। उन सूचनाओं के योगफल से सरकार को वहम हो गया कि उसके पास तो 100 मिलियन टन अतिरिक्त अनाज के भंडार जमा है—जबकि वास्तव में अकाल अपने उत्कर्ष पर पहुँच रहा था।[3]

परिणामस्वरूप देश से भूख का निवारण करने को प्रतिबद्ध सरकार ने उन तीन अकाल वर्षों में 'लम्बी छलांग' की अपनी मूर्खतापूर्ण नीतियों में कोई परिवर्तन करना आवश्यक नहीं समझा। इस अपरिवर्तन का कारण केवल राजनीतिक विपक्ष और स्वतंत्र मीडिया की अनुपस्थिति नहीं थी। वस्तुतः लम्बी छलांग की विफलता के विषय में पूरी तरह अनभिज्ञ सरकार ने उन नीतियों में परिवर्तन की आवश्यकता ही नहीं समझी।

हाँ, जब सारी बातें खुलकर सामने आ गईं तो उस घातक लम्बी छलांग प्रणेता और प्रबलतम पक्षधर, चीन के अध्यक्ष माओ ने स्वयं भी लोकतंत्र के महत्त्व को स्वीकार किया था। साम्यवादी दल के 7000 कार्यकर्ताओं को सम्बोधित करते हुए, उस करोड़ों की जान लील जाने वाले अकाल के तुरन्त बाद, 1962 में माओ ने कहा था :

'लोकतंत्र के अभाव में आप यह नहीं जान पाओगे कि आपसे निचले स्तर पर क्या हो रहा है, सामान्य स्थिति स्पष्ट नहीं होगी, आप सभी पक्षों के मत नहीं जान पाओगे, निम्नतम और उच्चतम स्तर में कोई संवाद नहीं हो पाएगा, नेतृत्व के उच्च स्तरों पर एक पक्षीय और अप्रमाणित जानकारी के आधार पर निर्णय होंगे, आप व्यक्ति निष्ठता से बच नहीं पाएँगे, बोध और कार्य की एकता को पाना असम्भव हो जाएगा—सही केन्द्रीयकरण की प्राप्ति असम्भव हो जाएगी।[4]

यहाँ माओ द्वारा जिस प्रकार लोकतंत्र का पक्ष पोषण किया गया है वह बहुत सीमित ही है। यहाँ सारा ध्यान जानकारी के पक्ष पर केन्द्रित है, राजनीतिक स्वातंत्र्य की सम्प्रेरणा सृजक और अन्तर्निहित रचनात्मक भूमिकाओं पर ध्यान ही नहीं दिया गया है। किन्तु यह स्वीकारोक्ति महत्त्वपूर्ण है कि स्वयं माओ को समझ आ गया था कि जानकारी के अभाव में सरकारी नीतियाँ किस प्रकार विनाशकारी रूप धारण कर सकती हैं और कि अधिक सक्रिय जनसंवाद से, जिस प्रकार की विभीषिका चीन ने भुगती थी, उससे बचाव सम्भव था।

लोकतंत्र और विकास

प्रायः लोकतंत्र के पक्षधर यह कहने में हिचकिचाते हैं कि लोकतंत्र से विकास और सामाजिक कल्याण संवर्धन होगा—वे इन्हें दो अच्छे किन्तु पृथक और मूलतः स्वतंत्र लक्ष्य मानते हैं। किन्तु लोकतंत्र विरोधी लोकतंत्र और विकास के बीच टकराव विषयक अपने विचार बहुत खुलकर अभिव्यक्त करते हैं। वे तो साफ-साफ कहते हैं—फैसला

कर लो—आपको विकास चाहिए या लोकतंत्र। यह स्वर पूर्वी एशिया के देशों से उठना आरम्भ हुए था और 1970 और 1980 के दशकों में यह आर्थिक विकास में बहुत कामयाब रहे किन्तु लोकतंत्र से इनका सम्बन्ध नहीं था। इस जैसे बहुत-से उदाहरणों के आधार पर बहुत शीघ्र एक सिद्धान्त गढ़ लिया गया : निरंकुश व्यवस्थाओं की उपलब्धियों की तुलना में लोकतान्त्रिक देशों में विकास को इतनी सहायता नहीं मिल पाती।'' क्या दक्षिण कोरिया, सिंगापुर, ताईवान और हाँगकाँग ने बिना लोकतंत्र के ही आश्चर्यजनक आर्थिक प्रगति नहीं पाई है? और क्या 1979 में कुछ आर्थिक सुधारों के बाद से निरंकुश चीन लोकतांत्रिक भारत की अपेक्षा अधिक तीव्र दर से आर्थिक संवृद्धि पाने में सफल नहीं रहा है?

इन प्रश्नों से सही तरीके से निपटने के लिए हमें विकास के सत्त्व और लोकतंत्र की व्याख्या दोनों बातों पर विचार करना होगा। विकास का मूल्यांकन, उस जीवन से जो व्यक्ति जी पा रहे हैं तथा उन्हें जो स्वातंत्र्य सुलभ है, से स्वतंत्र रूप से नहीं हो सकता। केवल कुछ निर्णय सहायक तत्त्वों—सकल राष्ट्रीय उत्पाद या प्रति व्यक्ति आय, या औद्योगीकरण के सहारे विकास का पूरा आकलन नहीं हो सकता, भले ही किन्हीं उद्देश्यों की प्राप्ति में ये तत्व सहायक हों। इनका सही मूल्य तो इसी बात पर निर्भर होगा कि ये जनता के जीवन और स्वातन्त्र्य के संवर्धन में क्या योगदान दे रहे हैं! यही विकास के विचार का सार होना चाहिए।

यदि इस प्रकार से विकास की बृहत्तर व्याख्या की जाती है जो मानव जीवन पर केन्द्रित हो तो तुरन्त ही यह बात भी समझ आ जाएगी कि लोकतंत्र और विकास के सम्बन्धों का आंशिक रूप से मूल्यांकन उनके घटक स्वरूप सम्बन्ध की तरह होना चाहिए—केवल बाह्य सम्पर्क सूत्र की तरह नहीं। अनेक बार यह प्रश्न उठाया जाता है कि क्या राजनीतिक स्वतंत्रता 'विकास में सहायक' है। किन्तु हमें यह नहीं भूलना चाहिए कि राजनीतिक स्वातंत्र्य और लोकतांत्रिक अधिकार तो विकास के घटक अंग हैं। इनके महत्त्व की स्थापना GNP (सकल राष्ट्रीय उत्पाद) की वृद्धि में इनके योगदान के अप्रत्यक्ष माध्यम से नहीं होनी चाहिए।

फिर भी, इस केन्द्रीय सम्बन्ध-सूत्र को समझने के बाद भी हमें लोकतंत्र का परिणाम आधारित विश्लेषण भी करना चाहिए—राजनीतिक स्वातन्त्र्यों एवं नागरिक अधिकारों के अतिरिक्त और अनेक प्रकार की स्वतंत्रताएँ भी हैं जिन पर ध्यान दिया जाना चाहिए। उदाहरण के लिए हमें आर्थिक गरीबी की समस्या को अनदेखा नहीं करना चाहिए। अतः निस्सन्देह हमारे पास GNP (सकल राष्ट्रीय उत्पाद) तथा GDP (सकल घरेलू उत्पाद) प्रतिव्यक्ति जैसे आर्थिक संवृद्धि के सीमित सूचकों पर भी ध्यान देने के पर्याप्त कारण रहते हैं—वास्तविक आय में वृद्धि कई प्रकार की महत्त्वपूर्ण उपलब्धियों के मार्ग प्रशस्त कर सकती है—उदाहरण के लिए अब आर्थिक संवृद्धि और गरीबी निवारण के बीच सामान्य सम्बन्ध (वितरण पत्र पर ध्यान सहित) को सभी स्वीकार करने लगे

हैं। अनेकों व्यक्तियों के लिए अधिक आय के सृजन के साथ-साथ आर्थिक संवृद्धि *पब्लिक रिवेन्यू* में भी यथेष्ठ वृद्धि करती है। यह राजस्व स्कूली शिक्षा, चिकित्सा सुविधाओं आदि उन सुविधाओं के प्रसार पर खर्च हो सकता है जिससे जन सामान्य के जीवन-स्तर और क्षमताओं का प्रत्यक्षतः उन्नयन होता है। कई बार तो राजस्व में वृद्धि की दर सामान्य संवृद्धि दर से भी अधिक हो जाती है। (उदाहरण के लिए पिछले वर्षों में जब भारत की अर्थव्यवस्था की संवृद्धि दर, 7, 8, या 9 प्रतिशत थी तो वहाँ सार्वजनिक राजस्व की वृद्धि दरें क्रमशः 9, 10, या 11 प्रतिशत आंकी गई थी। राजस्व में इस प्रकार की वृद्धि से कुछ ऐसे अवसर उपलब्ध हो जाते हैं जिनका प्रयोग कर सरकार आर्थिक प्रसार की प्रक्रिया के लाभों का अधिक सम्यक विभाजन करने के प्रयास कर सकती है। यह एक संभावना को ही दर्शा रहा है।—उस राजस्व वृद्धि का आकार भी बहुत महत्त्वपूर्ण होता है। किन्तु आर्थिक संवृद्धि ऐसी परिस्थितियों को जन्म दे सकती है जहाँ सरकार अधिक उत्तरदायित्व पूर्ण चयन कर सकती है। कुछ एक सन्दर्भों में इस प्रकार के संसाधनों के गम्भीर दुरुपयोग की आशंका भी रहती है।

लोकतंत्र और तीव्र आर्थिक संवृद्धि के बीच असामंजस्य की अभिव्यक्ति वस्तुतः कुछ ही देशों के अनुभवों पर आधारित रही है। ये अनुभव भी पूर्वी एशिया की कुछ अति तीव्र गति से संवृद्धिमान अर्थव्यवस्थाओं और भारत की तुलना के अनुभव हैं। भारत में तो मंथर गति (3 प्रतिशत वार्षिक) का बड़ा लम्बा इतिहास रहा है। किन्तु अधिक व्यापक स्तर पर विभिन्न देशों की तुलनाओं से लोकतंत्र के आर्थिक संवृद्धि पर हानिकारक प्रभावों के पक्ष में कोई संकेत नहीं मिल पाए है।[5] यही नहीं, अभी कुछ वर्ष पहले तक भारत को इस बात का जीता-जागता प्रमाण माना जाता था कि लोकतांत्रिक देश में निरंकुश देशों की अपेक्षा संवृद्धि की दर धीमी ही रहती है। किन्तु 1980 के दशक से भारत की संदृद्धि दर में सुधार प्रारम्भ हुए और 1991 के आर्थिक सुधारों के बाद से इस दर में आई तीव्रता ने अब भारत को लोकतान्त्रिक शासन व्यवस्था के अन्तर्गत धीमी आर्थिक प्रगति का सटीक उदाहरण नहीं रहने दिया है। ध्यान रहे कि आज का भारत 1960 और 1970 के दशकों से किसी भी तरह कम लोकतांत्रिक नहीं हो गया है। वस्तुतः इस बात के बड़े संपुष्ट प्रमाण मिल रहे हैं कि एक सौहार्दपूर्ण आर्थिक वातावरण संवृद्धि में किसी क्रूर निरंकुश व्यवस्था की अपेक्षा अधिक सहायक होता है।

मानवीय सुरक्षा-भावना और राजनीतिक शक्ति

हमें केवल आर्थिक संवृद्धि से कहीं आगे निकल कर विकास और सामाजिक क्षेम के कहीं बृहत्तर तकाज़ों पर भी ध्यान देना होगा। इस तथ्य पर भी ध्यान दिया जाना चाहिए कि लोकतंत्र और राजनीतिक एवं नागरिक अधिकार अन्य अनेक प्रकार की

स्वतंत्रताओं का संवर्धन करते हैं। अनेक परिस्थितियों में ये अभावग्रस्त और दौर्बल्यग्रस्त समाज को एक स्वर प्रदान कर उनके लिए मानवीय जीवन के रक्षक भी बन जाते हैं। यह एक महत्त्वपूर्ण प्रश्न है, इसका सम्बन्ध सार्वजनिक तर्क और 'चर्चा द्वारा शासन' को बढ़ावा देने में लोकतंत्र की भूमिका से जुड़ा है। अकाल निवारण में सफलता लोकतंत्र की जन सुरक्षा संवर्धनकारी भूमिका के आयामों में एक है। इसके अतिरिक्त भी इसके प्रभाव अन्य कई प्रकार से प्रस्फुटित होते दिखाई दे जाते हैं।

सुरक्षा प्रदान करने में लोकतंत्र की क्षमता अकाल निवारण में कहीं अधिक व्यापक है जब 1980 और 1990 के दशकों में आर्थिक उन्नयन का दौर चल रहा था तो इन्डोनेशिया और दक्षिण कोरिया के गरीबों का ध्यान शायद ही लोकतंत्र के अभाव की ओर गया हो। किन्तु जब 1990 के दशक के अन्तिम वर्षों में आर्थिक संकट का सामना हुआ तो जिनके जीवन पर (इस संकट का) गम्भीर प्रभाव पड़ा था, उन्हें तुरन्त ही लोकतंत्र, राजनीतिक और नागरिक अधिकारों के अभाव याद आ गए। अचानक से इन देशों में भी लोकतंत्र एक बड़ा सामाजिक मुद्दा बन गया और दक्षिण कोरिया ने उस दिशा में कुछ बड़ी पहल भी कर डाली।

भारत तो जब भी प्राकृतिक आपदाओं की आशंका उठी है, यहाँ के शासकों को कुछ करने की शानदार प्रेरणा देने की लोकतान्त्रिक सुरक्षाकारी भूमिका से बहुत लाभान्वित हुआ है। किन्तु अनेक व्यापक उपलब्धियों के बाद भी लोकतंत्र के व्यवहार और प्रभाव क्षेत्र में कुछ त्रुटियाँ रह सकती हैं। भारत में भी ऐसा कुछ हुआ है। लोकतंत्र विपक्ष को उस समय भी नीति-परिवर्तन का आग्रह करने का अवसर देता है जब आपदा का स्वरूप अकाल की भाँति नाटकीय नहीं होकर 'सत्वर' बना हुआ हो। भारतीय सामाजिक नीतियों की स्कूली शिक्षा, प्राथमिक स्वास्थ्य व्यवस्था, बाल पोषण, आवश्यक भूमि सुधार और लिंग समता आदि के सन्दर्भ में सापेक्ष दुर्बलता न केवल सरकारी चिन्तन की त्रुटियों का प्रमाण है बल्कि इनमें राजनीतिक दृष्टि से प्रेरित सार्वजनिक तार्किकता और सामाजिक दबाव का अभाव भी झलक रहा है। भारतीय समाचार जगत को भी अनेक निरन्तर अभावों (भले ही वे तात्कालिक रूप से घातक नहीं हैं) की उपेक्षा का दोषी माना जा सकता है। सचमुच, भारत लोकतंत्र की उत्कृष्ट उपलब्धियों और लोकतान्त्रिक संस्थाओं द्वारा सृजित सुअवसरों के समुचित-प्रयोग में विफलता के बड़े सटीक उदाहरण एकसाथ प्रस्तुत कर रहा है। चुनावी नीति से लोकतान्त्रिक न्याय की ओर अग्रसर होने की बड़ी सशक्त आवश्यकता है।

लोकतंत्र और नीति चयन

भारत के कुछ ही भागों में सामाजिक नीतियों की गुरुता का राजनीतिकरण हो पाया है। केरल प्रान्त के अनुभव बहुत ही स्पष्ट हैं। वहाँ सर्वव्यापी शिक्षा, बुनियादी स्वास्थ्य

देखरेख, बुनियादी लिंग समता, और भूमि सुधारों को प्रभावी राजनीतिक समर्थन मिल पाया है। इसकी व्याख्या में इतिहास और समकालिक विकास का सम्मिश्रण है। केरल के उच्च जाति विरोधी आन्दोलन (जिसकी वर्तमान वामपन्थी राजनीति उत्तराधिकारी बनी है) की शिक्षा के प्रति अभिनीत, पुरानी त्रावणकोर व कोचीन रियासतों की प्रारम्भिक सक्रियता और मिशनरियों की शैक्षिक गतिविधियाँ (जो केरल की जनसंख्या के 20 प्रतिशत ईसाई समाज तक ही सीमित नहीं थी) और उस प्रदेश में प्रचलित सम्पदा अधिकारों की मातृवंशी* परम्परा के कारण पारिवारिक निर्णयों में नारी की प्रभावोत्पादक वाणी, इन सभी का मिला-जुला परिणाम सामाजिक क्षेत्र में केरल की सफलता रहा है।[6] बहुत समय से केरल राजनीतिक सक्रियता और वाणी का अच्छा प्रयोग सामाजिक सुयोगों के संवर्धन में करता आ रहा है। लोकतान्त्रिक संस्थाओं का प्रयोग सामाजिक दशाओं से स्वतंत्र नहीं होता।

इस निष्कर्ष से बच पाना कठिन है कि आर्थिक निष्पादन, सामाजिक सुयोग, राजनीतिक वाणी और सार्वजनिक विचार विमर्श परस्पर सम्बन्धित हैं। जिन-जिन क्षेत्रों में हाल ही में राजनीतिक एवं सामाजिक वाणी का निश्चित प्रयोग हुआ है वहाँ बड़े परिवर्तनों के चिह्न दिखाई देने लगे हैं। पिछले कुछ समय से लिंग समता पर काफी राजनीतिक ध्यान आकर्षित हुआ है। इसमें नारीवादी आन्दोलन का बड़ा योगदान है। इसके फलस्वरूप सामाजिक और आर्थिक क्षेत्रों में लिंग विषमता को घटाने के लिए राजनीतिक निश्चय में भी दृढ़ता आ रही है। भारत में राजनीतिक नेतृत्व सहित अनेक क्षेत्रों में नारी के प्रमुख स्थान का बड़ा लम्बा इतिहास रहा है। वे उपलब्धियाँ निश्चय ही नारी की वाणी के साथ जुड़ी थीं। (पिछले कुछ वर्षों से भागीदारी की राजनीति का भी योगदान होने लगा है) फिर भी उनका प्रभाव क्षेत्र समाज के अधिक समृद्ध वर्गों तक सीमित रहा था।** वर्तमान भारतीय सार्वजनिक जीवन में नारी की वाणी के सशक्तीकरण का एक महत्वपूर्ण पक्ष इसके सामाजिक आधार का विस्तार भी है। अभी समाज में नारी के स्थान की विषमताओं के पूर्ण निराकरण के लिए बहुत कुछ किया जाना बाकी है, फिर भी नारी की सामाजिक भूमिका के विकास से राजनीतिक अभिरुचि का जागृत हो जाना लोकतान्त्रिक व्यवहार में एक महत्त्वपूर्ण और रचनात्मक विकास का प्रमाण है।

कुल मिलाकर सामाजिक विषमता और अभावों के प्रश्नों पर सामाजिक आक्रोश की संभावनाओं का अब अधिक प्रयोग होने लगा है, कुछ समय तक इन प्रश्नों की चिन्ता पर साम्प्रदायिक राजनीति हावी हो गई थी। अब कुछ समय से मानव अधिकारों,

---

* यह परम्परा केरल में बहुत प्रभावशाली और बड़े सामाजिक वर्ग, हिन्दू नायर समाज में प्रचलित रही हैं।

* भारत की अधिकांश राजनीतिक महिला नेता शहरी अभिजात्य वर्ग से ही रही हैं—हाँ, कुछ एक ग्रामीण निम्नवर्गीय नेता भी राजनीतिक सफलता पा गई हैं—वे भी अपने वर्ण के समृद्ध परिवारों से सम्बन्धित थीं।

स्कूली शिक्षा, भोजन (स्कूलों में मध्यावकाश भोजन) बुनियादी स्वास्थ्य सेवा, पर्यावरण संरक्षण और रोज़गार गारंटी के अधिकारों एवं अधिकारिताओं को लेकर संगठित आन्दोलनों में काफी सक्रियता आ रही है। ये आन्दोलन कतिपय विफलताओं पर समाज का ध्यान आकर्षित करते हैं और साथ ही ये इन पर मीडिया में चल रहे जनसंवाद के प्रतिरूपक भी होते है। इस सबसे बड़ी बात तो यह है कि इनसे महत्त्वपूर्ण सामाजिक माँगों को एक राजनीतिक रूप से पैनी धार भी मिल रही है।

लोकतान्त्रिक स्वतंत्रता का प्रयोग निश्चय ही सामाजिक न्याय के संवर्धन और बेहतर एवं निष्पक्षतापूर्ण राजनीति के लिए हो सकता है। यह प्रक्रिया अपने-आप नहीं चल पाती, इसे राजनीतिक रूप से जागरूक नागरिकों की सक्रियता की आवश्यकता होती है। हमने यहाँ मुख्यतः भारत और चीन के आँकड़ों पर आधारित अनुभवों की समीक्षा की है किन्तु अन्य देशों--अमरीका और यूरोपीय देशों की विराट् जानकारी का प्रयोग कर इसी प्रकार के निष्कर्ष निकाले जा सकते हैं।

अल्पसंख्यकों के अधिकार और समाहनकारी प्राथमिकताएँ

अब मैं लोकतंत्र की सबसे कठिन समस्या पर बात कर रहा हूँ। यह विचार नया नहीं है कि लोकतंत्र का वास्ता बहुमत के शासन और अल्पमत के अधिकारों के साथ एकसाथ रहता है। (यद्यपि संगठनात्मक दृष्टि से लोकतंत्र को केवल मतदान और बहुमत का निर्धारण माना जाता है) लोकतंत्र की सार्वजनिक विचार विमर्श रूपी व्याख्या में मतदान के साथ-साथ अल्पमत के अधिकारों के प्रश्न को एक साथ समाहित किया जा सकता है। अट्ठारहवीं शताब्दी के सामाजिक चयन सिद्धान्तकार मार्कीस डी कॉंडोर्से ने हमें चेतावनी दी थी कि प्राचीन और नवीन गणतन्त्रों में प्रचलित इस उक्ति से सावधान रहना होगा कि बहुतों के हित में कुछ का बलिदान न्यायसंगत है।[7]

किन्तु एक समस्या तो रहती है : एक निर्भय बहुमत जिसे अल्पमत के अधिकारों के निर्मूलन में कोई लज्जा नहीं आती शीघ्र ही समाज को बहुमत के शासन और अल्पमत के अधिकारों के बीच चुनाव करने को विवश कर सकता है। अतः लोकतांत्रिक व्यवस्था के सुचारू रूप से कार्य करने के लिए एक सहिष्णुतापूर्ण जीवन मूल्यों का निर्माण बहुत आवश्यक होता है।

ये प्रश्न साम्प्रदायिक हिंसा के निवारण में लोकतंत्र की भूमिका पर भी लागू होते हैं। यहाँ समस्या अकालों के निराकरण से अधिक जटिल और कठिन हो जाती है। यद्यपि अकाल प्रभावित वर्ग समाज का स्वल्प वर्ग होता है, फिर भी उनकी व्यथा सार्वजनिक चर्चा के कारण राजनीतिक दृष्टि से बहुमत की व्यथा बन जाती है। इसका एक कारण यह भी है कि आम नागरिक को उन पीड़ितों के प्रति किसी प्रकार का

विद्वेष नहीं होता। किन्तु जब साम्प्रदायिक तनाव को उग्रवादियों की वाक्‌पटुता द्वारा बढ़ावा दिया जा रहा हो तो उस तनाव से निपटना बहुत कठिन हो जाता है।

सामुदायिक हिंसा के निवारण में लोकतंत्र की भूमिका समाहनकारी और पारस्परिकतापूर्ण राजनीतिक प्रक्रिया की विभाजनकारी राजनीतिक चिंतन के विषदंश का निराकरण करने की क्षमता पर निर्भर रहती है। स्वतंत्र भारत में यह एक बड़ा महत्त्वपूर्ण कार्य बन गया है। इसका विशेष कारण यह है कि इस बहुधर्मी और धर्मनिरपेक्ष राज्य का जन्म 1940 के दशक की भीषण साम्प्रदायिक हिंसा के दौर में हुआ था—उस दशक के वर्ष तो गिने चुने ही थे, किन्तु उसने दुर्बलता की एक बहुत लम्बी और मनहूस छाया छोड़ी है। इस समस्या को मोहनदास गाँधी ने इसी रूप में प्रस्तुत किया था। उन्होंने जिस स्वतंत्रता आन्दोलन का नेतृत्व किया उसी के द्वारा वांछित लोकतंत्र में समाहनकारी राजनीति की आवश्यकता पर बल देते हुए यह बात कही थी।[8]

इस दिशा में कुछ सफलता मिली है। मूलतः भारतीय लोकतंत्र की धर्मनिरपेक्षता अक्षुण्ण रही है। कभी-कभी तनाव भी हुए हैं—पर अन्ततः पारस्परिक सद्‌भाव और सम्मान का भाव ही प्रभावी रहा है। फिर भी समय समय पर साम्प्रदायिक, राजनीतिक गुटों द्वारा, स्वयं लाभ उठाने के ध्येय से हिंसा को भड़काने को हम रोक पाने में पूर्णतः सफल नहीं हो पाए हैं। साम्प्रदायिक वाक्‌पटुता के प्रभावों को हम तभी कुंठित कर पाएँगे जब विभाजन रेखाओं के पार जाने वाले बृहत्तर जीवन मूल्यों का अधिक प्रसार और संवर्धन हो।

इस सन्दर्भ में यह बात समझाना बहुत आवश्यक है कि हमारी अनेक पहचानें है। और धर्म उनमें से केवल एक है। भारत के हिन्दू, मुसलमान, सिख और ईसाई केवल भारतीय नहीं है, व्यक्ति व्यक्ति के अनुसार ये सांझी भाषा, साहित्य, व्यवसाय, निवास-स्थान आदि पर आधारित अनेक प्रकार के वर्गीकरणों द्वारा निर्मित पहचानों में भागीदार हो सकते हैं। लोकतांत्रिक राजनीति इन असाम्प्रदायिक प्रतिबद्धताओं और उनके धार्मिक विभाजनों से श्रेष्ठता के दावों पर भी चर्चा करने के अवसर प्रदान करती है।* वास्तव में पाकिस्तानी मुसलमानों द्वारा नवम्बर 2008 में मुम्बई में किए गए जघन्य हमलों के बाद भारत व्यापी स्तर पर मुसलमानों के विरुद्ध प्रतिक्रिया की आशंकाओं के विफल रहने में उस सार्वजनिक संवाद का बड़ा योगदान रहा है जिसमें मुस्लिमों और गैर मुस्लिमों ने बहुत अच्छी तरह भागीदारी की थी। लोकतंत्र

---

* केवल 80 प्रतिशत हिन्दू जनसंख्या के देश में सिख प्रधानमन्त्री, ईसाई बहुमत की नेता और मुस्लिम राष्ट्रपति रह चुके हैं : कुछ इस प्रकार की सत्ता के तीन प्रमुख पद एक ही धर्म के अनुयायियों के पास नहीं रहे।

का व्यवहार मानवों की पहचान की बहुलता को बहुत अच्छी तरह प्रस्फुटित होने का अवसर दे सकता है।[9]

किन्तु फिर भी साम्प्रदायिक भेदभाव, जातीय अन्तर आदि के माध्यम से हिंसा और असन्तोष भड़काने वाले तत्त्वों को अवसर मिल सकते हैं। इस में राष्ट्रीय लोकतंत्र द्वारा निर्मित सम्बन्धों को सबल होकर प्रहरी बनना होगा। लोकतांत्रिक राजनीति के ऊर्जस्विता पर ही सहिष्णुतापूर्ण जीवन मूल्यों के विकास का सारा दायित्व है। इस कार्य में केवल लोकतान्त्रिक संस्थाओं का अस्तित्व ही सफलता की गारन्टी नहीं बन सकता।* यहाँ एक सक्रिय और सशक्त मीडिया बड़ा योगदान दे सकता है वह सभी समुदायों को समस्या, व्यथा और मानवता का पाठ पढ़ा सकता है।

लोकतंत्र की सफंलता अपनी समझ से श्रेष्ठतम संस्थाओं के निर्माण मात्र से सुनिश्चित नहीं हो जाती। यह तो हमारे वास्तविक व्यवहार और राजनीतिक सामाजिक पारस्परिकता पर भी निर्भर करती है। इसे संस्थागत सद्भाव के 'सुरक्षित हाथों' में छोड़ पाना सम्भव नहीं है। अन्य सभी संस्थानों की भाँति ही लोकतान्त्रिक संस्थाओं की कार्य प्रणाली भी मानवीय कर्ताओं की उचित संप्राप्ति हेतु उन अवसरों का प्रयोग करने के निमित गतिविधियों पर भी आधारित रहती है। हमारे अनुभव जनित निष्कर्ष पुस्तक के प्रारम्भिक सैद्धान्तिक तर्कों की पुष्टि करते प्रतीत हो रहे हैं। यहाँ प्रस्तुत व्यावहारिक अनुभव न्याय की अन्वेषणों में केवल नीति नहीं न्यायिकता की अवधारणा का भी सहारा लेने के पक्ष का पोषण कर रहे हैं।

---

* गुजरात के 2002 के दंगों में 2000 से अधिक जानें गईं—वह भारत के इतिहास का एक शर्मनाक पन्ना है। किन्तु शेष भारत इस प्रकार की प्रतिक्रियाओं से बचा रहा—यह एक सन्तोष का विषय भी है। अगले ही महानिर्वाचन में उस शर्मनाक घटना के फलस्वरूप धर्म-निरपेक्ष शक्तियों की सफलता भारत के मानस की वास्तविक प्रेरणाओं की भी परिचायक है।

17

मानव अधिकार और विश्वस्तरीय अनिवार्यताएँ

इस विचार में बहुत आकर्षण भरा है कि मानव के, वह विश्व में कहीं भी हो, उसकी नागरिकता, निवास, प्रजाति, वर्ग, जाति, धर्म कुछ भी हो, कुछ बुनियादी अधिकार होते हैं और अन्य सभी को उनका सम्मान करना चाहिए। मानव अधिकारों के नैतिक आकर्षण का प्रयोग अनेक कामों के लिए किया गया है—जैसेकि : उत्पीड़न, मनमाने बन्दीकरण, प्रजातीय भेदभाव का विरोध, विश्व स्तर पर भूख और चिकित्सीय उपेक्षा की समाप्ति की माँग आदि। फिर भी केवल मानव होने के नाते अधिकार की बात को अनेक आलोचक तर्कित आधार से विहीन मानते हैं। बार-बार यह प्रश्न उठता है : क्या ये अधिकार सचमुच हैं? ये कहाँ से आ गए हैं? आदि।

इस बात का इन्कार नहीं किया जा रहा है कि एक सामान्य धारणा के रूप में मानव अधिकारों की बात करना बहुत अच्छा लगता है। यह राजनीतिक शब्दांडबर (लफ़्फ़ाजी) में बहुत प्रभावोत्पादक हो सकता है। संशय और चिन्ता का सम्बन्ध तो मानव अधिकारों की संकल्पना के आधार की नम्यता के साथ है। अनेक दार्शनिक और विधिशास्त्री मानवाधिकारों की बातों को 'कोरी बात' ही मानते हैं—संभवतः सदाशयपूर्ण और प्रशंसनीय 'कोरी बात'। अतः यह मान लिया जाता है कि इनमें कोई विशेष बौद्धिक 'दम' या सार नहीं होता।

मानव अधिकारों के विचार के व्यापक स्तर पर प्रयोग और इनके संकल्पनागत आधार की उपयुक्तता को लेकर बौद्धिक संशयवाद के बीच का अन्तर कोई नई बात नहीं है। अमरीकी स्वतंत्रता के घोषणापत्र ने तो इस बात को 'स्वयंसिद्ध' माना था कि 'प्रत्येक व्यक्ति के कुछ अपराक्राम्य अधिकार होते हैं'' तो उसके 13 वर्षों बाद, 1789 में फ्राँसीसी क्रान्ति ने 'मानव के अधिकारों' की घोषणा करते हुए कहा था : सभी मानवों ने स्वतंत्र रूप में जन्म लिया है और सबके अधिकार समान होते हैं।* किन्तु जेरेमी बैंथम ने शीघ्र ही (1791-92) में मानव के अधिकारों को

---

* मानव के अधिकारों विषयक यह घोषणा एक बड़ी युगान्तरकारी घटना से जुड़ी थी। इसी की भाँति अमरीका का स्वतंत्रता-घोषणा पत्र भी बहुत बड़ी सामाजिक और वैचारिक उथल-पुथल का परिणाम →

निराधार कह इस प्रकार के सभी दावों को रद्द करने तक की बात कह डाली थी। उनका कहना था, "प्राकृतिक अधिकार एक सीधी-सी बकवास है–'प्राकृतिक और अहननीय अधिकार लफ्फाज़ी भरी बकवास–बांस के ऊपर चढ़ाई गई बकवास है और कुछ नहीं।"[1]

यह वैचारिक विभाजन आज भी जीवित है। विश्व स्तर पर अनेक सन्दर्भों में बार-बार मानव अधिकारों के विचार का प्रयोग हो रहा है किन्तु अनेक लोगों के विचार से यह (बैंथम की ही एक अपमानजनक टिप्पणी का प्रयोग करते हुए) कागज़ी हो-हल्ले से अधिक नहीं है। मानव अधिकारों को रद्द करने वाले यह स्वीकार नहीं करेंगे कि केवल मानव के रूप में जन्म लेने के कारण किसी को कुछ अधिकार मिल जाएँगे–अधिकार तो किन्हीं विशेष अहर्ताओं (योग्यताओं) पर ही आधारित होंगे–जैसे नागरिकता विधेयन द्वारा प्रदत्त या फिर स्वीकृत (मान्यता प्राप्त) 'सामुदायिक नियमों, पर। मानवाधिकार वादी कार्यकर्ता इस बौद्धिक संशयवाद को लेकर प्रायः बड़े उत्तेजित रहते हैं–संभवतः मानवाधिकारों की दुहाई देने वाले विश्व को समझना नहीं चाहते, इसे बदलना चाहते हैं। वे कार्यकर्ता संशयवादी सिद्धान्तकारों को संकल्पनागत स्पष्टीकरण देकर समझाने में अपना समय क्यों नष्ट नहीं करना चाहते हैं।

बात भी समझ आ रही है। उन्हें विश्व में व्याप्त भीषण अभावों के निराकरण की आवश्यकता अधिक महत्त्वपूर्ण लगती है। इस सक्रियता दृष्टिकोण के अपने लाभ रहे हैं, इसके कारण सैद्धान्तिक स्पष्टता आए बिना भी भीषण दमन और दुर्दशा का सामना करने के लिए मानवाधिकारों की सहज आकर्षकता का प्रयोग सम्भव हो गया है। फिर भी इनके विषय में संकल्पनागत संशयों पर चर्चा होनी चाहिए, इनका बौद्धिक आधार स्पष्ट होना चाहिए। तभी इन अधिकारों की संकल्पना को तर्क-आधारित और स्थायी आधार पर समर्थन मिल पाएगा।

मानव अधिकार क्या हैं?

मानवाधिकारों के स्वरूप और आधार पर उठाए जा रहे प्रश्नों पर गम्भीरता से विचार करने और उन्हें तुरन्त ही खारिज करने की सुदीर्घ एवं रूढ़ परम्परा को समुचित उत्तर देने की बड़ी आवश्यकता है। बैंथम द्वारा उन्हें 'कोरी बकवास' या 'बांस पर चढ़ी बकवास' कहा जाना तो अनेक व्यक्तियों के मन में बसे मृदुल या फिर दृढ़ सन्देहों की स्पष्ट अभिव्यक्ति ही था। इन सन्देहों का गम्भीरतापूर्ण विश्लेषण मानवाधिकारों

→ था। जेफर्सन ने तो कहा है : सरकार तो एक समान पैदा हुए मानवों द्वारा अपने जीवन और स्वातंत्र्यों की रक्षा और अपने आनन्द के अन्वेषण के अधिकार को सुरक्षित रखने के लिए बनाया गया यंत्र मात्र है–यदि इन उद्देश्यों की अवमानना करती है तो सरकार को मानव बदल ही नहीं समाप्त भी कर सकते हैं। इस बात से यूरोप के राजमहलों में तो बहुत भूकंप-सा आ गया होगा।

के अपने सम्मान और न्याय के विचार में उनकी सार्थकता की दृष्टि से भी महत्त्वपूर्ण है।

मानवाधिकारों का सटीक रूप क्या है? क्या वास्तव में ऐसी कोई चीज़ है भी? जिस प्रकार से अनेक व्यक्ति इस विचार का प्रयोग करते हैं, उनमें काफी अन्तर दिखाई देते हैं। किन्तु हम उन अभिव्यक्तियों की मूल प्रेरणाओं को केवल उस विचार के समकालिक प्रयोग द्वारा नहीं, बल्कि उस प्रयोग के दीर्घकालिक इतिहास के आधार पर भी समझने का प्रयास करेंगे। इनके सारभूत इतिहास में न केवल अमरीकी स्वतंत्रता घोषणा पत्र के 'अपराक्राम्य अधिकारों' की बात या उसी 18वीं शताब्दी की फ्राँसीसी क्रान्ति की 'मानव के अधिकार' विषयक घोषणा ही सम्मिलित है। बल्कि उनके बहुत बाद 1948 में संयुक्त राष्ट्र संघ द्वारा पारित मानवाधिकारों का विश्वव्यापी घोषणापत्र भी उस इतिहास का एक अंग है।

मानवाधिकारों का अस्तित्व लन्दन के बीचोंबीच 'बिग बेन' के अस्तित्व जैसी बात तो है नहीं। ये किसी देश की कानून की पुस्तकों में छपे विधि द्वारा पारित कानून भी नहीं हैं। मानवाधिकारों की घोषणाएँ, उनके अस्तित्व को स्वीकार करने के बाद भी वस्तुतः क्या किया जाना चाहिए की सशक्त नैतिक घोषणाएँ ही हैं। ये कतिपय अपरिहार्यताओं की बात उठाते है और आग्रह करते हैं कि इन अधिकारों द्वारा चिह्नित स्वतंत्रताओं की संप्राप्ति के लिए कुछ प्रयास किए जाने चाहिए।

यह आग्रह कदापि नहीं किया जा रहा है कि ये पहले से ही विधि द्वारा स्वीकृत कानूनी अधिकार हैं जिन्हें विधेयन या सामान्य नियमों ने मान्यता प्रदान कर दी है। इस विषय पर बैंथम द्वारा दो पृथक मुद्दों को मिलाकर भ्रम पैदा करने की भी हम यहाँ समीक्षा करेंगे।[2]

यदि हम मानवाधिकारों को उपर्युक्त स्वरूप प्रदान कर देते हैं तो तत्काल ही दो प्रश्न उठ जाते हैं। ये उनके सत्त्व और उनकी धारण-क्षमता के प्रश्न हैं। सत्त्व का प्रश्न तो मानवाधिकार घोषणा द्वारा की जा रही है नैतिक स्थापना की विषय-वस्तु को लेकर प्रश्न है : सिद्धान्त एवं व्यवहार के आधार पर इसका संक्षिप्त उत्तर इस प्रकार हो सकता है : नैतिक स्थापना कतिपय स्वतंत्रताओं (उत्पीड़न से स्वतंत्रता, भुखमरी से बचने की स्वतंत्रता आदि) के निर्णायक महत्त्व और उनसे सम्बद्ध सामाजिक दायित्वों (कि उन स्वतंत्रताओं का संरक्षण-संवर्धन हो) को स्वीकार करने की आवश्यकता के विषय में है। अभी तो मैं केवल मानवाधिकारों में सन्निहित नैतिक दावों की पहचान भर कर रहा हूँ, किन्तु इन दोनों दावों की विस्तार से व्याख्या समीक्षा की आवश्यकता है।

दूसरा प्रश्न मानवाधिकारों की घोषणा में निहित नैतिक दावों की धारण क्षमता को लेकर है। जैसे अन्य नैतिक दावों के विषय में होता है, यहाँ भी एक निहित पूर्व धारणा मानवाधिकारों की घोषणाओं के रचनाकारों के मन में ही रही है कि इनमें निहित नैतिक दावे खुली और बोधपूर्ण समीक्षा में खरे सिद्ध होंगे। इस प्रकार से

हमारी यह चर्चा पूर्वचर्चित अनावृत-समदर्शिता के विचार से सम्बन्धित हो जाती है। वस्तुतः हम पहले ही इस पुस्तक में इस प्रकार की आलोचनात्मक समीक्षा को जो अन्य पक्षों के तर्कों और सम्बद्ध जानकारियों पर खुले मन से विचार को तैयार हो, नैतिक और राजनीतिक मूल्यांकन की सामान्य रूपरेखा की एक केन्द्रीय विशेषता मान चुके हैं। भले ही इसके कारण काफी अस्पष्टता और वैषम्य भी उजागर हो जाएँ, किन्तु मानवाधिकारों के विचार के मंडन के लिए उनका समदर्शितापूर्ण तर्कों की कसौटी पर खरे उतरना आवश्यक है। समीक्षा और धारण क्षमता के अनुशासन को मानवाधिकारों के विषय पर लागू करना होगा—मैं इस विषय पर अध्याय के अन्त में चर्चा करूँगा।

मानवाधिकारों में निहित विशिष्ट राजनीतिक सत्त्व से पूर्ण नैतिक घोषणाओं ने स्रोत व्यक्ति, संस्थाओं या फिर व्यक्तिगत टिप्पणियों और सामाजिक अभिव्यक्तियों में खोजे जा सकते हैं। ये इस प्रकार के प्रश्नों पर विचार करने को अधिकृत किए गए समूह द्वारा भी व्यक्त हो सकते हैं (उदाहरण : अमरीकी स्वतंत्रता घोषणा, फ्राँसीसी मानव के अधिकारों या संयुक्त राष्ट्र के विश्वव्यापी घोषणापत्र के मसविदे बनाने के लिए नियुक्त समितियाँ, इन समूहों की अभिव्यक्तियों को किसी न किसी प्रकार का संस्थागत अनुमोदन भी मिल जाता है) (जैसे कि 1948 में नवगठित संयुक्त राष्ट्र संघ में मतदान)। किन्तु फिर भी यह बात ध्यान रहे कि इन अभिव्यक्तियों और अनुमोदनों में केवल एक नैतिक स्थापना भरी है—कोई ऐसा तर्क वाक्य नहीं जिसकी पहले ही विधि द्वारा गारन्टी दी जा चुकी हो।

वास्तव में मानवाधिकारों की ये सार्वजनिक अभिव्यक्तियाँ नए कानून बनाने के लिए विधेयन प्रक्रिया आरम्भ करने के आह्वान होती हैं—किसी विधि द्वारा पूर्व स्थापित नियमों की घोषणा नहीं। विश्वव्यापी घोषणा, 1948 के निर्माताओं ने आशा व्यक्त की थी कि इन अभिव्यक्तियों को आदर्श या मानक बनाकर इन मानवाधिकारों को कानूनी स्वरूप देने के विधेयकों की विश्व-भर में रचना होगी। सारा आग्रह विद्यमान विधिक संरक्षणों की अधिक उदार या मानवीय व्याख्या पर नहीं बल्कि नए विधेयकों द्वारा नए संरक्षणों की व्यवस्था पर ही था।

यद्यपि मानवाधिकारों के सत्त्व और उपयोगितावाद के सत्त्व तो एकदम अलग हैं किन्तु दोनों में निहित भौतिक उदघोषणाओं में बहुत सादृश्य भी है। उपयोगितावादी दावा करते हैं कि सारा महत्त्व अंततः उपयोगिता का ही होता है और सारी नीतियाँ उन उपयोगिताओं के योगफल को अधिकतम बनाने के ध्येय से निर्धारित होनी चाहिए, तो मानवाधिकारवादी आग्रह करते हैं कि कतिपय स्वतंत्रताओं के महत्त्व और उनके संरक्षण के सामाजिक दायित्व को स्वीकार किया जाना चाहिए। भले ही वे नैतिकता के तकाज़ों पर सहमत नहीं हो, किन्तु उनकी सारी लड़ाई तो नैतिक आस्थाओं और उद्घोषणाओं के सांझे सामान्य धरातल पर ही लड़ी जा रही है। 'मानव अधिकार

क्या हैं?' इस प्रश्न के उत्तर में यही बात महत्त्वपूर्ण है।

यह बात समझ आ जाए तो फिर मानवाधिकार विषयक उद्घोषणा को भी अन्य नैतिक घोषणाओं जैसी माना जा सकता है। इन कथनों पर विचार कर देखें : यह स्वतंत्रता महत्त्वपूर्ण है और हमें गम्भीरता से सोचना चाहिए कि हम इसे पाने के लिए किस प्रकार परस्पर सहायता कर सकते हैं'' और 'परितोष महत्वपूर्ण है' या 'स्वायत्तता महत्त्वपूर्ण है' अथवा 'वैयक्तिक स्वातंत्र्य का संरक्षण होना ही चाहिए। ये सभी नैतिक उद्घोषणाएँ ही तो हैं। फिर तो यह प्रश्न कि ''क्या वास्तव में मानवाधिकार जैसी कोई चीज़ होती है? इस बात के समान हो जाएगा कि क्या वास्तव में परितोष महत्त्वपूर्ण होता है?, या क्या स्वायतता का वास्तव में महत्त्व होता है? आदि। ये सभी विशिष्ट रूप से विचारणीय नैतिक प्रश्न हैं और प्रत्येक दावे की धारण क्षमता उसके अपने सत्त्व की समीक्षा पर निर्भर करती है। (मैं अब धारण क्षमता के अन्वेषण और मूल्यांकन के विषयों पर ही चर्चा करने जा रहा हूँ) मानवाधिकारों के 'अस्तित्व का प्रमाण' बहुधा माँगा जाता है। यह बात भी उपयोगितावादी या रॉल्सवादी दावों के सत्यापन की माँग से अधिक भिन्न नहीं है। इसी दृष्टि से मानवाधिकारों का विषय हमारी वर्तमान पुस्तक में निहित केन्द्रीय विचार—खुली सार्वजनिक समीक्षा—के साथ ही सम्बन्धित हो जाता है।

नैतिकता और कानून विधि

मानवाधिकारों की प्रस्तुतियों और उपयोगितावादी उद्घोषणाओं के बीच नैतिक स्थापनाओं जैसे सादृश्य से मानवाधिकारों विषयक चर्चाओं में बहुत समय से छाए हुए विभ्रम को मिटाया जा सकता है। दोनों विधियों में, जो सामाजिक नैतिकता की प्राप्ति के अलग-अलग मार्ग हैं, बुनियादी समानता को सहज ही देखा जा सकता है। किन्तु फ्राँसीसी 'मानव के अधिकार' विषयक घोषणा के चीथड़े उड़ाने के चक्कर में उपयोगितावाद के महान प्रर्वतक बैंथम इस आधारिक समानता के सम्बन्ध सूत्र को देख ही नहीं पाए। मानवाधिकारों के परिप्रेक्ष्य को एक नैतिक दृष्टिकोण मानने के स्थान पर (उन्होंने अपने उपयोगितावाद के इस विकल्प को) (1) मानव अधिकारों तथा (2) विधि द्वारा स्वीकृत अधिकारों के कानूनी स्तर' की तुलना का विषय बना डाला। निश्चय ही उन्होंने निष्कर्ष निकाल लिया कि (2) की तुलना में (1) का कोई कानूनी आधार और स्थान नहीं है।

इस प्रकार की गलत प्रश्न और गलती भरी तुलना को हथियार बनाकर बैंथम ने तुरन्त ही मानव अधिकारों को बड़ी सादगी से खारिज कर डाला। उनका कहना था : ''अधिकार—सारपूर्ण अधिकार तो कानून की सन्तान होता है, वास्तविक कानून ही वास्तविक अधिकार की रचना कर सकता है; किन्तु काल्पनिक कानूनों से—'प्रकृति

के कानूनों' से तो केवल 'काल्पनिक अधिकारों' की सृष्टि हो सकती है।[3] बहुत स्पष्ट दिखाई दे रहा है कि बैंथम द्वारा प्राकृतिक अधिकारों को नकारने का आधार पूरी तरह 'अधिकार' शब्द के एक प्रयोग विशेष को लेकर बाल की खाल निकालने पर निर्भर था।

बैंथम ने मान लिया था कि 'अधिकार' शब्द केवल कानूनी रूप से दिए गए अधिकार के लिए होना चाहिए, इसका कोई अन्य प्रयोग भले ही कितना भी प्रचलित हो गलत है। किन्तु जहाँ तक मानवाधिकारों को नैतिकता के तकाज़े मानने का प्रश्न है, इनके पीछे कानून की सत्ता का होने या नहीं होने का कोई महत्त्व नहीं रहता।[4] सही तुलना तो वास्तव में उपयोगिता आश्रित नैतिकता (बैंथम की अपनी विचारधारा जिसमें केवल उपयोगिता को ही नैतिकता से परिपूर्ण माना गया है–न कि प्रत्यक्ष रूप से, स्वतंत्रता और स्वातंत्र्य को) तथा मानवाधिकार वादी नैतिकता के बीच है (जिसमें स्वतंत्रता रूपी अधिकारों और उनके सम्बद्ध दायित्वों के लिए भी पर्याप्त स्थान होता है।)

जिस प्रकार उपयोगितावादी नैतिकता की माँग है कि सभी सम्बद्ध व्यक्तियों की उपयोगिता पर विचार कर यह तय करना चाहिए कि क्या काम किया जाएगा, उसी प्रकार मानवाधिकार वाद माँग करता है, प्रत्येक व्यक्ति की स्वतंत्रताओं और उसके दायित्वों को नैतिक स्वीकारोक्ति मिलनी चाहिए। सटीक तुलना इस अन्तर पर आधारित होनी चाहिए न कि विधि द्वारा निर्मित कानूनी सत्ता के स्तर के आधार पर। जिस समय बैंथम, मानवाधिकारों के छद्म कानूनी आधार को धराशायी करने में जुटे थे, उसी समय थॉमस पेन मानवीय स्वतंत्रता के आधार पर अधिकारों के नैतिक बोध के प्रभाव क्षेत्र की व्याख्या कर रहे थे। *राइट्स ऑफ मैन* 1791, 1792) मैरी वोल्स्टोनक्राफ्ट भी उसी समय *ए विंडिक्शन ऑफ राइट्स ऑफ मैन (1790)* और *ए विंडिक्शन ऑफ राइट्स ऑफ वुमेन : विद स्ट्रिक्चर्स ऑन पॉलिटिकल एण्ड मोरल सब्जेक्ट* (1792) की रचना कर रही थी।[5]

मानवाधिकारों का नैतिक बोध उन्हें कानूनी माँग के विपरीत दिशा में ले जाता है–बैंथम के छद्म विधिकता के आरोप से भी बचा लेता है। किन्तु नैतिक और विधिक अधिकारों में कुछ सम्प्रेरणात्मक सम्बन्ध अवश्य होते हैं। एक अन्य विधिक दृष्टिकोण भी है जो बैंथम की आशंकाओं से बचते हुए मानवाधिकारों को उन नैतिक स्थापनाओं के रूप में मान्यता प्रदान करता है जो भविष्य में कानून बनाने का आधार बन सकती हैं। अपने उचित रूप से प्रसिद्ध लेख में हर्बर्ट हार्ट ने ठीक ही तर्क दिया था, व्यक्ति उसी समय अपने नैतिक अधिकारों की बात करते हैं जब वे उन्हें वैधानिक अधिकारों में सम्मिलित कराना चाहते हों।'[6] उन्होंने यह भी कहा था कि अधिकार की संकल्पना नैतिकता की उस शाखा का अंग है जिसका विशेष सम्बन्ध इस बात से है कि कहीं एक व्यक्ति की स्वतंत्रता किसी अन्य की स्वतंत्रता से बाधित (प्रभावित)

तो नहीं हो रही, यदि ऐसी बाधिता हो तो फिर दमनात्मक कानूनी नियमों में उसके विषय में किस प्रकार की व्यवस्था की जाए। जहाँ बैंथम अधिकार को कानून की सन्तान कह रहे थे, वहीं हार्ट के दृष्टिकोण तो मानवाधिकारों को 'कानून का अभिभावक' बना देता है—क्योंकि उन अधिकारों से प्रेरित होकर ही कानून बनाए जाते हैं।

स्पष्टतः हार्ट ही सही हैं—निःसन्देह नैतिक अधिकार का विचार अनेक बार कानूनों की रचना का आधार बना है। यही मानवाधिकारों के दावों का एक महत्त्वपूर्ण उपयोग भी है। चाहे मानवाधिकारों की भाषा का प्रयोग हुआ हो या नहीं, किन्हीं स्वतंत्रताओं का सम्मान हो, हो सके तो उन्हें सुनिश्चित किया जाए की माँग अतीत में अनेक सशक्त राजनीतिक आन्दोलनों का आधार रही है। उदाहरण के तौर पर नारी के मताधिकार का आन्दोलन, जो अंततः सफल भी रहा। कानून निर्माण की प्रेरणा के रूप में मानवाधिकारों की नैतिक शक्ति को बड़े रचनात्मक रूप में प्रयोग किया गया है और इस सन्दर्भ में हार्ट द्वारा मानव अधिकारों की उपयोगिता का पक्षपोषण बहुत ही ज्ञानवर्द्धक और सशक्त रूप से प्रभावशाली रहा है। अनेक राज्यों, राज्य संघों ने बुनियादी मानवाधिकार माने जाने वाले अनेक अधिकारों को मान्यता देने वाले कानूनों की रचना की है। उदाहरण के लिए 1950 में गठित यूरोपीय मानव अधिकार न्यायाधिकरण (इसकी स्थापना यूरोपीय सन्धि के फलस्वरूप हुई थी) में, इस सन्धि पर हस्ताक्षर करने वाले देशों में मानवाधिकारों के उल्लघंन के विरुद्ध उनके कोई भी नागरिक अभियोग लेकर जा सकते हैं। ब्रिटेन में इस व्यवस्था को आगे बढ़ाते हुए मानव अधिकार अधिनियम, 1998 पारित किया गया है। और उसके अन्तर्गत उस यूरोपीय सन्धि की व्यवस्थाओं को एक आन्तरिक कानून का रूप दे दिया गया है। अब यूरोपीय न्यायाधिकरण को यह समीक्षा करने का अधिकार है कि ब्रिटेन के न्यायालय इन अधिकारों के विषय में उचित निर्णय कर रहे हैं या नहीं। वस्तुतः मानवाधिकारों के विषय में विधायिका के मार्ग का बहुत सक्रिय प्रयोग हो रहा है।

'वैधानिकता' से आगे

क्या मानव अधिकारों का प्रसंग बस यहीं तक सीमित रह जाता है? नहीं। यह बात जान लेना बहुत महत्त्वपूर्ण है कि मानव अधिकार का विचार केवल नए कानून रचने की प्रेरणा नहीं देता, यह अनेक अन्य प्रकार से भी उपयोगी रहता है। यह भेद जान लेना चाहिए कि मानवाधिकारों से नए नियम बनाने की प्रेरणा मिलना इनका केवल नए दबावकारी कानून बनाने में उपयोग होने से बहुत अलग बात है। यह दूसरा पक्ष ही यदि मानव अधिकार की परिभाषा बन जाए तो बड़ा विचित्र प्रतीत होगा।

यदि, जैसा कि हार्ट ने कहा है, मानव अधिकार सशक्त 'नैतिक अधिकार'' हैं, तो फिर इनके क्रियान्वयन में भी लचीली उदारता भरे अनेक मार्गों का प्रयोग सम्भव होना चाहिए। मानव अधिकार संवर्धन की सारी नैतिकता केवल नए कानून बनाने तक सीमित नहीं रह जानी चाहिए। (भले ही किन्हीं परिस्थितियों में कानून बनाना ही सबसे पहला उचित कदम सिद्ध हो)। उदाहरण के लिए *ह्यूमन राइट्स वाच* (Human Rights Watch), *एमनेस्टी इन्टरनेशनल* (Amnesty International) *ऑक्सफ़ेम* (Oxfam) *मेडीसिन्स सान्स फ्रंटीयरस्* (Medecins sans Frontieres), *सेव द चिल्ड्रन* (Save the Children), *रेड क्रॉस* (Red Cross) या *एक्शन ऐड* (Action Aid) जैसी गैरसरकारी संस्थाएँ जाने-माने मानव अधिकारों के प्रभावी संवर्धन में बड़ा योगदान दे सकती हैं। कितने ही मामलों में तो विधायिका को कष्ट करने की आवश्यकता नहीं होती।

'वैधानिकता' के रास्ते के कार्य (प्रभाव) क्षेत्र को लेकर भी कुछ एक रोचक प्रश्न उठा सकते है। कई बार मान लिया जाता है कि यदि अविधेयित मानव अधिकार महत्त्वपूर्ण है तो उसे विधयेन द्वारा सटीक रूप से विधिक अधिकार बना देना बेहतर होगा। किन्तु यह गलती भी हो सकती है। उदाहरण के लिए परिवार में पत्नी की बात को सुनना या उसे पारिवारिक निर्णयों में प्रभावपूर्ण भागीदार बनाना अत्यन्त ही महत्त्वपूर्ण हो सकता है (अनेक परम्परागत लिंग भेदी समाज इसे सहन नहीं कर पाते) किन्तु वे मानव अधिकारवादी भी जो इस अधिकार के दूरगामी नैतिक एवं राजनीतिक महत्त्व को समझते हैं, इस बारे में कानून बनाना अक्लमन्दी नहीं मानेंगे। (हार्ट की भाषा में 'दमनकारी कानून' कि ऐसा न करने वाले पति को जेलखाने में बन्द कर दिया जाए) मीडिया, प्रचार, आलोचना, सार्वजनिक चर्चा और आन्दोलन आदि के अन्य रास्ते अपनाकर व्यवहार में बदलाव लाना अधिक उपयोगी होगा। संवाद-सम्प्रेषण, पक्षपोषण, और जानकारी युक्त सार्वजनिक चर्चाओं के माध्यम से बिना दमनकारी कानूनी सहायता के भी मानव अधिकारों का प्रभाव हो सकता है।

इसी प्रकार किसी हकलाने वाले की यह स्वतंत्रता कि उसे किसी सार्वजनिक सभा में अपमानित नहीं किया जाए, निश्चित रूप से महत्त्वपूर्ण है किन्तु उसके अभिव्यक्ति के अधिकार को बाधित करने के अपराध स्वरूप किसी को जुर्माना भरने या जेल में रहने को विवश करने का कानून बनाना सम्भवतः बहुत अच्छा विषय नहीं होगा। उस (हकलाने वाले के) मानवाधिकार की रक्षा किसी और माध्यम से करनी होगी—उदाहरण के रूप में, शिक्षा और सामाजिक व्यवहार एवं सार्वजनिक चर्चाओं की गरिमा के विषय में जानकारी का प्रसार अधिक उपयुक्त होगा। मानव अधिकार परिप्रेक्ष्य की प्रभाविता उन्हें केवल नए कानून प्रस्ताव बनाने की मोहताज नहीं रहती।

हमारी इस पुस्तक में प्रयुक्त विश्लेषण विधि में मानव अधिकार वे नैतिक दावे हैं जो अविभाज्य रूप से मानवीय स्वतंत्रता के महत्त्व से जुड़े हुए हैं, और किसी भी

ऐसे तर्क की, किसी दावे को मानव अधिकार माना जाए, अनावृत समदर्शितापूर्ण सार्वजनिक तर्क-वितर्क द्वारा समीक्षा होनी चाहिए। मानव अधिकार अन्य व्यक्तियों के सहयोग पाने के लिए उपयुक्त नियमों की रचना, उनके अनुपालन से लेकर उनकी रक्षा के लिए आन्दोलन आदि अनेक कार्यों के लिए प्रेरणा बन सकते हैं। ये विभिन्न गतिविधियाँ अपने-अपने ढंग से और मिलकर (भी) महत्त्वपूर्ण मानवीय स्वतंत्रताओं की सम्प्राप्ति में योगदान दे सकती हैं। संभवतः इस बात पर आग्रह करना भी आवश्यक है कि मानव अधिकार संवर्धन की विधयेक के अतिरिक्त भी कई विधियाँ हैं और उन सभी विधियों में कुछ न कुछ प्रतिपूरकता भी विद्यमान रहती है। उदाहरण : नए मानव अधिकार कानूनों को प्रभावी रूप से लागू करने में सार्वजनिक निगरानी और दबाव का बहुत बड़ा योगदान हो सकता है। अनेक परस्पर सम्बन्धित उपायों एवं उनकी बहुपयोगिता के माध्यम से मानव अधिकारों की नैतिकता को अधिक प्रभावशाली बनाया जा सकता है। इसीलिए मानव अधिकारों को सहज नैतिकता को स्वीकार करना चाहिए—उनकी अपरिपक्कव संकल्पना को वास्तविक अथवा आदर्श कानूनी दृष्टि से देखना उचित नहीं होगा।

अधिकार : स्वतंत्रता के रूप में

मेरा तर्क है कि मानव अधिकार इन नैतिक सदाशयों की अभिव्यक्ति हैं कि उनमें निहित स्वतंत्रताओं की महत्ता पर ध्यान दिया जाना चाहिए। अतः मानव अधिकारों की प्रांसगिकता के मूल्यांकन का उपयुक्त प्रारम्भ बिन्दु उन अधिकारों की आधारभूत स्वतंत्रताओं का महत्त्व ही होना चाहिए। स्वतंत्रताओं का महत्त्व न केवल हमारे अपने अधिकारों और स्वातंत्र्यों की पुष्टि का बुनियादी कारण बन जाता है बल्कि यह अन्य व्यक्तियों के अधिकारों और स्वतंत्रताओं पर भी ध्यान देने का आधार भी होता है। यह उपयोगितावाद के केन्द्र बिन्दुओं—परितोष और इच्छापूर्ति से कहीं अधिक आगे निकल जाने की बात है। बैंथम ने उपयोगिता को नैतिक मूल्यांकन के आधार के रूप में चुनने के जो कारण बताए थे—वे घोषणात्मक अधिक हैं—उन कारणों का औचित्य दर्शाने का कार्य उन्होंने नहीं किया था। उनके कारणों की स्वतंत्रता पर केन्द्रित होने के कारणों से तुलना बहुत शिक्षाप्रद होगी।[7]

किसी स्वतंत्रता को मानव अधिकारों में शामिल करने के लिए यह आवश्यक है कि यह इतनी महत्त्वपूर्ण हो जिसके कारण अन्य व्यक्तियों को इस पर गम्भीरता पूर्वक ध्यान देना पड़ जाए। इस सार्थकता या प्रासंगिकता की कुछ न्यूनतम अर्हताएं होनी चाहिए। जिनमें स्वतंत्रता का महत्त्व और—इसकी संप्राप्ति की सम्भावना को प्रभावित करने की बात भी हो) तभी यह मानवीय अधिकार के व्यापक चित्र में स्थान पाने की मान्यता पाने योग्य हो पाएगी। हम जानते हैं कि मानव अधिकारों के लिए

आवश्यक सामाजिक संरचनाओं पर भी कुछ सहमति की आवश्यकता होती है। उस सहमति में यही बात नहीं होगी कि क्या किसी व्यक्ति की किसी स्वतंत्रता को मानव अधिकार स्वीकार कर लिया जाए, उसमें यह बात भी होगी कि क्या उस स्वतंत्रता में इतनी सार्थकता है कि वह पर्याप्त सामाजिक महत्त्व की न्यूनतम अर्हताओं (Threshold condition) की पूर्ति कर रही हो, जिससे उसे मानव अधिकार मान कर समाज के अन्य सदस्यों के लिए उसके सम्मान के दायित्व का सृजन हो जाएगा, और वे उस स्वतंत्रता की संप्राप्ति में उस व्यक्ति को सहायता करने को तैयार हो जाएँगे। अब हम इन्हीं प्रश्नों पर विस्तार से बात करेंगे।

यह न्यूनतम अर्हता की शर्त अनेक कारणों से कई प्रकार की स्वतंत्रताओं को मानव अधिकारों में सम्मिलित होने से रोक देती है। आइए, इस बात को स्पष्ट करने के लिए एक उदाहरण दें। यह मानने में कोई विशेष कठिनाई नहीं नज़र आती कि रेहाना के लिए ये पाँचों स्वतंत्रताएँ महत्त्वपूर्ण होंगी :

1. रेहाना की इस बात की स्वतंत्रता कि उसके साथ दुर्व्यवहार नहीं हो;
2. गम्भीर चिकित्सीय समस्या के समाधान के लिए इलाज की गारन्टी की स्वतंत्रता (इलाज करवा पाने की स्वतंत्रता);
3. नापसन्द पड़ोसी द्वारा वक्त-बे-वक्त दरवाज़ा खटखटाने से स्वतंत्रता;
4. शान्तिपूर्ण जीवनयापन की स्वतंत्रता, जो उसके स्वास्थ्य के लिए भी आवश्यक है, और
5. अन्य लोगों द्वारा हानिकारक काम किए जाने के भय से स्वतंत्रता (यह हानिकारक कार्यों से स्वतंत्रता से भी आगे की बात है)।

यद्यपि किसी न किसी रूप में 'पाँचों स्वतंत्रताएँ' महत्त्वपूर्ण हैं किन्तु यह कहना गलत नहीं होगा कि पहली दो स्वतंत्रताएँ तो मानव अधिकार की विषय वस्तु आसानी से बन सकती है–पर तीसरी बात का सामाजिक प्रासंगिकता की न्यूनतम शर्त को पार कर पाना इतना सहज नहीं होगा। इसके दूसरी ओर शान्त जीवन-यापन रेहाना के अन्तर्मुखी व्यक्तित्व को चाहे जितना भाता हो यह भी सामाजिक नीतियों की पहुँच से बाहर होने के कारण मानव अधिकार की अच्छी विषय-वस्तु नहीं बन पाता। इस शान्त जीवन की बहिष्कृति का कारण रेहाना के लिए इसके महत्त्व के विषय में किसी पूर्व धारणा पर आधारित नहीं है, इसका कारण तो यही है कि सामाजिक नीति द्वारा इसे प्रभावित कर पाना कठिन होता है।

पाँचवीं स्वतंत्रता का सम्बन्ध अन्य लोगों द्वारा किसी हानिकारक कार्य किए जाने के भय से है। उस भय का कारण और उसे मिटाने के तरीकों से स्वतंत्र रूप से इस स्वातंत्र्य के विषय में कुछ भी विचार कर पाना पसन्द नहीं होगा। कुछ भय तो सहज समझ आ जाते है–जीवन के सीमित होने का भय सभी को होता है।

अन्य भयों का तर्क के आधार पर उचित ठहराना कठिन हो सकता है। रॉबर्ट गूडिन और फ्रैंक जैक्सन (Robert Goodin and Frank Jackson), ने ठीक ही कहा है यह तय करने से पूर्व की किसी बात से हमें तर्कशील रूप से डरना चाहिए हमें उसकी संभाव्यता की जाँच कर लेनी चाहिए, हो सकता है कि उसकी संभावना बहुत ही कम हो।* इनका यह निष्कर्ष बहुत सटीक है कि भय से स्वतंत्रता वस्तुतः उन प्रभावों से स्वतंत्रता है जो हमें तर्कहीन तरीके से डराते रहते हैं। यह एक वास्तविक रूप से महत्त्वपूर्ण किन्तु उतने ही वास्तविक रूप से अलभ्य सामाजिक लक्ष्य बन गया है।[8] फिर भी भय से स्वतंत्रता चाहने के एक व्यक्ति के सटीक कारण हो सकते हैं, समाज को भी उसका समर्थन करने के उचित कारण दिखाई दे सकते हैं, वह भय भले ही तर्कशील हो या नहीं हो। मानसिक अपंगता ग्रस्त व्यक्ति को डर के दौरे पड़ सकते हैं।

उनके लिए चिकित्सीय सहायता की ज़रूरत होगी, अतः तर्कशीलता के अभाव के बाद भी उस समस्या के लिए मानव अधिकार की दृष्टि से, चिकित्सा सुविधाएँ उपलब्ध कराना उचित ही प्रतीत होगा, ये भय और व्यथा वास्तविक हैं, इन्हें वह बीमार व्यक्ति स्वयं दूर नहीं कर सकता।

आतंकवाद के भय के निर्मूलन को मानव अधिकारों में सम्मिलित करने की बात उचित प्रतीत हो सकती है—यह भय भी सांख्यिकीय संभाव्यता के आधार पर उचित ठहरा पाना कठिन रहता है। न्यूयार्क 2001, लन्दन 2005 और मुम्बई 2008 की घटनाओं के बाद भी भले ही आतंकवाद का भय अनावश्यक रूप से प्रबल हो रहा हो, किन्तु भय के वातावरण के विषय में चिन्तित होना अकारण नहीं है। उस समय अमेरिकी उपराष्ट्रपति डिक चेनी ने कहा था कि किसी के भी आतंकी हमले में फँस जाने की संभाव्यता 1 प्रतिशत ही है—अतः घबराने की कोई बात नहीं है। इस विचार की सबसे गम्भीर समस्या यही है कि यह एक प्रतिशत संभाव्यता 'निश्चितता' नहीं मान ली जानी चाहिए। उसे निश्चितता मान लेना तर्कशील नहीं होगा। मानव अधिकार के परिप्रेक्ष्य से पाँचवीं बात के सार खुली समीक्षा और आकलन की ज़रूरत है और बहुत कुछ उन आकस्मिकताओं के स्वरूप पर निर्भर करेगा जिनकी संभावना आशंकित कर रही है—और इस बात पर भी क्या समाज या सरकार उन्हें मिटा पाने में उस व्यक्ति से अधिक सक्षम सिद्ध हो सकता है या नहीं।

स्पष्टतः हम न्यूनतम अर्हताओं के निर्धारण पर बहस कर सकते हैं—और तय कर सकते हैं कि क्या कोई स्वतंत्रता उसकी सीमा को पार कर पा रही है। मानव अधिकारों के मूल्यांकन में विशेष स्वतंत्रताओं की सामाजिक प्रासंगिकता की गम्भीरता विषयक न्यूनतम अर्हताओं के विश्लेषण का बहुत महत्त्व रहता है। यहाँ असहमति

---

* फ्रीडम फ्रॉम फीयर, फिलासॉफी एण्ड पब्लिक अफेयर्स, 35, 2007) पृष्ठ 2005

की संभावना सदा बनी रहती है और मानव अधिकारों के विषय का एक महत्त्वपूर्ण अंग आलोचनात्मक जाँच या समीक्षा भी है। यही नहीं, मानव अधिकारों की धारण क्षमता के दावों का सम्बन्ध भी समदर्शी समीक्षा से है। हम अब इसी प्रश्न पर चर्चा करेंगे।

स्वतंत्रता के अवसर और प्रक्रिया आयाम

मैं अब स्वतंत्रता के विचार के ऐसे भेद की ओर बढ़ रहा हूँ जो मानव अधिकारों के सिद्धान्त के लिए प्रासंगिक हो सकता है। अध्याय-11 में मैंने स्वतंत्रता के 'अवसर' और 'प्रक्रिया' आयामों के भेद पर चर्चा करते हुए दोनों आयामों के मूल्यांकन में निहित जटिल प्रश्नों की बात की थी।[9] अध्याय-11 में चर्चित उदाहरण[10] का परिवर्तित रूप व्यक्ति की स्वतंत्रता से जुड़े सारपूर्ण अवसरों और और उसकी वास्तविक प्रक्रियाओं की पृथक-पृथक प्रासंगिकता (आवश्यक नहीं कि पृथकता के बावजूद यह परस्पर असम्बद्ध भी हों) को स्पष्ट करने में सहायक हो सकता है। एक युवती सूला एक मित्र के साथ नृत्य करने जाने का निर्णय करती है। हम मान लेते हैं कि इस प्रकार शाम के समय जाने में कोई जोखिम नहीं है। (इस मान्यता का आधार इतना ही है कि इससे हमारी वर्तमान चर्चा अनावश्यक जटिलता से बची रहेंगी) उसने खूब अच्छी तरह सोच विचार कर निर्णय किया है कि इस प्रकार जाना उचित ('आदर्श') होगा।

अब इस स्वतंत्रता के अतिक्रमण की एक आशंका पर विचार करें। मान लें कि समाज के कुछ 'दंबग संरक्षक' तय करते हैं कि उसे नृत्यशाला में नहीं जाना चाहिए और किसी न किसी तरह उसे घर में रहने को विवश करते हैं। यह जानने के लिए कि यहाँ एक ही अतिक्रमण के दो अलग-अलग मुद्दे शामिल हैं। एक दूसरे ही परिदृश्य की कल्पना करें : मान लीजिए कि वही 'दबंग संरक्षक' तय कर लेते हैं कि उसे घर से तो उस शाम को बाहर जाना ही पड़ेगा (हम किन्हीं खास मेहमानों को घर बुला रहे हैं और तुम्हारा विचित्र वेश-व्यवहार उन्हें अच्छा नहीं लगेगा) यहाँ भी स्पष्टतः स्वतंत्रता का अतिक्रमण हो रहा है, भले ही अब सूला वही कुछ कर लेगी जो वह सोच रही थी। (उसे घर से निकल कर नृत्य शाला में जाना था)। जब हम दो विकल्पों की तुलना करते हैं तो बात स्पष्ट हो जाती है—एक में स्वतंत्रतापूर्वक जाने का चयन है तो दूसरे में जाने को विवश किया जा रहा है। इस विवशता में सूला की स्वतंत्रता की प्रक्रिया आयाम का अतिक्रमण हो रहा है—भले ही वह यही करना चाहती थी (वह उन अहंकारी मेहमानों के सामने समय बर्बाद करने को अपने मित्र बॉब के साथ नृत्य करने की तुलना में अत्यन्त तुच्छतापूर्ण कार्य मानती है) अवसर आयाम भी प्रभावित हो रहा है—किन्तु परोक्ष रूप से। अवसरों के सहज मूल्यांकन में तो घर पर ही रहने

का अवसर (विकल्प) भी उसे प्राप्य रहना चाहिए था—किन्तु यहाँ इसकी सम्भावना नहीं रहती।

अवसर आयाम का अतिक्रमण और भी गम्भीर हो जाता। यदि उसे न केवल किसी और द्वारा चुना गया काम करना पड़ता बल्कि वह काम ऐसा भी होता जिसे वह कभी भी नहीं चुनती। ज़रा बाहर जाने को विवश करने (वह जाना भी चाहती थी) की तुलना उन 'बोर' करने वाले मेहमानों के साथ बैठने से करें, तो प्रक्रिया नहीं अवसर आयाम का अतिक्रमण बहुत साफ नज़र आने लगेगा। घर में रहने को विवश कर किसी बैंकर महाशय के उपदेश सुनने में सूला की स्वतंत्रता का दो प्रकार से हनन होता है यह चयन की स्वतंत्रता से हीन कुछ करने को विवश होने और ऐसा कार्य करने को विवश होना है जिसे वह अपनी इच्छा से कभी नहीं चुनती।

मानव अधिकारों में प्रक्रिया और अवसर दोनों ही बातें शामिल रहती हैं। स्वतंत्रता के अवसर आयाम में क्षमता का विचार—अर्थात् किसी मूल्यवान् कृत्यकारिता को पा सकने का वास्तविक अवसर—स्वतंत्रताओं के औपचारीकरण की एक अच्छी विधि होगी। किन्तु जब उसके प्रक्रिया आयाम पर ध्यान दें तो वह क्षमताओं की तुलना में बहुत अधिक व्यापक प्रतीत होता है। उचित प्रक्रिया से वंचित किया जाना—जैसे कि बिना ढंग से मुकद्दमा चलाए किसी को जेल में डाल देना, मानव अधिकारों से जुड़ा एक प्रश्न है—भले ही निष्पक्ष मुकद्दमे से भी जेल की सज़ा होने की सम्भावना हो, या नहीं।

सम्पूर्ण और अपूर्ण दायित्व

हमारी वर्तमान पुस्तक की रचना की मुख्य चिन्तनधारा में अधिकारों के महत्त्व का सम्बन्ध अन्ततः स्वतंत्रता और उसके अवसर तथा प्रक्रिया आयामों के साथ जुड़ जाता है। तो फिर उन अधिकारों के साथ सम्बन्धित अन्य व्यक्तियों के दायित्वों का क्या होगा? हम एक बार फिर स्वतंत्रताओं से चर्चा आरम्भ कर सकते हैं, किन्तु अब हमें उन परिणाम स्वरूप सूत्रों पर विचार करना होगा जो स्वतंत्रताओं को दायित्वों के साथ जोड़ देते हैं। यदि स्वतंत्रताएँ महत्त्वपूर्ण हैं, तो समाज के सदस्य एक दूसरे की स्वतंत्रताओं की रक्षा करने में परस्पर सहयोग करने को तत्पर भी होंगे। महत्त्वपूर्ण अधिकारों से जुड़ी स्वतंत्रताओं की संप्राप्ति नहीं होना अपने आप में बुरा है (यह एक अहितकर सामाजिक संप्राप्ति का सूचक है।) अतः जो व्यक्ति स्वयं उन स्वतंत्रताओं का अतिक्रमण नहीं कर रहे हों, और कुछ सहायता करने की स्थिति में हों, कम से कम उन्हें तो यह विचार करना ही चाहिए कि क्या किया जाना चाहिए।[11]

किन्तु इस प्रकार 'परिणाम संवेदी' नैतिकता में तो कारण से कर्म का मार्ग बहुत सीधा होता है, किन्तु किसी 'वास्तविक' कर्तव्य से कर्म की ओर प्रवृत्त होने की

बात किसी सरल सूत्र द्वारा समझाना इतना सरल नहीं रहता। यहाँ कई प्रकार के तर्कान्तरों पर विचार हो सकता है—उस कार्य के कारण को कोई व्यक्ति कैसे और कितनी गम्भीरता से ग्रहण करे कि वह न उसके किसी संभावित कर्तव्य का आधार बन जाए? यहीं सहानुभूति की बात भी इस प्रश्न से सम्बद्ध दिखाई देती है—यह सहानुभूति अन्य व्यक्तियों के सरोकारों—(उनकी) उन सरोकारों की सिद्धि के लिए प्रयास की स्वतंत्रता—को व्यक्ति अपनी व्युत्पन्न अंतर्धारणाओं में सम्मिलित कर लेता है। सहानुभूति की प्रभावोत्पादकता सीमा और उसकी सशक्तता को मानव अधिकारों की संकल्पना के आधार में स्थान मिलना चाहिए। किन्तु किसी के दुख या अभाव में उसकी सहायता करने को तैयार हो जाने में उस दुख को अनुभव करने के रूप में सहानुभूति जागृत होना एक आवश्यक कारण नहीं होता। एडम स्मिथ ने यहाँ 'उदारता' और सार्वजनिक भावना को भी महत्त्वपूर्ण माना है।

यहाँ सामान्य दायित्व तो यही है कि अपनी परिस्थितियों और सम्भावित प्रभावोत्पादकता का आकलन कर अन्य व्यक्ति की समस्या के महत्त्व और उस पर प्रभाव हो सकने की सम्भावना का मूल्यांकन कर गम्भीरतापूर्वक विचार करना है कि उस व्यक्ति की स्वतंत्रता की सम्प्राप्ति में उचित रूप से कितनी सहायता की जा सकती है। यहाँ कुछ अस्पष्टताएँ भी हैं और असहमतियाँ भी हो सकती हैं—किन्तु इस तर्क पर गम्भीरतापूर्वक विचार करने का दायित्व स्वीकार करने में इस बात का बड़ा योगदान हो सकता है। यही मानकर खुश रहना कि "हमारा किसी के प्रति कोई दायित्व नहीं है" के स्थान पर हम किसी की क्या सहायता कर सकते हैं का प्रश्न (अपने-आपसे) करना कहीं अधिक व्यापक नैतिकतापूर्ण तर्कधारा का आरम्भ हो सकता है। यही मानव अधिकारों का क्षेत्र भी है। किन्तु हमारा तर्क यहीं तक सीमित नहीं रह सकता। प्रत्येक व्यक्ति की योग्यता और पहुँच की सीमाएँ होती हैं—उसके विभिन्न दायित्वों और अन्य गैर-आचारशास्त्रीय तकाज़ों के बीच कुछ वरीयताएँ भी हो सकती हैं। अतः यहाँ गम्भीर व्यावहारिक तर्कों की भी आवश्यकता रहती है—उन तर्कों में व्यक्ति के सभी सम्पूर्ण एवं अपूर्ण दायित्वों, सरोकारों पर प्रत्यक्ष या परोक्ष रूप से ध्यान दिया जाना चाहिए।

मानव अधिकारों के अभिज्ञान का आशय इस बात के आग्रह से नहीं है कि प्रत्येक व्यक्ति को कहीं भी किसी भी मानवाधिकार अतिक्रमण को रोकने के लिए उठ खड़े होना चाहिए। यह तो इस बात को समझना है कि यदि हम ऐसे अतिक्रमण को रोकने में सहायक हो सकते हों तो यह अपने-आपमें सहायक हो जाने के लिए पर्याप्त कारण होगा। इस कारण के आधार अपने भावी कर्म का निर्णय करना चाहिए। सम्भव है कि अन्य दायित्व या गैर-दायित्व सरोकार इस कारण पर भारी पड़ जाएँ—किन्तु इस कारण को यह कहकर रद्द नहीं किया जा सकता कि मेरा उस स्थिति से क्या लेना-देना है। यहाँ तक व्यापक स्तरीय नैतिक माँग उठाई जा रही है किन्तु

यह ऐसी माँग नहीं है जो आकस्मिकता–निरपेक्ष पूर्व–निश्चित काम करने का आग्रह करती हो।

इन सम्बन्धों से सम्बद्ध कार्यों के चयन में बड़ी विविधता की संभावना रहनी चाहिए। यह विविधता प्राथमिकताओं के चयन एवं उनके भारमानों तथा मूल्यांकन की विधि की संरचना आदि पर आधारित होती है। किसी कारण के (प्रभाव के) विश्लेषण की विधि में भी अन्तर हो सकते हैं। यह बात अन्य उन व्यक्तियों के लिए काम के निर्धारण के सन्दर्भ में विशेष रूप से महत्त्वशाली हो जाती है जो उस कार्य में सहायता करने अथवा उसे हानि पहुँचाने में भी समर्थ हों। अतः कर्तव्यों के निरूपण में विविधता और कुछ अस्पष्टता भी हो सकती है। किन्तु, इस अस्पष्टता को आधार बना किसी विचार को अविचारणीय घोषित कर देना उचित नहीं होगा यदि कोई संकल्पना स्वमेव महत्त्वपूर्ण है, तो उसके अनुप्रयोग में कुछ अस्पष्टता तो उस संकल्पना के बोध में भी कुछ अपूर्णता और सम्भव पाठ्यांतरों को स्वीकार कर लेने का आधार हो जाती है।

वास्तव में यदि किन्हीं दायित्वों का निरूपण बहुत सटीकता से नहीं किया गया है तो इसका अर्थ यह नहीं है कि वे दायित्व अर्थविहीन है। वे इमेनुअल काँट द्वारा परिभाषित 'अपूर्ण दायित्वों' के वर्ग में सम्मिलित दायित्व होते हैं। इनका अधिक स्पष्ट रूप से निर्धारित दायित्वों के साथ सह-अस्तित्व सम्भव होता है।[12] एक उदाहरण विभिन्न प्रकार के दायित्वों में भेद और उनके सह-अस्तित्व को बहुत स्पष्ट कर सकता है। यह 1964 में न्यूयार्क के क्वीन्स स्थान की एक महिला कैथेराइन (किटि) जेनोवेस (Catherine (Kitty) Genovese) के साथ हुई वास्तविक घटना का उदाहरण है। उसके साथ अनेक बार दुर्व्यवहार हुए जो अंततः घातक हो गए–उस समय अनेक लोगों ने अपने-अपने घरों से उस पर आघात होते देखे, किन्तु उन्होंने उसकी सहायता की पुकारों को अनसुना कर दिया। कहा जा सकता है संभवतः, वहाँ तीन प्रकार की भयावह बातें घटित हुई होंगी, वे अलग-अलग तो हैं, पर असम्बद्ध नहीं।

1. *उस महिला* की दुर्व्यवहार से *स्वतंत्रता* का अतिक्रमण (यही तो यहाँ का मुख्य मुद्दा है)
2. *हमलावर* के हमला व हत्या न करने के *कर्तव्य का* उल्लंघन हुआ। यह एक सम्पूर्ण दायित्व का अतिक्रमण था, और
3. *अन्य व्यक्तियों के* मुसीबत का सामना कर रहे व्यक्ति को उचित सहायता करने के दायित्व का भी अतिक्रमण हुआ। (एक अपूर्ण दायित्व का उल्लंघन था)

ये तीनों विफलताएँ अन्तरसंबंधित हैं और व्यवस्थित नैतिक स्तर पर अधिकारों और कर्तव्यों के एक जटिल चित्र का निरूपण करती हैं। ये मानव अधिकारों के विश्लेषण-मूल्यांकन के लिए एक उपयुक्त वैचारिक रूपरेखा का निर्माण कर सकती

हैं। मानवाधिकारों का परिप्रेक्ष्य इन विभिन्न सरोकारों पर ध्यान देने का तक़ाज़ा करता है।

अक्सर मानवाधिकारों के नैतिक दावों की अपरिहार्य अस्पष्टता और कानूनी अधिकारों की सटीकता के अन्तर पर आग्रह किया जाता है। किन्तु यह अन्तर कोई लज्जा का विषय नहीं है—पूर्ण विधिक परिवेश में जिन आदर्शमूलक सरोकारों से जुड़े दायित्वों को पूरी तरह समाहित करना सम्भव नहीं हो पाता, वे सहज ही अपनी सम्पूर्ण विविधता कें साथ यहाँ सम्मिलित हो जाते हैं। अरस्तू ने ठीक ही कहा था कि हमें प्रत्येक प्रकार की चीज़ों में उतनी ही सटीकता की खोज करनी चाहिए जितनी उस चीज़ की सहज प्रकृति के आधार पर सम्भव हो सके।[13]

इस विचार में निहित अस्पष्टताओं सहित अपूर्ण दायित्वों से तभी बचा जा सकता है जब सम्बद्ध व्यक्तियों के अतिरिक्त सारे मानव समाज को, जहाँ सम्भव हो सके वहाँ भी, सहायता करने की ज़िम्मेदारी से मुक्त कर दिया जाए। भले ही कानूनी अनिवार्यताओं के सन्दर्भ में इस प्रकार की मुक्ति भले ही स्वीकार्य हो, किन्तु नैतिकता के धरातल पर इस बात को उचित ठहरा पाना सहज नहीं होगा। कुछ एक देशों के कानूनों में भी तीसरे पक्ष की सहायता का विचार समाहित है। उदाहरण के लिए फ्राँस में कतिपय अतिक्रमणों की उचित सहायता करने की उपेक्षा को कानूनी दृष्टि से अपराध की संज्ञा दी गई है। स्वाभाविक है कि इस प्रकार के कानूनों को लागू करने में अस्पष्टता भी बहुत रही है और पिछले कुछ वर्षों में इस पर विधि-विशेषज्ञों में चर्चाएँ होती रही हैं।[14] इस प्रकार की नैतिक एवं विधिक कर्तव्यों में अस्पष्टता तब तक अपरिहार्य बनी रहेगी, जब तक इनमें तीसरे पक्ष के दायित्वों को कुछ न कुछ स्थान मिला होगा।

स्वतंत्रताएँ और हित

मानवाधिकारों की घोषणाएँ, हमारी व्याख्या के अनुसार, उन स्वतंत्रताओं के महत्त्व की स्थापनाएँ होती हैं जिन्हें उन अधिकारों की रचना द्वारा पहचाना और स्वीकारा जाता है। उदाहरण पहले एक व्यक्ति के उत्पीड़न के विरुद्ध मानवीय अधिकार क़ी स्वीकारोक्ति ही उत्पीड़न से स्वतंत्रता के महत्व की स्थापना करती है—फिर उसे सभी की स्वतंत्रता के रूप में उद्घोषित किया जाता है। इसी के साथ इस बात की पुष्टि भी सम्बद्ध रहती है कि हम सब ऐसा क्या कुछ करें कि सभी को उस उत्पीड़न से स्वतंत्रता सुलभ हो जाए। एक उत्पीड़क से सीधी-सीधी माँग की जा रही है : उत्पीड़न बंद करो। (यह स्पष्टतः एक सम्पूर्ण दायित्व है) अन्य सभी पर भी दायित्व आते हैं—किन्तु वे इतने स्पष्ट नहीं हैं—उनसे वही कुछ करने की अपक्षा की जा रही है जो उनके लिए उन परिस्थितियों में उचित रूप से कर पाना सम्भव हो। इन्हें

ही हम 'अपूर्ण दायित्वों' का नाम दे रहे हैं। उत्पीड़न नहीं करने की सीधी स्पष्ट माँग के साथ अन्य लोगों से भी कहा जा रहा है कि उत्पीड़न नहीं होने देने के लिए वे वह सब कुछ करें जो उनके लिए उचित रूप से सम्भव हो सके।[15] इस प्रकार से मानव अधिकार, आन्तरिक संस्थाओं के मूल्यांकन और आलोचना, उनमें सुधार की अपेक्षाओं और अन्तरराष्ट्रीय आर्थिक एवं राजनीतिक संस्थाओं की नीतियों एवं व्यवहार की समीक्षा की कसौटी बन जाते हैं।

मानव अधिकारों के आधार के रूप में स्वतंत्रता और हितों के दावों के विषय में एक बहुत उपयोगी प्रश्न विचारणीय रहता है। हमने तो यहाँ स्वतंत्रताओं पर ही ध्यान केंद्रित किया है, किन्तु जोसेफ राज़ (Joseph Raz) ने एक सशक्त हित-आधारित मानव अधिकार सिद्धान्त की रचना की है। उनके अनुसार ये अधिकार कुछ करने की अनिवार्यता को अन्य लोगों के हितों पर आधारित कर देते हैं।[16] मुझे अपने पुराने मित्र जोसेफ राज़ की विधि आकर्षक लगी है क्योंकि उनकी तर्कधारा में बहुत सहज बोध का आकर्षण भी भरा है। फिर भी यह प्रश्न तो उठ ही जाता है कि क्या अन्य लोगों के विविध हितों को अधिकारों, विशेषकर मानव अधिकारों के सिद्धान्त का पर्याप्त आधार बनाया जा सकता है? एक और प्रश्न भी सार्थक होगा: क्या स्वतंत्रता और परहित के इन परिप्रेक्ष्यों के अन्तर बहुत विशाल हैं?

यहाँ अन्तर तो सचमुच है। मानवाधिकारों से भिन्न किसी सन्दर्भ में मैंने ही इन अन्तरों को बहुत महत्त्वपूर्ण भी माना है। अध्याय-8 के एक उदाहरण को याद करें। हवाई यात्रा में शीशे के साथ बैठा व्यक्ति इसलिए अपना धूप का आनन्द कुर्बान करना उचित मान लेता है कि उसका पड़ोसी अपने कम्पयूटर पर किसी मूर्खतापूर्ण खेल का आनन्द ले सके। उस ज़िद्दी खिलाड़ी के हित का खिड़की पर पर्दा डाल देने से कोई सम्बन्ध नहीं था—वहाँ उस खिलाड़ी की मनचाही स्वतंत्रता प्रमुख थी—वह हितकर थी या नहीं—इसका कोई विचार खिड़की के साथ बैठे व्यक्ति के मन में नहीं आया था। हित और स्वतंत्रता का भेद यह उदाहरण बहुत अच्छी तरह स्पष्ट कर देता है।

अब जोसेफ राज़ का अधिकार अन्वेषणा से जुड़े एक अन्य प्रकार के उदाहरण पर विचार करें। लन्दन से बाहर से आकर वहाँ किसी प्रश्न पर प्रदर्शन में (मान लें ईराक में अमरीकी अगुवाई में हस्तक्षेप—2003 का विरोध) भाग लेने की इच्छा वाले व्यक्ति की स्वतंत्रता का उसे इसमें भागीदारी से रोकने के लिए कुछ बाधाएँ उत्पन्न कर हनन हो सकता है। यह उस व्यक्ति की, वह काम, जिसे वह करना चाहता है, कर पाने की स्वतंत्रता का हनन होगा। और यदि उसके अधिकारों में यह स्वतंत्रता भी सम्मिलित हो तो इसे उन अधिकारों का भी उल्लंघन या अतिक्रमण माना जाएगा। अब अधिकार और स्वतंत्रता के सम्बन्ध की तर्क धारा बहुत स्पष्ट हो जाती है।

किन्तु यदि उसके अधिकार केवल स्वहितों पर आधारित होते तो ईराक सम्बन्धी उस प्रदर्शन में भाग लेने से उसके हितों के संवर्धन की समीक्षा करना भी हमारे विश्लेषण में शामिल हो जाता। और यदि उत्तर यह हो कि भले ही उस व्यक्ति की राजनीतिक प्राथमिकता में प्रदर्शन करना शामिल हो, किन्तु इससे उसके किसी स्वहित का साधन नहीं होगा तो फिर लन्दन में आकर प्रदर्शन करने की स्वतंत्रता को उसके मानव अधिकारों की परिधि में स्थान दे पाना कठिन हो जाएगा। अधिकारों के स्वहित-आधारित बोध से प्रदर्शन करने की स्वतंत्रता का मानवाधिकारी आधार निश्चित रूप से कमज़ोर हो जाएगा। इसके विपरीत यदि स्वतंत्रता को इसलिए महत्त्वपूर्ण माना जाए कि यह व्यक्ति को चुनने का (चाहे वह स्वहित का संवर्धन या फिर कुछ और भी करना चाहे) और अपने ढंग से जीवन-यापन अधिकार देती है तो निश्चित रूप से स्वहितवादी दृष्टिकोण मानव अधिकारों के परिप्रेक्ष्य के लिए अपर्याप्त सिद्ध होता है।

इतना कुछ कहने के बाद भी मैं स्वीकार करता हूँ कि अधिकार शब्द की इतनी विस्तृत और क्षमतापूर्ण व्याख्या की जा सकती है कि इसमें संप्रेरणाओं पर ध्यान दिए बिना व्यक्ति के सभी सरोकारों को स्थान मिल जाए। यही नहीं, सामान्य भाषा में तो किसी व्यक्ति की स्वतंत्रता का अतिक्रमण उसके हितों के हनन के समान ही समझा जाता है। यदि अधिकार का विचार इतना विस्तीर्ण हो जाए तो स्वतंत्रता और अधिकार के बीच की खाई काफी सीमा तक पट जाएगी। यदि जोसेफ राज़ का स्थापना के प्रति यह दृष्टिकोण उपयुक्त है तो अधिकारों के प्रति हम दोनों की विश्लेषण विधियाँ बहुत कुछ 'सर्वांगसमता' धारण कर लेंगी।

आर्थिक और सामाजिक अधिकारों की स्वीकार्यता

अब मैं मानवाधिकारों विषयक सामान्य चर्चा से आगे चलकर कुछ विशेष प्रकार के दावों को मानव अधिकारों में शामिल करने की बात पर आ रहा हूँ। एक विशेष प्रश्न तो आर्थिक-सामाजिक अधिकारों से जुड़ा है—इन्हें 'क्षेम अधिकार' भी कह देते हैं। इस सन्दर्भ में क्षेम शब्द का प्रयोग कुशल-क्षेम द्वारा अभिव्यक्त भाव की अपेक्षा सीमित रहता है। ये क्षेम अधिकार मूलतः पेन्शन, बेरोज़गारी भत्तों आदि के प्रावधानों और कतिपय आर्थिक-सामाजिक अभावों की कमी (अशिक्षा, अस्वस्थता) आदि की अधिकारिताओं से जुड़े हैं। इनके पक्षधर इन्हें 'दूसरी पीढ़ी' के अधिकार कहते हैं—क्योंकि गुज़ारे और चिकित्सा-सुविधा को अभी कुछ समय से ही मानव अधिकारों में सम्मिलित कर उनके प्रसार का विस्तार किया गया है।[17] ये अधिकार अमरीकी स्वतंत्रता और फ्राँसीसी घोषणा पत्रों में समाहित नहीं थे, किन्तु ये हमारी समकालिक 'अधिकार क्रान्ति' के अंग अवश्य हैं।[18]

संयुक्त राष्ट्रसंघ के विश्वव्यापी मानव अधिकार घोषणा पत्र, 1948 ने इस मामले में एक बड़ा बदलाव ला दिया था। इसमें बीसवीं सदी के क्रान्तिकारी विचारों में आ रहे परिवर्तनों की झलक दिखाई देती है। पुरानी घोषणाओं की तुलना में यह बहुत विलक्षण हैं। संभवतः आपको ध्यान हो, राष्ट्रपति अब्राहम लिंकन ने भी शुरू में दासों के लिए राजनीतिक और सामाजिक अधिकारों की माँग नहीं उठाई थी, उन्होंने जीवन और मेहनत के लाभ जैसे कुछ न्यूनतम अधिकार ही चाहे थे। किन्तु राष्ट्र संघ के घोषणापत्र में तो बहुत सी स्वतंत्रताएँ और दावों को सुरक्षा प्रदान कर दी गई है। इनमें राजनीतिक अधिकार तो हैं ही, साथ ही कार्य का अधिकार, शिक्षा का अधिकार, बेरोज़गारी और गरीबी से रक्षा का अधिकार, श्रमिक संघ में शामिल होने और अपनी मेहनत के न्यायपूर्ण और अच्छे प्रतिफल के अधिकार भी सम्मिलित हैं। यह अमरीकी घोषणा, 1776 और फ्राँसीसी घोषणा, 1789 की अति संकुचित सीमाओं से बहुत ही बड़ा प्रत्यन्तर प्रतीत होता है।

बीसवीं शताब्दी के उत्तरार्द्ध की न्याय की विश्व राजनीति अधिकाधिक इन दूसरी पीढ़ी के अधिकारों के साथ जुड़ती चली गई है। अब विश्व संवाद और उसमें प्रयुक्त तर्क अभिकर्तृत्व और वैश्विक उत्तरदायित्वों को अधिक व्यापक स्वरूप प्रदान कर रहे हैं।[19] ब्रियान बारी का मत है "मानव अधिकारों का विश्वव्यापी घोषणा पत्र केवल विभिन्न देशों के लिए नहीं, बल्कि समूचे अन्तरराष्ट्रीय समुदाय के लिए अत्यन्त महत्व के निहितार्थों से भरा है। मानव अधिकारों के प्रति चेतना, जिसमें थॉमस पॉजे जैसे दार्शनिकों की भूमिका अग्रणी रही है, अब गरीबी एवं आर्थिक और सामाजिक अभावों के निर्मूलन पर विशेष ध्यान दे रही है।[20] इस विषय में बढ़ती हुई रुचि ने नीतियों में सुधार की माँग की आवाज़ भी बुलन्द की है। दीन चटर्जी ने ठीक ही कहा है : 'अंतस्थ गरीबी और व्यवस्था रूढ़ विषमता को विश्व स्तर पर मानवाधिकारों की चिन्ता का विषय मान लेने से विभिन्न देशों पर आन्तरिक लोकतान्त्रिक सुधारों के लिए दबाव बना है और अन्तरराष्ट्रीय संस्थाओं के निर्देशों के अधिक न्यायपूर्ण और प्रभावी निरूपण की आवश्यकता को भी बल मिला है।[21] ये दूसरी पीढ़ी के अधिकार प्रायः निहित रूप से स्वीकार्य के स्थान पर स्पष्ट निरूपण पा रहे हैं और इन अपूर्ण वैश्विक दायित्वों का विश्व सुधारों की कार्य सूची पर इनका महत्त्वपूर्ण प्रभाव होने लगा है।

दूसरी पीढ़ी के अधिकारों ने विश्व विकास के विचार के आधार में नैतिकता के प्रश्नों को विचारशील लोकतंत्र के साथ शामिल कर दिया है। ये दोनों ही मानवाअधिकारों के साथ मिलकर मानवीय क्षमताओं के संवर्धन की महत्ता को बहुत स्पष्ट कर देते हैं। डेविड क्रोकर (David Crocker) ने स्पष्ट किया है : अभिकर्तृत्व और मूल्यवान क्षमताएँ ही मानवाधिकारों, सामाजिक न्याय तथा वैयक्तिक एवं सामुदायिक कर्तव्यों का आधार हैं। इसीलिए विकास की नैतिकता इस बात की भी

समीक्षा करेगी कि एक वैश्वीकृत विश्व किस प्रकार से व्यक्तियों और संस्थाओं द्वारा उन अधिकारों के सम्मान के नैतिक दायित्व के वहन में सहायक है, अथवा बाधक हो रहा है। उनका आग्रह है कि प्रवाह स्तर राष्ट्रीय हो, वैश्विक, अच्छे न्यायपूर्ण विकास का दीर्घकालिक लक्ष्य तो राष्ट्रीयता, प्रजातीयता, धर्म, और आयु लिंग आदि के अन्तरों को भुलाकर विश्व के सभी वासियों के लिए पर्याप्त स्तर पर अभिकर्तृत्व और आधारभूत नैतिक क्षमताओं की संप्राप्ति ही होना चाहिए।[22] दूसरी पीढ़ी के अधिकारों को सम्मिलित करने से ही हम इस व्यापक स्तर पर समाहन की बात को मानव अधिकारों की संरचना में रहते हुए ही प्राप्त करने में सफल हो पाएँगे।[23]

मानव अधिकारों में इन नए तत्त्वों के समावेश का अधिक व्यवस्थित रूप से खंडन करने के प्रयास भी हुए हैं और अनेक राजनीतिक दर्शनिकों ने इस खंडन के लिए तर्कों की रचना की है। उनकी आपत्तियाँ विश्व स्तर पर आर्थिक-सामाजिक अधिकारों के प्रयोग तक सीमित नहीं है–ये तो किसी भी देश में आन्तरिक रूप से भी पूरी तरह लागू रहती हैं। दो बहुत प्रभावशाली खंडन मौरिस क्रेन्स्टन और ओनारा ओ'नील[24] द्वारा प्रतिपादित हुए हैं। मैं एक बार फिर याद दिला दूँ कि इन स्वतंत्रताओं को मानव अधिकारों में शामिल करने के प्रति आपत्तियाँ केवल इनके महत्त्व को नहीं समझ पाने का परिणाम नहीं है। वस्तुतः कांट का ही अनुसरण करते हुए गरीबी और भूख विषयक दार्शनिक मुद्दों की ये अन्वेषणा इनके बहुत ही सटीक और दूरगामी महत्त्व का अनुसंधान भी है।[25] इन्हें मानव अधिकारों से बाहर रखने की बात तो वस्तुतः मानवाधिकार विषयक संकल्पना के सत्व और विस्तार की इन आलोचकों द्वारा की गई की 'व्याख्या' पर आधारित है।

वस्तुतः आलोचना में प्रकार की दो धाराएँ स्पष्ट दिखाई देती हैः–मैं उन्हें 'संस्थाकरण आलोचना' और 'व्यवहार्यता आलोचना' के नाम दे रहा हूँ। संस्थाकरण आलोचना का मुख्य आग्रह–आर्थिक और सामाजिक अधिकारों के विषय में विशेष में विशेष रूप से–इस विश्वास पर आधारित है कि अधिकारों के साथ-साथ सटीक रूप से परिभाषित सहगामी कर्तव्य भी होने चाहिए। इस प्रकार के अधिकार तभी विद्यमान रह पाएँगे जब की उनको संस्थाकृत स्वरूप प्रदान कर दिया जाए। ओ'नील (Onora O' Neill) द्वारा इस आलोचना को बहुत ही स्पष्टता और आग्रह के साथ प्रस्तुत किया है।

"दुर्भाग्यवश अधिकारों से जुड़ी अधिकांश चर्चाएँ बड़े बेतुके रूप में वस्तुओं और सेवाओं और सर्वव्यापी अधिकारों पर केन्द्रित होकर रह गई हैं। क्षेम अधिकारों तथा अन्य सामाजिक, आर्थिक एवं सांस्कृतिक अधिकार अन्तरराष्ट्रीय माँग पत्रों और घोषणाओं में बहुत प्रमुखता पा रहे हैं–किन्तु कहीं भी यह नहीं दर्शाया जा रहा है कि इन अधिकार धारकों को दायित्व वाहकों से क्या बात जोड़ रही है। इस कारण से इन तथाकथित अधिकारों का सत्त्व पूरी

तरह विलुप्त-सा हो जाता है—व्यापक आर्थिक, सामाजिक और सांस्कृतिक अधिकारों के कुछ पक्षधर कहते हैं कि इन्हें संस्थाकृत किया जा सकता है—मेरा यही तो आग्रह है कि इन्हें संस्थाकृत किया जाए, यदि से संस्थाकृत नहीं है, तो ये कहीं नहीं है।[26]

इस आलोचना के उत्तर में हमें सम्पूर्ण एवं अपूर्ण दायित्वों के भेद का सहारा लेना होगा। वस्तुतः प्रथम पीढ़ी के प्रतिष्ठित अधिकार भी कई दशाओं में अन्य लोगों के केवल अपूर्ण दायित्व का सृजन करते हैं। हमने यह किट्टी जेनोवेज़ पर हमले के उदाहरण में स्पष्ट किया था। इसी प्रकार आर्थिक और सामाजिक अधिकार भी कुछ सम्पूर्ण तो कुछ अपूर्ण दायित्वों को जन्म देते हैं। इस विषय में सार्वजनिक चर्चा की बहुत सम्भावनाएँ विद्यमान हैं कि अकालों, निरन्तर कुपोषण या चिकित्सा के अभाव जैसी आर्थिक-सामाजिक अधिकारों को आहत करने वाली दुर्बलताओं के निवारण में समाज या सरकार, क्या योगदान कर सकती है—वस्तुतः विश्व के गरीबतम देश में भी इन स्तरों पर बहुत कुछ सम्भव हो सकता है।

प्रायः सामाजिक संगठनों की इन समस्याओं के निवारण में सहयोगी गतिविधियाँ संस्थागत बदलाव की आवश्यकता पर बल देती हैं और इन्हें समाज में सदस्यों एवं समूहों के मानव अधिकारों विषयक अपूर्ण दायित्व का ही अंश माना जाना चाहिए। ओ'नील ने क्षेम अधिकारों की संप्राप्ति के लिए उन्हें संस्थागत रूप करने की आवश्यकता पर सही रूप से बल दिया है (यह बात, व्यापक स्तर पर, सभी आर्थिक और सामाजिक अधिकारों पर मान्य हो सकती है)। फिर भी इन अधिकारों का नैतिक सत्त्व महत्त्व भी इतना प्रबल है कि वह इनकी प्राप्ति के लिए दबाव बनाने, उसमें सहयोग करने और संस्थाओं तथा सामाजिक दृष्टिकोण में बदलाव लाने के प्रयास करने के उचित कारण का रूप धारण कर लेता है। यह नए कानूनों के लिए, नई जनचेतना जाग्रत करने और किसी समस्या की गम्भीरता समझाने के लिए आन्दोलन का रूप भी ले सकता है। यहाँ सार्वजनिक चर्चा, मीडिया आदि महत्त्वपूर्ण हो सकते है। इन दावों के नैतिक सत्व को नकारने का अर्थ होगा कि, जैसे ओ'नील ने स्वयं सुझाया है, उन रचनात्मक विधियों से संस्थागत सुधार, (और नवनिर्माण) का सारा औचित्य ही समाप्त हो जाएगा।

व्यवहार्यता आलोचना इस संस्थाकरण आलोचना से असंबद्ध तो नहीं है—किन्तु इसका तात्पर्य यही है कि श्रेष्ठता प्रयास के बाद भी अनेक तथाकथित आर्थिक और सामाजिक अधिकारों की सभी के लिए संप्राप्ति व्यावहारिक नहीं हो पाएगी। यह एक व्यवहार आधारित स्थापना है—इसका अपना महत्त्व हो सकता है—किन्तु इसे किसी अधिकार के दावे की आलोचना के रूप में प्रयोग करना तो विशुद्ध पूर्वाग्रह होगा। इसका अर्थ होगा किसी बात को मानव अधिकार का रूप धारण करने के लिए उसकी सभी के लिए संप्राप्ति सम्भव होनी चाहिए। यदि इस पूर्वधारणा को

स्वीकार किया गया तो तत्काल ही आर्थिक और सामाजिक अधिकार मानव अधिकारों के कार्यक्षेत्र से निष्कासित हो जाएँगे। मौरिस क्रेन्स्टन (Maurice Cranston) का तर्क कुछ इस प्रकार है :

''परम्परागत राजनीतिक और नागरिक अधिकारों की रचना करना कठिन नहीं होता। आमतौर पर उनके लिए सरकार की ज़रूरत होती है और इस बात की कि लोग किसी अन्य के कामों में कोई हस्तक्षेप न करें...किन्तु आर्थिक और सामाजिक अधिकारों के दावे कुछ और ही तरह की समस्याएँ पैदा कर देते है। भला एशिया, अफ्रीका और दक्षिण अमेरिका के उन देशों की सरकारें, जहाँ अभी औद्योगीकरण पूरी तरह से आरम्भ भी नहीं हो पाया, उन देशों में बसी विशाल एवं तेज़ी से बढ़ रही जनसंख्या के लिए सामाजिक सुरक्षा और वेतन सहित छुट्टियों की व्यवस्था किस प्रकार कर पाएगी?[27]

क्या स्वीकार्य-सी प्रतीत होने वाली आलोचना विश्वासजनक भी है? मेरा तर्क है कि यह तो किसी नैतिक रूप से स्वीकृत अधिकार के तकाज़ों के सत्त्व को लेकर किसी विभ्रम का परिणाम है। जिस प्रकार उपयोगितावादी उसको अधिकतम करने के प्रयास में लगे रहते हैं, किन्तु उपयोगिता की संप्राप्तियों में कुछ न कुछ और सुधार की संभावना बनी रहती है और उस संभावना के कारण उपयोगितावादी विधि की क्षमता में कोई दुर्बलता नहीं आ जाती, इसी प्रकार मानव अधिकारों के समर्थक भी उनके अधिकतम (सम्भव) की संप्राप्ति का आग्रह करते हैं।[28] इस विधि की धारण क्षमता इसी कारण ध्वस्त नहीं हो जाएगी कि भविष्य में फिर कभी उन स्वीकृत अधिकारों को और अधिक पूरी तरह प्राप्ति योग्य बनाने के लिए कुछ और सामाजिक परिवर्तन करना ज़रूरी हो सकता है।

वस्तुतः यदि किन्हीं भी अधिकारों को पाने के लिए उनकी व्यवहार्यता को ही आवश्यक शर्त बना दिया जाए तो केवल आर्थिक और सामाजिक ही नहीं सभी प्रकार के अधिकार–स्वातंत्र्य का अधिकार भी–अर्थविहीन हो जाएँगे–क्योंकि जीवन और स्वातंत्र्य के प्रत्येक सम्भव अतिक्रमण को निश्चित रूप से विफल कर पाने की व्यवहार्यता सदैव सन्देहास्पद रहती है। यह निश्चित करना कि सभी को अकेला छोड़ दिया जाना इतना आसान नहीं होता। हम कहीं न कहीं किसी की हत्या हो जाने को रोक नहीं पाते। यही नहीं, अपनी ओर से भरसक प्रयास करके भी जैसा नरसंहार 1994 में रवांडा में हुआ या 11 सितम्बर 2001 में न्यूयार्क में या लंदन, मैड्रिड, बाली या मुम्बई में, रोक नहीं पाते। मानव अधिकार के दावे को इसकी सम्पूर्ण सिद्धि की अव्यहार्यता के आधार पर नकारने का प्रयास करने वाले यह भूल जाते हैं कि ऐसा अधिकार जिसे पूरी तरह से पाना सम्भव नहीं हुआ होता, वह भी अधिकार ही होता है। वस्तुतः वह पूर्ण सिद्धि के लिए आवश्यक प्रयास का और तकाज़ा कर रहा होता है। यह और सामाजिक प्रयास की प्रेरणा देता है। मानवीय अधिकारों के अन्तस्थ

स्थान से सभी आर्थिक और सामाजिक अधिकारों को बहिष्कृत करने और उसे केवल स्वातंत्र्य और अन्य प्रथम पीढ़ी के अधिकारों के लिए सुरक्षित करने का प्रयास तो रेत पर लकीरें खींचने जैसा है–वे लकीरें स्थायी नहीं रहती।

समीक्षा, धारण-क्षमता और उपयोग

अब मैं मानव अधिकारों की धारण-क्षमता के उस प्रश्न पर आ रहा हूँ जिस पर अभी तक विचार करना स्थगित रखा हुआ था। मानव अधिकार के रूप में स्वीकार किए जाने वाले दावों पर किस प्रकार निर्णय किए जाएँगे? उनके सामने किस प्रकार की चुनौतियां आएँगी? उनके मंडन और खंडन की प्रक्रिया क्या होगी? किसी सीमा तक तो मैं (प्रत्यक्ष रूप से) मानव अधिकारों की परिभाषा करते ही इन प्रश्नों के उत्तर दे चुका हूँ। अन्य नैतिक स्थापनाओं की भाँति ही मानव अधिकारों के विषय में भी मेरी निहित मान्यता है कि इन दावों को खुली एवं सूझबूझपूर्ण (समदर्शिता भरी) समीक्षा की कसौटी पर खरा सिद्ध होना होगा। इसमें आलोचनात्मक समीक्षा की अनावृत समदर्शिता पर आधारित (अर्थात अन्य समाजों की जानकारी के प्रयोग सहित) पारस्परिक रूप से क्रियात्मक ऐसी विधि का प्रयोग करना होगा जो प्रस्तावित मानव अधिकारों के सत्व और उनकी प्रभाव क्षमता की सीमाओं की जाँच कर सके।

इस दावे में कि कोई स्वतंत्रता मानव अधिकार होने योग्य महत्त्व से परिपूर्ण है इस बात का दावा भी निहित है कि तर्क-आधारित समीक्षा में यह विचार सही सिद्ध होगा। अनेक मामलों में यह सही सिद्ध होने की बात ठीक होगी, किन्तु प्रत्येक ऐसे दावे के विषय में इसका ठीक सिद्ध होना आवश्यक नहीं है। कई बार सर्वव्यापी सहमति के बिना भी किन्हीं बातों पर मोटे तौर पर सहमति हो जाती है। किसी मानव अधिकार के पक्षधर उसे यथासम्भव व्यापक स्तर पर स्वीकार करने के लिए प्रयास में जुटे हो सकते हैं। यह अपेक्षा तो कोई नहीं करेगा कि विश्व में सभी व्यक्ति क्या चाहते हैं इस विषय में पूर्ण एकमत हो जाएगा।

इस बात की किसी को आशा नहीं होगी कि कोई समर्पित प्रजातिवादी या लिंग भेदवादी व्यक्ति सार्वजनिक तर्कों से सदैव सुधर जाएगा। अतः किसी तकाज़े की धारण क्षमता का अर्थ यही है कि यदि अन्य व्यक्ति समदर्शी होकर उसकी समीक्षा करें तो उस दावे के पक्ष के तर्कों को सामान्य रूप से समझा जाए।

वास्तविक व्यवहार में देखा जाए तो विश्व स्तर पर प्रस्तावित मानव अधिकारों की सार्वजनिक समीक्षा की कोई व्यवस्था नहीं है। केवल इसी भरोसे के आधार पर कुछ काम कर लिए जाते हैं कि यदि समदर्शिता पूर्ण समीक्षा हुई तो उसमें ये दावे सत्य सिद्ध होंगे। जानकार और चिन्तनशील आलोचकों द्वारा किसी दावे के विरोध में सशक्त तर्क नहीं दिए जाने को ही उसकी धारण क्षमता का 'प्रमाण' मान लिया

जाता है।।[29] इसी आधार पर अनेक देशों ने नए मानव अधिकारों को प्रभावी बनाने के कानून पारित किए हैं और प्रजाति, लिंग आदि के आधार पर भेदभाव की समाप्ति और उचित स्तर की अभिव्यक्ति की स्वतंत्रता आदि पक्षधरों की एक वाणी और शक्ति प्रदान की है। अधिक व्यापक मानवाधिकारों के पक्षधर निरन्तर और अधिक विस्तार के लिए आग्रह करते रहेंगे—यह समाज में सत्वर रूप से चलने वाली प्रक्रिया है।

एक बात का ध्यान रखना चाहिए कि किन्हीं मानव अधिकारों की स्वीकार्यता पर सहमति होने के बाद भी, विशेषकर अपूर्ण दायित्वों के मामले में, उन अधिकारों विषयक ध्यान के संचालन के विषय में गम्भीर रूप से वाद-विवाद चलता रह सकता है। इस बात पर भी विवाद बना रहेगा कि विभिन्न प्रकार के मानव अधिकारों की तुलनाएँ कैसे हों, उनके तकाज़ों को एक साथ कैसे सन्निहित किया जाए और नैतिक ध्यान के अधिकारी अन्य मूल्यांकन विषयक सरोकारों के साथ मानव अधिकारों को किस प्रकार से जोड़ा जा सकता है।[30] मानव अधिकारों के किसी भी वर्ग की स्वीकृति के बाद भी उनको लेकर और वाद-विवाद खंडन और तर्क आदि चलते ही रहेंगे—यह तो वस्तुतः इस त्रिषय की रचना का ही अंग है।

किसी नैतिक दावे की मानव अधिकार के रूप में धारण क्षमता अंततः उस दावे के निर्बन्ध समीक्षा में खरे उतरने की पूर्वधारणा की क्षमता पर निर्भर रहेगी। वस्तुतः मानव अधिकारों और सार्वजनिक तर्क-वितर्क के बीच इस सम्बन्ध को ठीक से समझ लेना बहुत महत्त्वपूर्ण रहता है। इसी पुस्तक में चर्चित वस्तुपरकता के सन्दर्भ में यह बात और भी महत्त्वपूर्ण हो जाती है। यह तर्क उचित ही होगा कि किसी नैतिक दावे की स्वीकार्यता या उसकी स्वीकृति की सम्भावना इस बात पर निर्भर रहती है कि क्या वह व्यापक रूप से उपलब्ध जानकारी के आधार पर निर्बन्ध चर्चा और समीक्षा का सामना कर पाएगा।

यदि यह सिद्ध हो जाए कि यह दावा अनावृत सार्वजनिक समीक्षा में टिक नहीं पाएगा तो उसकी नैतिक शक्ति बहुत ही क्षीण पड़ जाएगी। किन्तु जैसा कि अनेक बार किया भी जाता है, ऐसी दमनकारी शासन व्यवस्थाओं में, जहाँ न तो बाह्य विश्व की जानकारी का प्रवेश होता है और न ही खुली सार्वजनिक चर्चा की अनुमति, किसी दावे की मानव अधिकार के रूप में विशेष प्रतिष्ठा जन मानस में नहीं होने के आधार पर उसके विषय में संशय करना या उसे अस्वीकार करना सरासर गलत होगा। यह तथ्य कि मानव अधिकारों के उल्लंघन की निगरानी होती है और उन उल्लंघनकर्ताओं के नाम बताकर उन्हें शर्मिन्दा किया जाता है, ही सार्वजनिक चर्चा की प्रभावोत्पादकता की पहुँच का प्रमाण है। जब व्यापक स्तर पर जानकारी सुलभ होगी और नैतिक चर्चाएँ सम्भव होंगी, उनका दमन नहीं होगा, तो और आगे प्रगति भी होगी। निर्बन्ध आलोचनात्मक समीक्षा किसी दावे को उचित ठहराने और उसको खारिज करने, दोनों के लिए ज़रूरी है।

18

न्याय और विश्व

यह 1816 की इंग्लैंड की आपदा भरी ग्रीष्म ऋतु की बात है। उस समय के उपयोगितावादी दार्शनिक जेम्स मिल ने उस युग के महान राजनीतिक अर्थशास्त्री डेविड रिकॉर्डो (David Recardo) को एक पत्र में कृषि उत्पादन पर सूखे के प्रभावों पर चिन्ता जताई थी। मिल उस सूखे के कारण पैदा होने वाली दुर्दशा को लेकर चिन्तित थे : यह कल्पना करने मात्र से व्यक्ति सिहर जाता है कि एक तिहाई जनसमुदाय इस (अन्न के अभाव) के कारण मौत के मुँह में समा जाएगा।

अकाल और सूखे के प्रति मिल की भाग्यवादी निराशा जितनी गहन थी उतना ही प्रबल, दुर्दशा निबारण विषयक उपयोगितावादी न्याय की क्षमताओं में, उनका विश्वास भी था। मिल साहब ने आगे लिखा है कि जैसे हम सुअरों के साथ करते हैं, हमें उन भूखे लोगों को गलियों और सड़कों पर खींच कर उनकी गर्दनें काट देनी चाहिए।" रिकार्डो ने जेम्स मिल के विचारों से बड़ी हमदर्दी जताई और उन सामाजिक आन्दोलनकारियों के प्रति अपनी घृणा भी व्यक्त की जो जनता को गलत तरीके से यह कहकर कि (अकाल का सामना करने में) सरकार मदद कर सकती है समाज की चली आ रही व्यवस्था के प्रति असन्तोष के बीज बोने का प्रयास कर रहे थे। रिकार्डो ने मिल को लिखा था : यह देखकर बड़ा अफसोस हो रहा है कि निम्न वर्गों के मन को यह समझा कर उकसाया जा रहा है कि कोई कानून पारित कर उन्हें राहत दी जा सकती है।"[1]

रिकार्डो द्वारा भड़काने वाले विरोध की भर्त्सना और उसके और मिल के इस विश्वास के आधार पर समझ में आ सकती है कि उनकी दृढ़ धारणा थी कि 1816 की फसलें बर्बाद हो जाने के कारण पैदा अकाल के प्रभावित व्यक्तियों की किसी भी प्रकार रक्षा नहीं हो सकती। किन्तु हमारी इस रचना की चिन्तनधारा तो उसकी भर्त्सना विरोधी है। इस प्रत्यन्तर के कारणों को समझना बहुत महत्त्वपूर्ण है।

कष्ट सह रही मानवता के मन को भड़का सकने वाली बात तो अन्याय के निदान और नीति-निर्धारण—दोनों के लिए तात्कालिक महत्व से पूर्ण होगी। अन्याय

की भावना (भले ही वह अनुचित ही निकले) की जाँच अवश्य होनी चाहिए। और यदि वह सही पाई जाए तो फिर उस पर पूरा ध्यान देकर उसे दूर करने का प्रयास करना चाहिए। बिना कुछ भी जाँच किए हम उसके ठीक या गलत होने के बारे में निश्चित नहीं हो सकते। किन्तु प्रायः अन्याय का सम्बन्ध रूढ़ सामाजिक विभाजनों से होता है। ये विभाजन वर्ग, लिंग, समाज में स्थान, भौगोलिक स्थान, धर्म, समुदाय आदि की रूढ़ बाधाओं पर आधारित होते हैं और क्या हो रहा है तथा क्या हो सकता के वैषम्य का वस्तुनिष्ठ विश्लेषण करने के लिए इन बाधाओं पर पार पाना आवश्यक होते हुए भी सम्भव नहीं हो पाता। जबकि न्याय सवंर्धन के लिए यह बहुत ही आवश्यक है। न्याय को कैसे और क्यों बढ़ावा दिया जाए इस विषय में निष्कर्ष पर पहुँचने के लिए हमें सन्देहों, प्रश्नों, तर्कों, और समीक्षाओं से गुज़रना पड़ता है। न्याय के प्रति ऐसा दृष्टिकोण, जो अन्याय की पहचान पर विशेष आग्रह करता हो, उसे तो आलोचनात्मक समीक्षा के पूर्वालाप के रूप में ही उत्तेजित मस्तिष्कों' पर ध्यान देना चाहिए। इस प्रकार के आघात को तर्क को विस्थापित करने बल्कि तर्क के लिए प्रेरित करने के लिए प्रयोग किया जाना चाहिए।

दूसरे, यद्यपि डेविड रिकार्डो संभवतः उस समय ब्रिटेन के महानतम अर्थशास्त्री थे, फिर भी उन्होंने, जिन्हें विरोध भड़काने वाला कह डाला था, उनके तर्कों को बिना विचार किए रद्द करने का कार्य किया था वह उचित नहीं था। उन्हें उन विरोधियों के तर्कों पर गम्भीरता से विचार करना चाहिए था जो यह समझते थे कि सरकार की नीति में परिवर्तन से भूख का प्रभाव कम हो सकता था, वे रिकार्डो की अपेक्षा अधिक सही थे। उनका विचार कि सामाजिक स्तर पर सहायता कार्य प्रभावपूर्ण हो सकता है, गलत नहीं था। वास्तव में एक सुविचारित सार्वजनिक नीति तो भूख का पूर्ण निर्मूलन करने में भी सफल हो सकती है। अकालों के सूक्ष्मतापूर्ण अध्ययन ये स्पष्ट कर चुके हैं कि अकाल पूरी तरह से परिहार्य होते हैं–ये परिणाम उन विरोध व्यक्त करने वालों की माँगों की सत्यता की पुष्टि करते है–इनसे रूढ़ व्यवस्था के कर्णधारों द्वारा सुस्ती के आलम में डूबते उतारते हुए अकाल सहायता की प्रभावोत्पादकता को रद्द करने की पुष्टि नहीं होती। अकालों के कारणों और उनकी परिहार्यता के सटीक आर्थिक विश्लेषण और आर्थिक एवं राजनीतिक कारणों की विविधता की उपयुक्त समीक्षा यह स्पष्ट कर देती है कि अनाज के कम उत्पादन का स्वाभाविक परिणाम भूख से मौत मानना एक मशीनी-सी मूर्खता है। अनेक आधुनिक आर्थिक अध्ययनों से यही बात स्पष्ट हुई है।

अकाल मूलतः बहुत से लोगों को खाने के लिए पर्याप्त सामग्री का नहीं मिल पाना होता है–किन्तु इसका यह अर्थ नहीं है पर्याप्त खाद्य सामग्री विद्यमान नहीं होती।[2] जो व्यक्ति खाना पाने के संघर्ष में पूरी तरह थक-हार जाते हैं, उन्हें भी विभिन्न आय सृजन कार्यक्रमों के माध्यम से बहुत शीघ्र बाज़ार में रह पाने की क्रय शक्ति

से सम्पन्न बनाया जा सकता है। इन उपायों में सार्वजनिक कार्यों में रोज़गार भी शामिल रहता है और इनसे शीघ्र ही अर्थव्यवस्था में खाद्य आबंटन की विषमता में कमी आ सकती है। भारत से लेकर अफ्रीका तक, अकाल निवारण की यह विधि अनेक बार प्रयुक्त और प्रभावी सिद्ध हो चुकी है। बात यह नहीं है कि डेविड रिकार्डो का निराशावाद उचित नहीं था। असली बात तो विपक्ष के तर्कों को गम्भीरतापूर्वक चर्चा किए बिना ही रद्द कर देने के अनौचित्य की है। विपरीत विचारों को तुरन्त खारिज करने के बजाय उन पर सार्वजनिक चर्चा की ज़रूरत होती है—यह विश्वास चाहे जितने भी असंभाव्य और उनके पक्षधरों का विरोध का स्वर चाहे जितना असभ्य हो। न्याय की अन्वेषणा में तो खुले मस्तिष्क से खुली चर्चा का ही प्रमुख स्थान रहता है।

क्रोध और तर्क

अन्याय के प्रतिरोध में प्रायः दोनों तत्त्व सम्मिश्रित रहते हैं। आक्रोश और तर्क, हताशा और क्रोध हमें कुछ करने की प्रेरणा दे सकते हैं, किन्तु अंततः हमें मूल्यांकन और प्रभावोत्पादकता के लिए तो समीक्षा के सहारे उन शिकायतों के विषय में एक स्वीकार्य और धारणक्षम बोध को विकसित करना पड़ता है- तभी उन शिकायतों का सही स्वरूप और उनके निवारण के उपाय समझ में आ पाते हैं।

नारी के अधिकारों के प्रतिपादन में जुटी विचारक मैरी वोलस्टोनक्रॉफ्ट के प्रयासों में आक्रोश और तर्क दोनों भरे हैं। नारी की अधीनस्थता को पूरी तरह नकारने की आवश्यकता की चर्चा करते हुए तो उनके क्रोध और वितृष्णा के प्रवाह मानो थम ही नहीं पाते :

नारी को अधिकारों में हिस्सा दो और वह भी पुरुष के सद्गुणों को धारण कर लेगी—विमुक्त होकर उसे भी और प्रगति करनी होगी—उसे उस सत्ता का औचित्य सिद्ध करना होगा जो इतनी कमज़ोर हस्ती को उन कर्तव्यों से बाँधे रखती है...यदि यह दूसरी ही बात हुई तो फिर रूस के साथ कोड़ों का नया व्यापार शुरू करना पड़ेगा, प्रत्येक लड़की का बाप उसके विवाह पर ही अपने दामाद को एक कोड़ा दिया करेगा ताकि वह अपने परिवार को 'न्याय के रास्ते' पर चलाता रहे क्योंकि वही उस परिवार का एकछत्र सत्ताधिकारी, और तर्कशील व्यक्ति होगा और वह कोड़ा उसका न्यायदण्ड।[3]

मैरी की पुरुषों एवं नारियों के अधिकारों पर दो पुस्तकें हैं और उनमें न केवल नारी द्वारा भुगती जा रही विषमताओं पर आक्रोश की अभिव्यक्ति हो रही है, बल्कि सभी अभावग्रस्तों, अमरीका में गुलामों सहित के साथ हो रहे दुर्व्यवहार पर पीड़ा और क्षोभ भरा है। फिर भी उनकी ये प्रतिष्ठित रचनाएँ तर्क पर सशक्त आग्रह पर

ही आधारित हैं। आक्रोशपूर्ण अभिव्यक्ति के तुरन्त बाद उन विवेकशील तर्कों का क्रम आरम्भ हो जाता है। (जिन पर वे अपने विरोधियों से विचार की माँग करती हैं) एम. टेलीरैंड पेरीगोर्ड (M. Talleyrand Perigord), जिन्हें सम्बोधित करते हुए उन्होंने *ए विंडीकेशन टू द राइट्स ऑफ वूमैन* पुस्तक लिखी थी, को एक पक्ष में मैरी ने तर्क पर आश्रय में अपनी गहन आस्था व्यक्त करते हुए लिखा है :

श्रीमान, मैं चाहती हूँ कि इस प्रकार की कुछ अन्वेषणाएँ फ्राँस में भी शुरू हों और उनसे मेरे नियमों की पुष्टि हो पाए, जब आपके (फ्राँसीसी) संविधान पर पुनर्विचार हो तो उसमें नारी के अधिकारों का भी सम्मान हो। तभी यह सिद्ध होगा कि तर्क इस सम्मान का तकाज़ा करता है और आधी मानव जाति के लिए न्याय की उच्च स्वर में माँग करता है।"[4]

तर्क की भूमिका और प्रभाव सीमा उस आक्रोश से प्रतिहत नहीं हो जाती, जिसने विश्व में व्याप्त भीषण विषमताओं के वैचारिक आधार की विवेचना प्रारम्भ करा दी थी। यह बात मैरी वोलस्टोनक्रॉफ्ट की 18वीं शताब्दी में जितनी ठीक थी, उतनी ही सटीक आज भी है। वोलस्टोनक्राफ्ट ने आक्रोश और तर्क का बहुत प्रभावशाली प्रयोग किया था—पर केवल असन्तोष और निराशा की अभिव्यक्ति भी सार्वजनिक चर्चा में बड़ा योगदान दे सकती है, यदि उसके फलस्वरूप उस आक्रोश के कारणों की खोजबीन शुरू हो जाए।

मैरी ने सार्वजनिक तर्क की जिस दुहाई पर आग्रह किया है इस पुस्तक में न्याय के प्रति दृष्टिकोण में भी उसी को आधार माना गया है। आज न्याय के तकाज़ों को समझना उतना ही एकाकी बौद्धिक प्रयास है जितना किसी अन्य मानव विषयक विषय को समझना। जब हम यह तय करने का प्रयास करें कि न्याय का संवर्धन कैसे होगा तो विभिन्न क्षेत्रों और परिप्रेक्ष्यों से आने वाले विचारों पर खुली सार्वजनिक चर्चा की ही आवश्यकता होगी। विविधतापूर्ण तर्कों से सम्बन्ध का अर्थ उनके बीच के सभी अन्तरों का पूर्ण निराकरण कर पाना और प्रत्येक प्रश्न पर पूर्ण सम्मति विकसित कर पाना नहीं है। ये पूर्ण समाधान न तो किसी व्यक्ति की अपनी तर्कशीलता की कसौटी है और न ही यह औचित्यपूर्ण सामाजिक चयन (तर्क-आधारित न्याय सिद्धान्त सहित) की आवश्यक शर्त है।

न्याय होता हुआ भी दिखाई देना चाहिए

एक प्रश्न उठता है : सार्वजनिक तर्क पर आधारित सहमति किसी न्याय सिद्धान्त के सही होने में क्यों महत्त्वपूर्ण है? जब मैरी वोल्स्टोनक्रॉफ्ट टेलीरैंड-पेरीगोर्ड से यह आशा व्यक्त कर रही थी कि खुले सार्वजनिक विचार-विमर्श से नारी के अधिकारों

को मानने पर सामान्य सहमति हो जाएगी तो उनकी धारणा यही थी कि इस प्रकार की निर्णय प्रक्रिया सामाजिक न्याय के संवर्धन में सहायक होगी। (ये आधी मानवता को वैध अधिकार प्रदान करती हुई दिखाई भी देगी)। यह तो वैसे भी सहज सूझबूझ की बात है कि किसी कार्य पर सहमति हो जाए तो उसको आरम्भ करना आसान हो जाता है। यह केवल व्यावहारिक महत्त्व मात्र है। हम इस सहायक स्वरूप से आगे भी जा सकते हैं : आखिर किसी न्याय सिद्धान्त की धारण क्षमता के मूल्यांकन में इस प्रकार की सहमति या बोध का विशेष स्थान क्यों होना चाहिए?

विधि (जो एक अत्यन्त ही निकटस्थ विषय है) से एक उदाहरण लेकर देखते हैं। वहाँ कहा जाता है–"न्याय न केवल होना चाहिए, यह होते हुए दिखना भी चाहिए। क्यों? इस बात का क्या महत्त्व है कि लोग यह मानें कि न्याय किया गया है? एक न्यायशास्त्रीय व्यवहार पर (न्याय करने पर) इस प्रकार की जनाकांक्षा सम्मति की बाध्यताएँ क्यों आरोपित की जा रही हैं? क्या विधिक सटीकता और सार्वजनिक सम्मति के बीच कुछ विभ्रम हो रहा है या न्यायशास्त्र को लोकतंत्र के रूप में देखने का प्रयास हो रहा है?

यह न्याय होते हुए भी दिखने की बात के कुछ सहायक कारकों को समझना इतना कठिन नहीं है। सबसे पहली बात तो यही है कि यदि सामान्य रूप से यह धारणा व्याप्त हो जाए कि न्यायाधीश सही काम कर रहे हैं (घोटाले नहीं) तो न्याय प्रशासन अधिक प्रभावशाली हो जाता है। यदि कोई निर्णय विश्वस्त लगे और उस पर सामान्य सहमति हो तो उसे लागू करना सरल हो जाता है। अतः 'न्याय होता हुए भी दिखे' उक्ति 1923 में लॉर्ड हेवर्ट (Lord Hewart) द्वारा कथन के बाद से इसकी सहज स्वीकार्यरता को समझ पाना बहुत ही आसान हो गया। वैसे उनका आशय : था कि न्याय होना भी चाहिए और वह स्पष्ट रूप से न्यायपूर्ण भी प्रतीत होना चाहिए।

फिर भी इस बात से सहमत हो जाना कठिन है कि इस उक्ति की स्वीकार्यता का आधार केवल प्रशासकीय सुविधा रहा होगा। सबकी सहमति का महत्त्व है–पर इससे यह बात कुछ विचित्र-सा रूप धारण कर लेगी कि हेवर्ट का आधारभूत नियम केवल सुविधा ओर सुविधावाद पर आधारित रहा होगा। निश्चय ही इसमें यह भाव भी रहा होगा कि यदि अन्य लोग उस निर्णय की न्यायिकता को सहज भाव से समझ नहीं पाते तो न केवल उसे लागू करने में कठिनाई होगी, बल्कि उसके औचित्य या सटीकता को लेकर संशय भी विद्यमान होंगे। और यह बात अधिक समस्यापूर्ण होगी। न्याय निर्णय की वस्तुनिष्ठता और उसकी सार्वजनिक समीक्षा में खरे उतर पाने की क्षमता के बीच तो सीधा-सीधा सम्बन्ध रहता है। मैंने इस सम्बन्ध की इसी पुस्तक में अनेक परिप्रेक्ष्यों में व्याख्या की है।

तर्कों की बहुलता

इस पुस्तक का एक मुख्य आग्रह सार्वजनिक चर्चा के महत्त्व पर रहा है तो दूसरा सभी मूल्यांकन प्रयासों में तर्कों की बहुलता को स्थान देने पर रहा है। कई बार तर्क हमें एक या किसी अन्य दिशा में बढ़ने को उकसाते हुए प्रतीत हो सकते हैं और जब उनके आधार पर विसंगतिपूर्ण निर्णयों की संभावना स्पष्ट हो तो, सारे तर्कों को सुनने के बाद भी, उन फैसलों की विश्वस्तता पर प्रश्न उठ सकते हैं।

एडम स्मिथ ने तो दो सौ वर्ष से भी पहले कुछ विचारकों की इस प्रवृत्ति पर प्रश्न उठाया था कि वे सभी स्वीकार्य जीवन-मूल्यों को किसी एक समरूप 'सद्गुण' के द्वारा मापने का प्रयास क्यों कर रहे थे।

सभी सद्गुणों को इस विशेष गुण में परिवर्तित करने के प्रयास में एपिक्यूरस (Epicurus ने सभी व्यक्तियों में सांझे रूप से भरी हुई एक प्रवृत्ति का ही आश्रय लिया है। किन्तु, दार्शनिक इस प्रवृत्ति का बहुत लालन-पालन करते है और इसे प्रयोग कर अपनी विलक्षणता का दम भरते हैं–यह है सभी स्पष्ट बातों की न्यूनतम सम्भव नियमों के अनुसार व्याख्या की प्रवृत्ति। वे तो इस प्रवृत्ति को और भी पराकाष्ठा की ओर ले गए हैं–उन्होंने प्राकृतिक चाहत और विरुचि के सभी प्राथमिक तत्त्वों को शारीरिक आनन्द और कष्ट का रूप प्रदान करने की चेष्टा की है।''

अनेक ऐसी विचारधाराएँ हैं जो प्रत्यक्ष और परोक्ष रूप से सभी मूल्यमानों के महत्व को केवल स्रोत का रूप देने पर आग्रह कर रही हैं। किसी सीमा तक इस बेचैनी का कारण अ-समानुपादिकता का भय भी है। (यह विभिन्न मूल्यवान तत्त्वों की किसी अपरिहार्य विषमता से जुड़ी आशंका होती है) यह पूर्वधारणा विभिन्न तत्त्वों के सापेक्ष महत्त्व के मूल्यांकन की कथित बाधाओं पर आधारित होती है। इसमें इस तथ्य की पूरी तरह उपेक्षा कर दी गई है कि हमारा सारा सामान्य जीवन ही तरह-तरह के तकाज़ों-चिन्ताओं आदि के मूल्यांकन और उनकी प्राथमिकताओं के निर्धारण से भरा रहता है। तो फिर किसी मूल्यांकन में वैकल्पिक वरीयताओं की समस्या से इतना अभिभूत होने की क्या आवश्यकता है?

हम जानते हैं कि सेब और सन्तरे अपने पोषण एवं स्वाद के गुणों के आधार पर काफी अलग-अलग होते हैं–किन्तु उनके अलग होने का यह बोध उनके उपयोग सम्बन्धी निर्णय में कब बाधक हो पाता है? लगता है जो यही आग्रह करते हैं कि मानव तब तक कोई निर्णय नहीं कर पाएँगे जब तक सभी मूल्यमानों का एक मानदण्ड नहीं बन जाता, उन्हें गिनती तो आती है–पर अंकों की तुलना से वे बेखबर ही हैं।

न्याय के सिद्धान्त को तर्कों की जिस बहुलता को अपनी रचना में स्थान देना होगा वे केवल उस सिद्धान्त द्वारा महत्त्वपूर्ण माने गए तत्त्वों से जुड़े (तर्क) नहीं हैं। उनमें तो सिद्धान्त में भरे अन्य सरोकारों से जुड़े तर्क भी होंगे–उदाहरण : विभिन्न

प्रकार की क्षमताओं और स्वातंत्र्यों के सापेक्ष महत्व विषयक तर्क। न्याय विषयक निर्णयों में विभिन्न तर्कों और मूल्यांकन सरोकारों को स्थान मिलना चाहिए। हम हमेशा विभिन्न सरोकारों व महत्त्वों की प्राथमिकताएँ निर्धारित करते ही रहते हैं। किन्तु इसका अर्थ यह नहीं होगा कि कोई भी व्यक्ति सदैव सभी वैकल्पिक परिदृश्यों की सम्पूर्ण क्रमिकता निर्धारित कर पाएगा। वह किन्हीं विकल्पों की क्रमिकता तो बहुत स्पष्टता से कर लेगा—किन्तु किन्हीं मामलों में उलझ भी सकता है। उदाहरण के लिए यदि एक व्यक्ति दास-प्रथा या नारी की अधीनस्थता के उन्मूलन पर निर्विवाद रूप से स्पष्ट निर्णय कर सकता है, तो यह आवश्यक नहीं है कि वह बता पाए कि आयकर की उच्चतम दर 40 प्रतिशत होनी चाहिए या 39 प्रतिशत। तर्कशील निर्णय आंशिक या अपूर्ण क्रमिकता का रूप भी धारण कर सकते हैं। इस बात को स्वीकार करना किसी तरह से पराजयवादी मानसिकता नहीं है।

समदर्शितापूर्ण तर्क और अपूर्ण क्रमिकताएँ

यदि किसी व्यक्ति की मूल्यांकन विधि में अपूर्ण समाधान के लिए भी स्थान हो तो इसका सार्वजनिक चर्चा से अपेक्षित परिणामों में और भी अधिक महत्त्व हो जाता है। यदि हम एक समूह की बात कर रहे हैं तो दो स्तरों पर अपूर्णता से हमारा वास्ता पड़ता है—एक, हमें विभिन्न सदस्यों की क्रमिकताओं में अपूर्णता का समंजन करना होता है, और दूसरे वे व्यक्ति सांझी क्रमिकताओं में भी जिन अपूर्णताओं पर सहमत हों उनका। मैरी वोल्स्टोनक्रॉफ्ट का आग्रह था कि जब व्यक्ति समदर्शिता पूर्वक नारी की बुनियादी स्वतंत्रताओं के तर्कों पर विचार करेंगे तो वे अवश्य सहमत हो जाएँगे कि तर्क इनके सम्मान का तकाज़ा करते हैं। जो भी मतभेद हो, उनका निराकरण भी तर्कों द्वारा किया जा सकता है। ये तर्क रूढ़ पूर्वाग्रहों, निहित स्वार्थों और अविचारित पूर्वधारणाओं पर प्रश्न उठाकर उन्हें निरस्त करने में सफल हो सकते हैं। इस प्रकार से अनेक महत्त्वपूर्ण समस्याओं के लिए समाधानों पर व्यापक सहमति का विकास हो सकता है। किन्तु इसका अर्थ यह नहीं है कि सामाजिक चयन की प्रत्येक कल्पनीय समस्या का समाधान इसी प्रकार अवश्य हो जाएगा।

तर्कों की बहुलता भी कुछ समस्याओं के समाधान में समस्या नहीं बन पाती, जबकि किन्हीं अन्य सन्दर्भों में यह बहुत जटिल स्वरूप धारण कर जाती है। हमारे तीन बच्चों और बाँसुरी के उदाहरण को ही देखें। यहाँ भी अनिर्णय की सम्भावना प्रबल दिखाई देती है। वस्तुतः सरोकारों की विविधता को मान लेने मात्र से अनिर्णय अपरिहार्य नहीं हो जाता। हो सकता है, तीनों बच्चों में से उसे बनाने वाली कार्ला ही सबसे गरीब भी हो। या वही हो जिसे बाँसुरी बजानी आती है। यह भी सम्भव है कि उस उदाहरण के सबसे गरीब बच्चे बॉब को कुछ खेलने का अवसर प्रदान

करना इतना महत्त्वपूर्ण प्रतीत होने लगे कि गरीबी आधारित तर्क ही न्यायनिर्णय पर छा जाए। अनेक वास्तविक सन्दर्भों में कई कारण सहगामी भी हो सकते हैं। न्याय की संकल्पना में सभी प्रकार के परिदृश्यों के लिए स्थान होना चाहिए—कहीं समाधान बहुत सरल होंगे तो कहीं निर्णय समस्या बहुत जटिल भी हो सकती है।

इस प्रकार की तर्कधारा के परिणामस्वरूप एक बात स्पष्टतः समझ आ जाती है : किसी न्याय सिद्धान्त की मुख्य रचना में अ-समरूप सरोकारों को स्थान दिए जाने से वह व्यापक सिद्धान्त अपने आप में अस्पष्ट, अप्रबन्धीय या बेकार नहीं हो जाता। यदि उस बहुलता में सम्मिलित सरोकारों के दूरगामी महत्त्व भी हों और उनके सापेक्ष शक्तियों के विषय में हम असमंजस में हों तो भी सापेक्ष भारमानों की समस्या का पूर्ण समाधान किए बिना भी हम यथासम्भव आगे बढ़ने का प्रयास तो कर ही सकते हैं। कई बार यह यथासम्भव आगे बढ़ना इतनी दूर तक चले जाने का रूप धारण कर सकता है कि सिद्धान्त प्रत्येक वैकिल्पक तर्कधारा की मूल माँगों को बलि चढ़ाए बिना भी व्यवहारिक स्तर पर बहुत उपयोगी सिद्ध हो जाता है। किन्तु असमाधानीय विविधता को स्वीकार कर लेना अन्तिम विकल्प होना चाहिए—पहला नहीं—सभी असहमति के प्रश्नों पर पहले आलोचनात्मक दृष्टि से विचार अवश्य किया जाना चाहिए।

वैकल्पिक कसौटियों से विभिन्न विकल्पों की अलग-अलग क्रमिकताएँ प्राप्त होंगी—इनमें कुछ संसाधन भी हो सकता है और कुछ विषमताएँ भी। इन विभिन्न क्रमिकताओं के प्रतिच्छादन से ही हमें एक अपूर्ण क्रमिकता प्राप्त होगी। वह कुछ विकल्पों को अधिक स्पष्टता और आन्तरिक संगति से क्रमबद्ध करती है तो किन्हीं युग्मों के मामले में पूरी तरह विफल रह जाती है। इस प्रकार की बहुल कसौटी आधारित प्रतिच्छादन सृजित अवस्था में सुस्पष्ट निर्णयों के निरूपण के लिए निश्चित गणितीय समाधान उपलब्ध हैं।* फिर तो उस सांझी अपूर्ण क्रमिकता के सांझेपन को उस व्यापक सिद्धान्त का निश्चयात्मक परिणाम माना जा सकता है। निश्चयात्मक निष्कर्ष, जब भी संभव हो जाए उपयोगी होंगे, प्रत्येक सन्दर्भ में जहाँ हम न्याय की संकल्पना का प्रयोग करना चाहते हों, किसी 'सर्वश्रेष्ठ' के उभरने की गारन्टी की प्रतीक्षा में नहीं बैठे रहना चाहिए।

सभी विश्लेषणात्मक औपचारिकताओं के आवरण को हटाकर देखें तो यहाँ मुख्य बात इस बात को स्वीकार कर लेना है कि न्याय के सम्पूर्ण सिद्धान्त में भी विभिन्न विकल्पों की अपूर्ण क्रमिकता की संभावना बनी रह सकती है—किन्हीं मामलों में सांझी अपूर्ण क्रमिकता बहुत स्पष्ट निर्देश दे पाएगी तो किन्हीं में यह चुप्पी साधे रहेगी। जब स्मिथ और कॉंडोर्से यह कह रहे थे कि दास-प्रथा उन्मूलन के बाद विश्व

* देखें—अमर्त्य सेन—कलैक्टिव चॉइस एण्ड सोशल वैलफेयर, सान फ्रांसिस्को, सी.ए. होल्डन डे 1970 नार्थ हालैंड 1979

अधिक न्यायपूर्ण हो जाएगा, तो विश्व की दास-प्रथा सहित और* रहित अवस्थाओं में दूसरी के पक्ष में एक स्थापना कर रहे थे। उनका आग्रह था कि दास-प्रथा रहित विश्व में बेहतर होगा, उसमें अधिक न्याय होगा। किन्तु वे यह नहीं कह रहे थे कि संस्थाओं और नीतियों में बदलाव द्वारा सम्भव सभी सामाजिक परिदृश्यों की परस्पर पूर्ण क्रमिकता का निर्धारण भी हो सकता है। विश्व के समक्ष सभी संस्थागत विकल्पों का मूल्यांकन किए बिना भी केवल दास-प्रथा का मूल्यांकन सम्भव है। हम 'सब कुछ या कुछ नहीं' के परिवेश में नहीं बसते।

संभावित गलतफहमियों से बचने के लिए यह आग्रह करना ज़रूरी है कि जिस सामान्य स्वीकार्यता को पाने का प्रयास किया जा रहा है वह विभिन्न व्यक्तियों के वास्तविक वरीयता अनुक्रमों (तार्किक अपूर्ण क्रमिकताओं के क्षेत्र पर) में सम्पूर्ण सहमति पाने के समतुल्य नहीं है। ऐसी कोई पूर्वधारणा नहीं है कि प्रत्येक दास स्वामी को विधि द्वारा प्रदत्त अन्य व्यक्तियों पर अपने शेष अधिकारों का भी परित्याग करना पड़ेगा। स्मिथ, कॉंडोर्से, या वोलस्टोनक्रॉफ्ट का दावा तो यही था कि खुली सार्वजनिक समीक्षा और समदर्शिता का तकाज़ा ही ऐसा है कि दास-प्रथा उन्मूलन के तर्क उस व्यवस्था के पक्ष के तर्कों पर बहुत भारी सिद्ध होंगे। समदर्शितापूर्ण तर्कों में सटीक सिद्ध होने वाले तत्त्वों से समरूपता ही स्पष्ट न्यायसंवर्धन का दावा करने वाली अपूर्ण क्रमिकताओं का आधार है। न्याय की तुलनाओं का लक्ष्य लेकर चल रही अपूर्ण क्रमिकताओं का आधार समदर्शितापूर्ण तर्कों के निष्कर्षों से सर्वांगसमता पर आधारित है—यह विभिन्न व्यक्तियों की वैयक्तिक वरीयताओं पर सम्पूर्ण सहमति की अनिवार्यता पर आधारित नहीं है।

अपूर्ण समाधानों के प्रभाव क्षेत्र

उपयोगी होने के लिए सामाजिक क्रमिकता का सम्पूर्ण होना तो आवश्यक नहीं किन्तु इसकी व्याप्ति का प्रसार सारभूत (बहुत काफी) होना चाहिए। न्याय सिद्धान्त को मूल रूप से प्रतिच्छदन आधारित अपूर्ण क्रमिकताओं (उन विभिन्न तर्कों के आधार पर, जो सार्वजनिक समीक्षा की कसौटी पर खरे उतरें बनी विभिन्न क्रमिकताओं के सांझे तत्त्वों की समष्टि) का ही सहारा लेना होता है। हमारे बाँसुरी के दिए जाने वाले उदाहरण में तीन विकल्पों को लेकर किसी प्रकार की क्रमिकता नहीं उभर पाती। यदि हम इसी बात पर आग्रह करें कि हमारा चयन केवल उन तीन विकल्पों तक सीमित है तो अपूर्ण क्रमिकता का विचार भी हमारी सहायता नहीं कर पाएगा।

इसकी दूसरी ओर अनेक संभावनाएँ हैं—जहाँ कतिपय छिद्रों सहित निर्मित अपूर्ण क्रमिकता बहुत अच्छा मार्गदर्शन प्रदान कर सकती है। यदि हम, न्याय के तर्कों की समीक्षा के बाद, विकल्प 'क' को 'ख' तथा 'ग' से ऊपर रख सकें तो यह निर्णय किए

बिना भी, कि 'ख' और 'ग' में से कौन बेहतर है, हम 'क' को सबसे बेहतर मान सकेंगे। यदि हमारा सौभाग्य इतना प्रबल नहीं हो और न्याय के तर्कों की समीक्षा द्वारा 'क' तथा 'ख' के क्रम तो नहीं बना पाते, हाँ, इन दोनों को 'ग' से ऊपर अवश्य मान पाते हैं तो केवल न्याय की कसौटी निर्णय कर पाने के लिए पर्याप्त नहीं रहती। फिर भी न्याय का तकाज़ा हमें 'क' तथा 'ख' की तुलना में निकृष्टतम विकल्प को अस्वीकार करने का स्पष्ट निर्देश तो दे ही देता है। इस प्रकार की अपूर्ण क्रमिकताओं की प्रभाव सीमा बहुत विस्तृत हो सकती है। एक उदाहरण पर विचार करें : यदि इस बात पर सहमति हो कि अमरीका की चिकित्सा व्यवस्था का वर्तमान स्वरूप सभी को ये सुविधाएँ उपलब्ध कराने वाली कई वैकल्पिक सर्वव्यापक व्यवस्थाओं की तुलना में कम न्यायपूर्ण है तो हम न्याय के नाम पर इस गैर-सर्वव्यापक व्यवस्था को रद्द करने का फैसला तो ले ही सकते हैं, भले ही न्याय के वे तर्क उन अन्य विकल्पों के बीच पूर्ण क्रमिकता का निर्धारण नहीं कर पाएँ। फिर न्याय के तकाज़ों पर आधारित तर्कों की आलोचनात्मक समीक्षा कर उस परिप्रेक्ष्य द्वारा निर्धारित अपूर्ण क्रमिकता को विस्तारित करने पर ध्यान देने के लिए हमारे पास बहुत अच्छे कारण विद्यमान होंगे। भले ही कुछ चयन इसकी परिधि से बाहर रह जाते हों, किन्तु अपूर्ण क्रमिकता से सम्भव सहायता को अस्वीकार कर देने का कोई कारण नहीं होगा। चिकित्सा सेवाओं के क्षेत्र में तो सर्वव्याप्ति पर आग्रह करने के हमारे पास अनेक कारण हैं—भले ही सामाजिक चयन के कई और प्रश्नों पर (इतनी व्यापक) सहमति (अभी) नहीं बना पा रही हो। तर्कशील चयन सिद्धान्त का यही आग्रह है कि परस्पर अक्रमित किन्तु श्रेष्ठतर विकल्पों में से किसी को भी अपना लेना एक निकृष्ट वर्तमान अवस्था से बेहतर होगा।

एक तुलनात्मक विश्लेषण संरचना

यदि न्याय विषयक चर्चा का व्यवहारिकता से भी कोई सम्बन्ध होगा तो निश्चित रूप से तुलना का प्रश्न उठेगा। भले ही हम सम्पूर्ण रूप से न्यायनिष्ठ की पहचान नहीं कर पाएँगे, फिर भी तुलनाएँ करने से बच पाना सम्भव नहीं रहता। उदाहरण के लिए व्यापक भूख और निरक्षरता के निर्मूलन की नीतियों को अपनाने को न्याय सवंर्धन के आधार पर तर्क-आश्रित सहमति का अनुमोदन मिल सकता है। किन्तु इन नीतियों के क्रियान्वयन से अनेक ऐसे प्रगतिशील तत्त्व बाहर रह सकते हैं जिन्हें हम व्यक्तिगत रूप से सुझा और सामाजिक रूप से स्वीकार भी कर रहे हों। किसी पूर्णतः न्यायनिष्ठ समाज की रचना की अनुभवातीत धारणा तो (यदि उसकी पहचान सम्भव हो जाए) तो किसी समाज को आदर्श स्वरूप प्रदान करने के लिए और भी बहुत कुछ करने की माँग करेगी। चाहे उन परिवर्तनों को कभी भी साकार रूप नहीं मिल पाए। किन्तु न्याय सवंर्धक परिवर्तन या सुधार केवल तुलनात्मक मूल्यांकन पर आग्रह करते हैं—किसी आदर्शतम समाज या संस्थाओं के निर्माण पर नहीं।

यदि हमारी तर्कधारा ठीक दिशा में जा रही है तो न्यायनिष्ठा संस्थाओं के सटीक स्वरूप या सम्पूर्ण रूप से न्यायनिष्ठ समाज की रचनाओं की पहचान निर्धारित किए बिना भी बहुत अच्छी तरह से व्यवहार में प्रयोग हो सकने वाले न्याय सिद्धान्त का निरूपण हो सकता है। इस दृष्टिकोण में यह बोध भी समाहित होगा कि विभिन्न समदर्शी निर्णायक (अवलोकनकर्ता) किसी अनुभावातीत विकल्प की पहचान—यहाँ तक कि अस्तित्व—को लेकर परस्पर असहमत हो सकते हैं। इससे भी कहीं अधिक महत्त्वपूर्ण बात तो यह स्वीकार करना है कि कई बार एक अकेला व्यक्ति तर्क आधारित समीक्षा के बाद भी अन्य सभी को निरस्त कर केवल एक विकल्प का चयन कर पाने में सफल नहीं हो पाता—वह विभिन्न विकल्पों के बीच चयन की समस्या का पूर्ण समाधान नहीं कर पाता।

न्याय एक ऐसा अत्यन्त महत्त्वपूर्ण विचार है जो अतीत से मानव को प्रेरित करता रहा है और भविष्य में भी करता रहेगा। इस महान संकल्पना के सार तत्त्व और इसकी प्रभाव सीमाओं को अधिक स्पष्ट और विकसित करने में आलोचनात्मक समीक्षा और तर्कशीलता बहुत योगदान कर सकती हैं। किन्तु यह अपेक्षा करना उचित नहीं होगा कि उस प्रत्येक समस्या का समाधान, जिसके लिए न्याय के विचार की दुहाई दी जाएगी, तर्कित समीक्षा द्वारा हो ही जाएगा। साथ ही यह बात भी अनुचित होगी कि कुछ समस्याओं का समाधान करने में विफल रह जाने वाले सिद्धान्त का, जिन मामलों में आलोचनात्मक समीक्षा से पूर्ण समाधान हो रहा हो, वहाँ भी प्रयोग करना व्यर्थ है। उचित रूप से तो हम यहीं तक आ सकते हैं।

न्याय और अनावृत समदर्शिता

अभी एक बड़े प्रश्न पर चर्चा रहती है : यह प्रश्न उन औचित्यपूर्ण मूल्यांकनों की प्रभाव सीमाओं और व्याप्ति से जुड़ा है जो अनेक पक्षों और अनेक देशों द्वारा प्रस्तावित होते रहे हैं। प्रश्न है कि क्या समदर्शिता या निष्पक्षता पर आधारित व्यवहार किसी सांझी सम्प्रभुता या किन्हीं सांझे सांस्कृतिक परिवेश और विचारों एवं वरीयताओं की सीमाओं में ही सीमित रह जाना चाहिए? यहाँ हमारे न्यायविषयक दृष्टिकोण के सन्दर्भ में इन पूर्व चर्चित प्रश्नों (अध्याय 5-9) को पुनः याद करना उपयोगी होगा।

इस अनिवार्यता के लिए दो आधार हैं कि न्याय विषयक सार्वजनिक तर्क किसी राज्य या क्षेत्र की सीमाओं से बाहर तक विस्तृत रहने चाहिए। ये तर्क क्रमशः अभिनतियों से बचने में अन्य व्यक्तियों के हितों की प्रासंगिकता एवं उनके प्रति निष्पक्षता तथा हमारे उपयुक्त नियमों की अन्वेषणा के परिप्रेक्ष्यों के विस्तार करने में अन्य व्यक्तियों के अनुभवों की उपादेयता पर आधारित होते है। (इससे स्थानीय समाज में रूढ़ पक्षपात और संकीर्णता भरे असमीक्षित पूर्वाग्रहों और धारणाओं से बचाव सम्भव हो जाता है)

आज के विश्व में भी हितों की परस्पर निर्भरता पर आधारित पहली बात सहज ही समझ आ जाती है। न्यूयार्क में 9/11 की बर्बरता के प्रति अमरीका की प्रतिक्रिया से अफगानिस्तान, ईराक आदि में ही लाखों-करोड़ों के जीवन पर प्रभाव नहीं पड़ रहा, बल्कि जो देश अमरीकी गतिविधियों के क्षेत्र नहीं है। उनके निवासी भी प्रभावित हो रहे हैं। इसी प्रकार अमरीका जिस तरह से अपने वर्तमान आर्थिक संकट का सामना करेगा उसका प्रभाव उसके प्रत्यक्ष व्यापार सहयोगी देशों पर ही नहीं, उन पर भी होंगे जो उन देशों के साथ व्यापार करते हैं। यही नहीं, एड्स जैसी महामारियाँ एक देश से दूसरे देश, एक महाद्वीप से दूसरे तक फैल जाती हैं तो एक देश में विकसित दवाएँ हज़ारों किलोमीटर दूर बसे लोगों के जीवन और स्वतंत्रताओं की रक्षा में महत्त्वपूर्ण हो जाती हैं। परस्पर निर्भरता के अनेक अन्य उदाहरण दिए जा सकते हैं।

इन पारस्परिकताओं में एक देश में अन्याय की भावना के अन्य देशों के जीवन और स्वतंत्रता पर प्रभाव भी शामिल हैं। बर्मिंघम जेल से अप्रैल 1963 में एक पत्र में मार्टिन लूथर किंग (जूनियर) ने कहा था 'कहीं' भी हो रहा अन्याय सभी के लिए खतरा है। एक देश में अन्याय से फैला असन्तोष बहुत शीघ्र अन्य देशों में फैल जाता है—अब तो सारा ही विश्व हमारे पड़ोस में परिवर्तित हो चुका है। व्यापार और संचार सम्प्रेषण के द्वारा आज हम विश्व-स्तर पर बहुत अच्छी तरह जुड़े हुए हैं। साहित्यिक, कला, वैज्ञानिक प्रयासों आदि के स्तर हमारे विश्वव्यापी सम्पर्क अब इस बात को निरर्थक बना देते हैं कि विभिन्न हित या सरोकार किसी एक देश की सीमा रेखाओं में बसे नागरिकों तक ही सीमित रह जाते है, और इनका शेष मानवता से कोई सम्बन्ध नहीं होता।

असंकीर्णता न्याय के लिए अनिवार्य है

हितों की पारस्परिकता की विश्व स्तरीयता के साथ एक दूसरा आधार भी है : संकीर्णता के पाश से बचना। यह समदर्शिता के तकाज़ों के प्रति एक खुला दृष्टिकोण अपनाने की दृष्टि से बहुत महत्त्वपूर्ण रहता है। यदि न्याय के तकाज़ों को एक स्थान, देश या एक क्षेत्र तक ही सीमित कर दिया जाए तो ऐसी अनेक चुनौतियों या वितर्कों की उपेक्षा का खतरा हो जाता है जो स्थानीय स्तर पर उठे ही नहीं हो, या जिन्हें महत्त्वहीन समझ कर उपेक्षित कर दिया गया हो। किन्तु समदर्शता पूर्ण परिप्रेक्ष्य में जिन पर विचार होना ही चाहिए। राष्ट्रीय परम्पराओं एवं क्षेत्रिक सहमतियों से जुड़ी संकीर्ण तार्किकता पर निर्भरता की सीमितता का विरोध ही एडम स्मिथ कर रहे थे। उन्होंने एक वैचारिक प्रयोग के रूप में 'समदर्शी अवलोकन कर्ता' के विचार को प्रस्तुत किया था—आशय था कि कोई व्यवहार या विधि दूर—या पास के किसी ऐसे व्यक्ति को कैसा प्रतीत होगा जिसका कोई निहित स्वार्थ नहीं हो।

स्मिथ न्यायशास्त्र और नैतिक-राजनीतिक तर्कशास्त्रों में संकीर्णता के पाश को लेकर बहुत चिन्तित थे। उन्होंने अपने एक लेख में यह समझाया है कि किसी समाज

के परिवेश से बंधी चर्चा किस प्रकार से बहुत ही संकीर्ण बोध की बन्दी होकर रह जाती है।

ग्रीस के सभी प्रान्तों में नवजात शिशुओं की हत्या की अनुमति थी, बड़े विनम्र और सभ्य ऐथेन्सवासी भी अपवाद नहीं थे। यही नहीं, जब किन्हीं अभिभावकों को किसी बच्चे का पालन-पोषण कठिन लगता, वह बड़े सहज भाव से उसे भूखे मरने के लिए अकेला या जंगली जानवरों का भोजन बनने के लिए छोड़ देते थे—उन्हें इस पर किसी प्रकार की प्रताड़ना की आशंका नहीं होती थी। निरन्तर चली यह परम्परा इतना अधिकृत व्यवहार बन गई थी कि शेष विश्व से सम्पर्क से इसमें सुधार होना तो दूर की बात है, ग्रीस के दार्शनिक और विचारक भी इस नृंशसता की आलोचना करने के स्थान पर सार्वजनिक उपयोगिता की मनमानी व्याख्या कर इसे उचित ठहराने में जुटे थे। अरस्तू इसे ऐसा कुछ बताते हैं जिसे न्याय अधिकारियों को बढ़ावा देना चाहिए। मानवतापूर्ण प्लेटो, जिनकी रचनाओं से मानव मात्र के लिए प्रेमभाव छलकता रहता था, भी इसी विचार के थे और उन्होंने कभी इस बर्बरता का विरोध नहीं किया।[5]

एडम स्मिथ का कहना था कि हमें अपनी भावनाओं पर अपने से कुछ दूर हटकर विचार करके देखना चाहिए। इसके पीछे न केवल निहित स्वार्थों, बल्कि रूढ़ परम्पराओं और रिवाजों की जकड़न से मुक्त होकर समीक्षा करने से ही था।

शिशु हत्या का स्मिथ का उदाहरण दुर्भाग्यवश अभी भी कुछ एक समाजों में सार्थक बना हुआ है—किन्तु उनके अनेक अन्य उदाहरण बहुत से वर्तमान देशों/ समाजों पर पूरी तरह लागू दिखाई देते हैं। उनका कहना था कि 'क्या कोई दण्ड समतापूर्ण है? इसकी कसौटी शेष मानवता की दृष्टि' में उस दण्ड का उचित होना ही होगा।[6] अभी कुछ समय पहले तक भी अमरीका के दक्षिण भागों में पकड़े गए अपराधी/शरारती तत्त्वों को भीड़ द्वारा पीट-पीट कर मार डालना वहाँ के न्याय प्रशासकों की शालीनता को अखरता नहीं था। आज भी एक दूरी से समीक्षा करते हुए तालिबानी अफगानिस्तान में व्यभिचारिणी को पत्थर से मार-मार कर मौत के घाट उतारने, चीन, कोरिया, भारत में कन्याभ्रूण के गर्भपात, चीन और अमरीका में मृत्युदंड (भले ही उसके साथ अब समारोह नहीं होते) इसी प्रकार के सन्दर्भ प्रतीत होते हैं। संवृत समदर्शिता में न्याय की संकल्पना के आधार के रूप में वह बात नहीं आ पाती जो होनी चाहिए।

दूर से अवलोकन के विचार का अमरीका में चल रहे कुछ संवादों/विवादों पर प्रभाव भी दिखाई देने लगा है। वर्ष 2005 में अमरीकी सर्वोच्च न्यायालय में मृत्युदंड, विशेषकर बाल्यावस्था के अपराधों के लिए मृत्युदंड दिए जाने की उपयुक्तता को लेकर अच्छी-खासी बहस चली थी। अमरीका जैसे देश में भी 'न्याय होता दिखने' के तकाज़े उन्हीं समस्याओं के समाधान के लिए यूरोप, ब्राज़ील, भारत और जापान में अपनाई जा रही विधियों से अछूते नहीं रह सकते। अमरीकी सर्वोच्च न्यायालय ने

बहुमत से बाल्यकाल के अपराधों के लिए मृत्युदंड दिया जाना बंद कर दिया—भले ही वह दण्ड अपराधी के वयस्क होने पर दिया जाता था।

किन्तु सर्वोच्च न्यायालय की अपनी रचना में परिवर्तन के बाद यह निर्णय भी बच नहीं पाएगा। वर्तमान सर्वोच्च न्यायाधीश जॉन जी रॉबर्ट्स ने अपनी चयन पुष्टि की सुनवाई के दौरान ही अल्पमत के साथ सहमति जताते हुए बड़े बड़े शब्दों में कहा है—अगर हम किसी जर्मन न्यायाधीश की हमारे संविधान के प्रावधानों की व्याख्याओं पर निर्भर होने का प्रयास करेंगे तो यह बात उठेगी कि उसे जनता के प्रति उत्तरदायी किसी राष्ट्रपति ने नियुक्त नहीं किया है...फिर भी वह इस देश की जनता पर लागू कानूनों का स्वरूप बदल रहा है।[7] इसके उत्तर में उस बहुमत में सम्मिलित न्यायाधीश गिन्सबर्ग ने सवाल उठाया है हम किसी विदेशी न्यायधीश के ज्ञानबोध से उसी प्रकार लाभ क्यों नहीं उठा सकते जिस प्रकार किसी प्रोफेसर द्वारा लिखी गई कानूनी टीका को पढ़कर लाभ उठाते हैं।[8]

सामान्य ज्ञान, और उसके न्याय से सम्बन्ध, का हमारी चर्चा में भी सम्बन्ध है। गिन्सबर्ग का विचार ठीक है कि ज्ञान घर और बाहर कहीं से भी आ सकता है। किन्तु एडम स्मिथ द्वारा कही गई बात तो और भी अधिक प्रासंगिक है। उनका कहना है कि स्थानिक और राष्ट्रीय संकीर्णताओं के पाश से बचने के लिए दूर के निर्णयों पर विचार करना और उनकी समीक्षा करना विशेष रूप से महत्व पूर्ण रहता है। इसीलिए उन्होंने "शेष मानवता की दृष्टि" की बात उठाई थी। एक अल्पवयस्क द्वारा की गई हत्या पर उसे मृत्युदंड नहीं देने के बारे में बहुमत "अपने जैसे रुझान वाले विदेशियों से प्रभावित नहीं हो गया था। (जैसा कि अल्पमत वाले एक न्यायाधीश स्केलिया ने आरोप लगाया था।) दूर से समीक्षा एक ठोस धरातल पर टिके, किन्तु खुले मस्तिष्क से लिए गए निर्णय तक पहुँचने के लिए बहुत उपयोगी रहते हैं—इनमें गैर स्थानिक परिप्रेक्ष्यों द्वारा सृजित सरोकारों पर आधारित प्रश्नों पर भी विचार हो जाता है।

वस्तुतः संकीर्ण विचारों की व्यावहारिकता का बोध अन्य देशों में क्या कुछ सम्भव हुआ के विषय में अज्ञान पर ही आधारित होता है। प्राचीन ग्रीस में शिशुवध का जड़तापूर्ण समर्थन उन समाजों के विषय में अनभिज्ञता पर ही आधारित था जो शिशु हत्या न करने के बावजूद बिखर नहीं गए थे। स्थानीय ज्ञान मूल्यवान है किन्तु फिर भी विश्वस्तरीय ज्ञान भी स्थानीय मूल्यमानों और व्यवहार पर चर्चाओं में योगदान दे सकता है।

स्मिथ के 'समदर्शितापूर्ण अवलोकनकर्ता' के विचार में दूर की बातों को सुनने के आग्रह का अर्थ यह नहीं है कि विदेशों से आए प्रत्येक तर्क का सम्मान करना चाहिए। बाहर से आए तर्कों पर विचार करने की तत्परता का अर्थ उन सभी तर्कों को शिरोधार्य करने की मानसिकता से बहुत अलग बात है। हम ऐसे अनेक तर्कों को—कभी-कभी सभी को भी अस्वीकार कर सकते हैं। फिर भी उन तर्कों में कहीं न कहीं हमें अपने विचारों और धारणाओं पर पुनर्विचारों की प्रेरणा भी मिल जाती है।

हमारे विचार केवल अपनी संस्कृति या देश की परम्पराओं और अनुभवों द्वारा ही बने होते हैं। विदेशों से आए विचार कितने ही ऊलजलूल लगें, किन्तु जब हम गैर-स्थानिक विचारों के पीछे के तर्कों पर विचार करे तों उनमें भी बहुत कुछ सार सत्त्व हो सकता है। शायद अमरीका और चीन में बहुत से लोगों पर इस बात का कोई प्रभाव नहीं होगा कि बहुत से देशों, सारे यूरोप में मृत्युदंड समाप्त हो चुका है। यदि तर्क महत्त्वपूर्ण है तो फिर इस बात का भी पर्याप्त कारण होगा कि शेष विश्व में मृत्युदंड के विरुद्ध दिए जा रहे तर्कों की भी समीक्षा होनी चाहिए।

न्याय, लोकतंत्र और विश्वस्तर पर संवाद

विभिन्न क्षेत्रों से आ रहे पृथक, विरोधी तर्कों और विश्लेषणों पर गम्भीरता पूर्वक विचार करना, तो ऐसी ही भागीदारी की प्रक्रिया है जो लोकतंत्र से बहुत मिलती-जुलती है। (हम पहले ही लोकतंत्र की भागीदारी पूर्ण कार्य पद्धति पर विस्तार उस चर्चा कर चुके हैं) ये दोनों एक ही चीज़ नहीं हैं–हमारी इस व्याख्या के अनुसार लोकतंत्र तो 'संवाद द्वारा शासन' है और ये राजनीतिक मूल्यांकन से सम्बद्ध रहता है। दूसरी गैर आत्मकेन्द्रित और गैर-संकीर्ण समीक्षा (जिसमें सुदूर के परिप्रेक्ष्यों पर भी ध्यान दिया जा रहा हो) मुख्यतः, वस्तुनिष्ठता के तकाज़ों से प्रेरित होती है। फिर भी सांझापन है–लोकतंत्र की पद्धति के तकाज़ों का प्रशासन की वस्तुनिष्ठता का सवंर्धन करने वाला माना जा सकता है। हमारे वर्तमान सन्दर्भ में एक प्रश्न उठाया जा सकता है : इन सब बातों का विश्व स्तर पर न्याय तथा वैश्विक लोकतंत्र के स्वरूप और आवश्यकताओं के लिए क्या निहितार्थ होंगे?

अक्सर बड़े विश्वासपूर्ण ढंग से कहा जाता है कि निकट भविष्य में एक विश्व-स्तरीय शासन व्यवस्था की स्थापना तो असम्भव है और इसीलिए वैश्विक लोकतंत्र की भी सम्भावना नहीं है। वस्तुस्थिति यही है किन्तु यदि लोकतंत्र की व्याख्या केवल 'सार्वजनिक संवाद' द्वारा की जाए तो विश्व लोकतंत्र के विचार को कहीं ठंडे बस्ते में दफन करने की आवश्यकता भी नहीं रहेगी। वे आवाज़ जो प्रभाव डाल सकती हों, अनेक स्रोतों से आ सकती हैं–विश्वस्तरीय संस्थाओं से और कम औपचारिक संवादों तथा विचार-विमर्शों से। ये अभिव्यक्तियाँ, विश्वस्तरीय तार्किकता के लिए 'सम्पूर्ण' तो नहीं होतीं, किन्तु फिर भी इनका अस्तित्व होता है और वे कुछ प्रभावपूर्ण ढंग से कारगर भी रहती हैं। जो संस्थाएँ जानकारी का सम्प्रेषण और प्रसार कर रही हैं, उन्हें और सबल बनाकर इन अभिव्यक्तियों को हम और बल प्रदान कर सकते हैं और सीमाओं के पार संवाद के अवसरों को बढ़ावा दे सकते हैं। इस प्रकार की लोकतान्त्रिक की पहुँच को स्रोतों की बहुलता बहुत समृद्ध बना सकती है।

यहाँ अनेक संस्थाओं की भूमिका और सहयोग उपयोगी हैं–संयुक्त राष्ट्रसंघ

और सहयोगी संस्थाएँ तो हैं ही, अनेक गैरसरकारी संगठनों और प्रतिबद्ध नागरिक संगठनों के साथ-साथ समाचार माध्यमों के कुछ अंश भी महत्त्वपूर्ण योगदान दे रहे हैं। अनेक सक्रिय कार्यकर्ता मिलकर बड़ी शानदार पहल भी कर रहे हैं। वाशिंगटन और लन्दन को ईराक में गठजोड़ की रणनीति की व्यापक आलोचना बहुत अप्रिय लगी होगी, तो पेरिस और तोक्यो की वैश्वीकरण विरोधी आंदोलनों की विश्व व्यवसाय की आलोचना बड़ी अखरी होगी। इन आलोचकों द्वारा उठाई जा रही अनेक बातें बहुत स्पष्ट नहीं होती। (कई बार तो बिल्कुल समझ से बाहर होती हैं) किन्तु अनेक बहुत प्रासंगिक प्रश्न भी उठाए जाते हैं। उन्हें हम सार्वजनिक विमर्श में रचनात्मक योगदान मानते हैं।

विश्वस्तरीय सम्बन्धों के हितलाभों का विभाजन केवल आन्तरिक नीतियों पर निर्भर नहीं रहता इसमें अनेक विश्वस्तरीय सामाजिक व्यवस्थाओं का भी योगदान रहता है। ये व्यवस्थाएँ हैं : व्यापार समझौते, पेटेन्ट कानून, वैश्विक स्वास्थ्य योजनाएँ, शैक्षणिक प्रावधान, प्रौद्योगिकीय प्रसार तन्त्र, पर्यावरण एवं स्थैतिकी-विषयक संयम, पुराने कर्ज़ों सम्बन्धी व्यवस्था (ये कर्ज़ प्रायः पुराने गैर उत्तरदायी सैनिक शासकों की देन होते हैं।) और स्थानीय लड़ाइयों तथा टकरावों पर अंकुश लगाना आदि। ये सभी चर्चा के सुयोग्य पात्र हैं। इन पर विश्वस्तरीय संवाद, जिसमें दूर और पास की आलोचनाएँ भी सम्मिलित हों, बहुत सार्थक हो सकता है।*

सक्रिय जन आन्दोलन, समाचार टिप्पणियाँ और खुले संवाद द्वारा विश्व लोकतंत्र की ओर कदम बढ़ाए जा सकते हैं—किसी विश्व सरकार की प्रतीक्षा करने की आवश्यकता नहीं है। आज की चुनौती तो विद्यमान भागीदारी प्रक्रिया को और सबल बनाने की है। इसी पर विश्वस्तरीय न्याय की अन्वेषणा निर्भर होगी। यह कोई नगण्य समझा जा सकने वाला ध्येय नहीं हैं।

सामाजिक अनुबन्ध बनाम सामाजिक चयन

इस पुस्तक की न्याय की विधि का एक महत्त्वपूर्ण आयाम सार्वजनिक तर्क-निर्भरता है तो दूसरा इतना ही महत्त्वपूर्ण आयाम वह स्वरूप भी है जिसमें न्याय के प्रश्नों को उठाया जाता है। मेरा आग्रह रहा है कि अनुभवातीत संस्थावाद, जो समकालिक राजनीतिक दर्शन में न्याय विषयक मुख्य चिन्तन धारा का आधार बना हुआ है। (रॉल्स के न्याय के निष्पक्षता स्वरूप सहित) उसे तिलांजलि देकर न्याय के प्रश्नों पर

---

* पिछले कुछ वर्षों की आर्थिक सफलता ने कुछ देशों की आवाज़ को विश्व स्तर पर बहुत मुखर बना दिया है। किन्तु आन्तरिक स्तर पर उनमें वहाँ के जन सामान्य के सरोकारों पर कोई ध्यान नहीं दिया जाता। अतः केवल देश के नेताओं , फौजी शासकों या बड़े व्यापारियों ही नहीं सभ्य समाज के सदस्यों की वाणी पर भी कान लगाने की आवश्यकता है।

ही ध्यान केन्द्रित करने की आवश्यकता है। इसमें पहली बात तो सामाजिक उपलब्धियों–संप्राप्तियों के आकलन की होगी–अर्थात यह देखना होगा कि वास्तव में क्या कुछ हो पाया है–केवल किन्हीं संस्थाओं की न्यायनिष्ठता का सैद्धान्तिक आकलन पर्याप्त नहीं रहेगा। दूसरे किसी सम्पूर्ण रूप से न्यायपूर्ण व्यवस्था की खोज के पीछे भागने के स्थान पर तुलनात्मक रूप से न्यायता के संवर्धन के मुद्दों पर ध्यान देना होगा। 'भूमिका' में जिस रूपरेखा को मैंने प्रस्तावित किया था, उसी का सारी पुस्तक में अनुसरण भी किया है–इसी सन्दर्भ में खुले सार्वजनिक संवाद में समदर्शिता के तकाज़ों के प्रयोग पर आग्रह भी किया है।

इस पुस्तक की विश्लेषण विधि 18वीं शताब्दी में कॉंडोर्से द्वारा प्रवर्तित और हमारे वर्तमान समय में केन्नेथ ऐरो द्वारा सँवारी-सजाई गई सामाजिक चयन सिद्धान्त की परम्परा द्वारा ही प्रभावित रही है। यह भी सामाजिक चयनों की भाँति ही सुस्पष्ट सामाजिक संप्राप्तियों के तुलनात्मक मूल्यांकन के कार्य पर ही केन्द्रित रही है। इसी दृष्टि से इस कार्य में एडम स्मिथ, जेरेमी बैंथम, जॉन स्टुअर्ट मिल और कार्ल मार्क्स आदि के कार्यों से मिलते-जुलतेपन की झलक भी दिखाई पड़ जाती है।

मेरे विश्लेषण के मूल सूत्र तो ज्ञानोदीप्ति काल के चिन्तन तक पहुँच रहे हैं, किन्तु यह उस युग की चिन्तनधारा के एक विशिष्ट स्वरूप–किसी सामाजिक अनुबन्ध पर आधारित न्याय-व्यवस्था–से बहुत ही अलग दिशा की ओर प्रत्यन्तर कर गया है। अनुबन्धवादी परम्परा कम से कम हॉब्स तक तो विस्तीर्ण है ही, इसमें लॉक, रूसो और काँट के भी महत्त्वपूर्ण योगदान रहे हैं। हमारे सामाजिक और प्रमुख राजनीतिक दार्शनिक, रॉल्स से लेकर नॉज़िक तक और गौटियर, डॉर्किन आदि भी उस परम्परा को समृद्ध बनाते रहे हैं। अपने न्याय दृष्टिकोण को प्रस्तुत करने में मैंने सामाजिक चयन विधि को आधार बनाया है। मेरा इरादा सामाजिक अनुबन्ध विधि से प्राप्त ज्ञान और मार्गदर्शन के महत्व को धूमिल स्वरूप प्रदान करने का नहीं हैं–फिर भी मैंने पाया है कि यह विधि–पर्याप्त रूप से विस्तीर्ण प्रभाव क्षेत्र वाले न्याय सिद्धान्त का आधार बन पाने के अधिक उपयुक्त नहीं है–वस्तुतः इसमें निह्ति बाधाएँ इतनी ऊँची हो जाती हैं कि न्याय में व्यवहारिक स्तर पर तर्क के सारे मार्ग अवरुद्ध कर देती हैं।

न्याय के सर्वाधिक प्रचलित सिद्धान्त–रॉल्स के न्याय के निष्पक्षता स्वरूप को ही मैंने प्रत्यन्तर बिन्दु बनाया है। यद्यपि रॉल्स के राजनीतिक विश्लेषण में और अनेक तत्त्व हैं किन्तु उनका न्याय का निष्पक्षतास्वरूप प्रत्यक्षतः केवल न्यायनिष्ठ संस्थाओं की पहचान तक सीमित रह जाता है। इसमें एक 'अनुभवातीत' भावना विद्यमान है, यद्यपि किन्हीं अन्य सन्दर्भों में रॉल्स ने तुलनात्मक प्रश्नों पर बहुत ज्ञानवर्धक टिप्पणियाँ की हैं और पूर्णरूपेण न्यायनिष्ठ समाज की प्रकृति के विषय में असम्भव असहमतियों पर भी ध्यान देने का प्रयास किया है।

रॉल्स ने अपने न्याय के नियमों के निरूपण में संस्थाओं पर ध्यान केन्द्रित किया है। यह संस्था चयन पर आग्रह सामाजिक सप्राप्तियों में उनकी अरुचि की झलक नहीं है। उनके न्याय सिद्धान्त की मान्यता है कि सामाजिक संप्राप्तियों का निर्धारण न्यायनिष्ठ संस्थाओं और सभी द्वारा पूर्ण अनुसरणकारी व्यवहार के संयोग द्वारा हो जाएगा—इस प्रकार संस्थाओं से वस्तुस्थिति तक की यात्रा पूरी हो जाएगी। इस विचार का नाता रॉल्स के सम्पूर्ण रूप से न्यायनिष्ठ समाज (जिसमें आदर्श संस्थाओं और सभी द्वारा आदर्श व्यवहार का संयोग हो), को पाने की लालसा से है। किन्तु जिस विश्व में इतनी अधिक कष्टसाध्य व्यवहार विषयम मान्यताओं की पूर्ति नहीं हो पाती वहाँ तो वे संस्थागत चयन सम्पूर्ण रूप से न्यायनिष्ठ समाज का दावा करने वाली व्यवस्था की रचना कर पाने में विफल हो जाएँगे।

अन्तर और समानताएँ

अपनी रचना *लेविएथन* में हॉब्स ने एक बहुत ही विलक्षण टिप्पणी की है : मानव जीवन ''कलुषित, क्रूर और संक्षिप्त'' है। यह 1651 में न्याय के सिद्धान्त का एक अच्छा आरम्भ बिन्दु रहा होगा—मुझे भय है कि आज भी इसे इसी रूप में जाना जा सकता है—संसार में आज भी अनगिनत लोगों के जीवन में यही विशेषताएँ दृष्टिगोचर होती हैं—भले ही अन्य लोगों ने काफी भौतिक समृद्धि पा ली है। किन्तु हमारी इस पुस्तक में प्रस्तुत सिद्धान्त का प्रत्यक्ष सम्बन्ध मानव जीवन और उसकी क्षमताओं तथा अभावग्रस्तता और दमन से रहा है। यद्यपि हॉब्स मानवीय अभावग्रस्तता के बहुत प्रभावशाली निरूपण से बहुत शीघ्र ही एक सामाजिक अनुबन्ध के आदर्शवाद की ओर अग्रसर हो गए थे, फिर भी जीवन में सुधार लाने के लिए जिन विचारों ने हॉब्स को प्रेरित किया होगा वे भी सहज ही समझ आ जाते हैं। यही बातें रॉल्स, डॉर्किन और नगेल के न्याय सिद्धान्तों पर भी लागू रहती है। उन्होंने अपने न्याय के नियमों को औपचारिक रूप से कतिपय संस्थानों के साथ जोड़कर नीति की दिशा में कदम बढ़ाए हैं—प्रत्यक्षतः सामाजिक संप्राप्तियों, मानव जीवन और स्वतंत्रताओं में निहित न्यायता की ओर नहीं। विभिन्न न्याय सिद्धान्तों के बीच सम्बन्ध सूत्रों पर भी अच्छी तरह से ध्यान देना आवश्यक है—क्योंकि प्रायः विभिन्न सिद्धान्तों पर चर्चा उनके बीच अन्तरों पर ही केन्द्रित होकर रह जाती है।

इस पुस्तक के सम्पूर्ण होने पर ही मुझे ध्यान आया है कि मैं भी अन्तर और तुलनात्मक भेदों के स्पष्टीकरण के रास्ते पर ही चलता रहा हूँ, जबकि सबसे बड़ा सांझा सूत्र तो इन सभी सिद्धान्तों की न्याय के प्रति चिन्ता की भावना ही है। हमारे न्याय सिद्धान्त हमें कुछ भी बताते रहे किन्तु उनको लेकर पिछले कुछ समय से चल

रही बौद्धिक सक्रियता, जो बहुत सीमा तक रॉल्स के शानदार कार्य द्वारा प्रारम्भ और प्रेरित रही है) के बहुत आभारी हैं।

दर्शन अनेक ऐसे विषयों पर जिनका मानव जीवन को ग्रस रहे सुझावों, विषमताओं और गैर स्वतंत्रता आदि पर तो बहुत ही उत्कृष्ट शोध करता ही रहता है। ये अनुचित नहीं है—इससे भी मानव की सहज जिज्ञासा के विभिन्न आयामों के विषय में हमारी सूझबूझ विकसित होती है। किन्तु यही दर्शन शास्त्र जीवन मूल्यों एवं वरीयताओं तथा मानव मात्र द्वारा विश्वभर में भोगी जा रही वंचनाओं, दमन एवं अपमान की विडम्बनाओं पर चिन्तन की प्रभाव सीमा के विस्तार और उसे अनुशासित रखने में बहुत योगदान दे सकता है? न्याय सिद्धान्तों की एक सांझी प्रतिबद्धता इन प्रश्नों पर गम्भीर चिन्तन मनन कर विश्व में न्याय सवंर्धन और अन्याय-मर्दन के लिए व्यवहार्य तर्कों के निर्माण से जुड़ी है। अनेक व्यक्तियों को विश्व में एक मीमांसाशास्त्रीय रुचि रहती है तो श्रेष्ठता, औचित्य, न्यायनिष्ठता आदि के सरोकार भी हमारे मानस में प्रत्यक्ष-परोक्ष रूपों में बसे रहते हैं। न्याय के विभिन्न सिद्धान्तों में उन सरोकारों के सही प्रयोग को लेकर स्पर्धा रहती है, किन्तु उनमें उन्हीं सांझे लक्ष्यों को साधने के प्रयास का सांझापान भी भरा होता है।

वर्षों पूर्व थॉमस नगेल ने एक प्रसिद्ध लेख में मानव-शरीर की समस्या पर बहुत बुनियादी विचार व्यक्त किए थे। न्याय सिद्धान्तों का सम्बन्ध भी ऐसे ही एक प्रश्न से है: *व्हाट इज़ इट लाइक टू बी ह्यूमन बींग,* अपने उस लेख में नगेल का मुख्य सरोकार मनुष्यों से ही था, चमगादड़ों की चर्चा तो केवल प्रसंगवश ही की गई थी। उन्होंने बहुत ही ज़ोरदार शब्दों में कुछ वैज्ञानिकों और दार्शनिकों द्वारा मानवीय संचेतना और मानसिक क्रियाओं की तत्विवयक भौतिक प्रक्रियाओं के माध्यम से व्याख्या करने के प्रयासों के औचित्य का विरोध किया था। विशेष रूप से उन्होंने संचेतना की उन विशेषताओं को स्पष्ट रूप से विलक्षण माना था जो शारीरिक क्रियाओं और मानसिक गतिविधियों के सम्बन्ध-सम्पर्क द्वारा पहचानी जाती हैं। वे भेद आज भी विद्यमान हैं। मेरा यह प्रश्न उठाने को (कि मानव होना क्या है) तात्पर्य कुछ अलग है—ये भावनाओं, अनुभूतियों और उन मानसिक क्षमताओं से सम्बन्धित है जो हम सभी मानवों के पास होती है।

यह कहना कि एक न्याय सिद्धान्त की अन्वेषणा का सम्बन्ध इस बात से है कि हम मानव किस प्रकार के जीव हैं, से मेरा तात्पर्य यह नहीं है कि न्याय सिद्धान्तों के बीच विवाद का निपटारा मानवीय प्रकृति की किन्हीं विशेषताओं के आधार पर हो जाएगा। मेरा आशयः तो यह स्पष्ट करने से है इन अलग-अलग सिद्धान्तों में भी हमारे मानव होने के विषय में कुछ सांझी मान्यताएँ समाई हुई हैं। इन सिद्धान्तों में हमें सहानुभूति से हीन, अन्यों के दर्द और अपमान से उद्वेलित नहीं होने वाले स्वतंत्रताओं के प्रति लापरवाह और (कम महत्त्वपूर्ण दृष्टि से नहीं) तर्क, बहस, विरोध

और समर्थन के अयोग्य जन्तुओं की भाँति भी निरूपित किया जा सकता था। मानवीय जीवन में इन अभिलक्षणों की सशक्त उपस्थिति हमें यह तो नहीं बता पाती कि हम किस न्याय सिद्धान्त का चयन करें किन्तु इससे हमें एक बात अवश्य स्पष्ट हो जाती है—हम न्याय की अन्वेषणा किसी भी विधि से करने का प्रयास करते रहें, पर मानव जीवन में यह अन्वेषणा कभी समाप्त नहीं की जा सकती।

मैंने अपने तर्कों को विकसित कहने में मानव की इन सहज विशेषताओं का (सहानुभूति रखने, तर्क करने) बहुत प्रयोग किया है, अन्य सिद्धान्तकारों ने भी अपने न्यायविषयक विचारों के निरूपण में उनका प्रयोग किया है। उन सिद्धान्तों के बीच मतभेदों की यहाँ स्वचालित रूप से समाप्ति तो नहीं हो पाई, किन्तु यह अनुभूति अपने आप में सुखकर है कि विभिन्न सिद्धान्तकार अपनी-अपनी विश्लेषण विधियों में सांझी मानवीय विशेषताओं पर आधारित तर्कों का ही प्रयोग कर रहे हैं। इन्हीं मानवीय योग्यताओं के कारण मनुष्य संवाद-सहयोग विहीन जीवन व्यतीत करना हमारी नियति नहीं बन पाया है। यह निश्चय बहुत बुरी बात है कि हमारे विश्व में तरह-तरह की अभावग्रस्तताएँ भरी हैं—कहीं भूख तो कहीं जुल्म अत्याचार का सामना हो रहा है—किन्तु हमारी दुर्दशा और भी बहुगुणित हो जाती यदि हम सम्प्रेषण, संवेदना, और विरोध कर पाने से भी वंचित होते।

जब हॉब्स ने मानव की 'कलुषित, क्रूर और संक्षिप्त' जीवन भोगने की विडंबना की बात की थी, तो उसी वाक्य में एकाकीपन की चिन्ताजनक विवशता का प्रश्न भी उठाया था। एकाकीपन से बच पाना न केवल मानव जीवन की गुणवत्ता के लिए महत्त्वपूर्ण है, यह उन अभावों और वंचनाओं को समझने और उनका प्रतिकार करने में भी बहुत शक्तिशाली योगदान दे सकता है जिनसे मानव मात्र निरन्तर ग्रस्त रहता है। निश्चय ही विभिन्न न्याय सिद्धान्तों के सरोकारों में बहुत सांझा भी हैं।

❑❑❑

संदर्भ-सूची

प्राक्कथन

1. Charles Dickens, *Great Expectations* (1860-61) (London: Penguin, 2003), Chapter 8, p. 63.
2. The critically important role of a sense of injustice has been well discussed by Judith N. Shklar, *The Faces of Injustice* (New Haven: Yale University Press, 1992).
3. John Rawls, *A Theory of Justice* (Cambridge, MA: Harvard University Press, 1971). He develops - and to some extent broadens - his analysis of justice in his later publications, beginning with *Political Liberalism* (New York: Columbia University Press, 1993).
4. John Rawls, 'Justice as Fairness', *Philosophical Review,* 67 (1958).
5. Christine Korsgaard, *Creating the Kingdom of Ends* (Cambridge: Cambridge University Press, 1996), p. 3. See also Onora O'Neill, *Acting on Principle - An Essay on Kartian Ethics* (New York: Columbia University Press, 1975), and A. Reath, C. Korsgaard and B. Herman (eds), *Reclaiming the History of Ethics* (Cambridge: Cambridge University Press, 1997).
6. Kwame Anthony Appiah, 'Sen's Identities', in Kaushik Basu and Ravi Kanbur (eds), *Arguments for a Better World: Essays in Honor of Amartya Sen,* vol. I (Oxford and New York: Oxford University Press, 2009), p. 488.

भूमिका

1. *The Works of the Right Honourable Edmund Burke,* vol. X (London: John C. Nimmo, 1899), pp. 144-5.
2. The remark was made by William Murray, 1st Earl of Mansfield, as cited in John Campbell, *The Lives of the Chief Justices in England: From the Norman Conquest to the Death of Lord Mansfield* (London: John Murray, 1949-57), vol. 2, Chapter 40, p. 572.

3. See Thomas Hobbes, *Leviathan,* edited by Richard Tuck (Cambridge: Cambridge University Press, 1991); John Locke, *Two Treatises of Government,* edited by Peter Laslett (Cambridge: Cambridge University Press, 1988); Jean-Jacques Rousseau, *The Social Contract,* translated by Maurice Cranston (Harmondsworth: Penguin, 1968); Immanuel Kant, *Principles of the Metaphysics of Ethics,* translated by T. K. Abbott, 3rd edn (London: Longmans, 1907).

4. See John Rawls, *The Law of Peoples* (Cambridge, MA: Harvard University Press, 1999), pp. 137, 141.

5. See Thomas Scanlon, *What We Owe to Each Other* (Cambridge, MA: Harvard University Press, 1998).

6. These issues are discussed more fully in my paper, 'What Do We Want from a Theory of Justice?', *Journal of Philosophy,* 103 (May 2006). On related questions, see also Joshua Cohen and Charles Sabel, 'Extra Rempublicam Nulla Justitia?', and A. L. Julius, 'Nagel's Atlas', *Philosophy and Public Affairs,* 34 (Spring 2006).

7. See particularly J.-C. de Borda, 'Memoire sur les elections au scrutin', *Memoires de l'Academie Royale des Sciences* (1781); Marquis de Condorcet, *Essai sur l'application de l'analyse a la probabilite des decisions rendues a la pluralite des voix* (Paris: L'Imprimerie Royale, 1785).

8. Kenneth J. Arrow, *Social Choice and Individual Values* (New York: Wiley, 1951; 2nd edn, 1963).

9. Amartya Sen, 'Maximization and the Act of Choice', *Econometrica, 65* (1997).

10. T. S. Eliot, 'The Dry Salvages' in *Four Quartets* (London: Faber and Faber, 1944), pp. 29-31.

11. Amartya Sen, *The Argumentative Indian* (London and Delhi: Penguin, 2005).

12. I shall return to this issue in Chapter 10, 'Realizations, Consequences and Agency'.

13. See Thomas Nagel, 'The Problem of Global Justice', *Philosophy and Public Affairs,* 33 (2005), p. 115.

14. Ibid., pp. 130-33, 146-7.

15. See John Rawls, *The Law of Peoples* (Cambridge, MA: Harvard University Press, 1999).

16. Seamus Heaney, *The Cure at Troy: A Version of Sophocles' Philoctetes* (London: Faber and Faber, 1991).

1. तर्क और वस्तुनिष्ठता

1. See Brian F. McGuinness (ed.), *Letters from Ludwig Wittgenstein, With a Memoir* (Oxford: Blackwell, 1967), pp. 4-5.

2. See, for example, Thomas Schelling, *Choice and Consequence* (Cambridge, MA: Harvard University Press, 1984); Matthew Rabin, 'A Perspective on Psychology and Economics,' *European Economic Review*, 46 (2002); Jean Tirole, 'Rational Irrationality: Some Economics of Self-Management', *European Economic Review*, 46 (2002); Roland Benabou and Jean Tirole, 'Intrinsic and Extrinsic Motivation', *Review of Economic Studies*, 70 (2003); E. Fehr and U. Fischbacher, 'The Nature of Human Altruism', *Nature*, *425* (2003).

3. Different ways of thinking about smart behaviour are considered in Essays 1-6 in my *Rationality and Freedom* (Cambridge, MA: Harvard University Press, 2002).

4. On this and related issues, see Thomas Nagel, *The Possibility of Altruism* (Oxford: Clarendon Press, 1970); Amartya Sen, 'Behaviour and the Concept of Preference', *Economica*, 40 (1973), and 'Rational Fools: A Critique of the Behavioral Foundations of Economic Theory', *Philosophy and Public Affairs*, 6 (1977), both included in *Choice, Welfare and Measurement* (Oxford: Blackwell, 1982, and Cambridge, MA: Harvard University Press, 1997); George Akerlof, *An Economic Theorist's Book of Tales* (Cambridge: Cambridge University Press, 1984); Derek Parfit, *Reasons and Persons* (Oxford: Clarendon Press, 1984); Jon Elster, *The Cement of Society* (Cambridge: Cambridge University Press, 1989).

5. Thomas Scanlon, *What We Owe to Each Other* (Cambridge, MA: Harvard University Press, 1998).

6. See Isaiah Berlin: *Against the Current: Essays in the History of Ideas*, Henry Hardy (ed.) (London: Hogarth Press, 1979); Henry Hardy (ed.), *The Crooked Timber of Humanity: Chapters in the History of Ideas* (London: John Murray, 1990); Henry Hardy (ed.), *Freedom and Its Betrayal: Six Enemies of Human Liberty* (Princeton, NJ: Princeton University Press, 2002); Henry Hardy (ed.), *Three Critics of the Enlightenment: Vico, Hamann, Herder* (London: Pimlico, 2000).

7. See Jonathan Glover, *Humanity: A Moral History of the Twentieth Century* (London: Jonathan Cape, 1999), pp.6-7.

8. Ibid., p. 310.

9. Ibid., p. 313.

10. The discussion that follows draws on my review essay of Jonathan Glover's book, 'The Reach of Reason: East and West', in the *New York Review of Books*, 47 (20 July 2000); republished, slightly revised, in *The Argumentative*

Indian (London: Penguin, 2005), essay 13.

11. See Glover, *Humanity: A Moral History of the Twentieth Century (1999)*, p.40.

12. Ibid., p. 7.

13. Translation from Vincent Smith, *Akbar: the Great Mogul* (Oxford: Clarendon Press, 1917), p. 257.

14. See Irfan Habib (ed.), *Akbar and His India* (Delhi and New York: Oxford University Press, 1997) for a collection of fine essays investigating the beliefs and policies of Akbar as well as the influences that led him to his heterodox position, including the priority of reason over tradition.

15. For this and other references to policy decisions based on Akbar's reasoning, see the fine discussion in Shireen Moosvi, *Episodes in the Life of Akbar: Contemporary Records and Reminiscences* (New Delhi: National Book Trust, 1994), from which the particular translations of Akbar's statements used here are also taken.

16. See M. Athar Ali, 'The Perception of India in Akbar and Abul Fazl', in Habib (ed.), *Akbar and His India* (1997), p. 220.

17. Hilary Putnam, *Ethics without Ontology* (Cambridge, MA: Harvard University Press 2004), p. 75.

18. John Rawls, *Political Liberalism* (New York: Columbia University Press, 1993), pp. 110, 119. See also his *Justice as Fairness: A Restatement,* edited by Erin Kelly (Cambridge, MA: Harvard University Press, 2001).

19. Jurgen Habermas, 'Reconciliation through the Public Use of Reason: Remarks on John Rawls's Political Liberalism', *Journal of Philosophy, 92* (March 1995); see also John Rawls's response, 'Reply to Habermas', *Journal of Philosophy,* 92 (1995).

20. See my 'The Reach of Reason: East and West', *New York Review of Books,* 47 (20 July 2000); 'Open and Closed Impartiality' *Journal of Philosophy,* 99 (2002); *The Argumentative Indian* (London: Penguin, 2005); *Identity and Violence: The Illusion of Destiny* (New York: W. W. Norton & *Co.,* and London: Penguin, 2006).

21. See particularly Nicholas Stern, *The Economics of Climate Change: The Stern Review* (Cambridge: Cambridge University Press, 2007). There is a vast literature- and some debate - on this subject now. The investigation of human culpability in environmental decline goes back a long time. An insightful assessment of the early literature on this can be found in Mark Sagoff, *The Economy of the Earth: Philosophy, Law and the Environment* (Cambridge:

Cambridge University Press, 1988).
22. See also Martha C. Nussbaum, *Upheavals of Thought: The Intelligence of Emotions* (Cambridge: Cambridge University Press, 2001).
23. David Hume, *Enquiries concerning the Human Understanding and concerning the Principles of Morals,* edited by L. E. Selby-Bigge (Oxford: Clarendon Press, 1962), p. 172.
24. Adam Smith, *The Theory of Moral Sentiments* (London: T. Cadell, 1790; republished Oxford: Clarendon Press, 1976), pp. 319-20.

2. रॉल्स के विचार और उनसे आगे

1. See Rawls, 'Outline of a Decision Procedure for Ethics', *Philosophical Review,* 60 (1951); 'Two Concepts of Rules', *Philosophical Review, 64* (1955), and 'Justice as Fairness', *Philosophical Review,* 67 (1958). They are included in Samuel Freedman (ed.), *John Rawls: Collected Papers* (Cambridge, MA: Harvard University Press, 1999). See also John Rawls, *Justice as Fairness: A Restatement,* edited by Erin Kelly (Cambridge, MA: Harvard University Press, 2001).
2. John Rawls, *A Theory of Justice* (Cambridge, MA: Harvard University Press, 1971). See also his *Political Liberalism* (New York: Columbia University Press, 1993); *Justice as Fairness: A Restatement* (200I).
3. Rawlsian ideas on justice did, in turn, deeply influence welfare economics; see E. S. Phelps (ed.), *Economic Justice* (Harmondsworth: Penguin, 1973), and 'Recent Developments in Welfare Economics: Justice et equite', in Michael Intriligator, (ed.), *Frontiers of Quantitative Economics,* vol. III (Amsterdam: North-Holland, 1977).
4. Scepticism about Rawls's claim regarding the exact contractarian outcome of the original position can be raised on other grounds as well. Economists and decision theorists in particular have tended to be sceptical of Rawls's conclusion about the plausibility of the outcome that he predicts in the original position, particularly the likelihood of the 'maximin' solution being chosen, on which Rawls's 'Difference Principle' can be seen to be based. On particular reasons for scepticism about Rawls's conclusion, see Kenneth Arrow, *Social Choice and Justice: Collected Papers of Kenneth J. Arrow,* vol. I (Cambridge, MA: Harvard University Press, 1983). Edmund Phelps has pioneered the extensive use of Rawlsian rules of justice in economic analysis, though he too has expressed considerable scepticism about Rawls's derivations; see E. S. Phelps (ed.), *Economic Justice* (1973); and his *Studies in*

Macroeconomic Theory, II: Redistribution and Growth (New York: Academic Press, 1980).

5. Immanuel Kant, *Fundamental Principles of the Metaphysics of Ethics,* translated by T. K. Abbott, 3rd edn (London: Longmans, 1907), p. 66. For the demands of Kantian reasoning see, among others, Barbara Herman, *Morality as Rationality: A Study of Kant's Ethics* (New York: Garland Publishing, 1990).

6. Rawls, *Justice as Fairness: A Restatement* (2001), pp. 133-4.

7. Rawls, *A Theory of Justice* (1971), pp. 60-65.

8. On related issues, see also Liam Murphy and Thomas Nagel, *The Myth of Ownership* (New York: Oxford University Press, 2002).

9. See G. A. Cohen, *Rescuing Justice and Equality* (Cambridge, MA: Harvard University Press, 2008). See also Amartya Sen, 'Merit and Justice', in Kenneth Arrow, Samuel Bowles and Steven Durlauf (eds), *Meritocracy and Economic Inequality* (Princeton, NJ: Princeton University Press, 2000).

10. Rawls, *Political Liberalism* (1993), p. 110.

11. I have discussed the limitations of the leading versions of 'rational choice theory' in my *Rationality and Freedom* (Cambridge, MA: Harvard University Press, 2002), particularly in the introductory essay 1, and also in essays 3-5.

12. See, particularly, Rawls, *Political Liberalism,* pp. 48-54.

13. The priority of liberty plays an important part in the result derived in my 'The Impossibility of a Paretian Liberal', *Journal of Political Economy, 78* (1970)' John Rawls comments illuminatingly on this connection in his essay, 'Social Unity and Primary Goods', in Amartya Sen and Bernard Williams (eds), *Utilitarianism and Beyond* (Cambridge: Cambridge University Press, 1982). I shall discuss the issue more fully in Chapter 16.

14. The allocational criterion of 'lexicographic maximin' is used in Rawls's 'Difference Principle', which involves giving priority to the worst-off people - judged in terms of the index of holdings of primary goods - in each respective conglomeration. When the worst-off people in two different conglomerations are equally well off, then it is the position of the second worst-off group that becomes the focus of attention, and so on. For those who are interested in the formal structure of this criterion, an easy statement and motivating discussion can be found in my *Collective Choice and Social Welfare* (1970); see also Phelps, *Economic Justice* (1973), and Anthony Atkinson, *The Economics of Inequality* (Oxford: Clarendon Press, 1975).

15. This issue is discussed also in my essay 'Justice: Means versus Freedoms', *Philosophy and Public Affairs,* 19 (Spring 1990).

16. Herbert Hart, 'Rawls on Liberty and Its Priority', *University of Chicago Law Review,* 40 (1973).

17. See Rawls, *Political Liberalism* (1993), chapter VIII. There are also qualifications to the priority of liberty in his first book, *A Theory of justice* (1971), pp. 132, 217-18.

18. John Rawls, *Political Liberalism* (1993), p. 23.

19. Samuel Freedman, 'Introduction: John Rawls - An Overview', in Samuel Freedman (ed.), *The Cambridge Companion to Rawls* (Cambridge: Cambridge University Press, 2003*)*, pp. 3-4.

20. Immanuel Kant, *Critique of Practical Reason* (1788), English translation by L. W. Beck (New York: Liberal Arts Press, 1956).

21. John Rawls, *A Theory of Justice* (1971), p. viii.

22. Rawls, *Justice as Fairness: A Restatement* (2001), pp. 95-6. Indeed, that was the principal point of departure to which Rawls drew explicit attention in his pioneering essay, 'Justice as Fairness', *Philosophical Review, 67* (1958).

23. See Thomas W. Pogge (ed.), *Global Justice* (Oxford: Blackwell, 2001).

3. संस्थाएँ और व्यक्ति

1. Italics added. These statements of Ashoka occur in Edict XII (on 'Toleration') at Erragudi; I am using here the translation presented by Vincent A. Smith in *Asoka: The Buddhist Emperor of India* (Oxford: Clarendon Press, 1909), pp. 170-71, except for some very minor emendations based on the original Sanskrit text).

2. On Ashoka's life, see Romila Thapar, *Asoka and the Decline of the Mauryas* (Oxford: Oxford University Press, 1961); Upindar Singh, *A History of Ancient and Medieval India: From the Stone Age to the 12th Century* (New Delhi: Pearson Education, 2008).

3. On the last point, see also Bruce Rich's excellent book, *To Uphold the World: The Message of Ashoka and Kautilya for the 21st Century* (New Delhi: Penguin, 2008), Chapter 8.

4. Rawls, *Justice as Fairness: A Restatement,* edited by Erin Kelly (Cambridge, MA: Harvard University Press, 2001), pp. 42-3.

5. On this question, see Anthony Laden, 'Games, Fairness, and Rawls's "A Theory of Justice"', *Philosophy and Public Affairs,* 20 (1991).

6. Rawls, *Political Liberalism,* p. 50.

7. Ibid., p. 86.
8. John Kenneth Galbraith, *American Capitalism: The Concept of Counter-Vailing Power* (Boston, MA: Houghton Mifflin, 1952; London: Hamish Hamilton, 1954; revised edn, 1957). See also Richard Parker, *John Kenneth Galbraith: His Life, His Politics, His Economics* (New York: Farrar, Straus & Giroux, 2005); republished *as John Kenneth Galbraith: A Twentieth-Century Life* (Chicago', IL: University of Chicago Press, 2007).
9. Some of the reasons for this variance between rigidly institutional visions and actual realizations are discussed in my *Development as Freedom* (New York: Knopf, and Oxford: Oxford University Press, 1999).
10. David Gauthier, *Morals by Agreement* (Oxford: Clarendon Press, 1986), Chapter IV ('The Market: Freedom from Morality').
11. See Robert Nozick, *Anarchy, State and Utopia* (Oxford: Blackwell, 1974).

4. जनवाणी और सामाजिक चयन

1. For the source material on this and other related conversations, see my *The Argumentative Indian* (London: Allen Lane, and New York: Farrar, Straus & Giroux, 2005).
2. See Peter Green, *Alexander of Macedon, 356-323 B.C.: A Historical Biography* (Berkeley, CA: University of California Press, 1992), p. 428.
3. J.-C. de Borda, 'Memoire sur les elections au scrutin', *Memoires de l'Academie Royale des Sciences* (1781); Marquis de Condorcet, *Essai sur l'application de l'analyse a la probabilite des decisions rendues a la pluralite des voix* (Paris: L'Imprimerie Royale, 1785).
4. See C. L. Dodgson, *A Method of Taking Votes on More Than Two Issues* (Oxford: Clarendon) Press, 1876), and *The Principles of Parliamentary Representation* (London: Harrison, 1951).
5. The classic book of social choice theory is the remarkable monograph of Kenneth Arrow, based on his Ph.D. dissertation, *Social Choice and Individual Values* (New York: Wiley, 1951; 2nd edn, 1963).
6. Arrow, *Social Choice and Individual Values* (1951,1963). For explications of the result in informal as well as mathematical terms, see my *Collective choice and Social Welfare* (San Francisco, CA: Holden-Day, 1970; republished, Amsterdam: North-Holland, 1979).
7. There were a number of impossibility results involving variations of the axioms used by Arrow and showing other conflicts of apparently sensible

demands on rational social choice; see my *Collective Choice and Social Welfare* (1970); Peter C. Fishburn, *The Theory of Social Choice* (Princeton, NJ: Princeton University Press, 1973); Jerry Kelly, *Arrow Impossibility Theorems* (New York: Academic Press, 1978); Kotaro Suzumura, *Rational Choice, Collective Decisions, and Social Welfare* (Cambridge: Cambridge University Press, 1983); Prasanta K. Pattanaik and Maurice Salles (eds), *Social Choice and Welfare* (Amsterdam: North-Holland, 1983); Thomas Schwartz, *The Logic of Collective Choice* (New York: Columbia University Press, 1986), among many other contributions. Fine introductory discussions can be found in Jerry Kelly, *Social Choice Theory: An Introduction* (Berlin: Springer Verlag, 1987); Wulf Gaertner, *A Primer in Social Choice Theory* (Oxford: Oxford University Press, 2006).

8. This was also one of the principal issues discussed in my Nobel Lecture in 1998, 'The Possibility of Social Choice' (1999). See also Marc Fleurbaey, 'Social Choice and Just Institutions; New Perspectives', *Economics and Philosophy*, 23 (March 2007).

9. Interpersonal comparisons of various types can be fully axiomatized and exactly incorporated in social choice procedures, and various constructive possibilities can be devised and used: see my *Collective Choice and Social Welfare* (1970), *Choice, Welfare and Measurement* (1982), and 'Social Choice Theory' in *Handbook of Mathematical Economics* (1986). The literature on this subject is quite large, and includes, among other contributions, Peter J. Hammond, 'Equity, Arrow's Conditions and Rawls' Difference Principle', *Econometrica*, 44 (1976); Claude d'Aspremont and Louis Gevers, 'Equity and the Informational Basis of Collective Choice', *Review of Economic Studies*, 44 (1977); Kenneth J. Arrow, 'Extended Sympathy and the Possibility of Social Choice', *American Economic Review*, 67 (1977); Eric Maskin, 'A Theorem on Utilitarianism', *Review of Economic Studies, 45* (1978); Louis Gevers, 'On Interpersonal Comparability and Social Welfare Orderings', *Econometrica*, 47 (1979); Eric Maskin, 'Decision-making under Ignorance with Implications for Social Choice', *Theory and Decision*, II (1979); Kevin W. S. Roberts, 'Possibility Theorems with Interpersonally Comparable Welfare Levels', and 'Interpersonal Comparability and Social Choice Theory', *Review of Economic Studies*, 47 (1980); Kotaro Suzumura, *Rational Choice, Collective Decisions, and Social Welfare* (Cambridge: Cambridge University Press, 1983); Charles Blackorby, David Donaldson, and John Weymark, 'Social Choice with Interpersonal Utility Comparisons: A Diagrammatic Introduction', *International Economic Review*, 25 (1984); Claude d'Aspremont, 'Axioms for

Social Welfare Ordering', in Leonid Hurwicz, David Schmeidler and Hugo Sonnenschein (eds), *Social Goals and Social Organization* (Cambridge: Cambridge University Press, 1985); to mention just a few of this large body of constructive literature.

10. Kenneth J. Arrow, 'Extended Sympathy and the Possibility of Social Choice', *American Economic Review,* 67 (1977).

11. See Marie-Jean-Antoine-Nicolas de Caritat, Marquis de Condorcet, *Esquisse d'un tableau historique des progres de l'esprit humain* (1793). Later included in *Oeuvres de Condorcet,* vol. 6 (Paris: Firmin Didot Freres, 1847; republished, Stuttgart: Friedrich Frommann Verlag, 1968).

12. On this, see my Nobel Lecture in December 1998, 'The Possibility of Social Choice', *American Economic Review,* 89 (1999). See also Marc Fleurbaey and Philippe Mongin, 'The News of the Death of Welfare Economies Is Greatly Exaggerated', *Social Choice and Welfare,* 25 (2005).

13. Sometimes the formulations of social choice theory specify the outcomes not as rankings of social states but as 'choice functions' that tell us what the choosable alternatives are in each possible set. While the choice functional format may look quite remote from the relational formulation, they are, in fact, analytically linked with each other, and we can identify the implicit rankings that lie behind the respective choice functions; on this see my *Choice, Welfare and Measurement* (Oxford: Blackwell, 1982, and Cambridge, MA: Harvard University Press, 1997), essays I and 8, and *Rationality and Freedom* (Cambridge, MA: Harvard University Press, 2002), essays 3, 4 and 7, and the literature—I fear rather large—cited there.

14. Robert Nozick, *Anarchy, State and Utopia* (Oxford: Blackwell, 1974), p.28.

15. On this, see my *Collective Choice and Social Welfare* (San Francisco, CA: Holden-Day, 1970; republished, Amsterdam: North-Holland, 1979), Chapter 9.

16. Indeed, even in social choice theory, where the analytical framework is firmly relational and altogether geared to comparative judgements, the actual investigations of 'social justice' have been closely linked with the identification of transcendental justice (often in the Rawlsian mould). The hold of the transcendental format is almost ubiquitous in academic investigations of the demands of justice and, despite having a broader analytical base, social choice theory has not escaped the influence of transcendentalism in the choice of problems that have been investigated in detail.

17. The formal characteristics of 'intersection partial orderings' are discussed in my *On Economic Inequality* (Oxford: Clarendon Press, 1973; enlarged edition, with an addendum written jointly with James Foster, 1997).

18. See also my *Collective Choice and Social Welfare (1970).*

19. See Herbert Simon, *Models of Man* (New York: Wiley, 1957), and *Models of Thought* (New Haven: Yale University Press, 1979).

20. This is part of the typology of social choice problems discussed in my essay, 'Social Choice Theory: A Re-examination', *Econometrica,* 45 (1977), republished in *Choice, Welfare and Measurement* (1982; 1997).

21. The issue of membership entitlement is the principal focus of the important analysis of judgement aggregation presented by Christian List and Philip Pettit, 'Aggregating Sets of Judgments: An Impossibility Result', *Economics and Philosophy,* 18 (2002).

22. See the references cited in note 9 of this chapter.

23. The result was included in my *Collective Choice and Social Welfare* (1970), Chapter 6, and also in 'The Impossibility of a Paretian Liberal', *Journal of Political Economy,* 78 (1970). It will be briefly discussed in Chapter 14, 'Equality and Liberty'.

24. The contributions include, among many others, Allan Gibbard, 'A Pareto-Consistent Libertarian Claim', *Journal of Economic Theory,* 7 (1974); Peter Bernholz, 'Is a Paretian Liberal Really Impossible?' *Public Choice,* 20 (1974); Christian Seidl, 'On Liberal Values', *Zeitschrift fur Nationalokonomie,* 35 (1975); Julian Blau, 'Liberal Values and Independence', *Review of Economic Studies,* 42 (1975); Donald E. Campbell, 'Democratic Preference Functions', *Journal of Economic Theory,* 12 (1976); Jerry S. Kelly, 'Rights-Exercising and a Pareto-Consistent Libertarian Claim', *Journal of Economic Theory,* 13 (1976); Michael J. Farrell, 'Liberalism in the Theory of Social Choice', *Review of Economic Studies,* 43 (1976); John A. Ferejohn, 'The Distribution of Rights in Society', in Hans W. Gottinger and Werner Leinfellner (eds), *Decision Theory and Social Ethics* (Boston: Reidel, 1978); Jonathan Barnes, 'Freedom, Rationality and Paradox', *Canadian Journal of Philosophy,* 10 (1980); Peter Hammond, 'Liberalism, Independent Rights and the Pareto Principle', in L. J. Cohen, H. Pfeiffer and K. Podewski (eds), *Logic, Methodology and the Philosophy of Sciences, II* (Amsterdam: North-Holland, 1982); Kotaro Suzumura, 'On the Consistency of Libertarian Claims', *Review of Economic Studies,* 45 (1978); Wulf Gaertner and L. Kruger, 'Self-supporting Preferences and Individual Rights: The Possibility of Paretian Libertarianism', *Economica,* 48 (1981); Kotaro Suzumura, *Rational Choice, Collective Decisions and Social Welfare* (1983);

Kaushik Basu, 'The Right to Give up Rights', *Economica,* 51 (1984); John L. Wriglesworth, *Libertarian Conflicts in Social Choice* (Cambridge: Cambridge University Press, 1985); Jonathan M. Riley, *Liberal Utilitarianism* (Cambridge: Cambridge University Press, 1987); Dennis Mueller, *Public Choice II* (New York: Cambridge University Press, 1989). See also the special issue on 'the liberal paradox' of *Analyse & Kritik,* 18 (1996), with contributions from a large number of authors interested in the subject, and also a response from me.

25. I have tried to discuss this connection in 'Minimal Liberty', *Economica* 59 (1992), and in 'Rationality and Social Choice', Presidential Address to the American Economic Association, published in *American Economic Review,* 85 (1995), reprinted in my *Rationality and Freedom* (2002). See also Seidl, 'On Liberal Values' (1975).

26. See Philippe Mongin, 'Value Judgments and Value Neutrality in Economics', *Economica,* 73 (2006); Marc Fleurbaey, Maurice Salles and John Weymark (eds), *Justice, Political Liberalism and Utilitarianism* (Cambridge: Cambridge University Press, 2008).

27. On this, see my 'Fertility and Coercion', *University of Chicago Law Review,* 63 (Summer 1996); also *Development as freedom (New York; Knopf, 1999)*

5. समदर्शिता और वस्तुनिष्ठता

1. Wollstonecraft, in Sylvana Tomaselli (ed.), *A Vindication of the Rights of Men and A Vindication of the Rights of Woman* (Cambridge: Cambridge University Press, 1995, p. 13.

2. Mary Wollstonecraft, *A Vindication of the Rights of Woman: with Strictures on Political and Moral Subjects* (1792); included in the volume edited by Sylvana Tomaselli, 1995.

3. Immanuel Kant, *Fundamental Principles of the Metaphysics of Ethics,* translated by T. K. Abbott, 3rd edn (London: Longmans, 1907), p. 66.

4. Henry Sidgwick, *The Methods of Ethics* (London: Macmillan, 1907; New York: Dover, 1966), Preface to the 6th edition, p. xvii.

5. Vivian Walsh, 'Sen after Putnam', *Review of Political Economy,* 15(2003), p. 331.

6. Antonio Gramsci, *Letters from Prison,* translated and edited by Lynne Lawner (London: Jonathan Cape, 1975), p. 324. See also Quintin Hoare and Geoffrey

Nowell Smith (eds), *Selections from the Prison Notebooks of Antonio Gramsci* (London: Lawrence and Wishart, 1971).

7. Amartya Sen, 'Sraffa, Wittgenstein, and Gramsci', *Journal of Economic Literature,* 41 (2003).

8. Ludwig Wittgenstein, *Philosophical Investigations* (Oxford: Blackwell, 1953: 2nd edn, 1958).

9. In his insightful analysis of the influence of Sraffa, along with that of Freud, on Wittgenstein's later philosophy, Brian McGuinness points out the impact on Wittgenstein of 'the ethnological or anthropological way of looking at things that came to him from the economist Sraffa'. See Brian McGuinness (ed.), *Wittgenstein and His Times* (Oxford: Blackwell, 1982), PP·36-9·

10. Rawls, *Political Liberalism(1993),* p. 119. Even though Rawls's language seems to partition people into reasonable and unreasonable people, this does not restrict the reach of his criterion to cover all persons to the extent that they are willing to engage in public discussion, examine arguments and evidences offered, and reason about them in an open-minded way (on this see Chapter I).

11. Adam Smith, *The Theory of Moral Sentiments* (1759; revised edn, 1790; republished, Oxford: Clarendon Press, 1976).

6. संवृत और अनावृत समदर्शिता

1. Adam Smith, *The Theory of Moral Sentiments* (London: T. Cadell, extended version, 1790; republished, Oxford: Clarendon Press, 1976), III, i, 2; the extended version occurs in the sixth edition. On the points of emphasis ·see the discussion in D. D. Raphael, 'The Impartial Spectator', in Andrew S. Skinner and Thomas Wilson (eds), *Essays on Adam Smith* (Oxford: Clarendon Press, 1975), pp. 88-90. On the centrality of these issues in the Enlightenment perspectives, particularly in the works of Smith and Condorcet, see Emma Rothschild, *Economic Sentiments: Smith, Condorcet and the Enlightenment* (Cambridge, MA: Harvard University Press, 2001).

2. See Raphael and Macfie, 'Introduction', in Smith, *The Theory of Moral Sentiments* (republished 1976), p. 31.

3. Adam Smith, *The Theory of Moral Sentiments,* III, I, 2, in the 1975 reprint, p. 110.

4. *A Theory of justice* (1971), pp. 516-17.

5. Ibid., p. 517·.

6. Smith, *The Theory of Moral Sentiments,* III, 1, 2, p. 110.

7. On this, see my *Identity and Violence: The Illusion of Destiny* (New York: W. W. Norton & Co., and London: Penguin, 2006).
8. Rawls, *Political Liberalism* (1993), p. 23.
9. Rawls, 'Reply to Alexander and Musgrave', in *John Rawls: Collected Papers,* p. 249. See also Tony Laden, 'Games, Fairness and Rawls's *A Theory of Justice'*, *Philosophy and Public Affairs,* 20 (1991).
10. *A Theory of Justice* (1971), pp. 516-17; more extensively, see section 78 in *A Theory of Justice,* pp. 513-20, and *Political Liberalism (1993).* pp. 110-16.
11. Rawls, *A Theory of Justice,* pp. 22-3, footnote 9.
12. Smith, *The Theory of Moral Sentiments,* VII, ii, 2, 14, p. 299.
13. In the argument that follows I draw on an earlier analysis I presented in 'Open and Closed Impartiality', *Journal of Philosophy* , 99 (September 2002).
14. This is not to deny the possible existence of what topologists would call a 'fixed point' (with suitable assumptions regarding continuity) such that the decisions of a given focal group lead exactly back to the same focal group (however unlikely that congruence might be). But the problem of possible inconsistency cannot be ruled out, to say the least, in general when decisions to be taken by a focal group influence the composition of the focal group itself.
15. I have tried to identify these issues in 'Global Justice: Beyond International Equity', in Inga Kaul, 1. Grunberg and M. A. Stern (eds), *Global Public Goods: International Cooperation in the 21st Century* (Oxford: Oxford University Press, 1999), and also in 'Justice across Borders', in Pablo De Greiff and Ciaran Cronin (eds) *Global Justice and Transnational Politics* (Cambridge, MA: MIT Press, 2002), originally presented as a lecture for the Centennial Year Celebrations of the De Paul University in Chicago in September 1998.
16. John Rawls, 'The Law of Peoples', in Stephen Shute and Susan Hurley (eds), *On Human Rights* (New York: Basic Books, 1993), and *The Law of Peoples* (Cambridge, MA: Harvard University Press, 1999).
17. See Charles R. Beitz, *Political Theory and International Relations* (Princeton, NJ: Princeton University Press, 1979); Brian Barry, *Theories of Justice,* vol. I (Berkeley, CA: University of California Press, 1989); Thomas Pogge, *Realizing Rawls* (Ithaca, NY: Cornell University Press, 1989); Thomas Pogge (ed.), *Global Justice* (Oxford: Blackwell, 2001); Deen Chatterjee (ed.), *The Ethics of Assistance: Morality and the Distant Needy* (Cambridge: Cambridge University Press, 2004); Thomas Pogge and Sanjay Reddy, *How Not to Count the Poor*

(New York: Columbia University Press, 2005).
18. See Kenneth Arrow, Amartya Sen and Kotaro Suzumura (eds), *Social Choice Re-examined* (Amsterdam: Elsevier, 1997). See also Isaac Levi, *Hard Choices* (Cambridge: Cambridge University Press, 1986).
19. On this, see Derek Parfit, *Reasons and Persons* (Oxford: Clarendon Press, 1984). Parfit's general point has a bearing on 'inclusionary incoherence', though he does not discuss it specifically.
20. See David Hume, 'On the Original Contract', republished in David Hume, *Selected Essays,* edited by Stephen Copley and Andrew Edgar (Oxford: Oxford University Press, 1996), p. 279.
21. Rawls, 'Justice as Fairness: Political Not Metaphysical', *Collected Papers,* P· 401.
22. Rawls, 'Reply to Alexander and Musgrave', *Collected Papers,* p. 249.

7. स्थिति, प्रासंगिकता और भ्रांति

1. William Shakespeare, *King Lear,* IV.6. I50-54.
2. Thomas Nagel, *The View from Nowhere* (New York: Oxford University Press, 1986), p. 5.
3. See *Alberuni's India,* edited by A. T. Embree (New York: W. W. Norton & Co., 1971), p. III.
4. G. A. Cohen, *Karl Marx's Theory of History: A Defence* (Oxford: Clarendon Press, 1978), pp. 328—9.
5. I have discussed these issues in my 'Gender and Cooperative Conflict', in Irene Tinker (ed.), *Persistent Inequalities* (New York: Oxford University Press, 1990). See also my 'Many Faces of Gender Inequality', *New Republic* (2001) and *Frontline (2001).*
6. David Hume, *An Enquiry Concerning the Principles of Morals (1777;* republished, La Salle, I11. Open Court, 1966), p. 25.

8. तर्कशीलता और अन्य व्यक्ति

1. Jon Elster, *Reason and Rationality* (Princeton, NJ, and Oxford: Princeton University Press, 2008), p. 2. In this small book Jon Elster provides a remarkably engaging account of the connection between reasoning and rationality, a subject in which Elster has himself made outstanding contributions. He also critically surveys the literature on this subject.

2. Bounded rationality has been particularly studied by Herbert Simon, 'A Behavioral Model of Rational Choice', *Quarterly Journal of Economics,* 69 (1955), and *Models of Thought* (New Haven: Yale University Press, 1979).

3. See Daniel Kahneman, P. Slovik, and A. *Tversky, Judgement under Uncertainty: Heuristics and Biases* (Cambridge: Cambridge University Press, 1982). See also B. P. Stigum and F. Wenstop (eds), *Foundations of Utility and Risk Theory with Applications* (Dordrecht: Reidel, 1983); Isaac Levi, *Hard Choices* (Cambridge: Cambridge University Press, 1986); L. Daboni, A. Montesano and M. Lines, *Recent Developments in the Foundations of Utility and Risk Theory* (Dordrecht: Reidel, 1986); Richard Thaler, *Quasi-Rational Economics* (New York: Russell Sage Foundation, 1991); Daniel McFadden, 'Rationality for Economists', *Journal of Risk and Uncertainty,* 19 (1999).

4. See Adam Smith, *The Theory of Moral Sentiments* (1759, 1790); republished and edited by D. D. Raphael and A. L. Macfie (Oxford: Clarendon Press, 1976); Thomas Schelling, *Choice and Consequence* (Cambridge, MA: Harvard University Press, 1984), Chapters 3 ('The Intimate Contest of Self Command') and 4 ('Ethics, Law and the Exercise of Self-Command').

5. Many of these departures can be made to fit into a general pattern of behaviour that Richard Thaler calls 'quasi-rational' (see his *Quasi-Rational Economics* (New York: Russell Sage Foundation, 1991).

6. See Milton Friedman, *Essays in Positive Economics* (Chicago, IL: University of Chicago Press, 1953).

7. Amartya Sen, 'The Discipline of Economics', *Economica,* 75 (November 2008).

8. On this and related issues, see Donald Davidson, *Essays on Actions and Events* (Oxford: Oxford University Press, 2nd edn, 2001).

9. The demands of rationality as well as departures from rationality can take many different forms, which I have tried to address in several essays included in *Rationality and Freedom* (Cambridge, MA: Harvard University Press, 2002).

10. *Rationality and Freedom* (Cambridge, MA: Harvard University Press, 2002).

11. See John Broome, 'Choice and Value in Economics', *Oxford Economic Papers,* 30 (1978); Amartya Sen, *Choice, Welfare and Measurement* (Oxford: Blackwell, 1982; Cambridge, MA: Harvard University Press, 1997).

12. F. Y. Edgeworth, *Mathematical Psychics: An Essay on the Application of Mathematics to the Moral Sciences* (London: C. K. Paul, 1881), pp. 16, 104.

13. *The Theory of Moral 'Sentiments* (1770, 1790), p. 191 (in the 1976 edition, Clarendon Press, Oxford).

14. Ibid., pp. 190-92.
15. Ibid., p. 189.
16. See George Stigler, 'Smith's Travel on the Ship of State', in A. S. Skinner and T. Wilson (eds), *Essays on Adam Smith* (Oxford: Clarendon Press, 1975), particularly p. 237, and 'Economics or Ethics?', in S. McMurrin (ed.), *Tanner Lectures on Human Values,* vol. II (Cambridge: Cambridge University Press, 1981), particularly p. 176.
17. See, however, Geoffrey Brennan and Loran Lomasky, 'The Impartial Spectator Goes to Washington: Towards a Smithian Model of Electoral Politics', *Economics and Philosophy,* vol. I (1985); Patricia H. Werhane, *Adam Smith and His Legacy for Modern Capitalism* (New York: Oxford University Press, 1991); Emma Rothschild, 'Adam Smith and Conservative Economics', *Economic History Review,* vol. 45 (February 1992); Emma Rothschild, *Economic Sentiments* (Cambridge, MA: Harvard University Press, 2001).
18. Stephen Leacock, *Hellements of Hickonomics* (New York: Dodd, Mead & Co, 1936), p. 75; see also my *On Ethics and Economics* (Oxford: Blackwell, 1987), Chapter 1.
19. This issue of misinterpretation is more fully discussed in my 'Adam Smith's Prudence', in S. Lal and F. Stewart (eds), *Theory and Reality in Development* (London: Macmillan, 1986); *On Ethics and Economics* (Oxford: Blackwell, 1987).
20. Adam Smith, *An Inquiry into the Nature and Causes of the Wealth of Nations* (in the 1976 reprint, pp. 26-7).
21. *The Theory of Moral Sentiments,* p. 192.
22. Ibid., p. 162.
23. *Choice, Welfare and Measurement* (1982), pp. 7-8.
24. Gary S. Becker, *The Economic Approach to Human Behavior* (Chicago, IL: University of Chicago Press, 1976), p. 14; and *Accounting for Tastes* (Cambridge, MA: Harvard University Press, 1996).

9. समदर्शी तर्कों की बहुलता

1. See John Rawls, *Justice as Fairness: A Restatement,* edited by Erin Kelly (Cambridge, MA: Harvard University Press, 2001), pp. 5-8.
2. Thomas Scanlon, *What We Owe to Each Other* (1998), p. 5; see also his 'Contractualism and Utilitarianism', in Amartya Sen and Bernard Williams (eds), *Utilitarianism and Beyond* (Cambridge: Cambridge University Press, 1982).
3. Rawls, *Justice as Fairness: A Restatement,* p. 6.

4. See, for example, M. Sagoff, *The Economy of the Earth: Philosophy, Law, and the Environment* (Cambridge: Cambridge University Press, 1988); Bruno S. Frey, 'Does Monitoring Increase Work Effort? The Rivalry with Trust and Loyalty', *Economic Inquiry,* 3I (1993); David M. Gordon, 'Bosses of Different Stripes: A Cross-Sectional Perspective on Monitoring and Supervision', *American Economic Review,* 84 (1994); Elinor Ostrom, 'Collective Action and the Evolution of Social Norms', *Journal of Economic Perspectives,* 14 (Summer 2000); Andrew Dobson, *Citizenship and the Environment* (Oxford: Oxford University Press, 2003); Barry Holden, *Democracy and Global Warming* (London: Continuum International Publishing Group, 2002).

5. See, for example, Elinor Ostrom, 'Collective Action and the Evolution of Social Norms' (2000).

6. The classic English translation of *Sutta-Nipata* can be found in F. Max Muller (ed.), *The Sacred Books of the East,* vol. X, Part II, *The Sutta-Nipata: A Collection of Discourses,* translated by V. Fausboll (Oxford: Clarendon Press, 1881). A later translation is *The Sutta-Nipata,* translated by H. Saddhatissa (London: Curzon Press, 1985).

7. See also my essays, 'Elements of a Theory of Human Rights', *Philosophy and Public Affairs,* 32 (2004), and 'Human Rights and the Limits of Law', *Cardozo Law Journal,* 27 (April 2006).

10. सम्प्राप्तियाँ, परिणाम और अभिकर्तृत्व

1. In collaboration with Swami Prabhavananda (Madras: Sri Ramakrishna Math, 1989).

2. T. S. Eliot, 'The Dry Salvages', in *Four Quartets* (London: Faber & Faber, 1944), pp. 29-31.

3. See Len Giovannitti and Fred Freed, *The Decision to Drop the Bomb* (London: Methuen, 1957).

4. On the integration of procedures in the evaluation of consequences, see the illuminating paper of Kotaro Suzumura, 'Consequences, Opportunities, and Procedures', *Social Choice and Welfare,* 16 (1999).

5. On these and related issues, see also my essays, 'Rights and Agency', *Philosophy and Public Affairs,* II (Winter 1982), and 'Evaluator Relativity and Consequential Evaluation', *Philosophy and Public Affairs,* 12 (Spring 1983); the latter also responds to an interesting critique of Donald H. Regan, 'Against Evaluator Relativity: A Response to Sen', in the same number of the journal.

11. जीवन, स्वातन्त्र्य और सामर्थ्य

1. I have tried to pursue this more direct approach in a series of publications that followed my initial move towards a capability-based approach in my 1979 Tanner Lecture, published as 'Equality of What?' in S. McMurrin, *Tanner Lectures on Human Values,* vol. I (Cambridge: Cambridge University Press, and Salt Lake City, UT: University of Utah Press, 1980). See my *Commodities and Capabilities* (Amsterdam: North-Holland, 1985, and Delhi: Oxford University Press, 1987); *The Standard of Living,* edited by G. Hawthorne (Cambridge: Cambridge University Press, 1987); *Development as Freedom* (New York: Knopf, 1999). See also the jointly edited volume with Martha Nussbaum, *The Quality of Life* (Oxford: Clarendon Press, 1993).

2. See William Petty's *Political Arithmetick,* which was written around 1676 but published in 1691; see C. H. Hull (ed.), *The Economic Writings of Sir William Petty* (Cambridge: Cambridge University Press, 1899), vol. I, p. 312. I have discussed the nature of the debates involved among the early estimators of national income and living standards in my 1985 Tanner Lectures, published, along with comments from others (Bernard Williams, John Muellbauer, Ravi Kanbur and Keith Hart), in *The Standard of Living,* edited by Geoffrey Hawthorn (Cambridge: Cambridge University Press, 1987).

3. These and other related comparisons are discussed in my book *Development as Freedom* (New York: Knopf, 1999), Chapters I and 4. See also my 'The Economics of Life and Death', *Scientific American,* 266 (1993); 'Demography and Welfare Economics', *Empirica,* 22 (1995); and 'Mortality as an Indicator of Economic Success and Failure', *Economic Journal,* 108 (1998).

4. One of the pioneering statistical analyses of the policy relevance of this distinction came from Sudhir Anand and Martin Ravallion, 'Human Development in Poor Countries: On the Role of Private Incomes and Public Services', *Journal of Economic Perspectives,* 7 (1993).

5. This question is examined in my *Development as Freedom* (1999); *The Argumentative Indian* (London and Delhi: Penguin, and New York: FSG, 2005); and *Identity and Violence: The Illusion of Destiny* (New York: W. W. Norton & Co., and London and Delhi: Allen Lane, 2006). See also my essay 'Human Rights and Asian Values', *New Republic,* 14 and 21 July 1997.

6. That narrow view of opportunity - focusing only on the culmination outcome'- has some following in the traditional economic theory of behaviour and choice, particularly in the 'revealed preference approach' (even though that theory, pioneered by Paul Samuelson, is not particularly addressed to

evaluating or assessing freedom), For example, in the revealed preference approach, the opportunity of choosing from the so-called 'budget set' (that is to choose one commodity bundle from the set of alternative bundles that are all within the person's total budget) would be valued exactly at the value of the *chosen* element of that set. Nothing would be lost in this 'thin' view of opportunity, if the budget set is somehow cut down, so long as the previously chosen element remains available for choice. The relevance of the process of choice, as a contrast, is investigated in my essay, 'Maximization and the Act of Choice', *Econometrica,* 65 (1997).

7. There is a similar issue of informational choice even within the idea of freedom, which is associated with many distinct features, as I have tried to discuss in my Kenneth Arrow Lectures, included in *Rationality and Freedom* (Cambridge, MA: Harvard University Press, 2002), Chapters 20-22. Indeed, even in assessing the opportunity aspect of freedom, distinct ways of doing the accounting can make a substantial difference, While my own approach, related to the reasoning in social choice theory, has been to do the assessment taking significant note of the exact preferences of an individual, there are other interesting explorations of evaluation in terms of the 'range' of the options available, for example, in some contributions, counting the number of alternatives a person can choose from. On various issues involved in this question, see also Patrick Suppes, 'Maximizing Freedom of Decision: An Axiomatic Approach', in G. Feiwel (ed.), *Arrow and the Foundations of Economic Policy* (London: Macmillan, 1987); Prasanta Pattanaik and Yongsheng Xu, 'On Ranking Opportunity Sets in Terms of Choice', *Recherches economique de Louvain,* 56 (1990); Hillel Steiner, 'Putting Rights in Their Place', *Recherches economique de Louvain,* 56 (1990); Ian Carter, 'International Comparison of Freedom', in *Economics and Philosophy,* II (1995), and *A Measure of Freedom* (Oxford: Clarendon Press, 1999); Robert Sugden, 'A Metric of Opportunity', *Economics and Philosophy,* 14 (1998) .

8. See particularly Martha Nussbaum, 'Nature, Function and Capability: Aristotle on Political Distribution', *Oxford Studies in Ancient Philosophy,* supplementary volume, 1988; 'Human Functioning and Social Justice', *Political Theory,* 20 (1992); Nussbaum and Jonathan Glover (eds), *Women, Culture and Development* (Oxford: Clarendon Press, 1995).

9. An illuminating and wide-ranging introduction to the approach can be found in Sabina Alkire's *Valuing Freedoms: Sen's Capability Approach and Poverty Reduction* (Oxford and New York: Oxford University Press, 2002).

10. See the collection of essays in Flavio Comim, Mozaffar Qizilbash and Sabina Alkire (eds), *The Capability Approach: Concepts, Measures and Applications* (Cambridge: Cambridge University Press, 2008); Reiko Gotoh and Paul Dumouchel (eds), *Against Injustice: The New Economics of Amartya Sen* (Cambridge: Cambridge University Press, 2009); Ingrid Robeyns and Harry Brighouse (eds), *Measuring Justice: Primary Goods and Capabilities* (Cambridge: Cambridge University Press, 2009); Kaushik Basu and Ravi Kanbur (eds), *Arguments for a Better World: In Honor of Amartya Sen* (Oxford and New York: Oxford University Press, 2009), which is a larger collection but several of the essays deal directly with the capability perspective, including the papers of Bina Agarwal, Paul Anand (and Cristina Santos and Ron Smith), Amiya Kumar Bagchi, Lincoln C. Chen, Kanchan Chopra, James Foster and Christopher Handy, Sakiko Fukuda-Parr, Jocelyn Kynch, Enrica Chiappero-Martinetti, S. R. Osmani, Mozaffar Qizilbash, Sanjay G. Reddy (and Sujata Visaria and Muhammad Asali), Ingrid Robeyns, and Rehman Sobhan; some of the other essays also have an indirect bearing on the subject. See also, among other writings in this astonishingly fast-growing literature: Marko Ahtisaari, 'Amartya Sen's Capability Approach to the Standard of Living', mimeographed, Columbia University Press, 1991; Sabina Alkire, *Valuing Freedoms: Sen's Capability Approach and Poverty Reduction* (Oxford: Clarendon Press, 2002); 'Why the Capability Approach?' *Journal of Human Development and Capabilities,* 6 (March 2005); 'Choosing Dimensions: The Capability Approach and Multidimensional Poverty' in Nanak Kakwani and Jacques Silber (eds), *The Many Dimensions of Poverty* (Basingstoke: Palgrave Macmillan, 2008); Anthony B. Atkinson, 'Capabilities, Exclusion, and the Supply of Goods', in Kaushik Basu, Prasanta Pattanaik and Kotaro Suzumura (eds), *Choice, Welfare, and Development* (Oxford: Oxford University Press, 1995); Kaushik Basu, 'Functioning and Capabilities', in Kenneth Arrow, Amartya Sen and Kotaro Suzumura (eds), *The Handbook of Social Choice Theory,* vol. II (Amsterdam: North-Holland, forthcoming); Enrica Chiappero-Martinetti, 'A New Approach to Evaluation of Well-being and Poverty by Fuzzy Set Theory', *Giornale degli Economisti,* 53 (1994); 'A Multidimensional Assessment of Well-being Based on Sen's Functioning Theory', *Rivista Internazionale di Scienze Sociali,* 2 (2000); 'An Analytical Framework for Conceptualizing Poverty and Re-examining the Capability Approach', *Journal of Socio-Economics,* 36 (2007); David Crocker, 'Functioning and Capability: The Foundations of Sen's and Nussbaum's Development Ethic', *Political Theory,* 20 (1992); *Ethics* *of Global Development: Agency, Capability and Deliberative Democracy* (Cambridge: Cambridge University Press, 2008); Reiko Gotoh, 'The Capability Theory and Welfare Reform', *Pacific Economic Review,* 6 (2001); 'Justice and Public Reciprocity', in Gotoh and Dumouchel, *Against Injustice* (2009); Kakwani and Silber (eds), *The Many Dimensions of Poverty (2008);* Mozaffar Qizilbash, 'Capabilities, Well-being and Human Development: A Survey', *Journal of Development Studies,* 33 (1996); 'Capability, Happiness and Adaptation in Sen and J. S. Mill', *Utilitas,* 18 (2006); Ingrid Robeyns, 'The Capability Approach: A Theoretical Survey', *Journal of Human Development,* 6 (2005); 'The Capability Approach in Practice', *Journal of Political Philosophy,* 17 (2006); Jennifer Prah Ruger, 'Health and Social Justice', *Lancet,* 364 (2004); 'Health, Capability and Justice: Toward a New Paradigm of Health Ethics, Policy and Law', *Cornell Journal of Law and Public Policy,* 15 (2006); *Health and Social Justice* (Oxford and New York: Oxford University Press, forthcoming 2009); Robert Sugden, 'Welfare, Resources and Capabilities: A Review of *Inequality Reexamined* by Amartya Sen', *Journal of Economic Literature,* 3I (1993)·

11. See Richard A. Arneson, 'Equality and Equality of Opportunity for Welfare', *Philosophical Studies,* 56 (1989), and G. A. Cohen, 'Equality of What? On Welfare, Goods and Capabilities', in Martha Nussbaum and Amartya Sen (eds), *The Quality of Life* (Oxford: Oxford University Press, 1993). See also Paul Streeten, *Development Perspectives* (London: Macmillan, 1981) and Frances Stewart, *Planning to Meet Basic Needs* (London: Macmillan, 1985).

12. This was called 'elementary evaluation' in my first book on the capability approach: *Commodities and Capabilities* (1985).

13. See Isaiah Berlin, *The Proper Study of Mankind,* edited by Henry Hardy and Roger Hausheer (London: Chatto & Windus, 1997) and *Liberty,* edited by Henry Hardy (Oxford: Oxford University Press, 2002); Bernard Williams, 'A Critique of Utilitarianism', in J. J. C. Smart and Bernard Williams, *Utilitarianism: For and Against* (Cambridge: Cambridge University Press, 1973), and Bernard Williams, *Ethics and the Limits of Philosophy* (Cambridge, MA: Harvard University Press, 1985).

14. T. S. Eliot, *Four Quartets* (London: Faber and Faber, 1944),p. 8.

15. I have discussed this question in 'Incompleteness and Reasoned Choice', *Synthese,* 140 (2004).

16. Frances Stewart and Severine Deneulin, 'Amartya Sen's Contribution to Development Thinking', *Studies in Comparative International Development,* 37 (2002).

17. Karl Marx, *Economic and Philosophical Manuscripts of* 1844 (Moscow: Progress Publishers, 1959), p. 104. See also Jon Elster, *Making Sense of Marx* (Cambridge: Cambridge University Press, 1985).
18. Karl Marx, *The Critique of the Gotha Programme* (1875; London: Lawrence and Wishart, 1938), pp. 21-3.
19. The Brundtland Report is the report produced by the World Commission on Environment and Development, chaired by Gro Brundtland (the former Prime Minister of Norway, and later the Director-General of the World Health Organization): *Our Common Future* (New York: Oxford University Press, 1987).
20. Robert Solow, *An Almost Practical Step toward Sustainability* (Washington, DC: Resources for the Future, 1992).

12. क्षमताएं और साधन

1. Aristotle, *Nicomachean Ethics,* translated by D. Ross (Oxford: Oxford University Press, revised edn, 1980), Book I, section 5, p. 7.
2. See, among other writings on this important subject, Robert Putnam, *Bowling Alone: Collapse and Revival of American Community* (New York: Simon & Schuster, 2000)
3. On this see my 'Poor, Relatively Speaking', *Oxford Economic Papers, 35* (1983), included in *Resources, Values and Development* (Cambridge, MA: Harvard University Press, 1984) Also, Dorothy Wedderburn, *The Aged in the Welfare State* (London: Bell, 1961), and J. Palmer, T. Smeeding and B. Torrey, *The Vulnerable: America's Young and Old in the Industrial World* (Washington, DC: Urban Institute Press, 1988).
4. On this, see my *Development as Freedom* (New York: Knopf, 1999), Chapters 8 and 9, and the literature cited there. Two of the pioneering contributions in this area are Pranab Bardhan, 'On Life and Death Questions', *Economic and Political Weekly,* 9 (1974), and Lincoln Chen, E. Huq and S. D'Souza, 'Sex Bias in the Family Allocation of Food and Health Care in Rural Bangladesh', *Population and Development Review,* 7 (1981). See also my joint paper with Jocelyn Kynch, 'Indian Women: Well-being and Survival', *Cambridge Journal of Economics,* 7 (1983), and jointly with Jean Dreze, *India: Economic Development and Social Opportunity* (New Delhi and Oxford: Oxford University Press, 1995), and *India: Development and Participation* (Delhi and Oxford: Oxford University

Press, 2002).

5. These estimates come from the World Bank.

6. Wiebke Kuklys, *Amartya Sen's Capability Approach: Theoretical Insights and Empirical Applications* (New York: Springer-Verlag, 2005).

7. Thomas Pogge has made important contributions on this line; see particularly his *World Poverty and Human Rights: Cosmopolitan Responsibilities and Reforms* (Cambridge: Polity Press, 2002; 2nd edn, 2008).

8. Thomas Pogge, 'A Critique of the Capability Approach', in Harry Brighouse and Ingrid Robeyns (eds), *Measuring Justice: Primary Goods and Capabilities* (Cambridge: Cambridge University Press, forthcoming).

9. Elizabeth Anderson, 'Justifying the Capabilities Approach to Justice', in Brighouse and Robeyns (eds) *Measuring Justice: Primary Goods and Capabilities* (forthcoming). On related issues, see also her 'What Is the Point of Equality?' *Ethics,* 109 (1999).

10. See Kenneth Arrow and Frank Hahn, *General Competitive Analysis* (San Francisco, CA: Holden-Day, 1971; Amsterdam: North-Holland, 1979); George Akerlof, 'The Market for "Lemons": Quality Uncertainty and the Market Mechanism', *Quarterly Journal of Economics,* 84 (1970); Joseph Stiglitz and M. E. Rothschild, 'Equilibrium in Competitive Insurance Markets', *Quarterly Journal of Economics,* 90 (1976); among many other important contributions in this area.

13. परितोष, कुशल-क्षेम और क्षमताएं

1. See John E. Roemer, *Theories of Distributive Justice* (Cambridge, MA: Harvard University Press 1996). In this closely argued critique of different theories of justice, Roemer presents his reasoned assessment of some of the major approaches to the theory of justice in contemporary political philosophy and welfare economics.

2. Richard Easterlin, 'Will Raising the Income of All Increase the Happiness of All?', *Journal of Economic Behaviour and Organization,* 27 (1995). See also Easterlin's far-reaching analysis of the dissonance between income and happiness, and about ways and means of advancing happiness, both with the help of raising levels of income and through other means, 'Income and Happiness: Towards a Unified Theory', *Economic Journal,* 111 (2001). See also Bernard M. S. van Praag and Ada Ferrer-i-Carbonell, *Happiness Quantified: A*

Satisfaction Calculus Approach (Oxford: Oxford University Press, 2004).
3. Tibor Scitovsky, *The Joyless Economy* (London: Oxford University Press, 1976).
4. Richard Layard, *Happiness: Lessons from a New Science* (London and New York: Penguin, 2005), p. 3.
5. Ibid., p. 113·
6. Ibid.
7. See Robert Nozick, *Anarchy, State and Utopia* (New York: Basic Books, 1974); Ronald Dworkin, *Sovereign Virtue: The Theory and Practice of Equality* (Cambridge, MA: Harvard University Press, 2002).
8. Lionel Robbins, 'Interpersonal Comparisons of Utility: A Comment', *Economic Journal,* 48 (1938).
9. Kenneth J. Arrow, *Social Choice and Individual Values* (New York: Wiley, 1951; 2nd edn, 1963).
10. Ibid. p. 9.
11. On this issue, see also my *Choice, Welfare and Measurement* (Oxford: Blackwell, 1982; Cambridge, MA: Harvard University Press, 1997), and 'Social Choice Theory', in K. J. Arrow and M. Intriligator (eds), *Handbook of Mathematical Economics* (Amsterdam: North-Holland, 1986).
12. Layard, *Happiness: Lessons from a New Science* (2005). See also Daniel Kahneman, 'Objective Happiness', in Daniel Kahneman and N. Schwartz (eds), *Well-being: The Foundations of Hedonic Psychology* (New York: Russell Sage Foundation, 1999), and Alan Krueger and Daniel Kahneman, 'Developments in the Measurement of Subjective Well-being', *Journal of Economic Perspectives,* 20 (2006). On related issues, see van Praag and Carbonell, *Happiness Quantified: A Satisfaction Calculus Approach* (2004).
13. Layard, *Happiness* (2005), p. 4.
14. I have discussed this issue more fully elsewhere, in particular in 'Economic Progress and Health', with Sudhir Anand, in D. A. Leon and G. Walt (eds), *Poverty, Inequality and Health* (Oxford: Oxford University Press, 2000); and 'Health Achievement and Equity: External and Internal Perspectives', in Sudhir Anand, Fabienne Peter and Amartya Sen (eds), *Public Health, Ethics and Equity* (Oxford: Oxford University Press, 2004).
15. See, particularly, Arthur Kleinman, *The Illness Narratives: Suffering, Healing and the Human Condition* (New York: Basic Books, 1988) and *Writing at the Margin: Discourse between Anthropology and Medicine* .(Berkeley, CA: University of California Press, 1995).

16. I discussed the distinctions between these four categories in my 1984 Dewey Lectures: 'Well-being, Agency and Freedom: The Dewey Lectures 1984', *Journal of Philosophy*, 82 (1985). The distinctions and their disparate relevance have been further pursued in my book, *Inequality Reexamined* (Cambridge, MA: Harvard University Press, and Oxford: Oxford University Press, 1992).

14. समानता और स्वातन्त्र्य

1. *Inequality Reexamined* (Cambridge, MA: Harvard University Press, and Oxford: Oxford University Press, 1992).
2. See Robert Nozick, 'Distributive Justice', *Philosophy and Public Affairs*, 3 (1973), and *Anarchy, State and Utopia* (Oxford: Blackwell, 1974); James Buchanan, *Liberty, Market and the State* (Brighton: Wheatsheaf Books, 1986), and 'The Ethical Limits of Taxation', *Scandinavian Journal of Economics*, 86 (1984). See also James Buchanan and Gordon Tullock, *The Calculus of Consent* (Ann Arbor, MI: University of Michigan Press, 1962).
3. Richard Hare, *Moral Thinking: Its Level, Method and Point* (Oxford: Clarendon Press, 1981), p. 26; John Harsanyi, 'Morality and the Theory of Rational Behaviour', in Amartya Sen and Bernard Williams (eds), *Utilitarianism and Beyond* (Cambridge: Cambridge University Press, 1982), p. 47.
4. William Letwin (ed.), *Against Equality: Readings on Economic and Social Policy* (London: Macmillan, 1983).
5. Harry Frankfurt, 'Equality as a Moral Ideal', in Letwin (ed.), *Against Equality* (1983), p. 21.
6. In his engaging and strongly worded attack on mainstream political philosophy, Raymond Geuss points to the important fact that in many theories of justice in the past, the need for unequal treatment is enshrined, rather than shunned: 'The Roman legal code conceptualized with firm and unwavering clarity the almost universally shared "intuition" that to treat a slave as if he or she had any entitlements would be a gross violation of the basic principles of justice' (Geuss, *Philosophy and Real Politics* (Princeton, NJ: Princeton University Press, 2008), p. 74). Geuss's point is well taken (and his analysis of the relevance of disparities of power points to a significant issue), but it is also particularly important to distinguish between that kind of rejection of equality as a principle and Frankfurt's argument against equality in some narrowly characterized space for the sake of other impartial values,

including equality in what he would consider to be a more significant space.

7. The Marxian perspective on this is well developed in Maurice Dobb's classic writings: *Political Economy and Capitalism* (London: Routledge, 1937), and *Theories of Value and Distribution since Adam Smith: Ideology and Economic Theory* (Cambridge: Cambridge University Press, 1973). See also G. A. Cohen's contributions: *Karl Marx's Theory of History: A Defence* (Oxford: Clarendon Press, 1978), and *History, Labour and Freedom: Themes from Marx* (Oxford: Clarendon Press, 1988). I have attempted to scrutinize the labour theory of value in terms of its descriptive and evaluative contents in 'On the Labour Theory of Value: Some Methodological Issues', *Cambridge Journal of Economics,* 2 (1978).

8. On this, see my 'Liberty and Social Choice', *Journal of Philosophy, 80* (1983), and *Inequality Reexamined* (Oxford: Clarendon Press, and Cambridge, MA: Harvard University Press, 1992).

9. A discussion of this kind of 'effectiveness' and its pervasive relevance in modern society can be found in my 'Liberty as Control: An Appraisal', *Midwest Studies in Philosophy,* 7 (1982) .

10. John Stuart Mill, *On Liberty* (London: Longman, Roberts and Green, 1869). See also Friedrich Hayek, *The Constitution of Liberty* (Chicago, IL: University of Chicago Press, 1960).

11. See Philip Pettit, 'Liberalism and Republicanism', *Australasian Journal of Political Science,* 28 (1993); *Republicanism: A Theory of Freedom and Government* (Oxford: Clarendon Press, 1997); and *A Theory of Freedom* (Cambridge: Polity Press, 2001); and Quentin Skinner, *Liberty before Liberalism* (Cambridge: Cambridge University Press, 1998).

12. This plurality was defended in my 1984 Dewey Lectures, published as 'Well-being, Agency and Freedom: The Dewey Lectures 1984', *Journal of Philosophy,* 82 (1985); see particularly the third lecture.

13. This was presented in my 'The Impossibility of a Paretian Liberal', *Journal of Political Economy,* 78 (1970), and in *Collective Choice and Social Welfare* (San Francisco, CA: Holden-Day, 1970, and Amsterdam: North-Holland, 1979), Chapter 6.

14. See particularly Christian Seidl, 'On Liberal Values', *Zeitschrift für Nationalokonomie,* 35 (1975).

15. See Kotaro Suzumura, 'On the Consistency of Libertarian Claims', *Review of Economic Studies,* 45 (1978); and Peter Hammond, 'Liberalism, Independent Rights and the Pareto Principle', in J. Cohen, (ed.), *Proceedings of the 6th*

International Congress of Logic, Methodology and Philosophy of Science (Dordrecht: Reidel, 1981), and 'Utilitarianism, Uncertainty and Information', in Amartya Sen and Bernard Williams (eds), *Utilitarianism and Beyond* (Cambridge: Cambridge University Press, 1982).

16. See Julian Blau, 'Liberal Values and Independence', *Review of Economic Studies,* 42 (1975); Michael J. Farrell, 'Liberalism in the Theory of Social Choice', *Review of Economic Studies,* 43 (1976); Wulf Gaertner and Lorenz Kruger, 'Self-Supporting Preferences and Individual Rights: The Possibility of a Paretian Liberal', *Economica,* 48 (1981).

17. In what follows, I have used my discussion of this issue in 'Minimal Liberty', *Economica,* 59 (1992).

18. See Roy Gardner, 'The Strategic Inconsistency of Paretian Liberalism', *Public Choice,* 35 (1980); Friedrich Breyer and Roy Gardner, 'Liberal Paradox, Game Equilibrium and Gibbard Optimum', *Public Choice,* 35 (1980); Kaushik Basu, 'The Right to Give up Rights', *Economica,* 51 (1984).

19. See Brian Barry, 'Lady Chatterley's Lover and Doctor Fischer's Bomb Party: liberalism, Pareto optimality, and the problem of objectionable preferences', in Jon Elster and A. Hylland (eds), *Foundations of Social Choice Theory* (Cambridge: Cambridge University Press, 1986); and R. Hardin, *Morality within the Limits of Reason* (Chicago, IL: University of Chicago Press, 1988).

20. Robert Nozick, *Anarchy, State and Utopia* (New York: Basic Books, 1974), pp. 165-6. The result referred to is the impossibility of the Paretian liberal.

21. See particularly Peter Gardenfors, 'Rights, Games and Social Choice', *Nous,* 15 (1981); Robert Sugden, *The Political Economy of Public Choice* (Oxford: Martin Robertson, 1981), and 'Liberty, Preference and Choice', *Economics and Philosophy,* I (1985); Wulf Gaertner, Prasanta Pattanaik and Kotaro Suzumura, 'Individual Rights Revisited', *Economica,* 59 (1992).

15. लोकतन्त्र : सार्वजनिक विचार-विमर्श

1. Aldous Huxley, *Point Counter Point* (London: Vintage, 2004), PP·343-4·

2. See particularly Rawls, *A Theory of Justice* (1971), and *Political Liberalism* (1993).

3. Jurgen Habermas, *The Structural Transformation of the Public Sphere* (Cambridge, MA: MIT Press, 1989); *The Theory of Communicative Action* (Boston, MA: Beacon Press, 1984), and *Moral Consciousness and Communicative*

Action (Cambridge, MA: MIT Press, 1990).

4. The so-called liberal theory of public reasoning has been very powerfully championed by Bruce Ackerman, *Social Justice in the Liberal State* (New Haven: Yale University Press, 1980). See also his spiritedly argumentative essay, 'Why Dialogue?', *Journal of Philosophy,* 86 (1989).

5. Seyla Benhabib, *Another Cosmopolitanism* (New York: Oxford University Press, 2006), including her exchanges with Bonnie Honig, Will Kymlicka and Jeremy Waldron. See also Seyla Benhabib (ed.), *Democracy and Difference* (Princeton, NJ: Princeton University Press, 1996). On related matters, see also Elizabeth Anderson, *Value in Ethics and Economics* (Cambridge, MA: Harvard University Press, 1993).

6. See Joshua Cohen and Joel Rogers (eds), *On Democracy* (London: Penguin, 1983), and *Associations and Democracy* (London: Verso, 1995).

7. Ronald Dworkin, *Is Democracy Possible Here? Principles for a New Political Debate* (Princeton, NJ: Princeton University Press, 2006).

8. James Buchanan, 'Social Choice, Democracy and Free Markets', *Journal of Political Economy,* 62 (1954). See also James Buchanan and Gordon tullock, *The Calculus of Consent* (Ann Arbor, MI: University of Michigan Press, 1962).

9. John Rawls, *Collected Papers* (Cambridge, MA: Harvard University Press, 1999), pp. 579-80. See also his *A Theory of Justice* (1971), *Political Liberalism* (1993), and *Justice as Fairness: A Restatement (2001).*

10. John Rawls, 'Reply to Habermas', *Journal of Philosophy,* 92 (March 1995).

11. Samuel Huntington, *The Third Wave: Democratization in the Late Twentieth Century* (Norman, OK, and London: University of Oklahoma Press, 1991), p. 9.

12. I have discussed these broader connections in 'Democracy as a Universal Value', *Journal of Democracy,* 10 (1999); 'Democracy and Its Global Roots', *New Republic,* 6 October 2003; *Identity and Violence: The Illusion of Destiny* (New York: W. W. Norton & Co., and London and Delhi: Penguin, 2006), pp. 51-5.

13. Aldous Huxley himself was evidently quite familiar with this literature on ancient Indian experiments in urban democracy, as is evident from books that Sidney Quarles cites to his wife as objects of his study in his proposed visit to the Library of the British Museum.

14. This issue is more fully treated in my books, *The Argumentative Indian* (London and Delhi: Penguin, and New York: Farrar, Straus and Giroux, 2005), and *Identity and Violence: The Illusion of Destiny* (New York: W. W. Norton & Co., and London: Penguin, 2006).

15. For a fuller discussion of these traditions, with the references to the source material, see *The Argumentative Indian* (2005) and *Identity and Violence* (2006).
16. See Nakamura Hajime, 'Basic Features of the Legal, Political, and Economic Thought of Japan', in Charles A. Moore (ed.), *The Japanese Mind: Essentials of Japanese Philosophy and Culture* (Tokyo: Tuttle, 1973), P·144·
17. See Ramachandra Guha, 'Arguments with Sen: Arguments about India', *Economic and Political Weekly,* 40 (2005), and Amartya Sen, 'Our Past and Our Present', *Economic and Political Weekly,* 41 (2006).
18. Nelson Mandela, *Long Walk to Freedom* (Boston, MA, and London: Little, Brown & Co., 1994), p. 21.
19. Maria Rosa Menocal, *The Ornament of the World: How Muslims, Jews, and Christians Created a Culture of Tolerance in Medieval Spain* (Boston, MA, and London: Little, Brown & Co., 2002), p. 86.

16. लोकतन्त्र का व्यवहार

1. For the sources of this and other citations on the Bengal famine, see my *Poverty and Famines* (1981), Chapter 9 and Appendix D.
2. On the North Korean famines, including the connection with authoritarian rule, see Andrew S. Natsios, *The Great North Korean Famine* (Washington, DC: Institute of Peace Press, 2002), and Stephan Haggard and Marcus Noland, *Famine in North Korea: Markets, Aid, and Reform* (New York: Columbia University Press, 2007).
3. See T. P. Bernstein, 'Stalinism, Famine, and Chinese Peasants', *Theory and Society,* 13 (1984), p. 13. See also Carl Riskin, *China's Political Economy* (Oxford: Clarendon Press, 1987).
4. Quoted in Mao Tse-tung, *Mao Tse-tung Unrehearsed, Talks and Letters:* 1956-71, edited by Stuart Schram (Harmondsworth: Penguin, 1974), PP·277-8.
5. See, for example, Adam Przeworski et al, *Sustainable Democracy* (Cambridge: Cambridge University Press, 1995); Robert J. Barro, *Getting It Right: Markets and Choices in a Free Society* (Cambridge, MA: MIT Press, 1996).
6. On these issues, see my *Development as Freedom* (New York: Knopf, and Oxford: Oxford University Press, 1999). Also, Robin Jeffrey, *Politics, Women, and Well-being: How Kerala Became a 'Model'* (Cambridge: Cambridge University Press, 1992); V. K. Ramachandran, 'Kerala's Development Achievements', in Jean Dreze and Amartya Sen (eds), *Indian Development: Selected Regional*

Perspectives (Oxford and Delhi: Oxford University Press, 1996).
7. Condorcet, *Essai sur l'application de l'analyse a la probabilite des decisions rendues a la pluralite des voix* (1785; New York: Chelsea House, 1972), in *Oeuvres de Condorcet,* edited by A. Condorcet O'Conner and M. F. Arago (Paris: Firmin Didot, 1847-49), vol. 6, pp. 176-7. See also the discussion on this and related issues in Emma Rothschild, *Economic Sentiments: Smith, Condorcet and the Enlightenment* (Cambridge, MA: Harvard University Press, 2001), chapter 6.
8. Gandhi wrote on this subject; see *The Collected Works of Mahatma Gandhi* (New Delhi: Government of India, 1960). See also my *Identity and Violence: The Illusion of Destiny* (New York: W. W. Norton & Co., and London and Delhi: Allen Lane, 2006), especially pp. 165-9.
9. On this see my *Identity and Violence: The Illusion of Destiny (2006).*

17. मानव अधिकार और विश्वस्तरीय अनिवार्यताएं

1. Jeremy Bentham, *Anarchical Fallacies; Being an Examination of the Declaration of Rights Issued during the French Revolution* (1792); republished in J. Bowring (ed.), *The Works of Jeremy Bentham,* vol. II (Edinburgh: William Tait, 1843), p. 501.
2. Discussion and defence of this claim can be found in my 'Elements of a Theory of Human Rights', *Philosophy and Public Affairs,* 32 (2004), and 'Human Rights and the Limits of Law', *Cardozo Law Journal,* 27 (April 2006). Those essays also present a general framework for the basis, reach and implications of seeing rights as, ultimately, ethical claims satisfying the basic demands of impartial reasoning.
3. Bentham, *Anarchical Fallacies* (1792); in *The Works of Jeremy Bentham,* vol. II, p. 523.
4. Accepting a general contrast between the respective categories of ethical assertions and legal pronouncements does not, of course, deny the possibility that ethical views may contribute to the interpretation and substantive content of laws. The recognition of that possibility may go against a strictly positivist theory of law (on which see Ronald Dworkin, A *Matter of Principle,* Cambridge, MA: Harvard University Press, 1985). But it does not obliterate the considerable difference that exists between primarily ethical claims and principally legal proclamations.
5. Thomas Paine, *The Rights of Man: Being an Answer to* Mr *Burke's Attack on the French Revolution* (1791); second part, *Combining Principle and Practice* (1792);

republished, *The Rights of Man* (London: Dent, and New York: Dutton, 1906). Mary Wollstonecraft, *A Vindication of the Rights of Men, in a Letter to the Right Honourable Edmund Burke; occasioned by his Reflections on the Revolution in France* (1790) and *A Vindication of the Rights of Woman: with Strictures on Political and Moral Subjects (1792);* both included in Mary Wollstonecraft, *A Vindication of the Rights of Men and A Vindication of the Rights of Woman,* edited by Sylvana Tomaselli (Cambridge: Cambridge University Press, 1995).

6. H. L. A. Hart, 'Are There Any Natural Rights?', *The Philosophical Review,* 64 (April 1955), reprinted in Jeremy Waldron (ed.), *Theories of Rights* (Oxford: Oxford University Press, 1984), p. 79.

7. See also my 'Well-being, Agency and Freedom: The Dewey Lectures 1984, *Journal of Philosophy,* 82 (April 1985); *Inequality Reexamined* (Cambridge, MA: Harvard University Press, and Oxford: Clarendon Press, 1992); and *Development as Freedom* (New York: Knopf, 1999).

8. Robert E. Goodin and Frank Jackson, 'Freedom from Fear', *Philosophy and Public Affairs,* 35 (2007), p. 250.

9. For a fuller exploration of the distinction and its far-reaching implications, see my Kenneth Arrow Lectures, 'Freedom and Social Choice', included in my *Rationality and Freedom* (Cambridge, MA: Harvard University Press, 2002), essays 20-22.

10. See Chapter 11.

11. The relevance of a consequence-sensitive framework for this type of ethical reasoning is investigated in my essay 'Rights and Agency', *Philosophy and Public Affairs,* 11 (1982), 'Positional Objectivity', *Philosophy and Public Affairs,* 22 (1993), and 'Consequential Evaluation and Practical Reason', *Journal of Philosophy,* 97 (2000).

12. Immanuel Kant, *Groundwork of the Metaphysics of Morals (1785);* republished edn (Cambridge: Cambridge University Press, 1998), and *Critique of Practical Reason* (1788); republished edn (Cambridge: Cambridge University Press, 1997).

13. Aristotle, *The Nicomachean Ethics,* translated by William David Ross (Oxford: Oxford University Press, 1998), p. 3.

14. On this, see Andrew Ashworth and Eva Steiner, 'Criminal Omissions and Public Duties: The French Experience', *Legal Studies,* 10 (1990); Glanville Williams, 'Criminal Omissions: The Conventional View', *Law Quarterly Review,* 107 (1991).

15. The connection of rights with obligations—both imperfect and perfect

- was briefly explored and scrutinized in an earlier paper, 'Consequential Evaluation and Practical Reason', *journal of Philosophy,* 97 (September 2000), and in the introductory chapter to the United Nations' *Human Development Report 2000* (New York: UNDP, 2000), which was based on an essay I wrote for that special issue, 'Human Rights and Human Development'.

16. Joseph Raz, *The Morality of Freedom* (Oxford: Clarendon Press, 1986), p.180.

17. See Ivan Hare, 'Social Rights as Fundamental Human Rights', in Bob Hepple (ed.), *Social and Labour Rights in Global Context* (Cambridge University Press, 2002).

18. Cass R. Sunstein, *After the Rights Revolution; Reconceiving the Regulatory State* (Cambridge, MA: Harvard University Press, 1990).

19. See, for example, Andrew Kuper's analysis of *Democracy Beyond Borders: Justice and Representation in Global Institutions* (New York and Oxford: Oxford University Press, 2004); see also the collection of essays edited by him, *Global Responsibilities: Who Must Deliver on Human Rights?* (New York and London: Routledge, *2005).*

20. The works of Thomas Pogge, along with those of his collaborators, have opened up many areas of policy analysis broadly based on the idea of human rights and the demands of justice. See particularly Thomas Pogge, *World Poverty and Human Rights: Cosmopolitan Responsibilities and Reforms* (Cambridge: Polity Press, 2002; 2nd edn, 2008); Andreas Follesdal and Thomas Pogge (eds), *Real World Justice* (Berlin: Springer, *2005);* Thomas Pogge and Sanjay Reddy, *How Not to Count the Poor* (New York: Columbia University Press, *2005);* Robert Goodin, Philip Pettit and Thomas Pogge (eds), *A Companion to Contemporary Political Philosophy* (Oxford : Blackwell, 2007); Elke Mack, Thomas Pogge, Michael Schramm and Stephan Klasen (eds), *Absolute Poverty and Global Justice: Empirical Data - Moral Theories - Realizations* (Aldershot: Ashgate, 2009).

21. Deen Chatterjee, *Democracy in a Global World: Human Rights and Political Participation in the 21st Century* (London: Rowman & Littlefield, 2008), p. 2.

22. David Crocker, *Ethics of Global Development: Agency, Capability, and Deliberative Democracy* (Cambridge: Cambridge University Press, 2008), PP. 389-90.

23. See also Christian Barry and Sanjay Reddy, *International Trade and Labor Standards* (New York: Columbia University Press, 2008).

24. See Maurice Cranston, 'Are There Any Human Rights?' *Daedalus,* 112

(Fall 1983), and Onora O'Neill, *Towards justice and Virtue* (Cambridge: Cambridge University Press, 1996).

25. Onora O'Neill, *Faces of Hunger: An Essay on Poverty, Justice and Development* (London: Allen & Unwin, 1986).

26. O'Neill, *Towards Justice and Virtue* (1996), pp. 131-2. See also her *Bounds of Justice* (Cambridge: Cambridge University Press, 2000).

27. Maurice Cranston, 'Are There Any Human Rights?' (1983), p. 13.

28. This issue is forcefully discussed by Bernardo Kliksberg, *Towards an Intelligent State* (Amsterdam: IOS Press, 2001).

29. On this, see my 'Elements of a Theory of Human Rights', *Philosophy and Public Affairs,* 32 (2004).

30. Some of the foundational issues are discussed by John Mackie, 'Can There Be a Rights-based Moral Theory?', *Midwest Studies in Philosophy,* 3 (1978).

18. न्याय और विश्व

1. See J. C. Jacquemin, 'Politique de stabilisation par les investissements publics', unpublished Ph.D. thesis for the University of Namur, Belgium, 1985. Jean Dreze and I have discussed different aspects of this correspondence in *Hunger and Public Action* (Oxford: Clarendon Press, 1989), pp. 65-8.

2. See also 'Famine, Poverty, and Property Rights', in Christopher W. Morris (ed.), *Amartya Sen,* Contemporary Philosophy in Focus series (Cambridge: Cambridge University Press).

3. Mary Wollstonecraft, *A Vindication of the Rights of Woman* (1792); in Sylvana Tomaselli (ed.), *A Vindication of the Rights of Men and A Vindication of the Rights of Woman* (Cambridge: Cambridge University Press, 1995), P. 294.

4. *A Vindication of the Rights of Woman* (1792), in Tomaselli (ed.) (1995), P·70.

5. Smith, *The Theory of Moral Sentiments,* V. 2. 15, p. 210.

6. Adam Smith, *Lectures on Jurisprudence,* edited by R. L. Meek, D. D. Raphael and P. G. Stein (Oxford: Clarendon Press, 1978; reprinted, Indianapolis, IN: Liberty Press, 1982), p. 104.

7. Quoted in 'Ginsburg Shares Views on Influence of Foreign Law on Her Court, and Vice and Versa', *New York Times,* 12 April 2009, p. 14,

8. *New York Times,* 12 April 2009.